之道译丛
·05·

Russell Kirk
[美] 拉塞尔·柯克 著

张大军 译

The Conservative Mind
From Burke to Eliot

保守主义思想
从伯克到艾略特

贵州出版集团
贵州人民出版社

图书在版编目（CIP）数据

保守主义思想：从伯克到艾略特 /（美）拉塞尔·柯克著；张大军译. -- 贵阳：贵州人民出版社，2024.7

ISBN 978-7-221-18007-0

Ⅰ.①保… Ⅱ.①拉… ②张… Ⅲ.①保守主义－研究 Ⅳ.①D09

中国国家版本馆 CIP 数据核字（2023）第 208012 号

著作权合同登记号：10–2019–155

BAOSHOU ZHUYI SIXIANG：CONG BOKE DAO AILUETE

保守主义思想：从伯克到艾略特

（美）拉塞尔·柯克 著

张大军 译

出 版 人	朱文迅
责任编辑	龙 娜
装帧设计	陆红强
责任印制	李 带
出版发行	贵州出版集团 贵州人民出版社
地 址	贵阳市观山湖区中天会展城会展东路SOHO公寓A座
印 刷	北京汇林印务有限公司
版 次	2024 年 7 月第 1 版
印 次	2024 年 7 月第 1 次印刷
开 本	635mm × 965mm 1/16
印 张	37
字 数	550 千字
书 号	ISBN 978-7-221-18007-0
定 价	148.00 元

目 录

序言

“赋予保守派以身份”

——读柯克的《保守主义思想》

任剑涛

在现代三大思潮中，保守主义的理论阐释与谱系建构，一向落于激进主义与自由主义的下风。这样的思想竞争局面，自然和三大思潮的结构状态与功能发挥模式不同密切相关。相对而言，保守主义注重展现自己的文化与政治姿态，不太重视理论建构及其渊源谱系。如果保守主义倾力进行理论建构，恐怕就会陷入以完美理念驾驭现实行动的泥淖。这与保守主义的守持立场似乎就背道而驰了。长期以来，与保守主义的这种理论处境不同，倒是激进主义与自由主义放手从事理论建构和历史追原，各自形成了庞大的理论体系和历史叙事。

一般而言，保守主义是一种自觉以审慎的政治态度、理论立场和行动方式抵抗、拒斥与消解激进主张的思潮。这就注定了它必须因应于激进主义与自由主义的相关理论建构与行动导向，争辩性地表达自己的基本立场。因此，保守主义不可能甘于处在三大思潮相互较量的思想市场下风，一定会有保守主义者出来改写三大思潮的竞争局势，勉力让保守主义的理论阐释与历史叙事足以与另外两大思潮处在旗鼓相当的地位。

拉塞尔·柯克的《保守主义思想》就是发挥出这种作用的一部重要著作。

顾名思义，《保守主义思想》是一部着力清理保守主义思想谱系的著作。

因此，这本书不应当作为保守主义的理论建构作品来读。但这两者岂是可以完全分离的著述主题？！柯克此书，其内容可以概述为：以保守主义思想脉络的缕析为轴心，前以保守主义思想核心的凝练概括为导引，后以保守主义面对衰颓的当代复兴为支援，从而为保守主义绘制了一幅由史及论的完整图景。这是保守主义在其思想演进中被忽视的思想史之溯源及流的重要工作。就此而言，柯克被人恰如其分地称之为“赋予保守派以身份”的思想家。附带一说，在汉语语境中，这本书标题中的“mind”译为“思想”，容易被人解读为着力缕述保守主义思想演变的作品；译为“精神”，可能更接近柯克着重张扬保守主义思想旨趣的意图。

柯克给保守派以身份，即让保守派在理论与实践两方面变得明晰可辨，不至留人以松散或溃不成军的印象，是由于他相当成功地完成了三方面的工作：一是给出保守主义的基本准则，二是对保守主义进行溯源及流的历史清理，三是勾画保守主义复兴的必然。可以说，《保守主义思想》是一本有着历史叙事面目但旨在凸显保守主义思想实质的作品。

保守主义的历史叙事，前导工作自然是给定保守主义的基本含义。这不是一个简单的下定义问题。柯克全书开篇就明白无误地确立了“考究保守主义观念”的宗旨，但他从来就没有给保守主义下过一个简明扼要的定义。因为这样会使柯克陷入一个反讽的境地：“将深邃精妙的观念体系浓缩成几句大言不惭的短语。”因此，概要勾勒保守主义的宗旨，便成为履行著述承诺又不自陷悖谬的适宜进路。这也不是轻而易举可以做到的事情。因为保守主义实在是一个非常庞杂的思想流派，各种以保守主义为名的观念与实践方案，横陈在人们面前。只要给出一个保守主义宗旨的概括，就必然会受到人们的质疑：是哪种保守主义的宗旨？为此，柯克断然限定自己所概括的保守主义思想，是“英国和美国保守主义”。也就是“那些有着保守天性之人能够持续抵制法国大革命肇始的激进理论和社会变革”的保守主义之“共同观念体系”。柯克毫不客气地将英美以外的保守主义排除在自己论述的范围之外。而且，他以两国保守主义共同对抗法国激进主义的断言，向人们暗示英美以外的保守主义无法真正体现保守主义的“精髓”。

柯克给出了保守主义的“六项准则”：确信存在着某种主导社会生活和个人良心的神圣意志，它在权利和义务之间建立起永恒的联系，将伟人和凡人、活人与死人联为一体；珍爱多姿多彩并带有神秘性的传统生活，因为它明显区别于大多数激进观念体系所推崇的日益狭隘的整齐划一，以及平等主义和功利主义的目标；坚信文明社会需要多种秩序和等级，唯一的真正平等是道德上的平等，如果被强制立法推行，所有其他试图平等化的努力都将引人步入绝望之境；相信财产和自由密不可分，经济上的均等化并非经济进步，如果消灭私人财产，自由将不复存在；相信旧习惯，不信任“诡辩家和算计者”；认为变化与改革并不是一回事，通常，创新更像是吞噬人类的火灾，而非进步的火炬。这六项准则，既是保守主义信守的底线，也是与其他思潮互竞时的防线，更是保守主义精神特质的体现。

为了更鲜明地凸显保守主义的精神特质，柯克明确指出保守主义相反对的五大激进思潮：18 世纪启蒙运动知识分子和休谟的理性主义，卢梭及其盟友的浪漫解放思想，边沁学派的功利主义，孔德学派的实证主义，以及马克思和其他社会主义者的集体主义的唯物主义。这五大流派的共同旨趣是：认定人的可完善性和社会进步的无限性，相信可以将人塑造成神；蔑视传统，拒斥基督教，认为人的理性、冲动与物质决定论可以让人幸福；政治均等化，蔑视秩序和特权，主张尽可能的直接民主；经济均等化，质疑甚至试图根除私有产权。简单地讲，合乎上述六项准则的就属于保守主义阵营，符合这四项原则的便属于激进主义阵营。柯克的这一划分给人一种明快感：既让人准确把握住保守主义与激进主义的精神特质，又助人精准理解保守主义何以将激进主义视为首要论敌。激进主义与保守主义的精神气质是如此悖反、政治主张兀自对立，焉有不全力抨击之理？！

柯克之所以能给保守派以身份，一方面是由于他明快地凸显了保守主义的基本准则，另一方面则是因为他明确认定了埃德蒙·伯克的保守主义教父地位，再一方面便是因为他对英美保守主义及其辐射范围的演进历程进行了有力勾画。这是柯克保守主义思想史叙述的三条线索。埃德蒙·伯克的保守主义教父地位，并不是不争之论。有论者便将休谟放在伯克前面论述，这不仅是时间顺序的问题，而是一个先驱者地位的安顿问题。柯克确信，保守主义在伯克之前有着不短的历史萌生期，但“伯克确实就是我们保守主义的创始人”。伯克赢得这样的历史评价，是因为他不仅鲜明地确立了保守主义的基本准则，而且十分准确地抓住了保守主义立论必须攻击的敌人。

众所周知，伯克是以对法国大革命的倾力抨击引导出保守主义的言说的。他本人一直怀有老辉格党人的政治信念：“反对专断的王权，提倡政府内部的改革，对英格兰的海外冒险事业总是持怀疑态度。”信从“法律之下的自由、共同体中各团体之间的平衡、较大的宗教宽容度、1688年的知识遗产”。正是基于这样的政治立场，伯克对法国大革命才会有一种是可忍孰不可忍的决绝拒斥态度。他认定，只有英国体制是最有利于自由和秩序的，因此为英国宪制秩序进行辩护有着充分的理由。他格外看重英国那种基于自然贵族的公心支撑起来的政治大厦。由习俗给出边界的自由，成为这座大厦的拱顶石。这是他轻蔑法国大革命以激进愿景激发的暴力革命的深沉缘由。伯克由此确立起保守主义反革命的基调，并因此塑就保守主义不断抨击革命的思想传统。

伯克对法国大革命的坚定拒斥，固然首先是因为革命理念对自由和秩序的侵害，更为直接的理由则是他对革命理念侵蚀英国思想根基的忧心如焚。他对三股激进主义思潮，即启蒙思想家的理性主义，卢梭及其追随者的浪漫感性主义，以及刚刚萌芽的边沁的功利主义不留情面地大力鞭挞。他倾情张扬狂妄之徒所轻蔑的创造主地位，戳中那个时代“理性的无知”的死穴，认定缺少敬虔精神就无以设想长久的社会秩序。他憎恶人性完美的任何想象，认为只有尊崇最古老秩序，方有望保持人类秩序的连续性。成见、传统、习俗性道德这些集体性的不朽智慧，实为人类前行的指路明灯。“变革的大法则”是遵循自然法则，因势利导，让新旧阶层都不至于陷入张狂状态而不知所谓。这就与法国大革命时期那班自以为可以制定消除一切社会弊端、逼近完美状态的法律的狂妄之徒截然二分。为此，他拒斥潘恩为革命呼风唤雨，批判卢梭远离现实的田园牧歌。他务实地将“文明人”而非“自然人”作为理想人格，将上帝创制的国家与惯性塑就的政府加以区分，认定人为设计的自然秩序终将陷入新的不平等状态，并确信那些高度关注并有能力处理公共事务的自然贵族才能有效治理国家。

伯克确实堪当保守主义教父之名。但志在考察英美保守主义源流的柯克，对美国的保守主义之源自然不会掉以轻心。他指出，美国建国以降，素有保守主义传统。根源不在一般人认为的国父群体，即汉密尔顿、麦迪逊等人，而在约翰·亚当斯。这是一条与伯克思想相关、又有其相对独立源头的美国保守主义发源线索。柯克认为，美国保守主义发源时期，受到法国激进主义和源自英法两国的农业共和主义的双重不利影响。所谓“美国革命”，如果是指挣脱宗主国英国控制的暴力斗争，那是两股思潮中后者之谓；如果是指“保守性地恢复殖民时期的特权”，那只在亚当斯那里得到理论阐释。因为他“审慎正直的品性滋育着美国的社会肌体”。亚当斯像伯克一样拒斥托马斯·潘恩的激进主张，他的精神气质与政治主张与伯克相当接近。二人话题有别，指向相同：伯克以成见、习俗和自然权利为议题，亚当斯大力抨击的是“可完善性的教条和单一制国家的理论”。前者让亚当斯拒斥理性论者的人性完美说辞，力主改进而力拒革命，并坚信贵族制乃是一种自然现象；后者让他认定政府的目的就是促进公民的幸福，这幸福不是物质化的，而存在于美德之中。他拒绝认同国家权力的集中化。因此，权力的平衡、土地的私有，才能保证权力在民。民主制对之是有危害的。普选权的效果值得怀疑。权力会毒害一切人，民主派亦不例外。这就是亚当斯致力维护的保守性美国的宪制原则。

沿着英美保守主义的两条主线，柯克缕述了保守主义思想的不断演进历程。如果说 18 世纪创制出的保守主义主要是针对法国大革命而发的话，那么，19 世纪的保守主义主要针对的则是曾经的同路人——自由主义。17 世纪创制于英国的自由主义，在伯克那里得到信守。因此，伯克被人称之为自由保守主义或保守自由主义。前者重视的是伯克的保守主义倾向，后者看重的是伯克的自由主义色彩。亚当斯的思想可以等量齐观。但随着自由主义思想的激进化，

19 世纪功利主义的自由主义思想，已经明显难以为保守主义者所容忍。边沁与密尔父子津津乐道的功利主义，设定了“最大多数人最大幸福”的最高目标，这就将幸福物化，将公正视为算计。在司各特、坎宁这些保守主义者看来，这分明是庸俗的工业主义陋见。柯勒律治更认为功利主义受感官欲望诱导，遗忘了更为重要的灵性生命，人类一定会因此受到折磨。他为之而抨击“边沁主义者的原子化个人主义和统计学意义上的物质主义”，在宗教与社会的相关维度重思秩序；他期待绅士和学者依照高尚的道德原则治理国家。

转向美国，柯克对约翰·伦道夫、约翰·卡尔霍恩的“南方保守主义”——重视农业、偏爱地方、明辨“黑白”，反对进步、集中化与抽象的人道主义等保守主张进行了重述。后者明确谈论“美国保守主义”，成为保守主义的美国自觉之象征。

在英美保守主义主线的刻画中，柯克顺带叙述了“外邦人”的保守主义思想。但不管是托马斯·巴宾顿·麦考利、还是芬尼摩尔·库珀或托克维尔，之所以在保守主义的名目下叙述他们的思想，主要是因为他们思想的伯克色彩或伯克归宿。麦考利结合印度治理伸张了保守主义的主要主张。托克维尔致力于在伯克准则与法国实际之间调谐，他对美国新秩序的考察超过了对新秩序缺乏了解的伯克。但他延续了伯克审慎看待民主的态度，促使人们高度警觉将会摧毁个体的整体。

对“外邦人”保守主义的叙述只是柯克著作的小插曲。他集中心思论述的还是英美保守主义思想。随着大众民主与工业主义的到来，柯克注意到旨在阻止这一滚滚洪流的 19 世纪新英格兰保守主义。约翰·昆西·亚当斯成为抗拒激进的标志性人物：杜绝自负、反思民主、推崇自然平等、激励内部改良。纳撒尼尔·霍桑的节制德操，展现了保守主义的人格魅力。迪斯雷利作为 19 世纪中后期的保守主义中坚人物，心存一种恢复古老秩序美德生机的强烈心愿——他对自己犹太人的希伯来亚洲神秘主义毫不讳饰，像柯勒律治一样对深奥的首要原则兴致勃勃，率领托利党人抵抗流行的边沁主义和曼彻斯特主义，全力对接灵性领域与社会领域的秩序，为保守型政党确立了基本宗旨与行为准则。迪斯雷利有力延续了英国的托利主义保守传统。而纽曼对自由教育理念的伸张，有力阻击了功利主义的俗气教育。

维多利亚时代，法律学者与历史学家J.F. 斯蒂芬、亨利·梅因、W.E.H. 莱基，“延续了真正的保守主义思路”。当时的思想图景是保守主义、自由主义与社会主义的交互渗透。在社会主义运动风起云涌之际，保守的自由派或自由的保守派浮现出来。这三人对思想时局颇为担忧，力阻集体主义的功利主义与集体主义的实证主义捕获人心。斯蒂芬对流行的自由、平等与博爱理念进行了否定性批判，他在信守早期功利主义的经济与法律理念的同时，陈述了伯克式的国家理念。他明确拒斥人能衡量与规划幸福的理念。倾向于托利主义的梅因，尽力倡导审慎的改革，致力维护悠久秩序中最好的东西。莱基的政治著作是19世纪最全面的保守主义政治手册。他虔信仁慈的神祇的存在，蔑视迷信与神职制度；拒斥费边社的社会主义方案，倾情于私产支持的生活方式。三人都捍卫契约，反对身份。

从南北战争后到一战爆发前，美国保守主义处于衰颓之势。其间，洛威尔坦率承认自己“一直都是自然而然的托利党人”，立志维护道德和社会传统。他将林肯理解为秉持保守立场的民主人士与模仿伯克心智的政治家。其他的保守主义者，也分别从媒体视角、历史视角、小说创作等方面维系保守主义的理念。同一时期或稍后的英国保守主义是另一番景象：由于保守政党获得了空前的认同，自由主义在社会主义的进击面前变得手足无措，保守主义反而不知道什么才是适宜的政治理念与政策举措。由于乡绅势力的疲弱，保守主义缺乏有力的社会支持。张伯伦的帝国主义政策，与西德尼·韦伯的社会主义理念，影响了保守主义的自我认知。保守主义者自认以往的教条过时了，需要从科学的视角重新审视。但这样的意图并未催生启人心智的作品。一战后的美国倒是在白璧德、摩尔和桑塔雅纳的批判性保守主义阐释中，获得了某些活力。他们以各自的方式反击“对欲望的顶礼膜拜”。白璧德标志着美国保守主义的成熟。他以自己的人文主义毫不留情地批判人本主义。后者的功利主义与拒斥灵性受到大力抨击。白璧德抗拒激进，推崇灵性，轻视商业，与摩尔一样看重贵族型领袖人物。桑塔雅纳“一以贯之地鄙视以效率和统一的名义掠夺世界的新花样，一以贯之地机敏地捍卫维护社会和谐与传统”，淋漓尽致地体现出保守主义的精神气质。他对工业自由主义深怀不满，感到愤怒。不过三人对美国公众的影响力有限。反倒是否定一切约束的约翰·杜威教育理念俘获了美国人心。

在英美保守主义的复杂流变中，柯克发现了这一思潮的韧性绵延力量。但同时他也承认，在他撰写此书时，“保守主义已溃不成军”。柯克有些悲愤地指出，“在我们这个时代，保守主义的最显而易见的困难在于，它所面对的民众已逐渐模模糊糊地将社会看作是由同样的个体组成的一个均质化群体，这些个体没有明显不同的才干与需要，能够保障其幸福的是来自上面的指令——指令的途径是立法或某种形式的公共训示。”这对保守主义确实有些致命。似乎凯歌猛进的激进主义也有些动摇保守主义的根基。英美两国的集体主义狂潮来势凶猛地撼动既定的社会秩序。但英美的自由主义衰败同样触目惊心。社会主义独领风骚且独占鳌头了？其实未必。〔英美〕社会主义亦未逃脱颓丧命运。“激进主义的追随者数量剧减，畏首畏尾且苦于激烈的自相残杀”。在英美，自由宪政体制挺立了，意识形态终结了？！

柯克不会这么看问题。他认定，由于社会渴慕变革，“1984”随时在威胁人类社会的基本秩序。前述种种原型与变型的激进主张，仍然构成人类缓慢前行的精神与行动障碍。因此，像艾略特那样信从基督教的保守主义者，还是会出来维护保守主义的基本信念。因应于时代之需浮现的“真正的改良型和批判性保守主义”，有力维护着传统价值观，让正义、自由和希望仍旧成为西方社会思想的普遍特征。更为关键的是，需要保守主义出来解决的四大问题，即灵性与道德更新的问题、领导力的问题、无产阶级的问题、经济稳定的问题，都强有力地推动保守主义给出超乎激进主义和自由主义且显得更为可靠的答案。这正是保守主义复兴之源。源远流长的保守主义正颇具活力地应对当下社会的紧迫问题：认可社会的道德属性，促人确信政府的首要目标是民众的幸福，真正的幸福是美德；保护财产，严格监管利维坦式的企业和利维坦式的工会；维护地方性自由、传统的个人权利和分权体制；建构克尽世界义务但保持谦卑的国度。这显然是对美国保守主义的教诲，也以美国为例展示了保守主义大有作为的复兴之兆。

柯克的《保守主义思想》绘制了一幅帮助人们认识保守主义复杂谱系的思想地图。这是一幅以英美或英美式保守主义为内容的地图，却并非一幅世界保守主义的全景图。柯克全书一开篇就明确了自己的这一著述意图。这就不免让那些心生一书在手、保守主义一览无余意念的读者有些失望。但这样的著述定位，何尝不让读者在立定何谓“真正的保守主义”基点的前提条件下，先行牢牢把握住保守主义的真精神，免于形形色色号称保守主义却缺乏保守主义精神灵魂的政治思潮的认知干扰，从而得到“何谓保守主义”或“保守主义究竟保守什么”的正解。以此，那些假托保守主义之名的政治思潮，就必须另寻靠山，而难以保守主义之名行世了。

柯克此书，也不是保守主义的观念要领与行为指南。他试图刻画的是一条明晰的英美保守主义思想线索。刻画的进路是在保守主义、激进主义与自由主义三大思潮之间的思想竞争大背景中，凸显保守主义与后两者的交错关系，以及展示保守主义的真正精髓。在 19 世纪中期以前，保守主义与自由主义是两体合一的，但随着自由主义的激进化，保守主义不仅与激进主义全面对立，也与激进化自由主义分道扬镳。柯克认定，唯有保守主义才坚定守持了自由价值，才真实有效维护了人类的心灵、社会与政治秩序。这是一项必须由保守主义思想的韧性建构才能勉力完成的艰巨任务。因此，他致力清理的只是保守主义的思想脉络，对保守主义的政治与政策主张不予关注。一切现实难题，“它们是需要随机应变的问题，当由战士和外交官解决”；而深刻的思想是解决难题的前路指引，“它们（问题）可能获得解决的方法将源自比外交和公关技艺更宏大的某种思想体系”。

可见，《保守主义思想》是一本严格限定主题的作品。但它确实不仅为保守派自认提供了身份证件，而且为人们了解“真正的保守主义”提供了丰沛资源。

导言

保守主义还有未来吗？

何怀宏

一

在爱丁堡北面约七十英里的海边，有一所苏格兰最古老的，已经有六百多年历史的大学——圣安德鲁斯大学，这里有古堡、要塞、墓地和大教堂，当然，也有大片青青的草地和野花。经常目睹这些遗址和废墟，还有远处原野的荒凉，近处建筑的沧桑，北海日以继夜、循环往复地拍打岸边的巨浪，以及经常乌云密布，却又突然在天边闪出阳光的天空，对于一颗有传承而又敏感的心灵来说，不难产生一种历史的沧桑感，还有一种对永恒性的希冀。

正是在这里，作为在这所大学第一个获得文学博士学位的美国人，本书作者拉塞尔·柯克（Russell kirk，1918—1994）开始写作他的著作《保守主义思想》(*The Conservative Mind*，我更喜欢直译为《保守主义的心灵》)。那时，他还只有三十岁左右。他在自传《想象力之剑》中回忆了这四年他在这里读博士研究生的日子。那时，他“受到的教育良好，养育得也还行，但绝对没有什么钱”。晚上，在别人进入梦乡的时候，他还在用他那台老旧的打字机写作。他感觉圣安德鲁斯的气氛给他的想象力提供了最好的食粮，他自己就有部分苏格兰血统的遗传。* 他不爱说话，有人甚至形容他“像海龟一样沉默

---

* *The Sword of Imagination*，William B. Eerdmans Publishing Company，1995，p.90、109.

寡言”。但他喜欢徒步旅行，热爱苏格兰的高原、荒野、古堡、老宅，有一次甚至越过荒无人烟的山岭、沿着海岸线，走了九十英里。

这本书 1953 年出版时，柯克已经是密歇根州立学院（后来成为密歇根州立大学）历史系的一名讲师。不久他就辞去了他在密歇根州立学院的职位。对朋友的劝阻，他回信说他不担心被贫穷困扰，自己一年只要 400 美元就能够生活（当然那是在 19 世纪的 50 年代）。在他四十多岁结婚并有了几个孩子之后，他才觉得需要更多的钱。他的确也没有贫困过，虽然他准备这样。乡间的生活是相对简朴的，他毕竟还有写作和讲演的收入。他选择生活在密歇根北部米科斯塔（Mecosta）的一个小镇，多年居住在他祖父留下的房子里，和先辈与土地保持着密切的联系。年轻时曾经在内华达的沙漠里当过兵，也在福特的汽车流水线工厂工作过，但他衷心喜欢的是乡村生活，他这本书也指出了保守主义和农业文明的一种紧密联系。他过着一种“文字游击队员”的生活，他的著作从来不处在美国学界的主流，当然，他也并不孤独，甚至他还看到了保守主义思想在政治上的一度取胜——比如 1980 年里根当选美国总统。

他在 1986 年为这本书撰写的第 7 版序言中回顾道：这本书就是有关公民社会秩序的一种历史分析。它并不是党派行动指南，而是试图界定“保守”和“保守主义”，领悟保守主义者们关于道德和社会秩序的原则。* 或者更具体一些，如他开初写这本书所说的，他是想探讨英国和美国保守主义的精神何在，英格兰和美国具有什么样的共同观念体系，让那些有着保守天性之人能够持续抵制法国大革命肇始的激进理论和社会变革，他打算探讨保守主义的各种观念以查验它们在这个混乱和剧变时代的有效性。下面我们就试着来梳理和介绍一下这本书的主要内容。

---

* 见与此译本所据英文原本有些不同的一个修订版：*The Conservative Mind*：*From Burke to Eliot*，Regnery Publishing，Inc. 2001，xvi.

二

如其所述，柯克在《保守主义思想》中并不是要全面地论述保守主义思想的历史，而是叙述近代以来，或更准确地说，法国大革命以来英美一系的、主要是作为一种政治思想和精神的保守主义。传统社会的主流思想几乎可以说都具有某些保守主义的基本特征，它们表现得如此明显，不必特别指出，甚至不必冠以“保守”的称号，因为整个社会都是偏保守的，它们就是人们习以为常的主流或者说正统。

只是到近代以来，保守主义才开始凸显，当然，这种“凸显”并不是说它能成为时代的思想主流，相反，它基本是防御性的，是对一个在人们的观念、社会的制度甚至自然的环境都发生激烈变化的时代的反应。这些反应在各个文明、各个政治社会都同样存在，但我们大概可以说，英美的保守主义与近代其他国家出现的保守主义思想比较起来，的确也是最成气候，对社会和政治也发生过最有效影响的。

保守主义思想代不乏人，甚至在政治上也总是有其代表，但保守主义思想却一直缺少一种连贯性，这倒也不奇怪，因为保守主义本身就是有些拒斥抽象理论和严密体系的。保守主义自身的各种思想之间也没有严密的理论或学派的传承，但它们毕竟有一些共同的特点或要素，怎样为其“正名”呢？柯克采取的思想史的进路，是试图从英美——或许可以说是保守主义诞生和延续的大本营——来试图厘清这一思想的线索，只有一个例外是他谈到了法国的托克维尔，也是因为托克维尔论述了美国的民主。

柯克的阐述基本是按照历史顺序展开的，全书十三章，除了第一章是讲保守主义的主要观念，增补的第十三章是讲保守主义的复兴。中间的十一章主要是按时期来分别叙述英美保守主义的思想。下面我们就不妨分别以英国和美国两条线来叙述。

柯克赋予了伯克一个特殊的开端地位，认为伯克就是现代保守主义的奠基人。直到 1790 年，借着《法国革命反思录》的出版，现代意义上的保守主义才有意识地正式登场。柯克论述伯克的一章的确最值得我们注意，伯克的保守主义思想不仅是居于开端的，而且是比较全面的。后面的英美保守思想往往是取其一端而有了新的发展。* 而伯克的思想缘起则直接是对法国大革命的反应。在此之前，激进的思想已经开始在欧洲流行，直到 18 世纪末才变成了大规模的行动，酿成了激烈的革命。伯克从一开始就密切注意这场革命，而他在 1790 年革命早期就已经预见到了它的一些直接结果，比如认为这场革命将以争取普遍而抽象的自由平等开始，却以接受一个军事首领的独裁结束。但这场革命的思想观念却不会消散，而将持久地影响欧洲和世界，甚至当时英国的一些知识和政界精英也已经开始受其影响，表达对这场革命的同情和支持了。伯克起而抵御，他捍卫英国的政制，认为它恰恰是保障了生命、产权和自由权利的、习俗常规的政制。

伯克有关法国革命的思考和评论又不仅是简单的政论文字，一种保守主义的思想和精神从此诞生。这里柯克提出的梳理伯克思想的几个概念值得我们仔细分析和留意。柯克论伯克的一章题为“Politics of Prescription”，可见“Prescription”这个概念在柯克心目中的重要。这个概念的意思是，根据不成文法或惯例对某物的长期占有和使用，从而获得了一种乃至后来成文法也予以肯定的权利规则。柯克给出的简明扼要的解释是：“从前后许多世代的惯例和协定中发育出来的习惯性权利”，所以，将“prescription”译为“常规”是较好的。

还有一个概念是“prejudice”，它在中文翻译中常常被译为贬义的“偏见”，但我以为这里应该如本书中译为“成见”较好，虽然也还有点贬义。柯克对这个词的解释是“让人无须逻辑推理便能面对生活难题的半直觉性知识”。柯克指出，在伯克那里，成见并非偏执或者迷信，尽管成见有时可能会退化成后两者。成见是一种“预判”或“先见”，在一个人缺少时间或认

* 至于法国如迈斯特（Joseph deMaistre）等，以及后来德国、西班牙等国的保守主义思想的确又有一些不同的特色。

知能力来理性地做决定时，直觉以及先祖们的意见共识便为他提供了这样的直接回应。人类经验主要被珍藏在传统的成见和成规之中——一般会惠及多数人，有时会惠及所有人，它们是种群智慧用以防范人自己的激情和欲望的手段，是比书本和理论更可靠的行为和良心指南。这些成见可能体现了目不识丁者的智慧，不过它们源自健全古老的人性精华。人们应该尊重它们，因为即使人类中的最明智者也无法仅仅靠理性生活，或者说，单靠个人的理性是绝对无法行远的。所以，伯克说他捍卫“成见”恰恰因为它们是“成见”。*

柯克论伯克的一章中专门有一节谈到“成见和成规”，“成见”是人们的观念、见解，“成规”则涉及制度，包括成文和不成文的法律、规则、惯例。它主要指向人们可以享用的东西：物品、财产、各种具体的自由和生活空间，等等。“成见”和“成规”表示已有的观念和制度，它们是已经存在的，也可以说是一种已经取得的历史成果。个体常常是愚蠢的，尤其是自以为聪明的个体。然而种群经过反复尝试、积淀下来的成见成规是明智的；伯克捍卫这些已有的观念和制度，最鲜明地体现出保守主义的特性：保守主义即意味着“守成”，守护延续的、已成的东西，更是守护其中的成果。

但正如柯克所指出的，伯克又不仅是简单的保护传统。伯克曾为捍卫英国人的自由而反对国王，为捍卫美国人的自由而反对英国政府，为捍卫印度人的自由而反对欧洲人。他捍卫这些自由的原因不在于它们是新发明的事物，而在于它们是古老的特权，为悠久长远的实践所保障。传统在英国已经与自由浑然一体。“伯克是主张自由的，因为他是保守的。”我们也可以反过来说：伯克是保守的，因为他是珍爱自由的。

当然，在社会政治的层面，伯克保守的是自由，但又不仅是自由，更优先的还是保存生命，以及让生命自适的习俗。所以，他反对抽象的、过分的自由，更一以贯之反对那种激烈的革命。伯克不屈不挠地要维护英国的宪制

* 伯克在《法国大革命反思录》中有一段精彩的话阐述“成见”，可以参见江西人民出版社 2017 年出版、冯丽翻译的版本，第 133—134 页。

及其分权传统。而他还想维护和保守的也是范围更大的文明体制。

伯克认为，英格兰宪制存在的目的是保护所有阶层的英国人：确保他们的自由、他们在司法上的平等、他们体面地生活的机会。他将社会看作一个灵性的统一体，一种永恒的伙伴关系，一种在现在活着的人与死去的人，以及未来的人之间的伙伴关系。社会是一个总在消亡同时也总在更新的团体，很像另一个永恒团体和统一体：教会。保守主义最忠诚的跟随者永远都在乡村，乡下人不急于摆脱旧有的方式，正是这些旧方式让他们与其头顶上无垠星空中的上帝以及脚下坟墓中的父辈紧密相连。伯克对宗教的认同并不仅仅因为它是秩序的保障；相反，他认为世俗秩序起源于神圣秩序，并且仍是其中的一部分。伯克认识到以观念反对观念的必要性，尽管他讨厌脱离具体情况的普遍原理。大众唯一的坚固保障则是对约定俗成的真理的顺服。如果没有超越人类的道德约束，那么，“理性”“启蒙”就成了种种虚无缥缈的梦呓。伯克憎恶“抽象的东西”——这里所指的并不是道德和信仰原则，而是那些不考虑人类的脆弱和特定时代及国家的具体环境的、夸大其词、追求完善的抽象政治理论。

没有达到英国那种对生命和自由的保障的传统和制度也并非就是不值得保守的。我们还需要考虑其中文明的内容和程度，另外，也要考虑如何在不破坏文明的前提下去改善制度。柯克指出，在伯克看来，享有选举权、担任公职、将权力交托给民众——或者说“民主”，这些问题的解决办法要基于现实的考量，因时间、环境和国民的气质而异。伯克也教导政治家们如何以勇气和机智应对变革，但是，他将政治上的“权宜之计”从惯常的马基雅维利手段升华成具有德行高度的“审慎”，所以，他对笼统的主张、绝对的“自由”“权利”和“平等”非常警惕。伯克认为不能把“权利”与欲望混为一谈，那将使民众觉得某种不可见的大阴谋在阻挠他们享有自己的不可剥夺的天赋权利，从而使社会产生持久的不满和怨恨。在《法国革命反思录》中，他谈到他绝不是要在理论上否定人的真正的权利，他们有权利享用劳动的果实，并拥有让其劳动富有成果的手段。他们有权利享有父母积聚的东西，也有权利养育和提升他们的后人；他们有权利获得生活上的教导以及死时的安慰。在一种伙伴关系中，所有人都有平等的权利，但并没有平分物品的权利。

对于平等，伯克强调的是所有人在上帝眼中的平等、在法律面前的平等。在伯克看来，政治平等因此在某种意义上倒是不自然的；而贵族制倒是比较自然的。其理由大概是因为人有先天和后天的种种差别，我们也珍视一个容有差别和个性的社会。他欣赏贵族制，但是有很多保留："至少从这个词通常被理解的意义上说，我不是贵族制的同路人。"他自己也不是这种贵族。* 在没有制约的情况下，贵族制会意味着"严苛傲慢的压制"。伯克甚至说，在万不得已的时候，在必须以鲜血抗争的时候，"我会与穷人、卑贱者和软弱者同命运。"

柯克对英国后来盛行的边沁的功利主义有许多批评。他甚至认为，边沁在为英格兰确立平等主义的原则方面所取得的成就大于潘恩、普莱斯和葛德文的总和。边沁由于完全缺乏更高级的想象力，且无法理解爱与恨的特性，便无视人的灵性渴求，也从未谈及罪。他的体系对国民品格、人之动机的丰富多样以及激情在人类事务中的力量都忽略不计，流露出对人类理性的绝对信心，是狭隘的伦理学家，洋洋自得的政治理论家。对边沁来说，政治与人性一样，都没有神秘可言：所有政治难题的解决方案仅仅在于让多数人裁决每一个问题。而沃尔特·司各特与边沁的门徒们发生了直接的冲突，并于此显示出他对伯克的保守主义哲学的敏锐理解。在其系列小说中，司各特让伯

---

* 伯克曾在"给一位 Noble Lord 的信"中说："我不像尊贵的贝德福德，从小就被人捧着抱着摇着就进了上议院。我这种人信奉的座右铭是'在逆境中奋斗'。有人爱讨大人物的喜，给自己找个靠山，但我不具备这种品质和技巧。我生来不是为了当奴才和工具的。我也不会通过对公众人性的理解，刻意投其所好，博取欢心。我的生命中前进道路上的每一步，尤其是在我被阻挠和抵制的每一步，我遭遇的每一个关卡，我都得出示（才干的）通行证，一次又一次地证明，自己对国家的法律和利益运行体系，无论国际还是国内，都不是门外汉，以此让人们相信我唯一的动机，就是报效祖国的荣誉；否则就不可能有人容忍我，让我跻身政坛。"见约翰·莫雷（John Morley）著《埃德蒙·伯克评传》，上海社会科学院出版社，2018 年版，第 38 页。

克的保守主义成为一种富有鲜活生机的东西。他所持的一种浪漫的保守主义观点担心一个被功利主义原则宰制的世界，将不分青红皂白地摧毁掉多样性、优雅美丽和古老的权利。

柯克不仅注意那些学术思想家、哲学家，也注意那些有思想的政治家和文学家。他认为保守主义思想在实际政治中的一个很好表现是坎宁的个性与成就；他振兴了保守党，并让“保守派”一词成为英国政治用语。当然，抛弃“托利党”的旧名称、采用“保守党”名称的是他的对手和继承人皮尔；可是，比皮尔更了解到底何为保守主义的坎宁让这种转变成为可能，他为保守主义注入了灵活的思想和广博的愿景。

在柯克看来，另一个对保守主义思想做出了重要贡献的政治家是迪斯雷利。迪斯雷利从灵性上净化了托利党人的民主，以贵族制原则的内核作为他构建英国社会认知体系的样板。迪斯雷利宣称，各阶级的真正的利益不是相互敌对的；它们都与国民的福祉紧密相连；而且其政治目的是调和阶级，阶级就是秩序；如果没有秩序，法律也将消亡。但是，他也致力于改善当时尚未有选举权的下层阶级的生活和心智，让他们也有自己可以保守的东西，培养他们对国家和共同体的情感。在他执政的时代，劳工阶层的条件比以往任何时候都好，在世界上的所有大国中，只有英国没有在 19 和 20 世纪经历过革命或内战。这是保守派非常了不起的成就，也是迪斯雷利的功劳，迪斯雷利的托利主义让英国人确信，下层阶级没有被遗忘，英国人的国家还有真实的生命力，社会的主导者与社会大众有着共同的利益。

在文学方面，柯克指出，柯勒律治除了他的文学批评，还在他的《平信徒讲道集》中证明了宗教和政治密不可分，一方的衰败必然导致另一方的衰败。在维护我们的道德秩序的同时必须维护我们的政治秩序。把所有人或许多人变成哲学家甚或掌握科学和系统知识的人是错误的不切实际的想法。不过，争取让尽可能多的人具有庄重稳固的宗教信仰既是义务，却是明智的可行做法。

柯克认为，维多利亚时代保守主义的哲学大师是纽曼。在让教会免于变成政治机构的单纯工具上，纽曼出力甚多，他视灵性生活为一种价值观的分级体系，视教育为攀登这种真理阶梯的梯子。他一生都在进行与他的沉思型性格不相容的论辩和争斗。牛津运动参加者确保“教会要重新突出其共同体和圣礼特性，宗教必须为优美、古朴和神秘的情感提供空间，而主流神学排斥或忽略这些情感，视其为世俗、无益或不洁的东西”。他说：“我们必须在冒险相信科学与冒险相信宗教之间做出抉择。”他对博雅教育贡献尤多。纽曼意识到，“这个时代的政治家的问题是如何教育群众”，但要教育群众首先要教育领袖，纽曼的著作保存了旨在培养“自由绅士”的教育理念。

柯克指出，到19世纪70年代中已变得明显确凿的是，保守派和自由派的真正利益正在趋同；一名“保守的自由派”与一名“自由的保守派”之间只有细微的差异。这或许是因为他们有了共同的论敌：英国社会的建制正受到一种世俗集体主义的威胁。在19世纪的最后30年，三位伟大的法律和历史学者延续了真正的保守主义思路：出版了《自由、平等、博爱》（1873年）一书的斯蒂芬；出版了《大众政府》（1885年）一书的梅因；以及出版了《民主与自由》（1896年）一书的莱基。

柯克对功利主义的批评延伸到密尔。他认为密尔正从极端的个人主义转向集体主义，却没有意识到其中的矛盾之处。密尔确实对政治激进主义感到忧虑。但他的极端世俗主义热衷于将敬虔赶出社会生活，以“人的宗教”取而代之。而斯蒂芬、梅因和莱基明白，突然被夺去了敬虔与惯常习俗的人们无法认清未来；密尔以及孔德的门徒们决心将敬畏从这个世界中铲除出去；不过，没有了敬畏之后，人类会失去对美德的所有背书以及奋斗的所有动因。

斯蒂芬的《自由、平等、博爱》是直接批判密尔的，虽然它的影响力远不如密尔的《论自由》。斯蒂芬的主要观点是：自由是个否定词；平等是某种等而下之的东西，只是一个关系词；而博爱作为一种普遍的社会情感从来就没有存在过，也永远不可能存在。他宣称博爱往往会否定亲爱，所谓爱面目模糊的大众通常恰恰是自我极度膨胀的表现。斯蒂芬还分析了论辩与强力之间的关系，指出强制的某种必要性。他不相信密尔所说的：如果人从约束中解放出来并享有了平等，他们就会变得智慧，并像兄弟那样一起生活。他要我们估算一下自私、纵欲、轻浮、懒惰、极端平庸和全神贯注于最细小的日常琐碎事之人在男男女女中所占的比例，再想想自由论辩中之最自由者能够在多大程度上改进他们。实际上，一定的持续的强制或限制才是我们秩序与文化的主要保障。他警告不要盲目追求进步，许多人所说的“进步”就好像是愈益增多的娇气，是生活的软质化。

梅因所理解的社会进步是他的名言：“从身份到契约”。进步在梅因那里主要是指促成高水平的思想成就以及法律之下的自由，其成就的标志是各民族从身份到契约的演变趋势，而且其主要的手段是私人财产和契约自由。私有财产和契约让多种多样的个性、财富、闲暇以及维系文明的创造活力成为可能，没有哪个人在肆意攻击私人财产权的同时还能宣称他看重文明的价值。柯克还进一步指出了这后面隐藏的原则；从身份到契约的进步是贵族性思想的成果；从契约到身份的退步将是自以为是的民主体制的结果。无止境地推进平等，将可能使社会重返身份政治，或者如我们今天所说的“部落政治”。

柯克认为，莱基的《民主与自由》是19世纪出版的最为全面的保守主义政治手册。但他的理性宗教已几乎将传统基督教的一切统统铲除，剩下的只有直觉型道德观念、对基督样式的模仿以及金规。不过，莱基认为基督教的核心要素依然富有生机：他也认识到教育的政治价值被高估了：“已经学会阅读之人中有很大比例从未读过党派报纸之外的任何东西。”

柯克继续谈到文学家吉辛，这也是他青年时期最喜欢阅读的一个文学家。他认为，曾经是一位政治和道德激进分子、实证主义者和社会主义者的吉辛，因为自身长期体验下层的贫苦，从而对现代无产者和人性的阴暗面有了深刻的认识，正是这种认识让他转变成一名保守主义者。吉辛后来认识到他以前为苦难中的大众所发的那种热心不过是一种伪装，实际上是为了自己匮乏但渴望得到的东西，把自己的追求当作了他们的追求，为自由平等大声疾呼往往是因为自己成了无法满足的欲望的奴隶。他的一本散文集《亨利·雷克罗夫特的私人文件》(即中译本《四季随笔》) 宣告了作者热爱英格兰所有历史悠久的东西，以及财富和产权对于文明生活的意义。

19世纪之交的马洛克在柯克的英国保守主义思想谱系中占有特别的一个地位，因为他补充了保守主义的一个缺憾，即用数据来说明他的观点。他声言激进主义者正捏造或扭曲统计数字以达到其目的，他关心的问题是：文明以及穷人会在平等全面实现时获益吗？他认为，所有形式的进步其实都是人们追求不平等（或者说差别、出众、优秀、卓越）的结果。如果取消了不平等的可能，一个民族只能一直处在勉强维持生计的惨淡凄凉的水平上。彻底和全面的平等不利于任何人。它阻挠打击才智之士；也让穷人陷入更为可悲的贫困状态。创造财富的最重要的要素不是体力劳动，而是才干，或者说是管理和指挥劳动的能力，即发明创造，设计方法，提供想象，确定方向，组织生产等方面的能力。他指出，在1894年13亿英镑的国民收入中，至少有8亿英镑是才干的成果。1880年，英国仅劳工阶层的收入就等于所有阶层在1850年获得的收入。如果废弃基于才干的、受到传统道德与政治体系约束的真正的领导力，那么，劳工阶层在经历过一个恐怖间歇后，一定会不得不屈从于新的主子，而这些新主子的统治将比旧主子远为严厉、武断和残暴。

三

柯克将约翰·亚当斯、而非许多美国人所认为的将汉密尔顿看作是美国保守主义的奠基人，他甚至认为，美国保守主义的一半左右的历史都和亚当斯家族有关。柯克之所以如此认为，或许是觉得汉密尔顿还是过于重视商业，过于重视联邦政府，而不够体察地方和乡村，对祖先和出生地这些乡土性的东西没有依恋，精神信仰也表现得不明显。汉密尔顿的政治原则很简单：他不信任民众和地方的冲动，认为摆脱追求平等之思想的影响的解脱办法是建立强有力的全国性机构。但是，一个集权化的国家也可能是一个热衷追求平等和新花样的国家。

不过柯克也承认联邦党人是独立的美国的第一个保守主义派别，受到两种激进主义的威胁：其中一个威胁源自法国；另一个威胁部分发端于本土，部分发端于英国，那就是追求平等的农业共和主义，其主要代表人物是杰斐逊，但杰斐逊的理论总是比他的实际作为更加激进，而且他的理念远不像法国的平等自由理念那么极端。

约翰·亚当斯在伯克开始猛烈抨击激进主义的三年前就写了一本书：《为美国政府宪制辩护》。伯克谈论的是成见、习俗和自然权利，而亚当斯则抨击可完善性的教条和单一制国家的理论。约翰·亚当斯评论道："所有人都生而具有平等的权利，这一点是清楚无误的。"然而，教导说人人都生而具有同样的力量与才能，拥有同样的社会影响力，并在整个一生中享有同样的财产与好处，那就是彻头彻尾的欺骗了。人们确实享有源自上帝的道德上的平等；而且他们享有司法上的平等，但是，所有的公民都能有同样的年龄、性别、体重、力气、身材、活动力、勇气、耐性、勤奋程度、耐心、创造性、财富、知识、名声、才智、脾气、恒心和智慧吗？按照亚当斯的定义，"贵族"是指可以调动两张以上选票的任何人。每个国家、群体、城市和乡村都有一个基于美德和才干的自然贵族阶层。不管他获得除他自己之外的另外的选票时凭借的是其出身、财富、形貌、知识、学问、技巧、智谋，还是他善结人缘的性格乃至对锦衣玉食的偏好。要求实现平等的立法努力也还是会强化贵族制。当然，亚当斯这里所说的"贵族"其实可以说是一种非常宽泛的"精英"，包括中性的甚至恶劣的"精英"，是影响力比一般人大的人。亚当斯没有为贵族制辩护：他只是指出，它是自然现象，不应从理性上加以否定。与自然中的大多数东西一样，贵族制有其优点和缺陷。贵族阶层一直都傲慢无礼且以勒索为能事；不过另一方面，如果贵族阶层没有在历史上的某些时刻挺身而出，反对君王或暴民，"像土耳其那样骇人听闻的暴政就已经成为欧洲所有国家的下场"。

柯克指出，约翰·亚当斯像卢梭一样是一位道德主义者，尽管他遵循着一种不同的路径。亚当斯使用"自由"一词的频率较低，因为他下意识地确信，人类的软弱会让自由与放纵混为一谈。他更偏爱美德的观念，而非自由的观念。人对自由的热爱因经验、反思、教化和公民与政治建制——这些都是由少数人最先发起并持续维系和改进的——而文明起来。在所有的时代，如果要做出选择的话，大量民众都更热衷于安逸、沉睡和吃喝玩乐而非自由。设计出精妙简单的蓝图的博爱主义理论家们很容易转而拥抱独裁体制的简便单纯。他们开始时提倡放纵的个人主义，其中的每个人都不再受古老传统的约束，仅仅以自己的道德资源支撑自己；而当这种状态一定会变得不可忍受时，他们就会纳入一种严酷的、不宽容的集体主义机制。

对南方保守主义的注意是柯克这本书的一个突出特点。柯克出版的第一本书《罗诺克的约翰·伦道夫》(*John Randolph of Roanoke*)，那还在《保守主义思想》之前，就是写南方一个政治家的。柯克指出，伦道夫渐渐成为伯克的美国追随者，指出积极频繁的立法的危险；而另外一位南方的政治家卡尔霍恩则坚定不移地反对"进步"、集中化和抽象的人道主义。他们之所以变成保守主义者，是因为他们认识到，世界大潮趋向的不是他们所钟爱的那种宁静、分权化的乡村生活，而是集权的工业化新秩序。南方人成了最为坚定的地方自由和州权利的鼓吹者。两位代言人都为了支持南方而牺牲掉光明的前途：伦道夫放弃了国会的领导权，卡尔霍恩则失去了担任总统一职的希望。

卡尔霍恩从政之初是杰斐逊主义者、民族主义者和扩张主义者，后来却转变为国家集权和全能民主的坚定反对者，他反对乐观主义、平等主义、世界向善论和杰斐逊式的民主。在他失败之后余下的十八年生命中，痛苦地寻索着某种调和多数人主张与少数人权利的符合法治的手段，推导出一种"共识性多数"的理论。这实际是一种利益和权力平衡的思想。卡尔霍恩的观点类似于迪斯雷利的看法，即选票不仅要计算数量，而且要考虑其分量。

老亚当斯的儿子约翰·昆西·亚当斯也担任过一届总统，柯克认为他是保守主义观念的一位富有才华的代表人物。但是，他是一位不讨大众喜欢的政治家，1828 年败给了杰克逊。柯克对新英格兰以爱默生等为代表的超验主义者似乎不抱好感，主要是认为他们相信无限的进步、人类的可完善性以及为求新而变革等观念。但他对霍桑情有独钟，认为霍桑是依恋传统，对变化疑虑重重的。霍桑没有将过去偶像化；他知道过去常常是黑暗残忍的；不过，正是基于这个原因，对过去的理解应当对任何社会改革设想都具有根本性的意义。只有通过认真地考察过去，社会才能发现人性的局限。尤其是霍桑几乎将所有的关注都集中到罪上，集中到罪的现实存在、性质及其后果上。霍桑在他的《老派托利党人》一文中写道："革命，或打破社会秩序的任何东西，可能会为个人展示其不同寻常的美德提供机会；但是其对一般的伦理道德的影响则是有害的。大部分人的本性特点是，他们只能在某个确定的常规状态下才体现出美德。"霍桑明确表示，只有在除此之外的另一个世界上才能找得到完美。

柯克认为，富有教养、多才多艺的洛威尔也很适合代表保守主义在他那个时代所受到的挫折：对民主的怀疑，对工业主义的怀疑，对美国人之未来的怀疑。洛威尔厌烦新花样和对别出心裁、思想创新的痴迷，他说："我们将钥匙拿到了手里，可是总有这么一扇门，不打开它是最为明智的事。"

对老亚当斯家族的第四代传人、亨利·亚当斯与布鲁克斯·亚当斯这一对忧郁失落的亲兄弟，柯克认为他们虽然是美国社会培养出来的最有教养之人，甚至代表美国文明的顶峰，但他们身上的保守主义本能已然放弃了支配社会的希望，他们已经失去了政治上的雄心或者说机会，而只希望能够理解社会及其演变趋势。亚当斯家族的理念被亨利·亚当斯提升到20世纪哲学思想的顶峰，而布鲁克斯·亚当斯的著述从政治的角度对它们进行了扼要的阐述。他们开始探究那些促使所有文明迅速走向灾难的力量法则。亨利·亚当斯的《教育》一书颇为跳跃难懂，甚至破碎，那后面也是一颗破碎的心。亨利·亚当斯在私信中写道：低俗的一定会驱逐高贵的；而且长期来看，文明本身正是因为过于高贵而无法存续。仅仅从华盛顿总统到格兰特总统的演化过程，就足以颠覆达尔文的学说。正如能量的耗竭是势不可挡的普遍自然现象一样，社会能量也一定会耗尽，而且现在正在衰竭。人类的进化已经越过了最高点，而我们现在正以可怕的速度远离我们光辉灿烂的岁月。观察现代，亨利·亚当斯认为开始于1600年的机械阶段大约于1870年到达其最辉煌的顶点，随后便迅速转入电气阶段，以后会转入以太阶段。人类会像彗星一样，突然淹没在永恒的暗夜和无边的空间之中。

布鲁克斯·亚当斯也有一些今天看来仍旧很有意思的预言。他认为文明世界的经济中心一直在向西迁移：从巴比伦到罗马、君士坦丁堡、威尼斯，再到安特卫普。晚至1760年，荷兰的经济中心还欣欣向荣，可是到1815年时，经济中心已变成伦敦；自那以后，转移的趋势一直在向着美国，亚洲势力（可能由俄罗斯主导）和美国势力之间隐约开始了一场大规模的竞赛；将来这一竞争最后决出胜负的地方在中国和朝鲜，要想在这场竞争中取胜，就必须要高强度的中央集权：变化速度最快的那个国家会战胜其邻国。尽管竞争与中央集权能带来近期的成功，但其最终带来的结果是退化。比如说，一些女性将模仿男人，作为社会黏合剂、家庭主人以及凝聚力核心的女人都不再存在。至于政治方面，他说，几乎就在华盛顿刚刚下葬之际，民主所依赖的那个平庸体系的追求平等的工作就开始了。现代人必须面对这种无远弗届的物质大行其道而灵性被彻底铲除的状况。以前世代的美国人过着一种简朴的农业生活，这种生活可能比我们的生活更为快乐，但我们无法改变我们的环境。造物主已将美国抛入世人所知的最为激烈的争斗的旋涡之中。它已经成为这个时代的经济体系的核心，而且它必须以才智和力量维系它的霸权，否则会共尝被抛弃的命运。

从亚当斯家族的这些代表的思想轨迹，我们可以看到一种由乐观到悲观甚至绝望，由投入行动到仅仅停留在思想观念，由大胆地投入斗争、参与政治到忧伤甚至阴郁的预言的演变。而在这之后，亚当斯家族的后人中似乎就再也没有杰出的政治家甚至思想家了。亨利·亚当斯在写给他的兄弟的信中说："刚健有趣之人正从这个世界上消失……自美国内战以来，我认为我们还没有出现一位将被人终生怀念的人物。……更有意思的是，我认为那些人不曾存在过。那些人还没有出生。如果他们曾存在过，我应当会让自己迷恋上他们，因为我急需这样的人。现实的人生结局是，我正孤独地死去，没有可能从上面跌落下去的供我攀附的枝条。当冬季到来时，我也可能是我们古老的昆西山上的一只孤独的土拨鼠。我没有留下任何追随者、学派、传统。"

柯克似乎要比这乐观。他引述伯克的话说，机会、天意或个体性的强烈意志，都可能会突然改变一个民族或一种文明的整个方向。“一个普通的士兵、一个孩子、一个小酒馆门口的小女孩，都改变过命运以及几乎是本性的面貌。”*

进入 20 世纪，长期在哈佛大学执教的文学教授白璧德对中国也产生过影响，引发过中国具有现代特色的保守主义流派，虽然这种影响远不如杜威、罗素的影响。白璧德认为经济问题、政治问题、哲学问题，以及宗教问题是不可分解地联系在一起的。人有时在深渊边上时反倒会以从未有过的自信突击前进。不确定的是，欧洲文明在宗教崩解之后是否还能够延续下来。柯克认为，白璧德本人从未拥抱恩典的教义；可是像帕斯卡尔和冉森派那样，他察觉到它的具有超越性的重要意义。

柯克对也曾在哈佛任教的摩尔评价甚高。摩尔认为，一旦不同时代的人不再有灵性上的联系，先是文明，接着是人类的存在本身都一定会萎缩。如果缺少对超自然事物之现实存在的普遍信仰，人们就会忽略过去与未来。社会必须找到回归永恒性的道路，否则就会消亡。与其重视精神灵性的一端相应的是，摩尔也同样重视对物质的产权。摩尔认为，对财产的保障是一个文明共同体的首要的、最根本的职责。生命是自然之物；我们与野兽一样都拥有生命，但是财产是人类独有的标志，是文明的工具；他甚至说，“对文明人来说，财产权比生命权更为重要”。“如果财产是安全的，它就可能是某种目的的手段，而如果它是不安全的，它自己就成了目的。”换言之，产权得到保护的话，人们就可能用它追求精神文明，而如果得不到保护，就意味着财富与物质会成为人们追逐的主要目标。

我们大概都听过同样在哈佛任教过的桑塔雅纳的趣事，他有一天突然在课堂上说他“与阳光有约”而最终放弃了教职。这位在美国长大受教育，也长期从事大学教育的西班牙人，于 1912 年离开美国；后又离开了伦敦和牛津，

---

* 参见“Foreword to the seventh revised edition”，*The Conservative Mind*：*From Burke to Eliot*，Regnery Publishing，Inc. 2001，xix.

从这个快速变化的世界中退隐到罗马这个最为保守的地方。他说："我所处时代的思想世界从观念上疏远了我。它是基于错误原则和盲目欲望的巴别塔，是思想的动物园，我没有兴趣成为其中的一只野兽。"他说他倒也不害怕未来的威权甚或极权统治，不管它采取何种形式。许多地方的空气都是可以呼吸的，狂热分子也会因对冒犯他们的人类的仇恨而精疲力竭，他们自己也是人；他们的本性会进行报复，某种合情合理的东西还是会从源头冒出来。

桑塔雅纳认为，由于繁荣意味着受物的辖制，自由派人士很快就会显示出他们真心所爱的并非自由，而是进步；而且自由派人士的"进步"意味着竞争和扩张。以前凭借其特有技能或者古老简朴的生活感到心满意足的普通人，在追逐财富的比赛中毫无获胜的希望，并早早地把自己弄得筋疲力尽，然后就只能在苦闷无聊中继续苟延残喘。虽然名义上教育日益普及，民众都能识文断字，但却受到媒体的操控，被灌输了形形色色的迷信。他也有一个预言，"最大多数人的最大幸福"这一准则大概会变成"尽可能多的人的最大程度的无所事事"。今天我们看到，科技的发展和经济的繁荣确有可能让这样一个庞大的"无用阶层"出现。

柯克在后来增补的内容中也指出：艾略特依然承继了伯克与柯勒律治的传统；他的一些著作如《对文化之定义的讨论》属于近年最有价值的保守主义论著之列。他还提到奥克肖特是伯克的一位才华过人的追随者。在美国方面，柯克也提及了离他生活的时代较近的一些保守主义者，指出维沃、张伯伦、维瑞克和泰特代表了保守主义信念的一些不同面向，以及在20世纪40年代，一群自由保守主义经济学家开始对鼓吹经济规划的理论家们发起反击，这一保守主义流派的某些杰出代表人物往往是从欧洲来到美国的——如奥顿、哈耶克和罗皮克，米塞斯也经常采取与保守主义者一样的立场。德鲁克的很有影响力的著作阐明了今天的政治经济学中的保守主义倾向。尽管兰德的作为一个自由至上主义者的作品，尤其是她的小说对美国社会发生了很大的影响，但柯克完全没有提到她。他不接受她（他）们的无神论或者世俗主义立场。

四

我们从柯克这本书可以看到英美各种保守主义思想的共性和差异，这本书展现了一种保守主义的连贯性和一致性，也展现了保守主义思想观点和风格上的丰富和差异性。我们在其中还将读到一些我们比较生疏的思想家、政治家，甚至文学家，柯克把他们罕为人知的思想打捞出来。保守主义其实不想成为一种“主义”，或者说最不像一种“主义”。保守主义在现代从不显赫，但一些保守主义的观念和冲动又一直广泛地存在于人们心里。柯克写道:《保守主义思想》这本书描述了一些或一种类型的学者珍视人类生活中永久事物的倾向。

青年柯克在这本书中，不仅梳理了英美保守主义的思想源流，也确立了他自己的思想立场。这也是他在后来的《美国秩序的根基》中所阐述的思想立场:他强调秩序，但却是一种有自由的秩序;而且，这种秩序是和一种神圣的秩序相联系的，后者是前者的基础。秩序中要有自由，但这种自由不是抽象的自由，而是具体的，常常是体现在成规中的自由。这种自由秩序需要法治的保障，而法治又依赖于各种权力的平衡和互相制约的制度架构，但社会又是不断变化的，这就还需要政治家具有一种谨慎平衡的美德。

正是基于这种立场，他在正面展示保守主义者思想的多样性的同时，又对其中一些保守主义思想家有自己的批评。他对自由主义，对英国的功利主义，尤其是对密尔，以及对美国的爱默生等人的超验主义、杜威的实用主义都有批评，有时甚至可能是过分的批评。他对有些被视为保守主义阵营的思想者则完全没有提及。这也许是因为他更重视灵性生活。他也比自由至上主义者更重视国家秩序而不是个人自由，尤其是反对满足各种欲望的充分自由，乃至对有限政府的强调也不是他的重点，或者说，他区分一般的政治秩序和特殊的政治秩序，区分国家与政府。我们的确可以看到，他还是更加重视那些重视基本的政治秩序，尤其是将社会政治秩序与神圣信仰秩序联系在一起的思想。

柯克在他这本书的第一章阐述了他认为的保守主义思想观念所包含的六项原则。简要说就是：第一是承认存在着神意，存在着永恒的东西、超越性的存在，而且这永恒的神意或神圣秩序是与社会政治紧密相关的，也是将所有先人、现人与后人联系在一起的。第二是珍爱传统，而这传统是多样且有一定神秘性的，他反对整齐划一。第三是相信文明需要接受一定的差别秩序和等级，他反对绝对平等。第四是相信自由与产权、文明密不可分。第五是认为人要控制自己的意志和欲望，也就是说自由绝非放任自恣。第六是认为保守主义并不反对改革和更新，但是倾向于渐进。

柯克在其他著作中也阐述并多次修正过保守主义的诸种原则。除了上面所述，还谈到了反对完美主义和人为的集体主义，政治的审慎平衡、对权力的制约等等。柯克是属于保守主义中更强调传统和信仰、更注重精神和灵性的生活的一派。* 他更强调节制人的物欲和其他方面的欲望，而对有限国家、小政府的主张并不是那么强调，对社会福利、缩小社会的贫富差距也保持开放性。在国际关系方面，他更强调让美国成为自由文明的样板，而不是将美国秩序强行推广到世界，因为强行扩张不仅可能有损于美国的利益，也违背容有各种文明传统多样性的原则。

柯克强调想象力。这肯定不单单是那种文学艺术的想象力——虽然柯克对这种想象力也相当重视，但更可能的是指一种与理性迥然有别的信仰的想象力，以及在自己的思想中保留一份神秘的想象力，乃至也包括不缺乏现实

---

* 一个更广泛的对美国保守主义流派的叙述，可以参见纳什的《美国 1945 年以来的保守主义知识运动》，他认为二战后美国保守主义思想有三大源流：一是自由至上主义者，往往来自欧洲，尤其中欧的哈耶克、米塞斯等，他们捍卫古典自由主义，经济自由主义，反对计划经济，多表现在经济领域，强烈反对大政府。这方面还有兰德、索维尔等。二是保守传统信仰与道德者，尊重美国殖民和独立历史，强调基督教信仰传统与人生和社会政治的联系，甚至认为政府也应尊重和理解传统宗教，反对个人随心所欲、任意妄为的自由，这方面有柯克等。三是反对激进主义者，其中许多是原来的激进信仰者，但后来失望，或者认识到其真正本质的，这方面有钱伯斯等。参见 George Nash，“The Conservative Intellectual Movement in America Since 1945”，Intercollegiate Studies Institute，1996.

感的对未来的想象力。比如说，他称既写小说，也是政治家、外交家的迪斯雷利是“有想象力的保守主义者”，认为他对此后英国保守主义政党长期执政贡献甚大。他所说的“想象力”看来又还是基于现实，乃至能够应变的一种想象力，即在世俗政治中既保留精神的信仰，在追求信仰中又能够处理时代问题。

柯克也特别强调保守主义与乡村生活和农业文明的联系。这能够解释保守主义的物质基础和文明根基，以及为什么保守主义在近代凸显而又节节败退。保守主义与农业文明是相当适应的，它就是农业社会的主流思想。乡村生活是稳定的，连续的，可预期，变化可控甚至可循环的。当然，乡村社会又是包含差序等级的，乡绅常常成为其中引导生活的重心。保守主义常常含有对乡土和乡村生活的眷恋，而工业文明是一个伟大的均平者或者说“推土机”，它铲平一切，改造一切，唤起欲望，推动竞争。而如果保守主义还要在工业社会保持活力，它就不能只是怀念过去，还得找到恰当的生存形式。但无论如何，它的存续对今天的工业社会是重要的，尤其是当今天的工业文明看来还要进入或分出一个更加高速发展的高科技文明的阶段，这种高科技发展到某一顶点可能还要威胁人类生存的根基，有一种制动的观念装置就是不可或缺的了。

《保守主义思想》显然是一部思想史，甚至可以说是一部心灵史，它不是像伯克那样以疾风暴雨的言辞回应疾风暴雨的时政的，也不是像迈斯特那样退到边缘地带反思乃至反向而动的。它也不是一个思想体系。它也许不是那么原创，但却赋予了英美的保守主义思想一种连贯性，并将其最突出的一些特征显示出来了，它也使那些具有保守主义思想的人们不再犹豫和躲闪，而愿意直接就接受甚至使用“保守主义”的称号了。即便在一个无比崇尚进步的时代，成为一个“保守主义者”也不再是一件让人羞愧的事情了。就像他自己说到的，这本书并不打算给读者提供一种“保守主义的意识形态”，因为保守主义者们拒绝所有形式的意识形态。但他希望给保守主义的冲动提供一种解释和正当性证明。

柯克不是像奥克肖特那样的学院智者持一种有怀疑论倾向的保守主义观点，他肯定永恒事物和超越信仰。学院智者的好处是还能留在学界与学人对话，不足是离社会和大众较远。柯克很早就退出了大学体制，但他也没有直接参与政治运动和组织，他不是一个行动家，而还是一个思想者、作家兼乡绅。他并不一定是直接对大众说话，但他通过著述、演讲，书房，甚至自己乡绅式的生活方式还是影响了许多年轻的文化人。

五

在今天这样一个继续汹涌向前的时代，保守主义还有未来吗？它还能影响未来吗？甚至还可以问：它如此专注于过去，它能够看清未来吗？美国、西方，乃至人类的未来又将怎样？保守主义还能在未来的人类事务进程中起作用吗？或者说可以起何种作用？

柯克这本书最初自拟的书名叫作《保守主义的溃退》，在他看来，从总体上说，激进思想家已经胜出。自伯克以后的一百五十多年里，保守派不断收缩自己的阵地。它无法抗拒工业主义、集中化、世俗主义和平等诉求的时代主流，尤其是难于抵制工业化的影响，他甚至认为工业化对社会的影响胜过所有平等派的著作。但他也指出保守主义之所以溃退，还有来自自身的弱点：保守派思想家缺乏足够的敏锐去解析现代社会的种种难题。

即便如此，尽管保守主义遭受了重重打击，其中最严重的方面尤其是领袖人物的原则，秩序与阶层的观念，以及将敬畏与道德和社会自立精神结合起来的努力，柯克还是认为，仍有足够多的东西被保留了下来。比如基督教在大西洋两岸的延续，在英国的表现形式是国教会，在美国的表现形式是积极参加教会活动并公开认可基督教的道德观。英国的宪制依旧承认国王、上议院和下议院；依旧认可英国人古老的权利，哪怕在以紧急需要为借口侵犯它们时也是如此。在美国，联邦宪法作为西方文明史上最富有远见的保守主义文献而保有长久的生命力；约翰·亚当斯与南方的政治家们所捍卫的利益与权力的制衡也仍在发挥作用。

柯克也指出一种合流或者说联盟：即真正的保守主义和老式的自由至上的民主现在开始趋同。而且很可能在未来的许多年，保守主义者会捍卫宪政民主体制，视其为传统和秩序的储藏库；而明智的民主派人士也会拥护保守主义的思想，视其为可借以对抗新秩序规划者的唯一安全稳固的观念体系。

保守主义和激进主义几乎是全面敌对的，但和自由主义却有种种纠结和关联。一位著名的批评家特里林曾经说：在这个时代的美国，自由主义不仅是主导性的，甚至是唯一的思想传统。自由主义者的理论现在本质上是枯燥空洞的；可是他无法领会别的替代性思想体系。但比他指出的问题可能更重要的一个问题是：美国的自由主义者越来越像一种“平等进步派”，他们崇尚不断进步，而且这种“进步”越来越多地指向一个单一的方向，即指向物质生活条件的平等和欲望的自由，为此甚至损害精神的自由、法律的平等也在所不惜。而保守主义也有曼斯菲尔德所说的是“慢些走”还是“往回走”，或者说是“渐进”还是“回返”的不同，但即便是“往回走”，也还有究竟“回到哪个时候”的差异，以及保守主义者对时代趋势悲观到什么程度的差异，对自身所向往的“好的生活”究竟是什么样式的差异。

我在《美国大选背后的价值冲突》一文中曾以《独立宣言》为例谈到美国历史上形成和追求的六个核心价值，*这些价值既有互相联系和支持的因素，但也有带来分歧和冲突的因素。传统的三个价值是：生存、信仰、独立；新兴的三个是：自由、平等、幸福。独立中已包含自由，但是否自由至上则还有一些争议；对平等的理解则有很大的分歧，而幸福则是一个广义的概念，其中包含着生存、独立和自由，但也有是以物质生活为中心还是精神生活为中心的分野。而今天美国社会对这些价值的理解方面的差异，以及实践中的分歧和冲突似乎还在愈演愈烈。

我们前面介绍了亨利·亚当斯兄弟等人对未来的预言，其中有些预言甚

---

* 参见《美国大选背后的价值冲突》，分别刊于《探索与争鸣》2017年第2、3期。

至是惊人地被验证了，但总的来说，那也可能是太悲观和消极了。我们也的确注意到许多保守主义者并不是消极无为的，他们也常常是积极的行动者，他们的行动也更多的是指向建设、保守而非破坏——虽然一种绝望也可能激起可悲的暴烈行动。而保守主义的思想者是有理由和责任强调在行动之前总是要想一想的。*

当然，除了基于悲观的思想和行动，也可以有一种悲观的达观：已经这样了，那就这样吧。或者就像林肯总统那样说，“对于那些喜欢这类事的人来说，这就是他们喜欢的那类事”。崇尚自由平等的杰斐逊也同样怀恋“自然贵族”和农业生活，但在柯克看来，杰斐逊的美国和约翰·亚当斯的美国都同样日落西山了。不仅美国、西方，就连整个人类的精神文化可能都无可避免地衰落了，高科技——尤其是基因工程和人工智能可能带来的危险还有可能危及人类自身的生存。

柯克还不是那么悲观绝望的，更不是消极的。他认为，如果维系文明传统的希望被寄托在美国身上，富有才智和认真负责的美国人就应对某种一般性的行动方案达成共识。在制定方案时，美国的保守主义者一定首先要问，美国必须保护好哪些社会建制。和英国不一样，他们没有国教会，没有乡绅，没有教区牧师，没有古代的光环，没有真正的与众不同的中产阶级，没有帝国的虚荣。不过，他们确实有世界上最好的成文宪法，最安全的分权体制，分布范围最广的财产，对共同利益的最强烈的意识，最繁荣的经济，高贵的道德与思想传统，以及在当代无与伦比的坚定的自立精神。

在50年代初，柯克写道：“如果保守主义秩序真的能够回归的话，我们就应当了解其所依附的传统，这样我们就能重建社会；如果它无法复归，我们同样应当理解保守主义观念，这样，我们就能从历史的尘埃中打捞那些尚

---

* 就像柯克所说的，回忆一下马修·阿诺德对他自己那个时代自由派混乱处境的描述是：通常都有足够多的喧嚣，还有非常少的思考。但正如歌德所说，行动是如此容易，思考是如此艰难！这大概尤其是指具有反省性的思考。

未被不受节制的意志和欲望之火烧掉的焦黑的文明碎片。”

在1986年的第七版序言中他已经比以前乐观多了，他写道：“越来越多的美国公众、也有越来越多的英国公众（尽管不那么明显），乐意称自己为保守主义者。直到1980年，美国的自由主义和英国的社会主义已成为明日黄花。”但他这可能又是太乐观了。后面的人们应该能比柯克对此看得更清楚。当然，他对时代总的潮流也并非没有清醒的认识。他说，像1980年那样的“选举性的成功可能是具有迷惑性的”。他指出精神文化还是不可遏制地在衰落：“我们这个世界现在的一般状态，还是处在进一步的衰败中。在这本书首次出版之后流逝的这些年里，整个文化沉落到了最深渊。”*

在柯克看来，美国人的一个问题是，他们似乎比任何其他民族都更崇拜眼前的财富，甚至连长远利益都不考虑。当然，另一个方面，我们又看到美国人的宗教情结似乎又比其他西方国家的人们更为强烈。或许，只有宗教，只有对一个超越性存在的信仰，才能让人类充分认识到自己的有限性，从而在大灾难到来之前放慢或停下脚步。但是，当人们不感觉危险的时候，他们不会接受甚至不会倾听不断提出警告的保守主义；而当大多数人都感到了危险并准备倾听和接受保守主义的时候，一切又可能太晚了。

无论如何，人类的自由、人类文明的传统和未来，甚至人类是否延续生存的未来，都将和保守主义的思想命运相关。

---

* 参见“Foreword to the seventh revised edition”，*The Conservative Mind*：*From Burke to Eliot*，Regnery Publishing，Inc. 2001，xvii.

译序

保守文明，在变革中呵护永恒

张大军

毫不夸张地说，如果没有拉塞尔·柯克，美国当代保守主义运动便不可能在过去几十年间取得如此大、影响如此深远的成就。同样可以毫不夸张地说，柯克正是凭借他出版于 1953 年的成名作《保守主义思想》这本书，不仅在 20 世纪 50 年代便开启了美国现代保守主义运动，而且此后也持续不断地为这一运动提供思想和观念的灵感，让它一直保持着鲜活的生命力。柯克的先知性思想和无与伦比的才华让他有了一人成军的赫赫威势，在过去几十年间成为美国思想界和文化界的一座罕有匹敌的高峰。直至今日，美国普遍被认为是一个偏保守的国家，其中柯克先生的思想贡献，无论给予多高的评价都不过分。

可是，八年前的我对于这位当代美国首屈一指的天才式思想家（在该书初次面世的那一年，柯克年仅 35 岁）仍一无所知，因为我是在 2011 年移居美国后才初次接触到他的作品的。我至今尚能清楚地记得在初读这部作品时所感受到的那种双重震撼。第一重震撼是书本身带给我的。首先，从内容格局上看，《保守主义思想》这本书有一种广博深邃的文明视角和高贵典雅的文明抱负，厚重质朴中透出发自内心的温情善意和普世大爱。不难看出，作者怀有悲天悯人的文明胸襟，于博大深刻中不动声色地体现出对人类命运的关怀。他在本书中以永恒真理和现实人性为支点，以 18 世纪晚期以来的现代历史为参照，基于对历史和现实的深刻反思，为后人提供富有智慧的思想和行动建议。一言以蔽之，这是带着生命气息的思想，而非冷冰冰的基于所谓的客观理性的知识；这也是带给人文明的盼望与希冀的思想，而非让人绝望或无力的知识。其次，从论述风格上讲，作者以平易近人的口吻将他的闪耀着理性和灵性之光的真知灼见娓娓道来，让人有如沐春风之感。亲切随和的文风与无处不在的文明情怀相得益彰，也许，这种文风最适合表达作者最为在意的那种宗教情感和习俗性生活经验。笔者推想，柯克先生是在有意识地以谦卑的态度阐述、升华、传播、分享一种高贵的文明理想。让笔者感到非常振奋的是，这种风格与中国人注重情感和实际的思维方式比较接近，不同于很多思想类作品的佶屈聱牙和故弄玄虚。再次，从语言技巧上说，书中既有严谨慎重的逻辑推演，也有优美畅快的平铺直叙，更有充满想象力的诗意表达，语言优美文雅却没有华而不实的虚浮。这种种不同的表述方式在书中交替出现，不仅没有违和感，反而交织融合成一曲既冷静从容又热情澎湃的超长交响乐。内容、风格和语言这三个方面都如此出色同时又相互增光添彩的佳作，实在太少见了，所以，笔者被深深地震撼，也就在情理之中了。于是乎，在阅读的过程中，我的脑海中经常会浮现“文质彬彬，然后君子”这八个字。对笔者来说，这是罕见的阅读体验。

笔者感受到的第二重震撼是，自己对美国的保守主义思想竟然如此无知，对美国文化与政治的了解居然如此浅薄。在阅读本书之前，笔者自以为对保守主义尤其是美国共和党的理念和政策有所了解，可是，看完此书之后才明白，以前的那种理解过于粗鄙简陋，过于急功近利，过于狭隘偏颇。换句话说，以前的口号式理解可能适于轻率地在政治上选边站队，与政治思想和见识无关，更与文明意识和永恒真理无关。质言之，书中所阐释的保守主义不仅仅是一般的政治哲学，更是一种关乎文明本身的思想体系。实际上，保守主义的视野远远超出政治，柯克先生在书中明确指出，一切政治问题最终都是道德问题，也即与永恒真理息息相关的文明问题。因此，文明才是保守主义者念念不忘的思想主题，而政治是文明的一部分，或者更准确地说，政治是从文明中自然而然地衍生出来的。虽然政治有其自身的特点并对文明有重大的影响，但文明必须高于政治，而不能相反。人类只有拥抱基于永恒真理的文明与道德，才可能有资格享受秩序、正义与自由，并尽量减少不必要的混乱、不义和强制。如此一来，人们才可能活在希望之中，每个人内在的生命之花才可能充分地绽放，社会才可能形成一个既充满活力又仁爱有序的共同体。就这样，在书中所呈现的广阔的视野、诗性的洞见、理性的澄明以及信仰的质朴面前，我思想情感上的粗鄙、肤浅、庸俗和自以为是统统现出了原形。

因此，《保守主义思想》成为对笔者影响最大的一本书。或者说，这本书改变了我，不，这本书提升了我。其中影响最大的一个方面是，它促使我重新思考自己身上的文明传统或“基因”。在阅读本书的过程中，笔者常常会想起爷爷在我儿时对我的基于传统伦理的谆谆教导，想起一生遭逢无数磨难却不改善良质朴宽厚本色的父亲，想起我在其中长大成人的河南信阳毗邻安徽的一个有各种矛盾冲突和传统陋习却仍大体上充满温情和敬畏感的习俗性社会。无论是爷爷的谆谆教诲，还是父亲的人格榜样，抑或故乡的偏远闭塞却非常具有人情味的农村习俗性共同体，都是中国源远流长的文明结晶，都部分地体现了流淌在历史长河中的永恒真理，也都值得作为继承人的笔者去回味、珍惜与呵护。正如本书作者最为推崇的英国思想家埃德蒙·伯克所言，文明的载体是一个将死人、活人与未出生之人联结在一起的永恒的灵性与社会共同体。不管我们出于何种原因武断地割裂这种灵性与社会的永恒联系，文明一旦陷入了险境，我们的后人将很可能生活在文明的废墟之上，他们对美好生活的希望便没有了依托。

于是，一方面基于对这本书所展现的文明高度与文明力量的倾慕，一方面也是为了对自己成长环境中的那些文明要素表达敬意，笔者决定动手翻译这部作品。

总起来说，这是一部论辩色彩极浓的书。正如保守主义的创始人伯克所预言的，1789 年的法国革命成为西方历史上最富划时代意义的事件，因为自此以后，各种追求新花样的创新思潮不断地冲击着西方传统的政治社会结构，也从各种不同的角度和侧面挑战作为西方文明之根基的宗教道德体系。职是之故，具有文明守护意识的西方思想家和政治家便起而回应法国革命以来的种种新思潮、新花样和新挑战。这本书就是对从 1789 年到本书初版之前的一百六十多年的思想论辩的提炼、总结、升华和扩展。正如本书作者在第一章所明确指出的那样，保守主义主要应对的是这六大思潮：18 世纪启蒙运动知识分子和休谟的理性主义，卢梭及其盟友的浪漫解放思想，边沁学派的功利主义，孔德学派的实证主义，形形色色的集体主义的唯物主义，以及科学上的达尔文主义。在保守主义看来，这六大思潮都属于积极要求变革传统文化和价值体系的激进思潮。柯克先生是如此概括除达尔文主义科学信仰之外的这些思潮在五个方面的相似性的：它们都认可人的可完善性和社会进步的无限性，也即认可人有变为神的潜力，否认人的罪性；它们都反对基督教的传统，摈弃先人的智慧，否认历史连续性的重要意义；它们都一方面追求政治上的均等化，蔑视基于自然差异的秩序，另一方面又都推崇中央集权；它们都鼓吹经济上的均等化，质疑财产权，尤其敌视土地财产权利的拥有者；它们都不认同伯克的国家观，因为“伯克视国家为上帝命定的道德实体，一个联结死人、活人和未出生者的精神联盟”。

上述激进思潮虽然历史渊源、立场、角度和诉求各异，但它们在当今的西方世界也还各有其继承人和支持力量。为建设性地回应这些思潮以及它们各自的诉求，柯克先生提出了保守主义的六项核心准则：

首先，“保守主义确信存在着某种主导社会生活和个人良心的神圣意志”。这种神圣意志既规定了人的道德权利，也规定了人的道德义务，人的道德权利与道德义务是紧密相联的，要想享受权利就必须承担义务。神圣意志、上帝的护理或者天命天意是人的道德性存在的必不可少的前提条件，因为“狭隘的理性……无法满足人类的需要”。合宜的政治是在现实生活中将被如此理解的道德权利与道德义务付诸实践的艺术。

其次，“保守主义珍爱多姿多彩并带有神秘性的传统生活”。对保守主义者来说，绝大多数传统生活方式既不“落后”，也不迷信愚昧，而是有着鲜活生命力和“愉快的趣味”的生命实践。而且传统生活基于各地的历史经验和习俗，具有无比的丰富性和多元性，所以“它明显区别于大多数激进观念体系所推崇的日益狭隘的整齐划一，以及平等主义和功利主义的目标”。

第三，“保守主义坚信文明社会需要多种秩序和等级”。上帝创造的世界是一个有秩序的世界，保持道德以及政治、经济和社会的有序状态是文明存续的前提。这些秩序都建立在人的自然差异之上，追求平等的秩序最终要么陷入暴政的泥潭，要么陷入可怕的无政府状态。“唯一的真正平等是道德上的平等”。

第四，保守主义注重对财产权的保护，认为财产权是自由的基石，没有了个人财产权，个人自由便不复存在。作者在书中特意指出，“伯克之后的保守主义从洛克的全部观念中继承下来的只有这一点：政府源自保护财产权的需要”。而且私人财产权会促进文明社会的良性竞争，让社会保持一定的活力。

第五，保守主义认为传统习惯具有约束人的无法无天的冲动与欲望的功能，因此是文明体系必不可少的组成部分。相比于现代的理性计算，传统的习俗具有更强大的道德净化作用，因为习俗中凝结了无数代前辈的生命体验和智慧。

最后，保守主义反对不停地追求创新改革。社会是精妙复杂的文明体系，其中既蕴藏着先人们的智慧，更有美好的神圣天意。大幅改变社会往往会导致适得其反的效果。但是，保守主义不排斥变化本身，因为变化是“自我保存的途径”。

柯克先生正是以保守主义所主张的原则为经，以它反对的各式各样的激进思潮及其变种为纬，通过本书所选择的政治、思想和文化领域的一系列历史人物，描绘出保守主义在过去一百多年间的演变过程。书中的历史人物都分别有各自不同的出身、性格和背景，但正如作者所说：“保守主义者从伯克那里继承了一种才干——根据时代的状况重新表述他们的信念。”因此，书中的各个人物都有针对自己处境和问题的精辟独到的思考分析，也都有让人击节赞叹的洞见和思想火花。这些更加细微和具体的论述让上面所罗列的保守主义原则丰满充实起来。保守主义者的处境化思考方式体现出保守主义所强调的审慎的权宜之计的原则。也许，正是由于它虽坚持原则，但不将原则意识形态化的思想方式，保守主义才得以在历史的流变中保持充沛的应变力和竞争力。但是，万变不离其宗。保守主义在过去一百多年的一波波变革潮流的冲击下，始终不忘那永恒不变的道德真理。反过来也可以说，正因为保守主义将自己的根基牢牢地锚定在那永恒的真理之上，它才能抵御住历史和人性的狂风巨浪的冲击，成为文明的最有力的辩护者、维系者和扩展者。

在本书的最后一章，作者在预言并期待保守主义的复兴时，着重谈了美国的角色和作用。在本书初版时的 1953 年，美国是当时世界上当之无愧的超级大国，延续提升人类文明的重任自然而然地就落在了它的肩上。非常难能可贵的是，作为一位参加过二战的美国人，柯克从美国的这种文明使命中感受到的不是虚荣和骄傲，而是沉甸甸的责任和忧患意识。他明确指出了美国的两种可能的角色选择：“作为一种毁灭性力量的美国与作为文明守护者的美国。”事实上，这种宏大的眼光和悲悯的情怀正是柯克作品能够说服人和打动人的重要原因之一。同样，这也应成为我们学习和理解保守主义的一条重要线索。现代世界的格局大体上是英美或盎格鲁撒克逊人奠定的。英美保守主义最让人钦佩的地方之一就在于，它指出了现代世界格局内在的矛盾和问题，并以解决缓和这些矛盾和问题作为自己思想的宗旨和目的。本书所体现的思想活力、文明自觉意识和内在的担当精神恰恰是英美能够主导现代世界秩序的最根本的基础。亲身经历过惨烈的第二次世界大战的柯克先生深切地感受到，如果没有健康有力的文明意识，现代世界不仅会提供丰裕的物质和舒适的生活，而且还可能导致毁灭人类和地球的战争。

保守主义不仅着力于避免人与人或国与国之间的毁灭性冲突，而且非常关注现代性对人本身的冲击和伤害。因此，研习英美保守主义思想的最大益处也许不在于找到一条迅速成功的道路，而在于理解文明的内涵以及人之存在的意义和丰富性。柯克先生在书中不厌其烦地多次强调，尤其需要警惕现代社会无限膨胀的物质欲望。他在书中引用托克维尔的话警告说：“它（物质主义）不会败坏但会弱化灵魂，并无声无息地扭曲行为的动机。”然后作者自己评论说，“这种沉湎于有限世界的做法会极大地遮蔽对无限世界的任何感知；由于漠视上帝自己灵性力量的存在，人不再是真正的人”。这是保守主义对现代资本主义民主体制最为深刻的批评和警示之一。保守主义所忧虑的是，现代性本身可能成为通向奴役之路，因为在现代的机械化、信息化生产与消费的时代背景下，在过于强调物质欲望和自我满足的现代思想的助推下，人们可能会变成一个个失去灵魂和道德依归的原子化个体。这些个体除了满足自己当下的物质欲望外，对先人和后人不再有任何责任，也没有能力承担任何责任。也就是说，真正的人（也即富有道德、灵性和理性的人）最终会消失，文明将不复存在。究其原因，很多人推崇的现代化与人类几千年的宗教、道德和文明传统割裂，蔑视人类的集体文明智慧，由此带来的经济发展看似生机勃勃，实则一直在为自己的败亡甚至文明的消亡添砖加瓦。在这样的关头，人类文明的存续需要保守主义的复兴。人类必须认识到，他们是与先人和后人永远联结在一起的永恒的灵性与社会共同体。正是出于这种强烈的忧患意识，保守主义强调永恒之物，强调历史的连续性，极力反对把现代与传统对立并截然两分的做法。

鉴于此，保守主义要保守的是文明的真善美以及高洁脱俗的气质和品味。不过，以资本主义民主体制为重要内容的现代化在某种程度上是保守主义所保守的那些特质的产物，因为正是这些高洁脱俗的文化思想体系才使得资本主义赖以发展壮大的科技创新、现代管理、法治秩序、信用体系成为可能。这种体系具有强大的生命力和旺盛的活力，因而能创造出巨量的财富，并实现相对公平的分配，这样的结果当然就是资本主义与民主的联袂而至。资本主义与民主凭借其自身的强大力量和意识形态体系又威胁到保守主义最为珍视的那些价值与品味。这就是现代西方基督教世界很多政治、社会和文化冲突的来源。因此，保守主义在为自己的主张辩护时有非常明显的内在张力。比如，保守主义强调财产权和富有德行的领袖阶层的重要意义，但同时又要照顾民众，强调共同体的价值，反对过度甚至一般性的个人主义；保守主义对民主和资本主义体制保持警惕，却又只能暂时寄身于民主和资本主义体制之下；保守主义反对一般意义上的革命性变革，却又要为英国的光荣革命和美国的独立革命辩护；保守主义强调竞争对社会活力的重要性，却又非常警惕缺乏文明意识的财阀或富豪。这些两难并非由于保守主义立场不坚定。恰恰相反，它们正体现了保守主义对待自己思想的谦卑态度，因为保守主义在坚持原则的同时，也承认大千世界五彩缤纷的多样性，以及权宜之计和审慎的重要性，反对把自己的思想意识形态化、格式化或标准化。在这种情况下，保守主义的原则被应用于极其复杂且变动不居的处境中，难免会得出表面上看似矛盾的结论。从更深的层次上说，这种思想上的谦卑反映了保守主义对人性两难的认知，以及对理性的有限性的认知，也促使他们非常敬重宗教与习俗。其中的原因是，千百年来，宗教信仰和习俗在应对人的现实问题时需要不停地面对这种人性的两难和理性的有限性，在此过程中沉淀了有时不易为人察觉的那种具有超越性和神圣性的集体智慧。因此，它们是人类文明最重要的存储器，是连接现实与永恒的必不可少的思想与灵性的载体，是让处于急速变革时代的现代人依然能够拥抱意义、价值、爱与希望的无比珍贵的文明遗产。

本书带给笔者的思想启迪和冲击无法在这篇短文里得到全面充分的阐述。总而言之，柯克先生以其非凡的大脑提炼出来的西方文明的诸精华要素让笔者经受了一次深刻的精神与思想洗礼，也让笔者有了文明的胸怀和文明的追求。笔者衷心地希望，中文世界的读者同样能从本书中获益良多。

2019 年 2 月 20 日于华盛顿近郊

第一章　保守主义观念

“一群愚蠢的人”——约翰·斯图亚特·密尔（John Stuart Mill）是这么形容保守派人士的。19世纪的自由派人士认为与此类似的某些言简意赅的说法会长久有效；不过，在自由派和激进派理论分崩离析的当下，密尔的这一论断需要被重新检讨。不错，很多缺乏想象力、怠于思考的人士会以他们自己的惰性作为保守主义存在的理由。F.J.C. 赫恩肖（Hearnshaw）总结道：“如果保守派人士只是坐下默默地思考，甚或只是坐着，就实用目的而言，这就足矣。”[1] 现代最伟大的保守派思想家埃德蒙·伯克（Edmund Burke）不耻于赞许一般凡人的忠诚品格，这些人的自信源自成见（prejudice）和旧习惯（prescription）。他以爱护有加的笔触将他们比喻为英格兰橡树下的牛群，对各种激进变革的论调充耳不闻。但是，在过去的150年间，博学和天才之士也在为保守主义原则辩护。考究保守主义观念以查验它们在这个混乱时代的有效性，是本书的目的。本书并非一部有关保守派政党的历史书，实乃一篇篇幅很长的随笔性论文。英国和美国保守主义的精髓何在？英格兰和美国具有什么样的共同观念体系，让那些有着保守天性之人能够持续抵制法国大革命肇始的激进理论和社会变革？

沿着都柏林法院大楼（Four Courts）圆顶西侧一点的利菲（Liffey）
河边散步，你会走进一个无窗的老式门道。这里是 18 世纪一处房屋残存
的遗迹，屋顶已荡然无存。直到不久前，房子还在，也有人住，虽然条
3 件很差。这里的地址是阿兰（Arran）码头 12 号，以前曾是一个三层的
砖房。起初，它是一位绅士的居所，后来变成一家店铺，很快又成为处理闲杂事务的政府办公室，1950 年被拆毁。房屋的历史表明，1729 年之后的爱尔兰社会所经历的变革幅度很大。就在那一年，埃德蒙·伯克这位最伟大的爱尔兰人降生在那里。现代都柏林的历史记忆尚没有超越奥康奈尔（O’Connell）时代，伯克出生地被摧毁似乎也没有激起什么抗议。河对岸曾经是莫伊拉伯爵（The Earl of Moira）的住宅，现在则是一家旨在消灭乞讨现象的社团办公室；再远处便是巨型的吉尼斯啤酒厂。在伯克旧居（或其遗迹）后面朝向圣米占（St. Michan）老教堂（据说伯克在这里受洗）的地方有一片摇摇欲坠的贫民窟，光着脚的孩童们在残破的墙壁上玩闹。你如果往奥康奈尔大街方向走，很快便会看到三一学院辉煌的建筑外观和伯克与戈德史密斯的雕像。在往北靠近帕奈尔（Parnell）广场的地方，你能听到爱尔兰的演讲者正通过扩音器宣告已成功将鳏夫寡妇的养老金增加了 7 倍，以此表明他们的心意。也许，此时你会和伯克一起浮想联翩：“我们是何样的影子，又在追索何样的影子！”

与伯克所处的时代相比，都柏林已有了很大的变化。不过，对游客来说，爱尔兰有时却像时代洪流中传统的避难所，而都柏林则看起来像个保守的老城；它们确实如此。一个排斥传统、崇尚平等和欢迎变革的世界；一个热情拥抱卢梭、接受他的全部学说并呼唤愈益激进的先知的世界；一个被工业主义污染、被大众品味标准化以及被政府强制整合的世界；一个被战争摧毁、在东西方两大国间战栗、在满目疮痍中面临解体危险的世界：这就是我们时代的光景，伯克在 1790 年曾以激情澎湃的笔调预言过的一个世界。从总体上说，激进思想家已经胜出。150 年来，保守

派不断收缩自己的阵地，除了一些防守之举偶尔取得胜利之外，他们的退缩可谓一败涂地。

然而，他们惨败的原因并不清楚明了。人们可能会给出两种概要性的解释：其一，在现代世界，“处于支配地位的是**物**（things）”，而保守派的观念不管何等合理，却无法抗拒工业主义、集中化、世俗主义和平等诉求的没有任何道理可讲的压力；其二，保守派思想家缺乏足够的敏锐去 4
解析现代社会的种种难题。这两种解释各有其道理。

本书旨在评析保守主义**思想**。对于那些既是保守主义观念产生之温床，又是其成果的物质力量和政治潮流，限于篇幅，我们无法展开细致的讨论。同理，我们也只能简要地论及保守主义的那些激进的反对者。针对 1790 年之后的时代有一些不错的政治史，自由主义和激进主义的教条已经被大众认可；保守主义则很少有自己的历史学家。尽管研究法国和德国的保守主义观念［迈斯特（Maistre）、伯纳德（Bonald）、基佐（Guizot）、根茨（Gentz）、梅特涅（Metternich）和其他十几位才智之士通过借鉴伯克将其与英国和美国思想联系起来］是十足的趣事，鉴于这一论题过于错综复杂，不宜纳入本书的范围。在所有欧陆思想家中，只有托克维尔是本书讨论评析的对象，其中的主要原因是他对美国人和英国人有持久的影响。

如此一来，《保守主义思想》的内容仅限于探讨英国和美国的那些坚守传统和古老建制的思想家。1790 年以来，在所有大国中，只有英国和美国没有发生革命，这似乎表明它们的保守主义是一股不断成长的强大力量，对此进行考察可能会让人获益匪浅。为了进一步缩小研究范围，本书的分析仅限于伯克一系的思想家。因着确信伯克一系的思想家才是保守主义原则的真正捍卫者，我没有纳入本书视野的包括：像罗伊（Lowe）之类的大多数反民主的自由派人士、像斯宾塞（Spencer）之类的大多数反政府的个人主义者，以及像卡莱尔（Carlyle）之类的大多数反议会体制的作家。本书后面将讨论的每一位保守派思想家——甚至包括属于伯克同时代人的联邦主义者——都受过伟大的辉格党的影响，尽管伯克的思想有时是通过知识的层层传递才渗透到他们那里的。

直到1790年，借着《法国革命反思录》* 的出版，现代意义上的保守主义才有意识地正式登场。就在那一年，伯克的先知性洞见首次让公众意识到保守与创新这一对立的两极。法国大革命歌舞剧揭开了我们时代的序幕；英格兰北部的煤炭和蒸汽动力则预示了另一场革命。如果有
5 人试图将保守主义观念追溯到英国更早的某个时期，那么他会立即陷入辉格主义、托利主义和考古癖的泥淖之中；因为这些现代问题虽然在更早的时候有一定的表现，但尚不突出。只有在公民热内（Citizen Genêt）和托马斯·潘恩将法国式自由从大西洋对岸引进过来之后，美国保守派和激进派之争才趋于白热化：就其本质而言，美国革命实乃保守派人士针对王室创新的反抗，而且这种反抗符合英国的政治传统。如果有人非要找出一位在伯克之前的保守主义思想家，宗教怀疑论者博林布鲁克（Bolingbroke）、马基雅维利主义者霍布斯，或者老式的专制主义者菲尔默（Filmer）都不在此列。诚然，福克兰德（Falkland）、克拉伦登（Clarendon）和哈利法克斯（Halifax）以及斯特拉福德（Strafford）值得研究；另外，人们会看到理查德·胡克（Richard Hooker）具有深刻的保守主义洞见，胡克的这些见识部分地源自经院学家和其中的权威人士，伯克将这些洞见和圣公会信仰一同继承下来。不过，如此一来，我们就回到了16世纪，再往前更回到了13世纪，可是本书要探讨的是现代问题。不管怎样，伯克确实就是我们保守主义的创始人。

坎宁（Canning）、柯勒律治（Coleridge）、司各特（Scott）、骚塞（Southey）和华兹华斯（Wordsworth）的政治信条要归因于伯克的想象

* 以下简称《反思录》。——译注，若无特殊说明，下文页下注均为译注。

力。美国的汉密尔顿和约翰·亚当斯熟读伯克的作品，伦道夫（Randolph）在美国南方各州推广伯克的理念。伯克的法国追随者发明了“保守派”一词，克罗克（Croker）、坎宁和皮尔（Peel）随后把这个标签加给由皮特（Pitt）和波特兰德（Portland）的追随者组成的那个伟大政党——它便不再是托利党或辉格党。托克维尔将伯克的智慧运用到他自己的自由事业之中。麦考利（Macaulay）模仿了他的改革范式。这些人又将伯克的思想传递给下面的世代。鉴于伯克拥有如此之多的追随者，人们很难反驳他是保守主义天才代言人的说法。不过，有些声望不浅的学者曾试图论证黑格尔为伯克的接班人。塞缪尔·约翰逊曾评论休谟说：“这家伙忝列托利党，纯属偶然。”托克维尔指出，黑格尔的保守主义也同样是一种巧合，“黑格尔要求人们服从他那个时代的从古代承继的既定权力结构；他认为这一权力结构具有合法性，而且其合法性来自它们的渊源，而非存在的现实。他的追随者们希望建立另一种权力结构……这就打开了潘多拉魔盒，各式各样的道德问题便蜂拥而至，人们现在还深受其害。不过我已指出，对这种感性社会主义哲学观念的抵制正到处涌现。”[2]施莱格尔（Schlegel）、格里斯（Görres），斯托尔伯格（Stolberg）以及法国的 6
丹纳（Taine）学派都同时尊奉黑格尔和伯克，也许这就是为何表面上的雷同与根本性的对立总是让人搞混他们之间关系的原因。黑格尔的形而上学以及论述风格会让伯克觉得面目可憎；黑格尔自己似乎也不曾读过伯克的作品；而且那些认为此两人分别代表同一个体系不同侧面的人士可能会犯将政治上的威权主义混同于保守主义的错误。马克思可能会借鉴黑格尔的作品，而伯克对他则一无是处。

不过，结论部分比序言更适于做这样的区分。现在，我们需要对保守主义观念做一个初步的界定。

任何明智的保守主义者都不会将深邃精妙的观念体系浓缩成几句大言不惭的短语；这种工作最好留给那些热情的激进分子去做。保守主义并非一套固定不变的教条系统；保守主义者从伯克那里继承了一种才干——根据时代的状况重新表述他们的信念。不过，作为实际预设前提，人们可以看到，社会保守主义的核心是保护人类古老的道德传统。保守主义者尊重先人们的智慧（在伯克有所阐发之前，斯特拉福德和胡克说过这样的话）；他们对一锅端式的变革表示怀疑。他们认为社会是一种精神性的现实存在，拥有永恒的生命和精巧的构造：人们无法像拆卸重装机器那样对待它。亚伯拉罕·林肯曾经探究过“何为保守主义”的问题。“它不就是指固守经过检验的古旧之道，反对未经验证的新奇之道吗？”没错，它确实如此，不过它的含义不仅于此。赫恩肖教授在其《英格兰的保守主义》（*Conservatism in England*）一书中列出了保守派人士认同的十二项原则，不过，这些原则也许可以再进一步简化，供人理解。我认为保守主义思想包含六项准则。

第一，保守主义确信存在着某种主导社会生活和个人良心的神圣意志——它在权利和义务之间建立起永恒的联系，将伟人和凡人、活人与死人联为一体。归根结底，政治问题是宗教和道德问题。狭隘的理性——柯勒律治所谓的理解力（Understanding）——仅凭自身无法满足人类的需要。基思·法伊林（Keith Feiling）说道：“每一个托利党人都是现实主义者，明白天地间存在着人类的哲学无法探究或揣摩的伟大力量。人类的理性并不可靠，如果我们拒斥这样的建议，那就犯下了错误。在加略山*竖起十字架
7 的是人类的理性；斟下毒芹酒†的是人类的理性；在巴黎圣母院被神圣化的是人类的理性。”[3]政治是理解并应用超越于自然之上的正义的艺术。

第二，保守主义珍爱多姿多彩并带有神秘性的传统生活，因为它明显区别于大多数激进观念体系所推崇的日益狭隘的整齐划一，以及平等

---

* 耶稣受难之处。

† 杀死苏格拉底所用之毒酒。

主义和功利主义的目标。这就是昆廷·霍格（Quintin Hogg）[即海尔什姆（Hailsham）勋爵]和R.J.怀特（White）将保守主义描绘为"愉快的趣味"的原因。这种鲜活有力的人生观被沃尔特·白哲浩（Walter Bagehot）称为"灵动活泼的保守主义的恰到好处的源泉"。

第三，保守主义坚信文明社会需要多种秩序和等级。唯一的真正平等是道德上的平等；如果被强制立法推行，所有其他试图平等化的努力都将引人步入绝望之境。社会大众渴望有人带领他们，如果一个民族摧毁人与人之间自然的差异，很快波拿巴*就会填补空白。

第四，保守主义相信财产和自由密不可分，经济上的均等化并非经济进步。如果消灭私人财产，自由将不复存在。

第五，保守主义相信旧习惯，不信任"诡辩家和算计者"。人必须控制自己的意志和欲望，因为保守主义者认为情绪是比理性更大地支配人的力量。传统和合理的成见能够制约人的无法无天的冲动。

第六，保守主义认为变化与改革并不是一回事，通常，创新更像是吞噬人类的火灾，而非进步的火炬。社会必须有所更张，因为缓慢的变化是自我保存的途径，就像人的身体永远都在自我更新一样。不过，上帝的护理是促成变化的恰当手段，检验政治家的标准是他是否体认到上帝护理之下的真正社会发展趋势。

人们会以五法八门的方式背离上述观念体系，或给它补充更多的内容。不过，总体上说，保守派以政治史上罕见的一以贯之态度坚守这些信条。罗列保守派对手所遵循的原则要困难得多。自伯克进入政坛以来，至少有五派主要的激进思潮争取公众的认可：18世纪启蒙运动知识分子和休谟的理性主义，卢梭及其盟友的浪漫解放思想，边沁学派的功利主义，孔德学派的实证主义，以及马克思和其他社会主义者的集体主义的

---

* 指拿破仑。

唯物主义。这还不包括那些科学信念，其中最突出的是达尔文主义；对保8 守主义秩序的首要原则造成重大伤害的正是这些科学信念。以某种公约数来表述这些相互平行的激进主义会显得武断，而且不容于保守主义的哲学观。不过，出于便宜之计，我们可以概括地说，1790 年以来的激进主义一般会以下列理由攻击社会的规范性安排：

第一，人的可完善性和社会进步的无限性。激进派人士认为教育、实在法和环境的改造可以将人塑造成神；他们否认人类有趋于暴力和犯罪的自然倾向。

第二，蔑视传统。理性、冲动和物质决定论分别被推崇为导向社会幸福的引路者，比先人的智慧更值得信赖。正规的宗教被拒斥，各种不同的反基督教观念体系被拿来做替代品。

第三，政治均等化。秩序和特权被践踏；彻底的民主——也即实践中尽可能直接的民主——是激进派所宣称的理想。与这种精神沆瀣一气的是对原有的议会制体系的厌恶以及对中央集权的渴慕。

第四，经济均等化。古老的财产权——尤其是土地财产权利——受到几乎所有激进派人士的质疑。集体主义的改革者试图全面根除私有财产体制。

我们可以试着分辨出它们对国家功能的相同的激进观点，并将之列为第五条理由；不过，这些推崇创新的各主要学派间的观念差距太大，不适合作综合性的概述。我们只能说，激进派人士在鄙视伯克的国家观这一点上是一致的：伯克视国家为上帝命定的道德实体，一个联结死人、活人和未出生者的精神联盟。

对他们简要的描述就到此为止。总而言之，激进派人士热衷造各种名词，喜欢变革；保守主义者则认同儒贝尔（Joseph Joubert）* 的说法：“就

* 儒贝尔（1754—1824 年），法国学者和思想家，其所著《箴言集》涉及伦理、政治、宗教和文学等内容。

是这些东西将一代一代人紧密地联结在一起”——这里指的是那些古老的政治和宗教体系；“要珍惜父辈们曾用心呵护的那些东西”。假如有人想顺着这些定义作进一步了解，他越早转向考察具体的思想家，其见地就越可靠。在下面的章节中，保守派人士被描述为政治家、批评家、形而上学者、文人作家。正如拿破仑所了解的那样，最终决定事情进展的是思想家而非政党领袖。我就是以此为标准来选择所要考察的保守主义思想家。我希望能够更多地写一写某些保守派思想家——比如索尔兹伯 9
里（Salisbury）勋爵和斯托里（Story）法官；伯克的有些很有意思的追随者——其中包括阿诺德（Arnold）、莫雷（Morley）和布赖斯（Bryce）——没被纳入写作范围，因为他们并非通常意义上的保守人士。不过，从1790年到1952年间的保守主义主流思潮都涵盖到了。

在一个革命的世代，有时人们会尝试各种新奇的想法，在对它们感到厌倦之后会重新认同古老的准则；而这些古老准则被弃用如此之久，以至于当它们重见天日时，就显得既赏心悦目又康健有力。历史常常看起来就像作为赌具的轮盘；古希腊人的循环论中蕴藏着真理，历史的轮盘可能会转到某个数字，就轮到保守主义秩序出场了。末日审判已被人类从上帝那里夺了过来，可能彻底毁灭目前精巧的人类建制，其迅雷不及掩耳之势就像巴黎圣日耳曼区的警讯吞没那个自暴自弃的时代*。不过，伯克（或约翰·亚当斯）不会喜欢轮盘赌的比喻，因为他们认为历史就是某一计划（Design）的展开过程。虽然这一过程看似偶然或命中注定，真正的保守派人士则会将它视为上帝展示其所命定的黑白分明的道德律的过程。如果伯克能看到我们20世纪的境况，他绝不可能相信，一个如此接近自杀的消费社会就是上帝给人类预备的目的地。如果保守主义秩序真的能够回归的话，我们就应当了解其所依附的传统，这样我们就能重建

* 这里可能指的是法国大革命，巴黎圣日耳曼区曾是法国高级贵族的聚居区。

社会；如果它无法复归，我们同样应当理解保守主义观念，这样，我们就能从历史的尘埃中打捞那些尚未被不受节制的意志和欲望之火烧掉的焦黑的文明碎片。

第二章　伯克与习俗的政治

> 奇迹时代渐渐远去，遁入历史的荒原，成为不可思议的传统，现在就连平庸时代也已老态龙钟；在过往的世世代代里，人的生存依赖简单的法则，随着时间的推移，这些法则变得日益空洞；似乎一切存有都已不在，只剩下现实的幻影，主导上帝所创造的宇宙的主要是裁缝师和装潢师，所有人都戴上硬棉布面具，四处招手做鬼脸——突然之间，大地断裂了；在如地狱般的浓烟中，在刺眼的亮光中，革命激进主义的怪物冉冉升起。长着多个脑袋、口中吞吐着火焰的他问道："你们觉得我怎么样？"

1　伯克的职业生涯

卡莱尔就是这么描写1789年爆发的革命的；阿克顿勋爵（Lord Acton）写道，卡莱尔的《法国革命》（*The French Revolution*）一书"将英国人从沉迷于伯克思想的状态中挽救过来"。顺便说一句，阿克顿会同意将罗伯斯庇尔和伯克吊死在同一个绞刑架上——这一充满煽情的说法代表了19世纪自由派人士在这件事上的态度，虽然他们在实践上同样憎恶真的这么干。[1]自卡莱尔时代以降，很多认真思考问题的民众都认为有关法国革命的真相一定处于埃德蒙·伯克和孔多塞（Condorcet）——如果一定要找出来这么一个人的话——之间。

在自由主义节节胜利的一百年时间里，其中的批评家总是认为伯克在
11 法国革命之意义的问题上犯下了大错。巴寇（Buckle）甚至以悲哀的笔调指出个中原因：伯克在 1790 年时已经疯了。[2]不过，知识界对法国革命的辩护根本没有从对伯克的打击中恢复元气；伯克的同代人詹姆斯·麦金托什（James Mackintosh）向他的伟大对手无条件投降了，浪漫派人士在回应伯克的呼吁时抛弃了平等的诉求，而卡莱尔则无法拥抱潘恩的狂想。对于不断成长的那代人中的卓越之士，伯克的《反思录》抓住了他们的想象力，因为他的风格“像闪电般灵动多彩，带有犀利巧妙的修饰”[黑斯利特（Hazlitt）语]；在大多数才华横溢的英格兰年轻人眼中，其光彩已超过卢梭：他的作品不仅经受住潘恩的攻击，而且让它相形见绌。他确立了英国保守主义的路径，他成为欧陆政治家的楷模，而且他曲径通幽地渗透进美国人的反叛精神。那些戴上硬棉布面具招摇的人无法逃离法国革命洪水的冲击，伯克则将那场革命称为“迄今为止世界上所发生的最惊心动魄的事”。伯克并不是如此招摇之人；他也不属于平庸时代。他信赖奇迹时代——那个古老的奇迹时代，而非人为创造奇迹的新时代。他燃起一团火，目的是平息法国的大火。

晚至 1789 年夏，伯克之前所结交的朋友托马斯·潘恩从巴黎给伯克写信，希望说服拥有雄辩之才的伯克能够向英格兰引介“一种更加恢宏的自由体系”，并成为公众不满和民众主权的代言人。米拉波（Mirabeau）在国民大会发言时也长篇引用伯克演讲中的段落——有时会交代引用的来源，有时不交代，热烈地赞颂辉格党的领导人。这些陈年往事现在听起来可能让人惊讶不已，可是在当时，它们一点都不奇怪；那时，年轻的杜邦（Dupont）可能直言不讳地要求反对乔治三世的人称颂法国革命。

保守的伯克也是自由的伯克——在殖民地事务上，他是我们今天所谓的反对帝国主义者（虽然这听起来有点尴尬）；在经济事务上，他是斯密的盟友。不过，他一以贯之地反对法国革命和一般意义上的革命。

热爱传统的伯克既是普通人，也是新人。18 世纪最后三分之一的时间是新人们主导的时代：在整个西欧地区，尤其是在英格兰，日后革命家们迫切要求的理性和灵性平等已经大体上实现，这比巴士底狱被攻陷 12
还早一些年头。“富有进取心的才智之士”的崛起成就了革命的大灾难，而革命的灾难被宣称是模棱两可的回报的必要前提。在伯克的同代人中，英格兰最杰出的人才都是新人，来自中产或更低的阶层，他们的姓氏包括：史密斯（Smith）、约翰逊（Johnson）、雷诺德（Reynolds）、威尔克斯（Wilkes）、戈德史密斯（Goldsmith）、谢里丹（Sheridan）、克拉珀（Crabbe）、休谟（Hume），等等。哲学家名录上的名字也差不多是这些。伯克在伦敦国会大厦（St. Stephen’s Hall）演讲时环绕他身边的就是这些他会将国家命运托付于其手中的自然贵族们（natural aristocracy）。

伯克这位新人、这位都柏林律师的儿子已成为贵族自由主义的理论家和组织者。鲍德温（Baldwin）在评论伯克和罗诺克（Roanoke）的约翰·伦道夫（John Randolph）时曾探究为何前者不是托利党人，后者不是联邦党人。他说：“他们都是古典意义上的辉格党人，因为他们都非常珍惜个人自由——这种爱惜之情像他们的自豪感一样深不可测，不可战胜；也因为他们都有强烈的阶层归属感，换言之，他们都钟爱属于自己和所在团体的权利。”[3]

给辉格主义下定义并非易事。辉格党人反对专断的王权，提倡政府内部的改革，对英格兰的海外冒险事业总是持怀疑态度。当伯克进入英国下院时，辉格党总共才经历七届政府的任期，和今天保守党的存续时间长短差不多。它与商业利益集团和大地产主有隐隐约约的联系。辉格党党纲中的很多内容会吸引像伯克这样的年轻人的想象力：法律之下的自由、共同体中各团体之间的平衡、较大的宗教宽容度、1688 年的知识遗产。托利党也会欢迎伯克这样的新人，而且伯克在托利党内也不乏熟人。不过，托利党人支持顽固的王权，有时被愚蠢生硬地执行的殖民和国内管理计划，以及对不同意见者的不宽容——对于目睹过爱尔兰天主教徒的无能的伯克来说，最后一点非常可恶。这两个党派中间没有一丝激进主义，同时也没有真正自觉的保守主义。伯克选择了需要他的罗金汉（Rockingham）辉格党。

大卫·塞西尔（David Cecil）勋爵评论说："即使对占据了辉格党人大部分时间的那些国务，他们也疏于理会经济理论或行政管理实践中的
13 枯燥细节。对他们来说，政治首先是人品问题，其次是一般原则问题。而一般原则是他们表达的手段，而非思想的中介。他们并不妄想着质疑辉格党基本的正统原则。所有人都认同有秩序的自由、低税收和圈地政策；所有人都不认同专制和民主。他们唯一需要做的是，以一种新颖有效的方式重新申明这些无可辩驳的真理。"[4]

整个辉格党结构的缺陷不言而喻。被罗金汉勋爵纳入麾下的不知疲倦的伯克立即开始工作，修补辉格党大厦中的各处危险裂痕。伯克对政治经济问题非常感兴趣，对于让大多数政客头疼的无数细节能了如指掌，仅凭自己就起草了辉格党的经济改革方案，并促使它在下院获得通过。与此同时，他还承担起另一个角色，将辉格党人所钟情的那些一般观念清晰优雅地表述出来。他愿意工作，辉格党的领袖人物中很少人有这一优点。在一个讲究说话艺术的时代，伯克是其中最优秀的演说家。作为作家，就连辛辣的批评家约翰逊博士也对他爱慕有加。辉格党的观念构建工作几乎全部落到伯克的肩上，同时他还要承担辉格党的大部分行政管理职责，哪怕在福克斯（Fox）开始与伯克并肩战斗之后，情况依然如此。正如约翰逊所言，伯克这位天才能承担一切工作——可以做主教、总督、诗人、哲学家、律师、教授、士兵，而且在每个行当都能取

得很大的成就。然而，即使以伯克所处的贵族时代的标准来衡量，像他这样的人能成为一个大党派的其中一名管理者也是让人意外的事。他才华过人，可是，天才之人常常在政界吃不开。经过 1832 年的选举改革后，伯克这样的人必须登台发表竞选演讲，很难想象那时的他还会喜欢自己所拥有的权力。由于缺少迪斯雷利（Disraeli）的柔软身段和格莱德斯顿（Gladstone）的自以为义的狡猾手腕，伯克鄙视民主操作的手段，结果被布里斯托（Bristol）的选民抛弃。

伯克的职业生涯可以按照四项大议题分成截然不同的阶段：限制王权；美洲殖民地争议和革命；有关印度问题的辩论及对黑斯廷斯（Hastings）的审讯；法国革命和随之而来的战争。在所有这些斗争中，伯克只在第一场获得具有实际意义的胜利。他及其同僚无法与美国达成谅解；黑斯廷斯获释；在皮特（Pitt）和邓达斯（Dundas）领导的英国与雅各宾党人的法国的战争中，实际战事的进展与伯克的主张有很大的差异。他议会生涯的另一个主要努力方向是经济改革，虽然现在我们对这件事不甚清楚，当时它却是最重要的事项。伯克在这方面的努力要幸运得多， 14
给英国政府带来了持久的好处。就本书之目的而言，重点要关注的是，伯克在处理这些紧迫问题时孕育出的保守主义观念；确实，从他抗议法庭帮派的腐败到写下《论弑君以求和平》（*Thoughts on Regicide Peace*），这是一个持续稳定的发展过程。奥古斯丁·比莱尔（Augustine Birrell）评论说："有评论指责晚年的伯克背叛了所谓的自由观念，没有比这更肤浅的了。终其一生，伯克都积极维护固有的秩序，特别憎恶抽象的东西和形而上学政治。他在反对法国革命的评论中的火热激情与他早年相对平静的写作中的温婉尔雅表达的都是同样的观点……伯克将人类看作成群出入的劳作之蜂群，因此总是问自己：这些人怎样才能免于无政府状态的灾难？"[5]

于是，伯克坚定不移地拥抱保守主义；可是，保守的对象又是什么？

伯克不屈不挠地要维护的是英国的宪制及其分权传统。在伯克的思想中，综观整个欧洲，英国的这一体制是最有利于自由和秩序的；胡克、洛克及孟德斯鸠的观点都强化了他的上述看法。他要维护的也是范围更大的文明体制（constitution of civilization）。阿那卡西斯·克鲁茨（Anacharsis Cloots）可能会声称自己是人类的雄辩家；伯克则是人类的保护者。伯克的写作和演讲中内含有一种属于所有文明人的普世宪制；其主要内容有：敬畏社会偏好的神圣渊源；从传统和成见中获取公共和私人生活的指引；确信上帝面前人人平等，不过人与人之间的平等仅限于此；坚定支持个人自由和私人财产权；反对空泛教条的变革。《反思录》对这些信念分别进行了极其真诚、饱含火热激情的陈述：

> 这种伙伴关系的目标在许多世代中都无法达成，于是它就变成不仅是活人之间的伙伴关系，而且还是活人、死人和未出生者之间的伙伴关系。每一特定国家的每一契约不过是永恒社会的原初大契约的某一条款而已，将低级本性（lower nature）与高级本性（higher nature）以及可见世界与不可见世界联系起来，其依据是一份由神圣不可侵犯的誓言确认的凝固不变的协定，而这份协定则囊括了所有物理和道德本性，并让它们各安其位……
>
> 在紧急状态中，人们会随时诉诸成见；在此之前，成见一直不断地以智慧和美德滋养人的思想，让人不会在决断时刻犹疑不决、疑虑重重、迷惑不解或优柔寡断。成见将人的美德变成习惯，使行动不再是率性之举……
>
> 你们本来会有一个受到保护、心满意足、勤劳顺从的民族，他们被教导去追求并欣赏那种凭借美德可以在任何情形下都能得到的幸福；这里面就包含了人类真正的道德上的平等，却没

> 有那种弥天的幻觉，对于一生注定要默默无名、劳作不已的人，这种幻觉刺激出错误的观念，只能恶化和加重它绝无能力清除的那种真正的不平等；对于那些生活处于微寒状态的人以及能够攀升到更为亮丽的生活状态的人来说，文明生活秩序所构建的这种幸福带给他们的益处是同样的，而且后者的生活状态不会比前者更幸福……
>
> 这个国家的有些年轻人急于将年迈父辈的社会结构撕成碎片，然后求援于魔术师，希望靠着后者的法具和咒语就能够让父辈们的宪法重获新生，并更新父辈的生活。明智的成见教导我们要特别警惕和排斥这些人。

这是未雨绸缪。威严的教会、美好的旧习俗、谨慎的改革——这些要素不仅属于英格兰人，而且有普遍的适用性。对伯克来说，它们在印度的马德拉斯（Madras）和英国的布里斯托同样有价值。而且在整个19世纪，伯克的法国和德国追随者们都认为它们也适用于欧洲大陆的体制。因此，伯克的思想体系就不仅仅是为了捍卫英国的政治体系。如果他的思想局限于此，那么他对我们的意义有一半就只与考古有关了。简要回顾一下伯克所称赞的那个具体的宪制可能是值得的——同时也是回顾该宪制所仰赖的那个18世纪社会；反过来，这一社会也依赖于那套政治宪制。最近，针对18世纪出现了很多怀旧型悼念文章；不过，现代人仍有充足的理由尊奉那个时代。 16

伯克说，英格兰宪制存在的目的是保护所有阶层的英国人：确保他们的自由、他们在司法上的平等、他们体面地生活的机会。其渊源何在？其中包括：英国人传统的权利，国王认可的法律，以及1688年后国王与议会达成的约定。民众通过他们的代表（representatives）——而非代理人（delegates）——管理自己的国家，这些代表选自英国各个古老的团体组织，而非飘忽不定的群体。谁是民众？在伯克看来，公众由大约40万自由人组成，他们有闲暇或财产，或者是某个负有某方面责任的团体的成员，这使得他们能够理解政治的各个要素。（伯克认为确定普选权的范围要审慎和适度，根据时代的具体情况而有所不同。）乡村绅士、农民、专业阶层、商人、制造业主、大学毕业生、某些选区里的店主和兴旺发达的手工业者、终身拥有四十先令财富的人，符合这些条件的人享有选举权。能够产生政治影响力的各个阶层之间由此有了恰当的制衡——王族、贵族、乡绅、中产阶级、旧市镇、国内的各大学。把每一个英格兰人放在其中一个阶层，其实际利益就一目了然了。在良善的政府体系中，投票的目的不是让每个人表现自我，而是表达他们的利益诉求，不管他是否亲自直接投票。

现在所有人都知道针对18世纪的英国选举体制所提出的一系列指控。没有人比身为《花名册年鉴》（*Annual Register*）编辑的伯克更了解国家的状况，也没有人比他更明白要求改革的呼声。不过，伯克认为改革需要小心以待。自治市镇腐败和贪贿横行，新的工业城镇代表权不匹配，竞选活动和议会本身充斥着腐败，辉格党财阀占有支配地位——伯克清楚了解这一切。他愿意推动对英国社会结构进行缝缝补补的改革，不是打断政治发展连续性的那种一切从头来的改革。对于里士满（Richmond）公爵提出的普选权和年度议会的要求，他不认同。他一直倡导自由，从
17 不支持民主。在选民资格要求中，符合其中至少两项——土地和闲暇——的人，那时和现在一样广泛；有教育资格的人更多了，不过，这里的教育通常并非伯克希望的那种。虽然个人收入出现平均化趋势，但符合伯克认为选民理想收入水平的人口比例可能并没有提高。伯克会对现代民主体制感到恐惧。

伯克的时代常常被称作贵族时代。不过，严格说来，它算不上贵族时代：权力基础很广泛，远超贵族和乡绅的范围。伯克本人获得的很多

支持来自中产阶级，而且他会说：“至少就贵族这个词通常被理解的意思而言，我不是贵族阶层的朋友……我宁愿看到任何其他形式的政府，也不愿它被严酷傲慢的贵族支配。”[6]托克维尔的学术作品精准地描写了自由的英格兰：“初看起来，英格兰的旧宪法似乎仍有效；不过，细看之下，这种幻觉就消失了。忘记那些旧名字，无视那些旧形式，你就会发现，英国的封建体制早在 17 世纪就已基本上被废弃：所有阶层相互之间都自由交往，贵族势力已被削弱；贵族身份向所有人敞开。财富成为最重要的权力来源，法律面前人人平等，税赋均等，媒体自由，辩论公开化——所有这些现象都是中世纪社会未曾有的。年轻的血液被巧妙地注入旧封建体制，因此延续了旧体制的生命，并赋予它新的活力，同时还保持着它古老的外观。”[7]通过观察英国的自由体系，伯克的思想中留有这些深邃真理的印记：灵性上的连续性，将变革保持在习俗的框架之内的无比重要性，社会是不朽的存在的认知。有些不知深浅的评论家喜欢说伯克认为社会是一个“有机体”——这个词会令人想起实证主义和生物进化。实际上，伯克非常小心谨慎地避免这一草率的类比。他将社会看作一个**灵性的**统一体，一种永恒的伙伴关系，一个总是在消亡同时也总是在更新的团体，很像另一个永恒团体和统一体：教会。伯克认为，维护这种社会观是英国体制取得成功的关键——他要捍卫的这种社会观早在胡克时代就已内含在英国人的思想之中，不过之前从未得到如此清晰的表述。

伯克明白，自由是一个精密巧妙过程的产物；为永久维系自由，需
要保留那些缓慢艰难地将野蛮人提升为文明的社会人的思想和行为习 18
惯。终其一生，伯克首要关注的是正义与自由，这两者的生死命运紧密相连——这里指的是法律下的自由、一种有明确内涵的自由，其边界由习俗确定。他曾为捍卫英国人的自由而反对国王，为捍卫美国人的自由而反对国王和议会，为捍卫印度人的自由而反对欧洲人。他捍卫这些自由的原因不在于它们是新发明的事物，而在于它们是古老的特权，为悠

久长远的实践所保障。伯克是主张自由的，因为他是保守的。托马斯·潘恩完全不能理解这种思维框架。

对于本章所涉及的18世纪政治生活，伯克大体上是满意的。相较于被幻想家重塑的社会的不确定前景，并非社会改良主义者的他更喜欢这个相对和平与安宁的时代，不管它有什么缺陷。虽然有着非常了不起的才智，伯克在捍卫那个时代的主要特征时仍感到力不从心。不过，人们可以有把握地指出伯克预见性不足的几个例子，其中之一是：他似乎忽略掉经济因素对18世纪的社会环境所造成的毁灭性影响，这种影响与《社会契约论》对18世纪思想的否定一样确定不移。他对政治经济学有透彻的了解：按照麦金托什的说法，亚当·斯密曾亲口对伯克说："在他们讨论完政治经济学议题后，他是在没有任何沟通的情况下与斯密想法完全一致的唯一一人。"[8]然而，伯克对英国农村社会的衰败不置一词，又当何论？伯克和杰斐逊都知道，创新来自城市；漂泊无根的城里人试图编织起一个新世界。保守主义最忠诚的跟随者永远都在乡村，乡下人不急于摆脱旧有的方式，正是这些旧方式让他们与其头顶上无垠星空中的上帝以及脚下坟墓中的父辈紧密相连。就在伯克为英国橡树下淡漠的牛群辩护之际，大规模的圈地运动——这是辉格党富豪重要的财富来源——正摧毁自耕农、佃农和所有家境贫寒的农村人。随着自由农民数量的减少，
19 地主的政治影响力肯定下降。伯克写道："有些人认为，值得质疑的是，将公共和废弃土地圈起来的做法究竟到什么程度才算是明智的或可行的。不过没有人认为这些做法已经过分。"他的不满仅止于此。

不过，这是例外情况。伯克通常不会将重要问题置于他的考虑之外。他非常注重实际，几乎无所不能。"我必须亲眼看到那些事；我必须亲眼见到那些人。"他将政治上的"权宜之计"从惯常的马基雅维利手段升华至具有美德高度的审慎。伯克曾这么评价自己的政治实践："我每朝前走一步，都很费力。"沉稳地前进不是爱尔兰雄辩家们的惯常做法。所有人都

知道伯克神采飞扬、滔滔不绝的雄辩之才。对于惊慌不已的托利党看客来说，黑斯廷斯庭审中的伯克看起来确实不像深邃谨慎之人。不过，作为一位政治家，伯克对总的政策有精准的阐述，因为他在做出每一个重要决定时都要仔细考察具体情况。他憎恶“抽象的东西”——这里他指的不是**原则**，而是夸大其词的一般性结论，不考虑人类的脆弱和特定时代及国家的具体环境。因此，虽然他认同英国人的权利以及某些具有普适性的自然法，却讨厌潘恩和法国教条主义者马上就要宣布为不可侵犯的“人的权利”。伯克坚信适合文明人的某种宪制；他和塞缪尔·约翰逊一样坚信有关普世人性的道理。不过，这些权利的运用和范围只取决于习俗和地方环境；就此而言，伯克比法国的革新者们更忠实于孟德斯鸠的思想。一个人永远都有自卫的权利，不过他并没有随时随地佩带脱鞘之剑的权利。

当法国革命大潮开始萌动时，伯克马上就年届六十；从事反对政府的活动让他早生华发；在他整个议会生涯中，除了短暂的两段时间，他没有任何官职。因此，在潘恩、米拉波和克鲁茨看来，他一定是想象中最自然而然的人物，可以带领人们清除英国的旧体制。几十年来，他一直抨击当权者，其激烈程度在法国无人能及，甚至连伏尔泰也惮于模仿他的做法。伯克曾将英格兰国王称作诡计多端的暴君，称印度的征服者为没有原则的掠夺者。然而，被潘恩、米拉波和克鲁茨忘掉的是，伯克反对国王乔治三世和沃伦·黑斯廷斯的原因是他们爱搞新花样。他预见到理性时代的新规划旨在将社会搞得天翻地覆；在揭露对永恒之物的这一新威胁时，伯克表 20
现出来的厌恶之情超过他对托利党和大人物们的所有抨击。其中的原因是，比起法国的全部经济学家和文人雅士，作为辉格党了不起的务实代言人的伯克更加理解人类的缺陷。“伯克的政治智慧长久流传，泽被众人，如果没有它，政治家们就好像没有航标的大海上的水手。”说这话的不是丘吉尔，也不是塔夫脱，而是已经过世的哈罗德·拉斯基（Harold Laski）。哲学上保守主义的存在要归功于伯克对革命理论的辨析。

2　激进的思想体系

《反思录》出版于1790年，时在伯克与福克斯的辉格党决裂之后。次年出版的有《给国民大会代表的一封信》（*A Letter to a Member of the National Assembly*）以及《新辉格党人对老辉格党人的呼吁》（*An Appeal from the New to the Old Whigs*）。出版于1796年的是《给尊贵的勋爵的一封信》（*A Letter to a Noble Lord*）以及《论弑君以求和平》中所包含的早期信件。《论弑君以求和平》的其余部分出版于1797年。在伟人生命接近终点时出版的这些著作成为保守主义的宪章性文献。由于他鄙视那些如空中楼阁般建构起来的空泛哲学和观念体系，伯克没有致力于将自己的观念整理成普通的政治学说文集。不过，他在论及法国短暂的恐怖统治时所运用的普遍原则超越了其所针对的具体论题。伯克的观点内置于丰富的历史和人物细节之中，这常常使得他的想法比其对手的文章更容易理解。他的小册子先是抑制了英国国内向往法国人新花样的热情；很快就使得皮特能够号召起英国人反对法国的爱国情绪；然后又激起对平等原则的抵制，使得英国宪制在四十年的时间里几乎没有变动。他在世界上依然有很大的影响力。

一直到近些年，对伯克思想的批评大多来自自由派人士以及乐观主义者；前者无法认同伯克对“进步”和“民主”的怀疑立场，后者的写作活动在第一次世界大战和苏维埃革命之前，希冀全社会普遍享有物质和文化成就，这成为他们展望的迷人图景。

这些评论家都认为，伯克肯定误解了法国革命运动的总趋势，因为
21 革命是迈向普遍平等、自由和繁荣的必要一步，不管其当下的表现如何令人不快。然而，事态的发展过程似乎印证了伯克的预言，而且我们当下麻烦不断的世代已经历了革命年代那些无限希望破灭的现实：公正与诚实之神（the gods of the copybook headings）带着火与剑回来了。伯克习

惯性地从长远趋势和后果考虑问题。伯克的所有预言都已应验：国家分化成一个个个体的简单集合，政治机器主导的财产分配，残酷无情的战争时代，应运而生的军事强人从无政府状态中打造出独裁政体，道德和社会行为规则可怕的沉沦。伯克认为，这些恐怖现象的源头就在革命思想家的激进愿景之中。

一直到 1914 年，对伯克评头论足者还普遍相信他夸大了激进革命思想对英格兰的直接威胁。这些评论家没有亲眼看到马克思主义在俄罗斯的胜利，尽管在欧洲所有国家中，俄罗斯显然是最不适合进行共产主义实验的。也许，伯克可能高估了英国激进主义的势力；不过，现在没有人能告诉我们，保守主义的胜利在何等程度上直接源自伯克的告诫以及皮特的谨慎之举，我们只知道伯克和皮特的政策至关重要。到 1790 年时，支持抽象平等原则的风气在英国取得很大的进展，以至于贝德福德公爵（Duke of Bedford）要假装自己就是英国的“平等的菲利普”（Philippe Egalité）*，就连贵族们——尤其是里士满、德比（Derby）、诺福克（Norfolk）、塞尔科克（Selkirk）和埃芬厄姆（Effingham）——都成为激进的宪政协会的会员，而且福克斯和谢里丹也都误判了革命风潮的走向，甚至后来成为伯克门徒的年轻人——柯勒律治、骚塞和华兹华斯——都被平等的幻想冲昏头脑；即便如索爱米·杰宁斯（Soame Jenyns）之类的学者也认可“抽签的原则”和其他修正后的古典民主原则。只有伯克挡住了这一狂热的风潮。伯克对英国出现的类似法国社会的问题熟稔于心：受圈地运动压迫的英国农业劳动人口；北部矿区可怕的生存状况和新兴产业阶级的非人道待遇；可能会导致伦敦瘫痪的严重群众骚乱——其领头者就像滑稽歌剧（opéra-bouffe）中的乔治·戈登勋爵；利斯（Leith）暴动；爱尔兰在这些年积累的可怕怨恨；持理性主义立场的神职人员情绪

---

* 指积极支持法国革命的法国奥尔良公爵菲利普二世。

22 上的激进化——其中超过半数最初似乎同情法国革命。法国的物质环境为冲突的爆发提供了再有利不过的条件；革命宣传则为冲突埋下火种。伯克决心掐灭英国的革命火花。如果他没有剪断革命的火花，或者如果他只是和福克斯一起颂赞自由、平等和博爱，也许就没人能扑灭革命的大火。批评者对伯克的评价离事件发生还不到一百年；如果要评估将整个世界推倒重来的后果，一百年的时间还太短。某位拥护民主的著名人士对伯克的评价比多数人更富智慧。当伯克提醒英国注意防范法国革命时，“伯克就是伯克，而且他是对的”。这是伍德罗·威尔逊的评价。[9]

从本性上说，伯克不喜欢构建一个学说体系以反驳平等主义的设想。即便他勉力为之，就像他在《反思录》中所作的那样，他也只能在不多的连续几个段落里讨论抽象的原则。不过，他认识到以观念反对观念的必要性，尽管他讨厌脱离具体情况的普遍原理；到 1793 年时，他付出极大努力的反对之举已有效阻止了那些认同革命的英国人。在恐怖的 1793 年，他在给菲茨威廉（Fitzwilliam）的信中写道：“我已经活到这个年头，不能再虚掷生命。这个世界对我已经是这样一种状态：我不会出于蝇头小利的考虑而让自己玩物丧志或者减轻自己要承担的义务。我不可能再像过去五十年那样，继续那些驾轻就熟的做法。人类的道德状况让我感到震惊和恐惧。地狱深渊的裂口似乎已出现在我眼前。我必须为应对这一巨大问题的迫切要求而行动、思考和尝试。”[10] 从来没有政治家像他那样不情愿地转而投身于政治哲学；不过，他的这一转变的后果也许同样是史无前例的。

伯克曾写道：“纯粹形而上学者其内心顽梗的程度超过人们的想象。它更近似于一个邪恶精灵的冷酷的恶毒，与人的脆弱与激情的距离反而较远。它就像一个无影无踪、纯粹、完全、彻底、十足的恶魔的心灵。”不过，心存忌惮的黑斯利特于 1789 年告诉骚塞：“伯克是形而上学者，麦
23 金托什只是逻辑学家。”[11] 因缘际会之中的伯克被迫进入抽象领域，尽

管他涉足这个夸夸其谈的领地的程度仅限于形势所需。与约翰逊一样，他确信我们是通过启示和直觉获知道德领域的首要原则的。

埃德蒙·伯克的保守主义哲学是对三个不同激进学派的回应：启蒙思想家的理性主义；卢梭及其追随者的浪漫感性主义；刚刚萌芽的边沁的功利主义。我们不可能在此详细陈明理性时代的伏尔泰、霍尔巴赫（Holbach）、爱尔维修（Helvétius）、狄德罗、杜尔哥（Turgot）、孔多塞、西耶斯（Sièyes）、卢梭、摩莱里（Morelly）、马布里（Mably）、潘恩、葛德文（Godwin）、普莱斯（Price）、普瑞斯特里（Priestley）和其他有创见的雄辩家们的无数设想和理论，更不要说准确区分他们之间的不同了。伯克非常了解伏尔泰等人的理性主义与卢梭追随者的浪漫理想主义之间的冲突。他同时攻击这两个阵营，尽管他通常会将攻击重点放在卢梭这位“疯狂的苏格拉底”身上。在伯克攻击这些各有不同的思想体系的过程中，他放弃了辉格主义的法定哲学家洛克的很多原则。洛克理论的继承者五花八门，包括日内瓦的卢梭、旧犹太人区（Old Jewry）的普莱斯、伦敦国会大厦里的福克斯、图书馆里的边沁，以及蒙特塞洛（Monticello）的杰斐逊。不过，伯克之后的保守主义从洛克的全部观念中继承下来的只有这一点：政府源自保护财产权的需要。

尽管这些学派之间有种种差异，但伯克明白他在与某种喜欢新花样的精神抗争，而且这种精神具有鲜明的一般特性。我们也许可以试着将18世纪末的激进主义主张浓缩为下面几点：

1. 如果宇宙中存在着神圣权威，那它在性质上也与基督教的上帝观念有非常大的差别。对有些激进人士来说，它是自然神论者心目中的遥远冷漠的存在。对其他人来说，它是被卢梭重新改造过的朦朦胧胧的上帝。

2. 抽象理性或田园牧歌式的想象不仅可以用来研究，而且可以指导社会发展进程。

3. 人天生便良善宽厚、心灵健全，不过在这个世代却被各种建制腐化了。

4. 人类的传统大多是杂乱无章、虚无缥缈的神话，其中鲜有值得我们效法者。

5. 人类能够永无止境地自我完善，正努力向极乐世界攀登，而且应该永远将目光锁定在未来。

24 6. 道德和政治改革者的目标是解放——从旧信念、旧誓约、旧建制中解放出来；未来的人会欢天喜地地享受纯粹的自由、无限的民主、自我管理和自我满足。政治权力是最有效的改革媒介，或者从另一个角度说，是最有效的消灭现有政治权力的手段。

后来，功利主义和集体主义学派修正了这些激进主义主张；不过，我们目前仅关注伯克所面对的那些花样翻新的理论。他没有向对手做任何让步。他从始至终都努力保守以宗教敬虔的宏伟蓝图为基础的社会。在他充满敬畏的眼目里，地上所有的现实存在都是道德原则的表象。*这就使得伯克的见识远远高于“政治学”的水平，以至于某些学者承认自己无法理解伯克一系列的观念；不过，伯克仍然非常关注实际可行性，让有些形而上学者摸不着头脑。因此，在考察伯克的保守主义思想体系时，以高尚的宗教信念作为开端是适宜的。在伯克看来，人类生存所依赖的那些规范从来都不曾失去效用。

3　上帝与谦卑

哥伦威尔·希克斯（Granville Hicks）曾这么轻蔑地谈到罗伯特·路

---

* 一贯挑剔的约翰·亚当斯怀疑伯克和约翰逊都是“政治基督徒”，不过他从来没见过这两个人，而且他们的传记作者的盖棺之论也不支持亚当斯的看法。——作者注

易斯·斯蒂文森（Robert Louis Stevenson）：“托利党人总是坚持说，如果人们愿意培养自己的个人美德，社会问题就迎刃而解了。”这个评论包含着很多意味，虽然它对约翰逊可能比对伯克更适用。这不是伯克对社会问题的全部看法，因为没有人比伯克更了解各种建制内含的良善或邪恶的力量，不过伯克确实认为政治就是对道德原则的运用。保守主义在此一问题上的很多观念都来自伯克。伯克认为，为理解国家，我们必须首先理解道德的个体。

“卢梭是一位道德主义者，或者他什么也不是。”在做出这一判断之后，伯克开始无情地攻击卢梭，结果，人们可能会想给他的上述判断加个评语：“他不是道德主义者。”然而，伯克没有低估《社会契约论》。卢 25
梭的道德观是一种虚假的道德观，却又装得道貌岸然；针对它，人们必须提出一种更加高尚的道德观。新奇的道德观都是可怕的冒牌货。像处理其他大多数问题一样，伯克在这个问题上也转而诉诸习俗和先例；伯克这位真正的改革者随手拈来这些旧素材，编织与之对立的道德观。伯克的道德观可能会治愈革命的道德原则带来的伤害。伯克经常赞美谦卑的美德。他至少在自己的道德体系中显示自己是位谦卑之人。由于他厌恶虚荣地炫耀新花样，他便重新为亚里士多德和西塞罗、教父、胡克与弥尔顿的观点增光添彩，并为他们的字句注入新的温情。结果，他们观念的光芒盖过了雅各宾的思想火炬。伯克拒绝世界只受突然冲动和物质欲望支配的观点，在他阐释的观念中，世界受强有力且精妙的目的支配。他将他的爱尔兰人的想象力倾注到这一旧道德观之中，古典思想和新古典正规宗教闪烁的火花因此变为熊熊燃烧的大火。

启示、理性以及感官之外的确证告诉我们，我们生命（being）的缔造者（Author）是存在的，他无所不知，人与国家都是上帝出于良善目的的创造。基督教的这一正统教义是伯克哲学的核心。上帝对人类的意图通过历史的演变启示出来。我们怎样才能知晓上帝的想法和心意？通过成见和传统——几千年来，人类有关上帝的能力和审判的经验在人类心智中留下的成见和传统。我们在这个世界上的目的是什么？不是放纵我们的欲望，而是顺服上帝的命令。

对功利主义者和实证主义者来说，看待事物本质的这种观点可能显得虚妄；对宗教敬虔之人来说，它具有超验的真实性；不过，不管是对是错，这种信仰告白没有什么令人不解之处，甚至没有含糊其辞之处。上面是对伯克立场的最简单明了的陈述；伯克本人则以更为简练也更为雅致的语言阐明了其立场。在一千年的时间里，欧洲几乎没有博学之士会不认同这样的信念。然而，20 世纪的研究“政治现实主义”的学者们满脑子都是可以以科学准则管理社会的想法，而且离谱到甚至将此——也即对源自苏格拉底和保罗的道德传统的辩护——称为“蒙昧主义”。R.M. 麦基弗（MacIver）教授以近似于恐怖的恶毒口吻宣称：“伯克再一次让政府的职能蒙上神秘暧昧的面纱，而且再一次在政治领域中诉诸传统和宗教，反对理性。”[12]

26 不过，这种反对立场不正是问题的所在吗？伯克以其磅礴堂皇的言辞指出，理性的时代实际上是无知的时代（Age of Ignorance）。假如（正如人类有史以来大多数人所认为的那样）人类福祉的根基在于上帝的护理，那么，将政治和伦理局限于孱弱的“理性”便是荒唐之举，是某种荒谬设想的借口。对西奈山上熊熊燃烧的荆棘的视若无睹、对其上雷鸣的充耳不闻，正是伯克所说的法国“启蒙运动”的主要缺陷。人类的这种理性虽然傲慢地拒绝超自然力量的指引，却宣称自己不可能犯错；即便卢梭也声嘶力竭地反对自以为是地相信这种理性。有关首要原则的争执几乎从来都没有过定论，而且伯克本人也会承认，既然亚里士多德、塞内卡（Seneca）和阿奎那的有关宇宙目的的论证无法说服不可知论者，除非出于恩典，这样的人永远也不会改变看法。然而，让伯克感到愤愤不平的是，启蒙运动的哲学家们以一种自以为是的定见或者沾沾自喜的俏皮话随意排斥源远流长的信仰和那些天才的论证。在伯克高贵的灵性那里，悬置对这些事情的判断是不可能让人满意的。要么宇宙中的秩序是真实存在的，要么便是混乱不堪。如果混乱的局面出现，那么，革命派变革人士的脆弱的平等教条以及解放方案就毫无意义；在混乱的旋涡中，只有强力和欲望才有意义。

> 我相信，如果没有最高的主宰者有智慧制定并有能力施行道德法，任何实质上的甚或真正的合同都将缺乏背书，无力抵抗当时的强权意志。按照这种假设，任何一群人都可以强大到蔑视他们的职责，而那些职责也将不再是职责了。对于无法抗拒的权力，我们只剩一个救济渠道——
>
> 你们这些憎恶人性和战争法则的人要记住：诸神会数算你们的僭越。*
>
> 理所当然地，我写作的对象不是巴黎哲学学派的信徒们，因此我可以假定，我们之存在的威严可畏的主宰（Author）便是决定我们在存在秩序中的位置的那一位；而且由于他按照自己的意志而非我们的意志以某种神圣的手段对待和指引我们，凭借着这样的安排，他实际上促使我们去担负分派给我们的那种角色。我们对一般的人类负有义务，而且这些义务并非任何特殊的自愿协定的要求。它们源自人与人和人与神的关系，而且这些关系并不是人们可自行选择的……当我们结婚时，选择是 27
> 自愿的，但是其中的义务并不由人们自行选择……产生这一神秘的自然过程的本性并不是出自我们自己。不过，借着我们所不了解而且可能也无法了解的物理性因由，道德义务出现了，而且正如我们完全能够理解这些道德义务一样，我们也有无法推卸的责任去履行它们。[13]

* 此段话引自维吉尔的《埃涅阿斯纪》。

这是了不起的谆谆教诲。从来不曾有人像这样令人信服地阐明人类理性在上帝奥妙面前的无能为力，或者为了“让人类的绝妙神秘的群体化生存”延续下去而不得不欢欣鼓舞地顺服道德秩序的必要性。伯克说，我们在这短暂的一生中不可能准确深入地了解上帝护理之目的；那些把时间浪费于努力将超自然现象理性化的哲学家所能成就的，不过是在大众之中鼓励某种肤浅酸腐的怀疑主义，而大众唯一的坚固保障则是对约定俗成的真理的顺服。如果没有一个超越人类的道德约束，那么，“理性”“启蒙”和“同情”就成了种种虚无缥缈的梦呓，因为在一个没有正义和意义的世界上，人可能会忽略有关知识和仁慈的观念。J.H. 麦康（MacCunn）是这么评论伯克的信仰的：“为了阐明过去的奋斗，赋予目前责任以庄重感和紧迫感，并保障未来免于堕落和溃败（一个充斥着人类各种骚动不安的意志的世界一直都有这样的危险），这似乎是某种真正的政治信念的最后依靠：攸关全体国民生活的伟大剧目应该被尊崇为由某一力量所设定的秩序，而过去、现在和将来则是某一神圣计划的有机地联系在一起的不同阶段。”[14] 伯克自己的说法则深究保守天性的根源：“存在着一种让万物牢牢地各安其位的秩序，这种秩序为我们而造，我们也为它而造。”

伯克对宗教的认同并不是因为它是秩序的保障；相反，他认为世俗秩序起源于神圣秩序，并且仍是其中的一部分。宗教并非只是便于约束大众欲望的神话故事；波利比乌斯（Polybius）暗示，远古时代的人们发明宗教以让人类免于无政府状态，而柏拉图则愿意胡编乱造出宗教神话，以便人们会因着既成秩序在万物之始就已确立的幻觉而尊崇它——伯克对这两者都不认同。伯克明白，政治与道德由信念或怀疑推衍而来；对于仅仅为了维系自然之物
28 而让自己确信有关超自然之物的现实存在的努力，人类从来没有成功过。亚里士多德和经院学家以及英国圣徒们就宇宙中实际存在的上帝护理之意义和智慧引领所做的论证，隐含于伯克的作品之中。物种渴望永存的普遍天性；良心的催逼；永生的提示；人们深切体会到的他们有份于某种伟大的连续性

和本质（essence）的意识——他的作品从头到尾都闪烁着这样的证据，不过伯克没有尝试展开新奇的空想式论证，而是将神学问题留给了学校。由于他一直都极其繁忙，没有时间去强词夺理地诡辩，他便和约翰逊博士（Dr. Johnson）一样对围绕着直觉真理的争辩感到愤愤不平——这种对直觉知识的确信促使约翰逊怒吼道：“嘿，先生，我们**知道**意志是自由的，而且意志有其目的（end）！”那些躁动不安、肤浅且自我陶醉的无神论者拒绝承认超过他们的任何东西，只有他们才真的会厚着脸皮否认这些宗教洞见的源头。智识渊博的伯克却有着谦卑的信念，他的学识支持基督教教父们的论断，而且他讲求实际的审慎改革精神迁就于宗教传统的约束——也许，这种种情形堪与人间的任何直接证据媲美，表明我们的世界不过是某种深广的灵性等级体系的一个微小的组成部分。这便是浸润于基督教和古典智慧中人的信仰。伯克在宣称国家为上帝所设时充分表现出希腊式的敬虔以及几近柏拉图的格调：“他赋予我们可由我们的美德加以完善的本性，也凭借己意设定了使其完善的必要手段——因此，他凭己意设立了国家。——他凭己意让国家相连于一切完美的源头和初始模式。”[15]

对人类无差别的慷慨同情心的动情推崇或者普世同理心的盛行不足以挽救一个已经否认其神圣渊源的社会。* 每一个国家都是上帝创造的，
不管其宗教是否为基督教。基督教是最高级的宗教；不过，所有真挚的信 29
条都是对上帝在宇宙中之意旨的认可，而且所有世俗秩序都依赖于对一

* “我注意到，哲学家们为了巧妙地将他们败坏肮脏的无神论灌输进年轻人的大脑，便恭维他们所有的激情，不管这些激情是否符合本性。他们颠覆或者污蔑诋毁约束欲望的种种美德。被如此对待的美德至少十有其九。他们以一个自己所谓的人性（humanity）或仁爱（benevolence）来替代所有这些美德。就这样，他们的道德体系里没有约束的观念，或者说实际上没有任何坚实明确的原则。如此一来，当他们的信徒们有了自由，却仅仅受当下情绪的引领时，他们就不再是裁决善恶的依凭了。今天让最可怕的罪犯逃脱正义制裁的那些人明天就会谋杀最无辜的人。”伯克致查维利尔·德里韦洛尔（Chevalier de Rivarol），1791 年（Wentworth Woodhouse Papers，Book Ⅰ，623）。——作者注

个民族从其先祖继承而来的宗教信念的尊崇。这一信念强化了伯克对黑斯廷斯的鄙视：那位总督曾盛气凌人地对待印度土生的宗教传统和礼仪。

伯克无法设想一个缺少敬虔精神的长久社会秩序。政治家就像主教那样，履行着一项神圣的职责："神圣性是这样形成的：负责治理民众的所有人都是上帝的临时代理人，应该对他们的职任和使命有崇高庄重的认知；他们应该充满着对不朽的渴望；他们所期待的不应是当下微不足道的钱财或者大众转瞬即逝的赞誉，而应是某种牢靠的永恒存在（体现在其本性中具有永恒性的那一面），以及某种永恒的名声和荣誉（体现在他们留给世人的丰厚的榜样遗产）。"[16]甚至比起君主制或贵族政体，民主政府更需要这样的神圣性，因为民众既然在其中分享权力，就必须要理解权力的责任。"拥有任何一丁点权力的人都应当热诚并怀有敬畏之心地牢记这样的观念：他们行动依凭的是信任，而且他们要就自己在那种信任关系中的所作所为对社会的那位伟大的主宰、造物主和缔造者负责。"

将伯克的这种鲜活敏锐的敬虔描述为"蒙昧主义"和"神秘主义"是对哲学词汇的极大滥用，表明20世纪已经陷入语言上的黑暗时代。伯克的信仰是一种高尚的信仰，不过它同时也是一位讲求实际之人的信仰，与公共荣誉和责任连为一体的信仰。这个人相信一位公正的上帝在统治着世界；相信历史进程已由上帝的护理限定（尽管此中的方式通常让人无法测度）；相信每个人的生活角色都是依据"上帝的策略"分派的；相信原罪与对良善的向往都是上帝计划的组成部分；相信改革者应首先努力辨析上帝命定秩序的轮廓，然后再尽力让政治安排符合自然正义的要求——对于宣称有着上述信念之人，狐疑者也许可以认定他是错误的，不过，如果将他称为"神秘主义者"，他们便是胡说八道了。这些就是那位对经验世界非常熟悉的人士的宗教原则。伯克进而让他的信念更多地成为私人和政治生活的组成部分。如果我们的世界确实是按照上帝的意念形成秩序的，我们在改造社会结构时就应当小心谨慎；其中的缘由是，尽管上帝可能意在让我们成为他改造社会的工具，我们也要首先在这一问题上对得起自己的良心。伯克再次申明，人间存在着普遍的平等，不过，这种平等是基督教的平等，道德上的平等，或者更准确地说，是在上帝最后审判前的平等；我们要是渴望任何其他类型的平等，便是愚蠢，甚至是邪恶的。最为精明的社会主义者伦纳德·伍尔夫（Leonard Woolf）爵士看出了基督教与社会保守主义之间的这种紧密联系："在基督教所设想的人类社会框架中，尘世中的磨难有着明确、恒久和高尚的位置。它们是上帝赐下的苦难，以试验和锻炼我们；鉴于此，对它们表示不满就是不敬虔的表现。"[17]伯克会认可这样的判语。 30

由于憎恶有关人类完美性的想法，伯克便以基督教对罪和试炼的描述作为他心理学的范本。贫穷、残忍和不幸的确是事物永恒秩序的一部分；罪乃非常真切和可验证的现实，是我们人类败坏结下的果子，而非不当机制的产物；宗教是对这些灾难的安慰，尽管它们永远也无法被立法或革命消除。宗教信仰让生存变得可以忍受；不受宗教敬虔约束的雄心必然会以失败告终，并且在其消亡时，让卑微贫乏命运下的普通人获得安慰的那种美妙的敬畏感将被拉去陪葬。

为了在人群中培养这种敬畏之心，为了让公职具有神圣感，伯克认为，教会必须与国家结构交织在一起。他眼中的教会是理想化的圣公会建制，不过也不仅仅是圣公会的。其中有某些古典元素；也有天主教元素，于是，偏执者们［包括纽卡斯尔（Newcastle）公爵］就背后议论说，伯克肯定是在圣奥默（St. Omer）的教皇派神学院接受的教育。伯克写道："在我看来，宗教绝非不属于一位基督徒地方长官的管辖范围，因此，它是而且应当是他关注之事，不仅如此，此乃他首要关切之事；宗教的目标是最高的善——此乃人类自身的终极目的和目标。"[18]不过，这不完全是中世纪的教会观。正如阿尔弗雷德·科班（Alfred Cobban）博士在公正地评论伯克时所说：

“他之理想并非新教的伊拉斯图主义（Erastianism）*，也非天主教的神权国家；它更像是地上的上帝国度。”[19]

尽管国家和教会绝不应相互分离，真正的宗教也不仅仅是国民精神
31 的表达；它远远超越于世俗法律之上，实际上是所有法律的源头。和西塞罗与费罗（Philo）一样，伯克阐述了自然法（jus naturale）理论——自然法也即宇宙法，是根据上帝的旨意创制的，人类的法律不过是它的不完美体现。“确切地说，所有的人类法都只是宣告性的；它们可能会改变原初正义（original justice）的形式和应用，对其实质则没有任何效力。”[20]人没有权利随着自己的想象更改法律；任何政治共同体都没有权力去更改高级法。

因此，我们的秩序是一种道德性的秩序，而且我们的法律源自不朽的道德法；伯克说，更高级的快乐是道德上的快乐，而苦难的根由则在于道德上的邪恶。骄傲、野心、贪婪、复仇、色欲、骚乱、伪善、无节制的狂热、混乱的欲望——这种种恶行是困扰人们生活的风暴的实际缘由。那些感情用事的博爱主义者和顽劣的煽动家们认为既有的体制一定是他们苦难的源泉，而“宗教、道德观念、法律、特权、特殊优待、自由、人的权利则成了他们革命的**借口**”。不过事实上，人心才是罪恶的渊薮。“决心抛弃国王、国务大臣、福音使者、法律的阐释者、一般的官员、公共机构等不是救治邪恶的办法。明智之人会因病施治，不会针对虚名。”[21]

数人头是无法转变这种道德秩序的，同样，违逆古老的既成体制也无法改善它。“如果我们明白最大多数人的见解是公正的标准，我就觉得自己有义务让这些见解成为我良心的主宰。不过，如果对全能者自己能否改变对错的基本构成要素（essential constitution）可能有怀疑，那么我敢肯定，像他们和我这样的**家伙**没有这样的能力。”[22]伯克有时会赞美

---

* 指主张由政府管制教会的理论。

两种了不起的美德——也即实现个人满足和公共和平的关键所在：审慎与谦恭，其中前者主要是古典哲学的成就，而后者则主要是基督教操练的胜利果实。如果没有它们，人必然是痛苦可怜的；而缺少敬虔之人几乎不可能领悟这两项难得的蒙福品质。

对于寻求灵性平和的单独个体以及寻找永恒秩序的社会，上帝提供了人类可借以理解这一道德世界的手段。传统和习俗是指引文明的社会人的亮光；因此，对于 18 世纪之前的大多数人不假思索地信赖和认可的 32
那些惯例和习惯，伯克将它们提升到社会准则的高度。

4　成见与习俗

“我们首先尊崇那些最为伟大的东西，其次尊崇那些最古老的东西，其中的原因是，前者是最接近无限本质（infinite substance）的东西，而后者是最接近上帝之无限连续性的东西。”[23] 伯克可以凭记忆重述胡克的这段话；它展现了这两人的习俗哲学的灵魂。

在理性的时代，伯克不得不重申那些对持久的生活秩序怀抱信心之人立论的前提。道德与政治权威的根基是什么？人们可以凭借什么标准断定某一具体举动是否审慎，或者断定其正义性？依靠上帝的启示不足以应付生活的常规事态：我们不可能要求超自然的世界去应对自然世界的日常关切。伯克的答案是，上帝已借着成千上万年的经验和思索将一种集体智慧教导人类：结合着便宜行事的传统。一个人在做出必要的决定时应该恰如其分地尊重人类的习惯；他应该谨慎地便宜行事，将此一习惯或原则应用于他具体的处境之中。虽然不喜欢抽象教条，伯克却也远远谈不上要拒绝一般的原则和公理（maxims）。他有关上帝意旨的理论让他的“便宜行事”与马基雅维利的投机取巧有巨大的差异，并且就此而言，该理论让他有别于孟德斯鸠以及自己的学生丹纳（Taine）的地理和历史决定论。个体是愚蠢的，然而种群是明智的；成见、习俗和论断（presumptions）是种群智慧用以防范人自己的激情和欲望的手段。伯克有时会非常趋近于一种人类集体智识的理论——这种智识部分地是本能的，部分地是有意识的，而且每一个人都继承了此类智识——这既是他天赋的权利，也是对他的保护。由于意识到人类本性中的各种奥秘，并且对联结理论（associationist theories）无法解释的那些复杂的心理冲动感兴趣，伯克在无形中就拒斥了洛克的白板说*，视其为不足以解释将人
33 与动物区分开来的本性上的个体差异以及想象的能力。伯克说道，人类有份于他们不计其数的先祖们积累的经验；其中很少被完全遗忘。不过，此类知识中只有一小部分被文献和有意识的教导正式化；更多的则内嵌于本能、共同的习俗、成见和古老的惯例之中。如果无视或者轻率地摆弄族群的这一浩瀚的知识体系，那么人们就只能在情绪和野心的汪洋大海中随波逐流，而且能够维系他的就只剩下正规教育的可怜储备和微不足道的个人理性能力。人们通常体会不到他们的源远流长的成见和习俗的意义——实际上，就连最明智之人都不可能有希望去搞明白传统道德和社会安排的所有秘密；不过，我们可以确定的是，以人类的试错为行动中介的上帝已培育出古老的习惯，其中每一种习惯都对应着某些重要的目的。如果人们不得不让这一继承而来的观念结晶适应于新时代的迫切需要，最大限度的审慎就是必要的。原因是，成见并非偏执或者迷信，尽管成见有时可能会退化成后两者。成见是预先的判断（pre-judgment）；在一个人缺少时间或认知能力来凭借纯粹理性做决定时，直觉以及先祖们的意见共识便为他提供了这样的回应。

在 20 世纪中叶，思辨型心理学家们正开始愈益认真地探究人类和动

---

* 指认为小孩出生时大脑一片空白的理论。

物的集体心智（collective mind）的理论；伯克的这些先知性观点，连同他与此相联的对习俗在社会生活中之重要性的强调，以及对人类日常事务中习惯性或本能性动机超越理性的主导地位的强调，都已经表现出广泛的影响力，而且这种影响力在柯勒律治、梅因（Maine）、白哲浩、格雷厄姆·沃勒斯（Graham Wallas）、A.N. 怀特海（Whitehead）和其他十几位重要思想家的观念里能够不同程度地追踪到。今天的真正受过良好教育的人不可能相信人性像孔狄亚克（Condillac）之类的人认为的那样单纯。伯克非但不是正在消失的迷信的老派辩护士，反倒击穿理性时代的面具，直抵人类生存的黑暗复杂的现实，如此一来，他仍对思想有着持续鲜活的影响力，而他的激进派对手们大多仅仅在思想潮流的历史中留下空名。

浪漫派人士在这方面是伯克的追随者；可是在 19 世纪，由于他的心理学被认为是以洛克的简单算计为基础，以故，其被当作某种类型的功 34
利主义者而获得大多数评论家的赞誉。对伯克基本立场的看法没有比这更肤浅的了。伯克明白，在现代人的外表之下，野蛮、残暴和恶魔蠢蠢欲动。几千年的惨痛经验已教会人如何将就着约束他更为狂野的本性；这种担惊受怕的认知体现在神话、仪式、惯例、本能、成见之中。教会也一直明白这一真理——正如保罗·埃尔默·摩尔（Paul Elmer More）在他研究拉夫卡迪奥·赫恩（Lafcadio Hearn）的论文中带着浓浓的敬佩之情所提到的那样——并且以狐疑的眼光看待科学理性主义的到来，因为它可能会向现代人揭示他野蛮渊源的骇人听闻的秘密。

不过，伯克被误认为是经验主义者和实用主义者的先驱，主要是因为他下决心要探讨的是处境问题，而非抽象概念。巴寇积极关注凭空想象出来的伯克的这一个性侧面，说伯克抵御住依靠自己的归纳概括的诱惑，并“让他的想法屈从于事态的演变；而且他承认政府的目标不在于保存具体的建制，而在于普通大众的幸福……伯克不知疲倦地攻击这一广为人知的论点：既然某个国家已在某个特定的习俗下享有长期的繁荣，那么这个习俗一定不错”。[24]

巴寇在这里强解人意了，将伯克的特例当成他的规律。最大多数人的最大幸福的检验标准，以及以即刻的效用来查验每一种习俗是隐居避世者边沁的特色，与政治家埃德蒙·伯克无干。伯克之哲学最重要的地方在于，它以原则和习俗为自己的门面；伯克攻击的是抽象化和误用，而非原则和习俗。“我们不会将抽象观念从任何问题中完全排除出去，因为我非常清楚，按照那种说法，我应弃原则于不顾；而如果没有了原则，所有的政治推论就像一切其他推论一样，不过是具体事实与细节的稀里糊涂的大拼盘，缺少得出任何理论或实际结论的手段。”[25]

原则是以永恒的形式体现出来的正当理性；抽象化则是对它的误用。便宜行事是将一般性知识明智地运用于具体的环境；机会主义则是对它的贬损。人们获知原则的途径是理解自然与历史，将它们看作上帝旨意的体现；人们获致审慎的途径是耐心观察和细心探究，而它则成为所有美德
35 的“指导者、规范者、准绳”。便宜行事将原则落实，却绝不会取代它。因为原则体现了我们对上帝旨意的认可。

历史［伯克的历史知识为吉本（Gibbon）和休谟所敬重］是某一终极蓝图（supreme design）逐渐展示的过程——我们眨动的肉眼通常无法看清，不过它微妙、不可抗拒而且是良性的。上帝以人为中介创造历史。伯克与黑格尔的绝对律令式的决定论（Categorical-Imperative determinism）毫不相干，因为忠于基督教自由意志论的伯克认为，引领历史的不是某个独断、不讲道理的冲动，而是人的品格与作为。上帝的护理以自然而然的方式发挥效力。如果这一宏伟蓝图的指向清晰可见，那么抗拒它就可能是不敬虔之举；不过，我们很少能够全面理解上帝的目的。政治家和哲学家必须了解除历史之外的东西：他们必须了解自然。伯克的“自然”是指人的自然，是文明人所共有的行为的原动力，不是

指浪漫派准泛神性质的自然。对伯克精准的认知能力来说，“自然状态”（state of nature）这一短语让人反感；他不承认卢梭和潘恩所主张的“自然权利”；但是，西塞罗所谓的“自然”习俗也是伯克的用语。在了解历史和自然之后，一个人就可以谦恭地争取理解上帝护理下的时代秩序（Providential dispensations）。

不过，对历史和人之品性的研究从来都不可能囊括多数的人类智慧。人类经验主要被珍藏在传统、成见和习俗之中——一般会惠及多数人，有时会惠及所有人，而且它们是比书本和理论更为靠谱的行为和良心指南。习惯和习俗可能体现了目不识丁者的智慧，不过它们源自健全古老的人性精华。即使人类中最明智者也无法仅仅靠理性生活；高高在上的纯粹理性否认基于成见的主张（这通常也是良心的诉求），结果是一片没有上帝和人，却满是破灭的希望和悲戚的孤独感的废墟：比起知识界摆脱了传统和直觉的贫瘠膨胀的浮华，撒旦引诱基督的旷野也没那么可怕，因为在前一处境下，现代人被自己的骄傲所诱惑。

> 我们惮于让人凭借自己个人的理性能力生活和交往，因为
> 我们觉得每个人的这种能力都是有限的，个人最好还是利用各
> 个民族和时代积存下来的所有资源。我们中的很多思想者没有
> 颠覆一般的成见，反倒将他们的才识用于发掘普遍存在于这些 36
> 成见中的智慧。如果他们发现自己所寻找的，而且他们很少做
> 不到这一点，他们便认为更明智的做法是沿袭这种成见以及其
> 中内含的理性，而不是抛弃成见的外壳，只留下赤裸裸的理性；
> 因为内含理性的成见有动力将这一理性付诸行动，而且有一种
> 赋予其永恒性的性情。[26]

顺便说一句，对习惯和习俗的这种推崇是伯克与浪漫派人士的主要

分歧之一。正如欧文·白璧德（Irving Babbitt）所说，浪漫主义（那些直接受伯克影响的作家除外，而且有时这种影响是以他们的一致性为代价的）“显然敌视习惯，因为它看起来会导向一个僵化的世界，也即一个没有了勃勃生机和意外的世界”。伯克担心毁灭性的个人主义；习惯和成见会带来顺从，而如果没有这种顺从，社会就无法持久。因新花样的缘故而鼓励道德上的放纵之举，是人所能做的最危险的尝试。

“成见”——让人无须逻辑推理便能面对生活难题的半直觉性知识；“习俗”——从前后许多世代的惯例和协定中发育出来的习惯性权利；“论断”（presumption）——依据人类共同经验的推理：运用这些机制，人们就能在一起生活，并享有某种程度的繁荣与和睦。英国宪制是习俗性的，而且“其唯一的权威就在于它从远古时代以来就已存在。你们的国王、你们的贵族们、你们的陪审团（无论大小）都是习俗性的”。习俗、论断和成见足以引领个人良心和诸位议员。没有了它们，唯一能拯救社会免于毁灭的就只有武力和征服者。“意志和欲望一定要在某个地方受到节制，而且内部的节制越少，外部的节制肯定就越多。”人类经过几千年才从原始状态中痛苦地爬出来，并且伯克（尽管他在大多数问题上与霍布斯争论不休）也明白那种生存状态是“可悲、肮脏、残酷和短命的”；如果那些节制被废弃，能够阻止人类重新跌回原始状态的就只剩一个手段。这个剩下的手段就是合理性（rationality）。在伯克看来，18 世纪自我感觉良好者所钟爱的理性最多只是一种软弱无力的手段，经常靠不住。伯克隐含的意思是，人民大众很少运用较高层次的理性，而且从来也不会这样做：没有了民间智慧（folk-wisdom）和民俗规则（folk-law）——这
37 两者就是成见和习俗，他们也只能为煽动家们鼓掌助威，给江湖骗子奉上钱财，并顺服于独裁者。普通人并非无知，不过他的见识来自某种集体智慧，也即无数代人缓慢积累的智慧总和。一旦失去这种智慧，他就要依靠自己个人的理性能力，并承担灾难性的后果。哪怕是最聪慧之人，

一旦试图让他们的理性成果对抗千百年来的共识，他们也会因虚荣而自我膨胀。伯克承认，时代在某一方面可能会发生变化，那个方面的历史经验变得无效，别出心裁者就是正确的；不过一般说来，人们的论断与之相反；不管怎样，下述两种做法中，前者可能更为明智：延续旧有的做法，哪怕它好像是谬误的产物；或者出于对严格准确性或整齐划一的教条式的喜好，与习惯一刀两断，并甘冒毒害社会肌体的风险。“先生你看，在这个启蒙后的世代，我有足够的勇气承认，我们通常都是有着天然情感之人；我们非但不会抛弃我们所有的旧成见，反倒非常珍惜它们，我们更要大言不惭地宣告，我们之所以珍惜它们，是因为它们是成见，而且它们持续的时间越长、普及的范围越广，我们就越珍惜它们。”

伯克对成见与习俗的喜好在英国思想中并不新鲜。切斯特菲尔德（Chesterfield）曾评论说：“成见绝非谬误（尽管它通常被认为如此）；相反，成见也许是最无疑问的真理，尽管它对那些未经审视便凭信任或习惯接受它的人来说，不过是成见。……大多数人既没有闲暇，也没有足以进行恰当推理的知识；为什么要教导他们去推理？比起半吊子的推理，难道诚实的直觉不能更好地提点他们，合宜的习俗不能更好地指引他们吗？”[27]这恰恰就是伯克的意思。[正如卡尔·贝克尔（Carl Becker）在《18 世纪哲学家的天国之城》（*The Heavenly City of the Eighteenth-Century Philosophers*）一书中所提示我们的那样，] 休谟表现出对成见及其社会价值的浓烈敬意，因为对道德源头的沉思让他感到震惊，促使他问道：“可是此类想法非常**有用**吗？”接着他就将自己的笔记锁进了书桌里。不过，伯克对大行其道的理性的攻击与他那个时代宏大时髦的思想潮流背道而驰，而百科全书派则代表着那场思想运动的成色。公开声言维护成见的做法需要勇气；换个差一点的人，这种立场会被有文化的公众鄙视。然而他们无法蔑视伯克，因 38
为伯克身上的理性不逊色于英格兰的任何人。鉴于他那敏锐广博的思想，他竟能成为普通人之直觉的代言人，反对天才之士的浮夸自大；这在某种程度上体现了伯克身上基督徒的谦卑的力量。

伯克知道，人类欲壑难平，凶残嗜杀；我们称成见、传统、习俗性道德为集体性的不朽智慧，人类便受这种智慧的约束；仅靠理性从来就不可能让他们忠实于义务。一旦成见与习俗的外壳在某一处被刺穿，熊熊大火就会从下面蹿起，令人恐怖的危险还在于，裂痕可能会扩大，甚至会毁灭文明。如果人们不再敬畏古老的习俗，他们几乎肯定会将这个世界当成自己的财产，为满足他们的感官享受而将它消耗干净；于是，他们将因自己享乐的欲望而毁掉未来世代的财产、他们自己同时代人的财产，甚至他们自己的资本：

> 共同体及其法律所据以获得尊崇地位的那些最优先、最重要的原则之一是，防止其中暂时的占有者和终身租借者（life-renters）因为对已从先祖处继承的东西或者将要留给后世的东西漫不经心，而像一切的主宰那样行事；他们不应将剥夺继承权或糟蹋遗产视为自己的一项权利，随心所欲地摧毁他们社会原初的整个结构；冒冒失失地将一片废墟而非聚居地留给后人，而且很少教导这些后代去尊重他们的新花样，正如他们自己也很少尊重先祖的建制一样。由于他们根据各种流行的空想和时尚经常毫无原则地轻易剧烈地改造国家，共同体的整个链条和连续性就会被打破。任一代人都无法与其他代人相连。人就变得比夏天的苍蝇好不了多少。[28]

消失的森林和被侵蚀的土地、被浪费的石油以及冷酷无情的采矿活动、肆意增加直至被拒付的国民债务以及持续被修订的实证法——这些现代景观表明，一个没有了敬畏的时代会给它自己及其后代造成什么结果。伯克洞见到未来，而孔多塞和马布里只看到他们自己空想的玫瑰色内景，并将其误认为先知性的灵感。

尽管——或者毋宁说因为——年深日久，成见与习俗却是细微增长的结果，它们缓缓地出现，容易受伤害，几乎不可能再生。意图洁净社会的抽象的形而上学者和狂热的改革者可能会发现他已彻底消灭掉社会：“一个无知之人不会蠢到胡乱摆弄自己的钟表，不过却有足够的信心认为他能拆卸并随意组装有着另一种样式、重要性和复杂性的道德装置——构成这一装置的有迥然不同的转盘、弹簧、平衡轮以及反向与协同动力……他们虚妄的美好愿望不能成其自以为是的借口。”[29] 39

那么，顺从成见与习俗会让人永远都只能追随其祖先的脚踪吗？伯克不奢望人会隔绝于社会变迁，也不奢望某种僵化的形式主义是合宜的。他说，变革是不可避免的，而且是上帝为更全面地延续社会而命定的；被适当加以引导的变革是一个更新的过程。不过，应让变革因普遍感受到的需要而产生，而非来自构思精妙的抽象理论。我们的任务是拼出并优化事物的旧秩序，试图找出深刻、缓慢、自然的变化与某些一时的心醉神迷之间的区别。大体上说，如果变化是良性的话，那它就是一个独立于人的有意识的努力的进程。如果它们被本着尊崇的精神加以利用，并对它们自己可能的错谬保持警觉，那么，人的理性和思想可以有助于旧秩序因应新事物的调整。在实证性知识的冲击下，就连古老的成见和习俗有时也必须退缩；不过，雅各宾党人的大脑无法区分略微的不便与实际的衰朽的差别。敏锐的改革者将改革能力与守护意愿结合在一起；鉴于强烈的渴望，热爱变革之人完全没有资格成为变革的推动者。

推崇传统以反对抽象理性的论述之前从未获得如此有力的表达。然而，伯克几无可能阻挡他那个时代的这一趋向：让每个人都以自己的见识根据转瞬即逝的环境和不完美的知识形成自己的观点。识字率的提高、廉价的书籍报纸以及个人主义信条对普罗大众天然的吸引力——这些影响因素是伯克的说服力远远无法匹敌的。伯克确信人无法靠自己的理性明智地行动，格雷厄姆·沃勒斯领会到了这一点：“但是，伯克所提倡的审慎地遵从习俗的做法有所不同，因为它是过去出于不假思索的忠诚选择的结果。那些吃

40 了知识树*上果子的人无法忘怀。”[30]白璧德认为，维护成见和习俗的斗争已经失败；“深思熟虑之上的智慧”（a wisdom above reflection）不再主导工业化时代无数人的生活。“已经不再可能的是，将现代派人士仅仅当作一时之间嗡嗡作响的虫子赶走，或者反对某种不健全的智识活动，只将其视为对思想无动于衷之物——在英国橡树的树荫下反刍的老牛。”[31]这些评论相当笼统；毕竟，在那些城市化和工业化最彻底的国家，支持地方性权利、私人财产权和生活习惯的习俗，支撑旧礼节的成见、家庭以及宗教信条都还有很强的能量。比揭示伯克论辩的弱点更难的是提供某种替代体系，以抵御具有腐蚀性的知识原子主义（intellectual atomism）。一旦个人判断开始取代传统的看法，个人品性与公共生活就遭到破坏，就连极其昂贵的国家教育体系都没能成功地弥补这种伤害。

不过，伯克在一个方面胜过了任意的创新冲动。他教导英国的政治家们如何以勇气和机智应对变革，弱化其影响，并通过调和创新者与旧时代最好的东西以保存延续后者。自伯克退出政坛之后，英格兰没有出现过一场可怕的叛乱——没有什么比骚乱和古怪的阴谋更糟糕的了；如果伯克针对爱尔兰的建议被付诸实施，那里的社会状况可能同样让人赞叹。在当下的这个年代，英格兰政府在互相严重敌视的党派之间轮换却没有动乱，因为英国人明白，如果变革不得不发生，它的到来在保持和平的情况下危害性会更小。

> 我们所有人都必须遵从变革的大法则。它是最为强有力的自然法则，而且可能还是自我保护的手段。我们所能做的也即人类智慧所能做的，只是确保变革以让人感受不到的方式到来。这样，就能享有随变革而来的所有可能的好处，而非任何变异的不便。一方面，这种方式会防止**即刻剥夺旧有的利益集团**：那

* 即《圣经·创世记》里的分善恶的树。

> 样做会在那些立即被剥夺影响力和报酬（consideration）的人中激起难以排解的严重不满。另一方面，这种渐进的过程将阻止长期受压迫的人因新获得的大量权力而被冲昏头脑，因为他们肯定会放肆嚣张地滥用这样的权力。[32] 41

保守主义在为普遍和解之目的而欣然接受那些它不认同的变革时最让人佩服；急性子的伯克是所有人中为确立此一原则做出最大贡献者。

5 文明的社会人的权利

18 世纪末的激进主义以“自然权利”来表达其主张。自潘恩的《人的权利》（*Rights of Man*）发表以来，不可剥夺的自然权利的观念以一种模糊好斗的形式为普罗大众所接受，导致“权利”常常混同于欲望。定义上的这种混乱困扰着当今社会，明显表现在联合国所提出的“人权宣言”之中：共三十条，定义了略微超过三十项的“权利”，包括免费教育的权利，“欣赏艺术”的权利，享有版权的权利，享有国际秩序的权利，“人格充分发展”的权利，平等报酬的权利，结婚的权利，以及很多其他的权利：它们实际上根本就不是权利而只是期望。保守派的格言是，所有激进的“自然权利”本质上不过是要求无所事事的宣言；第十四条就对应了这一格言：“每个人都有休息与闲暇的权利，包括有合理限度的工作时间以及定期的带薪休假。”这个长长的“权利”清单忽略了所有真正的权利所附带的两个基本条件：首先是个人要求与行使所主张的权利的能力；其次是与每一项权利密不可分的对应义务。如果一个男子有结婚的**权利**，那么某位女子就必定有嫁给他的义务；如果一个人有休息的**权利**，那么另外的某个人就一定有供养他的义务。如果权利如此这般地与欲望混为一谈，那么广大民众就肯定总会觉得某种不可见的大阴谋在阻挠他们享有自己的不可剥夺的天赋权利——而且这种权利是别人告诉他们的。由于认识到这有让社会产生持久的不满和怨恨的危险，伯克（以及其后的柯勒律治）试图确定真正的自然权利和真正的自然法的含义。

当时，整个世界都在沉迷于创立宪制，埃比·西耶斯（Abbe Sieyes）正起草一整套的基础性文件，每一家咖啡屋里都有能够按照某个理性方
42 案修订国家法律的哲学家，美国刚刚制定十四部新宪法并在考虑制定更多的宪法；伯克却在这时宣称人不是法律的制定者：他们只是批准或扭曲上帝的法律。他说人没有随心所欲的权利：他们的自然权利只能直接源自他们的人性。辉格党的改革者推崇开明的便宜行事原则，告诉英格兰人，实际上存在着某个不变的法律，而且不可剥夺的权利确实存在，不过它们的起源和性质与哲学家及平等主义者所认为的非常不同。

伯克是敬虔之人，与博林布鲁克和休谟不同，虽然他们外在的政治立场在某些方面与伯克相似。但“伯克对有关人类的最为紧要问题的答案来自圣公会的教理问答。”[33]他相信基督教的宇宙观，公义的上帝为宇宙设定道德秩序，使人们的得救成为可能。上帝赋予人类法律，以及与法律携手而来的权利：这是伯克在所有道德和法律问题上的前设立场。然而，现代人误解了这一法律以及由其派生的权利。

> 也就是说，**人**的权利——人类的自然权利——实乃神圣的东西；如果任何公共措施被证明对它们造成了有害的影响，那么这种指控对该项措施就应当是致命性的，即便不可能创制任何针对它的规令。如果这些自然权利被明示的约定进一步地确认和宣示，如果它们经由书面约定和实际应用被加以清楚地定义，免受强权、权力和职权的破坏，那么它们就会拥有更好的光景：它们不仅有份于被如此保护起来的东西的神圣性，也有份于那

> 个庄严的公众信仰本身——而公众信仰保护的那个东西是如此重要……被这些约定保障的东西可以被非常恰当且毫不含糊地称为**人的特许权利**（the chartered rights of men）。[34]

在两场革命之间，伯克在谈及福克斯的东印度公司法案（East-India Bill）时，就是这么评说那些有关自然权利的主张的，而此类主张即将把世界搞得天翻地覆。这个演讲可能隐隐约约地不情愿面对一般性问题；不过，伯克表示，他对抽象和没有确定含义的权利表示怀疑，却执着于受习俗和特许令保护的特权。很快，他就被迫要更为突出地强调他所做出的这种区分。

伯克说，正如历史之目的可以被辨识（不管如何模糊不清），体现上帝权威的永恒法也是存在的，而且我们能够争取通过研习历史和观察人 43
的品性理解这些永恒法。只有当人遵守上帝的法律时，人的权利才存在，因为权利是法律之子。所有这一切都与洛克的“自然权利”大相径庭，尽管伯克有时会采纳洛克的用词；显然，伯克的自然权利观有着截然不同于卢梭的源头。卢梭从某种神秘的原始自由状态和主要源自洛克的某种心理认知推导出自然权利；伯克的自然权利是被基督教教义和英国普通法理论强化过的西塞罗式的自然法。休谟则以第三方的视角坚称自然权利与惯例有关；而边沁从另外一个视角宣称自然权利是虚幻的标签。伯克憎恶这两位理性主义者，主张自然权利是顺从上帝意图的人类习俗。

作为政治家的伯克没有将自然权利看作适合于政治论争的武器：他对其渊源怀有极大的敬意。不管是作为改革者还是守护者，他都很少引用自然法反对其对手的措施或为他自己的措施辩护。他不喜欢非要给它下严密的定义；自然权利是一种只有上帝智慧才能明白的观念；至于它确切地从哪里开始和终结，我们并非合适的裁决者。认为上帝法没有我们人类立法的背书便无法发挥作用的想法是自以为是。不过，伯克表示，只要我们能够描绘出自然正义的特征，人类的经验便是我们了解上帝法的源泉；将人类经验教导给我们的途径不仅有历史，而且还有神话传说、习俗和成见。

从其职业生涯的开始到结尾，伯克一直都批驳卢梭使其大行其道的那种田园牧歌式幻觉：一个自由、快乐和没有财产的自然状态。伯克大声疾呼，历史和传统都不支持这种原初状态的观念：其中的人们不受世俗惯例的束缚，心满意足地按照自然权利的轻率冲动生活。自然法只有被纳入社会习俗或规制（charter）之中，才能被我们认知。其余的部分对我们依然隐而不显。我们了解上帝法的唯一途径，是试图模仿上帝的我们自己的法律；因为上帝没有赋予我们轻薄的协定或乌托邦式的宪令。正如西塞罗所指出的那样，最为确定无疑的是，人类法本身无法自足；我们不完
44 善的法令只是迈向永恒的正义秩序的一种努力；不过上帝很少清晰地显明他的旨意。由于我们本性的源远流长的不完善，我们蹒跚着徐徐地探求上帝的正义。

伯克暗示，虽然认为人在没有社会法起决定作用的强制力的情况下会遵从自然法的想法是愚蠢的，但试图以成文法的形式明确所有自然法的内涵也同样是自负傲慢之举。哲学家们时不时会犯下这两种错误。实际上，上帝以及上帝的自然（伯克会将杰斐逊的短语颠倒过来使用）能够引导我们认识正义，不过，我们需要牢记，上帝是向导，而非跟随者。以向导自居的狂妄自大之人凭借由自己的抽象思辨编织而成的地图，会给社会造成灾难。让伯克首次获得公众关注的作品是他的《为自然社会辩护》（*Vindication of Natural Society*），它同时抨击了理性主义和田园牧歌式的幻想；《论弑君以求和平》则闪耀着他临终前的天才的光辉，饱含深情地区分了人的真实权利和虚构权利。伯克总是既警惕充满危险的模糊的自然法理论，又警惕充满危险的精确的自然法理论。

与约翰逊博士一样，伯克憎恶未经修饰的自然观念：他评论说，“技

艺（art）是人的自然”。在伯克看来，人的自然蕴含在人的最高级的层面，而非其最简单的层面。“从来没有，从来都没有过自然与智慧背道而驰的现象。使人升华的情感本身也不是浮夸和非自然的。以最光辉灿烂的形式体现出来的自然是它最真实的自我……伦勃朗（Rembrandt）画笔下的所有人物或特尼耶（Teniers）的乡下人狂欢中的所有粗人，都和观景殿的阿波罗（Apollo of Belvedere）（如果一般的强盗还将他留在观景殿的话）一样处于自然状态。”[35]

伯克念兹在兹的并非“自然”之人，而是文明之人。如果社会试图将假想中的野蛮人所拥有的“自然权利”应用于英国人真实得多的宝贵的特权之中，那么可怕的风险便是相应的惩罚。“这些进入到日常生活的形而上的权利就像穿进厚厚的中间物的光线，会根据自然原理发生折射。实际上，人的原初权利在人类庞杂的激情和关切中经历过如此之多的各种各样的折射与反思，以至于这么做就成了荒谬的事：在谈及它们时，视其仿佛会单纯地按照最初的方向延展。”[36]人的本性是错综复杂的，社会有妙不可言的复杂性：原始的纯朴如果被应用于大国的政治事务之中，则是灾难性的。“当我听说任何新的政治宪制力争或夸耀其简朴的构思时， 45
我便毫不含糊地断定，设计者对他们的事业非常无知，或者有严重的玩忽职守问题。”在他（死后出版）的《论教皇法》（*Tracts on the Popery Laws*）一书中，伯克再次抨击了社会原始论。文明社会（civil society）的目的是“维系并安享我们的自然权利”；废止或暂缓这些真正的自然权利——为了遵从某种狂热设想以确立幻想出来的人的权利，或者以更为稳固地保障这些权利为借口——的做法在观念上是乖谬残忍的，其后果也是具有残酷压迫性的。[37]

平等主义者主张恢复假想中的平等的“自然权利”，废除人为和自然贵族，就体现出这种残酷错谬的特性。“文明社会必然会形成这种贵族，这样的情况属于自然状态；比起某种野蛮、支离破碎的生活方式，它是要真实得多的自然状态。其中缘由是，人依其本性是明白道理的；除非他所处的状态可以最有效地培育理性，并且理性在其中居于最有力的主导地位，否则人就不可能完全处于自然状态之中……无论如何，我们在成人时期与在不成熟、无助的婴儿期都同等程度地处于自然状态。”[38] 伯克在这里与在其他地方一样，更愿意说明自然法不是什么，不愿说自然法是什么；他也没有试图隐瞒他不愿赋予它准确含义的想法。他是这么评论他的那些身为文人雅士的平等派对手的：

> 这些理论家们假想的权利都在走极端；它们在形而上学上是如何地真实，在道德和政治上便是如何地虚假。人的权利处于某种**中间状态**，没法定义，不过并非无法辨识。人在政治方面的权利对他们是有利的，而且这些权利常常是善恶平衡的结果，有时是恶与恶之间平衡的结果……对于不合理的东西以及不符合其利益的东西，人没有权利。[39]

他接着解释道，自然权利并不等同于民众的权力；而且如果它不符合正义，它便不再是权利。原因是，虽然正义本身的渊源超越于人的构思之上，正义的**施行**却是有益的人为之举，也即社会惯例的产物。社会协定的首要目的就在于为正义的施行提供便利。为达此目的，“自然”人在很早以前就放弃了（并且默然同意持续让渡）有违正义的无政府状态下的自由
46 （anarchic freedom）。对伯克来说，这一社会协定是非常真实的存在——不是历史上的协定，不仅仅是某个股份公司协议，甚至不单纯是一个法律概念，而是一份被每一个世代、每一个年日以及信任其他人的每一个人重新确认的合同。为了我们共同的福祉，我们的先祖同意，我们今天也同意，而且我们的后人也将会同意让渡出某种没有益处的自然“自由”，以便享有由世俗正义落实的信任的好处。因此，让人免于顺服正义的施行者的自

然权利是不存在的。“迈向文明社会（civil society）的首要动因之一便是**没有人应成为他自己诉求的仲裁者**，而且这成了文明社会的基本原则之一。于是，每个人都立即放弃了自己在达成协定之前的首要基本权利，也即做自己的裁判以及伸张自己的诉求。他放弃了自己管辖自己的所有权利。在很大程度上，他全面放弃了自我防卫的权利，也即首要的自然法……他为了能够保障某些自由，便怀着信心让渡出所有的自由。”[40]

不过要注意的是，是怀着信任的让渡；尽管一个人不可能同时享有文明和不文明的权利（civil and uncivil rights），一旦他脱离无政府状态，他就相应地获得某种正义的保障。对那种信任的破坏可以是抵抗的合理缘由，不过，除此之外没有其他正当理由。不仅正义的要求促使人互相依靠，而且普遍道德的要求也是如此。野蛮人和文明人都会忍不住去排斥邻人；不过一旦他这样做时，他的“自然”自由就必须受到某种程度的约束，因为它会妨碍到别人的自由。法国人对“绝对自由”的热衷［在伯克发表论述之后半个世纪，拉马丁（Lamartine）还在要求无条件的绝对自由］基于对历史和社会的荒谬认知：“至于人按照其喜好不受道德牵绊地随时行动的权利，这样的权利是不存在的。人从来都不是相互**完全**独立的。我们本性的状态并非如此；同样不可思议的是，任何人怎么可以采取某项重大行动而不对其他人产生某些影响，或者不由他的举动自动带来某种份量的责任。”[41]

自然权利不会独立于环境而存在，在某种情况下对某个人而言可能是权利的安排，在不同的时间对另一个人可能是有违公正和荒唐的。审慎是对现实权利的检验。社会可能因人们不适于行使特权而拒绝让他们享有这些特权。“不过，这一拒绝是明智的还是愚蠢的，是公正的还是不义的，是审慎的还是怯懦的，完全取决于人具体的现实状况。”[42] 47

自然权利**不是**以上所有这些东西。那么，它包含什么内容呢？伯克宣称，它包括非常实际且不可分离的好处，而守护这些好处便是这一世俗秩序的首要目标。伯克对真正的自然权利的描述记录在《反思录》中：

> 我绝不是要在理论上否定人的**真正的**权利，正如我绝不愿在实际中抑制这些权利一样（如果我有权力赋予或抑制它们的话）。在否定他们的错误的权利主张时，我本意不在破坏那些真正的权利，也即他们幻想中的权利会彻底毁掉的那些权利。如果文明社会是为了人的益处而形成的，其形成时的所有好处就都成为人的权利。它是善行的建制（institution of beneficence），而法律本身不过是依规则而行的善举。人有依照那种规则生活的权利；他们有践行正义的权利，比如在他们的同胞之间，不管他们的同胞是拥有公职还是普通的职业。他们有权利享用劳动的果实，并拥有让其劳动富有成果的手段。他们有权利享有父母积聚的东西，也有权利养育和提升他们的后人；他们有权利获得生活上的教导以及死时的安慰。每个人在不妨碍其他人的情况下能够独自做的一切事情他都有权利为自己做；对于社会依靠其集中起来的所有技能和力量可以做的一切有利于他的事情，他都有相应的权利。在这种伙伴关系中，所有人都有平等的权利，但没有平分物品的权利。在伙伴关系中，只拥有五先令的人对其财产所享有的权利与拥有五百镑的人对其更多财产所享有的权利是一样的。但是，他没有权利均分他们共同事业的成就红利；至于每个人在管理国家方面应当拥有的那份权力、职权和引导权，我不承认它们属于文明社会中人的直接的原初权利；因为我所考虑的只有文明的社会人，没有其他人。这事取决于惯例（convention）。[43]

在伯克的所有论著中，上面这一段可能是他对政治思想的最重要的贡献。均平的正义（equal justice）确实是一项自然权利；不过均分红利根本就不是权利。由上帝智慧确立的自然法没有规定在分享财物时无视个人能量或功劳，而且政治权力也不是天然平等的。经济和政治平等要到什么程度——这一问题要审慎地解决。免于侵扰的保障是一项自然权利；侵犯他人的强力则不是。政府的建立是为了确保正义的支配地位，并保护每个人在社会性伙伴关系中的正当份额。政府是一种讲求实际的创制，并以现实 48
顾虑为管理依据；于是，伯克将“国家”（state）或社会实体（social being）与“政府”（government）或政治管理区分开来：前者由上帝创立，而后者是惯例的产物。政府的根基“不是立足于想象中的人的权利［在最好的情况下，这些权利也只是将司法与民事（civil）原则混为一谈］，而是立足于政治上的便利以及人的本性；而这一本性要么是普遍的，要么是受地方习惯和社会趋向调节的”。政府旨在满足我们的需要，并促使我们履行义务。它并非任由我们的虚荣心和野心操弄的玩具。[44]

在政府的实际事务中迷恋于自然权利，必然会沦入狂热且不宽容的个人主义，并以无政府状态告终。如果空谈自然权利者取得胜利，就连议会也无法持久，因为任何形式的代议制政府在某种程度上都侵犯了“绝对的自由”。伯克在这里抨击了卢梭的有关公意（general will）的错漏百出的愿景——在其中，所有人都无需代议制机构的中介而直接参与。“那些主张绝对权利之人无法满足于任何达不到个人代表程度的安排，因为所有的**自然**权利都必然是个人的权利；因为以**自然**的标准看，诸如政治或团体人格之类的东西是不存在的；所有这些观念都仅仅是法律创制的东西，它们是自愿创设的产物；人作为人只能是个体，不是任何其他存在。”然而，在大型的现代国家，个人参与所有的政府事务或者派遣个人代表都是彻头彻尾的荒唐之举。伯克宣称，这种想要直接参与复杂的政府治理的狂热决心，注定会糟蹋此类热情所宣扬的那些“自然权利”；因为要不了多久，如此行事的所有政府都会陷入无政府状态——其中不存在任何权利。将想象中的权利与真实的权利混为一谈总是会导致此类灾难。

因此，人的真正的自然权利乃是均平的正义、对劳动与财产的保障、文明建制的愉悦，以及有序社会的福祉。为了实现这些目标，上帝命令创设国家，而且历史证明它们是**真正**的自然人所想要的权利。如果没有这些真正的权利，统治就是篡夺；伯克将它们与英吉利海峡对岸之人狂热追求的空幻虚妄的“人的权利”加以对比——那些“权利”实际是对正义的背弃，因为如果它们的渴慕者所要求的绝对自由真的实现了（这是不可能的
49 事），它们会立即导致人与人之间的相互侵害，并使人们陷入道德与文明的混乱状态。“绝对自由”“绝对平等”以及类似的设想绝不是自然权利，显然属于非自然的状态——这里的“自然”一词是卢梭意义上的，因为即使是暂时的，它们也只能存在于高度文明的国家之中。由于将社会便利和惯例的问题混同于微妙且几乎无法明确其内涵的上帝的自然秩序，启蒙哲学家们以及卢梭的追随者们给社会带来人为建制崩解的危险。

出于这几个原因，伯克不屑地摒弃了空想家们武断抽象的“自然权利”，不管它是洛克那一派的还是卢梭的自然权利。然而，如果人们要免于激情的灾难，社会就一定要有自然原则。另外还存在什么样的实现自然的社会道德秩序的基石？伏尔泰可能会回答说，“理性”；边沁会说，“功利”（Utility）；半个世纪后也有人会回答说，“大众物质上的满足”。伯克认为理性乃脆弱的支柱，完全满足不了多数人的需要；功利在他看来只是对手段的检验，不是目的的准绳；而物质上的满足则是非常低级的愿望。另一种社会原则的根基是伯克提出的。“顺从上帝的设计”——这样人们就能阐释他们对顺从自然秩序的想法。借着恰当地尊重习俗与成见，我们会找到本分顺服的路径。人类的集体智慧也即经过过滤的经验能够救我们免于“人的权利”所导致的无政府状态和“理性”的自大。

对自然律令的真正顺从要求敬畏过去并关心未来。“自然”不仅是稍纵即逝的感受；它是永恒的，尽管我们短暂的人生只能经历其中的一个小片段。我们没有权利因鲁莽地操弄人类的遗产而置后代的幸福于险境。热衷于抽象“自然权利”的人士妨碍了真正的自然法的效力：

> 国家（nation）不仅仅是指地方范围以及独立的时间单位的聚合；它还具有连续性，也即在时间以及数量和空间中延展的连续性。它不是某一天或某一群人选择的结果，也不是纷乱轻浮选择的结果；它是多个时代和世代慎重抉择的结果；形塑它的是比选择好万倍的因素，造就它的是特定的处境、机遇、性情、气质以及民众的道德、文明和社会习惯——这些要素只有在经过漫长的时间后才露出自己的面目。政府规范也不是建立于盲 50
> 目、毫无意义的偏见之上——因为人同时是最为不智和最为明智的存在。个人是愚蠢的；当下的群体如果在行动时没有经过深思熟虑，也是愚蠢的；不过，人类整体是智慧的，而且如果有充足的时间，人类作为一个种群总是会采取正确的行动。[45]

如果这些普遍原则与具体的现实问题不相干，伯克就只是勉勉强强地阐明它们，不过，他立即将这些观点应用于他那个时代浩大的平等主义运动之中。他宣称，社会和政治平等不属于人的**真正**的权利；相反，等级制和贵族制是人类生活原初的自然结构；假使我们对它们的影响加以调节，那也是出于审慎与惯例，而非遵从“自然权利”。他对自然贵族的赞美与对平等的谴责就基于这些主张之上。

6　平等与贵族制

任何种类的平等都基于上帝赋予我们的本性吗？伯克说，只有一种平等才是这样：道德上的平等。上帝审判时的恩慈所依凭的不是我们属世的状况，而是我们的良善，而这毕竟远远超越于世俗的政治平等之上。伯克在驳斥法国人时在下面这段话中表述了此一观点（其中体现了他经

常流露的那种高度同情心）:

> 你们本来会有一个受到保护、勤劳顺从的民族，他们被教导去追求并欣赏那种凭借美德可以在任何情形下都能得到的幸福；这里面就包含了人类真正的道德上的平等，却没有那种弥天的幻觉，对于一生注定要默默无名、劳作不已的人，这种幻觉刺激出错误的观念和虚妄的期许，只能恶化和加重它绝无能力清除的那种真正的不平等；对于那些生活处于微寒状态的人以及能够攀升到更为亮丽的生活状态的人来说，文明生活秩序所构建的这种幸福带给他们的益处是同样的，而且后者的生活状态不会比前者更幸福。[46]

显然，自然中的人是不平等的：在思想、身体、能量以及所有影响重大的处境方面都是不平等的。一个社会的文明程度越低，意志与欲望越是普遍受不到制约，个人的处境就越是不平等。平等是技艺（art）而非
51 自然的产物；如果社会平等到了毁灭秩序与阶级的程度，将人降格，使其“因属于第 71 号棋子而感到光荣”，那么，人为的安排就已经扭曲了上帝为人设计的真正的自然状态。伯克厌恶被剥夺了差异与个性的社会的那种千篇一律的无聊；他推断这样的社会一定很快就堕落到新的不平等状态——也即一个或少数主子、一群奴隶的状态。

与平等一样，多数人的统治也不是自然权利。我们认可政治中的多数原则，不过这样做时是出于审慎和便利，并非由于某个抽象的道德诫命。享有选举权、担任公职、将权力交托给民众——这些问题的解决办法要基于现实的考量，因时间、环境和国民的气质而异。取决于国家、时代以及接纳它的具体处境，民主可能是完全不中用的，或者在某些条件的限定下是可以接受的，或者是完全值得拥有的。伯克借用孟德斯鸠

来支持这一立场。另外，如果我们诉诸万物的自然秩序，我们就会毁掉多数人的统治，因为这种决策方式是非常精妙的人为手段。“在文明社会以外，自然对它一无所知；除非经过非常长期的训练，否则即便按文明秩序组织起来的人也不可能遵从它……在这种决策模式中，意志可能非常接近于平等，在具体的处境下，少数人可能更有势力，明畅的理性可能都属于其中的一边，另一边除了冲动的欲望之外几乎一无所有；所有这一切一定是某种非常具体特别的习俗的结果，此后也得到长期顺服习惯以及社会的某种约束机制的认可，并被拥有固定长久权力的某个强势力量认可，以落实这种具有建设性的总体意志（general will）。”[47]

作为议会式自由（parliamentary liberties）的最为雄辩的倡导者，伯克信赖被适当理解的多数人的统治。不过，因地制宜地行事总会产生这样的问题：什么算是真正的多数？伯克否认人有行使政治权力的“自然权利”，视其为没有历史、自然（physical）或道德根基的虚构之物，坚称恰当的多数只能来自这样一群人：他们因传统、身份、教育、财产和道德本性而有资格行使政治职能。伯克说，在英国，这一群体——也即“民众”——包括大约四十万人；一个胜任的多数应该是由这些人组成的多数，而非单纯从全部人口中不分青红皂白地挑选出来的多数。分享政治 52
权力不是不可变更的权利，反倒是根据民众的才智和品德（integrity）赋予或约定的特权（privilege）。“如果设下这样的原则：按人头计算的多数人应被视为民众，而且他们的意志因此就应成为法律，我看其中鲜有智谋（policy）或好处，也同样少有正当性。”[48]事实上，即便自然权利受到质疑，人的确拥有这样的自然权利：如果他们以自己不能胜任且只能给他们带来坏处的方式干预政治权力，他们有**受约束**的权利。上帝赋予我们的不仅是一个放纵的自然，还是一个有规制的自然。人所拥有的每一项真正的自然权利并不总是合他的口味，不过，对我们自然本性的限制是为了保护我们。在卓克沃特（Drinkwater）的戏剧《手中的小鸟》（*The*

Bird in Hand）中，出身平民的严厉老迈的酒馆老板咕哝着说，国家的用途在于治理那些不适于自我管理之人，可谓道出了这一古老的保守主义原则（伯克对它的阐述无人能及）。

伯克说："政府是人类智慧的创制品，旨在满足人类的**需要**。人有权利让人类的智慧满足这些需求。这些需求中有一个源自文明社会之外的需求值得重视：他们的激情要受到充分的约束。社会所要求的不仅是个人的激情应受到节制，还要求：无论是在群体或团体中，还是单独的个体，人的倾向都应经常受到阻遏，他们的意志应受到控制，而且他们的激情应受到压制。能够实现此目标的唯一途径是某种**自在的权力**（a power out of themselves）；而且这种权力在行使其职能时不会屈从于那一意志及那些激情，因其职责便是约束和降服它们。就此而言，对人及其自由的约束应被算作他们的权利。"[49] 这种约束的范围将因一个社会的文明程度和宗教敬虔程度而异；它不能由抽象的规则来决定。

伯克对全能的多数（由于拥有过多的权力，它没有能力约束自身）的理论以及一人一票的民主理论的驳斥最为雄辩有力地体现在《反思录》之前的一段话中："据说，两千四百万应胜过二十万。的确如此，如果一个王国的宪制仅仅是个数学问题的话。这种讨论非常适合于那些二等人物；对
53 于**能够**冷静思考的人来说，它是荒谬的。很多人的意志以及他们的利益肯定会经常有所不同；当他们做出邪恶的选择时，其中的差异会很大。"[50]

尽管伯克的政治原则在我们的时代已经被功利主义和平等主义思想严重侵蚀，他对民主政治权力的自然权利观的锐利深入的批评战胜了其对手们的抽象理论。20 世纪明智的民主支持者以权宜之计（expediency）而非平等的自然法作为广泛分配政治权力的基础。大卫·汤姆森（David Thomson）是这样阐述伯克和迪斯雷利（Disraeli）留给政治思想的这种主流观点的："对普选权和政治平等的论证凭借的不是这样的迷信：由于有了选票，所有人都变得同样智慧或明智。从历史和哲学思想上看，它凭借的

是这样的信念：如果共同体的任一部分被剥夺了投票的能力，那么其利益就容易被忽视，一系列的不满就可能产生出来，郁积在政治体系之中。”[51]

伯克总结道，政治平等因此在某种意义上说是不自然的；另一方面，
贵族制倒肯定是自然的。这位辉格党的领袖人物欣赏贵族制，但是有很
多保留：“至少从这个词通常被理解的意义上说，我不是贵族制的同路
人。”[52]在没有制约的情况下，它意味着“严苛傲慢的压制”。“如果到
了最后不得已的时候，到了以鲜血抗争的时候，但愿不要这样！但愿不
要这样！——我已选定自己的立场；我会与穷人、卑贱者和软弱者同命
运。”[53]然而，自然已为社会提供了贵族制的要素，行事明智的国家会
认可并接受它们——不过也总是会持续制衡贵族的野心。正如很多人缺
少行使政治权力的资格是自然而然的事实一样，万物的永恒结构中也有
这样的安排：出于不同的原因，少数人在气质上、身体上和灵性上适合
承担社会的领导角色。拒绝他们效劳的国家注定会趋于停滞或毁灭。这
些贵族有一部分是“更富智慧、更有专长和更加富裕之人”，他们会引
导、教化并保护“较为弱小者、见识较差者以及更为不幸者”[54]。伯克
也尊重出身，不过他特意提到神职人员、地方法官、教师和商人：让这些
人成为贵族的并非偶然的出身，而是自然。这些人应发挥远远优于一般 54
公民的社会影响力，此乃合理公正的，而且符合真正的自然法。“真正的
自然贵族不是国家中单独的利益群体，也离不开国家。它是所有被恰当
建构的大型团体的必不可少的核心部分。它源自一个能合法主张其地位
（legitimate presumption）的阶层，而且如果被当作普遍的通则，这些主张
一定会被接纳为货真价实的真理。”这一自然贵族与所有文明社会肌体都
密不可分地交织在一起，对它的描述则是伯克作品中最让人难忘的段落
之一；它对维护英国与美国立宪政府发挥了自己的那一份作用：

> 在成长的过程中受到尊重；自婴孩时起便接触不到低贱肮脏

> 的东西；被教导着要尊重自己；习惯于公众批判性的眼光；早早便注意公众舆论；立足高远，使自己能够以大格局审视大型社会中人与事务的无处不在且无限多元的组合；有阅读、思考与交流的闲暇；无论他们到了哪里，都能引来明智博学之人的示好与关注；习惯于持守名节与义务；养成最大限度的警觉、远见和审慎，形成这样一种事态：所犯下的错误没有不受到惩罚的，最微不足道的失误会招致最具有毁灭性的后果；由于意识到自己被视为同胞们在其最为关切的事务上的教导者，并且是作为上帝与人之间的协调者行事的，便在行为举止上小心翼翼并守规矩；职业上是法律与正义的监管者，并因此跻身对人类贡献最大者之列；成长为高级科学方面的教授或者具有独创性的人文学科方面的教授；成为一名富有的商人，因其成就而被视为具有敏锐精干的理解力以及勤劳、有序、坚持和规律的美德，且被认为已养成对公正交换的习惯性尊重——人的上述种种境况便形塑了我所谓的**自然贵族**，如果没有自然贵族，便没有国家。[55]

也许，英国18与19世纪的上等阶级比历史上任何其他群体都配得上这样的赞誉：作为一个群体，他们正直廉洁、富有智慧、品德高尚并充满活力。伯克说，这个阶层的崛起的确是一个自然的过程。由平庸之人主导
55 的社会有违于自然，因为上帝已在历史长河中向我们显明自然的样子。政治家的职责之一是将自然贵族们的才干用于为共同体服务的事业，而不是将他们埋没在人民大众之中——如此一来，他们只能成为社会稳定的威胁。

由拥有才干、出身良好和富有之人领导，是文明生活最符合自然、最有利的面向之一。“自然”是人的品格的最高体现，乃上帝留给人的印记。人的权利与其义务相连，而且一旦人的权利被扭曲成人的品格无法维系的对某种自由、平等与世俗自大倾向的夸张索求，它们就从权利堕落为恶习。

在上帝眼中的平等、在法律面前的平等、对自己所拥有之物的保障、对公共活动与社会关怀的参与——这些是真正的自然权利。卢梭、孔多塞、爱尔维修和潘恩自以为是地要求绝对自由，历史上还没有任何国家能够给予这样的自由，这些要求恰恰颠覆了自然正义；它们是非自然的，因为它们是不敬虔的，“是自私品性与狭隘观念的产物”。在政治领域，这些诉求是荒唐的，因为任何权利的行使都必须有所限制和变更，以适应特定的环境。

达至与自然法的真正和谐的途径是，让社会适应于永恒的物质与灵性自然置于我们面前的模式——而不是依据异想天开的社会原始状态的规则要求激进的变革。我们是那让万物各安其位的永恒自然秩序的一部分。“与我们的政治体系构成一种公正的对应与对称关系的，是世界的秩序以及颁赐给由变化着的各部分组成的永恒团体的生存模式；借着某种了不起的智慧的作用，人类得以被糅合进神秘伟大的社群组织之中，其中的整体在某个时间点上既绝不古旧，也绝非处于中年或青年时期，而是处于一种无可更易的稳定状态，趋向于各自不同的持久退化、衰落、更新与发展的进程。因此，通过在国家行为与我们所做的各种改进中保留自然的方式，我们永远都不会全部焕然一新。”[56]建立在这些原则基础之上的政治改革与公正司法体现出谦卑与审慎的精神，而如果人类要成为道德世界的一部分，他们就必须培育此类精神。对自然与权利所下的这些定义以及有关永恒与变革的这些观点，将伯克的思想提升到一个远远超过法国变革理论简陋主张的水平，并赋予他的思想某种超越了政治上的荣辱兴衰的持久高度。 56

7 秩序原则

即便他想要反对所有的变革（这从来就不是他的目标），伯克也无法让英国的宪制和习俗性社会保持不变；虽然如此，他的观念还是对政治和思想趋势产生了无可估量的强大的克制性影响。伯克本人在1791年末对影响新花样的潮流感到绝望；他看到雅各宾主义正席卷一切，甚至如洪水般淹没了辉格党，于是，写信给菲茨威廉伯爵（后者当时还没有完全折服于伯克的先见之明）说："亲爱的伯爵，您知道，我认为我们都不喜欢某种体制，对于何为阻止其扩张的最佳方法，我没有探讨其中的差异。我不可能不同意您的想法，因为我不认为有任何办法可以阻止它。恶行已经发生；从原则与实例上看，事已做成；我们必须等待，让高于我们的某种力量随己意决定其完全成就的时刻。"[57]他过于谦虚了。真正的雅各宾主义从未传到英国或美国，这在相当程度上是埃德蒙·伯克的保守思想的才华的功劳。起初，他成功地让英格兰的决绝力量转过来反对法国的革命能量；到他于1797年去世时，他已创立一个基于敬畏和审慎原则的政治流派，而且这一流派自此以后便以自己的才干反对追求新花样的想法。他教导那个崛起中的世代说："我们敬畏自己目前无法理解的东西。"他对我们先祖智慧的推崇是保守主义前后一贯的所有思想的首要原则，因为先祖的智慧是上帝之计划发挥作用的管道。

伯克明白，经济学与政治学不是独立的学科：它们仅仅体现了某种普遍秩序，而且那种秩序是超越人类的。他运用自己了不起的脚踏实地的智识能力，热情如火地勾画了这一秩序原则，而且他的著作随处都体现出诗人的想象与评论家的敏锐。尽管他极其讨厌轻易与形而上学扯上关系，但他也明白在现代，秩序与创新之间的冲突发端于形而上学和宗教上的大难题：正如巴希尔·威利（Basil Willey）教授所指出的那样，伯克意识到，社会中邪恶的根源"在于干预的本能——它敢于干扰上帝在这
57 个世界的神秘进程。伯克属于这样的人：他们会一直牢记这个无法探知的世界的重要性；我们里面有可以反击和修正将我们局限其中的环境的力量，相比于这种力量，他更清楚地意识到围绕着我们并限定我们的所作

所为的那些复杂力量”。[58]伯克确信，人永远都不可能成为神；他们如果只是要获得真正的人性，就需要全部的意志与美德了；而且（如亚里士多德所言）能够与世隔绝地生存的存在一定要么是野兽，要么是神明。激进的革新会切断我们与过往的联系，摧毁将不同世代联结在一起的古老纽带；它们将使得我们与记忆和希望绝缘；在那种境况下，我们将沦落到野兽的水平。“（就我的理解而言）我们还没有失去回味14世纪的肚量与体面；我们也还没有将自己降格为野兽。”不过，毫无原则却野心勃勃的人才汇聚而来，强烈的嫉妒如潮水般袭来，形成具有魔鬼般力量的狂潮，这就是所谓的雅各宾主义，我们该如何摆脱它？

面对知识上的谬误所导致的后果，我们获致安全的希望在于坚定地持守正确的观念。从总体上看，伯克的成就是确定了一种秩序原则的内涵；扼要重述本章的内容便是对那一原则的简要考察。他的思想体系预先否定了功利主义、实证主义与实用主义，同时还抨击了雅各宾主义。伯克的几乎无与伦比的社会预见才能使他认识到，法国革命不是单纯的政治争斗，也非启蒙运动的顶峰，而是开启了一个颠覆道德的进程，而且直到这一病症——也即反抗上帝护理导致的无序——自行耗尽其能量之后，社会才会复苏。为了制约它，伯克改进了尊崇社会的观念也即亚里士多德、西塞罗、经院学家和胡克的理论，以应付现代世界的难题。

社会必须一直都有某种秩序，不管它是良善或邪恶的，公正或横暴的。我们受“上帝谋划的指引”，联合成一个认可真正的正义理念的国家。借着持守公正秩序的原则，人得以免于无政府状态。他们因敬畏上帝和人的习俗性做法而得拯救。他们因成见与等级差异而得拯救。要真正了解伯克的办法只有一个，那就是通读他的作品。不过，我们可以简要勾勒出伯克所谓的顺从上帝命定的秩序的含义，虽然这样会将他广博卓异的深刻洞见解释得小气粗陋，但对于像伯克这样的作者，应做更多的探索——为什么，“余下的皆是虚空；余下的皆是犯罪。”

58 1. 这一暂时的秩序只是一个更大的超自然秩序的一部分；而社会安宁的基础是敬畏。如果缺乏敬畏，生活就只是僭夺与反抗之间的永无休止的争斗。尽管伯克没有像约翰逊博士那样积极地提倡命令（ordination）与服从，他也突出强调，社会的首要准则是顺从——顺从通过自然进程发挥作用的上帝与天命。“道德义务产生于我们不知道可能也无法了解的物理性因由，而正如我们完全能够领悟这些义务一样，我们也一定得要履行它们。”在一篇讲述伯克风格的有趣的论文中，萨默塞特·莫汉姆（Somerset Maugham）指出，我们现代人无法体谅敬畏之心。[59] 他是对的，或差不多是对的。可是，如果社会失去了敬畏，正如伯克理解的那样，太多的东西就随之消失。于是，某种循环过程似乎被启动，一定会让人类有这一系列的经历：先是灾难，然后是担心，再然后是恐惧，最后是复苏的敬畏。敬畏可能是家长制社会观念的产物。如果敬畏被世故铲除，上天（Providence）会有办法毫不客气地让我们重回家长制。

2. 伯克宣称，紧随上帝秩序的是灵性与思想价值观的秩序。所有的价值观并不相互等同，所有的冲动以及所有的人也都不一样。某种自然的分级教导人珍视某些情感却轻看另外的情感。追求平等的激进主义试图让所有情绪与感受都处于同一个平庸的水平之上，并且因此企图抹杀把人与野兽区分开来的那种道德想象力。“按照万物的这种格局，国王只是一个男人，王后只是一个女人；女人只是动物，而且不是最为高贵的那种动物。”当伯克谈起“学问被丢弃在污泥中并被践踏在一群猪的脚下”的光景时，这段话激起的猛烈批评（甚至有来自约翰·亚当斯的批评）超过了他的所有其他的言辞。不过，他当时显然只是在解释《马太福音》第七章六节中的内容；而且他所指的正是有些著名的社会主义评论家正逐渐感到害怕的：由于缺少适当的思想领袖，而且生活中所有正派合宜的外在装饰都被粗暴地扯掉，人民大众对所有非物质的东西都无动于衷甚或充满敌意。

3. 对义务与特权的社会性差异的普遍认同阻止了物质世界与道德上的无政府状态。如果自然贵族在民众中得不到承认，无耻残暴之徒就会以面目模糊的“人民”的名义行使被其遗弃的职能。如果崇高的品格、强大的智识能力、良好的出身以及实践上的智慧受到社会的尊重，那么， 59
“只要这些东西能持久存在，只要贝德福德公爵是安全的，我们所有人在一起也都是安全的——地位高者免于嫉妒的伤害与贪婪的侵夺，地位低者免于压迫的桎梏与傲慢的羞辱。”这一定是真正的自然贵族，而非由雄心勃勃的精明改革者组成的行政团队。针对因遵从党派狂热主张且热情拥护有害思想信条而被选拔的“精英们”的不断翻新的观点，伯克在《论弑君以求和平》中的第二封信里评论道：“在他们眼里，个人的意志、愿望、希冀、自由、辛劳和鲜血都算不上什么。他们的治理方案中没有个性的空间。国家就是全部。一切都与形成强制力有关；此后，一切都融入对强制力的运用之中。其原则、其信念、其精神及其所有的运动都是军事性的。国家以辖制与征服为唯一目标；以改变人的信仰辖制大脑，以武力辖制身体。”这些人是雅各宾党人，上面的描述也适用于纳粹党和独裁政党的“精英”统治。在这里，人们一下子就理解了伯克的秩序原则所反对的东西；在这里，人们体会到将伯克与黑格尔隔开的那道鸿沟。不过，比起他对狂热的社会计划以及公决式民主的驳斥，伯克的具有建设性的想象力对 20 世纪的意义更为重大；而且当下的世代可能会开始努力回归他真正秩序的原则，回归受敬畏和习俗指引的具有神圣性的社会。

社会远远不只是一种政治机制。明了这一点的伯克试图说服他那个时代的人体认存在——“人类神秘的结合体”——的无限复杂性。在将死人、活人和尚未出生之人联结在一起的永恒协定中，在上帝与人的盟约中，人都是其中的伙伴，如果社会被视为需要按数学规则管控的简易的新玩意——雅各宾党人和边沁主义者以及其他多数激进派人士都是这么想的，那么，人就会被降格到远远低于伙伴的地位。此世的秩序以超越的秩序为圭臬。

如果人们今天去参观比肯斯菲尔德（Beaconsfield），他们会找不到伯克在格列格里斯（Gregories）的乡间庄园，因为它在很久以前便已烧毁；不过，在那个精致的旧教堂里有一个不起眼的牌位，上面写着埃德蒙·伯克葬于此处某地。没有人知道其确切位置；原因是，由于担心在英国获胜的雅各宾党人会糟蹋他的尸骨，伯克于生前指示死后将其尸体秘密安葬。
60 那个亵渎的日子一直都没有临到；相反，英国社会变得保守起来，而伯克本人则是这一态势的首要推动者。伯克与迪斯雷利死后的名声似乎给比肯斯菲尔德施了魔法，那里很少有什么变化：历时四个世纪的漂亮老房子、半露木架的整洁小酒馆、巍峨的橡树和安静的小巷与伯克那个时代一模一样，虽然伦敦的市郊住宅区和新房屋规划的扩张已深入到白金汉郡（Buckinghamshire），而且轻工业正侵入邻近的城镇。在只有几英里远的斯托克·珀吉斯（Stoke Poges），一个无聊得无可救药、丑陋无比的巨型居民区刚好紧挨着格雷（Gray）的乡村教堂墓地。然而，在工业化和无产阶级的人间海洋中，比肯斯菲尔德的旧城区（Old Town）就像古老英格兰的一片孤岛。

伯克的思想并不止于在激进思想的海洋中立定孤岛：它们以宏大的气魄为保守主义辩护，而且这些辩护依然站得住脚，也不可能在我们的时代失效。在伯克去世后 150 多年里，马修·阿诺德（Matthew Arnold）所谓的“集中的时代”（an epoch of concentration）似乎正再一次逼近整个世界。革命冲动与社会热情在 1914 年于俄罗斯爆发之后便持续扩散，却开始在保守主义思想面前退潮。在阿诺德的“集中的时代”，英国——也即司各特、柯勒律治、骚塞、华兹华斯、皮特和坎宁的那个英国——虽然有所迷失，其社会却取得很高的思想成就，潜藏其中的革命能量也被转而用于重建的目的。集中的时代展现出非常强有力的道德与智识品质，阿诺德将此归因于伯克的影响。伯克的灵感将其观念塑造成一种社会防护体系，我们的时代似乎也在寻找其中的某些观念。如果没有这些或者其他一些真诚的原则，我们自己的集中的时代注定会堕落到玩世不恭的
冷漠与让人精疲力竭的压迫之中。 61

第三章　约翰·亚当斯与法律之下的自由

各得其所的金规则是理性或常识所能支持或捍卫的平等的全部内涵……像西罗亚楼一样砸向我的那种极不受待见的遭遇起因于我所写的《为宪法辩护》（*Defence of the Constitutions*）和《论达维拉》（*Discourses on Davila*）。你坚定不移地捍卫民主原则以及你一直坚定支持法国革命的立场成为你广受欢迎的基础。这个世界的荣耀因此得以传扬。

1　联邦党人与共和党人

约翰·亚当斯是布瑞恩萃地区（Braintree）一位农场主的儿子，为反驳其对手而写了一本书。书名是《为美国政府宪制辩护》（*A Defence of the Constitutions of Government of the United States*），对手是托马斯·杰斐逊——不过，当时他们是朋友，后来成为多年的对手，到了最后又成为朋友。由于震惊于拉法耶特（Lafayette）、拉罗什福科（La Rochefoucauld）、孔多塞和富兰克林的非分之想，并为了驳斥他们对历史的无知，马萨诸塞的这位严厉直率、身材矮小的律师在一生的多半时间里都完全不顾名声，一直宣称只有以实然而非应然状态看待人性的冷静沉稳之人才能实现并维系自由。他的学识与勇气让他卓越不凡，于是他成为美国真正的保守主义的奠基者。在亚当斯输掉美国总统宝座之后十三年，他毫无怨言地写下上面那段话，送给击败了他的那个人。总体而言，联邦党人是悲观主义者；而且亚当斯低估了他的思想与榜样将会对
62 未来世代的美国人产生的影响。尽管有严重的缺陷，现今的美国依然是一个强大繁荣的国度，其中的财产与自由相当有保障。约翰·亚当斯对普罗大众的智慧和美德没有过于正面的看法，可能对于这样的成就会感到非常满意。他超脱于当时激愤的氛围，比所有其他人都更积极地教导良善、切实可行的法律的价值。在保持美国政府的法治而非人治特性方面，他的贡献也超过了所有其他人。

大体而言，美国革命不是一场有新创举的激变，而是要保守性地恢复殖民时期的特权——恰如伯克所言，“一场尚未发动既已被阻止的革命”。由于从一开始便习惯于自治，各殖民地认为，它们因传承而享有英国人的权利，因习俗而拥有独独属于他们自己的某些权利。一旦某位有野心的国王和某个遥远的议会想当然地要在美国施行其之前从未行使过的征税和管理权力，各殖民地便起而伸张他们的习俗性自由；而且在达成妥协的时机错过之后，他们便不情愿且慌慌张张地宣告独立。于是，本性上保守之人成了获胜的反叛者，而且不得不让他们的传统观念与几乎没有预料到的独立的必然要求协调起来。这是一个具有深远影响的问题：共和主义者（其中的领军者是杰斐逊和麦迪逊）试图运用先验的观念来解决它，并逐渐认同法国的平等理论。他们的对手联邦党人则诉诸历史的教训、英国自由的遗产以及对习俗性宪制的保障。

这些联邦党人是独立的美国的第一个保守主义派别，受到两种激进主义的威胁：其中一个威胁源自法国，是伯克曾应付过的那种社会与思

想的巨变；另一个威胁部分发端于本土，部分发端于英国，那是追求平等的农业共和主义，其主要代表人物是杰斐逊，热衷于废除限定继承权（entail）、长子继承权、教会建制以及所有贵族制的遗迹，并反对中央集权、强势政府、国家负债和军队。联邦党人的主体一般是城镇、商业与制造业利益团体以及债权人；共和主义者的主体是乡村、农业利益群体以及债务人。谢伊叛乱（Shay's Rebellion）以及后来的维斯基叛乱（Whiskey Rebellion）让联邦党人对其对手的权力和想法感到非常恼火，促使他们 63
几乎不顾一切地坚决以保守性的集权反对地方激进主义。

在讲求平等的农业共和主义者中隐隐约约有杰斐逊瘦削的身影；杰斐逊的理论总是比他的实际作为更加激进，而且远不像法国的自由理念那么极端。杰斐逊对所有事都插上一手，并常常能获得成功；恰如他极富各种各样的才干一样，他的品格也表现出奇怪的、有时相互矛盾的各个侧面。他真诚地推崇政治上的纯洁与简朴，却推荐臭名昭著、“大肆腐败”的基甸·格兰格（Gideon Granger）出任美国最高法院法官；他支持对宪法进行严格的解释，却买下路易斯安那。尽管他喜欢多样性与创意，却在规划西北地区（Northwest Territory）时交替采用“诡辩家与算计者”的模式，就从那一地区分割出去的各州而论，使它们的道路模式显出非常沉闷的千篇一律的特点，也使它们的内部边界显得武断随意。不过，虽然有上面这些问题，虽然他熟知法国哲学家并喜欢法国，杰斐逊却以柯克（Coke）、洛克和卡摩斯（Kames）为他真正的政治导师；而且与他们一样，他一半的思想，有时超过一半的思想都是保守性的。

然而，如果说真正发生了一场美国革命，那也是因着杰斐逊与共和主义者们的胜利而成就的，其高潮出现于1800年；它是一场内部变革，而且几乎是不流血的。可是，1800年之后，联邦主义中最好的那些东西并没有完全消失；而且即使到现在也还没有绝迹。约翰·亚当斯对它的持久存续发挥了很大作用。

现今，约翰·亚当斯的著作无人问津；我是我所读的那套十大卷亚当斯作品集的首位翻阅者，尽管它们在一百年前既已出版。亚当斯的作品很有气势，充满智慧，有着令人艳羡的精确性，不过人们不读他的作品，他的思想已更多地通过潜移默化而非有意识的吸收进入美国人的大脑之中。当多数美国人要在建国之父中找出一位保守派人士时，他们会转向汉密尔顿——这倒不是说他们读过汉密尔顿的著作，因为汉密尔顿是一位有名声、有个性的绅士，而且（除《联邦党人文集》中的部分内容外）他写下的文字中很少有能称得上社会思想的。不过，作为金融家、党务管理者和帝国创建者的亚历山大·汉密尔顿让许许多多的美国人着迷，
64 而且在这些人中间，他的占有本能被混同于保守倾向。于是，他们说服了公众认同这一说法：“第一位美国商人”也是美国第一位杰出的保守派人士。汉密尔顿并非如此；不过他对美国的未来有重大影响，而他和费希尔·阿摩司（Fisher Ames）与约翰·马歇尔（John Marshall）之所以成为亚当斯这一章的讨论对象，是因为他们最好地代表了反民主、尊重财产权、中央集权化、非常短视的那种联邦主义，而亚当斯则常常超越于这种联邦主义之上。像汉密尔顿、阿摩司、皮克林（Pickering）和德怀特（Dwight）这样的人似乎相信非常类似于旧托利主义的某种东西。相反，亚当斯有着更为宽广的视野，对未来的样貌也有更敏锐的研判，是将自由理念与习俗性智慧融合在一起的代表性人物，而伯克的门徒们将这种融合在一起的东西命名为保守主义。许多世代以来，他创立的那个辉煌家族——在坚定的爱国心上，堪比某些古老的罗马家族——以约翰·亚当斯的审慎正直的品性滋育着美国的社会肌体。

亚当斯总是那么威严，有时显得自负，而且近乎倔强地鄙视公众的热情；从表面上看让人惊奇的是，他居然能够获得那么多的公众支持，足以让他成为美国总统。大量的普通民众尊敬这个不会讨好他们的人；他们认

可他完全诚实的品格、永不倦怠的勤奋以及对旧式简朴与忠诚的热衷。他们信赖他，就像雅典人信赖尼西阿斯（Nicias）一样，而且结果也更为幸运。在1796年和1800年选举前，汉密尔顿以阴谋诡计对付亚当斯，轻易地就让政党头脑们不再效忠于马萨诸塞的那位严厉的政治家；但是，汉密尔顿及其手下人从未能阻止大量联邦党人选民的背叛。亚当斯直截了当地说，“从来不曾有过民主，也不可能有民主”；他的大胆无畏让他受到农夫、渔夫和商人的追捧，后三者在1774年将他派到费城，在1777年将他派到巴黎，在1785年将他派到伦敦，并于1793年和1797年将他送入华盛顿。不过，在我们考察这位身为革命领袖的保守派人士的坚定信念之前，我们需要了解汉密尔顿和阿摩司的更接近于正统的那种联邦主义。

2　亚历山大·汉密尔顿

1788年，亚历山大·汉密尔顿对纽约的代表大会说：“革命肇始于暴政的侵夺，在其发动时，最自然不过的乃是公众思想会受到某种极端猜忌心的影响。我们所有的公众和私人机构的主要目标便是抵制这种侵夺 65
并培育这种心理。对自由的热情具有主导地位并开始泛滥。在组建我们的邦联（Confederation）时，似乎仅仅这一激情在驱动着我们，而且我们好像仅仅定睛于让自己摆脱暴政的辖制……可是，还有一个同样重要的目标，我们的热情让我们几乎无法留意到它。我指的是我们政府组织中的力量与稳定原则，以及政府运作中的活力原则。”

汉密尔顿作为一名保守派思想者的优点和缺陷都能在这段短短的话中找到。他的政治原则很简单：他不信任民众和地方的冲动，认为摆脱追求平等之思想的影响的办法是建立强有力的全国性机构。他本来想要一个全国性政府；由于认识到这对美国来说完全不可接受，他勉强同意接受一个联邦政府，并成为它的最富有活力的组建者和宣传家。美利坚合众国之得以通过其宪法，要归功于他以及麦迪逊和杰伊（Jay）。汉密尔顿具有如此的智慧，获得如此的成就，以至于在将近 175 年之后，它们甚至让这一代人对他仍有鲜活的记忆，不过，这代人在很多方面严重误解了汉密尔顿。然而，汉密尔顿将军并没有预言的天赋，伯克以及（较小程度上）亚当斯才拥有这种最了不起的才干。汉密尔顿似乎压根就没有想过，一个集权化的国家也可能是一个追求平等和新花样的国家，尽管他身边刚好有雅各宾党人的法国这个例证；而且他好像没有想过这种可能性：政府的强力可能会被施用于除维护保守性秩序之外的其他目的。即使在政治经济问题上，他也只是实践型金融专家，而非经济思想家，而且他忽略了这种可能性：他预想中的工业化国家可能不仅会涌现出保守的实业家，而且可能会出现激进的工厂员工——比起杰斐逊的弗吉尼亚的所有农业人口，后者的数量要多得多，而且更加敌视汉密尔顿在阶级和秩序上的老派观念。应当说，汉密尔顿促进美国产业发展的计划既不狭隘，也不自私；他期望真正普及化的收益。C.R. 费伊（Fay）先生评论道："汉密尔顿要求保护，不是为了给予产业优待，或者增加其利润，而是为了将一个自由国家天然的行业——也即农业——纳入文化进步的潮流之
66 中。"[1] 可是，他杰出的实际操作能力立基于一套近乎天真的传统假设；而且他很少会想一想，将他的成见与美国工业活力的灵丹妙药结合在一起可能会导致什么样的复杂后果。

虽然弗农·帕林顿（Vernon Parrington）有时会犯下不加区分地使用"托利党人"和"自由的"这些词汇的错误，但他这样说则是准确的：归根结底，汉密尔顿是一位不需要国王的托利党人，而他的老师则是休谟和霍布斯。且不论他所有的革命热情，汉密尔顿热爱英国社会，堪比英国的殖民者对它的尊崇。他为未来美国设想的愿景是另一个更加强大、更加富有的 18 世纪的英格兰。对于实现他梦想的种种困难，他几乎毫不

在乎。美国人敌视他有关设立强有力的（最好是世袭的）地方法官的提议，这让他感到伤心和非常吃惊，他怀着痛楚放弃了这一计划。正如英格兰是一个单一的国家，其主权不可分割，其议会无所不能，美国也应该这样：对于伯克会首先察觉并认可的有关领土范围、历史渊源和地方特权的那些顾虑，他不耐烦地表示不以为意。

这位来自尼维斯（Nevis）的“苏格兰商贩的野小子”（亚当斯对他的称呼）写道，“有关人性的一个众所周知的事实是，一般而言，目标对象越久远或越分散，对它的喜爱程度就相应地越弱”；他对祖先和出生地这些乡土性的东西没有丝毫依恋，而像约西亚·昆西（Josiah Quincy）和约翰·伦道夫这样的领袖人物，对乡土的依恋让他们以一种让民族主义相形见绌的激情热爱着他们各自的州。“一个人对其家庭的眷恋程度高于对周围社区的关爱，基于同样的原则，每个州的民众对地方政府的偏爱程度自然强于他们对联邦政府的感情；除非后者的出色得多的治理水平中和掉这一原则的效力。”[2]不过，汉密尔顿的异国风情使得他的爱国情绪能够忽略掉地方性感受，导致他失察于潜藏在州权情绪与热爱乡土的情感中的那种坚定的决心。尽管说过上面的话，他总是将这些深邃的情结误认为不过是转瞬即逝的幻觉；他认为全国性政府的强大实力——联邦法院、国会、关税、银行以及他的整个国家化方案——能够消除它们。长远来看，他的手段的确摧毁了地方的独特性；只不过其方式是激起一场内战，而且在消灭汉密尔顿一心向往的18世纪那个平和的贵族社会方面，这场内战的作用要大于杰斐逊的所有思想。汉密尔顿误解了他那个时代的趋势及其对手们的顽强不屈的勇气——当时自发的趋势就是集中化， 67
而不是地方主义，不需要特意推行的政府政策的助力。第一流的政治思想家会有更卓越的先见之明。

与此类似，汉密尔顿成功提倡的美国的那种工业化带有这位傲慢强势的新贵族没有察觉到的问题。他相信，商业与制造业会产生一批富有之人，其利益会吻合于全国共同体的利益。很可能，他想象这些社会栋梁会非常类似于伟大的英国商人——购买乡下的产业，很快就形成一个有闲暇、才干和财力的稳定阶层，为国家提供道德、政治和智识上的领导力。普遍看来，现实中的美国商人却成为另一种不同的人。依照三千英里海洋之外的样本复制社会阶层是困难的。现代的工业之都可能会让汉密尔顿感到吃惊，现代城市会让他感到震惊，产业劳工的力量则会让他感到害怕：因为汉密尔顿从来都不曾理解社会变革的嬗变特性——在社会变革的过程中，它令人惊奇的一面超过科学理性的那一面。就像浮士德（Faustus）博士的男仆那样，汉密尔顿具有强大的感召力；可是那种新的工业主义一旦变为现实，就会脱离诸如那位精干的财政部部长之类的18世纪行家里手的控制。实际上，汉密尔顿设想更多的是复制当时的精神氛围已经开始抛弃的那种欧洲经济体系，而不是开创一种新的工业化蓝图：

> 维护有利于国家的贸易平衡应当是其政策的首要目标。个人的贪婪经常能够找出利用有害于这种平衡的商业交流渠道的理由，政府则可以对此采用有效的反制措施。另一方面可能存在着开辟新贸易源头的可能，而且尽管开始时会有很大的困难，但这最终会让因成就此事而带来的麻烦和成本获得丰厚的回报。该项事业可能经常会超出个人影响力与资本的范围之外，需要从国家收入与国家权柄中得到不小的帮助。[3]

这是重商主义。汉密尔顿曾用心读过亚当·斯密的作品，但是他的
68 内心属于17世纪。在他看来，政府的影响力可以被恰当地用于鼓励特定的阶层和职业，使他们获益，这样做的自然而然的后果是最终整个国家都会得益。如果美国没有采纳汉密尔顿的建议，其工业发展速度上会慢一些，但同样是确定无疑的；而且其成果可能没那么粗糙。可是，汉

密尔顿着迷于按计划生产的想法："我们似乎没有想过，人类社会几乎没有根据每个人在公共福祉中的份额制定的计划，不管它对整体与每一部分如何有益。相反，我们的行动总是以某种方式让其中某些部分的得益大于另外的部分。除非我们能克服这个狭隘的倾向并学会按照他们的一般倾向考虑对策，否则，我们就永远也不可能成为一个伟大或快乐的民族，如果我们还能持续作为一个民族而存在的话。"[4] 虽然伯克有改革的动力，但如果改革威胁到哪怕一位旁观者的合法财产和特权，他也会无限期地推迟这样的变革，因此，他极端怀疑有英国特色的上述那种理论。以诉诸意图良好的一般趋向作为当下不义的借口，对保守派人士来说是站不住脚的。汉密尔顿在这件事中的立场表明，他对具体事务的熟悉程度远远超过对原则的了解。

除此之外，汉密尔顿对如何管理这一重商主义的美国只有不多的提示；他好像认为（既然他十足地鄙视民众），通过政治操纵，通过严格地落实法律和国家的集中化，富人和出身良好之人可以像英国的乡绅那样以某种方式保持执政地位，并驾驭这种帝国体系。这些乃是想法短浅之人的愿望。七年之前，年轻智敏的约翰·昆西·亚当斯曾从欧洲给他父亲写信说："一旦欧洲各国的大众被教导着去探究有人为何以他们为代价获得某种享乐，而他们却被剥夺了这样的享乐，欧洲社会体系就有了爆发内战的导火索，而且直到他们的封建体制被彻底摧毁，否则，这样的内战不可能结束。"[5] 汉密尔顿如此轻易地就赋予国家的那些权力，最终会被转用于与汉密尔顿的初衷完全背道而驰的目标之上；汉密尔顿的政策催生出的城市人口将成为培育一种更新式的激进主义的沃土。杰斐逊复杂本性中保守的那一面不满于对人口和职业的这种粗暴干涉，而且过了不久，伦道夫以及其后的卡尔霍恩（Calhoun）就愤怒无奈地斥责新工 69
业时代的到来，因为在他们眼中，那比以前殖民时代的状况更让人厌恶。在若干方面，他们是比汉密尔顿更加正统的保守派人士：因为后者显然是城里人，到了铺着石子的乡路上，敬畏之心就会萎缩。沃尔特·李普曼（Walter Lippmann）先生说道：“新的加油站就矗立在野杜鹃花曾经生长的地方，要学会爱上它是困难的。”不过，汉密尔顿从未越过政治的表层，深入探究敬畏与自我定位（presumption）的神秘内涵。

无论如何，我们不应将汉密尔顿混同于功利主义者；即使他犯错，那也是追随以前的托利党人的做派，而非激进哲学家的做派。他一直都是18世纪的那种形式上的基督徒，曾如此评论法国革命的蠢行：“热爱自由的政治人物遗憾地将它们看作一道可能会吞噬他孜孜以求的自由的鸿沟。他明白，一旦道德被颠覆（而且道德**一定**会和宗教一起沦陷），仅有暴政的暴行才能够抑制住人的冲动的激情，并以社会义务束缚他。”[6]就此而言，伯克的预言曾触动过他，正如它们影响过约翰·亚当斯、J.Q. 亚当斯（Adams）、伦道夫和其他许许多多的美国人一样；不过，伯克的影响也就到此为止。汉密尔顿是跟不上他那个时代的落伍者，而非新时代的预言家。非常巧合且耐人寻味的是，这位大气尊贵的旧式绅士死于阿隆·布尔（Aaron Burr）射出的子弹，而后者是边沁的友人和追随者。

3　费希尔·阿摩司的预言

“行动中的群体一定会胜过与之相当的静止中的群体，这确实是一项政治和物理法则。”[7]马萨诸塞州戴德汉姆（Dedham）的费希尔·阿摩司被贝弗里奇（Beveridge）称作“那位快乐的反动分子”，经过很多年才终于寿终正寝。他早年曾在国会选举中击败过塞缪尔·亚当斯（Samuel Adams），也许，阻止他实现当年宏大夙愿的是他病弱的体格——尽管在全国性骚动的艰难岁月里，他先天的忧郁性情以及对人性的不信任并非有利于他获得成就的特质。他是最为雄辩的联邦党人，能够精准把握可能会成就伟业的文体风格；然而，他让自己的活动局限于偶尔的演讲、小册子和 70
书信，目睹了杰斐逊派人士长期占上风的局面，临死时深陷绝望之中，曾预言灵性上的平庸与社会的无政府状态。

在联邦党人的政党已不再存续之后很久，约翰·昆西·亚当斯将他们的历史和墓志铭浓缩成了几段话：

> 创制美国宪法的功劳属于被称作联邦党人的那个政党——也即支持将权力集中到联邦总部的政党。主要是出于保护财产的目的，行使这种权力是必要的，于是，联邦党（the Federal Party）就与共同体中的贵族势力融为一体了。联邦主义与贵族制的原则因此就一起被融合进联邦党人的政治体系之中，并为自己赢得了整个合众国绝大多数富有与教养良好之人的认同。反联邦主义者总是占有人数上的优势。他们的原则是民主的原则，总是得到多数民众的支持；他们的事业与我们的独立革命更加气味相投，这让他们有机会使自己的对手像托利党人那样遭人唾弃。独立革命中的托利党残余分子一般都与联邦党人结盟，造成对他们加倍不利的结果；首先，将敌视独立革命与共和政府的观点纳入他们的原则之中；其次，让整个联邦党承受对这些观点的恶评与斥责。将托利党信条与联邦主义原则混为一体的这种做法是它们灾难以及此后所有错误的主要原因，最终导致它们作为一个政党而公然解体。[8]

就年纪较小的亚当斯言及的联邦党人中的这种贵族倾向来说，阿摩司是最富有才华的代言人；他是一位严厉的道德主义者，而传统的道德主义者几乎没有例外地会质疑大众的政治德性。在联邦党人开始在共和主义面前处于劣势之后，他们中间盛行一种从其立场上退却的悲观倾向，具有预见能力的阿摩司即是其中最富有说服力的代表。汉密尔顿、马歇尔（Marshall）和凯波特（Cabot）一贯主张经济与领土的扩张和一种积极的民族主义；不过，代表了该党多数人心声的阿摩司很快就开始担心全国性政府里的创新潜能——这种做法后来促使他们召开了哈特福德大会（Hartford Convention）。阿摩司的唯一建议是不计一切后果地坚决反
71 对变革：这种保守主义就像艾尔顿（Eldon）、克罗克（Croker）和威灵顿（Wellington）的保守主义一样注定会消亡，出生时便面对死亡的冷笑，不过，阿摩司在阐释它时体现出堪比伏尔泰的讽刺风格和穿透力。如果人们回头看看阿摩司细心观察过的粗糙的杰斐逊式民主，鉴于它明确威胁"要禁绝以才干为基础的贵族体系"，他们可能会体谅阿摩司的被放大的悲观情绪。嘲讽阿摩司分析美国人思想时的一般趋向，在美国历史学家和评论家中已形成风尚。然而，对他所受恶评的这种无动于衷部分地验证了他对民主的责难。"我们的国家规模过大，不适合组成合众国；过于污秽肮脏，不适合有爱国心；过于民主，不适合享有自由。它将变成什么样子，创造它的那一位最为清楚。它的罪恶借着它的愚蠢发难，因此将成为它的主宰。这是民主体制注定要承受的。"[9]

阿摩司生前从未发表过的一部作品——《美国自由的危险》（*The Dangers of American Liberty*）——是他对美国理想主义的推理最严密、也最刚劲有力的评论；不过，在他于戴德汉姆的农舍里日渐衰弱之际，他年复一年地在他的追慕者中间散播同样的普遍观念。他说，政府的目标是保护财产和社会的安宁。民主在这两个核心问题上都失败了；因为民主——也即他认为美国正滑向的那种纯粹民主——是建基于浪漫幻想的流沙之上的。就连联邦主义也基于一个错误的假设："理所当然地存在着足够用的政治美德，以及公众道德是恒久、有威信的。"然而相反，激情、被愚弄的情绪和对简便（simplicity，简便意味着暴政）的具有破坏性的

追求是这些民族的特征：他们痴迷于自我表现，践踏约束机制，并以此替代“良善、富裕和出身良好之人”*的领导。“民众作为一个群体无法慎思明辨”；于是，蛊惑人心者便迎合他们的欲望，以暴力表演和做出不断变革的样子来满足大众的行动愿望。

> 政治人物曾假定，人真的是他应该的那个样子，他的理性
> 会尽其所能地发挥作用，而且他的激情与偏见不会超过其应处
> 的地步；不过，他的理性只处于旁观的地位；当它应该发热心的
> 时候，它却温和节制；当它应该谴责的时候，它却因被腐化而为
> 之辩白；而且它是会收受贿赂的懦夫和墙头草。大众的理性并不 72
> 总是知道如何正当行事，而且即使知道，也不总是采取正确的
> 行动。政治行动的动因是大众的情绪；而且就事情的本来面目来
> 说，它们总是处于扰乱社会者的控制之下……很少人会理性思
> 考，所有人都有感知力；这样的论点一经提出，便获得了认同。

这些句子中的 17 世纪论调体现了托马斯·富勒（Thomas Fuller）的品味，在联邦党人小册子作家中具有代表性，而这些作家一般都阅读过哈林顿（Harrington）、西德尼（Sidney）、霍布斯和洛克的作品。随着时间的推移，阿摩司变得更加激切。民主无法持久，因为军事独裁很快就会继“所谓民众”的让人无法容忍且具有毁灭性的专制统治而起。当财产被人抢夺时，当安宁被可恶地谋杀时，社会就会卑怯地屈从于刀剑的不道德统治，这至少要好于彻底灭亡。“就像会摧毁人体的急性瘟疫一样，能以分解自己的方式存续的也只有寄生虫。”

---

* 在阿摩司和汉密尔顿的作品中，会非常频繁地碰到这个短语，其并非由约翰·亚当斯首创——实际上，他在使用这个短语时更多地带有告诫而非赞美的意味。——作者注

在民主的所有恐怖效应中，最糟糕的是道德习惯的毁灭。“民主社会很快就会发现，其伦理道德成了社会竞争的羁绊，以及放荡不羁的乐事的不折不挠的干扰因素……简言之，没有正义，便没有道德；而且虽然正义可能会是民主的支柱，民主却不可能为正义助力。”这是旧式加尔文主义的观点，约翰·亚当斯的表述则是它的较为温和的形式。

就没有对这些非分之举的约束机制吗？有些人认为，自由媒体“已经崛起，就像天空中的另一个太阳，给政治世界播撒新的亮光和欢乐”。这是愚蠢的自以为是。原因是，现实中的媒体永无休止地刺激着民众的想象和情绪；媒体所赖以为生的是热点、粗俗的戏剧性事件和持续不断的骚动。“它的自以为是造成了无知，如此一来，那些无法被理性左右之人就不再敬畏权威。”

无论设计得如何精巧，宪法都不足以约束拥抱下述理论的人：完全的平等和民众具有不可剥夺的分享权力的权利（right to power）。阿摩司说：“宪法仅仅是纸而已；社会是政府的基础。”和塞缪尔·约翰逊一样，新英格兰的这位悲观主义者认为政治上体面合宜的关键在于私人品德。“有很
73 多这样的人：他们相信，一支笔就能让一部宪法拥有不竭的活力，而且让他们骄傲和高兴的是，我们自己的宪法也增添了两三页的内容，就像城堡四周新加的围墙，不过他们将会无比震惊……我们目前的自由是在这位杀手的刀锋之下诞生于这个世界的，而且现在正因他的暴行而像个瘸子一样蹒跚前行。”腐化变质不会仅仅因一纸宪章而收敛。在对等级体系的惯有尊重和习俗性称谓被吞噬之后，能算数的只剩赤裸裸的强力，而宪法则可能随时被撕成碎片。美国就处于这样的状态；结果，“让暴政和缓化，是留给我们的全部希望”。

阿摩司对平等与新花样的抨击很少有新鲜之处；它们的价值在于其恶评中的令人敬畏的美感，而我们在这里几乎不可能对此进行深入的分析。阿摩司甚至能笑出来，不过那是受呵责者的笑声：“我们的病症是民主。

这指的不是皮肤的溃烂——我们的骨骼已腐朽，我们的骨髓因坏疽而变黑。谁是排名第一的恶棍，已无关紧要——我们的共和主义一定会消亡，我对此感到遗憾。不过，我为何要在意是哪位教堂司事会碰巧主持我的葬礼呢？然而，尽管我不抱什么希望，我也从自由女士家族里的纷争中得到很多快乐。在如此多的自由被她迷惑之后，我猜想她已不再是位小姐和处女，虽然她可能还是一位女神。”[10]

在阿摩司的声音渐渐消失之际，即将到来的1812年战争给新英格兰投下了阴影。在这位狂热的保守派人士看来，这场即将来临的大灾难、杰斐逊信条的不受阻抑的崛起、拿破仑的胜利以及联邦党原则内部的退化都在显明，浩瀚深流的源头已遭破坏，美国社会注定会腐化堕落。从不远的将来看，阿摩司是错的；因为一种制衡美国激进主义的力量已经在发挥自己的影响。那种拯救性的影响部分是杰斐逊所代表的种植园主社会的内在温和节制的产物，部分是亚当斯父子清醒的现实主义的产物，因为后者将一个失败的追求转变为美国的传统。然而，阿摩司无法看到这一点。1807年，他耸耸肩，带着时不时闪现在他沉郁的职业生涯中的那种坚毅的优雅，强忍着向一位朋友告别：

> 我的身体极其脆弱。我坐在火边让自己的脚保持温暖的时
> 候，我没有感到不舒服。我曾听过一位大学生提问，这差不多 74
> 就是在描述我的状况：“没有生命或生活（existence）的贫瘠存
> 在是否好于毁灭？”我无法解答如此深奥的问题；不过，只要你
> 乐意给予我一定的尊重，我会继续坚守好于毁灭的存在。
>
> 亲爱的先生，
>
> 你的友人，
>
> 费希尔·阿摩司[11]

4 作为心理学家的约翰·亚当斯

在汉密尔顿的中央集权与物欲原则和阿摩司的凄苦反抗之间，站立着约翰·亚当斯这位真正的保守派人士。汉密尔顿在 1800 年如此评论亚当斯：“这是一位有着高尚古怪想象力的人物，既没有经常表现出健全的判断力，也不会持续稳定地坚持某个系统的行动方案。我开始注意到一直都是如此明显的东西：在这个弱点之上还有毫无节制的虚荣以及能扭曲所有对象的嫉妒带来的负面缺陷。”[12] 汉密尔顿给出的这个判语相当滑稽；不过，它一点都不缺少真凭实据。鉴于他们的一长串日记和书信，亚当斯家族的两位总统被历史学家了解的透彻程度超过任何其他知名的美国人。约翰·亚当斯有着天才之人的某些缺陷，不过也幸运地拥有天才之人常常缺少的品质：勤奋、坚贞、绝对的诚实和敬虔。他极富智慧，却常常措置不当，因为政治上的权宜之计有时要求避免讲出真相。亚当斯不屑于以丁点的谨慎换取少许的名望，且因他的大胆勇猛而毁掉自己的职业生涯，不过，他的坦荡有助于让美国免受这两种激进幻觉的最糟糕的影响：人的可完善性以及单一制国家（unitary state）的优点。

作为这位高洁的清教徒的勇猛活力的例证，看看他在 1805 年致本杰明·沃特豪斯（Benjamin Waterhouse）的一封信中对潘恩的咒骂吧：

> 我乐意于你恰当地将这称作轻佻的时代；而且不会反对你将
> 它命名为愚蠢、邪恶、疯狂、暴怒、残酷、魔鬼、波拿巴、汤姆·潘
> 恩的时代，或者来自无底坑*的熊熊燃烧的火炬的时代；或者给它
> 冠上除理性时代之外的任何名称。我不知道世界上是否有人在影
> 75 响其中的居民或事务方面，拥有比汤姆·潘恩更大的影响。对这

* 这里的无底坑可能引自《圣经·启示录》，意指魔鬼的居所。

> 个时代的辛辣抨击无出其右者。原因是，这样一个介于猪和小狗之间、由公野猪与母狼杂交而生的杂种的整个生涯都以祸害为能事，而这个世界的怯懦的人类在之前的所有时代都从未被如此蹂躏过。因此，把它称为潘恩的时代吧。比起已被神化为巴黎神庙中女神之代表的那位高级妓女，他更配得上这样的称呼，尽管汤姆已以她为这个时代命名。真正的智识能力与这个时代、那位妓女或汤姆无干。[13]

说出这些话的人乐于挑刺，讲求实际，爱用反语，且具有英雄气质，不惮于为了马萨诸塞的自由而上绞刑架，不惮于在波士顿大屠杀（Boston Massacre）后为普雷斯顿上尉（Captain Preston）陈情，不惮于指斥公民热内*掀起的崇尚法国的热情。亚当斯本性中那种不妥协的独立精神促使他于1787年出版了他的《为宪法辩护》一书；于是，在伯克批驳法国人的狂想之前三年，亚当斯就成为公开其立场的保守派人士。

和伯克一样，亚当斯在旅居法国期间逐渐开始厌恶法国哲学家以及卢梭信徒的各种狂想；和伯克一样，他被当成了喜欢新花样的自由派人士，而且还是和另外那位老练的政治家一样，他惊诧于法国政治思辨的空想特色。亚当斯本人曾是农民之子、教师、律师、立法者、大使；他了解民众和实务；有关“自然状态”或“自然平等”或普世仁爱的说辞非常有悖于他的常识和他的新英格兰道德观。他看到法国人的自由理念正在邦联各州广泛流传，为反驳这些观念，他写下《为宪法辩护》这部煌煌学术巨著，而该书在美国出版的正是时候，影响了参加制宪会议的代表们。

《为宪法辩护》驳斥了杜尔哥和卢梭的民众专制主义（democratic absolutism）。三年后，当伯克开始猛烈抨击激进主义时，亚当斯出版了名

---

* 法国大革命时期的法国驻美大使。

为《论达维拉》的报纸论文集——其中批驳了孔多塞有关人和制度之可完善性的理论以及法国革命的某些前提设想。1814年，老迈的亚当斯从世俗事务中抽身出来，就贵族制和民主制的问题与杰斐逊进行通信交流；次年，他就类似论题给卡洛林的约翰·泰勒（John Taylor of Caroline）写了一系列信件。综合来看，这一政治思想体系在规模和深度上都超过了美国人的所
76 有有关政府的其他论著。

亚当斯在提到伯克时，其语调通常是粗鲁的，似乎这位联邦党人急于被视为代表了英国的反动与法国的雅各宾主义这两个极端之间的中间立场；可是，激进派人士对他的攻击像他们对待伯克一样粗暴，事实上，要在辉格党人和联邦党人的理念之间划出一道清晰的界限是困难的。两者都宣称宗教信仰对社会的维系是必要的，两者都将现实的考量置于抽象理论之上，两者都以人的有缺陷的真实本性观照法国哲学家们的荒唐诉求，两者都主张一种承认人与人之间、阶层与阶层之间以及不同利益之间的自然差异的有制衡的政府。就对法国革命的憎恶程度而言，伯克很少能超过约翰·亚当斯——肯定比不上写了《普布利科拉信件集》（*Letters of Publicola*）的年纪较轻的亚当斯。只不过，伯克对英国王权理论的认同及其对教会建制的辩护，与亚当斯的核心观念有冲突（英国王权理论尊重世袭职位，而亚当斯受到广泛的错误指责，说他认同这一点）。约翰·亚当斯逐渐偏向唯一神论（Unitarianism），无法忍受天主教、圣公会或长老会教会；可是，就他对宗教的热诚而言，他并不输于伯克：“有没有这种可能：各国的政府会落入这样的人之手——他们教导那些最为阴暗的信条，教导人不过是萤火虫而且所有这一切都没有先祖？”不要这样，“还是再次把希腊诸神赐给我们吧”。亚当斯在《论达维拉》中如此写道。正如坎迪德（Candide）和拉塞拉斯（Rasselas）* 之间具有令人惊奇

* 两人都是小说中的人物。

的相似性一样，巧合的是，伯克差不多在同一时间宣称，诸如此类的无神论前设将人降格到“夏日苍蝇”的水平。

这两位伟大的保守派人士有共同之处，不过，他们以不同的武器分别对激进主义发起攻击。伯克谈论的是成见、习俗和自然权利，而亚当斯则抨击可完善性的教条（doctrine of perfectibility）和单一制国家的理论。在不关注亚当斯理论发展的先后次序的情况下，下面将简要考察他的原则：首先是他对人性的分析，其次是他对国家（state）的分析。

拿破仑发明了“意识形态”一词；波拿巴对这个词所定义出的那种精神的厌恶之情并不比亚当斯更强烈。“我们英语中的词汇——愚蠢或白痴——表达不出来它的含义或能量。据说，它的恰当定义是白痴的科学（science of Idiocy）。而且它是一种非常深邃、抽象和神秘的科学。你必须
比《愚人记》（*Dunciad*）中的潜水员下沉得更深，才能有所发现，而且 77
你终将见不到底。它是顿降法（bathos）*，是政府下沉和降格的理论、艺术和技巧。教导它的是愚人学堂；不过可悲呀！在汤姆·潘恩的带领下，富兰克林、杜尔哥、拉罗什福科和孔多塞是那所学堂的伟大导师！”[14]亚当斯在这些理论家中选出孔多塞侯爵作为他在《论达维拉》中开炮的与众不同的目标。人的动机为何？亚当斯转而采用心理学家的套路，就心理学家这个头衔被苏格拉底所赋予的意义而言，他展现出卓异的敏锐。

耐人寻味的是，有些其一般观点可能会被亚当斯憎恶的评论家按照他的“功利主义”和“物质主义”的表现赞美他。大多数此类评论的源头是他写给约翰·泰勒的一段话：“早在大哲学家马尔萨斯出现并以为凭着自己的发现启蒙了世人之前，每一位民主人士和贵族成员都非常明白这样的真理：人的第一需要是晚餐，第二需要是女伴。”[15]然而，这不过是带有蔑视的半迁就的说辞；亚当斯相信，人的本性是某种比其简单的物

---

* 本意指修辞上的从庄重突然转为庸俗之法。

质需要深邃得多的东西。人是脆弱和愚蠢的，在缺少适当引领和良好体制时，则尤其如此；不过，他们不只是由欲望驱使的生灵，也不是本能地自私。拉罗什福科错误地认为，自恋是人的主导性情绪，或者至少可以说，他没有恰当地说明那种热烈的情感的含义——更具体地说，它是“一种渴望被其同伴关注、思量、尊重、称许、爱戴和仰慕的心理”。[16]因此，对良好名声的追慕也许会使可能的恶行转变为人人受益的行动。不过，人的软弱与无知让他一直都有贪婪金银、热爱赞美和野心膨胀的危险，也可能有比这些“贵族性激情”更低级的冲动。只有宗教信仰、稳定的体制和直截了当地承认自身的缺陷才能让人免于隐藏在此类欲望背后的那种灵性败坏。

“之所以不适合将不受限制的权力托付给人是因为人的软弱，而非人的邪恶。激情都是没有节制的；本性使得它们如此；如果它们被限制住，它们就会消亡；而且毫无疑问的是，它们在现有的体系中具有无可替代的重要地位。就像身体一样，它们也肯定会借着实际操练而增强。”人必须努力在理性与良心的指引下实现情感和欲望的平衡。“如果他们让任一段
78 时间受某种激情的支配，他们一定能发现，这种激情最终成了巧取豪夺和盛气凌人的残酷暴君。按自然本性来说，他们要一起生活在社会之中，要以此种方式相互约束对方，而且普遍来说，他们是非常良善的种类；不过，他们对各方的低能愚蠢了解得非常清楚，绝不应该让彼此陷入引诱之中。那种被长期放纵和持续满足的激情变得疯狂起来；它是某种精神错乱；它不应该被称为犯罪，而应被称作荒谬。”[17]

尽管亚当斯说他只从柏拉图那里学到两种东西（即打嗝是对付打喷嚏的办法以及农夫和匠人不应免于军役），人们却在这里看到柏拉图式方法的痕迹——将个人情绪与社会情绪加以对比。社会秩序像人的理智一样，取决于对某种微妙平衡的维系；恰如那些因抛弃这种平衡而毁灭自身的人一样，扔掉这种天平其中一端砝码的所有社会都必然最终陷入破败

荒凉的境地。社会的天平是正义；抛弃掉平衡，正义就会随之而去，而结局便是暴政。

孔多塞相信人性中的天然良善，将保持平衡的所有砝码都扔掉，依靠纯粹的理性作为社会的指引。亚当斯痛恨对人类理智的这种虚幻的信心，因为他知道人的理智摇摆脆弱而且易犯错误，便着手不厌其烦地以历史先例证明人的不理性。从 20 世纪的观点回顾这一争论似乎能看到，亚当斯所选取的孔多塞这个人是最难以与他调和的对手：这位孔多塞相信，所有建制的目的都是为了最贫穷的阶层在物质、知识和道德上的好处；这位孔多塞宣称，“社会主义思想（socialist art）的目标不仅是权利的平等，而且是事实的平等（equality of fact）”——哪怕在死刑犯囚车拉着他的同伙奔向断头台之际，这位无可救药的乐观主义者还是有着毫不动摇的信念，在道德哲学上是亚当斯所坚信的一切的对立面。人类的安宁和平依赖于承认人的易错性，尊重产权以及落实无可逃避的自然差异；而孔多塞忽视或否定了所有这一切。亚当斯尽力以略带嘲讽的口吻矫正孔多塞已走火入魔的进步信念：“不管他们如何欢呼雀跃，美国人和法国人都应牢记，人的可完善性只是人间和尘世的可完善性。冷天仍有冰冻，火仍会继续燃烧；疾病和恶习会持续带来失序，而死亡会继续让人类感到 79
恐惧。仅次于自我保存的竞争将永远都是人类行动的伟大原动力，而且仅仅秩序良好的政府的均衡便足以阻止竞争退化为危险的野心、无序的对立、有害的帮派活动、破坏性的骚动以及流血的内战。”[18]

晚年的亚当斯告诉杰斐逊，他实际上相信“人类事务是可以改善的，也可能会改善，是可以改进的，也可能会改进”；但是，他从来都无法理解人类思想可臻至完美的理论，而且在他看来，这种理论是荒诞不经的，就像印度教的托钵僧相信不断重复的仪式是实现无所不知的手段一样。[19]相反，进步是由独眼者带领瞎子缓慢痛苦的攀升，取决于保守性的建制与上帝的意志。蛮横地追求孔多塞、马布里、摩莱里和卢梭所设想的那种完美性会无限期地毁掉真正的进步。原因是，这些理论要么假定人人都有明智的大脑，要么假定每个人的想法都是善意的，而对政治事务有实际管理经验的亚当斯知道这一切都是不可能的。

确实，法国的革新者希望他们的新社会拥有的那种智慧与道德也许可以通过教育培育；不过，亚当斯怀疑人类是否愿意负担给大众提供真正教育的成本。他对塞缪尔·亚当斯说道："仅仅以人的手段为凭借的良善和知识绝不可能克服人的欲望、激情、偏见和自恋。"[20]一般舆论认为，世界正变得更加开明；这样的信念有一定的道理：报纸、杂志和巡回图书馆（circulating libraries）已经让人类变得更富智慧；可是，与一点点新学问相伴而来的是骄傲，随骄傲而来的是普遍自大的危险——这种危险是指一切旧有的观念都会被抛弃。"如果所有的礼仪、规矩和从属关系都被破坏，而且临到的是普遍的绝对怀疑主义（Pyrrhonism）、无政府状态和财产的不安全，各国很快就会希望烧掉它们的书籍，把黑暗无知以及迷信狂热当作祝福来追求，并遵循首位疯狂暴君的准则，狂热地努力实现上述目标。"[21]亚当斯本人是一位饱学之士，曾当过校长，让他对狄德罗和卢梭嗤之以鼻的是后者讴歌田园牧歌式的蒙昧状态并宣称这样的虚假洞见："知识意味着堕落；艺术、科学和品味已扭曲美感，毁掉精妙的人性，因为只有在蛮荒的状态中，（自然之子的）人性才似乎是完美的。"[22]可是，
80 我们无法指望形式上的教育能够大幅改变普通人的心灵倾向；只有困难得多的道德教化才能实现等同于人类真正进步的那种道德提升，道德教化则是历史范例和公正建制（just constitutions）蜗牛般缓慢影响的结果，而非源自有针对性的立法。"知识与美德之间没有必然的联系。单纯的智力与道德无关。钟表的机械原理与善恶对错的道德感受有什么关联呢？对道德至关重要的是区分正常的善恶以及物质性幸福与苦难（也即欢乐与痛苦）的能力或品质，换句话说，是**良心**——一个几乎要过时的古老词汇。"[23]

有关生活的深刻教训无法在学校习得，进行人间天堂的试验也不可能规避它们。我们是上帝造我们的那个样子；我们人类的本性只是缓慢地变化着，如果真的有什么变化的话；日常生活会带来一些苦难，那些承诺会救我们免于所有这些苦难的哲学家们反而会让我们经受更大的折磨。这里的亚当斯非常近似于约翰逊博士。在一段透着美感的文字中，他描述了不可逃避的普遍的悲伤情绪——这一情绪既具有惩戒性，又是有益的：

> 被遗弃的恋人和大失所望的亲友（connections）因其悲伤而被迫反思人类愿望和预期的自大虚荣；领悟恭顺的核心道理，审视他们自己对逝者的作为，纠正他们将来对其他友人以及所有人所作所为的谬误或过失；追想他们已失去的友人的美德，并下决心模仿这些美德；回想他们的蠢行与恶习（如果曾有的话），并下决心克服它们。悲伤使人养成慎思的习惯，强化他们的理解力，并软化他们的心灵；它促使人们唤醒自己的理性，以理性驾驭他们的激情、趋向和偏见，将他们提升到超越所有尘世事务的高度；简言之，让他们成为斯多葛主义者和基督徒。[24]

我们生命中的痛苦和伤悲对平衡我们的品格是必不可少的；缺少了它们，我们就不能算是人了；因此，希望“改良”人类的人会扭曲和摧毁人性，因为他试图将我们所有其他特性所仰赖的那些品质与我们的本性区分开来。 81

5　自然贵族

亚当斯接着评论说，就才智与情感取向而言，人并非法国理论家（不管他们是伏尔泰还是卢梭的信徒）所认为的那样。人是愚蠢的，对竞争的热衷和其他欲望使其堕落；假定人是明智良善的就等于将他们抛入无政府状态。另一方面，这些法国理论家犯了一个同样严重的道德与心理学上的错误：他们认为，既然人是自然平等的，如果对这种平等状态进行立法，社会将达到完美状态。但是，亚当斯明白，这是彻头彻尾的蠢话：我们周围的所有自然现象都有力地证明，就万物的本来面貌来说，人是不平等的。渴望以平等的高标准改良社会的完美主义者对进步的真正性质是无知的。

约翰·亚当斯对约翰·泰勒评论道："所有人都生而具有平等的权利，这一点是清楚无误的。每个人都有与所有其他人同样的神圣的符合道德的权利。与宇宙间符合道德的治理秩序（a moral government in the universe）一样，这是不容置疑的。"（这一观点与伯克的看法一样，而且其中的字句与《反思录》中的用语是如此接近，以至于人们会想，阅读伯克的作品让美国人的观点更加简洁有力。）"然而，教导说人人都生而具有同样的力量与才能，拥有同样的社会影响力，并在整个一生中享有同样的财产与好处，是彻头彻尾的欺诈，是对轻信的民众的弥天大谎——这种欺诈和谎言堪比僧侣、巫师、婆罗门或者法国革命中自封的哲学家曾经的类似做法。泰勒先生，为了荣誉，为了真理和美德，任由美国的哲学家和政治家鄙视它吧。"[25]

人们确实享有源自上帝的道德上的平等；而且他们享有司法上的平等，每个人都有自己的权利，这是正义的本质；不过，说他们是众多的均质的物理性存在，是众多的原子，则是一派胡言。这非常像伯克；不过，人们不应认为亚当斯的自然不平等的信念源自伯克的思想，不管伯克在何等程度上强化了这一信念。之前在《为宪法辩护》中，亚当斯就曾以他那一以贯之的坦率表达了自己的看法，驳斥了杜尔哥的这一论点：共和国"以所有公民的平等为基础"，"秩序"与"均衡"是不必要的——事实上是有害的。亚当斯就杜尔哥评论道：“可是，我们在这里该如何理解平等？所有的公民都要有同样的年龄、性别、体重、力气、身材、活动力、 82
勇气、耐性、勤奋程度、耐心、创造性、财富、知识、名声、才智、脾气、恒心和智慧吗？”[26]他整个一生都持守这同一个立场。他对阿比盖尔·亚当斯（Abigail Adams）说：“自然平等仅限于道德与政治领域，意指所有人都是独立的。不过，最为严重的那种物理上的和智力上的不平等是自然的主宰者（Author）确立的，是不可变更的；并且社会有权利确立它认为实现其利益所必须的任何其他类型的不平等。不管怎样，**你们愿意人怎样待你们，你们也要怎样待人**——这一原则所内含的平等是真正的自然平等和基督教的平等……”[27]基于对个体间无法根除的差异的这种认知，亚当斯发展出他的著名的贵族理论。

在这位率直但受到误解的人的所有观点中，被最为彻底地错误解释和扭曲以及最受错谬指责的乃是他的贵族观念。美国公众不理解他；杰斐逊和泰勒也不理解他——也就是说，直到这三位政治家都已老迈，他才说服这两位友善的对手。确实，这种误解是如此源远流长且顽固持久，最好的消除它的方法可能是对此进行某种条分缕析式的描述。

1. 按照亚当斯的定义，贵族是指可以调动两张选票——他自己的选票和另一人的选票——的任何人。这是由最能胜任之人进行治理的基本含义，也即“贵族制”原本的意思。“我理解的贵族阶层是指能够调动、影响或争取到超过平均数选票的所有人；贵族则是指能够并确实影响自己之外的某个人投票的所有人。很少人会否认，每个国家、每一群体、每个城市和乡村都有一个基于美德和才干的自然贵族阶层。”[28]

2. 贵族制不只是社会的创制；它部分是自然的，部分是人为的；不过，任何国家都无法将它根除。伪善之人可能会否认它的存在；不过它将永远长存，因为在可以想象到的任何社会，有些人会对其同胞施展政治影响力——有些人会成为跟随者，另有些人会成为领头人，政治社会的领头人便是贵族，不管我们如何称呼他们。“挑出你最先认识的一百个人，组建一个共和国。每个人都会有平等的投票权；可是，当开始审议和讨论时，这样的情况会出现：在美德相同的情况下，其中的二十五人能够凭借其才干获得五十张选票。就我对这个词所下的定义而言，这二十五人中的每
83 一个人都是贵族，不管他获得除他自己之外的那张选票时凭借的是其出身、财富、形貌、知识、学问、技巧、智谋，甚或他善结人缘的性格和对锦衣玉食的偏好。”[29]

3. 最为普遍的那种贵族产生于本性上的差异，而实证立法是无法改变这些差异的。贵族是能够支配两张或两张以上选票的公民，“不管他凭借的是其美德、才干、学问、健谈、静默、率真、内敛、脸庞、身材、雄辩、优雅、气度、态度、动作、财富、出身、技艺、谈吐、计谋、好人缘、醉酒、放荡、欺诈、作伪证、暴力、变节、绝对怀疑主义、自然神论或无神论；上述任一种手段都曾是并将继续是争取选票的凭借。你似乎认为，贵族的含义只包括由国王或社会的实证法确立的人为的头衔、闪亮的星状装饰品、勋带、绶带、金鹰和金羊毛勋章、带有玫瑰花和百合花的十字架、独享的特权或者世袭的门第。没有这样的事！”[30]

4. 就连世袭贵族的存续也不依赖于实证法。在民主的美国，基于身世的贵族制有着不受约束的连续性。阿隆·布尔依靠他乔纳森·爱德华兹（Jonathan Edwards）后裔的身世，获得十万张选票；波士顿的克莱夫特家族（Crafts）、戈尔家族（Gores）、道伊家族（Dawes）和奥斯丁家族（Austins）构成了一个贵族阶层；与所有名叫蒙特摩伦希（Montmorenci）或霍华德（Howard）的人一样，享有好名声的罗诺克的约翰·伦道夫也是世袭贵族。

5. 贵族制不会因土地的让渡或财产的充公而被毁。“如果约翰·伦道夫让他的其中一位黑奴获得自由，并将其种植园让渡给他，那位黑奴也会成为像约翰·伦道夫一样了不起的贵族。”既然权力跟着财产走，贵族

可能会转换，但贵族制不会消失。

6. 甚至要求实现平等的立法努力也会强化贵族制。“如果政府缺乏制衡，你越是尽力地推广教育，民众和政府就越是贵族化。”原因是，国家以此培养出一个精英群体，他们支配着那些见识较差的同胞们的选票。

7. 没有哪个民族曾废除掉贵族制。雅各宾党人没有做到这一点，因为他们没有让所有男人和女人都变得同样智慧、优雅和美丽。往最好处说，他们以新的个人取代旧的个人；贵族阶层依然存在，也许没有正式的称呼，不过仍拥有同样的政治权力。

8. 亚当斯没有为贵族制辩护：他只是指出，它是自然现象，不应从 84
理性上加以否定。与自然中的大多数东西一样，贵族制有其优点和缺陷。贵族阶层一直都傲慢无礼且以勒索为能事；不过另一方面，如果贵族阶层没有在历史上的某些时刻挺身而出，反对君王或暴民，“像土耳其那样骇人听闻的暴政就已经成为欧洲所有国家的下场”。

借着反反复复的长篇大论，亚当斯最终促使泰勒和杰斐逊接近于承认，亚当斯阐释的那种贵族制是无可争辩的事实。然而，民众中持续存在着一个模糊的印象：亚当斯在提倡美国采行某种寡头式治理模式。其实，亚当斯只是在雄辩智慧地讲出一个当今所有严肃的政治研究者都理解的原则。正如 J.C. 格雷（Gray）在《法律的性质与源头》（*The Nature and Sources of the Law*）中所说，“政治社会的真正统治者是无法被发觉的。他们是主宰其同胞意志的那些人”。阿尔伯特 · 杰伊 · 诺克（Albert Jay Nock）评论道，每一个国家均有其贵族阶层，而且美国也有自己的贵族阶层——一种让人遗憾的贵族阶层；他指的是正冉冉升起的财阀和政治人物，而他们在发挥旧制度（Old Régime）下贵族影响力的同时，却没有承担贵族的义务（noblesse oblige）。

承认一个民族中的贵族阶层，约束其恶行，并将其能量用于造福国家；这个问题从来都没有远离亚当斯的思考。“我们心里有个声音似乎要求，真正的优良品质应成为世界的主宰，人受尊重的程度应该与他们的才干、美德和职务匹配。不过，一直以来的问题都是：如何达成这种安排？”[31]就现实可能而言，他找到的答案是这样的：有约束与平衡机制的政府，将荣誉、土地和宪法性权力赋予配得之人的社会安排，与此同时，对自然或人为贵族膨胀的野心保持警惕。对他们的荣誉和升迁的设计应让他们成为反对暴政侵害的民众捍卫者。

> 自然已在宇宙中确立一种存在的链条和普世的秩序（其范围上至天使长，下至微型动物），预先设定没有两样东西是完全相同的，也没有两样生物是完全平等的。尽管自然让所有人都受制
> 85 于**同样的道德法则**，而且社会中的所有人都有权利享有治理他们的**同样的法律**，不过，没有任何两个人在人身、财产、理解力、活跃度和美德上是完全一样的，而且弱于其造物主的任何力量也不可能让他们变成这样；一旦在两个人或两个家庭之间因谁更优越的问题产生纠纷，骚动就开始了，这会扰乱所有一切的秩序，直到纠纷得到解决，而且各方都知道公众意见对自己的评价。[32]

什么样的政府会节制这种骚动并让人安居于其自然本性为他们预定的社会地位？在回击杜尔哥时，亚当斯试图解答这一问题。

6 美国的宪制

亚当斯说，社会的幸福是政府的目的。边沁也如此说；其实，伯克也是这么说的。在1776年这个激情四溢的年份，亚当斯继续写道：“从这一原则可以推导出，最好的政府乃是这种形式的政府：可以最大限度地给最

大多数的民众带来安逸、舒适、安全，或者（一言以蔽之）幸福。”这些说辞听起来相当功利主义，而且人们注意到，即使当时是1776年，“自由”也从好处的清单上消失了。不管怎样，亚当斯还立即补充说，“不管是古代还是现代，异教徒还是基督徒，所有清醒的真理探求者都宣称，人的幸福以及他的尊严体现于美德之中”。[33]

私人与公共美德是亚当斯的主要关切，因为他像卢梭一样是一位道德主义者，尽管他遵循着一种不同的路径。与他那个时代的大多数公众人物比起来，亚当斯使用“自由”一词的频率较低，因为他下意识地确信，人类的软弱会让自由与放纵混为一谈。正如19世纪的法国保守派人士（他们追随儒贝尔）重点强调“正义”而非自由才是社会的目标，亚当斯也更偏爱美德的观念，而非自由的观念。不过，他不认为前者会排斥后者；相反，持久的自由是美德的产物。获得自由的途径不是简明扼要的宣言；它是文明的创造，是少数勇士英雄壮举的产物。塞缪尔·亚当斯曾对他的这位亲属说，对自由的热爱与人的灵魂丝丝相扣。亚当斯辛辣地回应道：“按照拉封丹（La Fontaine）的说法，狼也是如此热爱自由。我怀疑这两种对自由的热爱中哪一个更为理性、慷慨或合群，直到人对自由的热爱因经验、 86
反思、教化和公民与政治建制——这些都是由少数人最先发起并持续维系和改进的——而文明起来……在所有的时代，如果要做出选择的话，大量民众都更热衷于安逸、沉睡和吃喝玩乐，而非自由。因此，我们一定不能仅仅依靠人的灵魂对自由的热爱来维系它。”[34]

和伯克一样，亚当斯知道，真正的自由只被少数人欣赏；普罗大众对它无动于衷，除非对“自由”的诉求有利于他们当下的物质利益。他为新英格兰那里的自由感到担心，因为“商业、奢靡和贪婪已毁掉所有的共和政府”；[35]而新英格兰确实犯下贪财之罪。他对摩斯·沃伦（Mercy Warren）评论道：“就连农夫与工匠也痴迷于商业，而且千真万确的是，一般而言，财产在那里与别的地方一样，是受尊重程度的标尺。”[36]（美国历史的研究者常常会忘记，亚当斯不信任不受制约的财产权势的程度堪比他对不受约束的民众势力的不信任。）简言之，自由不可能抽象地加以讨论，好像它完全独立于公共美德和体制框架一样。亚当斯意识到，自由是脆弱的草木，即便以殉道者的鲜血浇灌它也不见得能带给它养分，这促使他为法律之下的自由勾勒出一个有现实针对性的体系。自由必须依循法律；让人满意的替代选择是不存在的；没有法律的自由就像狼群中的羔羊一样无法持久。甚至整个民法体系都不足以保障自由：在能够想象到的最好的法律的保护下，如果美德付之阙如，自由仍可能受到侵犯。“我会把自由界定为这样一种权力：你要别人怎样待你，你就怎样待别人。”[37]那么，何种政府会促进金规则所含括的那种不可或缺的私人与公共美德呢？一般来说是共和国——“尽管它肯定会让我及我的孩子们变穷，但共和国会带来充足的力量、坚韧、活力和人性的高尚品质。君主制很可能会以某种方式让我变富……”，可是在君主制下，民众“一定是邪恶愚蠢的”。[38]

哪种共和国？贵族制是共和国，民主制也是共和国；两者的纯粹形式都敌视自由。亚当斯正是从这一点上攻击杜尔哥，使后者战栗不已，就像猎犬口中的老鼠。在 1778 年 3 月 22 日写给伯克的对手普莱斯博士（Dr.
87 Price）的信中，这位法国的金融家依据法国人傲慢自大的原则，抨击了美国新生各州的宪法。杜尔哥宣称，美国人错在认同孟德斯鸠的这一观点：“自由意味着顺服法律”；杜尔哥认为，自由应当完全高于阻碍人的法律。美国人为何没有确立卢梭阐述的那种“公意”（general will），反倒模仿英格兰，创制了一种体系，其中内含制衡机制、两院制议会和阻碍多数人当下意志的类似机制？当进步要求集中和集权之际，他们为何如此热衷于地方独立？（正如托克维尔在《旧制度与大革命》中清楚指出的那样，杜尔哥在这里只是敦促采纳法国君主制的行政原则，并非在提倡某种进步主义的民主理念；可是，杜尔哥忘记了他之灵感的来源。）各州应该组成一个一般性的联合体（union），全部融合在一起，变成均质同一的东西。法律、礼仪和观点的多样性应该被根除，为进步之目的，整齐划一应被强制推行。杜尔哥鲜明地体现出一个纯粹的经济计划者的思想，而非一个政治家的思想。他继而问道，谁应统治这么一个由不分彼此的民主派人士构成的整齐划一的大众群体？嘿，人民自己呀：他们应该将“所有权力都集中到中央，也即国家”。

作为利穆赞的州长（Intendant of Limousin），杜尔哥曾经管理过民众；可是，他实际上从来都不是人民中的一员；在君主制下，他曾大权在握，而且他很少会想到这一点：以所谓“人民”的主权者替代君主应该会有困难。但是，亚当斯曾经是人民的一分子：对于一个由不同个人和利益组成的大规模的群体，这种好像将其视为某个单一的存在的抽象说辞是对他讲求实际的本性的严重冒犯。在杜尔哥表达上述观点之后八年，亚当斯在一本大部头的书中批驳了这些观点；这本书于伦敦匆匆草就，为的是影响即将在费城召开的制宪会议，紧接着它的是同一个书名的篇幅更大的两卷书。在亚当斯的作品集中，《为宪法辩护》占有一千两百多页——这是美国有史以来所创作的有关政治体制的最透彻的论著，这项工作是如此艰难繁杂，足以让最为勤奋刻苦的学究产生敬畏之情。而且，是在忙于其他二十项工作的同时，亚当斯完成了这部著作。

正如伯克在四年后所说的那样，法国革命尽管经历了各种轮回，却始终如一地坚守这样一个原则理念：政治结构的简单化。伯克在《反思录》 88
中评论说，革命派思想家鄙视国家的复杂性，而这种复杂性是人们防范武断的行动和压迫的主要保障。一国内相互对立冲突的利益群体“让所有急迫的决定都受到有益的制约。它们让慎思明辨成为必须之举，而非可有可无的东西；它们让所有的变化都成为妥协的产物，这就必然会造成温和节制的局面；它们造就温和的性情，阻止凌厉生硬和条件不成熟的改革的严重恶果，并让武断权力（不管掌握在少数人还是多数人手中）永远都不再能够胡作非为”。诸如杜尔哥之类的哲学家认识不到这一点。在他们看来，绝对的自由与中央政府享有的绝对的权力是完全兼容的：所有妨碍民主意识形态的观念都必须被消灭，所有妨碍中央集权的法人团体和地方特权都必须被铲除。于是，从吉伦特派崛起到法兰西第一共和国督政府（Directory）最后时期的革命历史，都有一个不变的特点：对匪夷所思的简单化的热衷真是一往情深。起初，它是绝对个人自由的观念，这种观念摧毁了所有源远流长的对行为和冲动的约束；最终，它变成绝对权力的观念，这种权力被中央集权化的政府所掌握。伯克和亚当斯对这两种痴迷于简单化的表现都感到震惊——它们分别指向1789年的法国或1797年的法国。从吉伦特党向督政府的演变是自然且无可避免的；再次用伯克的话来说，其中的缘由是，“当我听到任何新的政治建构试图达到或者夸耀其设计的简单明了时，我便毫不犹豫地认定，那些创制者对他们的事业和职责一无所知”。既然人是复杂的，其政府便不可能是简单化的。要不了多久，那些设计出精妙简单的蓝图的博爱主义理论家们就一定会拥抱独裁体制的简便单纯。他们开始时提倡放纵的个人主义，其中的每个人都不再受古老的约束，以自己的道德资源支撑自己；当这种状态变得不可忍受时（它一定会这样），他们就会被纳入一种笨拙、不宽容的集体主义机制之中；来自中枢的指令试图弥补基于轻率的道德与经济原子主义的蠢行。对于天地间的所有东西，这种类型的革命理想主义者仅仅矢志不渝地追求简单化。他们在绝对的自由与绝对的集权之间不能容忍任何中间物。

因此，在现代自由主义发端之时，伯克与亚当斯就在自由活力的花
89 朵中看到自由衰败的病征。法国、英格兰和美国的新自由主义的理论前提依赖于古老的真理，而那些自由派人士自己已经在否定这些真理：认为上帝面前人人平等的基督教观念以及由上帝背书的永恒社会协定的观念。自然神论者已经抛弃了基督教的大多数教导，而且伯克和亚当斯知道，自然神论者的思想后裔们将完全弃绝宗教教义与情感。新自由主义

不会容忍任何权威。J.H. 海勒维尔（Hallowell）教授说：“因此，作为个人主义的政治表达，自由主义鼓励个体摆脱一切个人的、独断权威的自由。自由派人士从绝对价值和人性尊严的前提出发，必然要求每一个个体都享有相对于所有其他个体、国家和所有独断意志的自由。自由主义只有在将契约理论与对客观真理的信念结合为一体时——这时它超越了所有的个体，在对每一个个体都有约束力的同时却不提供任何许诺——它才能够将摆脱独断权威的自由与有秩序的共同体的观念协调起来。”[39]可是，社会协定理论依赖于宗教性的前提假设；而且随着自由派人士宗教信仰的萎缩，他们对自己主张的信心就不复存在了。不仅如此，他们多愁善感的个人主义很快就会震惊于自己的实际效果：他们理念的胜利所带来的经济竞争与灵性的封闭在他们中间引发一种反应，支持施行强制的强有力的良善政府。现在看，自由主义在 18 到 20 世纪似乎就是沿着这一思想和政治进程演变的，而 1789 年到 1797 年的法国则是其缩影。英国自由主义政治从福克斯到艾斯奎斯（Asquith）的演变，以及美国自由派观念从杰斐逊到富兰克林·罗斯福的演变都体现了这样的规律。

就他们都认同习俗性自由而言（虽然他们不认同抽象的自由），埃德蒙·伯克、约翰·亚当斯和亚当·斯密都是自由派人士。就他们都认同个体性——人之品性的多元性和人之行动的多样性——而言，他们都是个人主义者，尽管他们讨厌将个人主义神化为最高的道德原则。《国富论》中的经济个人主义基于对上帝护理的信心，而上帝护理是通过个人的活力发挥其神秘莫测的作用的。一旦教条主义的自由派人士否弃上帝护理的观念，他们就只剩下一种既缺少宗教背书又注定会退化为赤裸裸的自 90
私的道德观。与此类似，一旦教条主义的自由派人士让政治自由脱离那种作为自由之栖息地的政治复杂性，他们就在不知不觉间砍掉了“不可剥夺的权利”的根基。伯克在 1790 年谈到所有这些问题，而亚当斯则早已在《为宪法辩护》中论及它们。

亚当斯评论说，杜尔哥对这一最重要的事实视而不见：实事求是地说，自由（Liberty）包括具体的地方性和个人性自由；杜尔哥对公正政府的大前提——承认地方性权利、利益和多样性，并在国家建制中保护它们——一无所知。杜尔哥支持“将所有权力集中到一个中心，也即国家”（杜尔哥自己的话）。亚当斯评论说：“如何在独裁体制或君主制中将所有权力集中于‘一个中心’容易理解；不过，如果中心是国家，如何做到这一点可能更让人难以理解……如果在经历过‘将所有权力都集中到一个中心’的痛楚之后，那个中心变成了国家，那么我们就刚好是在原地踏步，权力的集中压根就没有发生。国家就是权力，权力就是国家。中心就是圆圈，圆圈就是中心。当许多男人、女人和孩童只是聚在一起时，他们中间不存在政治权力，也没有自然权力，只有父母对孩童的权力。”[40]

这种集中化要么是幻觉，权力无处安放；要么它是既定事实，因此是一个由实际组成中心的那些人施行的暴政。亚当斯接着以历史的眼光考察这一两难处境，也即我们这个时代的“投票式民主”的难题；其中的缘由是，他和伯克一样，都将历史看作所有文明的权宜之计的源泉。

正如吉尔伯特·希纳德（Gilbert Chinard）所说，《为宪法辩护》是律师的辩护词，而非哲理论文。可是，这是何等的辩护词啊！亚当斯一心想要证明的是，只有权力的平衡——行政机构、参议院、众议院，或者你愿意使用的所有类似的机构名称——才使自由政府成为可能。他首先考察了现代的民主共和国——圣马力诺（San Marino）、比斯开（Biscay）、瑞士的七个独立的州（cantons），以及低地国家的联合省；接着，他转而探究贵族制共和国——九个瑞士的范例，以及卢卡（Lucca）、热那亚、威尼斯以及联合省。接下来是三个王制共和国（regal republics）的范例——英格兰、波兰和纳沙泰尔（Neuchatel）；然后是“哲学家们的观点”，其中有斯威夫特（Swift）、富兰克林和普莱斯；马上又谈及“讨论政府的
91 著述家”——马基雅维利、西德尼、孟德斯鸠和哈林顿；随后是“历史学

家们的观点”，其中有波利比乌斯（亚当斯最钟爱的古代学者）、哈利卡纳苏斯的狄奥尼修斯（Dionysius of Halicarnassus）、柏拉图、洛克、弥尔顿和休谟。第七章是对十二个古代民主共和国的分析；第八章分析的是三个古代的贵族制共和国（monarchical republics）；第九章分析三个古代的君主制共和国。不必罗列《为宪法辩护》第二和第三卷的内容，人们便已对亚当斯的博学深信不疑。其对知识的渴求堪比亚里士多德和培根。他在一段话中概述了所有这些巨量的证据：

> 已经征引的权威和范例会使你确信，权力的三个分支在自然中有不可变更的根基；它们存在于所有的自然和人为社会之中；如果任何政府体制不承认这三者，这样的体制就是不完美、不稳定的，且很快会陷入奴役之中；立法和行政权力天然有别；自由与法律完全依赖于它们在政府框架内的分权；立法权天然和必然具有最高位阶，并高于行政权；因此，后者必须被当作前者的一个必不可少的分支，哪怕让它具有否决权，否则，它就无法保卫自己，而且很快就会受到前者的侵袭、削弱、攻击，或者被前者以某种方式彻底摧毁和消灭。[41]

如果政府缺乏平衡，真正的法律就不可能存在；没有了法律，便没有自由。亚当斯在主权问题（这是政治理论家的最爱）上的观点直接坦率，让人耳目一新。确实，主权当然是不可分割的，不过对主权的行使可以被分派给相互制衡的机构或分支，同时也不损害其有效性。由于所有权力都被某个单一的群体抓在手中，单一主权就其性质来说对共同体中其他利益群体是不公的，因此不会颁布真正的法律——只有武断的命令。分裂的主权无法实现制衡——也即在这样的主权下，权力被分配给不同的利益群体和阶层，不过，权力分配得不平等，必然一直处于冲突状态，不能成功地达至均衡，因此无法维系真正的法律。哲学家探究经度和贤者之石（Philosopher's stone）的热切程度比不上从柏拉图到孟德斯鸠的立法者对法律守护者的探究；然而，所有的努力最终不过是将绵羊托付给
92 狼，唯一的例外是所谓的**权力制衡**。”[42] 在任一国家，财产都是主权的藏身之所。土地占有的平等是美国的显著特点。“因此在事实上以及在道义上，主权一定归于全体人民大众。”

在达成政治平衡的实际技能方面，亚当斯有经验；在为马萨诸塞制定首部自由宪法的大会上，他曾起到主导作用，而且他早期的作品曾影响了其他州的宪法制定者。他支持设置强有力的行政机构，对立法机构的另外两个分支拥有否决权（因为首席行政官员尽管被囊括于立法机构的主权范围之内，却行使一种单独的权力）；他支持设立大体上代表着财富和地位的参议院或上院；他支持设立大体上以民众为基础的众议院或下院。这种分权设置的主要目的不是保护富人、出身良好之人和能人免遭人民大众的侵害，而毋宁是保护大众免遭自然或人为贵族野心的伤害。在马萨诸塞，参议院的席位是按照各个地区缴付给州国库的直接税的比例分配的；其他办法也可能有助于区分选出上议院议员的选区与选出下议院议员的选区。“富人、出身良好之人和能人在民众中获得的影响力很快就会让简单诚实与平易通俗的众议院受不了。因此，他们中的最杰出之人必须与大众分隔开来，被单独安置在参议院中，这是为达成诚实与有益目标的流放……参议院变成野心竞逐的绝佳目标；最富有和最明智之人希望凭借他们在众议院对公众服务的成效晋级到参议院。”[43]

这位行政长官应该代表普通民众，具有严正独立的品格，公正地看待其他两个政府分支的诉求。帕林顿反对说，亚当斯没有提供选出这样一位行政长官的办法：这位行政长官要能真正地代表人民大众，而非代表一般在各个社会据主导地位的贵族阶层。从尘世事物能够趋近其理想状态的角度而言，美国的全国性总统一职不是已经发展成与亚当斯的描述

非常接近的那种体制了吗?

这样，权力在社会的各主要利益群体之间有公平的分配；亚当斯在其政治论著中浓墨重彩地分析过的无法根除的自然贵族得到了认可，并且在某种程度上被纳入参议院这一独立的建制性机构；一时的激情和全能的立 93
法机关的独断受到宪政机制的制约。若干年前，亚当斯曾激烈抨击过单一代表机构的缺陷——它可能会具有一个人的所有缺陷，它贪得无厌，它野心勃勃地追求永恒的权力，它不适于行使行政权力，它几乎没有用以行使司法权力的法律技能，而且它在裁决所有纠纷时总是对自己有利。[44] 杜尔哥的方案将所有的邪恶都倾泻到一个不幸的国家身上；只有制衡才能抑制住这些邪恶。

亚当斯对民主制的恐惧与他对任何其他非混合制政府的恐惧没有不同:“我不能说，民主制从整体上看比任何其他体制更有害。它的恐怖行径更为短暂；其他体制的恐怖行径更为长久……民主肯定是一种必需品，是主权必不可少的组成部分，而且掌控着整个政府，否则，道德自由（moral liberty）或任何其他自由便不可能存在。对于大肆滥用这一体面词汇的现象，我一直都感到悲痛不已。”[45] 然而，如果民主不受其他社会利益群体的制约，诸道德自由也无法持久；就此而言，纯粹的民主由于缺少智慧和节制会毁掉自身，并终于暴政。“在人民有投票权却缺少制衡的地方，动荡、革命与暴行就会连绵不绝，直到一支由将军率领的常备军强制恢复和平，或者所有人都意识到并认可有必要达成一种均衡状态。”[46] 在他写下上述富有远见的警示之后三年，伯克才奋起警示法国和文明社会注意“他如此不可思议地预见到的那种军事独裁”——[正如拉斯基（Laski）非常公允地评论的那样]。

就普选权而言，亚当斯没有从原则上反对它；不过，他怀疑其果效，因为一定会在所有社会居优势地位的贵族阶层不管是被认可或被无视，都会成为普选制下真正的主宰者；而且他们可能是一个掠夺性的贵族阶层，其教育水平和经验使得他们不适于被委以必定与政治权力密不可分的经济大权。“说不是所有人都有平等的权利是困难的；不过，如果承认这种平等的权利和平等的权力，革命就会接踵而来。在欧洲所有国家，一文不名之人的数量是拥有四便士银币之人的两倍；如果让所有这些人都享有平等的权力，你很快就会看到，这些四便士银币是怎么被瓜分的。”[47]就美国来说，他倾向于支持一种广泛的选举权，不过他明白，这种安排的
94 明智程度取决于财产被持续广泛分享的状况，因为没有人比亚当斯更理解财产与权力之间的永恒联姻关系。他——既没有阿摩司那么恐惧，也没有汉密尔顿那么急切——预测，几代人之后，美国的人口会超过1亿。“在未来的世代，如果现在的各州变成富裕、强大、繁荣的为数众多的大国，他们自己的感情和良好的判断力会告诉他们该做什么；他们可能会经由新的制宪会议转向更近似于英国宪制的体制，同时丝毫不会对自由造成困扰。不过，在大量财富被聚集到少数人手中之后，这才变得必要。”[48]相比于他对自己那个世代的惯常看法，亚当斯在这段话中表现出对未来世代的智慧的更大信心。正如托克维尔所说，限制选举权的范围是极难付诸实施的——非常像引水上山。

约翰·亚当斯写作所有这些论著、小册子和信件并提供大量论证的目的是，支持他的简单明了的保守主义的立论前提：“我的看法是并且一直是，绝对的权力会一视同仁地毒化独裁者、君王、贵族、民主人士、雅各宾党人以及无套裤汉们。”他支持适当分权的论证对美国人来说是如此熟悉，以至于它们听起来像让人生厌的老生常谈。不过，让它们变成老生常谈的是亚当斯：在几乎没有奥援的情况下，他的学识与率直阻止了美国思想界一窝蜂地认同法国人的有关田园牧歌式的仁爱、全能的单一代表机构以及单一制国家的理论。为了反对这些革命性的观念，他牺牲掉自己的名望，但长期来看，他及其友人获得了胜利；无论现代美国政府因随意地引入“直接民主”的手段而在他眼中显得多么扭曲，却很可能

仍然被他视为是证明了其政治奋争的价值。在所有人中，他是最为真诚的联邦主义者；因为尽管汉密尔顿只是将联邦制作为中央政府的可以容忍的替代物而接受的，尽管皮克林和德怀特以及哈特福德大会的其他代表只有在符合新英格兰利益的情况下才坚持联邦制理念，但亚当斯却坚信，联邦制是对美国最有利可行的政府原则。与世界上任何其他国家相比，美国都更热切地持守政治制衡的信念；从很大程度上说，这是亚当斯讲求实际的保守主义的成果。

亚当斯一直都是一名保守派人士。1811 年，他写信告诉约西亚·昆 95
西："如果我纵情地想象未来的样子，我能想象到的是，我预见了前所未见和前所未闻的变化与革命……当下，我能理会的最佳原则莫过于尽可能少地玩新花样；尽我们所能地让事情按照目前的轨迹运行吧。"[49]美国的变化不管如何巨大，却一直在按部就班地进行——这是亚当斯与其副手们的遗产。

7 马歇尔与联邦主义的变形

在讨论联邦党人的这一章节，他们伟大的丰碑式成就——美国宪法——尚很少被提及。在世界历史上，它是最为成功的保守主义机制。亚当斯对这一成果的影响无论如何重要，也全部都是间接性的，因为在制宪会议召开之际，亚当斯人在伦敦，杰斐逊也在国外，因此，那个时代美国两位首屈一指的政治思想家无份于当代这一具有超越性的政治成就——对任何试图描绘观念对事态的影响的评论家来说，其中的意味都有警示作用。美国宪法最初是各州两大强势派别妥协的产物，不过，它的应用与落实让它变成联邦主义的武器。其中的理念不仅在寿命上超过那些赋予其生命的人，而且在联邦党人的政党消亡之后，它继续享有盛誉，体现出比联邦党人在美国占支配地位时更大的活力。

美国最高法院的首席大法官约翰·马歇尔体形魁梧、不修边幅、精明老派、和蔼可亲，喜欢舒适的生活、高朋良友以及井井有条的秩序。他并非喜好哲理之人；他的富有趣味的传记作者评论说，马歇尔只有一个信念，其准则便是国家的团结。作为一名言行一致的联邦党人，马歇尔曾是亚当斯的国务卿，而且被他发扬光大的最高法院首席大法官一职是亚当斯任命于他的；不过，马歇尔的联邦主义带有汉密尔顿而非亚当斯的气息。从直接的实际效果来说，马歇尔所获得的成就超过了这两位政治家：他让法院成为宪法的仲裁者，让宪法成为联邦党人保守主义思想的化身。他在马布里诉麦迪逊（Marbury vs. Madison）一案（1803 年）中的意见，确立了最高法院裁决国会立法之合宪性的权力；在弗莱切诉派克（Fletcher vs. Peck）一案（1810 年）中，确立了联邦阻止各州拒不履行合
96 同的权力；在斯特吉斯诉克罗宁希尔德（Sturges vs. Crowninshield）一案（1819 年）中，确立了对各州干预私人间契约的类似的管辖权；在达特茅斯学院（Dartmouth College）一案（1819 年）中，认定公司是永远存续的；在麦卡洛奇诉马里兰（M'Culloch vs. Maryland）一案（1819 年）中，确立了“不拘泥于字义”的解释宪法的做法；在科恩诉弗吉尼亚（Cohens vs. Virginia）一案（1820 年）中，确立了宪法作为美国具有超越性的法律的至高无上的地位；在吉本斯诉奥格登（Gibbons vs. Ogden）一案（1824 年）中，确立了联邦管辖各州间商贸的权力。这些以及他的其他广为人知的意见，确保了国会实现联邦党人视美国为一个扩张的统一商业国家的愿景——财产权和分权在其中都获得保障。这些部分地是保守主义的倾向；可是另一方面，它们为不受约束的工业化与集中化变革开辟了道路，而且它们极大地损害了另一种保守主义，也即美国南方和农业利益群体的保守主义。

约翰·马歇尔的很多判决都没有任何先例（就一个新国家可能有的先

例而言），而且其无可辩驳的目的是将判决者的理念融入美国社会的肌体之中；因此，就他的判决而言，让人震惊的事实是，除了唯一的一个例外，他的裁决立即就成为法律，并迅即得到常规性的落实。马歇尔是留在公共生活中的最后一名真正的联邦党人；几乎在他就任首席大法官一职的整个任期，他都受在位总统的鄙视；他的政治哲学与主导参议院、众议院和公众的公开信念格格不入。如果像有些人认为的那样，政府是潜在力量的面纱（而且如果所有地方都是如此的话，新的国家就一定也是这样，因为习俗和习惯性顺从在新国家所发挥的作用尚有不足），那么，怎么会有这样的情况：不管其职位多崇高，仅仅某个勇敢的个人在没有任何军事力量支持的情况下，就能够将美国人的经济与政治活力引向他所选择的地方？

决心能成就奇迹；不过，它不是在没有支援的情况下成就这一切的。首先，当时的趋势有利于马歇尔，因为正日益明朗的是，马歇尔的判决所推动的重大变迁有利于相当一部分国民——也许是多数国民。另外，联邦党人的论述赢得稳步增多的舆论支持，这给马歇尔提供了支持。精力充沛的老迈的民主派人士、卡洛林的约翰·泰勒非常惊恐地谈到对平
等主义和州权的这种反对立场；他说，很多明智的好人“惊恐于卢梭与葛 97
德文的异想天开和法国革命的暴行，真诚地相信那些原则有能够伤害人的利齿和爪子，因此，不管它们的合宪性如何，拔除这些利齿和爪子都是合宜的，却没有想到，这种做法会让慷慨的狮子受制于狡猾的狐狸”。[50]尽管他们所属的政党已经崩溃，亚当斯与已经过世的汉密尔顿正从他们之前的激烈的反对者中间赢得拥趸；尽管这些新人不会带来联邦党的复兴，不过，这一趋势在居主导地位的共和党内无处不在，直到联邦党人这一派系发生变化。

确实，保守主义之精华渗透到共和主义的诸位领军人物那里，因为他们是掌权者；不管来源如何，就连掌权者都难以拒绝提议中的额外的权力。罗诺克的伦道夫带着被其同僚抛弃的狂热分子的愤怒，大声疾呼地

指出，杰斐逊、麦迪逊和门罗（Monroe）都对权力表示欢迎，偏好他们在落魄的日子里曾指斥为危险的措施。他是对的。联邦党人的保守主义神不知鬼不觉地潜入政府和公众思维之中，并很快主导了全体国民的想法——这是一种被稀释而且名义上仍旧被轻视的联邦主义，不过却无处不在。美国人就是以这种方式逐渐默认了马歇尔的判决，有时还为它们喝彩。

随着那种影响力的延展，联邦主义的保守主义精华延续到当代的美国。即便说它强化了亚当斯所憎恶的民众的贪婪，它依旧是维系亚当斯的政治均衡与法律下自由之原则的手段。在让美国成为世界上现存的最为保守的大国方面，联邦主义起到很大的作用，因此在 20 世纪中叶，亚当斯的保守主义所发挥的强大影响力完全媲美于其法国对手所散布的那些激进的社
98 会原则。外表浮夸而内里谦恭的约翰·亚当斯从来就没有这么高的期许。

第四章　浪漫派人士与功利主义者

永远**只**考虑什么对当下才是**方便法门**，却无视所有的准则或更博大的行为体系，从不聆听我们更好本性的真实无谬的憧憬——这种该受咒诅的做法让那些有着冰冷心肠的人去学习政治经济学，让我们的议会真的变成一个公共安全委员会。它被赋予了所有的力量；要不了几年，我们要么被一个贵族阶层统治，要么面对一个更大的可能：被一个由夸夸其谈的经济学家组成的可憎的民主寡头集团统治。和后一种可能比较起来，最劣等的贵族制也是一种祝福。

——柯勒律治，《桌边漫谈》（*Table Talk*）

1　边沁主义与沃尔特·司各特

1806 年，沃尔特·司各特（Walter Scott）在参加完律师联合会（Faculty of Advocates）有关苏格兰司法改革的辩论会后，正要穿过爱丁堡（Edinburgh）的土丘，却遭到《爱丁堡评论》（*Edinburgh Review*）的杰弗里（Jeffrey）——这位超级辉格党人以及另一位改革派友人的嘲笑。“可是，他的情绪被感染的程度远远超过他们的理解：他大声说道，‘不，不——这没有什么可笑的；不管你的愿望如何，你都会一点一点地摧毁与破坏，直到让苏格兰成为苏格兰的所有东西都荡然无存。’”接着他把脸转向土丘的一侧，以避免让人看见他的眼泪。[1]与柯勒律治、骚塞和华兹华斯一样，司各特在功利主义观念中看到的是对生活多样性的敌视以及对过去的毁灭；这位伟大的浪漫派人士很快就意识到，边沁的贫瘠的物质主义对美与敬畏的敌视堪比雅各宾党人的狂暴之举。伯克理解卢梭是他天然的对手；
99 浪漫派人士（在政治上是伯克的追随者，不过却多少带点卢梭的色彩）向边沁发起挑战，视他为不宽容的新兴工业世俗主义的先知。

克雷恩·布瑞顿（Crane Brinton）评论说：“经由边沁，伯克曾极力反对的那些革命原则进入英国政治之中。”[2]尽管他自己公开对卢梭的多愁善感表示不屑，但边沁在为英格兰确立平等主义的原则方面所取得的成就大于潘恩、普瑞斯特里、普莱斯和葛德文的总和；他鄙视卢梭的感伤主义，却没有伯克的那种崇高的宗教义愤。边沁的理论迫使现代思想发生一系列难以抵御的激进变化，而这些变化反映并鼓励了工业化生产的扩展和大众政治权力的勃兴。这些变化部分地是由功利主义导致的后果；更重要的源头是马克思主义，而马克思主义则是带有黑格尔味道、被改造得适用于革命无产阶级的功利主义。J.S. 密尔写道：“英国新花样之父在理论和建制上都是边沁；他是能量巨大的颠覆者。”[3]他的分析方法——“在试图解决问题之前把每一个问题都拆成碎片”——是培根、霍布斯和洛克之方法的极致，对精妙的内核本质嗤之以鼻，确信整体不过是其各个组成部分的总和；这是现代每一个真正的激进分子的哲学根基。

边沁评价优缺点的基准——**效用**（每一个具体情况的效用要通过审慎地衡量痛苦与快乐来确定）——对新时代富有进取心的实业家们非常具有吸引力，而且后者和边沁本人一样，不喜欢诸如“正当理性”“自然正义”和“良好品味”之类的短语。边沁由于完全缺乏更高级的想象力，且无法理解爱恨的特性，便无视人的灵性渴求；而且仿佛是为了平衡起见，他从未谈及罪。国民品格、人之动机的丰富多样以及激情在人类事务中的力量——他的体系对这些都忽略不计；他流露出对人类理性的绝对信心。他把自己的个性当成人类的化身，认为人只需要了解如何解决快乐与痛苦的方程式，就会获得幸福；他们的利益将其引向合作、勤勉与和平。他是最狭隘的伦理学家；而且他是最洋洋自得的政治理论家。对他来说，政治与人性一样，都没有神秘可言：所有政治难题的解决方案仅仅在于让多数人裁决每一个问题。这种绝对的民主便是剔除了其中朦胧的灵性要素的卢梭的公意。 100

社会的宗旨是为最多的人谋求最大的善：伯克也说过这样的话，不过伯克此话的含义却非常不同。这位保守主义的开创者理解人之利益的复杂以及善的微妙。伯克宣称，多数人的最大的善不可能寄寓在他们的政治平等之中，或者他们摆脱成见与习俗的放纵之中，或者他们对经济目标的痴迷之中。伯克说，他们最大的善源自他们对上天命定的宇宙秩序的遵从：在敬虔之中、在顺服之中、在谦卑之中。然而，边沁不屑地将伯克灵性与想象力的世界彻底排除出去。边沁从未谈及我们存在的主宰；在他眼中，宗教只是一种道德体系。在政治中，为最多的人谋求最大的善的途径是按照平等主义的原则以严格合乎理性的方式重组社会，也即实现社会的格式化。普遍的男性选举权、议会改革、强有力的行政机构、普及的教育——这些措施连同他设想中的法律理论与程序的革命，是将确保普遍自由与进步的具体手段（它们很快就成了自由主义的教条）。他不承认有分权的必要，认为既有的宪制没有什么价值；多数人决定其利害关系的权力，不受已经消亡的过去或反对派无聊的反对意见的阻碍，而且无论如何都一定不要限制这样的权力。J.S. 密尔评论道，他将多数人捧上主权的神位，“穷尽一切聪明才智，设计出各种手段，将公众舆论的枷锁越来越紧地套在所有公职人员的脖颈之上，排除掉少数人或公职人员自己的正义观施加最轻微或最短暂的影响的可能。”在付出惊人的代价后，我们这个时代理解了极度的平庸蹂躏少数人的现实；可是边沁确信，理性一旦获得法律的确证，便不能被颠覆，便决心铲除少数人这个概念。

在体现于19世纪自由主义信条之中的边沁式道德观念膨胀扩散了将近150年后，约翰·梅纳德·凯恩斯（John Maynard Keynes）在《两份回忆录》（*Two Memoirs*）中说出了也许是历史对功利主义的评价。他说：“我现在的确认为，边沁主义是一直在侵蚀现代文明内瓤的蛀虫，应对其目前的道德败坏负责。我们过去总是将基督徒视为敌人，因为他们好像
101 是传统、惯例和戏法的代表。实情是，正在摧毁普遍理想之品质的是以过高推崇经济标准为基调的边沁式算计。”凯恩斯继而写道，边沁主义演绎下来的最终结果就是所谓的唯物主义；由于功利主义者粗陋的目标泯灭了灵性与想象力，在边沁哲学的这个野蛮衍生物面前，我们终于陷入毫无防备的境地。[4]

不过，尽管现在批评边沁道德与政治体系的贫乏是非常安全的，他的法律改革仍然得到广泛的赞誉。较年轻的密尔宣称，借着将神秘主义排除出法律哲学，清除掉一般法律观念所带有的种种混乱，证明法典化的必要性，将效用标准应用于物质利益之上，以及净化司法程序，边沁给社会带来极大的益处。边沁认为，人们应该依据效用原则制定和废止他们的法律；法律应该受到数学或物理那样的对待，被当成便利的工具；为了工业化时代的效率，这些古老的幻觉应该被抛弃：法律有超自然力量的背书，法律的源头超越于人类之上，也即西塞罗和经院学者们所认为的法律是人对上帝立法的摸索。20世纪的政治与司法“现实主义”与实用主义，当下在美国最高法院以及全世界几乎所有地方都大获全胜，其源头便是边沁。不过，边沁的法律哲学（不同于当时因其著作的影响而推行的对法律程序的行政改革）可能会逐渐被认为是社会败坏的肇因，

正如有些思想家现在认定他的道德观念便是如此。自然法理论——至少从伯克所理解的历史与实用的意义上来说——似乎正经历一场突飞猛进的复兴。于是，正是在法律改革这一问题上，沃尔特·司各特与边沁的门徒们发生了直接冲突，并于此显示出他对伯克的保守主义哲学的敏锐理解。伯克曾说道，法律有两种根基：公平（equity）与效用。公平源自初始的正义；被恰当理解的效用是攸关普遍永恒利益的高尚观念，不应被用来证明压制私人或少数人权利的合理性。多数人“没有权利制定伤害整个共同体的法律，哪怕错误地制定此类法律的人自己应成为它的受害者；因为制定这种法律违反了上位法（a superior law）原则，而任何共同体或者整个人类都没有变更这一原则的权力——我这里指的是上帝的意 102
志，因为上帝赋予我们本性并借此将永恒法铭刻在我们的本性之上。就真正能够颠覆一切的秩序与美、一切的和平与幸福乃至人类社会的所有谬误而言，很难发现有超出下列观点者：任一人群都有按自己意愿制定法律的权利；或者法律可以仅仅从其建制中获得所有的权威，不管法律具体内容的品质如何”。[5]这预示了“人民法庭”和依法灭绝少数人的时代；而司各特由于和伯克一样坚信，政府和法律依据功利主义原则的大肆集权对所有古老的自由和习俗都是致命的，便利用他作为小说家和诗人的令人惊叹的才干阻碍这一趋向。

司各特评论说，在1792年的危机中，“伯克出场了，于是，就像被施了魔法的城堡一样，当预定中的骑士在其面前吹响号角时，所有关于法国人超群不凡之立法的胡说八道都分崩离析了”。[6]恰如莱斯利·斯蒂芬（Leslie Stephen）所言［D.C. 索摩维尔（Somervell）呼应了他的说法］，沃尔特爵士成功地普及了伯克富有见地的精妙理论。在18世纪90年代，《反思录》售出几万册，可是，威弗莱（Waverley）系列小说*将伯

---

* 指司各特的小说作品。

克的观念普及到一个靠小册子永远也不可能覆盖到的广度。“司各特此后所做的正是以刻画非常形象的具体事例证明一系列自然发育而来的传统的价值和利害关系。与他许多最为能干的同代人一样，他吃惊地发现，以法国革命为其明显载体的那场声势浩大的运动正将所有的地方传统规范一扫而光，并虎视眈眈地要吞噬掉在苏格兰仍保留着其独特个性的微弱社会……激进派指责他们是彻头彻尾的多愁善感之人；忠实的辉格党人幻想着革命永远都不会越过 1832 年改革法案（Reform Bill）的范围，嘲讽他们是十足的捣乱分子；而我们——不管我们的观点如何——既然已有了后见之明，就必须承认，这种保守主义有其合理性，而且富有远见的老练之人可能会对那些其长远后果尚不能预估的变革感到震惊。”[7]

在威弗莱系列小说中，司各特让伯克的保守主义成为一种富有鲜活生机的东西——在艾迪·奥其尔萃（Edie Ochiltree）身上，展示了等级社会中的好处和尊严甚至能惠及乞丐；在波利的贝尔福（Balfour of Burley）身上，阐明了改革所带有的狂热的具有毁灭性的精神内涵；在蒙特罗斯（Montrose）故事里，刻画了各家族的“货真价实的优雅生活”；在芒克巴
103 恩斯（Monkbarns）或布莱德沃丁男爵（Baron of Bradwardine）身上，描述了旧式地主美妙的家庭生活。司各特在其所有浪漫小说中似乎要表达的是，文明的道德秩序的基石是对我们先祖的尊崇和履行我们的习俗性职责；历史是所有世俗智慧的源头；满足的前提是敬虔。由于司各特与所有浪漫派人士一样偏爱多样性，对让人麻木不仁的乐极生悲、喜怒无常的行为准则感到厌恶，他能清楚地看到，功利主义是一种会抹杀民族性、个体性与过去所有美好东西的体系。功利主义是对横暴贪婪的工业主义的粗陋辩护。与其他浪漫派诗人不同，他从未有任何革命信念的冲动；他知道，城堡与乡村的利益是无法分割开的，而且如果我们忠实于传统，“我们所有人就都是安全的”。因此，功利主义者据以提倡法律与法院改革的

原则便让司格特感到可恶。在他的《论司法改革》一文中，他就司法规范所作的富有说服力的论证堪比任何其他论证：

> 有些试验可以完全正当地应用于某一新理论，不过，一个既成的体系不应经受这样的试验。一个文明国家很长时间以来都拥有一套法律规则，尽管有各种不便，人们也已在这些法律规则下找到繁荣昌盛的办法；它不应被视为可以在其上进行大胆立法试验却没有妄自尊大之危险的新生殖民地。哲学家没有权利以他们自己认为的可能达到的卓越标准来衡量这样的体系。每一个古老建制唯一不会犯错的检验标准是它实际产生的果效，因为它一定会被视为合乎正道，好的果效也从中派生出来。人们都不同程度地依照他们不得不遵守的法律培养自己的习惯；对于法律的某些不完善之处，补救方法已被发明出来，对另有些不完善之处，他们自己已经适应；直到最后，他们出于各种不同的因由都达到了目的，而最为乐观的空想家依据其完美的抽象体系所能许诺给自己的也不过如此。[8]

在风格与情怀上，伯克都是这种认知的灵感来源。边沁是以数学视角看待生活问题的与世隔绝者，而这就是像伯克和司各特这样的有俗世经验的人（以及法律学者）对边沁这类人的抽象理论所下的判语。（非常耐人寻味的是，几位保守主义评论家曾批评伯克“不切实际”——其中就有理当不至于此的保罗·埃尔默·摩尔——尽管催生了现代革命理论 104
的卢梭与边沁两位人士的不切实际程度，无限大于伯克这位辉格党领袖。）法律不是捏造出来的——它是长出来的；社会医治其病灶或自行调整的过程既是自然而然的，也是上帝护理的结果；鲁莽的教条主义的改革者几乎肯定会阻碍这一进程，却提供不了任何说得过去的仅凭己意的替代方案。

在司各特看来，社会这一波澜壮阔的自我医治行动蕴含着某些高尚可爱的要素；为满足某个暂时的虚浮效用而删改法律则让人感到恐怖。他发现，就连1826年的名义上的保守派政府也充满了这种追求同一性和效用的激情，“逐渐地毁掉残存的民族性，让国家成为大胆创新教条理论的空白试验场。他们废弃和碾压让我们成为与众不同的苏格兰人的所有特色，这将让国家陷入一种一切都以民主为依归的状态，而且一个个温和的桑德斯（Saunders）将不复存在，他们得到的将是一个非常危险的英国北部社区。”[9]如果把苏格兰的法律同化为英格兰的法律，你会毁掉一个民族的特性，因为法律是他们社会性存在的表达；你拨弄的是龙的利齿。其中的方针便是傻瓜或故步自封的哲学家的效用。司各特理解他的国人，而且熟悉现代格拉斯哥（Glasgow）或洛锡安地区（the Lothians）、埃尔郡（Ayrshire）和法夫（Fife）矿区的任何人都明白，司各特在写下“一个非常危险的英国北部社区”时在预言什么。

在伯克和司各特这类人看来，旧式法律的迟缓笨拙必须被容忍（至少直到逐渐的调整完成之前），以保护自由与财产，因为在所有崇尚速度与整齐划一的法律体系中，自由和财产的保护机制都会萎缩。法律和法庭确实需要不间断的仔细认真的查验和小心谨慎的修补或改进；不过，即便它们有时可能需要全面的改革，当那样的改革到来时，改革的推行也应该追随伯克经济改革的模式——小心呵护古老的特殊权利，十分谨慎小心地确保没有人或阶层会以某些表面上的普遍好处的名义遭受具体的不公待遇。对于这种关心古旧做派与私人权利的态度，边沁及他那一派人极其不耐烦。边沁急于确立不受习俗性正义规则约束的行政法与行政法庭，这充分表明功利主义者不在乎针对国家与多数人的保障机制。就
105 连那些颂赞边沁法律改革的人士也一定不愿面对这一点：现代英国和美国法律的最让人惊恐的问题是行政法的爆炸式增长，而公民在行政法面前几乎没有救济渠道；并且苏联的刑事立法中总是会出现这样让人毛骨悚然

的千篇一律的说辞："依据法院或**行政机关**的判决。"也许，边沁在忽略行政法庭所隐含的危险时放过了一个潜在的问题，而这个问题比他根除掉的所有司法上不合时宜的东西都更重要。

前面的评论只涉及边沁体系的一个方面，而且也只涉及浪漫派作家所痛恨的一个侧面。不过，边沁的司法功利主义和司各特因此而产生的义愤，代表了哲学上的激进主义与浪漫的保守主义之间的全部纷争。对于一个被功利主义原则宰制的世界，浪漫派人士担心的是，以吞噬一切的工业主义和庸俗的物质主义的名义，不分青红皂白地摧毁掉多样性、优雅美丽和古老的权利。他们憎恶边沁和詹姆斯·密尔（James Mill）及其同伙，因为功利主义代表着机器、藏污纳垢的城市以及贫瘠放纵的道德观的时代。边沁主义者赞同将现代世界改造成一个人口密集的产业共同体，其一心向往的是感官的享受，其衡量标准粗俗平庸。司各特于1828年在日记中写道："现在的社会状况导致人口如此密集，以至于我们不得不问，它是否会像合成的粪堆那样发酵腐烂。大自然的本意是，人口应该按比例地分散在土地上。我们在大城市和令人窒息的制造业工厂所聚集的人数应该被分散到一个国家的领土上；他们会腐化堕落，有什么可奇怪的呢？"[10]他坚信，这些新的革新者的虚妄的平等主义，实际上是对最为恶劣的不平等——也即灵性上的不平等——的迁就。他带着强烈的感情对玛丽亚·爱奇沃斯（Maria Edgeworth）说："我们所达到的高级文明状态也许很难说是对全体国民的祝福，因为尽管少数人被提升到最高境界，但许多人则相应地受到愚弄和羞辱，而且同一个国家同时表现出人类在智识方面所处的最高与最低状态……随着人口数量的增多，我们的需求成倍增加——而这时我们又要面对因不停的创新所造成的日益严重的难题。我们最终是否会像往昔那样互相吞吃对方，或者地球是 106
否会首先被彗星的尾部撞击，除了受人尊敬的欧文（Irving）先生，谁会冒险回答这样的问题呢？"[11]

在他生命接近尾声的时候，在他担任郡长（sheriff）的那个郡，一群身为工匠的暴民试图推翻他的马车并加害于他。这比他之前整个职业生涯中所发生的任何事情都让他感到更为惊恐：躲藏在边沁之类人本主义者（humanitarians）虚妄幻觉之后的未来世代追求平等的残酷无情，已经像路西法（Lucifer）* 一样闪亮登场了。他稍早前曾写道："这些无知的匠人们自此以后就要选举我们的立法者了。这般愚蠢的群氓会成为长着兔子脑袋的暴躁之人，率性而为，除此之外，还能指望他们什么呢？"[12] 司各特是对民众有爱心之人，而且他大声疾呼道，他与之争斗的那一派革新者一心一意要摧毁民众，以未来功利主义的社会机制取代富有成效和人性的体制。鉴于他充满激情的感性认知，如果他没有苏格兰人那种带点嘲讽的坚韧精神，司各特可能很难忍受他那个时代的致命冲动，他会说："兄弟，耐心点，洗牌吧。"

司各特曾不止一次地说过，不管功利主义者和新辉格党人（New Whigs）如何宣扬他们的世俗智慧，对于他们引发的难题或者如何管理产业大众（他们称赞这些人身上的获得解放的个人主义），他们一无所知。1825 年 11 月，杰弗里在写给机械师的演讲稿中警告合谋限制贸易对经济的不利影响。司各特评论道，话说得很漂亮，不过带来的好处却不多。"把火点着只需要小矮人（Lilliputian）之手，可是，将之扑灭却需要格列佛（Gulliver）的排尿能力。辉格党人从始至终都将陷在这样的歪理邪说之中：统治世界的是小册子和演讲，而且如果你能充分证明某种行为举止最符合人的利益，那么你就因此证明了：在听过几场有关这一论题的演讲之后，他们会马上采取这样的举动。如果是这样的话，我们就不需要法律或教会了。"[13]

司各特作为小说家和诗人以及（较小程度上）小册子作者的影响力，

---

* 路西法是魔鬼的别称，又指明亮的星辰，这里作者融合了这两方面的意思。

对托利党和整个英语世界的保守主义倾向都具有不可估量的鼓舞士气的价值。不过，要了解他的保守主义思想在实际政治中的表现，更好的研究对象是坎宁的个性与成就；与此同时，浪漫主义世代的真正的保守主义哲学家是柯勒律治。在应对功利主义时，司各特用心，柯勒律治用脑， 107
坎宁用的是智慧和别出心裁的政治手段。这三个人都对哲学上的激进分子发起反击，因为他们富于浪漫色彩的想象力告诉他们，边沁主义如魔鬼般占据着现代人的头脑，孜孜以求于按照有违人性的精准方式重新改造社会。功利主义者想要随意破坏鲜活的社会内核，以使它符合他们对数学般精准和行政管理便利性的要求。边沁主义者自己从不承认，扭曲（甚至是因科学而产生的扭曲）会造成畸形变态的结果。和法国哲学家一样，边沁主义者鄙视哥特式的不规则和多样性；他们热切向往社会计划中功利型的广场和通衢大道。功利主义者描绘了代价高昂的远景；不过，在每一条道路尽头，浪漫派人士看到的都是绞刑架。

2　坎宁与开明保守主义

布罗汉姆（Brougham）勋爵称乔治·坎宁为自由派托利党人。其他人则怀疑坎宁究竟是不是托利党人；严格说来，他不是；他振兴了保守党，并让“保守派”一词成为英国政治用语。当然，抛弃“托利党”的旧名称、采用“保守党”名称的是他的对手和继承人皮尔（Peel）；可是，（比皮尔更了解到底何为保守主义的）坎宁让这种转变成为可能。他因突然死亡而结束的短暂内阁任期标志着老式托利主义的终结。他已将威灵顿、艾尔顿和托利党巨头们扫地出门；尽管他们在他死后又恢复原职，很快他们就被躁动不安的改革势力彻底击败。借着埋葬老式的托利主义，他让保守主义思想的存续成为可能。

也许，把坎宁的名字与浪漫派联系起来是牵强之举。这个老练、有趣、志向极其高远且智慧多于空想的人是浪漫派人士吗？不过，浪漫派诗人自己却认可他与他们的关系：作为司各特和柯勒律治的盟友，他也赢得拜伦的赞誉；葛德文甚至试图劝说坎宁领导亲法国的激进派人士，正如潘恩曾邀请伯克领导英国的雅各宾党人一样。迪斯雷利凭借其富有浪漫色彩的感知力发现，坎宁是真正地延续了托利党路线的代表人物。乔治·坎宁之为浪漫派人物，恰如伯克也曾是浪漫派人士一
108 样：他理解创造界与人性的复杂、多元和神秘。他明白，过去辖制现在，动机和需求无法被简化为僵化的公式，“所有简单的政府形式都不好”，人性中的很多东西都超越于世俗法律之外。他的浪漫主义天分使得他能够超越利物浦（Liverpool）、阿丁顿（Addington）、艾尔顿、威灵顿和所有老派托利党人（Old Tories），而后者则偏好客观事实和稳健的保障，并因此被卷入1832年的大乱局之中。作为一名编辑《反雅各宾党》（*Anti-Jacobin*）杂志的年轻人，坎宁揭露了雅各宾党人罔顾具体处境生搬硬套抽象理论的谬误；作为最有成就的外交部长，他驳斥了正统主义者（Legitimist）企图以压迫性手段在各国推行政治一统化理论的谬误；作为一名英国政治家，他努力避免功利主义改革者的这种荒谬做法：在处理政治问题时，以几何与微积分原理辖制民众。他宣称：“忽视自然的关爱是无益的，是彻头彻尾的迂腐。”[14]皮特（尽管他诸般卓越不凡的才华并不包括最难以企及的那种想象力）认为年轻的坎宁是新生代中最富有想象力和活力的领袖人物，尽其所能地将他提拔到托利党的高位。坎宁从伯克和皮特那里汲取政治智慧。克罗克（Croker）、艾尔顿及老派托利党人中其他有想法之人，也从同一源泉获取灵感；不过，虽然坎宁理解如何将保守主义的原则应用于他那个变革的大时代，老派托利党人则不然。坎宁刚开始时是辉格党人，与博林布鲁克或骑士党（Cavalier）传统并无瓜葛；他的政治活动与法国革命同时起步；由于不

受托利党巨头们的历史恩怨和效忠关系的羁绊，他相应地更能以保守主义的才情反对纯粹民主的威胁和新兴工业主义的欲望。

他那光彩照人的聪明睿智让他成为很多富有影响力的托利党人眼中的可疑分子，而后者自 1785 年以来便一直处于接近恐慌的状态；他们“不想要任何令人厌恶的天才之人”——毫无疑问，他们有时会想起卡罗纳（Calonne）、内克尔（Necker）和杜尔哥 *。意志坚定的皮特曾如此热心于稳健的改革，且对社会问题具有全面的看法，就连他也对 1793 年以来的每一种思想感到恐惧，也把伯克的《反思录》当作他的圣经，并且（以柯勒律治的话来说）“总是重复相同的概括性短语……要他说出一个能够从战争中获利的事实，他会回答说，安全！要他具体说出一个罪行，他会大声说——雅各宾主义！”坎宁必须赢得一个在整整一代人的时间里 109
都被恐惧困扰着的政党的信任。这是一项复杂的任务，他从来没有真正完成它。考虑到他贫困潦倒的童年时代及其盛气凌人的野心，托利党的大财主们拿不准是否要将捍卫他们利益的事托付给这个几近雇佣兵队长的冒险家；而坎宁及其友人哈斯基森（Huskisson）曾效劳过的制造业和贸易团体则害怕他的勇敢表现。正如柯勒律治在《桌边漫谈》中所说的那样：“投机者和富人群体在这个国家非常有势力，以至于它不止一次地在我们的外交委员会（foreign councils）中僭越国家的荣誉与正义。坎宁对此有深切体会，还说他无法对城市里的民兵感到放心。”

虽然有这种敌意，坎宁还是在外交领域实现了奇迹；可是，就英国的国内政策而言，他当时几乎没有取得任何直接的成就。只是由于辉格党的容忍，他才担任首相一职，而且为期仅仅四个月。在那段旗开得胜的短暂岁月中，他唯一积极推动的法案——谷物法（Corn Laws）——在威灵顿的影响下被上院挫败。他之所以在保守党的历史上具有显赫的名声，

---

* 这三位都是法国革命中的人物。

不是因为他作为一名保守派人士的所作所为，而是因为他为后世的保守派政治家所树立的楷模。一旦坎宁开始组建自己的政府，托利党顽固的市镇财主（borough-proprietors）便抛弃了他，而他大胆地尝试让他的政党跟着他走，由此导致的体力衰竭似乎是他早亡的肇因。

也许，任何其他政治人物都没有被当代人如此严重地误解过。就在他可能会让他们摆脱瘫痪状态之际，老派托利党人背叛了他，因为他们隐约地担心，他会滑向自由主义，向激进派人士妥协，做出一个又一个让步，直到托利主义被彻底抛弃。他们不了解他。所有的政治人物都比他更愿意接受让人惴惴不安的庸俗的妥协和胆怯摇摆的让步。他提倡保留英格兰宪制的一切旧有架构，但是要通过强有力的政府赢得每一个强大利益集团的支持，以证明他们如何得以在英格兰传统里感到心满意足。他反对议会改革；他认为没有必要扩大选举权的范围；他会保留《测试与确立法》（*Test and Establishment Acts*）；他鄙视所有有关抽象权利的教条和所有基于原子化
110 个人主义理念的功利算计。靠着有效率的政府，靠着承认各阶层与利益团体的权利（如果他们的影响力已显然配得特殊的考虑），靠着缝补和改进国家结构，他意在维系伯克曾爱恋的那个英国。[15]

老派托利党人为何怀疑坎宁的忠诚？主要有两个原因：他支持爱尔兰天主教的解放（Catholic Emancipation），以及因与梅特涅和卡斯里瑞（Castlereagh）的斗争而在自由派圈子里享有的受欢迎程度。就前一项来说，他所做的不过是遵循伯克与皮特所倡议却为乔治三世所阻挠的政策；长期来看，天主教的解放会是一项有益的保守性事业，而且如果 1827 年便将其付诸实施，爱尔兰与英格兰此后的历史可能会非常不同。至于呼唤新世界以打破旧世界的平衡——啊哈，在这方面，坎宁的所作所为也符合伯克的保守主义体系。坎宁不愿意认同南美洲或希腊或葡萄牙的革命精神；不过他理解，一旦某种真正的国民独立精神已开始显露，它就必须被接纳为现实。压制的企图会失败，因此对保守派事业造成的伤害会

大于恰当安排的友好协议。这就相当于伯克应用到美国革命中的保守派原则。确实，坎宁对天主教解放与四方联盟（Quadruple Alliance）的处置是坎宁保守主义之深刻性的证据。可是，老派托利党人因这些缘由而抛弃了他；一旦他离开之后，他们就乱哄哄地聚集在皮尔身后，而皮尔对自由派人士的屈服甚于坎宁做梦都想不到的程度。

托利党人就这样在1827年失去了天才之士领导下的救赎机会。了解这一点的格瑞威尔（Greville）在三年后写道："如果坎宁现在仍活着，我们可能有希望摆脱这些难题，不过，如果他一直活着，我们很可能永远都不会陷入这些困境之中。他是唯一的政治家，有智慧进入并理解时代的精神，并让自己成为已不再能阻止的运动的领路人。自由主义（这是对它的称呼）的前进步伐将不会停止，而他知道这一点，并决意规范引领它，而不是反对它。对这位才智之士（仅仅他就能让他们免受他们自己失策的影响）的离职感到兴高采烈的那些傻瓜们，想要阻止来势汹汹的洪流，却反被洪流压垮。"[16]保守派在政治上的一个障碍是，他们的 111
很大一部分支持者以成见和习俗为行动的依据，一般会回避大胆的想法和强有力的才智之人；坎宁也败于这种可悲的胆怯。坎宁曾宣称，英国已处于有产者与大众间巨大争斗的边缘。他知道，只有温和的自由派立法能够避免它；可是他接着就去世了。此后，《改革法》与功利主义观念的获胜就无可避免了。

可是，设想一下：如果坎宁一直活着，并逐渐凭借他的演说能力和创造力控制住皮尔、威灵顿、纽卡斯尔和诺塞姆波兰德（Northumberlands）诸人，事态的演变会有不同吗？不管怎样，《改革法》难道不是会获得通过吗？——也许不是在1832年，而是在1839年或1842年。无论坎宁做什么，农业利益集团难道不会被膨胀的工业利益集团压垮吗？英国社会朝向纯粹民主（按坎宁的描述，它是"暴政与无政府状态的结合"）的演进难道不会将托利党人边缘化（不管谁带领他们），并迈向边沁主义的平等理想吗？在整个19世纪，保守主义正努力阻挡比世界上的军队更强大的两股势力的前进：工业主义和民主。一旦18世纪的贸易进展连同医疗卫生的进步导致欧洲人口快速增长，为了能够养活新的大量人口，高效的工业主义难道不是必然的结果吗？而且一旦识字率、个人判断力和自由契约权利获得普及，民主难道不注定会取代一个讲究尊崇与身份的社会吗？如果这些前提条件都成立的话，保守主义不就像是仅仅在徒劳无功地抓取命运的花边吗？

然而，这些问题不只是修辞性的。英国人口在1740年到1820年间翻倍，这确实意味着必然有新的生产能力（主要是机器的生产能力）会得到应用；观念的普及和契约精神在经济生活中的扩散，肯定会要求把新的利益团体纳入权力分享机制。然而，这并不是说，让英国社会手足无措的那些具体的变革形式是无可避免的；而且在保守派权力可及的范围内，他们履行的一项高尚职责是将变革保持在传统生活样式的范围之内。
112 如果没有保守派的坚决反对，工业化和平等主义的现代国家可能已成为值得警惕的恐怖源头。伯克和他追随者中的杰出之人明白，社会中的变革是自然、合情合理和有益的；政治家不应徒劳无功地奋力阻挡变革的洪流，因为他这是在反对天命（Providence）；相反，他的职责是协调创新和习俗性真理，将革新的水流引入习俗的沟渠。如果做到了这一点，即便他可能自己觉得已经失败，这位保守派人士也已经完成了他在人类这个神秘的大共同体中命中注定的工作；而且即便他没有原封不动地保存住他所热爱的旧风俗，他也大大地缓和了新做法丑陋的那一面。

坎宁本来会按照这种方式采取行动，以矫正在他面前呈现的工业和民主势能的力量与方向；而迪斯雷利则从他身上学会了该如何应用这种审慎的才能。摆在坎宁面前的急迫的民主问题是议会改革，急迫的工业化问题则是谷物法。对这两个问题，他设想的路径是追随伯克的方法。

坎宁说，英国宪制是“整个世界有史以来的最好的现实可行的政府形式”，并且他决心尽其所能地防止它被绝对平等和绝对权利的抽象观念所颠覆。财富、能力、知识和地位是人们担任公职的资格条件；他们所管理的国家是为相互帮助和相互保护而联合起来的伟大共同体，“尊重和维系各种各样的组织体系和阶层等级，不仅认可合理公平的社会分级，而且完全以它们为基石。”英国政体的非凡之处体现在基于邻里观念的合作精神（spirit of corporation）：城市、教区、乡镇、行会、职业和行业是构成国家的合作性团体。只要他们满足对合理判断力的资格要求，并且是他们所属特定的团体的合格成员。投票权就应该赋予这些个人和阶层；如果投票变成一种普遍的专断权利，公民就只会成为政治上的原子，而非令人尊重的团体成员。而且随着时间的推移，这个面目模糊的选民群体会退化到这样一种纯粹的民主政体之中：“里面是贵族制的瓤子，上面还有一个君王。”而实际上则是煽动家和庸才获得最高权力。

人们真正追求的或应该追求的不是自我治理的权利，而是获得良好治理的权利。借着注重发现和补救实际经济政治问题的高效公正的管理，英格兰的准贵族制宪制可以无限期地维系下去；而坎宁则可能会补充说，如果像哈斯基森和他管理贸易委员会（Board of Trade）和控制委员会（Board of Control）那样管理整个政府，激进派扩大选举权范围的要求就会获得少得多的支持。有时，社会变化确实会让接纳新的人群分享政治权力成为美事；不过，评判他们的基准应该是他们群体诉求的具体根据，而且他们不应被当作是要求实际上并不存在的某项“权利”的单独个体。 113

只要坎宁在托利党的诸委员会中保持上升势头，激进派人士就鲜能激起改革的热情。随着时间的流逝，不管有没有坎宁，某种程度的议会改革必然会到来；可是，如果他或他那一派的人在19世纪30年代主掌议会，改革法案就很可能是一项精妙明智的措施：对宪制进行修补删减，不过不会立即出于经济上的武断考虑而让整个一大群人享有选举权，也不会无视历史上的联系或真正的益处，取消古老的镇区和权利。事实上，坎宁自己以及他之前的伯克和汉姆普敦（Hampden）所代表的那个美妙的古老乡镇——白金汉郡的文多夫（Wendover）——在 1832 年的功利主义改革中消失了；同时被席卷走的还有更大的某种东西：有关团体利益之代表方式的全部观念——与之形成对比的是将个人视为人类众多的一个个微粒的观点。迪斯雷利试图恢复议会代议制的观念，将之作为表达乡镇、职业和经济产业之要求和精神的机制；可是他一事无成，因为到 1867 年时，自由主义的个人主义式的教条已经非常深地渗透到英格兰的政治意识之中。

至于即将到来的农业和机械化产业之间的斗争，坎宁的流产的 1827 年《谷物法》有潜力让土地和工场开始形成一种合理的长期平衡。鉴于坎宁和哈斯基森对政治经济问题持一种宽厚容忍的立场，托利党人本来可能会让他们很大一部分对手相信，繁荣的农业、充满活力的有土地的乡绅和大量的农村人口对未来的重要性，堪比曼彻斯特、利兹（Leeds）、
114 伯明翰和谢菲尔德（Sheffield）的工厂烟囱；温和的保护性关税本来可能会被认为是明智的，而英国的乡村生活在整个 19 世纪本来可能只会遇到轻微的混乱问题。[*]可是，威灵顿和大地产主们在 1828 年获得惨胜，在不多的几年里维系了他们近乎垄断的地位；接着，没有什么想法的皮尔由于某种思想上的潜移默化作用，屈从了自由派的自由贸易理论；克伯顿（Cobden）和布莱特（Bright）横扫他们面前的一切；英国则变成世界上最彻底的工业化国家，有危险的人口过剩问题，品味和美感的退化让人感到悲哀；越来越能确定国家基调的是黑区（Black Country）[†]和膨胀的海

* C.R. 费伊先生设想哈斯基森（如果他没有在 1830 年被投射器杀死）会在 1845 年的下院中提议对谷物征收每夸特 5 先令的固定关税，关税收入会被用于帝国的安置问题——这样做的前提是，保护英国农业的措施会被用来缓和人口过剩问题，而制造业同时维系和强化了这一问题。（Fay，Huskisson and His Age，Ⅰ，p.31.）。——作者注

† 指英国污染严重的工业区。

港，而非曾孕育了英国政治稳定、英国文学和英国魅力的农村教区和关系紧密的小乡镇。自19世纪40年代以来，多数人口沦落到无产者的境地。迪斯雷利和他的肥牛派（Fat Cattle）反对者无法扭转潮流；可是，在坎宁的时代，有些事仍可能做成。英国本来可能会保留法国、德国或美国的那种相对均衡的经济体系，这会是保守派的一项了不起的成就，可是时机已被错过。英国产业大众古老的自然优势正在减弱，而且他们对手的竞争力度超过以往任何时候，他们该如何在20世纪后半期生存下去，没有人知道。

后悔也没有用。即便坎宁没有其他贡献，他也为保守派指出了最为明智巧妙的抵抗办法。他为保守主义注入了灵活的思想和广博的愿景，这使得英国的保守派人士能够在一个半世纪的时间里坚定不移、相当连贯地施行自己的主张，其时间长度超过历史上的所有其他政党。

3 柯勒律治与保守主义观念

柯勒律治在他的《平信徒讲道集》（*Lay Sermons*）中写道：“愿明智的判断力（Good Sense）救我们脱离流俗的哲学和哲思性的大众。”这位内向之人的成功靠的不是巡回图书馆和定期出版物的流行；因为被有意普及的观念成为了让1789年的欧洲燃起熊熊大火的意识形态。当万人同声 115
说话时，它确实是某种精灵的声音；不过，它究竟是上帝的话语还是魔鬼附体的尖叫，依然是教士和哲学家必须要解决的问题。明白这一点的塞缪尔·泰勒·柯勒律治从未想要成为民众的领袖。不过，他的思想表达断断续续、杂乱无章，所用的修辞让人更多地想起17世纪的圣徒，而非19世纪的改革者，因此，他的思想绝不会有被普遍接受的危险。尽管柯勒律治是一位出类拔萃的英语大师，（就他的思想性和政治论著而言）他的作品被阅读的次数从来都比不上边沁的论著，而且他写作得越多，他的作品就越是以惊人的速度陷入不连贯的卖弄之中。原因是，柯勒律治谈的是无法度量的东西，也即理念；而边沁谈的是物质，也即统计数字。工业主义者和创业者的时代只理解后一种论说模式。

不过，海格特（Highgate）[*] 的梦想家最终证明自己超越了那位古怪的伦敦大学（London University）创始人。J.S. 密尔宣称，他认为柯勒律治和边沁是 19 世纪的两位具有开拓性的伟大思想家，而且尽管他自己继承了边沁和詹姆斯・密尔的功利主义衣钵，但很大程度上是柯勒律治赢得了小密尔 [†] 的认同。随着哲学上的激进主义洪流迅速退潮，变成今天的集体主义的烂泥沼，浪漫派形而上学者的理想主义设想和诗性直觉可能成功地占据了两个学派在整个 19 世纪争夺不休的阵地。边沁以洛克和哈特利（Hartley）的干枯的机械理性主义与法国哲学家的冷酷的怀疑主义为基础，创立了自己的体系。柯勒律治坚决认同教父和柏拉图，宣称尽管 18 世纪是属于启蒙思想家的时代，却完全缺乏启蒙性的东西。前一个体系以拒斥为建构的中心，后一个体系以希望为建构的中心；而且不管某种破坏性哲学可能在短期内变得如何流行，长期来看，肯定型的哲学会战胜它，除非文明体系本身已先行解体。

作为哲学家的柯勒律治承袭了英国庄重威严的基督教思想传统：他延续了胡克、弥尔顿、剑桥柏拉图主义者（Cambridge Platonists）、巴特勒（Butler）和伯克以其各自方式坚守的传统。康德和施莱格尔的著作对他的影响是次要的；约翰・斯图亚特・密尔认为柯勒律治的形而上
116 学体系是从德国引进的，那是大错特错。不过，这里不是仔细讨论他形而上学的地方：巴希尔・威利教授已写下简要介绍柯勒律治思想的最

---

* 伦敦北郊的一个地区。

† 指 J.S. 密尔，他是詹姆斯・密尔的儿子。

佳作品。[17]套用约翰·斯图亚特·密尔的话说，边沁无论什么时候思索某种已成定论的观点，总是会问："真是这样吗？"而柯勒律治在碰到同样的观点时会问："它的含义是什么？"这是伯克的遗产——永不因为它们是成见而贬低成见，而是在思虑它们时视之为人类的集体论断，并努力弄清楚潜藏于其中的含义。边沁相信，可以通过科学分析与统计方法获得确证。可是柯勒律治坚持认为，我们永远都不可能凭借抽象的道理解决某个观点是否"对"的问题，就好像它可以与其人类处境分开一样；所有源远流长的观点都包含着真理；我们反倒应该试着去理解和阐释它们。原因是，如果缺少信仰和直觉，理解力永远也不足以让人变得明智。柯勒律治区分了"理解力"和理性：理解力"仅仅是反思性能力"，依赖于会犯错的感官也即物理性感知；而理性是一种更高的能力，涵括了我们超感知器官的直觉能力。理解力关乎手段，理性关乎目的。哲学上的激进分子由于在算计时遗漏了肉体感官之外的所有超常的知识领域，会让人类承受无神论和死亡哲学的折磨，并泯灭掉让肉体生命变得可以忍受的灵性生命。消灭人类更高级本能的事由笛卡尔和洛克发端，而边沁主义者则试图将它带向终极的结果：无神的和无目的的决定论。

比起那些将科学降格到对可观测现象作了无生气的记录的所有郑重其事的统计学家，柏拉图的见识更高明。人不会自己推动自己；人不会因为哈特利可笑的关联（Association）手段而努力过符合道德的生活。不，人是被他之外的力量拉着向前的，而这种力量是通过理念发挥作用的。理念是经由直觉能力传递给人的某种不变的灵性真理：对宗教教义、道德原则、数学规则和纯科学规律的理解要凭借直觉（每个人的直觉能力都是不一样的），而且这种知识无法以任何其他方式获得。理念超出单纯的理解力之外。而且不管被理解的程度如何，理念都是世界的主宰。边沁主义者的大脑也即政治经济学家的大脑所能达到的高度，仅限于有用但有限的理解力，117

因此从未触摸到普遍的真理——仅止于具体的手段和方法。如果没有约束理解力的信仰（而信仰是真正理性的产物），人类就先要承受灵性死亡的折磨，继而承受身体死亡的折磨。在他的第二篇《平信徒讲道》的引言中，柯勒律治讽刺功利主义者就像眼目昏花的老迈哲学家，“以长篇大论热火朝天地探讨无穷的因果关系，”而事实是，这个因果链就像排成一串的盲人，后面的人都抓住前面的人的上衣后襟，都满怀信心地大步向前走。柯勒律治问道：“谁在前面引导他们？”高傲不屑的贤者告诉他：“没有人；那一串盲人会一直走下去，没有开头：因为虽然单个的盲人无法平稳地移动，无限多的盲人却可以弥补失明的不足。”[18]

柯勒律治扬声说道，这个理论不过是罗马双面神（Janus）迷信的另一副面孔。让所有生命形式灵动起来的并非源自它们内部的力量；它们的进化靠引导。“在浩广神秘的存在链的最低级的连接点上，存在着个性发展（individuation）的企图，虽然它鲜少会显明出来；不过，它几乎埋没在纯自然状态。再高级一点点，个体就显明和分别出来，不过却比不上人身上的一切。最后，动物可达到与人性中最低级力量齐平的程度。我们有一些自然的欲望，只存在于我们在世上的最佳状态，作为更高级力量发挥作用的管道。”[19]某种目的、某种意志以上帝为源头；这种意志创造了我们人类，现在以超过我们理解力的方式把我们引向就连我们的理性也无法清楚理解的目的地。天命通过孱弱肉体的本能和直觉发挥作用。既然如此，将物质主义者、机械师和功利主义者当作人生意义训导师的人就是可怜的傻瓜。

上面对柯勒律治形而上学理论的简要介绍不足以展现他光华四射的信仰和具有穿透力的见识，而在英国宗教信念的复兴中，他的信仰和见识成为主要的推动力，虽然在经过18世纪理性主义的敲打后，英国的宗教信仰已脆弱不堪（卫斯理主义的反智风暴除外）。柯勒律治为科波尔（Keble）和纽曼（Newman）的职业生涯作了铺垫；他从休谟手中挽救了

敬虔和尊崇以及超越性的形而上学；他将神职人员从难以立足的圣经至上
立场引领到理想主义（Idealism）的堡垒，而且他走得更远：他比伯克还
要高明的是，他证明了宗教和政治密不可分，一方的衰败必然导致另一 118
方的衰败。在维护我们道德秩序的同时必须维护我们的政治秩序。教会（基督教——“一个幸运的偶然”——是教会的一种形式，却不等同于教会观念本身）不仅存在于与国家的伙伴关系之中，而且与国家构成一个统一体。基于权宜和便利的考虑，我们可以将政府与教会机构的实际运作区分开来；不过归根结底，教会与国家是永远联合在一起的。除非这两者的组成要素都繁荣昌盛，否则社会就无法维系。

我们由此来讨论柯勒律治的社会保守主义。他不是单纯的“政治基督徒”；他抨击边沁主义者的原子化个人主义和统计学意义上的物质主义，因为他知道，如果功利主义者成功地败坏掉宗教所赋予国家的神圣性，他们会抹杀掉秩序的观念；而且如果他们成功地说服人们相信我们不过是相互关联的感觉的集合，他们就会遮蔽人类投向超自然的永恒盼望与命运的目光。纯粹的民主派人士就是现实中的无神论者：由于忽略法律的神圣性和上帝确立的灵性等级体系，他在不知不觉间成为魔鬼势力摧毁人类的工具。将人类生活庄严的神秘感和无穷的多样性降格为最大多数人的最大幸福这一伪数学原则，你就将这个世界变成盗贼们专断统治的天下，让灵性世界变成孤寂的地狱。“你的幸福模式会让我感到痛苦。确实，为尽可能多的人做尽可能多的善事是一个人可以为自己设定的绝佳目标；不过，由于你的具体看法可能大大迥异于你的邻舍，为了不因屈从你的看法而牺牲别人真正的利益与幸福，你就必须对别人做这样的善事：所有人都共有的理性均宣告它对所有人都是有益的。如果是这种情况，你的漂亮格言就非常符合实际了，会成为不言自明的纯粹真理。”[20]由于哲学上的激进派人士否认直觉理性的存在，他们就失去了判定何为善恶的标准，因而也不可能知道如何对人行善，或如何追求自己的益处。

人的政治观念，尤其是爱管闲事的改革者的政治观念，取决于他们的宗教信仰。

柯勒律治最重要的神学和形而上学贡献是《反思的凭借》（*Aids to Reflection*，1825 年），他的主要宗教—政治性论著是《教会与国家建制》（*The Constitution of Church and State*，1830 年），从前者向后者的转换是
119 自然轻松的。在柯勒律治的思想中，宗教和社会从来都不曾是截然两分的领地，即使在他热情向往法国式自由的青年时代，也非如此；事实上，到他于 1817 年和 1818 年出版《平信徒讲道集》时，他已经意识到，能够维系国家的唯一方式是借助于宗教情感，能够维系教会的唯一方式是延续某个了解其道德本质的国家。H.N. 柯勒律治说："出于下述两个原因，他以自己的观念为托利党或保守派背书：首先，总的来说，因为他坚信，自由和真理事业现在受到某种民主精神的严重威胁，而且那种民主精神正日甚一日地变得疯狂，并且毫无疑问地预示着即将到来的暴政；其次，具体来说，因为国家教会对他而言就是他深爱着的国家的约柜，而且他看到，马上要与辉格党人结盟的那些人公开宣告的原则会导致他们破坏这个约柜。"[21]

克雷恩 · 布瑞顿教授区分了三种不同的保守派人士：照本宣科的保守派，他们接受既成事实；性情上的保守派，他们由于鄙视变革中的时代转而将过去加以理想化；思想型保守派，"他设想出一种适用于人的政治行为的永恒不变的通行理论"。[22] 作为伯克之门徒的柯勒律治是最后一种类型的杰出代表；而他对基于理念（Ideas）的保守主义的系统阐释是以《平信徒讲道集》为开端的。

讲道集写作于拿破仑战争结束后经济深陷萧条之时，鼓励上层和中产阶层超越边沁的激进主义。如果不内含理念，任何秩序都不可能长久；在当下的不满中，社会的领导者必须以原则作为他们便宜行事的奥援。如果没有理念，"经验本身不过是因迷恋过去而倒着走的独眼龙：而且如

果这种狭隘的经验没有引诱其崇拜者陷入事实上的时空错乱的境地，我们便要感谢外部环境与偶然事态的幸运巧合——在像当下这样的时代，这种巧合的概率是最小的”。[23]也许，柯勒律治为探求原则比伯克走得更远；他怀疑历史是否堪为向导；人们不能完全依赖对过去的认知，必须探究政治的目的，因为天命为国家预定了这样的目的；这只能在社会的理念中得到确证，而我们的直觉会让我们隐约地窥见这种理念。对政治理念的错误认知是法国革命的重要肇因；只有正确的认知才能让英国免受平 120
等谬误的伤害：“即使在文明国家，对绝大多数人而言，思辨性哲学一直都是而且必定永远都是未知领域。不过，同样真确的是，基督教世界的所有划时代革命——包括宗教革命及与之相伴的有关国家的国民、社会和家庭习惯的革命——与形而上学体系的盛衰是同步的。真正能操纵社会机器的大脑少之又少，而且与它们可预测的直接后果相比，情势的间接后果要更复杂，也更重要，是前者无法相比的。”不过，我们在争取理解理念时，必须要特别小心谨慎，因为将现实关切与抽象概念混为一谈是雅各宾党人的最大失误，“将抽象理性误用于完全属于经验和理解力的事物上”。

柯勒律治继而说道，对当下不满的仔细考察显示，国家困难的根源是，“由于反制力量的缺失或脆弱，商业精神失衡了”。合宜的商业活动本身对国家来说是必不可少的；然而，功利主义精神已堕落为不受节制的贪婪，对商业的道德约束受到下述因素的破坏：“普遍漠视更为严肃的学问；堪为不祥之兆的哲学的长期式微；物理与心理上的经验主义攫取了令人尊崇的美名；不存在一个有学养、懂哲学的公众群体——这个群体也许是国家内部唯一的一种没有危害的独立势力。”旧式贵族反对贪婪投机的固有成见的衰微、持异议立场的激进教派对正统基督教信仰（它禁止贪心）的削弱、对高地（Highland）的清理整治、农业堕落为赤裸裸的赚钱事业：这些都是牵涉甚广的贪婪地集中追求利润的具体侧面，从很多方面展示了体现我们罪性的混乱的价值观。一位政经学者曾对柯勒律治说："由于这场革命，更多的食物被生产出来，羊肉必须在某个地方被吃掉，至于在什么地方，有什么分别呢？如果三个人在曼彻斯特得饱足，而非两个人在格伦克（Glencoe）或特罗萨克斯（the Trosachs）得饱足，综合来看，人类在前一种情况下得到更多的享受。"柯勒律治已观察过来往于工厂之间的"运营人员"，不同意这位博学之士的观点。"我依然认为，所当行的乃是算出人的分量，而非数量。他们的身价（worth）当是他们价值（value）的最终评判标准。"

121 农业活动与国务活动一样，需要了解目标与宗旨。农业原则与贸易原则不同，而且地主的权利和义务相互平衡。农业的最终目标与国家的最终目标是一样的。国家有两个消极目标：它自己的安全和保护人身与财产；还有三个积极目标：让每个人都更容易获得谋生手段，让每个国民都有希望改善自己或其孩子的处境，以及培育对其人性（也即理性和道德品质）至关重要的那些能力。既然明了这些目标，我们就必须改革我们的做法，改变我们的措施，并让我们自己成为更好的人。"让我们在无法医治时减缓痛苦，在无法使人解脱时给人安慰，剩下的就依靠万王之王借着他先知之口说出的应许：你们在所有水边撒种的有福了。"

莫里斯（Maurice）和金斯利（Kingsley）的基督教社会主义的种子就蕴含在这里，尽管柯勒律治本人并不认同骚塞流露出来的对仁慈的福利国家的向往。柯勒律治说，制造业必须受到管制；否则，改革的希望就在于，社会所有阶层道德品质的提升，他们所受的基督教教育以及他们对物质主义理论的超越。《教会与国家各循其理念的建制》（*The Constitution of the Church and State*，*According to the Idea of Each*）一书描述了这种道德复兴应该采取的方式。

这个书名中的修饰性短语不应被忽略。柯勒律治所论及的不是他那个时代本来的建制，也不是英国历史上某个特定时期本来的建制；他论述的是有关教会和国家的理念，是“凭着对其各自终极目的的了解和认识而生成的”应然建制。理念确实存在，虽然人们无法清楚地表述它们，甚或没有意识到它们的存在。少数人掌握着理念；多数人受这些理念的支配。天命从一开始便为建制的发展确立了法度，而且我们可以从国家的起源和发展中模糊地体认到其宗旨；其过程给我们提供了线索。因此，理念就其特性来说是一种预言。卢梭将理念混同于理论和事态，错误地认为社会契约是历史上已有的东西。这样的事从来都没有发生过；不过，从伯克所理解的那种意义上来说，社会契约确实存在——它是这样的理念：上帝与人之间以及社会各组成部分之间存在着“生生不息”（ever-originating）的契约，它是只有通过灵性认知才能发觉的灵性现实。 122

于是，国家理念指向“内含统一原则的政治实体”；其统一是“对立的各大利益集团制衡与相互依存……及其永恒性与进步性”的结果。永恒性的源头在占有土地的利益集团；进步性的源头在商业、制造业、分销业和职业阶层。大大小小的贵族们——包括贵族、骑士和小地主——构成英格兰的永久性利益集团，市民则组成进步性利益集团；两者对于国家的繁盛都是必不可少的。这些阶层在议会两院中都有代表，国王则发挥平衡的作用。[不过，国王远不只限于此一角色：他是国教会和神职人员的头领，是国民财富（the Nationalty）的保护人和最高受托人，是整个国家的首脑和主权者（majesty）。]

除这两个等级之外，还有第三个等级：服侍一国教会的神职人员。他们的职责是维持和推进对民众的道德教化。国家财富有一部分被单列出来作为给他们的捐赠基金，柯勒律治将之称为国民财富（the Nationalty），以区别于私有财产或土地财产（the Propriety）。神职人员的部分职责是神学教育；不过，另一部分职责是服务于国民教育。这个等级的某些成员应沉浸于研究与沉思；多数成员应在民众间传播知识。尽管基督教教会有这些功能，但这些功能并不专属于基督教，而是遵奉任一种教义的每一个国家的神职人员的职责。神职人员是施行教化之人，其生存手段——也即国民财富——按道理不能脱离于教会。国民财富中的很大一部分在宗教改革时被国王和贵族们抢走，这笔欠账应该被归还，以继续推进对国民道德与品格的教育。[在那一串思想家中，柯勒律治——柯伯特（Cobbett）则担任了类似助手的角色——首先斥责了都铎王朝的充公做法；柯勒律治之后是迪斯雷利，而迪斯雷利之后是贝洛克（Belloc）。] 这就是建制的理念。英格兰现在的情势只约略近似于理想状态，有很多缺陷与不和谐；明智的改革者的任务不是颠覆现存秩序，而是改进它，以便它更趋近于教会与国家理念。

123 柯勒律治希望有个这样的国家：其事务由绅士和学者依据高尚的道德原则打理；其财产所有人认可附属于土地的职责以及与之相伴的权利。这会是一个贵族社会，甚至是有等级的；不过，正义与智慧在其中所占的分量远超过当下。各阶层在政府中都有细心周到的代表，地主群体在当下的优势地位会得到矫正。国民财富将收回一部分持续流失到土地财产（the Propriety）中的资财；对普罗大众的道德与人性教育将被恢复；国教会的观念将在英格兰教会内得到复兴，尽管英格兰教会已放任自流地衰落到一个纯属小教派的境地。这个设想成为迪斯雷利和保守派改革者在接下来一个世纪的灵感。

柯勒律治明白，现代性浪潮与所有这些复兴与保守性的改进背道而驰。教育脱离神职人员的管辖，正被按照培根的知识就是力量的信念进行改造——以经验主义和功利主义原则为变革的依据，被化约为机械工艺和物质科学，伦理学则被降格为刑法摘要和卫生讲座。现在被贪婪所主导的国民经济正被强行纳入一种整齐划一的工业化模式，其凭借的手段包括：救济穷人的斯普林汉兰德（Spleenhamland）体系、棉纺厂、“剩余人口进入新富者的工厂进行机械生产”；接下来是对国民财富的掠夺，为支持公众教化而仍存留着的财富多数都被土地所有者和股票经纪人挪用。正在取代古老真理的是“机械—粒子理论，它享有机械哲学的崇高称呼”，而且“自然状态，或者有关人类起源的欧兰·奥堂（Oran Outang）神学取代了《创世记》一书的前十章。杜松子酒已变成穷人的专用品，犯罪行为增加了四倍，政府受到工匠们棍棒的威胁，因为他们赖以行动的抽象理论只讲不可剥夺的权利，却剥离了责任。议会里的自由派和功利主义领袖无法理解有关全国性教士阶层（clerisy）或教会的一整套宏大设想——“教士阶层或教会是有着恰当建制的国家的核心要素，如果没有了它，国家便同时缺少对其永恒性和进步性的最佳防护机制”；他们信任的对象是小册子协会、具有兰开斯特特色的（Lancastrian）学校以及“以大学的荒唐名义举办的讲座展示会（lecture bazaars）”。国家正滑向受制于一个全能议会的境地，而 124
且议会罔顾宪制的约束，藐视国家其他部门的特权，以多数人的冲动取代正义的观念。柯勒律治警告边沁主义者说，你们声称要普及知识，却不了解知识的理念：

> 然而，你希望光明普照众人；你想振作社会的精神；你想教化那些从最底层升上来的较高阶层的人。于是，你开始尝试着普及科学：可是你只会让它变得平民化。把所有人或许多人变成哲学家甚或掌握科学和系统知识的人，是错误的想法。不过，争取让尽可能多的人具有庄重稳固的宗教信仰既是义务，也是明智的做法；原因是，国家为其自身的利益和永远存续的理想所要求于其公民的道德（不管他们个人的灵性诉求如何）只能以宗教的形式存在于人民大众之中。不过，真正的哲思，或者以整全的理念为本源性参照物思考具体问题的能力与习惯——一个国家的统治者与教育者身上存在的这种品质，对所有阶层宗教信仰的健康得宜都是必不可少的。总而言之，不管真假，宗教都是并且一直是特定领域的重心所在，而且所有其他事物都

> 必须，也行将让自己迁就于它。[24]

这就是当时的时代精神。不过，真正的理念已经传授给能够明白无误地领略它们的少数人，随着时间的推移，它们会慢慢渗透到普罗大众中，并且在大众中变为合宜的成见；如果宪制、教会和国家理念恢复其在社会领袖人物思想中的地位，它们就可能成功消除功利主义对公共行动与私人灵性的腐蚀。我们的希望不在这一代人，而是在下一代，或者再下一代。

《教会与国家各循其理念的建制》没有立即对事态产生重要影响。在其出版后两年，议会屈服于改革派的捣乱分子以及格雷（Grey）伯爵和约翰·罗素（John Russell）勋爵的要求，在1832年的改革法案中体现出对英国宪制之理念的完全无知。柯勒律治说，改革者们忘了，被恰当理解的国家理念是贵族制的；民主就像在某个体系的血管里循环流动的健康血液，不过，这种血液永远也不该出现在外面。确实，议会的代表权问
125 题迫切地需要改革；然而，1832年的改革只能制造新的问题：现在，既然问题和缺失都已被了解，我们却要放弃因现实需要而自己发展出来的那种调节办法，并再次以严格基于区域范围的代表方案作为开始！”这将忽视议会改革的真正需要，也即承认过去一个世纪内发展起来的新英国的帝国利益。“让所有人难受的倾向是，毁灭主要体现于代议制政府中我们的国民性（nationality），并将之转化成有失体面的民众代理机制（delegation）。一个民族只有在国民利益的代表机制（representation）中才会团结一致；基于个人自己的激情与愿望的代理机制是不牢靠的。”1832年的改革剥夺了绅士阶层与英国真正的爱国者的公权力，让店铺主人成为平衡政治权力的主宰者，而他们是所有阶层中最不爱国也最不保守之人。借着被用以威胁上院的手段，改革者们颠覆了一个伟大秩序的独立性以及宪制的和谐。“仅仅扩展选举权并非邪恶之举：我当高兴地看到它

被极大地拓展——这本身没有什么危害；问题在于，选举权在名义上扩大了，不过对象是那些阶层，采取的是那样的方式，由此产生的无可避免的后果是，所有上层人士实际上都被剥夺了公权力，所有下层人士都感到不满，况且，还有一个得到优待的阶层。”再过若干年，其结果便是一个不受宗教神圣性引导的野蛮的民主体制；接着，在民众心满意足地毁掉国家的旧体制后不久，直接的个人独裁就会到来。”

柯勒律治哀叹道，英格兰古老的理想都屈从了股票投机者和现代的政经学者——屈从于这样一群人：他们决心让社会泯灭民族特性，并把以弗所神庙（temple of Ephesus）的含碳根基挖出来，当作蒸汽发动机的燃料烧掉。[120 年后，全国煤炭委员会（The National Coal Board）正对汉密尔顿宫殿（Hamilton Palace）和温特沃斯木屋（Wentworth Woodhouse）以及英国过去贵族制时期的其他遗迹，就干着这样的事。] 在颠覆了国家之后，他们接下来会打击教会——“我们民族性的最后的残迹”；教士阶层——不管是教士还是教师——将成为功利主义社会的穷光蛋。不过，自由派和功利主义者们将得到的超过他们所要求的：

> 你记得，内克尔要人们来帮助他反对贵族制。民众在他的
> 请求下蜂拥而至；可是，他们在做完自己的事后，无论如何都不 126
> 愿离去。我希望，格雷勋爵不会让自己或其朋友陷入魔术师的可悲境地——后者带着无限的热情与痛楚将魔鬼们招来为他做事。魔鬼们应召而来，聚集在他的四周，狞笑着，嚎叫着，舞蹈着，幸灾乐祸地摇晃着它们长长的尾巴；可是，当它们问他对它们有何要求时，这位可怜的家伙已经被吓得不知所措，只能结结巴巴地应道，“我恳求你们这些我的朋友们，退回去吧！”魔鬼们齐声回答——
>
> “是的！是的！我们会退下！我们会退下！

不过我们要带着你与我们一起游泳或被淹死！”[25]

边沁和改革派的阴冷的原子化个人主义立基于人的尖刻乏味的理性之上，其前提性假设是，理性的个人利益可以取代所有古老的敬虔情感，但这却成了这种个人主义的结局；它所引发的回应是一种苦大仇深的集体主义，而这种集体主义与功利主义体系一样，都毫无理想可言。边沁及曼彻斯特学派（the Manchester school）的激进自由主义现在已成虚文；保守主义思想体系的寿命却超过了它，这部分是因为柯勒律治认识到了理念的现实存在（reality of ideas）、想象力的作用以及宪制的神圣性。

4　抽象理论的胜出

如果说边沁与詹姆斯·密尔的理论很快就引发了1832年的改革，促使它获得通过的直接原因则是，法国革命成功所树立的样板，以及焚烧诺丁汉姆城堡（Nottingham Castle）和布里斯托主教宫殿的劳工阶层暴民们的稀里糊涂的暴行。柯勒律治在三月份说：“我只听到过两种支持通过这个改革法案的有分量的观点，它们的内容是这样的：1. 如果你们不通过它，我们会把你们的脑袋砍掉；2. 如果你们不通过它，我们会拖着你们穿过饮马池。这两种情况都会很暴力。”边沁和司各特在改革那年去世，柯勒律治则于两年后去世。在将近半个世纪的时间里，伯克对传统的满怀激情的辩护让英国宪制保持了原有的样貌；现在，堤坝决口了，平等主义开始席卷英国社会。

“一项规定民众代表权的法律”：“人民”这个抽象概念就此首次进入英
127 国宪制之中。之前，人民不曾被视为一个同质的群体，可以按照数学原则将代表权分割在相互平等的选区中。这是一个工业时代的功利主义概念，稀里糊涂地承认了新的无产阶级的存在。之前，人们是以他们的团体身份获得代表权的：作为某个乡镇的自耕农、某个地主的佃农、某个大学的毕业生或者某个行业或职业的成员。之前，议会反映统治区域内各种不同的利益；此后，它要代表某个“人民”，而人民的意志据说是至高无上的，不过，在正直的政治家看来，人民却没有真实可信的共同思想或宗旨。卢梭、边沁及黑格尔的抽象理论已成为英格兰法律的一部分。之前，政府曾被视为王国内各大利益集团出于互利的目的达成的一种安排，由被称为税赋的自愿捐献供养；此后，政府日益变成一种具有抽象的奥斯丁式（Austinian）“主权”的抽象建制，其引领社会的方式就好像国家是一个改造后的巨大圆形监狱。

历史学家们已严辞抨击过改革法案。F.J.C. 赫恩肖教授说（他代表着一个有影响力的思想流派），1832 年的法案没有改革旧宪制，反而创设了一种新宪制。某些条款是有益的：重新调整代表权以适应新城镇扩展与旧城镇衰败的现实，减少买卖议员席位的行为，赋予应该得到充分代表权的阶层投票权。然而，其依据和方法都完全配不上一个有着丰富政治经验的国家。[26]

富有想象力的柯勒律治对议会改革之实际特性的理解远远超过格雷或罗素——几年后，密尔给出了这样的评论。柯勒律治已经看到，这次的改革没有什么原则，而他明白，没有原则的措施是无节操的措施。他意识到，这场改革几乎等同于革命，不过其中却不包括对引发它之病因的救治手段。密尔接着写道，各方现在似乎都同意，柯勒律治看得很准，“改革法案的目的实际上不是改善立法机构总的结构。它带来了很大的好处，主要表现在：因为它本身是一场宏大的变革，它削弱了那些反对巨大变革的盲目情绪。”[27]

从 20 世纪的视角来看，这似乎是对 1832 年改革的耐人寻味的辩护。密尔以穷人法修正案（Poor Law Amendment Act）和便士邮费法（Penny Postage Act）为例，证明因民众急切要求大幅变革社会而带来的好处。由 128
于对人类无止境的进步充满信心，自由主义认定 1832 年以后的大变革将仅限于推进人道主义的立法。如果发现某位哲学家对他表示钦佩，柯勒律治会认为是在开玩笑，因为前者认为一个便士邮费法就几乎足以弥补毁掉宪制理念的损失。在所有西方国家，功利主义都将让理念相形见绌，民主将吞噬掉古老的宪制；接着，对进步顶礼膜拜的欧洲诸国将在自宗教战争以来的空前疯狂中互相将对方撕得粉碎。司各特在他的记事本中写道：“古老的宪制轻易就没落了，既没有咄咄逼人的米拉波发起的攻击，也没有雄辩的莫伊（Maury）为之辩护。它就像小孩的破损玩具一样被扔掉。好吧，随它去吧，很多东西都托付给了民众良好的判断力；我们会看到，它将带给我们什么。那些人的自大将我们引到这个关键节点，克伦威尔的咒诅临到他们了。不管怎样，随它去吧。在无法补救之事上悲痛
129 是没有用的。”[28]

第五章　南方保守主义：伦道夫与卡尔霍恩

那些热爱变革之人，那些喜欢混乱之人，那些希望为大锅添柴加火让它沸腾之人，可以随心所欲地投票支持未来的变革。不过，在未来的所有日子里，你们将依靠什么样的魔法、什么样的手段把所有人都凝聚在一起？谁来监管监督者？

1　南方人的情结

罗诺克的约翰·伦道夫这位美国历史上最与众不同的伟人，在1829年的弗吉尼亚制宪大会上就是这么说的。多年以前，他就告诉国人，“我是贵族：我热爱自由，我憎恶平等。”德·沙特奈夫人（Madame de Châtenay）对儒贝尔的描述也适用于伦道夫：“就像个精灵，偶然间找到了一个躯体，并且与它的协作达到最佳状态。”出现在制宪会议上的是他那高挑枯槁的身材、他那魔鬼或天使般闪烁的双眼、指斥责难他人的瘦削的手指［在将近三十年前，它打断了对蔡斯法官（Justice Chase）的诉讼］；他那半似孩童半似死尸的满是苦难的脸庞，笔直的黑发衬托出脸的轮廓，他的黑发让人想起他的母系先祖波卡洪塔斯（Pocahontas）；他像得到天启的先知那样滔滔不绝即席演讲的口才——在一代人的时间里，国会和美国曾关注这位政治上的被遗弃者，这位第三党派的有贵族气质的代言人，这位身为奴隶主的黑人之友会的会员，这位老派的种植园主，这位古怪的决斗士，这位疯狂反对腐败的人，这位毫不留情的天使长（St. Michael）[他曾以同样的鄙视态度斥责亚当斯、杰斐逊、麦迪逊、门罗、克雷（Clay）、韦伯斯特（Webster）和卡尔霍恩]。在他
130 整个的职业生涯中，伦道夫都以服用白兰地酒的方式麻木自己的病痛，不过，他带着病痛仍活到 60 岁；于是，他转而服用鸦片。他有时能在楼梯上看到魔鬼；他曾对来到他在罗诺克的孤寂的小木屋的访客说："紧挨着的房间里有一个东西正坐在桌子边，正用某个死人之手写某个死人的遗嘱。"他还是一位天才，是预言南方民族主义的先知，是南方保守主义的缔造者。

南方各州保守主义的政治政策，上可追溯到诸如乔治·梅森（George Mason）之类的宪法签署者，下至当今这一代南方的国会议员，其根源在于这四种情结：半是出于怠惰的对变革的憎恶；维护一个农业社会的决心；对地方性权利的爱护；以及对黑人问题的敏感——黑人问题在内战前是"独特的建制"，此后是种族分界线。在合众国最初那些年，前三个问题在很大程度上遮蔽了最后一个问题；不过到 1806 年时，黑人奴隶制的难题开始进入全国性政治活动的前台，而且到 1824 年时，约翰·伦道夫已经证明，奴隶制问题与对宪法的或宽泛或严格的解释方法、州权利和内部改良密不可分。因此，自 1824 年以来，奴隶制争议混淆模糊了对南方政治原则的所有分析：比如说，历史学家几乎无法搞清楚，真正的对州权利的热衷终于何处，出于自身利益为奴隶财产的陈情又从何处开始。伦道夫和卡尔霍恩都故意让围绕关税问题的辩论和围绕地方性自由的辩论与奴隶制问题的辩论搅和在一起（关税实际上关乎这一问题：是农业还是工业应在美

国居支配地位）；因为这样一来，他们就能够将很多奴隶主招呼到他们的阵
营中来，而若非如此，这些奴隶主可能会对那些争执中的议题无动于衷。
在阿波马托克斯（Appomattox）战役*之后多年，在南方邦联老兵的一次大
会上，内森·贝德福德·福里斯特（Nathan Bedford Forrest）这位威严朴素
的骑兵将军听到他的老战友们为他们失利辩护得神采飞扬的一系列演讲；
不过，奴隶制鲜有人提及。接着，福里斯特不满地站起来宣布说，如果他
不是想着为保有他的以及其他人的黑人奴隶而战，他当初根本就不可能去
参战。坚持自己在奴隶制问题上的立场是不利于保守派的；不过需要记住
的是，废奴主义者不合理的要求和期望也远非合宜的政治行动的牢固基础。
这一揽子严峻的奴隶制问题是不可能有令人满意的解决办法的，而且在 19 131
世纪的前三分之二的时间里，它扭曲和改变了持各种立场的美国人的政治
思想。我们在这里应该尽己所能地回避围绕奴隶制问题的派性争论，倒要
超越废奴主义者的高言大志以及南方人咄咄逼人的话语泡沫，深入探究伦
道夫与卡尔霍恩所阐明的那些保守主义观念。

这两位一个是弗吉尼亚人，一个是南卡罗来纳人，一开始都是民主派人士和（沾点边的）激进派人士。众议员约翰·伦道夫还不到三十岁时，在美国国会就是一位居支配地位的人物，与杰斐逊一起对联邦党人在 1800 年选举中的惨败感到欢欣鼓舞，并决心削弱保守派在联邦司法体系内的权力。十年后，年龄相仿的约翰·卡尔霍恩众议员是一位战争鹰派人物、民族主义者、以联邦开支改善国民生计的支持者和一位全能型的创新者。可是，伦道夫渐渐成为伯克的美国追随者，而卡尔霍恩则被他早期的对手改造为钢铁人（Cast-Iron Man），坚定不移地反对“进步”、集中化和抽象的人道主义。他们之所以变成保守主义者，是因为他们认识到，世界大潮趋向的不是他们所钟爱的那种宁静、分权化的乡村生活，而是集权的工业化

* 这场战役之后，美国内战结束。

新秩序。他们将南方种植园主群体召聚到自己周围，从1860年到1865年，南方最后一次把全部热诚都献给了伦道夫和卡尔霍恩的理念。

在联邦主义的保守主义（尤其是汉密尔顿所推崇的那种）和崛起于梅森与迪克森线（Mason's and Dixon's line）* 以南的保守主义之间，有一道顽固的鸿沟。联邦主义者认为，能够最好地保护某些古老的社会价值观——财产的安全、稳定的政府、对宗教原则的尊重、对人与人之间有益差别的认可——的，是被赋予广泛权力的强有力的公共政府——它的权力实际上能够无限地扩张。南方人相信，经济或政治上的集权会破坏保护传统的堤防，将美国变成一个受中枢控制并受主流多数利益诉求操控的独断专行、无所不能的单一制国家——而且在那主流的多数人中，获益的是新产业的主宰者。[南方的联邦主义曾由像马歇尔和平克尼（Pinckney）这样的人领导，在1800年之后便烟消云散，或者萎缩成某种暧昧的辉格主义。] 在现代美国，就保守主义存在于政治人物大脑中的哲
132 学思想而言，这两种保守主义立场不管被如何扭曲变形，却依然在相互争雄，并与它们的共同对手抗衡。

除伦道夫和卡尔霍恩以及近些年的某些南方作家外，南方思想缺少有力的辩护者。农业社会几乎总是在这种不利条件下挣扎：城市是培育诡辩家和狂热分子的温床。不过，在南方雄辩家的狂暴和南方个体公民的消沉的表象之下，人们可以辨识出一系列属于南方保守主义传统的前提假设或特征，虽然对它们的表述模糊不清，它们却是真实不虚的，而且赋予南方保守主义令人称奇的韧性。这些假设与特征已被暗示过，不过也许它们需要更进一步的考察。

1. 喜欢迥异于人为创新的缓慢自然的变革过程——也即"慢慢来"的精神；这种情绪在温带地区和农业人群中会经常碰到，而且因对咄咄逼人

* 美国内战期间自由州与蓄奴州的分界线。

的北方佬的怀疑得到强化——这种怀疑开始于17世纪，至今仍未消亡。

2. 深深地钟情于农业生活，鄙视贸易和制造业。这种看法的根由有趣且复杂，再加上旧南方（Old South）* 缺少矿产资源，这种看法使得南方人普遍有了这样的决心：既不愿被北方的热心人工业化，也不愿以关税的形式承担补贴北方工业的税收。

3. 社会和政治上的强势的个人主义，有些方面甚至比新英格兰的个人主义还强烈。南方白人引以为傲的独立性使得他们憎恶郡法院之外的所有政府；与此同时，南方没有像新英格兰那样的乡镇会议，因此南方公民便缺少惯常的自愿认同政府法令的那种机制，而这样的机制有时可能会矫正桀骜不驯的个人主义。这种倾向让南方人成了最为坚定的地方自由和州权利的鼓吹者。

4. 对因两个种族生活在同一个区域而导致的大难题感到不安——这种情绪有时会猛然升级为抗争，有时又因不断的折腾而困顿麻木。南方人不得不与黑人共处；黑人的数量肯定会增加，不会减少；一个卑贱、无知、极其穷困的族群因不受法律保护（除作为财产外）且基本不受教会约束而构成威胁——这肯定是每一位南方白人一直在想的问题。我们在 133
这里无法详尽讨论奴隶制所造成的经济问题的影响。由可能对整个社会建制体系感到不满的奴隶阶层所构成的难题，一定会让占主导地位的族群既急于维护现有结构的每一个细节，又对新花样保持高度警觉和怀疑。

南方政治上的保守主义就成长于这样的土壤之中。这一社会哲学只有两次获得了清晰的表达，不过，这两次表达都雄辩有力。其中的两位代言人都为了支持南方而牺牲掉光明的前途：伦道夫放弃了国会的领导权，卡尔霍恩则失去了担任总统一职的希望。不管对错，他们都是富有果决原则之人，都以此后鲜有其匹的清晰透彻阐述了某个具体的保守主

* 指内战以前的南方。

义理论。对于民众想要扩大实证法范围的趋向，伦道夫对与之相伴的那些危险提出警告，卡尔霍恩则为少数人的权利辩护。

2 伦道夫论实证立法的危害

> 我在之前的场合说过——而且如果我是菲利普，我会雇个人每天都这么说——如果这个国家的民众什么时候失去了他们的自由，那也是因为他们牺牲掉某个伟大的政府原则以屈从暂时的激情。存在着某些这样的伟大原则：如果它们不是在任何时候都不受侵犯，我们的自由就会丧失。如果我们放弃了这些原则，那么，我们的主权者究竟是何成色就完全不重要了；不管他是国王抑或总统，是选举产生还是世袭而来——他的成色如何是完全不重要的——我们都将成为奴隶。使我们存活下去的不会是选举制政府。[1]

在约翰·伦道夫于1813年发表上述观点时，他让自己成为美国最不受欢迎的人士之一，甚至在南方也不受欢迎，因为在与英国的战争临近时他大声疾呼地反对它，在战争开始后又指责战争的具体行动。后来，曾让他成为国会中天然领袖的早前的那种声望很大程度上又回来了；而且，除了一个短暂的间隔期，他对其直接选民群体所具有的那种吸引力从来都没有衰减过。正如他的同母异父兄弟贝弗利·塔克（Beverley
134 Tucker）所言，在聚集于夏洛特法院（Charlotte Court House）伦道夫周围的种植园主看来，恰恰是他的古怪刁钻让他成为某种具有超人智慧的苦行僧。另外，当时的弗吉尼亚还没有民主化；只有自耕农才有投票权。就像托克维尔所观察到的那样，民主体制对刁钻古怪或任何其他桀骜不驯的独特性表现都感到厌烦，而且具有伦道夫那样的诗性幻想和狂野性格的候选人在今天几乎不可能当选。他像一位游侠骑士那样生活，在接近生命终点时，他对一位密友坦白道，自己一直以来就是一位堂·吉诃德。他既让弗吉尼亚感到害怕，又让它感到幸福。就在位于南方中心地带的夏洛特法院，他青春期的首次发飙便镇服了老迈的帕特里克·亨利（Patrick Henry）；1832 年，还是在夏洛特法院，垂死中的伦道夫赤裸裸地要挟民众摒弃安德鲁·杰克逊（Andrew Jackson）。他曾经写道，“我生来就不是愿意忍受主子的料”；又写道，“我就像一个没有皮囊的人”。

尽管我们有兴致去转而深入探究伦道夫的品性，但我们当下的正事是考察他的思想，而且和伯克一样，伦道夫也有丰富复杂的思想。他的政治生涯虽然一以贯之，却也同样错综复杂。由于他热爱自由，他无法认同联邦主义的中央集权意图；由于他鄙视时髦的空谈和民主教条的退化堕落，他无法认同杰斐逊主义。他抖动着长矛刺向这两台巨大的风车。他企图极力压制最高法院可怕的联邦主义兆头——这指的是弹劾和审讯蔡斯法官，却以失败告终；而作为伦道夫友善的对手以及伦道夫所尊重和爱戴的那个时代的少数人之一，约翰·马歇尔却沉着地进行着集中化的工作。很快，伦道夫对杰斐逊政府的不满就因亚祖（Yazoo）丑闻而达到沸点，这时，多数共和党人支持总统，因为总统可颁赐奖赏和提供保护。于是，伦道夫就与那些坚贞不阿的老派共和党人（Old Republicans）成为毫无希望的少数——这些人发誓坚守下述原则：政治上的纯洁、严格解释宪法、极度节俭的政府、硬通货且无债务、与世界各地保持和平，以及乡村生活。然而，伦道夫属于对胜利感到无法忍受却在逆境中有英勇表现的人（确实值得怀疑的是，伦道夫本人是否喜欢拥有权力）：在三十年的时间里，他与每个人都交过手，不过，在临近生命的终点时，他能看到南方正极速地向着他的立场回转。

“被打趴下的战士”：伦道夫这样描述杰斐逊时期禁运法案通过后第

135 三方势力的老派共和党人所陷入的状态。这时的南方经济因禁止交往法（non-intercourse acts）、禁运法案（the Embargo）、1812 年战争和保护性关税而受到可怕的冲击；这是以联邦开支进行内部改造的时代、西部扩张的时代、美利坚合众国银行（the Bank of the United States）的时代、宽松地解释宪法的时代以及联邦势力日益扩张的时代。只有一位雄辩的言说者让坚守州权利和古老方式的精神留存在公众意识中——直到在密苏里辩论（the Missouri debate）后，南方各州开始回归它们早先的原则，而且副总统卡尔霍恩在以参议院主席的身份严肃思量过参议员伦道夫内含不灭之光的演讲之后，从一个扩张主义者转变为一名保守主义者。“非常有才华、雄辩、严厉、古怪”——卡尔霍恩就是这么描述罗诺克的伦道夫的——“跑题的时候不算少，却常常说出堪比培根的至理名言，内含的才智不会让一位狂放的自由人（Sheridan）蒙羞，每一位参议院主席都任由他发挥自己独特的风格，而且不会让他因此负责任或受处罚。”[2]

伦道夫的很多智慧来源于伯克——他气势汹汹的机敏也是如此：“看，所有这些可怜的狗儿，布兰奇（Blanche）、特雷（Tray）和宝贝儿（Sweetheart）*，都在对我狂吠！”约翰·伦道夫以轻蔑的口吻反驳那些国会议员。当然，这源自《李尔王》（*Lear*），不过伯克曾在同样的处境下引用过它。伦道夫没有隐藏他从伯克那里得到的教益，而且公开说他的同时代人常常不了解他之灵感来源于何处——对了，伦道夫本人曾说，人们只敢给国会议员引用莎士比亚和弥尔顿的话。他的同母异父兄弟贝弗利·塔克是这么评价他的：“我们非常怀疑，他是否曾认同过伯克的观点，直到杰斐逊先生的政府过去四年的事态使他发觉，享用自由时可能会有某些东西很快就让某个民族不再适合实行自治，而自治不过是自由的另一种说法而已。”[3]不过，自 1805 年以降，伦道夫便将那位保守主

---

* 这是 19 世纪的美国非常常见的给狗起的名字。

义思想家所阐明的那些首要的政治原则应用到美国问题上了。

鉴于伦道夫的演讲和信件从来都没有被收集整理过，人们不得不梳理满是尘埃的各卷《国会年鉴》（*Annals of Congress*），并检索破烂不堪的里士满报章，才能一睹他那曾经让国人震惊的高傲华美的辞章。与他这种一往无前的激情比起来，韦伯斯特与克雷的演说现在显得何等的轻浮浅薄啊！希望找出南方政治信念之源头的读者应当研究以下内容：伦道夫 136
针对《格雷格决议》（*Gregg's Resolution*，1806 年）的演讲——他在其中称赞自由贸易，贬斥“随意”解释宪法；他在同一年对联邦管制不同州间奴隶过境问题的提议的抨击；他谈论对外关系的演讲（1811 年 12 月）——他在该次演讲中反对种族平等的理论；在国会席位分配问题的辩论中，他的有关立法机构代表权的措辞激烈的发言（1822 年）；在围绕 1824 年关税问题的争议中他表现出来的对平等诉求、票据保证和集中化的憎恶；在 1826 年的巴拿马代表团（Panama Mission）演讲中，他对“自然权利”之虚妄和抽象政治理论的揭露；最重要的是，他在 1829 年至 1830 年弗吉尼亚大会中所发挥的作用——当时他宣称，“变化不等于改革”。可是，这里没法对所有这些内容展开讨论；相反，我们在此处的主题是讨论伦道夫的这一信念：民主体制对立法的热衷是对自由的威胁。

伦道夫在 1816 年于众议院发言说：“我们看到，大约在 11 月份，也即大约在开始起雾的时候，联邦和州的各个立法机构里会聚起足够结成一伙的人数；随后，立法机关里的蛀虫们便开始肆虐；接着会出现制定新法和废弃旧法的热潮。如果联邦和州政府在过去十年或十二年都没有通过任何一般性的法律，我不认为我们有任何地方会变得更差。与杰斐逊先生一样，我讨厌过度管制——讨厌让宪法的极端药方成为我们日常的食物。”[4] 伦道夫在他整个一生中会间隔性地回到这一论题。在他看来，习俗性权利、普通法和惯例是正义与自由的真正保障。一旦人们开始操弄政府体系，对它加以增减、刺激，为它设定新的模式，他们就会陷那些古老的特权和豁免权于危险之中，尽管这些特权和豁免权是很多代人培育的结果。法律确实会因时而变；不过，武断地干预这一进程，根据具有法国特色的抽象概念粗暴地修订法律，是导致社会早早衰败的充满痛苦的捷径。当一个民族开始相信他们可以通过不停地改变实证法来无休止地改进社会时，就没有什么东西是固定不变的了：每一项权利、每一点财产，依附于恒定不变的家人、家庭和乡村的每一件美好的东西都受到了威胁。这样的族群很快就认为自己是无所不能的，而且他们的事越是
137 一团乱麻，他们就越是热衷于某些许诺在立法上以快刀斩乱麻的方式解决问题的灵丹妙药。“就我而言，除非我们过去多年的确一直处于昏睡状态，否则我希望我们不过是在清谈而已；而且与纽约来的那位先生的感受相同，我宁愿听五十场演讲，且不在乎它们如何无聊或愚蠢，也不愿看法令全书上的哪怕一则法律。”[5]

他曾说：“我们是一个吹毛求疵、耽于幻想的族群。”美国尤其受制于这种现代冲动：凭借立法机构的法令推行变革、搞破坏和造成瘫痪效果，而且美国人的这种幻觉的根由是对自然平等理论的荒唐、不切实际的解释。伦道夫与斯密、萨伊（Say）和李嘉图一样，认为按自己意愿行事的经济人最能带来繁荣，因此他讨厌以立法管制商业；由于坚持认同英国人的这一古老观念：立法机构实际上是批评者集会之地（an assembly of critics）。他宣称，国会和州立法机关的常规功能不是创制法律，而毋宁是监督法律的公正实施。但是，自大的民众不会满足于对实际统治权（practical sovereignty）的这种限制，还尽力干涉各种各样数不尽的私人事务。公众的自大被煽动家和聪明的投机者利用来谋求个人和阶层利益，如此一来，政府就成了从一部分人手中攫取金钱和权利以给操纵体制者输送利益的手段。仅靠优良的政治法令不足以抵抗这种立法上的腐败：首先必须要打碎国家有能力管制一切的幻觉，然后权力必须相互制衡，因为单单一纸文书无法阻遏压迫。

“我一定得说，在人的本性中，在退化堕落的人的最初源头——因为头生的那一位是个杀人凶手——有一种倾向，就是想逃避我们自己应负的责任，却去承担其他人的责任。”[6] 沉迷于这种想法的民族很快就会像舱内爱争论的水手一样，他们实际的悲惨境况与他们装模作样的夸夸其谈形成对比。伦道夫说，在从华盛顿到罗诺克的道路上，每个像西班牙客栈那样污秽肮脏的旅馆都有这种不着调的乞丐：“我们用脏兮兮的大衣把自己包裹起来，吸下又一口烟，让整个房间都充满不洁的气息，或者毁坏那些还没有生锈的壁炉和火钩，然后就宪法问题给出结论。”[7] 对于一个致 138
力于没完没了地操弄法律的州，拉戈多学院（Academy of Lagado）正好提供了一个样板。就其本质而言——虽然多数人并没有正确地理解这一层含义——法律实际上是符合自然的，是上帝的杰作；可是，按照自然平等的拙劣设想重塑法律的愚笨做法，是人类最为武断的作为，既无力实现真正的条件的平等（equality of condition），又对自由造成毁灭性的伤害。

由于对民主共和国的实践感到失望，伦道夫便接着考察美国人的平等理念所仰赖的根基。他发现那些根基危险且不稳固。罗诺克的约翰·伦道夫全盘否定了对《独立宣言》的寻常解释，指责杰斐逊为吹笛手（Pied Piper），并放弃抽象的政治理论，转而在习俗和对个人及地方性权利的不懈的警觉中寻求安全保障。正如伯克选择以卢梭和潘恩作为他的对手，正如亚当斯曾痛斥杜尔哥与孔多塞，伦道夫选择托马斯·杰斐逊作为他天然的对手，后者的“宝石不过是布里斯托的石头”。恰如土耳其人随他们神圣的军旗而动，引领我们的也是那位规划王子（Prince of Projectors）——即坎廷伯雷的圣托马斯（St. Thomas of Cantingbury）——的老旧的红裤子；而且贝克特（Becket）本人吸引到圣地的朝圣者人数，从来也比不上这位蒙特塞洛（Monticello）* 的圣人所吸引的人数。”[8]

* 杰斐逊住所的名称。

伦道夫说，人并非生而自由平等。他们的体质、道德和知识上的差异显而易见，还不要说他们在出身与财富上的差距。如果认定某种神秘的“平等”让人类能够随心所欲地操弄社会，把社会当成玩具摆弄，对社会施展他们微不足道的创造力，那么，人类就会被降格到唯一的一种生命状态：野蛮，因为只有那里才会有任何类似于条件平等的情况。如果按原意来理解，杰斐逊的平等理论就意味着无政府状态，也即“暴政的过渡时期”。

> 先生，我唯一要反对的就是，如果考虑到它们最终的后果，这些原则——也即所有人生而自由平等——是我绝不能认同的，其中的缘由是最恰切不过的：因为事实并非如此；正如我无法同意国会一词的内在含义一样——尽管“国会”本身是美国宪法所认可的，我也不能认同一种谬论，一种最为有害的谬论，即便我在《独立宣言》中发现了它，而且在密苏里和其他问题上，《独立宣言》已被等同于宪法。我说有害的谬论——如果此言不
> 139 虚，那它一定是不言自明的；因为它是无法被证明的；这样的谬论成千上万，误导了各式各样的平民百姓……从某个特定的意义上说，所有这些高尚的观念——人生而平等自由，以及没有行为的信心——都是对的，虽然大众几乎从来都没有从这种意义上认可它们；不过，从另外一种意义上说（二十人中有十九人几乎总是从这个意义上接受它们的），它们是错误和有害的……。就所有人生而自由平等这个原则来说，如果说地球上有某种不适合这一原则的动物——也即并不是生而自由的，这种动物就是人，因为他生于一种最为悲惨的匮乏状态，一种完全无助和无知的状态，而且这就是配偶关系的基石……谁会说，既然肯塔基一公顷一流土地和苏格兰一公顷高地上的表层土壤都是一

样的，世界上的所有土地都同样丰饶呢；这样说的人和坚持认为人生而绝对平等的人犯了同样的错误。在济贫院或妓院出生以及在呼吸到维系生命的空气之前就已受到酒精影响的患佝偻病和淋巴结核的小可怜虫，与诚实自耕农的红润的后代在任何方面都不平等；不但如此，我还要说，一位单单在出生时具有皇室血统的王子，与一位农民的健康儿子也不平等。[9]

就此而言，伦道夫的观点雷同于约翰·亚当斯，虽然伦道夫在政治上的首要努力目标是击败后者。伦道夫继而谈论人的易犯错性、人的轻信、人的自我尊大、人的懒惰和暴力；伦道夫的言说基于他身为虔诚基督徒（不单是美国圣公会信徒，而且是“受人尊重的英国国教会”的成员）的立场。人是堕落败坏的，因而，他最有可能获得公义与自由的做法是，让野心勃勃之人的手不要触碰会带来腐败的权力。“只有民众自己才会为自己打造锁链；以从未想着去落实的许诺讨好与蒙骗民众是煽动家屡试不爽的手段，堪比个人生活中的骗子。”[10] 由于人的软弱，可以托付给他的是他自己的自由，不过，就尊重其他人的自由而言，他并不值得信任，除非习俗和敬畏的强大力量为他的支配范围立定界限。由某一临时国会或其他民意机构新近颁布的实证法，缺少传统与成见的支持性和约束性的影响力；因此，公众只有在为紧急形势所迫时才应制定新的实证法。统治者会无所忌惮地对待新法，却绝不敢干犯旧法。就连受人尊崇的美国宪法也不足以约束野心勃勃的人和阶层的欲望；隐藏在宪法某些条款中的 140
扩大权力的潜能对未来美国的自由不是什么好事。一旦人们染上为了近期目的和特殊利益不加分辨地立法的恶习，作为最后的手段，只有武力才能抵御不过是横征暴敛之手段的“法律”的隐蔽蛮力（arbitrary force）。

虽然存在着所有这些悖谬、荒诞不经的有关人之权利的理

> 论（我说的是理论，而非权利本身），能够约束权力的却只有力量……查塞姆（Chatham）勋爵说，你可以将自己埋进书堆里，刀剑依然会刺向宪法的五脏六腑。先生，我对具文没有信心，我对宪法中的咒语没有信心；我对它没有信心……天底下从来没有内含这种规定的宪法：如果政府不明智地行使权力，民众不可以被迫采取武力的极端反抗措施……如果你凭借管制贸易的权力从我们的血管里抽走最后一滴血；如果你巧妙地从我们的口袋里拿走最后那一先令，就我们来说，宪法的制约机制是什么？这对宪法而言是无关紧要的小事！在大黄蜂的毒刺正叮咬我们的要害部位之际，我们该停下来去寻章摘句地讲理吗？我们该找某位博学精明的书记官问问，这么做是否有宪法赋予的权力吗？然后，如果他不管出于何种动机给出肯定的答复，我们该像这个法案的主要盘剥对象那样，安静地躺下被剪羊毛吗？[11]

所有那些完全忽略政治中存在强力问题的民族，就如他们无视其他大多数政治现实那样，必然会走向令人悲伤的最终归宿：赤裸裸的强力之间相互拼杀。那些试图把人看作具有神明般的理性且能够依据抽象理论立法的社会，便是地狱。由于轻易就假定可以安全无虞地将很大的辖制人的权力托付于人，关税、内部的改进和充满幻想的外交政策设想便接踵而至，这一切又共同造成部分国民的贫困化，另一部分国民则因此受益。耽于空想的感情用事的最终结果是如假包换的残酷无情。孔多塞、布利索特（Brissot）和米拉波都是拥有良好意图、渊博学识甚至不寻常才干之人；可是，从形而上学来说，他们都显得鲁莽疯狂；他们相信书本知识和华而
141 不实的政治理论，无视脆弱的人类理性、败坏的人类品性以及在文明生活中居主导地位的庞大利益群体。他们坚持在绝对的自由和一无所有之间做选择，他们得到的是后者。如果不去抽象地讨论人的不可剥夺的权利，会

有什么后果？那就是，他们会有充分的闲暇去具体地思考国王的不可剥夺的权利……我看到有人没有能力著书立说甚或登台演说——他们甚至无法拼写出‘国会’这个众所周知的单词（他们的拼写中带有字母K），不过，作为政治家或将军，他们却比天底下的所有数学家、自然主义者或文人雅士都更懂实际的运作，也更值得信任。”[12]

如果宪法不能成为抵御欲望与强力的依凭，如果人类最为广博丰富的智识无法参透社会管理之道，那么，能在什么地方找到防范权力的保障机制呢？嘿，伦道夫的答案是，习惯性地将政府的边界限制在狭窄的领地之内，并且以实际考量而非法国哲学家和杰斐逊的空想作为所有政府以及参与治理的基础。让政府的目标少且有清晰的界定；将美国联邦权力范围之外的所有重要权力都留给各州（正如宪法制定者所设想的那样）。聪慧的热爱自由之人会一直不断地主张州的权利，这样，个人与地方性自由就能长期存续；政府的单位越小，侵权的可能性就越低，而且习俗所发挥的影响就越直接有力。伦道夫在给卡尔霍恩的回复（1816年1月21日）中论及各州时说：“起码我坚决支持它们，因为支持它们就是支持我的国家；因为我爱我的国家就如同我爱自己最亲近的人一样；因为爱国不过就相当于每个人爱他的妻子、孩子和友人。对于最终一定会毁灭而且是快速毁灭整个州政府的政策，我不会予以支持。”[13]卡尔霍恩从来都不曾忘记那次辩论；而且过了没几年，他就开始放弃自己的雄心壮志，为他那位有着贵族气质的对手所阐明的诸项权利辩护。

亨利·亚当斯（Henry Adams）是联邦主义传统的继承人，而且继承了对伦道夫的一种情有可原的家族式反感；他评论说：“有关州权利的理论本身是一个合理正确的理论，而且作为美国历史与宪制性法律（constitutional law）的起点，除它之外的任何理论都经受不了片刻的审思。”[14]虽然各个时代都有强有力的集中化趋势，但某种程度的州权利 142
依然留存到当下的美国——这部分地是伦道夫倡言的功劳。他的保守主义带有特殊主义（particularism）和地方主义的色彩。如果缺少特殊主义的精神，即有关地方性联系与地方性权利的观念，也许，所有类型的保守主义都不会有现实可行性。

伦道夫保障正义和自由的第二套机制是符合常情常理的政府。“主席先生，我支持强有力的保障措施。”多数人可以被信任选择他们自己的代表，可是在政治中，很少人能获得进一步的信任；直接民主的幻觉导致直接的暴政。选举权应该是这样的公民特权：他们在共同体中的利益以及他们的道德品质使其在某种程度上超脱于权力的诱惑——败坏的人性非常容易受到这种诱惑。只有自耕农才应有投票权，财产必须有其特殊的代表与保护机制，因为财产与权力相伴而行——“你只能让它们易主”；而且一旦权力被转移给无产者，他们很快就会让自己变得富有起来。政府治理不是简单的数人头；“不，先生，按照这种理论，手拿匕首和计数棒的黑人男孩就是一位完美的政治家。”数字为王（King Numbers）指的是以数人头来就具有深远影响的问题做决断的原则（这些问题实际上应当凭借高尚的道德原则和明智的权宜之计解决），它是冷酷无情的现代暴政。不顾具体的环境和错综复杂之处，将“民主方法”武断地应用于每一个纠纷之中，是十足的愚蠢。“它不是妖术。它不是护身符。它不是巫术。它不是让我们麻木的水雷。”[15]伦道夫宣称，等到这个观念得到彻底贯彻的时候，他将逃离古老的弗吉尼亚。“无代表却纳税”确实属于暴政，可是，造成这种现象的恰恰是赋予无产阶层权力的民主派人士：作为国家之干城的有产者却被抛弃，任由暴民体制蹂躏。

“自从我进入政坛以后，各种稀奇古怪的想法都被提了出来，其中有一个想法突然支配了人们的大脑。那就是，所有事情都必须由政府为他们代劳，而且他们不需为自己做任何事：政府不仅要处理属于其职责的大问题，而且必须越俎代庖为个人承担他们天然的道德责任。不可能还有比这
143 更有害的观念了。看看那个蹒跚着从卖酒的店铺走出来的衣衫褴褛的家伙，

再看看去那里把他叫回家的邋遢女子。他们的孩子在哪里？——四处游荡、衣衫不整、游手好闲、无知愚蠢，是收容所的合适人选。为何成了这个样子？如果你问那人，他会告诉你：'哦，政府已着手替我们教育我们的孩子。'"[16] 当无限的立法权力被让渡给普罗大众以满足抽象的平等主义的要求时，将个人责任转换为公众负担的诸如此类之举肯定会接踵而至。

可是，杰斐逊式的理念不会善罢甘休；伦道夫明白，它们会毁掉他所钟爱的"国家"：古老的弗吉尼亚；而且到1829年至1830年的弗吉尼亚大会时，它们已接近于在弗吉尼亚大获全胜。马歇尔参加了这次会议，麦迪逊和门罗也参加了，他们都是些老人，而且都对正席卷沿海各州的这波改动宪制的浪潮感到不安。接着，伦道夫尖锐的嗓音压过乱哄哄的交谈，会场中人都惴惴不安地默默听着他对民主体制喜欢不停折腾的倾向提出的最为重要的警告。他多次说道，"变化不等于改革"；他称颂弗吉尼亚古老的宪制，就像伯克曾为英国的古老风格辩护一样。他为较富裕的东部各郡的优越地位辩护，为具有贵族气息的郡法院辩护，为自耕农的选举权辩护，为残存的英国建制辩护。所有这些在1830年都被清除出去，然而，相比当时的社会，伦道夫的言论更具生命力。在美国政治思想史上，像他的大会开幕致辞那样满是打动人心的真理和灵光乍现般的洞见的演讲或论文少之又少。

> 总统先生，这个机构所能做的最明智之事就是将未完成的事交还给选出他们的民众。我很愿意支持任何温和的微型改革，只要我能够被说服相信这是我们源远流长的政府所需要的。不过，比起侵扰大厦的梁柱，更好的选择是，这些改革永远都不曾实行过，并且我们的宪法一直保持不变，就像莱克格斯（Lycurgus）* 的宪法一样……超过我表述能力的一种更好的说

* 指传说中古斯巴达的立法者。

> 法是，创新的欲念（lust）——因为它就是一种欲念——那是对一种非法欲求的贴切描述——这种创新的欲念——这种对新鲜事物的渴望——是所有共和国的死亡之因……。要记住：变化并
> 144 不总是等于修正。要记住：你不得不让其适应新体制的是所有这样的人：他们满足于现状，不想变革——除此之外，是另外阶层的所有感到失望的人……[17]

1829年12月30日，他反对在新宪法中插入任何修正性条款，反对引致“创新空想”的任何作为，反对可能会激起下个十年或下一代人折腾激情的任何暗示。即便不为其铺设道路，变革的到来也已足够迅速。“先生，大众政府的严重缺陷在于它的**不稳定性**。正是这种问题促使我们盎格鲁－撒克逊民族的人不屈不挠地坚守一种独立的司法体系，作为他们所能找到的抵御大众政府此类恶行的唯一手段……一个民族可能拥有人的理智所能设计的最佳形式的政府；不过，仅仅是由于它的不稳定，他们实际上可能被世界上最恶劣的政府统治着。”[18]

在差不多是他于大会上的最后一次发言中，伦道夫谈起“一项原则，他在开始公共生活之前就已领悟到这一原则；而且在他整个一生中，他都受这一原则的支配；它就是：打搅某种处于平静状态的东西总是不明智的——的确——非常不明智”。[19] 其中闪耀着这位火热勇敢之人的政治智慧的精华。他开始时是“雅各宾式的暴烈分子”，不过已明白，社会不可能按照普洛克路斯忒斯（Procrustes）的方法 * 改进。他看到古老的弗吉尼亚正在他周围分崩离析；他听到围绕着奴隶制问题的争吵声就像“夜间的火铃铛”，越来越高亢。在他生命的最后一年，可恶的关税（Tariff of

---

* 普洛克路斯忒斯是希腊神话中的强盗，常常将劫来之人放在床上，比床长者截去过长的那部分，比床短者被拉伸与床齐平。

Abominations）和武力法（Force Act）有将南方降格为一个附庸省的危险。伦道夫曾希望，他能够像“搏斗场上的斗鸡”那样了结一生；尽管联邦法令废止权（Nullification）让美国惊恐不安，罗诺克的约翰·伦道夫在去世时与他生前一样，都带有令人称奇的贵族气派。

他留下一个继承人，虽然他总是猜疑后者的野心，而且后者当时似乎马上就要陷于毁灭的境地。此人就是：约翰·卡德维尔·卡尔霍恩（John Caldwell Calhoun）。首先，伦道夫说服卡尔霍恩认同严守州权利的观点，并很快让他相信，支撑起美国人的普遍情操的抽象政治理论的根基是靠不住的。再过几年，卡尔霍恩这位边疆地区某个严厉粗暴的民主派人士的儿子写道，杰斐逊式的平等理论是有害的：

> 对于让这么大的一个错误在我们的独立宣言中占有一席之地，我们现在开始体会到其中的危险。很长时间以来，它隐而不发，可是随着时间的流逝，它开始生长发育，并结出有毒的 145
> 果实……接着，有些人坚称所有人都生而自由平等，主张所有人都有相同的自由平等权利，实际情况则与之相反，自由乃是对有利处境下的智识和道德进展的难能可贵的最高奖赏。[20]

一度戴着平等主义面具的南方种植园主社会已逐渐认识到自己内在的保守主义品质。

3　少数人的权利：卡尔霍恩

像希腊大火那样在伦道夫胸中熊熊燃烧的热情也激荡在卡尔霍恩的心里；不过，这种热情被控制在这位铁人的体内，就像被控制在炉子中一样，只有卡尔霍恩炯炯的双眼才流露出这种激情。没有人比他更庄重、更谨慎、更一丝不苟地听命于坚定的意志。加尔文主义塑造了约翰·卡尔霍恩的品格，正如它影响了其演讲与著述的内容一样；原因是，尽管他大脑里的教义体系正在消亡，恰如教义体系在亚当斯家族中也已衰败一样（卡尔霍恩与约翰·亚当斯一样，转向唯一神论信仰），不过，依然不变的是对逻辑的那种毫不妥协的认可，是那种严格的道德观，是对职责的那种尽忠精神。而且这些品质让他成为目标连贯、精力充沛之人。

伦道夫与他的源远流长的家族一起拥有弗吉尼亚最为丰富的藏书，与他不同的是，卡尔霍恩终其一生只读过很少的书，靠的是独自的沉思。虽然与林肯的那种“穷人的简短的行迹”相距甚远，卡尔霍恩家族却是身处内陆的坚忍的卡罗来纳人，在边境地区印第安人的暴行中受过试炼和净化，是边疆民主体制英武的倡导者。少年时代的伦道夫读的是英国小说和戏剧，以及堂·吉诃德和吉尔·布拉斯（Gil Blas）*，而年少时的卡尔霍恩将《人的权利》中的段落背得烂熟。正是与其早年所学截然不同的现实世界经验让卡尔霍恩成为一名保守主义者。当他还是耶鲁大学的学生时，他就敢于驳斥身为联邦主义者的威名赫赫的提摩西·德怀特（Timothy Dwight）教授；而且他在从政之初是杰斐逊主义者、民族主义者和扩张主义者，是内部改良的鼓吹者和战争鹰派。他从一开始就有崇高的追求，很快，美国总统一职就成了他的目标。可是，一种带有
146 原动力的信念压倒了他脑子里的所有其他想法，甚至驾驭了他炽烈的雄心，干预性地将他转变为国家集权和全能的民主多数的最为坚定的反对者——这就是他对自由的热衷。这个原则毁坏了他的政治家前程。作为一名思想者和历史上的一种力量，他因此而脱胎换骨。

卡尔霍恩说：“如果存在着某个普遍真理式的政治定律，也即某种直

---

* 吉尔·布拉斯是一本法国小说中的人物。

接源自人性且不受环境制约的定律，它就是，不负责任的权力与自由格格不入，而且一定会毁掉行使这种权力的人。我们的政治体系就立足于这个伟大的原则之上。”[21]卡尔霍恩热爱美国的宪法，他不像伦道夫对联邦机构自其肇始起便存有怀疑（“翅膀下有毒的那只蝴蝶”）。由于热爱它，他差点在1832年毁掉它。由于热爱它，他提议修改——或强化——它，以保护局部少数的权利。卡尔霍恩说，否则，内战将动摇国家的根基；而且不管这场战争的结果如何，美国都永远不可能再度成为同一套法律体系下的同一个民族。他是一位完全正确的先知。

作为一名全国性的政治家，卡尔霍恩政治生涯的最初十几年充塞着了无生气的政治活动和破灭了的希望，谈论这些迷宫般的经历不符合当下的主题。在那些年头里，卡尔霍恩聆听了伦道夫辛辣的激情言说，起初带着顽固的敌意，很快就有了如梦初醒般的确信；随后，1824年的关税就像地表上的大裂缝一样展现在卡尔霍恩面前，于是他明白了：早年的他不幸误解了政治的性质和国家的趋势。他曾以为，美利坚合众国受到一种善意的大众理性（popular reason）的引导；现在显而易见的是，如果说理性在新关税的立法中发挥了作用，那么，它也是经过算计的恶意的理性，旨在掠夺一个地方的民众，以利于美国另一个地方的某个阶层的人们。卡尔霍恩并非狭隘的特殊主义者；他曾认同1812年的民族主义追求，可是在这里，他看到的是无耻的征税和对南方权利的蔑视，只是为了让立法有利于国会多数的选民们。卡尔霍恩曾以为，宪法是阻止地区或阶层压迫的稳固保障，而现在的情形似乎是，由于自私的利益团体足够强大，多数派为实现其目的会扭曲宪法。卡尔霍恩曾以为，诉诸民众的正义感（sense of right）能够矫正偶尔的立法不公，而现今很难否认的 147
是，投票赞成1824年关税的国会议员只是在满足他们所代表的民众的贪欲。

卡尔霍恩这样的人在考虑问题时严肃持重。他没有立即转向支持伦道夫夫并开始反抗；不过，随着时间的流逝，卡尔霍恩开始坚定不移地反对乐观主义、平等主义、世界向善论（meliorism）和杰斐逊式民主。很快，他就超越了伦道夫。卡尔霍恩热切地渴望名声与职位，可是，他没有把这些东西看得比他的良心还重要：因此，他放弃了自己的全国性名声，以捍卫他的州、他的地区、他的团体以及美国乡土社会的传统。“就我的理解以及对它的认可而言，民主要求我为大众牺牲自己，而不是让自己牺牲在他们手中。谁会不知道，你如果要拯救民众，就必须经常反对他们？”[22]卡尔霍恩认为他可能会拯救另外的某个东西：合众国。不可否认的是，卡尔霍恩的所有这些愿望都落空了。但是，他确实成功地让失语且不知所措的南方保守主义有了自己的政治哲学；而且他毫不含糊地阐明了这个可怕的问题：傲慢的多数的意志对个人和群体权利构成的威胁。

卡尔霍恩以简洁坚定的语调宣称：“如果除去一切遮掩，那么，问题的核心就是，我们的政府是联邦制的还是集权化的；是宪政的还是专制的；最终依凭的是各州主权的坚实基础还是多数的不受约束的意志；其形式是否如所有不受制约的其他政府形式那样，最终在其中具主导地位的一定是不义、暴力和武力。”[23]卡尔霍恩说，他这里所谈论的不仅是南卡罗来纳，甚至不仅仅是南方各州：一旦多数人随心所欲地对待少数人的绝对权力获得认可，没有哪个地区或阶层的自由是安全的。在迫使南卡罗来纳屈服之后，通过可恶的关税和武力法的那些利益集团会接着有其他的侵占举动。他预计北方城市会有类似的对产业工人的盘剥：“在我们筋疲力尽之后，竞争会在资本家和工作人员（operatives）之间展开；其原因是，它最后一定会将社会分裂成这两个阶级。这里的斗争问题一定雷同于欧洲一直以来的问题。根据这一体制的运作特点，工资下降的速
148 度一定快于生活必需品价格的下跌速度，直到留给劳工的那部分劳动成果仅仅足以维系生存。就当下来说，承受压力的是我们这个地区。”[24]这些话写于1828年，比《共产党宣言》的发表早了20年，其作者是希

尔要塞（Fort Hill）的那位保守的种植园主，而他给原有的农业利益集团和新兴的工业利益集团以及刚开始出现的产业劳工大众的警告是，当法律被用来压制任何阶层或地区时，宪制的终结就不远了，其被残酷无情的力量取代也就不远了。如此这般，约翰·C. 卡尔霍恩的农业保守主义，促请代表北方庞大制造业利益的亚历山大·汉密尔顿的工业保守主义来看一看未来的前景。

为寻找现实的解救办法，卡尔霍恩转向了源自杰斐逊以前的弗吉尼亚和肯塔基决议案（Virginia and Kentucky Resolutions）的联邦法令废止权：州可以反对显然违宪的任何国会立法，拒绝让该法令在其辖区内生效，并吁请其他州支持援助。这样一来，曾通过压迫性法案的肆无忌惮的多数就可能慎重对待法律的效力，并被迫收回他们的主张。显而易见，联邦法令废止权的理论充满了事关国家生存的危险，而约翰·伦道夫则告诉其选民，“联邦法令废止权是无稽之谈”——州不可能同时在合众国之外和之内。杰克逊总统刚直无畏的脾性差点让事态演变成兵戎相见——南卡罗来纳会因此被彻底击垮，而亨利·克雷（Henry Clay）这时提出的妥协方案（得到卡尔霍恩不情愿的背书）则忽略了争执中的原则问题，并以削减关税的方式在随后若干年里掩盖了巨大的问题。

卡尔霍恩明白他失败了；在他余下的18年生命中，他痛苦地寻索着某种调和多数人主张与少数人权利的符合法治的手段。联邦法令废止权仅仅在这一点上取得了成功：它证明了只有权力才能成功地反对权力。然而，文明政府的精髓在于，它不依赖权力，却依赖认可。少数人的权利能够经调整适应这一伟大的认可原则吗？如若不能，政府就成了强制。卡尔霍恩说，其中的理由是，就其本质来说，创设政府的主要目的是保护少数人——数量上、经济上、区域上、宗教上或政治上的少数人。占优势的多数人不需要保护，而且即便没有合宜的政府，他们也能以原始状态存在：他们有赤裸裸的武力用来保护自己。宪法制定者已经意识到政 149

府是少数人的避难所，而且尽了最大的努力，通过对联邦权力的严格限制和权利法案的额外保障来予以保护。这些还不够：

> 除了某些例外，我们的所作所为就好像中央政府（General Government）有权利不受限制或制约地解释它自己的权力；尽管很多条件有利于我们，而且在体制的运作下极大地阻碍了事态的自然进程，可是，不论我们朝哪个方向看，我们都已看到越来越多的失序与败坏的征兆——帮派、贪心和腐败的增多，以及爱国主义、公正品质和无私精神的退化。我们在年轻人中见识到涨红的脸颊和短促焦躁的呼吸，这象征着命运攸关时刻的到来；除非有迅速激烈的变化，否则它肯定会到来——也即回归伟大的保守主义原则；这些原则曾让共和党赢得权力，不过，在享有了权力和财富时，共和党已早早忘记了它们。[25]

“保守主义原则”——由此可知，早在1832年，卡尔霍恩就开始注意到，是一种比“自由主义”“进步”和“平等”更为有力的必然要求。要想奏效，这些保守主义原则就必须是激进的——它们必须探究事务的根源；不过其目的是保守自由、秩序与人们所钟爱的宁静的古老样式。虽然美国习惯于在哲学探索上依赖于英国，但英国改革法案出台的那一年，卡尔霍恩正在谈论美国的“保守主义”。人们就此可以窥见一位孤独、有力、伤感的思想家的先见之明：他的思想穿透了政治上转瞬即逝的讨价还价的阴霾，指向一种社会动荡和道德荒芜的前景。

在接下来的18年里，卡尔霍恩在他冷静的苏格兰—爱尔兰人的大脑里反复体会这些难题；在他死后次年出版的两部论著将他的思考浓缩成像加尔文的《基督教要义》那样有力连贯的样貌。在1843年7月3日致威廉·史密斯（William Smith）的一封信中，他令人信服地表达了他的核心观点：“真相是，不受制约的人头上的多数人的政府，不过是专制独裁的大众政府形式，正如不受控制的一人或少数人意志下的政府形式是君主制或贵族制；而且往最好了说，它的压迫和滥用权力的倾向与另两者同样强烈。”[26] 民主政府怎样才能符合正义？《论政府》（*A Disquisition on Government*）一文试图就这个问题给出一个总括性答案；《论美国的宪法和政府》（*A Discourse on the Constitution and Government of the United* 150
States）则将这些一般性原则应用于19世纪中叶美国的紧急事态之中。

帕林顿以他时不时展现出来的栩栩如生的笔调评论道：“不管一个人走的是哪条道路，他最终都会遇到严肃质朴的卡尔霍恩，因为后者引领着南方思想的每一条理路。他让父辈们的哲学接受批评性的分析，指出他认为错误的地方，抛弃其中最为神圣的某些信条，为他认同的民主信念提供另一个根基。在他完成伟大的重建工作时，曾让弗吉尼亚感到心满意足的那种老派的杰斐逊主义已衰败得七零八落，卡尔霍恩的追随者们承认它是一种错误的哲学思想，被浪漫理想主义蒙蔽，且被法国的人本主义（humanitarianism）引入歧途。”[27] 于是，卡尔霍恩完成了伦道夫批驳杰斐逊的抽象平等与自由的工作——杰斐逊曾认为这两种权利是互补的。卡尔霍恩也认同伦道夫提出的警告：无情的多数操弄实证法内含着独裁倾向，要努力设计出一种针对数量优势的有效的制约办法。

这位来自南卡罗来纳的老迈的参议员写作速度很快，因为他意识到自己来日无多，他也没有努力遵循约翰·亚当斯研究独断权力之有效约束机制的历史方法。“我建议的范围要小得多：就是解释政府的组建要基于何种原则，才能以其自己内部的结构——或者用一个词来表述，有机组织（organism）——来抵御滥用权力的倾向。这种结构或有机组织，便是宪制在严谨和通常含意上皆包含的东西。”[28] 由于“有机组织”一词此后在所有关于国家问题的讨论中都具有了重大意义，他便起到开创性的作用；接着，他沿着同样现代化的方向继续前进。他完全弃绝了政府协定论，就像伯克（他对该短语的修辞性改动例外）和约翰·亚当斯那样；政府不仅关乎我们的选择，更像是我们的呼吸，事实上是必须要有的东西。人在其中独立于同胞而生存的“自然状态”从来就不曾存在，也永不可能会存在。“他的自然状态是社会性和政治性的状态——是其造物主创造他时设定的状态，而且是他能在其中维系和改善其种群的唯一状态。”可是，宪制远远不是必然会有的东西，而一定是精妙的技艺的产物；如果
151 没有这种小心翼翼的建构，政府的目标就必定会受到极大的破坏。“宪制是人为设计的产物，而政府源自上帝的命定。人只能完善无限者（Infinite）所命定的东西。”

因此，真正的宪制总是基于保守主义原则：它们是一个民族奋斗的产物，也一定是从共同体的内部孕育出来的；人类的理智不足以抽象地建构它们。它们是自然长出来的；从某种意义上说，它们是经由民众表达的上帝的声音。但是，自然和上帝借着历史经验发挥作用，而且所有健全的宪制都有效地体现出妥协的成就。它们协调了共同体内不同利益集团或部门之间的相互关系，以避免无政府状态。“不管它们属于哪种类型，所有的立宪政府都以共同体各组成部分为单位体现共同体的意向——各个部分都以适合自己的机制为凭，并视所有组成部分的意向为整体的意向……因此，不同政府间明显的重大差别不在于一人、少数人或多数人政府的区别，而在于立宪和专制政府的区别。”[29]

所以，我们不应以其公民的抽象平等来评判一个国家的治理是否公正自由；真正的问题是，个人与群体的各自利益是否得到某种基于妥协的宪制的保护，免受君王或多数人的侵犯。（举例来说，）如果政府以不平等的财政措施将共同体分裂成两大阶层：有人缴税，另有人获益，这就是暴政，不管它在理论上如何平等。这样，卡尔霍恩就推导出共识性多数（concurrent majorities）的理论，这是他对政治思想的最为重要的独特贡献。真正的多数（如果以最为简洁的方式来阐述这一概念）不是简单的

数人头，而是利益的平衡与妥协；所有重要的民众群体就此达成共识，都觉得他们的权利受到了尊重：

> 能够体现共同体意向的有两种不同的方式：一种是仅仅依靠单纯的投票权；另一种是靠以适当的有机组织为中介的权利。每一种方式都能测知多数的意向。但是，一种方式只看重数量，将整个共同体视为一个单位，且方方面面只有一种共同的利益。其测知的是占全部人头一半以上之人的意向，并以此为共同体的意向。另一种方式则反其道而行之，同时看重利益群体和数量，而
> 且就政府的措施而言，认为共同体由相互冲突的不同利益群体组 152
> 成；将每个群体通过多数或适合它的机制展现的意向，以及所有群体的集合意向视为整个共同体的意向。我将前一种称为数量性或绝对多数，将后一种称为共识性或宪制上的多数。[30]

卡尔霍恩不屑一顾地拒斥了被蛊惑人心者称作“人民”的抽象说辞。作为一个有着相同一致利益的团体，“人民”是不存在的：它是形而上学家的幻觉。事实存在的只有个人与群体。针对数量性多数的民意调查企图搞明白民众的意向，可是它不可能弄清真正多数的意向：因为在这样的安排下，重要群体的权利可以被完全忽视掉。在其《论美国的宪法和政府》一文中，卡尔霍恩所引的这种不义之例是，单纯的数量性多数倾向于将所有权力都聚拢于城市人口的手中，但这事实上会剥夺掉农村地区的权力。“人口的相对影响力既取决于处境，又取决于数量。举例来说，比起乡村分散稀落的同样数量的人口，城市里聚集的人口总是会因其分布方式而对政府有着大得多的影响力。聚集在两平方英里城市中的十万人所拥有的影响力，远远大于分散在两百平方英里土地上的相同数量的人……所以，按人口比例分配权力实际上最终是将政府的控制权交给城市，就

是让乡村和农业人口屈从于通常是聚居的那种人口模式，并最终成为人口中的废物。”[31]这些话真是意味深长。

总体上说，卡尔霍恩的观点类似于迪斯雷利，即选票不仅要计算数量，而且要考虑其分量；不过，卡尔霍恩建议不仅要衡量具体个人的每张选票的分量，而且要衡量一国内大型群体各自的意愿。他提议纳入考量的有不同的经济部门、地理分区以及可能的其他独立的利益群体；它们可以凭借相互间的否决权（negative）或者共同享有的否决权来保护自己免受对方的侵害。“构成宪制的实际上正是这种否决权，也即阻止或控制政府作为的权力——随便以什么词语称呼它都行：否决权、提出异议之原则（interposition）、废止权、制约或权力的平衡。它们都仅仅是否决权的不同叫法而已。”[32]这种安排也许会招致波兰式自由否决权
153（liberum veto）所造成的那种僵局；不过卡尔霍恩相信，共同的利害关系将促使这些主要的利益集团或群体不去小肚鸡肠地干预事态的进程。的确，行动的速度会慢下来，不过作为补偿，道义的力量会增强，因为和谐一致以及对免于压制的安全保障的信心让这种国家卓尔不群。在他的两篇论述中，卡尔霍恩都没有试图精确地勾勒出美国政府的重组蓝图，尽管他暗示，复式行政机构（plural executive）可能是实现其意图的一种手段：两名行政长官分别代表特定的地区，并开展特定部分的行政事务，比如外交或国内事务，不过，批准国会立法需要这两位长官的同时认可。卡尔霍恩声言，落实有益重组的真正责任在于北方，因为压迫性关税和反奴隶制的煽动源自那里；既然北方已开启这一事态的演变过程，它就应准备提出解决方案。

卡尔霍恩继而说明，在采纳了共识性多数原则的国家，民主体制会更加安全，而且在这种条件下，投票权可以得到更加广泛的扩充，超出审慎行事本来能够许可的范围。“但是，在那些遵循数量性多数的国家，选举权在做这样的扩充时会让它们最终处于共同体中更无知、依赖性更强的那

部分人的控制之下。”在共识性多数理论获得主导地位的地方，富人与穷人不会各自蜷缩在对立的阵营里，而会在他们各自地区和利益群体的旗帜下同舟共济；阶级斗争会因利益共同体的确立而得到缓和。

在这一点上，卡尔霍恩有点偏离了绝对自由与真实自由的问题。他说，对共识性多数原则的应用将使得各个部分或地区能够根据其具体需要建构其体制；数量性多数一般会将标准化的武断模式强加于全体国民，这是对社会自由的干犯。政府有两个目的：保护和改善社会。历史渊源、人口的特性、物理风貌以及众多的其他环境条件让一个地区自然而然地有别于另一个地区，因此，保护和改善这些独立社会的手段也一定各有不同。这就是与一致性理论相反的多样性理论。卡尔霍恩呼应了孟德斯鸠和伯克。 154

自由和安全对人的进步是必不可少的，任何社会的自由与安全的具体程度和规则应由各个地方决定；每个群体对他们自己的需要最为了解。“事实上，自由虽然是上帝最为重要的恩慈之一，其重要性却比不上安全保障；原因是，前者的目的是人类的进步与改良，而后者的目的是人类的永久延续。因此，当这两者发生冲突时，自由必然也应该迁就于安全保障，因为人类的生存比其进步更重要。”[33] 卡尔霍恩在这里拐弯抹角地谈到南方奴隶制的危险，不过，他是以泛泛而谈的方式恰如其分地表达了自己的观点。有些社群为了自保，需要比其他社群更多的权力；凭借共识性多数或者相互否决权的理论，这些地方性的不得已的诉求得到了认可。

很快，自由本身成为卡尔霍恩的论述对象，而且他与杰斐逊的理论彻底地一刀两断。对不适合自由的民族来说，强加给它的自由是一种诅咒，会造成无政府状态。并非所有民族都同等地配享自由，因为自由乃是对我们“智识和道德进展的难能可贵的最高奖赏”。如果纯粹的平等意指**条件**的平等，自由与完全的平等远远谈不上不可分离，反倒是不能兼容的；而且如果没有进步，自由就会退化：

> 所以说，既然个体相互间在才智、聪敏、活力、耐力、技能、勤俭习惯、体力、地位和机会方面有很大的差异，让所有人都自由地靠自己拼搏以改善自身状况的必然后果是，在可能较多地拥有此类品质和优势的人与可能在这些方面有所欠缺的人之间，就一定存在着相应的不平等。能够避免这种结果的唯一办法是，要么对可能更多地拥有此类特质的人的努力施加某些限制，以使他们与没有此类特质的人处在同一个水平上；要么剥夺他们努力的果实。可是，对他们施加这样的限制会毁掉自由，而剥夺他们的努力果实则会摧毁改善他们处境的愿望。实际上，在进步的征程中，正是领头者与落伍者之间的这种条件的不平等赋予了如此强有力的动能，让前者保持他们的位置，并让后
> 155 者努力进入到前者的行列。这让进步有了最大的动能。凭借政府的干预，强迫领头者回到队伍后面或者试图将落伍者往前推到领头者的行列，会消灭掉动能，并有效地遏止进步的征程。[34]

这种论述直指问题的要害，是政论文献所能提供的对潜藏于平等集体主义之中的社会惰性的最为切中肯綮的批评。“这些危险的重大错误根源于所有人生而自由平等这一广为流行的观念；没有什么比这种观念更加没有根据，更加错误。”他意在将他的论述具体地应用于黑人奴隶制问题，不过，人们可以将这些论述抽离出其暂时的用途，并以它们配合我们今天的保守主义信念。

所以，对自由与安全的评估与应用，应基于对实际的地方性因素的考量，而非基于抽象的普遍权利诉求。最能保障真正自由的是共识性多数，与自由共存并孕育自由的进步动力在，也只有在共识和谐下才最为充沛旺盛。不过，这种治理安排有任何可能性吗？庞大的利益集团不是太过多元而无法达成共识吗？协议的达成不是太过拖沓而让政府无法采取有效率的

行动吗？卡尔霍恩相信他们能应对这些反对意见。现实必要性会提供足够的动力。组成陪审团的十二个人难道不能达成共识吗？相互妥协的需要不会推进普遍的好感吗？作为最了不起的历史范例，这种否决权难道不是罗马共和国必不可少的特色吗？卡尔霍恩相信，所有障碍都能被践行和忍耐克服掉。

卡尔霍恩说，有些人可能会以这种说法作为反对的理由：自由媒体可以实现寄望于共识性多数原则的所有好处。对新闻出版物的这种夸大认知在20世纪可能显得可笑，因为媒体没有遵循19世纪的乐观主义者为其规划的前进路线；不过，卡尔霍恩严肃地回应了这一说法。他的论述是对其整个共识理论的恰当总结。

> 所谓的公共舆论非但不是整个共同体的集体意见，通常反倒仅仅是最强势的利益群体或利益集团联盟（combination of interests）的观点或声音，而且经常是整体中占少数但积极有力 156
> 的那部分的观点或声音。与政府及其政策有关的公共舆论，就像共同体中各利益群体一样分裂多元；而媒体非但不是整体的工具，经常反倒仅仅是各种各样的多元利益群体各自的工具，或者毋宁说是从其中发育而来的政党的工具。它被它们当作控制公共舆论并借此影响公共舆论的手段，以扩展它们各自的利益并帮助开展党派斗争。可是，在基于数量性多数的政府中，它作为党派工具与手段也和选举权本身一样，无法抵御压迫的倾向与权力的滥用；而且同样无法取代对共识性多数的需求。[35]

这些确实是内涵丰富的大胆见地。卡尔霍恩的《论政府》很容易招致通常针对具体的政治改革方案的许多反对意见。他急忙回避那些难缠的反对意见，完全拒绝清楚地描述如何才能将这一原则付诸实施，而且对于这些理念所能取得的任何直接的实际果效，他确实不抱什么希望。不过，在我们这个时代广为流行的宏大改革规划中，如马克思主义、费边社会主义、分配主义、工团主义（syndicalism）、生产计划，这些缺陷就更加显而易见了。卡尔霍恩不是在扮演莱克格斯的角色；他在论述一项哲学原则，而且是美国保守主义一直以来所提出的最富智慧和生命力的观念之一。共识性多数本身、基于地区和利益而非单纯人数的公民代表方式、有关自由是文明的产物和美德的奖赏而非抽象权利的认知、道德平等与条件平等间泾渭分明的区别、自由与进步的关联、对以数量性多数为伪装的阶层或地区霸权的强有力的反击——这些启人深思且能够应用于当前时代的观念，让卡尔霍恩与约翰·亚当斯一道成为美国最为杰出的两位政治评论家。卡尔霍恩证明了保守主义既能预测未来也能表达不满。

4　南方人的英勇气概

伦道夫沉郁的热诚退化为贝弗利·塔克之《党派领袖》（*Partisan Leader*）中的暴力；接续卡尔霍恩严谨逻辑的，则是为期十年的好勇斗狠，然后是冲突的大爆发。就保护旧南方而言，他们的保守主义显得无能为
157 力——它实际上加速了南方各州卷入内战的进程，而内战在五年时间里对南方社会的戕害超过了北方在国内为期三十年的独霸地位所能达到的效果。在联邦法令废止权事件之后，南方令人压抑的紧张气氛不利于严肃的思考，重建过程中难以摆脱的灵性与物质的贫乏阻抑了任何像样的智识上的保守主义。1865 年以后，引领南方的只有模模糊糊、小心谨慎的情绪，再加上对黑人的普遍不信任以及物质资源的贫乏，放缓了社会变化的速度。现代的南方不能说有意识地遵循了任何保守主义的理念，

只有面临着各种被腐化危险的保守本能，而这种种被腐化的危险在一个文化昌盛的时代是未经原则阐明的本能都会遇到的。对州权的热爱、绅士的职责以及社会的传统，这些伦道夫与卡尔霍恩所倡导的东西在李将军（General Lee）身上得到最完美的体现；不过这些理念和李将军一起在阿波马托克斯败给了更强大的武力。那些原则的政治代言人是一位比李将军逊色的干练之才，不过仍极富勇气和威严，他就是杰斐逊·戴维斯（Jefferson Davis）先生。八十年后，南方之种种本能的逐渐粗俗化，让西奥多·比尔博（Theodore Bilbo）先生这样一个人占据了曾属于戴维斯的密西西比参议员席位。

伦道夫和卡尔霍恩没有真正配得上他们的门徒，这些门徒也没能拯救种植园主社会。南方人的那些担忧与成见，被伦道夫飘忽不定的璀璨才华凝练为带有贵族风格的自由放任主义，被卡尔霍恩严谨的智慧浓缩成一份法律辩护词，却挣脱了这两位孤独的思想家曾借以控制其火爆能量的纤细的链绳。南方民众迸发的热情被源于北方工业主义和国家主义（nationalism）的更为盛气凌人的暴力击得粉碎；自此以后，南方人就头晕目眩地摸索着穿越现代世界的黑暗森林，闷闷不乐地猜忌着本来不是为他们那样的人打造的机械化时代。

的确，绝大多数南方人对伦道夫和卡尔霍恩之理论的理解，从来都仅限于他们对奴隶制的辩解以及通过州权对它的辩护。这些政治家所阐明的更为精妙、更有持久性的保守主义细节——对大众幻想的不信任、对体制连续性的担忧、对使人高贵的自由的热诚——已不为普通的南方
人所了解。在南方自身内部，主宰各地美国人生活的那种导致均平化的 158
革新冲动在无情地发挥着作用，与此同时，南方的代言者以敷衍态度对待弗吉尼亚的那位雄辩家和卡罗来纳的那位先知。一系列的州制宪会议——弗吉尼亚 1829 年至 1830 年的制宪会议只是其中的开端——清除掉那些对财产的保护措施、那些微妙的权力制衡机制，以及伦道夫与卡

尔霍恩称赞的那些妥协带来的好处；新宪法体现了教条主义变革的胜利。1835 年的北卡罗来纳、1836 年的马里兰、1839 年的佐治亚；以及 19 世纪 50 年代的第二波变革，它波及了 1850 年至 1851 年的马里兰和 1850 年的弗吉尼亚（这是第二次）；乃至佐治亚宪法在此后这些年中的大变动（采用的是宪法修正案的形式）——大众的这些胜绩带来了抽象政治权利的更大的平等，但几乎没有带来更多的自由。在后起的南方各州——阿拉巴马、密西西比、路易斯安那、田纳西、肯塔基、佛罗里达，民众对平等与简单化的诉求没有遇到有效的反对。于是，这一切都畅通无阻了：重建年代的激进宪法、后来的受辱与反击，以及南方政治生活受到的长久的打击。

诚然，由于只是一种全国性趋势的地方表现形式，政府的民主化和简单化并非仅限于南方；纽约的首席法官肯特（Chancellor Kent）抨击它的激烈程度堪比弗吉尼亚的伦道夫。南方的种植园主—贵族抵御这种感性潮流的能力与北方联邦党人及继承他们的辉格党人一样不堪。托克维尔针对美国人修宪与社会均平化热情的分析无人可及。这是一个民族自我膨胀的冲动，因为这个民族与传统社会的联系几乎已被切断，而且广袤分散的新土地削弱了他们对地方官员和权力机制的尊重；卢梭、潘恩，甚至杰斐逊所做的不过是为这种昂扬奋进的社会冲动提供了华丽的虚饰。最为重要的是，在 19 世纪一切都在变动的时期，美国居主导地位的是**物**（things）。伦道夫和卡尔霍恩可以将南方打造成一个区域整体（section），可以鼓动南方人捍卫他们自己的经济利益，可以将中央集权对那个独特体制（Peculiar Institution）* 的威胁铭刻在民众的想象之中；不过，即便在一个像南方诸州
159 那样如此倾心于古旧风俗的地区，他们的才干也不足以让更深邃的保守主义观念重获生机。集权、世俗化、工业主义和均平化是 19 世纪所有地方

* 指南方的奴隶制。

社会创新的特点，他们没能有力地阻止诸如此类的趋向。

伦道夫和卡尔霍恩都非常敏锐地察觉到传统所受威胁的性质，不过，他们为反对这些革命性力量所能做的，也只是发出孤独的预言，并在南方普罗大众中激起一种粗糙混乱的特殊主义精神。这是不够的。尽管有其头脑和心灵上的缺陷，南方——在 19 世纪的文明社会中，它是独一无二的——有足够的勇毅以武力反抗冷冰冰的新秩序，因为某种模糊不清的本能悄悄地告诉南方人，这种新秩序敌视他们所理解的那种人性。格兰特（Grant）和谢尔曼（Sherman）将他们的勇气碾得粉碎，黑奴的解放与重建运动（Emancipation and Reconstruction）破坏了以前南方社会的松散结构，经济上的压迫击垮他们，使他们成为现代的生产机器。伦道夫与卡尔霍恩之政治哲学所获得的成功，持续时间要短于任何其他政治哲学。

然而，他们这两位富有献身精神的南方领袖值得让人怀念——伦道夫值得怀念的地方是他高洁的想象力，而卡尔霍恩值得怀念之处是他严谨的逻辑。他们证明了这一真理：比起单纯的对股份和红利的辩护，保守主义有着更为深刻的内涵，而且这种内涵比单纯地害怕新事物更加高贵；他们的论述乃至他们的失败都揭示出，经济变革、国家政策以及脆弱的社会安宁机制是如何精妙地相互联系的。也许，对于伯克经常夸赞的保守主义的那种具有超越性的审慎美德，伦道夫、卡尔霍恩和南方其他政治家还没有加以充分利用。不过，他们引发了强烈的反响：在现代美国生活的这个烟雾缭绕的巨型舞台上，命运已定的南方保守主义以习俗性权利之名义所发动的斗争，其回声还没有消散。160

第六章　自由保守派人士：麦考利、库珀、托克维尔

你捍卫作为我们欧洲源远流长的社会体制之根基的保守主义原则，以及依附于这种体制的自由与个人责任；你尤其捍卫了财产制度。你非常正确。你几乎无法设想没有这些基本法律的生活，我同样不能设想。

不过我承认，这个古老的世界在我看来几近精疲力竭，而我们都无法看到它之外的东西。历史悠久的巨型机器好像日甚一日地陷入混乱状态；尽管我不能预知未来，我对当下之连续性的信心也已被动摇……但是，诚实之人的责任不会减弱：坚守他们所理解的唯一体制，倘若他们没有看到更好的体制，就宁愿为它而死。

——托克维尔致格罗特夫人（Mrs. Grote）

1850 年 7 月 24 日

1　伯克对自由主义的影响

我们现在来看看外邦人。19 世纪末，英国和美国的“自由主义”开

始了与集体主义的调情，而且自此以后，（作为一场运动的）自由主义就几乎毫无保留地屈从于赫伯特·斯宾塞（Herbert Spencer）所谓的“新托利主义”的思想诱惑。我们面临的危险是，忘记以前的自由派人士是如何强烈地认同**自由**。19 世纪中叶之前的政治自由主义（不管如何评价经济自由主义）算得上是保守主义：它旨在维护自由。那些较为杰出的自由派人士都受到伯克精神的感染。在他们那个时代的平等精神中，在迈向全能政府的趋势中，他们预见到对个人自由的严重威胁——甚至是对真
161 正人性的威胁。麦考利对英格兰自由保守主义思想的研究可能是最为引人入胜的；芬尼摩尔·库珀（Fenimore Cooper）将美国的这些要素结合在了一起；而阿历克斯·德·托克维尔（Alexis de Tocqueville）比他在本章中的同人要重要得多，也许是 18 世纪末以来唯一一位一流的社会思想家，他努力将伯克曾翻来覆去证实的那些延续至今的古老价值观与不可阻挡的社会趋势协调起来。

这三位自由保守派人士都受到伯克的影响。麦考利是伯克最为热情积极的颂扬者之一，托克维尔的论著中到处都是伯克的观念。很长时间以来，埃德蒙·伯克对 19 世纪自由主义思想与保守主义思想都有同样巨大的影响；个人性与地方性自由、对政府范围的限制以及明智的改革——所有这些对自由派人士意义重大的观念都是由伯克升华为原则的。格莱德斯顿像迪斯雷利一样认真研读伯克的作品，而且有几年时间，这两位中的哪一位会成为托利党未来的领导人，是不明朗的。麦考利认定年轻的格莱德斯顿是托利党冉冉升起的明星，便在《爱丁堡评论》中敲打他；格莱德斯顿也从不否认受伯克思想的影响。（格莱德斯顿说，在他处理的五个大问题中，伯克在其中四个问题上是对的——不过例外是法国革命。）[1] 自由派人士对那位伟大的辉格党人的这种感情，反复出现在白哲浩、莫雷、比莱尔和伍德罗·威尔逊的著述中，阿克顿无法抑制自己心里的这种感情，而且这种感情还在诸如拉斯基之类的集体主义者心中荡

漾。伯克教导自由派人士，自由不是被创造出来的新玩意，而是需要维系的传统。麦考利在下院发表的最后一次重要演讲中说：“我既是自由派政治家，也是保守派政治家。”

而且伯克还教导了他们很多其他东西。他让他们在思想上更加谨慎地对待私人财产，并更加怀疑任何不基于财产利益的政治权力。他提醒他们，一个“民族”并非由头领指挥的个体的简单集合。伯克对政府（Government）的敌视几乎与他对国家（State）的尊崇一样显而易见，而自由派继承了他的理想型政府理念：政府要尽可能地、审慎地缩小管制的范围，而且很少动用它预留的权力。自由派努力地将诸如此类的政治智慧应用于19世纪的问题之中，应用于民主与工业主义的巨力之中，应用于一个教区牧师和乡绅正屈从于诡辩家和计算器的时代。 162

有时，麦考利和库珀就像托克维尔和格罗特夫人在本章开头段落所表现的那样，愿意承担维护者的角色。原因是，自由派人士一般来说都担心未来。纳索·西尼尔（Nassau Senior）、格罗特夫妇以及约翰·斯图亚特·密尔——他们都是托克维尔的友人——怀疑民主是否能够与自由相协调。下一代的自由派人士开始将平等置于自由之上——人们可以在马修·阿诺德身上看到这一趋势。社会理论思考的这种结果让本章所讨论的三位伟大的自由派人士感到恐惧，而且这种危险促使托克维尔写下了很可能永远是有关民主制度的最富有智慧的论著。选择麦考利是为了让他在这里代表英国自由主义中的保守主义要素，这既是由于他出众的才华，也是因为他的不足代表着现在几乎已将自由党（Liberal Party）彻底摧毁的那些困境。库珀是美国人中最为率真的思想家，主张升华性民主（democracy of elevation），反对堕落性民主（democracy of degradation）。托克维尔是本书详细考察的既非英国人也非美国人的唯一一人，将他囊括进来的原因是，他对盎格鲁—美利坚的传统非常了解，他对这两个国家都有很大的影响力，以及他是伯克之后独一无二的社会评论家。与社会辩证法的一般命运截然相反的是，他们的观念在 20 世纪赢得的影响力甚至大于他们最初拥有的那种影响力。

2 麦考利论民主

> 很长时间以来，我一直确信，纯粹的民主体制或早或晚注定会毁掉自由或文明，抑或两者兼有。在人口密集的欧洲，这种体制的影响几乎是立竿见影……要么穷人侵夺富人，文明消失，要么秩序与繁荣被强大的军政府挽救，自由消失。
>
> ——麦考利致 H.S. 伦道尔（H.S. Randall）
>
> 1857 年 5 月 23 日

富兰克林·罗斯福总统有时在挑选代笔人时运气不佳，他曾指责上面这段话诋毁了美国民主的良好名声，嘲讽“那位英国托利党人麦考利勋爵”的错误预言。（尽管幽默不是他的强项，）托马斯·巴宾顿·麦考
163 利（Thomas Babington Macaulay）可能会暗自得意于他对民主体制下文明之未来的担忧在无意间被证实：美国的某位总统会将这位辉格党中的辉格党人误认为是托利党人，该总统对全世界民主建制的内部退化茫然无知，而且该总统无事生非地强调“麦考利**勋爵**”——因为麦考利是一位明显不像贵族的贵族，在其 59 年的寿命中有 57 年是平民。麦考利犯过错误，但没有犯罗斯福总统自认为揭示了的那个具体错误。

每一个人都将麦考利与伯克加以比较，当然，有意思的是，他们的才华与职业生涯有相似性。属于另一巧合的是，两人都大量接触过印度问题，而且都是以改革者的身份——不过是不同类型的改革者。伯克的改革旨在革除在印度的英国人的任意妄为和贪婪，保护印度人当地的法

律、习惯和宗教。对他来说，习俗在马德拉斯与在比肯斯菲尔德一样具有正当性。这种宽宏大量不属于麦考利；麦考利带着自由派人士中常见的那种急不可耐认定，适合于一个民族的制度和观念轻易就能嫁接——或铆接——到另一个显然不同的民族身上。1835 年，麦考利被任命为在印英国当局的公共教导委员会（Committee of Public Instruction）的主席，该委员会之前曾因下述问题出现五比五的分歧局面：政府应继续鼓励东方式教育，还是应反过来，“在当地人中推广欧洲人的文学与科学”。麦考利有关这个问题的判决记录在很多方面有着 19 世纪自由主义观念的善辩与肤浅的特征。[2] 伯克在类似处境下会展现的那种对敬畏心、谨慎调研以及尊重公共权利的关注，统统遭到麦考利的冷落。在他的建议下，威廉·本廷克（William Bentinck）勋爵下令，西方化应全盘根除印度的传统文化。对印度人自此以后所遭遇的灵性与思想混乱进行追根溯源，既沉闷乏味，又让人沮丧。E.M. 福斯特（Forster）为我们描述了最终的结局。对于将印度人转化为英国人，最好是自由派的英国人，麦考利似乎没有察觉其中的困难。麦考利的失误不过是 19 世纪殖民者和征服者的普遍失误，而且很少有殖民当局不犯这种错误；不过，做出这种举动的人却有着 164
被引入歧途且反复无常的保守本能，而且他的保守本能对他正帮助引领的世界感到震惊。这是一个与伯克分道扬镳的世界。

在他自己的那个荒凉时代（Bleak-Age）的英格兰，麦考利对其中社会原因与社会后果之间关系的理解也差不多同样缺乏辨别力。终其一生，他对产业人口的膨胀表现出越来越大的不安，对他们潜在的政治影响力和他们的道德状况感到恐惧；可是，没有人比他更热烈地颂赞工业化、城市进步、机械化和所有类型的集中化。这种自相矛盾具有十足的自由派色彩，因为除笼统地相信普及化的公共教育以及更多的以毒攻毒办法——也即更有效率的工业生产——之外，曼彻斯特没有提出什么解决办法。在《爱丁堡评论》中，麦考利以声嘶力竭的嘲讽口吻淹没了骚塞《论社会》

（*Colloquies on Society*）中的温情主义（paternalism）；但是，讽刺治愈不了无产阶级的癌症。两代人之后，骚塞的托利派提议变成了社会主义的方案。无产者不会因被迫稀里糊涂地完成公立学校的教育，或每夸特谷物的价格下降五先令而不再属于无产阶级。“如果我做出下面这些预言：这些岛屿上的人口将在 1930 年达到五千万，而且吃的、穿的和住的都比我们这个时代的英国人更好；萨塞克斯（Sussex）和亨廷顿郡（Huntingdonshire）将比现在的约克郡西莱丁（West Riding of Yorkshire）最富裕的部分还要更富有；像花园一样产出丰富的种植业将被扩展到本内维斯山（Ben Nevis）和赫尔维林山（Helvellyn）的峰顶；根据尚未发明出来的原理建造的机器将进入每一个家庭；除铁路外，没有别的交通干线，除轮船外，没有别的旅行工具；我们的债务虽然在我们看来好像很多，但对我们的孙辈则是微不足道的负担，可以在一两年内轻易偿还——很多人会认为我们疯了。”[3]就人口和债务而言，麦考利的预言相当精确；但是，就其余大部分内容来说，他没有目睹 1930 年毫无辉格党特色的英格兰，是件好事。

麦考利嘲笑说，骚塞提议“站在山上看农舍与工厂，并查看哪一个更漂亮”，以此来论断社会。[4]也许，这并非十分可行的办法；不过，它可能比边沁式的算计更好，而麦考利（尽管他与功利主义者有争吵）则稳步趋向后一种立场。培根勋爵（Lord Bacon）是麦考利眼中的模范哲学家：“两个字构成了培根理论的核心：效用与进步。”[5]麦考利在这
165 篇论文中对物质主义的过度吹捧鲜有匹者。他对应用科学与制造业的无可限量、不可阻挡的进步满怀信心，彻底鄙视塞内卡的道德说教，并把它与培根的实用性加以对比。“鞋子让数以百万的人免于湿脚；我们怀疑塞内卡是否曾让任何人免于动怒。”[6]这就是辩证唯物主义的先驱。麦考利对工业主义的欣赏甚至使他爱上开始让英国的景致变得丑陋的“花哨的别墅”。[7]

尽管他的《方位》（*Lays*）一书高贵庄重，他的《历史》（*History*）

一书才华横溢，麦考利在这样的时刻确实显示出拉斯金（Ruskin）据以责备维多利亚时代之英格兰的那种愚钝粗糙。那是中产阶级的粗鄙。现在假如低等阶级也相应地变得粗鄙，而且也相应地坚持要求符合他们自身利益的物质发展，塞内卡、圣保罗甚或麦考利能有什么教导可以说服他们变得温顺听话呢？麦考利经常思考这个问题，他唯一的解决办法是让穷人与政治权力彻底绝缘。麦考利确信，大众一旦攫取了权力，所有这些和平、进步、高效的繁荣都将终结。他无意于维系骚塞的英格兰，却全心全意维系曼彻斯特式的英格兰。英国20世纪保守主义的很多弹药就来自这些岌岌可危的自由派补给站。

在其政治生涯早期，麦考利就意识到这一危险。在1831年谈及改革法案时，他就宣称，普选权会带来一场毁灭性的革命，因为“令人不快的现实是，英格兰以及所有古老国家的劳工阶级都偶尔会陷入非常不幸的境地”。[8]如果被赋予投票权，他们会破坏法律与秩序，以徒劳无功地争取改善他们的物质条件。在宪章派（Chartists）最为活跃的时候，他惊呼：“我坚信，在我们的国家，普选权不是无法与这种或那种形式的政府兼容，而是与所有形式的政府都不兼容，而且与所有形式的政府的所有存在目的都不兼容，与财产也不兼容，并因此与文明不兼容。”[9]这是洛克的遗产。纠正物质条件不平等的办法实际上是不存在的，而这种不平等总是会让把政治权力托付给没有财产的大众的做法变得没有可行性：因为一个国家越是富有，其人口就越多，而且收入的不平等会扩大而非缩小。在给詹姆斯·密尔的回信（1829年3月）中，麦考利这么写道：“良善节俭的政府会加快人口的增长，因此，政府治理得越好，条件的不平等就越严重；条件的不平等越严重，迫使民众掠夺的动机就越强烈。就美国来说，我们要看20世纪的情况。”[10] 166

工业化社会似乎永远都要背负起大量这样的民众：他们注定是没有

财产的人，因此必须被排除在政治影响力之外。这个论断连同其他论断，使得“终结者杰克”（Finality Jack）罗素的辉格党在说起1832年的改革时就好像米底人（Medes）和波斯人的法律那般不可更改，而且在1866年的新改革法案即将付诸表决时，促使罗伯特·罗伊（Robert Lowe）和他的退党议员（Adullamites）* 激烈反对迪斯雷利和格莱德斯顿。麦考利及其盟友盘算着一个大规模永久性剥夺选举权的办法——将一个真实且自觉的利益群体排除出去；而伯克尽管不提倡一刀切式的议会改革，却在半个多世纪之前警告说，英国宪制没有承受这种排斥做法的机制。要么这种排斥做法必须终止，要么宪制一定终结。迪斯雷利在1866至1867年做出了前一种选择，而且是在诉求的强度变得让人无法忍受之前做出了这一选择，如此一来，改革就好像是给新近获得选举权者的礼物，而非从社会主宰者那里争取来的让步；在这件事上，和在其他很多事上一样，他遵循了伯克的有针对性的建议。麦考利和罗伊认为，不可或缺的那种排除做法在现代议会制政府下不可能持续下去，除非社会从契约性状态转向身份性状态。即使现代自由社会中的无产者应该被剥夺政治特权，如果没有国家结构的革命性变革，他们也不可能被顺利地排除出去。然而，尽管他的立场是站不住脚的，麦考利在拼尽全力捍卫保守主义时对它做出了令人尊重的贡献。原因是，他对没有财产的大众的担心促使他去攻击功利主义的政治理论。他发表于《爱丁堡评论》中的文章讨论了“密尔的政府论”“威斯敏斯特评论者对密尔的辩护”以及“功利主义的政府理论”，他借此猛烈攻击功利主义者，其中的精准程度带有不少伯克的天才成分，而且伯克也会称许其内在的精神。† 由于来自一位在若干方

---

* 指英国议院中退出一党并加入另一党的议员。

† 不过，由于对他年轻时对密尔的傲慢无礼感到懊悔，麦考利没有将这些文章收录进他全集版的《评论与历史论文集》（*Critical and Historical Essays*）。——作者注

面与他们差别不大的人士的连续攻击，功利主义者损失惨重。尽管边沁 167
与詹姆斯·密尔依然有很大的威望，但他们却在自己独具特色的定期宣传策略上落了下风。麦考利表明："被有些人视为世界之光，被另一些人看作魔鬼附体的他们，总的来说是理解力偏狭和信息匮乏的普通人。"[11]他将他们的演绎法简化，以显明他们内在的荒谬，他无情地揭露了他们实践知识的匮乏，他以自己的柳叶刀揭穿了他们僵化的抽象理论。"密尔先生不是在为英格兰或美国立法，而是在为人类立法。那么，某位土耳其人的利益与他后宫里的女孩的利益完全一样吗？某位中国人的利益与他找来为他拉犁的那位女性的利益完全一样吗？某位意大利人的利益与他献给上帝的那位女儿的利益完全一样吗？可以非常恰当地说，某位受人尊重的英国人的利益与他妻子的利益是完全一致的。为何如此？因为人性并非如密尔先生所体认的那样；因为在社会状态中追求自己幸福的文明人不是为腐肉而战的雅虎（Yahoos）*；因为被爱与被尊重以及得到他人怀着恐惧和奴性的顺从都乐在其中？"[12]

麦考利接着摧毁了功利主义者的民主信条。密尔曾争辩说，人绝对会追求他们自己的利益；那么，他的观点也一定适用于他含有普选权的乌托邦民主设想中的穷苦大众。掠夺勤恳工作者便符合穷人的利益。的确，这可能不符合他们的长期利益；可是，如果君王们很少考虑长期利益，我们怎能期待一群卑微的家伙为了子孙后代而延缓他们自己的享受呢？

> 相信密尔先生理论的人怎能怀疑，在一个受他推崇的民主体制中，富人们会像在土耳其帕夏（Pacha）统治下那样被无情劫掠？毫无疑问的是，为了下一代的利益，而且可能也是为了当代人的长久利益，财产权应被视为具有神圣性。因此，帕夏管区

---

* 指《格列佛游记》中的人形兽。

> 的居民应被鼓励去积聚财富，这将毫无疑问地符合下一位帕夏的
> 利益，甚至也符合现在的帕夏的利益，如果他任职时间很长的
> 话……可是我们看到，暴君们确实抢掠他们的臣民，尽管历史和
> 经验告诉他们，由于过早地榨取了用以挥霍浪费的资财，他们实
> 168 际上在吞吃作为其未来大量收入之来源的谷物种子。那么，我们
> 为何要认定，人们会因为担心久远将来的灾祸——这些灾祸可能
> 要到他们孙子辈的时代才被充分感知到——而不去获取即刻的安
> 慰与享乐呢？[13]

无须贸然卷入功利主义争论的大盐漠，仍值得在这里指出的是，在麦考利挪走支撑功利主义神殿的普选权支柱的同时，他也将部分屋顶拆了下来，其中有些部分砸到他自己头上。他让功利主义者的所有逻辑支点和他们的人性观都受到质疑；他对他们造成很大的伤害；而且由于这一点，他配得政治和灵性上的保守派人士的感谢。原因是，功利主义是“科学”社会主义的先祖；边沁的原则从本质上说是反自由的。边沁向往一种“计划型”社会，而信奉唯物主义的麦考利在攻击他时凭借的是某种诗性本能的东西，而非基于任何逻辑动因。就麦考利是自由主义的游侠骑士这一点而言，他选对了要攻击的妖魔鬼怪。现代极权主义的另一位教父级人物是黑格尔，其体系的极权色彩就源自他的理论；托克维尔则察觉到欧陆左派的这一庶出的渊源。[14]尽管马克思贬低他自己思想上的先辈，唯心主义（Idealism）和功利主义这一对欢喜冤家却生出了一个可怕的私生子。与此相比，英国的在威廉·莫里斯（William Morris）那里臻至顶峰的充满柔情的基尔特社会主义（guild socialism）只是一个柔弱的孩童。麦考利有勇气很早就攻击这一势力强大的学派，而且他的批评在当时的杀伤力可能超过了浪漫派托利党人的抗议。

这是麦考利对保守主义事业的主要贡献。不过，他在成为肯辛顿

（Kensington）的贵族后于晚年所写的另一篇文章更广为人知。杰斐逊的传记作者H.S.伦道尔吃惊地表示，他眼中的英雄不被麦考利所欣赏；而且这位令人敬畏的辉格党人回应说，美国民主体制中很少有什么东西是他所欣赏的。只要能获得免费的土地，“杰斐逊式的政治就可以持续存在，并且不会造成致命的灾难”；不过，一旦新英格兰人口稠密的程度赶上旧英格兰，一旦工资降低且上下浮动，一旦巨型工业化城市成为全国的主导力量，民主政府就会变得没有办法约束穷人不要劫掠富人。“这一天终将到来：在纽约州，那些既吃不上半顿早餐、也没有 169
指望吃上半顿晚餐的大量民众会选出一个立法机关。还需要去怀疑选出的是什么样的立法机关吗？……什么东西都阻止不了你们。你们的宪法一直都无法稳定下来。正如我之前所说的，当一个社会开始这样向下沉沦时，文明或自由必定消亡……在你们自己国家的内部，其制度将产生出你们自己的匈奴人和汪达尔人（Vandals）。”[15]

这种表达方式强劲有力；尽管美国尚没有充分经历麦考利预言会毁灭文明或自由的那种贫困，不过，他所引以为证的20世纪也才刚刚过了一半。麦考利生硬坚定地就民主的反自由倾向对现代社会提出警告，可是，为阻止这种危险，他做了什么？他认为，教育可起到暂缓作用：穷人可以被说服“在发挥其才智的过程中找到快乐，可以被教育去尊崇他的造物主，被教育去尊重合法的权力机构，同时被教育去以和平合宪的手段纠正真正的错误”。[16]如果我们指望教育能补救令人绝望的社会问题，这就对教育提出了很高的要求。麦考利痛惜无知暴力之后果的一个主要原因让人感到悲哀可笑，也发人深省：最近，“约克郡美观、价格不菲的机器被捣得稀烂”。这个家伙仅仅从文采上看也与众不同！人人都有拙劣地模仿济慈（Keats）的兴致。麦考利在这方面的作为是树立了对机器上帝（God of the Machine）的古怪的现代崇拜。不过，并不让人感到奇怪的是，他高估了公立教育的能量：杰斐逊、罗伊、格莱德斯顿和迪斯雷利也都如此。约翰·亚当斯持怀疑态度；不过在 19 世纪前半期，很少有其他人意识到正规教育的局限。鉴于苏格拉底怀疑美德能否被传授，他对人的了解更为深刻。在那个义务教育最为彻底，孩童被教导要高举理性、尊重权威和追求和平改良的国家——德国，20 世纪的社会大爆炸也是最惨烈的。

麦考利的另一个预防办法是借助于严格的政治宪制的力量，将无产者排除在选举权之外。事实证明，此一原则不足以阻止 1867 年改革法案、1911 年议会法、累进制所得税和遗产税、工党的崛起以及整个西
170 方社会的类似进展。与麦考利的预期相反的是，英国宪制在抵制这些创新举动时所获得的成就不及美国宪制。只要一个现代国家仍在理论上保持自由体制，只要其很大一部分民众基本上还属于无产阶层，经济均平化的压力就一直持续存在。如果人们依据麦考利时代以降的西方政治进程来做评判的话，缓解这种压力的途径只有反自由政治体系的胜利或者让一国的大众再度部分地获得财产、意义与尊严。麦考利没有为这两种路径提供任何预案；他既非激进派，也非真正的保守派。于是，作为他之先行者的辉格党人销声匿迹了，而继承他的自由党人（Liberals）则死气沉沉。

这篇短文对麦考利确实算不上公平。他的无与伦比的《历史》一书或怀念罗马古老的高尚美德的《方位》一书尚鲜被提及。所有的小学生都应该了解它们。每一位小学生都**应该**，但是却没有了解；因为麦考利所颂扬的培根式哲学以及他所提倡的标准化"实用教育"体系，妨碍了对简单易读的历史和纯文学的学习。罗伊在 1867 年说道："我们必须训练我们的校长。"每个时代都得到它想要的那种学校教育，而这个时代坚持要求唯物主义和平等主义的学校教育，于是，麦考利被遗忘了一半；毫无疑问的是，若非某些反制性力量可能已经在对现代学校的混乱状况做出回应，他很快就会被彻底遗忘。一场保守主义的教育运动可能会恢复麦考利的影响力。他所拥抱的这种保守主义是注定要失败的；不过，他在不经

意间却为保守主义事业做出了贡献。鉴于此，再加上他那了不起的才华，麦考利配享纪念。

3　芬尼摩尔·库珀和一位绅士的美国

> 民主体制中有一种挥之不去的倾向，要让公众舆论比法律更有力量。这是民众政府（popular government）之暴政自我表现的特定形式；因为哪里有权力，哪里就能找到滥用权力的倾向。无论谁反对公众的利益或意愿，不管在原则上如何正确，或者从处境看如何正当，都很少得到同情；原因是，在民主体制下反对多数人的愿望就是不知天高地厚地反对主权者。每一位好公民一定要将他个人的这种感情用事与其公共职责区分开来，并
> 小心做到：在为最大多数人争取利益而假装为自由而战时，他没 171
> 有助长专制统治。压迫得以吞没一个共同体的最巧妙危险的方式，是借助于大众的影响力。
>
> ——库珀，《美国民主人士》（*The American Democrat*）

试图找出欧洲和美国相似的观念演变路径的所有人肯定有时会觉得，他讨论的是肤浅表面的相似之处。美国人的想法不过是独特的社会环境的反映，而且欧洲文明柔弱苍白的魅影无力改变美国的思想历程，正如合唱队无力终止索福克勒斯戏剧中的情节一样。但是，20 世纪最为敏锐的评论家奥特加·伊·加塞特（Ortega y Gasset）在《大众的反叛》（*The Revolt of the Masses*）一书中说，即使在今天，如果欧洲文明衰亡，美国文明也无法持久。在美国更为蛮荒的 19 世纪上半期，欧洲观念也相应地更为重要。它们渗透进了美国，经常要面对傲慢的美国公众的抗议；那

些以旧世界的审慎调和对民主的过度信心的美国人，应该在我们这个世代得到被他们所处时代不曾给予的感谢。最为勇敢的这种类型的思想家是芬尼摩尔·库珀（Fenimore Cooper），一位毫不容情地批评美国做派（Americanism）的好斗的美国人。

库珀是一位民主派人士。不过，他的父亲是一位持保守派立场的大土地所有者，而且他自己是哈德逊河（Hudson River）地区大地主的代言人。这位不知疲倦的好辩者和小说家尽其可能地开辟一条介于资本主义集中化与南方分离主义之间的道路。他同样不辞辛劳地试图调和绅士精神与政治平等。像乌提卡的卡托（Cato of Utica）那样固执诚实的他，从未丝毫屈服于公众的幻觉，也绝不容忍对他私人权利的最轻微的侵犯；于是，他很快让自己成为公众舆论以及他以鲁莽的直率捍卫和抨击过的那个民主社会强烈鄙视的对象。这种刚正不阿的品性不管在当时如何让人生气，事后看却显得可爱。库珀相信进步、自由、财产权和绅士风度，他将麦考利的自由主义与托克维尔的自由主义结合在了一起。

172 库珀明白，美国的民主体制要持续下去，就必须清除掉其中的无知与粗鲁。他以《戴锁链者》（*The Chainbearer*）中老迈的千亩农田（old Thousandacres）及其同伙的形象，展示了美国乡村无法无天的贪婪；以《大草原》（*The Prairie*）中的实玛利·布什（Ishmael Bush）的形象，描述了开拓精神中冷酷的个人主义；以《寻找到的家庭》（*Home as Found*）中的阿里斯塔布鲁斯·布拉格（Aristabulus Bragg）展现了美国自我奋斗的成功人士的粗鄙；以《回家》（*Homeward Bound*）中的人物斯泰德法斯特·道奇（Steadfast Dodge），刻画了无所不在的专业民主派人士。他的诸多著作中弥漫着对美国的无政府情绪的不信任，对美国的无视所有规范的欲望的不信任，对因夸张地要求绝对自由而产生的不宽容的不信任。库珀是彻头彻尾的保守派人士，与和他同时代的伟大法律人、首席法官肯特和斯托里法官一样，他非常关心传统、宪制和财产权。不过他认为，除非政治民主首先变得安全公正，否则美国不可能存在任何类型的保守主义。美国没有其他政治选择：只能在清除了民众幻想的民主体制与被激情败坏的民主体制之间做出选择。他写作事业一贯的目标是要证明，任何社会如果要变得文明起来，那它该如何顺服于道德约束、永恒的机制以及有益的财产权诉求。只有一个社会同意由绅士领导时，欲望才可能像这样普遍屈从于理性。这种想法带有强烈的英伦色彩；不过，它在美国的重要意义可能比我们这个时代通常认为的要大。

身在国外的库珀对祖国的自豪感，就像他在国内时对它的批评一样强烈。他在国外住过很多年，在这段时间里，他写了三本带有政治色彩的历史小说：《刺客》(*The Bravo*)、《本尼迪克特教团的僧侣》(*The Heidenmauer*)和《刽子手》(*The Headsman*)，意在警告美国人，受人尊重的既成体制如何可能变得腐化堕落。他像伦道夫和老派共和党人那样，非常担心特权、集中化和对宪法的操弄。《本尼迪克特教团的僧侣》作为一本浪漫小说，有让人厌烦的说教；作为一本政治实践小说则非常有趣，其中有这么一段铿锵有力的话：

> 不管一种社会体制或宗教在其握有权力之初如何一尘不染，其所享有的不受质疑的权势会诱使所有人都变得不知节制，而且这种不知节制对稳定性、正义和真理构成致命的威胁。这是独立运用人类决断力的结果，好像与人类的脆弱性几乎密不可分。我们逐渐以偏好和利益代替正当，直到思想的道德根基因放纵而失去活力。而且以前会有在无辜者心中激起恶感的不义之事，现在不仅变得稀松平常，还可因权宜之计和效用而变得合理起来。当为偏离美德要求的行为提供合理解释而急迫地诉 173
> 诸必然律时，就维系我们尚不完美的美德标准所必要的准则而言，没有比这更加确定不疑的退化征兆了，因为这是在借助于

> 创造力为激情推波助澜，因为这两者的结合几乎肯定会击垮对一种摇摇欲坠的伦理观的无力辩护。[17]

这一普遍真理也适用于美国。实际上，美国的体量能部分地防范腐败；原因是，不管孟德斯鸠和亚里士多德怎么说，大型共和国要好于小型共和国，“既然所有大众政府的危险均来自民众的犯错，相较于单个城镇或乡村的居民，有着多元利益与广袤领土的民族更不可能受有害的激情辖制。”[18]因为中央集权会让美国退化到单一制共和国的境地，并受制于群氓的欲望与特权阶层的操纵，所以，库珀一直是一位坚定的州权鼓吹者。[19]

1833年底，库珀和家人结束了一场历时很长的超级旅行，回到美国；不到四年之后，他发现自己深深地卷入到损害他名声与财运的两场令人痛苦的争论中的第一场。这两场争议都起源于库珀无法接受的广为流行的平等主义设想。第一场争执因小事而起，是与他自己的社区库珀镇（Cooperstown）里的民众的交锋，因为后者在没有获准的情况下将库珀拥有的一块地当作公园，并把那块地弄得伤痕累累。他把公众赶了出去，因此，他被当地报纸编辑——这种编辑后来因马克·吐温的咒诅而获得不朽的名声——疯狂辱骂。他以诽谤罪起诉这些人，并最终获胜，不过付出的代价是收获了乖戾的脾气和很多的诉讼。当这些诉讼尚在进行中时，库珀出版了《美国民主人士》一书，该书充满了睿见与勇气，既令人信服又庄重典雅。也许幸运的是，在他与编辑们的长期斗争以及被后来的反地租战争（Anti-Rent War）激怒之前，这本小书就已写完。

《美国民主人士》试图以划出其自然边界的方式强化民主体制。该书在很多方面预演了托克维尔对美国社会的分析。民主体制一般会冲击适合它们的恰当界限，将政治平等转化为经济均等，坚持要求会带来平庸的平等机会，并侵犯每一项个人权利和隐私；它们让自己凌驾于法律之
174 上，它们以大众舆论代替正义。不过，这些危害以及危险势头都有补救

办法。民主体制提升民众的品格；它会削弱军事建制体系；它会促进国家的繁荣；它有利于自然正义的实现；它一般会造福于整个共同体，而非少数人；它是花费最少的政府形式；它很少会碰到民众叛乱，因为选票取代了步枪；除非受到刺激，它对抽象正义的重视超过贵族制和君主制。[20]我们珍惜民主；不过我们不珍惜不受限制、没有法度的民主。

"应该将这段话用黄铜铭刻在所有人的大脑上：'在民主体制下，除非制度明确认可者，否则，公众没有其他权力，另外，这种权力只能以宪法规定的方式加以运用。超过此界限者便为压迫——这种压迫有时是行动上的，有时常常局限于舆论。'"[21]公众如何才能被说服认同这些限制的必要性？靠揭露民众对平等和政府怀抱的幻想，以及靠绅士对民主社会的影响力。"在美国，每一位善意地希望得到真正自由的人都必须理解，专横的作为只能来自大众。所以，要警惕大众……尽管这个国家的政治自由多于几乎所有其他的文明国家，不过，其个人自由据说要少一些。"[22]

库珀着手分析了那些威胁个人自由的普遍误解。平等不是绝对的；《独立宣言》不应按照字面意思理解，甚至不应从其道德含义上去理解；政府存在的本身就意味着不平等。而且，"'自由'这个词与平等一样，人们使用得多，理解得少。完美绝对的自由像条件平等一样，与社会的存在是不兼容的。"我们之所以采用民主政体，不是因为它完美，而是因为它与任何其他政体相比都不会更搅扰社会。自由要适宜地屈从于自然正义，而且一定要受到限制。错误的代表理论将代表（representatives）降格为单纯的代理人（delegates），是对美国自由的威胁；在一个像我们这样旨在分权的体系中，集中化也是如此。被金钱收买的有害媒体对体面的生活构成威胁："如果报纸在推翻独裁者时能发挥作用，那也只是建立一个属于它自己的暴政。"民主大众侵犯安稳的私人生活的倾向是对自
由民主的骇人听闻的背叛，因为"个体性存在（individuality）是政治自 175
由的目标"：幸福与品格深度依赖于它。凭借着这些以及类似观念——它

们通常为保守派人士所采用，不过在这里，对它们的论述有一种很难企及的气势与精确性——库珀试图让美国公众清醒地意识到他们自己的不义。他惹怒了很多人，故而被轻视，他的书从未获得该有的阅读量。H.L.门肯（Mencken）在1931年推出另一个版本的《美国民主人士》，不过，这本书依旧很少被人阅读，研究它的人更少。

除需要唤醒民众注意在其行使权力时必须节制外，库珀相信，民主的希望在于延续绅士的遗风，因为绅士是他们社区的领袖人物，超越于低级冲动之上，能够抵御大多数形式的法律或法外威胁。“社会地位是人们在日常联系中所享有的东西，取决于出身、教育、个人品质、财产、品味、习惯以及（某些情况下的）善变和时尚。”[23]社会地位从财产派生而来，因此在文明社会无法被根除；只要文明存在，财产便是其支柱。我们努力的目标是，在安排事务时，让有着良好社会地位者具有责任感。即使在上天宏大的道德体系中，一个人的良善程度也不同于另外的人。“美国社会的这种不平等是各种制度不可避免的结果，尽管各种制度都没有公开宣扬它，而且不同的建制体系（constitutions）都对这一问题保持意味深长的沉默，但制定这些制度的人很可能明白，它是文明社会的产物，就像呼吸是动物至关重要的一项生理功能一样。”[24]地位有对应的私人和公共责任，我们应务必使绅士们履行这种责任。

“民主的全部含义不过是，尽可能平等地分享权利。假装社会平等是民主制度的条件，那么后者必定对文明有破坏性作用，因为既然最为不言自明的事是，让所有人都拥有最高层次的品味与优雅是不可能的，那么另一种可能是将整个共同体都降低到最低标准。”[25]绅士的存在并非不符合民主体制，因为“贵族”与“绅士”的含义不同。“‘绅士’一词有特定的积极含义。它指凭借其出身、教养、成就、品格和社会条件超出一般社会大众的人。正如所有文明社会没了这些社会差异便无法存在一样，拒绝使用这个词也不会带来任何好处。”[26]出类拔萃的成就让绅士有别于其他

176

人；仅仅绅士般的天性是不够的。不过，金钱不是评定是否绅士的标准。如果绅士淑女们从社会中消失，他们将带走古典教养（polite learning）、礼仪的教化威力、高尚举止的范例，以及让私人和公共职责超越于单纯挣工资的那种高贵的身份意识。如果他们消失了，最终文明也会随之而去。

有人应当写一本有关绅士理想的书，库珀的评论配得在其中占有突出的一席之地。不过实际上，它们没有产生广泛的影响力。美国的绅士没有被完全灭绝掉，不过，有助于他们存续的那种社会经济条件总是差强人意，而且正变得岌岌可危。仅仅在《美国民主人士》出版之后两年，把库珀刺激得几近疯狂的纽约反地租战争表明，美国绅士的处境是何等艰难。原因是，绅士的存在基于继承而来的土地所有权之上，而反地租运动中的激进派人士决心让纽约中部地区的土地所有者屈服于农夫和擅自占住者（squatters）；所有规范与法律上的所有权都不应妨碍多数人对占有他们田地的诉求。最后，由于地主所受的威胁以及法院在汹涌的民情面前的胆怯，农夫和擅自占住者获胜。哈德逊河地区的大地产主从历史上消失了。对财产权的这种糟蹋以及达成此一目的的手段让库珀无比震惊。如果民主社会一心想着铲除绅士阶层，它如何培养自己的领袖人物，如何维系一种高格调？这一问题从未在美国获得满意的答案，而且对大规模土地财产的明显敌意似乎内置于美国人的品性之中。“土地改革”是美国人在二战后的日本的首批立法行动之一，铲除了日本社会中的一支温和保守的力量，美国还敦促意大利和印度支那进行“农业改革”。带着曼彻斯特人对英国土地所有者所怀有的那种敌意，美国的工业社会憎恶存续下来的土地庄园（landed estates）。

库珀的最出色的评论家写道：“在其无忧无虑的早年阶段，美国人生活 177
中的不稳定与变化无常一直是库珀关注的主题之一，在其职业生涯的后半部分，库珀认为这是对绅士财产权的威胁，而且在他的最后一部小说中视此为对单纯的生命权本身的威胁……他从未找到一种让他的悲剧性洞见聚焦其中的完全恰当的象征符号，这也许是因为在他本性深处，内心是欢欣愉悦的，而他思想中的苦楚是表面上的，是要世人了解的。”[27]某种顽固的乐观主义从未完全离开芬尼摩尔·库珀，而他身上更是桀骜不驯地展示着如此之多的属于美国人的最好品质。然而，在实现一种因出身良好和富有高尚原则之国民而熠熠生辉的民主体制的斗争中，他失败了。很多具有反省能力的美国人肯定会不时就这一缺陷的严重程度陷入冷静的思考。也许，在农村地区和小城镇以及西部的许多空旷大州，美国绅士的不足是最显而易见的；不过即使在较古老的城市，社会似乎也经常由于领导力和格调的匮乏而堕落到一种以前只属于老迈民族的光景。也许，由于没有了绅士，社会因自身的苦闷无聊而死气沉沉。这样的民族没有多元化的光彩。英奇教长（Dean Inge）评论说：“大范围的沉闷无聊对历史的影响被低估了。”[28]今天，这似乎是一种必须要面对的能量。以此为铺垫，我们转过来看看阿历克斯·德·托克维尔。

4　托克维尔论民众暴政

> 有些人认为，现代社会会一直不停地变换其面相；就我自己来说，我担心社会最终将永远不变且过分地拘泥于同样的制度、同样的成见和同样的礼仪之中。这样一来，人类就受到了拦阻和限制；思想将一直前后摇摆却得不到新鲜的观念；人将把自己的精力浪费在独自完成的无利可图的小事上，而且尽管运动不息，人类却不再进步。
>
> ——托克维尔，《论美国的民主》

法国人将世界搞得天翻地覆的归纳概括能力在阿历克斯·德·托克维

尔身上达到极致，他以法国哲学家和百科全书派自己的方法与风格在半个多世纪之后削弱了他们著述的影响。在某些方面，作为学生的托克维尔超过了他的哲学老师伯克：的确，他的《论美国的民主》一书公允地考察了那一新秩序，而伯克既无时间也没耐心开展这样的工作。托克维尔这位评 178
论家的作品应该被全部通读，而不该被概要性地阅读；因为每句话都有价值，每个评论都透着智慧。他的两大卷本《论美国的民主》是富含格言警句的矿藏，他的《旧制度与大革命》是百里挑一的珍品，他的《回忆录》（*Souvenir*）充满了其他回忆录少有的那种才华横溢的明快叙事风格。除教授之外，仍有些人在阅读托克维尔的作品。他们理当如此，因为一直以来他是民主最好的朋友，也是民主最为坦率和公正的批评者。

尽管托克维尔当过法官、立法议员和外交部长，并获得过很大的文学成就，但他依然觉得自己几乎是个失败者。麦考利的一篇讨论马基雅维利的论文中有一段话触动了无书不读的约翰·伦道夫的想象力，尽管伦道夫在《爱丁堡评论》上读到这篇文章时不知道作者的姓名；伦道夫将这段描述应用到自己的处境之中。托克维尔的情思也与此类似。“很难想象有比这更让人痛苦的场景：一位伟人注定只能眼看着一个精疲力竭的国家在苦痛中挣扎徘徊，在面对国家解体之前交替出现的麻木不仁与胡言乱语中仍然看顾着它，并目睹其生命力的征兆一个接一个地消失，直到残存下来的只剩冰冷、黑暗和腐败。”托克维尔认为，绅士精神与不凡之人的高超才干正落入吞没一切的平庸之中，社会面临着变成僵尸的危险。对既聋又哑的可怕的时代趋势的严厉声讨毫无用处，这让托克维尔痛苦地意识到自己的无能与渺小。不过，他没有仅仅责备环境；对于缓和因社会的均平倾向而导致的那些问题，他从未丧失希望。他对后人的影响力超过了他自己的期待。

民众暴政（democratic despotism）——只是由于没有更好的词，犹豫不决的托克维尔才用了这个短语，以此描述现代社会的两难困境。对民众暴政的分析是他作为政治理论家、社会学家、自由派人士和保守派人士的最高成就。1857年，他写信告诉福瑞斯伦（Freslon）：“我不反对民主体制。如果它们是自由的，民主体制可能很伟大，可能符合上帝的旨意。让我感到悲哀的不是我们的社会是民主的，而是我们继承和养成的恶习让我们非常难以得到或维系井井有条的自由。而且我不知道还有
179 什么东西比没有自由的民主更让人难以忍受。”[29]哈罗德·拉斯基评论说，鉴于托克维尔本质上是一名贵族，他“无法毫无痛苦地接受集体主义的约束”，而中央集权的民主政体都会冷酷无情地趋向这种约束。一旦立法权力全部为普罗大众掌握，它就会被用于经济和文化均平的目的。[30]确实如此。对托克维尔以及所有自由派或保守派人士——不管他们有何来历——来说，集体主义的约束比旧制度最恶劣的蠢行还让人反感。与亚里士多德一样（有些著名的评论家宣称，托克维尔是亚里士多德之后最伟大的政治思想家，尽管托克维尔本人在亚里士多德的《政治学》中几乎没有找到他认为适用于现代问题的东西），托克维尔总是在寻找极点（ends）。不顾及极点、崇拜平庸的政治体制是“一种集体主义的约束机制”，对托克维尔来说，它是比旧式奴隶制更恶劣的奴役。社会应有意识地培养人最高的道德与智识品质；新兴民主体制最糟糕的危险在于，平庸不仅会得到鼓励，而且可以被强制落实。托克维尔担心人类社会会被降格到类似于昆虫的组合，最近，温德汉姆·刘易斯（Wyndham Lewis）先生在其小说《枯萎的山丘》（*Rotting Hill*），以及C.E.M.乔德（Joad）博士在《颓废》（*Decadence*）中都描述了向这种状态演变的真实趋势。[31]多样性、个体性存在（individuality）、进步：这些是托克维尔努力要维系的东西。

> 凡是社会条件平等之时，公众舆论就会对每个人的思想产生极大的压力；它围绕、指引并压迫着他；其起因更多地在于社

> 会结构本身，而非政治法令。由于人们变得更为相似，每个人都觉得自己相对于所有其他人变得更加脆弱；由于他看不出自己有任何凭借可以显著超越于他们之上或不同于他们，一旦他们攻击他，他就不信任自己了。他不仅不信任自己的力量，甚至怀疑起自己的权利，而且在数量众多的同胞说他错时，他非常接近于承认他就是错的。多数人不需要强迫他，他们可以说服他。所以，无论以何种方式安排和平衡民主社会的权力，要相信被多数民众弃绝的东西，或者认可他们谴责的东西都是极其困难的。[32]

尽管这种归纳概括像法国哲学家那样大胆，不过，相较于 18 世纪社会观念所特有的基于超验假设的思想，它们在以具体知识为凭借方面做 180
得要好很多。凭借着他对美国人生活的全面考察，凭借着他对英格兰的了解，凭借着他的政治职业生涯，凭借着他朴实无华的博学，托克维尔已充分准备好就人性与社会特性发表权威性看法。他小心谨慎地写作，渴望有充分的根据。“在所有评论家中，他是最被广泛接受的，也是最难被挑出错误的。他一直都聪敏、恰到好处，且像阿里斯提得斯（Aristides）那样公正。”[33]这是阿克顿勋爵的看法。托克维尔决心避免自我欺骗，不管让心灵承受多大的冲击。与伯克一样，他相信上天为世界上的巨大变革铺平了道路，倘若在变革方向明晰时对之反对，无疑相当于渎神之举，因此他愿意多多迁就于新兴的民主体制——甚至在很大程度上牺牲思想的高度。那位勇敢的天才罗耶 – 克拉德（Royer-Collard）对托克维尔说：“在你为之感到非常骄傲的民主社会，能够完全领会你著作之精髓的人不到十个。”[34]然而，托克维尔不愿让民主变成自相残杀的体制；他会尽己所能地抵制把民主美德变成民主欲望祭坛上的牺牲品。

托克维尔发现，民主体制隐伏的缺点是，它会自我蚕食，并很快只能以败坏粗俗的面目存在——可能仍会保留它必不可少的平等特质，不过完全没有了当初让它大获全胜的种种对自由与进步的向往。民主体制的大多数批评者曾宣称，政治平等主义一定以无政府状态告终——或者以另外的方式终结于暴政。阿历克斯·德·托克维尔没有陷入过往的窠臼，尽管他非常看重历史知识：他评论说，未来不必总是像过去那样，这些老套的做法不可能成就现代的平等主义。在当下的时代，对民主社会构成威胁的不单是秩序的崩溃，也不是某个强权人物的侵夺，而是平庸的独断专行，由中央政府强制推行的思想、灵性和条件的齐一化（standardization），也正是拉斯基所谓的“集体主义的约束”。他预见到“社会福利国家”的来临，它同意供给其臣民一切需要，反过来要求严格的整齐划一。民主的名号还在；不过，政府的施政就像旧制度那样自上而下展开，并不依靠民众。这是计划型社会，由官僚精英主导；不过，统治者
181 并不构成一个贵族阶层，因为贵族所珍惜的所有古老的自由、特权和个体性都被铲除，以为社会管理者共同认可的单调的平等让路。

> 所以，我认为，威胁着民主国家的那种压迫形式与之前世界上所存在的所有东西都不一样；我们当代人在自己的记忆中找不到它那样的原型。我徒劳无功地试图找到一种表述方式，以准确传达我为它设定的概念的全部含义；原有的单词“独裁”（despotism）和“暴政”（tyranny）不合适，那种东西本身是新的，既然我无法为它命名，我就必须试着确定它的含义。
>
> 我试图找出世界上的专制体系可能会表现出来的新面目。首先引起注意的是无数的民众，所有人一律平等，所有人都同样一刻不停地努力获取他们用以填满其生活的微不足道的可怜的乐趣。分开而居的他们，每个人对所有其他人的命运都漠不关心；他的孩子与私人朋友就是他眼中的整个人类。至于其他的公民同

> 胞，他离他们不远，却看不见他们；他触摸他们，却对他们没有感情；他只存在于自己的世界，且只为自己而存在；即便同胞在他眼中依然存在，他也肯定可以说是没有了家国。
>
> 在人类这个种群之上存在着一种巨大的监护性力量，这种力量独自承担起让他们心满意足并监护他们的责任。它是绝对的、无微不至的、常规性的、深谋远虑的和温和的。如果其目标像家长式权力那样是训练人长大成人，那它就类似于家长般的权力；可是相反，它试图让他们永远都处于孩童状态；它感到非常满意的是，假如民众除了欢喜快乐以外什么都不想，他们会欢喜快乐。这种政府甘愿为他们的幸福操劳，但是它想成为他们必不可少的需求的独家代理人和唯一仲裁者，为他们的享乐提供便利，处理他们主要的关切，指导他们的劳作，为财产的继承立规，并分割他们继承的遗产；除让他们没有一丁点思考的牵累与生活的烦恼外，还剩下什么呢？
>
> 因此，它每天都让人的自由意志（free agency）的活动变得越来越没用，也越来越少；它将意志局限在一个更为狭窄的范围之内，并逐渐让人失去其所有的用场。平等的原则已为人们预备了这样的下场；它预先使他们倾向于忍受它们，并常常将它们看为好事。[35]

这里描述的是埃及或秘鲁的某种人本社会——正好也是英国和美国的集体主义改革者今天所设想的那种国家。确实，计划经济的多数推崇 182
者很少能理解托克维尔对诸如此类的生存状态的厌恶之情。指挥人类的所有事务、满足所有个体需要的那种全能型、家长制国家是 20 世纪的社会规划者的理想目标。这种安排旨在满足人类的物质需要，而且 20 世纪的社会理想充斥着非常多的边沁的观念，很少会想到非物质性的需要。对于习惯于强制性教育、强制性保险、强制性兵役甚至强制性投票的一代思想家来说，让人永远处于孩童状态——这样，他们在精神上就永远无法成长为完全的人——似乎不是什么了不起的损失。一个充满了整齐划一的强制世界意味着多样性与思想活力的消亡；了解这一点的托克维尔认为，民主体制助长的那种物质主义可能会极大地迷惑公众的心智，以至于将除少数独立灵魂之外的所有人心中的自由与多样性观念窒息而死。

"美国当地人执着于这个世界的物质享受，就好像他肯定自己永远不死一样；他如此急迫地要抓住他掌控范围之内的所有东西，以至于可以认为他因一直担心自己活得不够长而无法享受它们。他抓取一切东西，却不紧紧握住任何东西，反倒很快就撒手丢掉，再去追求新的满足。"[36]托克维尔解释说，这种贪财之心并非美国独有的毛病，它是民主时代的普遍产物。贵族以及由他确定格调的社会可能会鄙视财富——勇气、荣誉和对家世的自豪感可能是更强烈的刺激；不过，在商业主义使一个民族中最有影响力的阶层都神魂颠倒的地方，对商业的兴趣很快就会排斥几乎所有其他的兴致。中产阶层以身作则，让普罗大众相信，地位的提升是存在的目标。而一旦大众认同了这一信念，他们就无法安稳下来，直到国家被重新建构，以使他们获得物质上的满足。在美国，这种物质主义已经导致品格的齐一化："这让他们所有的激情都有了某种家族般的相似性，并很快让它们都具有千篇一律的样貌。"[37]随着更为古老的国家顺服于民主的冲动，它们也相应地屈从于物质主义。

作为社会中的主导性力量，物质主义面临着两种难以抵御的反对意见：首先，它削弱了人的更高级的机能（higher faculties）；其次，它自我毁灭。物质主义可能是一种消极的病症，而非积极的病症："我对平等原
183 则所提出的责难不在于它引领人们走歪路，去追求被禁止的享乐，而在于它让人完全沉湎于追求那些被许可的东西。通过这些办法，某种良善

的物质主义可能最终会得到世人的认可，而且它不会败坏但会弱化灵魂，并无声无息地扭曲行为的动机。”[38]（比起麦考利对“美丽昂贵的机器”的天真欢愉之情，其深刻程度不知高出多少！）要不了多久，这种沉湎于有限世界的做法会极大地遮蔽对无限世界的任何感知；由于漠视上帝自身灵性力量的存在，人不再是真正的人。“民主助长追求物质性满足的风气。如果这种风气泛滥开来，它很快就会让人相信，一切不过是物质而已；而反过来，物质主义又促使人们以疯狂的急不可耐追求同样的嗜好。这就是驱动着民主国家的致命循环。如果人们能意识到危险并停下来，便为好事。”[39]

在过了一段时间之后，这种对攫取与消费的痴迷会损害让聚敛财货成为可能的那种社会结构。“如果人们满足于物质性的东西，他们可能会逐渐地丧失生产这些东西的技艺，而且他们最终会像野蛮人那样享用它们，既不加以分别，也不加以改进。”[40]原因是，让灵魂博大的东西也会让它更适于实用型事业；让灵魂萎缩的东西也会在此过程中削弱实际的才干。道德上的退化先会妨碍、继而会扼杀诚实的政府、日常的商业，乃至真正地享受这个世界的物品的能力。随着下面自我约束的松弛，上面会施行强制，在单一制国家的重压下，最后的自由会消失。一旦社会堕落到这种程度，能抵御专制主义的屏障就所剩无几了。“由于宗教已失去对人灵魂的统治地位，分别善恶的最突出的界限被颠覆了；国王和国家被运气支配着，无人能说得出哪里是专制的自然界限以及放纵的疆界。”[41]国家篡取了干犯私人生活的每一个细节的权利；缺少鉴别力的民主体制所表现出来的对个体差异的厌恶是对这种僭越行为的背书；最后，引发这一因果链条的商业与产业推动力被超级国家的强势干预和无法忍受的负担阻断。

民众暴政的这种胜利是不可避免的吗？托克维尔回应说，民主体制 184
在文明社会的扩展肯定是不可避免的，而且它看起来非常像是上天的作为，所以我们应当接受它，视它为上天命定的过程。不过，虽然非常可能出现这种情形：民主社会退化成人的海洋，里面充满了没有个性的小水滴般的社会性存在，却没有真正的家庭、真正的自由和真正的意义，但这并不是不可避免的。明智之人应该像狂热信徒那般与之斗争；因为社会组织的边沁主义理想——孤独、无依无靠、自私绝望的个体在其中要面对利维坦式的国家，其中所有古老的情感和群体都被连根拔除，物质主义已取代传统的义务——是可以凭借观念的力量避免的，或者我们希望如此。不管怎样，如果要想稍微阻止民主大众滑向僵尸般单调或者拜占庭式沉闷的趋势，永远保持警惕和不停息的批评是必要的。驱动人类迈向民众暴政的力量非常强大。值得注意的是，托克维尔在《论美国的民主》第二卷第四篇中对它们有详尽的分析。除已经提到的物质主义外，其中的首要原因是民主对简单化的概念与结构、中央集权和齐一化的偏好。

首先，民主大众对所有类型的等级、中间组织、特权和特殊社团都有根深蒂固的敌意。对普通人的大脑来说，复杂与多元让人难以理解，使人气馁，而且这种懊恼形成对原则的鄙视。就连介于上帝与人之间的超自然存在也会从民主社会的宗教信仰中消失，普通人更喜欢个人直接面对上帝的简单关系。如果民主国家不能容忍天使或魔鬼，那它们就更不可能忍受贵族制的遗存、有限选举权、享有特权的个人，以及其他那些在政府与公民的私人关切之间插入屏障的制度。因此，民主体制的简单化会趋向于逐渐毁掉那些让自由民主成为可能的保障机制。托克维尔反复讲述过贵族阶层捍卫自由的功能。“就其观念的保守性而言，贵族阶层在世界上无可匹敌。人民大众可能会因无知或激情而被引入歧途；国王的思想可能有偏见，其想法可能被动地左右摇摆；除此之外，国王也会死亡。可是，贵族团体的人数非常多，不可能被阴谋诡计领入歧途，不过
185 其人数还没有多到让他们轻易就陷入不假思索的纵情陶醉的状态。贵族阶层是一个永远都不会消亡的坚定开明的团体。”[42] 然而，制约专断权

力和确保文明连续性的这一工具却毫无例外地被大获全胜的民主体制连根拔除。

其次，民主国家轻易就将所有真正的权力都集中于中央政府，很快，这就从根子上伤害到真正的民主，因为真正的民主是地方建制和自力更生的产物。像伦道夫和卡尔霍恩那样，托克维尔比联邦党人和很多托利党人都更清楚地认识到，自由与特殊主义（particularism）紧密相连。集中化是革新和专制的手段。法国的旧政权错把集中化视为保守性的手段；正相反，集中化使得单单一场革命的暴力浪潮就能颠覆众多源远流长的利益群体。波旁王朝建立的集权化统治机器很快就被用于雅各宾党人的目的。

> 一个民主社群不仅被自己的兴趣偏好引领着去实现政府的中央集权化，而且统治着他们的所有那些人也都充满激情地一直敦促他们往相同的方向走。轻易就能预见到的是，一个民主社群的几乎所有能干、富有雄心的成员会马不停蹄地忙于扩大政府的权力，因为他们都希望在某个时候亲自行使这些权力。试图向他们证明极端的中央集权可能会对国家造成伤害，是浪费时间，因为他们中央集权是为了自己的好处。在民主体制的公众人物当中，除非常出类拔萃者或极端平庸之辈外，几乎没有什么人会去反对政府的中央集权；前一种人很稀少，后一种人没有力量。[43]

美利坚合众国各州现今的光景——充满怨恨却像叫花子一样，担心集权却染上永不满足地要求联邦补助拨款的毛病——就足以验证托克维尔的观点。托克维尔说，只有一种东西不受革命的影响：中央集权。只有一种东西无法在法国创立——自由的政府；而且只有一种东西无法被摧毁——中央集权的原则。即使对那些意识到其危险性的人来说，“它带给他们干扰所有人并将一切掌控于手中的那种乐趣，对他们来说，这种乐趣抵偿了它的危险。”[44]中央集权有给各种利益团体带来特别好处的可能，而且其潜能对单纯的民主人士具有几乎无法抗拒的吸引力。但是，
186 中央集权是完全有悖于民主的，因为它将权力让渡给统治机器的操作者。“我的看法是，在正向我们开启的民主时代，个人独立性与地方性自由将永远都是技艺（art）的成果；中央集权则将是自然而然的政府形态。”[45]

再次，民主国家喜欢单调同质和齐一化；它们憎恶异常的东西、恢宏的东西、私密的东西、神奇的东西。它们要求面面俱到、没有灵活性的立法。“既然每个人都看到，他与其周围的人几乎没有什么差别，那么，他就无法理解适用于某个人的规则为何不应同样适用于所有其他人。于是，最微不足道的特权也是对他理性的冒犯；同一个民族政治制度间最不显眼的差异也让他不快，整齐划一的立法便是他眼中良善政府的首要条件。”[46]

当阶层与等级消失时，很快，就连想有所不同的兴趣、想成为一个与众不同的个体的兴趣也会减弱；人们对个性开始感到羞耻。在贵族时代，人们甚至争相在没有实际差异的地方制造想象中的差别，而在民主时代，一切都趋向浑浑噩噩的平庸状态。“人们都非常相似，任何对那种相似性的偏离似乎都是对他们的搅扰；他们非但没有争取保留自己与众不同的独特性，反倒努力抛弃那些独特性，以让自己混同于一般的人民大众，因为在他们眼中，人民大众是正义与力量的唯一代表。”[47]结果，领导阶层衰微，一个民族丧失掉反差对比所带来的勃勃生机，人们在社会体系中变得几乎毫无特性、一无所长、相互雷同且可以相互替代。智力也相应地萎缩。由于所有等待晋升的候选人都变得越来越像，民主体制在确定要提拔的人选时一般不会依据对其独特才能的认可，而会依据让人不胜其烦的规则与程序。“出于对特权的憎恶，也基于让人难堪的挑

选过程，所有人不管依据何种标准，最后都被迫要经历相同的试炼；所有人都一视同仁地要接受琐碎的初步训练，他们的青春因此被浪费，他们的想象力因此被压制，结果，他们对能否充分发挥自己的潜能感到绝望；于是，当他们最终能够采取任何不凡举动时，他们已不再有如此作为的兴致。”[48] 所有熟悉美国教育趋势或者行政机构做事方法的人都非常明白托克维尔的意思。当雄心壮志受到这种方式的阻挠时，集体生活的气氛就一定遭殃。 187

综合起来看，对民主体制下荒谬做法的上述分析描绘了一幅让人震惊的图景：社会摇摇晃晃地迈向名为民主、实为新专制主义的奴役状态。其轮廓在我们这个时代已变得更为清晰。托克维尔的《论美国的民主》一书挨着开头的部分，有他对这种能吞噬一切的危险的最为精准的描述：

> 我发现，我们已经摧毁掉能够独自应对暴政的那些独有的权势力量；可是，承接家庭、行会和个人被剥夺掉的所有特权的只有政府；如果说少数人的权力有时具有压迫性，那它常常也具有保守性，接替它的是整个共同体的软弱无力。
>
> 财产的分割缩短了将富人与穷人隔开的距离；可是看样子，他们彼此间越是靠近对方，其相互间的敌意就越大，他们据以抵制对方权力诉求的嫉妒心和恐惧心也就越强烈；正义的观念对双方都不存在，强力是双方当下和未来的唯一保障。[49]

该当何为？正是在这些年月里，马克思充满了奇思妙想：一个完全摆脱了旧秩序的世界，问题在无产阶级的起义中得到解决，社会被自下而上地重建——或者毋宁说，底层之上的所有社会阶层都被铲除。托克维尔知道，复杂的问题不可能轻易就获得解决，于是，他那冷静复杂、擅长分析的大脑就想到乏味平淡的不得已的办法，也即调和古老的价值观与新颖的信念——这就是保守主义的用处，虽然它受到很多嘲讽，也很难被落实，但是对文明的存续的确必不可少。

5 民主审慎

“我一直认为，在革命中，尤其是在民主革命中，疯子——并非习惯上被这么称呼的人，而是真正的疯子——起到非常重要的政治作用。至少有一件事是确定的，那就是，半疯状态在这样的时刻并非不得体，而且甚至经常能带来成功。”[50]托克维尔是如此评论 1848 年那些令人惊恐的日子的——当时，诸如布兰奎（Blanqui）和巴贝斯（Barbès）之类的疯子像 1793 年的幽灵一样，闯进众议院讲台（Tribune of the Chamber
188 of Deputies），大声呼吁实行新的恐怖统治。在底层民众首次强势夺权的激烈街头斗争中，托克维尔在场；很快，他成为路易·拿破仑（Louis Napoleon）手下的外交部长，直到 1851 年的政变终结了这位民主评论家的公职生涯，托克维尔不愿屈从于一个投票选出来的暴君，正如他不愿屈从巴黎的暴民一样。托克维尔在目睹了革命形势的摇摆震荡之后，还能对社会的未来抱有希望，这是他出色的思想能力的见证。

托克维尔相信，人与社会都有自由意志（free will）。他非常鄙视黑格尔和他的整个学派，对历史决定论及其宿命论枷锁嗤之以鼻，而且谈到历史运动中的偶然（chance）和未知动因（unknown causation）这两个要素——“偶然，或者毋宁说我们谓之偶然的纠缠在一起的第二因。”他对上帝护理（Providence）的信念像伯克那样真诚且无时不在，与那些有关不变的宿命与民族命运的自负理论完全相反。“这种必然性教条对民主时代了解历史的那些人非常具有吸引力，如果它由其作者传播给读者，直到它影响到共同体的所有人，并控制住公众的思想，它很快就会使现代社会的机能瘫痪，并将基督徒降到土耳其人的水平。”[51] 19 世纪的世界确实有宏大神秘的运动；不过，观念和政治制度可以修正和塑造这些趋势的动向。如果有一点耐心再加上做事对路，就连旧制度也可以得到维系和改革，无须被不分青红皂白地摧毁掉：“革命不是在邪恶最为猖獗之时爆发，而是在改革开始之际爆发。在楼梯走了一半时，我们自己从窗户里跳出来，以更快地到达地面。确实，这就是事态通常的演进过程。”[52] 是通常的过程，但不是不可避免的过程；坚定的立场依然可以阻止民众暴政的到来。

的确，缺少经验的新生民主体制所带来的难题是非常难克服的。缺乏耐心和无知是民主时代的特征；有着赤裸裸野心的人往往成为国家的掌舵人；虽然傲慢无礼一点都不少，做事却没有分寸。家庭退化——尤其是在美国——成单纯的住所（household），这拿走了维系社会和谐的其中一根古老的支柱；个人观点像尘埃一样分散，无法凝聚起来，而且让公众舆论支持任何明智的一致行动都是困难的；文学品味浅薄，读书急于求成； 189
四平八稳比高贵更招人喜欢；共同体的成员都受思想上孤立的困扰；而且可能最为危险的是，思想和讨论自由受到严重的阻碍。

> 在美国，多数人针对观点自由设置了难以逾越的障碍；一个作者可以在这些障碍之内随心所欲地写作，不过，如果他越过这些障碍，他就会遭殃。这不是说他会有接受司法裁决的危险，而是说他会遭到持续的攻击与迫害。他的政治生涯被永远终结，因为他冒犯了能够为其提供职业机会的唯一权威。所有的报酬，甚至名声上的回报，都与他绝缘。在公开他的观点之前，他认为自己有支持者；现在，他好像已不再有任何支持者，因为他向所有人袒露了自己；然后，那些指责他的人大声批评他，那些与他想法相同者懦弱地保持着沉默，并与他保持距离。由于受不

> 了每天都要如此辛劳，他最终屈服了，并陷入沉默，就好像因说出真相而感到懊悔。[53]

不过，民主还是可以靠着观念的力量避免沦落到专制状态。古老的社会样貌只有通过思想的影响才能得以保存，绝不可能靠暴力维系。如果无法得到观念体系的支持，英国贵族中的骑士精神就拯救不了这个群体。托克维尔对格罗特夫人评论道："军事力量不足以维系一个贵族阶层。如果它能做到这一点的话，我们的贵族阶层现在就不会一败涂地了。比起法国每一个时代的贵族，包括从最显赫到最不起眼的贵族，还有谁能更加毫无保留地以命相搏呢？……曾护卫图拉维尔（Tourlaville）的已沉降到半地下的古老庄园宅邸的最后一杆枪成了用来拴牛群的桩柱，而房子本身已被改造成农场……这就是那个知道如何去死却不知如何统治的贵族阶层的下场。"[54]

在民主社会的秩序支柱中，最重要的乃是宗教；托克维尔在他对美国的观察中找到了这方面的一些确据。民主社群肯定会将宗教简易化；不过，它对他们可能一直都是一种持久不变的力量，有助于抵御引向民众暴政的那种物质主义。伴随着法国人民主抗争的反教权主义（anti-clericalism）不是平等主义必不可少的伴生物：美国的罗马天主教教士告诉托克维尔，教会与国家的分离为宗教设定了一个和平的领地。"只要宗教
190 仅仅以那些安慰所有苦难的情感为依托，它就可能被所有人类喜欢。"自恋是一种对民主体制特别具有威胁的缺点，在美国，它显然受制约于宗教所培育的钟情于尘世之外目标的那种热忱。美国人的创新兴趣被迫要尊重宗教信仰的要求，这是对其至关重要的限制，否则，它便没有了阻力，因为它不会认同国家全能的理论。托克维尔说，美国的激进派人士"被迫宣称尊重基督教的伦理与公平观，而这种伦理与公平观不允许他们肆无忌惮地违反与他们意图背道而驰的法律；即使他们能够打消自己的顾

虑，他们也会发现，要克服他们同党派之人的顾虑也是不容易的。到目前为止，美国还没有一个人敢于提出这样的理论：为了社会的利益，一切都是可以允许的——这句邪恶的俗语好像是在自由时代发明出来，以庇护暴君们。因此，尽管法律允许美国人按其意愿行事，宗教却阻止他们去设想唐突或不义之事，并禁止他们去做这些事”。[55]托克维尔的宗教敬虔既睿智通达，又有持久性，他知道，有宗教信仰的民主社群会尊重个人权利以及子孙后代应得的那一份，其恭谨态度远远超过以物质上的成功为目标的民主社群。

如果法律和习俗获得民众衷心的认可，他们也可以让民主体制免于自我腐蚀。所有阻止权力集中的机制都会起到维护自由与传统生活的作用。在美国，联邦架构、乡镇政府以及自主的司法权力都是确保这种分权的手段；而且一般而言，地方分权是想要独断专行的多数人无法染指施行暴政的主要手段。只要单凭人数无法获得权力，只要人类活动的广阔领地不受政府的影响，只要宪制能约束立法的范围——只要这些东西持续存在，民众暴政就会受到抑制。如果民主国家能被说服将这些对主权的限制当作习惯接受，并从理性和成见上认同它们，自由就能够持续与平等共存于同一个世界。这些约束机制最可靠的支持力量——实际上是唯一持久的支持力量——是一个民族的习俗或集体习惯；不过，宪制可以帮助国家度过激情澎湃或乖谬荒唐的时期。“民主体制的伟大功用在于，在人的思想无暇顾及的间歇期维系自由——赋予它某种具有繁殖力的生 191
命，以使它在那些无人关注的时期能够存续下去。自由政府的结构使得人们可以暂时地对他们的自由感到厌烦，却不会失去它。”[56]不过，人们不会企图让宪制变成一成不变的东西，因为那样的话，宪制会引起反感；统治手段应当宽松。“我长期以来的观点是，我们非但不应试图让我们的政府永久化，反倒应注意让以轻松常规的方式变更政府具有可行性。综合起来看，我认为这比与之相反的路径更少危险性；而且我认为最好的办法是，将法国人视同疯子，人们应小心谨慎地避免约束他们，以免他们会被束缚激怒。”[57]既然大众对公共事务的运作可以发挥直接影响，防范他们滥用权力的主要保障机制就在于，通过由喜好与习俗构成的那个精妙的网络使他们执着于正义与自由，因为比起实证法，喜好与习俗的重要性要大很多。

在依然能遇到贵族制残余的地方，这些残余要素可以被用来节制多数人在其头领的指挥下试图对整个社会施行暴政的冲动。在美国，因其所受培训和利益而变得保守的律师阶层构成一种基于才干和影响力的人为贵族。托克维尔很清楚，公共舆论总是敌视贵族，不管后者有何等了不起的优点。“无法想象还有什么东西比这种压制更有违自然和人心隐秘的本能；而能够按照自己意愿行事的人们总是更喜欢国王的专断权力，不喜欢贵族阶层的规范化管理。如果不以人的不平等作为一项基本原则，事先让它合法化，并把它引入家庭和社会，贵族制度便不可能存在。”[58]所以，所有地方的贵族制度最终都一定会消失。由于贵族阶层的成员失去了与其附庸和下级的直接联系，他们便没有了作为保护者和管理者的职能；当地租收入增加时，权力一般会减弱；而随着权力脱离贵族之手，地租接着很快就会被抢走。这种趋势有时带有暴力，有时几乎无法察觉，很难被阻止。贵族阶层消失并永远不会重新崛起的社会有趋向专制主义的危险；而且一旦暴政在这样的社会中建立起来，它就会通
192 过纵容社会的邪恶来维系自己的统治。由于贵族阶层对个人自由的谨慎戒备已被铲除，全能的主权者与毫无防备的臣民就迎头相遇了。托克维尔就1854年改革法案对纳索·西尼尔说：“你们在维系你们的贵族制度的同时，就是在维系你们的自由。如果贵族制消失，你们就有陷入最糟糕的暴政——也即由暴民任命和控制（如果压根能控制的话）暴君的那种暴政——的危险。”[59]当时的法国刚好被现代第一个“选举式民主体制”掌控着，20世纪的世界了解这些体制的所有特征。于是，托克维尔的建

议是，尽其可能地抱定贵族阶层所余留的所有精华与格调；就连贵族论调的微弱回声也能唤起对政治专制主义的某种抵抗。

弥补民主体制缺陷的另外一种手段是公共教育。在美国，普及化教育让民众知晓他们的切身权利与义务；尽管美国的教育常常肤浅粗略，因对众多人等的快速教导而牺牲掉关怀和深度，大量的教导还是让美国人免于造成法国1789年事态的那种愚昧无知的不切实际。“引发那场大革命的不是匮乏，而是观念：有关劳资关系的空想理论，有关政府可以在何种程度上介入工人与雇主间关系的离奇理论，有关极端中央集权的教条——这种教条最终让很多人相信，不仅要依赖国家让他们摆脱匮乏的困境，而且要依赖国家给他们提供轻松舒适的条件。”[60]然而，托克维尔不认同对教育效果夸张的信心，尽管他那个时代的众多政治家都相信这种效果。除非与“改善心灵的道德教育”连为一体，否则，识字与书本教育没有什么用处。

最重要的是，现代社会的好心人应尽力提倡和保护个体差异或品格的差异性。整齐划一意味着人类崇高追求的死亡。“你可以确信无疑的是，民主时代的巨大风险在于，社会的各组成部分会被以整体的名义摧毁或极大地削弱。”黑格尔学派正急速地掉进这个陷阱。“在我们当下高举个体的所有东西都是有益的。所有趋向于放大种群和赋予它独立存在地位的东西都是危险的。这是当今公众思想的自然趋向。被引入政治中的现实主义教条导致了民主体制的各种过分作为；它助长了专制主义、中央集权、对个人权利的藐视和必然性教条——简言之，所有这样的制度与教 193
条：允许社会将人们踩在脚下，并视国家为一切，人民为无物。”[61]现代世界正疯了般急于实现18世纪经济学家的梦想，而那些人认为，国家应不仅仅要统治国民，还应塑造国民。“它必须转化并改良其臣民，也许，它如果觉得可行，甚至必须创造新的子民。”[62]托克维尔致力于不辞辛劳地捍卫人之为人的样貌，致力于维护带有源远流长的可爱优点与缺陷的传统人性；对于“按计划来的”人类这样一个概念，他感到震惊。

在公开场合，托克维尔敦促要时刻留意民主体制的这些补救办法；可是有时在私底下，他对改革尝试感到绝望，怀疑学识在一个流变和欲望时代的效能。“我不相信，在诸如此类的时代，类似我这样的作品甚或任何作品能够获得最微不足道的影响，除非是那些试图把我们变得比原本的样子更败坏和病态的低级小说。”[63]在他的想象中一览无遗、了无生气地铺展着这样一幅无边无际却整齐划一的灰暗图景：个人被无情地编组并分隔开来，并被完全吸纳到国家肌体之中。他在 1854 年写信告诉 M. 德 · 考塞尔（M. de Corcelle）：“总的来说，社会很可能让有我们这种想法的人感到非常忧郁伤感——这是我们彼此要多多交往的另一个原因。随着时间的流逝，我高兴地发现，我并非不假思索地向成功低头的那种人。一种事业越是好像被人抛弃，我就越是满怀激情地坚持认同它。”[64]

托克维尔的自由保守主义事业尚没有被遗弃。对于不可阻挡的民主，他以严厉的批评和改革设想为其效劳。A.J.P. 泰勒（Taylor）认为托克维尔在 1848 年间的行动方案以及他对事态的分析是失败的：“被托克维尔弃绝的 1848 年的最伟大的发明是社会民主，这是能够拯救文明的唯一方式……最为紧要的是，热爱自由之人必须要对民众有信心。”[65]这好像是摩莱里或马布里（Mably）从坟墓中爬了出来批评阿历克斯 · 德 · 托克
194 维尔。原因是，托克维尔对“社会民主”的特性太了解了：发明这个词是为了描述中央集权的平等主义国家，而与其说这等国家会窒息自由，不如说它会完全无视自由。而且作为伯克的学生，托克维尔从来都无法认同这样的幻觉：“民众”是一种取代了耶和华的值得信赖、恐惧、憎恨或尊崇的存在。没有人比伯克和托克维尔更加理解民族性的理念以及人类所有世代的永恒联合体（union）；然而，民众或群众无法存在于那种摆脱了党派、激情和人类一般缺陷的神秘良善的状态。民众在思考与行动时

并非不受观念与领袖人物的影响。就此而言，如果没有了观念与领袖人物，一个民族就不能真的说是存在的：缺少那种影响力的民族只能作为一个没有固定形式的、松散凝结在一起的原子集合生存，也即社会规划者冷静地设想的那个珍珠粉布丁式（tapioca-pudding）的国家。在高尚原则的影响下，民众有时可能会被提升到崇高庄重的境界；他们也可能呼唤希特勒或任何想要烧死巫婆的人。如果缺少了托克维尔所勾勒的那些讲究德行的习俗与法律的力量，民众就变成了汉密尔顿所说的“巨兽”；从抽象上信任他们是一种鲁莽行为，其轻信程度远超中世纪的圣骨崇拜（relic-veneration）。《论美国的民主》的写作目的正是为了减轻这种盲目地跟着民众摔跟头的失误。 195

第七章　转折中的保守主义：新英格兰素描

一旦欧洲各国的大众被教导着去探究有人为何以他们为代价获得某种享乐，而他们却被剥夺了这样的享乐，欧洲社会体系就有了爆发内战的导火索，而且直到他们的封建体制被彻底摧毁，这样的内战不可能结束。它最终必然导致封建贵族体制尚存残余的毁灭。欧洲的艺术、科学和文明是否与它一起全部消亡，仍是悬而未决的问题……在人类历史上最为开明的时期，艺术与科学本身、……天赋、才干和学问却容易成为被政治狂热主义排斥的对象。

——约翰·昆西·亚当斯致约翰·亚当斯的信（1795 年 7 月 27 日）

1　具有均平化作用的工业主义

大众对西方社会建制、财产权和思想传统的反叛始于 1789 年，一直延续到 20 世纪中叶，中间只有时断时续却躁动不安的停息期。约翰·昆西·亚当斯基于法国的形势判断说，这可能意味着野蛮的回潮；因为民众对过去的憎恶一旦被唤醒，就不会仅限于毁灭政府与经济：如果艺术与科学好像成了少数人的特权，或者它们好像妨碍了大众欲望的满足，它们就会受到整体灾难的牵累。没有比这更好的精心挑选的时机能够刺激新
196 英格兰人从思想上反对激进变革了。严厉勤奋、讲求实际的加尔文主义的新英格兰品格还表现出对学问的尊重；教育与读书的普及程度超过所有其他地方，甚至包括苏格兰；法国革命一登场，见多识广的公共舆论就开始起而反对高卢人的理论。亨利·亚当斯在他的《教育》(*Education*)一书中写道："对某些东西的抵制属于新英格兰的自然法则。"不过，虽然希望改革，新英格兰人在内心里极其眷恋他们先祖的制度，对正在将他们小巧可爱的文明卷入19世纪创新浪潮的那些没有人情味的力量感到震惊。就连加里森(Garrison)及其同伙激进的狂热主义也只是他们本性的一个侧面：加里森敌视新兴产业群体并对他们潜在的影响力感到恐惧，其程度与他对黑人奴隶的柔情完全一样。从三位新英格兰人的思想中——连起来看，这三位的职业生涯从法国革命恐怖统治时期延续到美国推崇荒野文化的时代，人们能够找出新英格兰求索保守主义原则的轨迹。约翰·昆西·亚当斯，这位不知疲倦的实干型政治家；奥利斯特斯·布朗森(Orestes Brownson)，像阿伽门农之子一样躁动不安；纳撒尼尔·霍桑(Nathaniel Hawthorne)，灵魂奥秘的探索者——在所有这三个人中，保守主义的天性都设法获得令人满意的表达。

随着民主与工业主义的到来，保守主义秩序的物质与思想支柱被拔掉了。如果文明要想延续下去，这两根支柱就必须重新培植牢固的根基，或者某种全新的社会机制要被设计出来。新英格兰发端于其所持的异议立场，难以胜任上述任务：既不认可乡绅与教区牧师，还鄙视雅各宾党和诡辩家。不过，必须要为新英格兰说句公道话：这种任务是极其艰难的。

英国、美国及西欧大多数地区的现代工业主义打破了保守型社会的

经济屏障。财富的掌控权正加速从农业地主转向实业家和金融家，从旧式的商业利益集团转向新的大型制造企业。人数上的优势地位正从乡村转向城市。新近控制了财富与人数占优的人鄙视传统，或者几乎无视传统。对其不久以前的卑微出身念念不忘的新兴创业家们倾向于蔑视既有的社会结构：其切身利益暗藏在改变、扩展和集权之中——所有这些势头都不利于传统。荒凉时代的新生无产者无根无基，愚昧无知，偶尔会饿肚子，对古老的价值观几乎一无所知；他们烦闷无聊，变革就是演戏；而 197
且他们的欲求是物质性的。因此，处在两个极端的产业人口就被吸收到自由主义或激进主义的阵营之中——在 19 世纪的最初几十年，几乎从未被吸收来效忠保守主义。由于保守主义势力总是迟迟才搞明白大规模的社会变迁，他们很长时间以来被自己所处的逆境搞得昏头涨脑。迪斯雷利与本廷克共同组织的“肥牛派”抗争；聚集在罗诺克的伦道夫身后的种植园主；为约翰·亚当斯喝彩打气的杨基佬商人与农场主——在这些群体中依然存留着对习俗性社会的感情，不过，金钱和选票正从他们的手中慢慢地溜走。工业化的世界里没有敬重的位置。

纽曼说，托利主义是对个人的效忠；可是，工业化世界是没有人情味的。之前，即使在美国，社会结构的内容包括等级式的个人与地方效忠关系——个人对主人、实习生对导师、住户对教区或乡镇、选民对代表、儿子对父亲、领圣餐者对教会。多数家产殷实之人曾做过他们社区的管理者、立法者和典范。绅士阶层在英格兰是什么样子，在某种程度上，弗吉尼亚的李家族（Lees）、伯德家族（Byrds）和伦道夫家族（Randolphs）就是什么样子，纽约的范伦丝蕾尔（Van Rensselaers）家族、叙勒（Schuylers）家族和库珀家族（Coopers）就是什么样子，甚至新英格兰的海港和多石的乡镇里的古老家族也就是什么样子。税赋真的是为了共同目的的自愿捐赠；简单朴素的政府随时直接关注共同体的多数事务；而且既然社会良心在社会成员一般都比邻而居的情况下最能发挥其督责作用，那么，这种社会大体上是公正的：腐败和失职太过显眼，不可能长时间地在这一小共同体的集合体中蔓延，而那些小共同体则是更为古老的分权型社会的力量来源。人们不得不相互正视对方，并将心比心。这是一种相对来说比较和谐的生存状态，因为很少有重大的滥权行为能够被隐藏起来。所有人都知晓 17 和 18 世纪的这种生活的缺点；不过，既然人就是这种不完美的生灵，这种社会像历史上的所有社会一样都非常契合人性——至少最契合亚里士多德的人性观，因为这种人性观将真正的自然状态定义为培育人身上最高贵的东西。

将这种个人关系网络和地方礼仪体系冷落一旁的是蒸汽、煤炭、多轴纺纱机、轧棉机、快捷的交通以及小学生们能背下来的属于进步类型
198 的其他东西。工业革命似乎是人类对人口膨胀所带来的挑战的反应：路德维希·冯·米塞斯（Ludwig von Mises）教授在他的《人的行动》(*Human Action*）一书中写道："资本主义给了世界它需要的东西，即为稳步增长的人口提供更高水准的生活。"但是，它把世界彻底搞颠倒了。个人效忠让位于金钱关系。富人不再充任地方官员和庇护人；他不再是穷人的邻舍；他成了平庸之辈（mass-man)，除了谋求更多的利益外，他的生活常常没有什么目标。他不再是保守派人士，因为他不理解保守主义的价值观，而这种价值观不能仅凭逻辑灌输——人们必须浸润其中。穷人不再觉得他在共同体中有体面的位置；他成了一枚社会原子，除嫉妒与无聊外，他丧失了大部分情感，与真正的家庭生活绝缘，沦落到只能单纯过日子，他以前的丰功伟绩被埋葬，旧有的信仰消失无踪。工业主义对保守主义的冲击大过法国平等主义者的书籍。为彻底击败传统主义者（traditionalists)，美国开始出现这种看法：新生的攫取型工业利益群体是保守主义性质的，保守主义不过是一种为大规模积聚私人财产辩护的政治主张，扩张、中央集权和聚敛是保守主义的信条。美国的传统势力从来没能摆脱这种混乱的说辞，以及认为汉密尔顿是美国保守主义奠基者

的流行看法。

民主突如其来的胜利与工业主义的兴起同时发生，这部分是由相互交织在一起的原因造成的；不过，尽管肯定是无法避免的，但这种结合从总体上看却是灾难性的。杰斐逊式的民主是为一个纯朴的农业民族设计的，却被套在了一个贪得无厌、缺乏耐心并常常被城市化了的人群的头上。19 世纪的世界是不适于播撒平等种子的贫瘠之地；众多的杂草会冒出来。可是，不管民主的果实如何不堪，保守派却无法找到将稗子从谷物中剔除出去的办法。一旦选举权范围扩大之后，要缩减它便是不可能的；不让新的阶层获得选举权更是危险的。潘恩与卢梭、低俗的媒体、对立法能够带来普世幸福的普遍信念、城市暴民在 19 世纪多数时间里显然具备的那种反叛性能量、旧有的精英组织社会优势地位的丧失、个人主义对共同体情感的取代——所有这一切影响因素让保守派人士几乎无能为力。由于既害怕做出让步又害怕拒绝让步，他们沦落为机会主义者。 199
在美国，快速修订州宪法、连续扩展选举权范围、将州首府从东部城市迁往西部城市——民众主权的这种种表现是人们普遍痴迷于单纯的名义上的民主的征兆。保守派利益群体被弄得稀里糊涂；联邦党人的政党被彻底击败，他们找不到比辉格党更好的平台，而辉格党尽管有韦伯斯特和克雷这样的人才，却缺少真正具有连贯性的准则。约翰逊曾称呼伯克为“深不可测的辉格党人”；不过，更配得上这一名号的是美国的辉格党人。（也许是时候了，我们中的某些人应该在看待他们时带有更多同情的眼光，超过他们自 1861 年以来所受的待遇。）

在工业主义和民主拆毁保守主义的防护墙的同时，理性主义和功利主义削弱了旧体系的思想根基。莱斯利・斯蒂芬说，辉格党人对教区牧师们持有一种非常顽固的怀疑态度。18 世纪的这种对圣职制度的不信任到了 19 世纪就变成毫不含糊地否认信仰。休谟与伏尔泰所启发的那种怀疑主义已在英国和美国泛滥成灾；在美国的平等主义者之中，杰斐逊的自然神论已几近成为正式信条；就连诸如约翰·亚当斯与卡尔霍恩之类的保守派人士也放弃了他们的加尔文主义遗产，转向某种近似于唯一神论信仰；在其年纪较长时，约翰·昆西·亚当斯也因痛苦地怀疑上帝的存在而备受折磨。上帝命定设立国家——胡克与伯克的这一信念一直都是保守主义的一项带有极大活力的原则：现在，由于格兰维尔（Glanville）所谓的“舆论环境”（climate of opinion）对他们的天性所造成的不利影响，保守派人士正失去这一坚定的信念；与之一同流失的还有他们对法国和边沁式理性主义的免疫力。保守派人士已不确定该如何回应诡辩家和算计者；浪漫派的诗性激情已离弃他们，而且他们尚未习得出现于维多利亚时代的法律与历史保守派人士的那种方法。

所以，即便说19世纪的新英格兰的保守主义没有有效地阻止创新的洪流，新英格兰依然有刚健有力的天才之士。在更为保守的旧英格兰这个国家，正是在这一时期，罗伯特·皮尔（Robert Peel）爵士在1832年的大溃败之后将保守主义的剩余势力召聚在一起，让他们再次紧密结合成一个政党。皮尔所持观点与我们新英格兰的保守派人士的观点相当接
200 近——因天性而执着于旧有的方式，却因理性而部分地相信对手们的理论；因此，他相当自觉地做出一个又一个让步——直到终于有一天，自信有托利党人为其奥援的他却吃惊地发现，他已经背弃了托利党人。随着内战的可能性越来越大，美国的保守派人士几乎没有一个可以领导或批判的政党。

2 约翰·昆西·亚当斯与进步：他的追求与挫折

近些年，几位自由派或激进派评论家真诚地建议在美国组建一个真正的保守派政党。比如，哈罗德·拉斯基宣称它将提升美国政治的格调；

小阿瑟·施莱辛格（Arthur Schlesinger，Jr.）也持类似观点。毫无疑问，他们是对的。不过，这些正人君子们不希望保守主义获得成功：他们只是希望保守主义成为创新的忠诚的反对者——除提出文雅、高格调的批评之外，这种反对是没有效果的。施莱辛格先生认同约翰·昆西·亚当斯是20世纪保守派的楷模。提倡保守主义重组的左翼人士希望看到这样一个保守派政党：与20世纪的英国自由党（Liberal Party）一样，该党将成为把现存社会改造为一个新的集体主义国家的中介，也即它是一个过渡性的政党。他们认可的是一种不信任自己的基本主张的保守主义。约翰·昆西·亚当斯是持此类保守主义观念的富有才华的代表人物。

也许，在美国政治史上，没有人比约翰·昆西·亚当斯更加诚实、更加勤奋或更能坚守直截了当的目标。可是，作为一名保守派思想家，约翰·伦道夫所谓的“美国的斯图亚特家族”的第二个杰出成员却摇摆不定。他曾目睹过联邦主义的消亡；与托克维尔一样，他逐渐开始相信，民主的扩展是上帝护理的产物；他感到在处理美国事务时迫切需要保守主义的原则，不过，他从未搞明白该如何着手去干。他的孙子布鲁克斯·亚当斯（Brooks Adams，美国保守主义的一半左右的历史必然是讲述亚当斯家族的）宣称，“在我看来，约翰·昆西·亚当斯是19世纪初最有意思和有参照意义的人物”，美国的这位第六任总统在有些方面确实如此。他的浩繁的日记是了解他那个时代美国思想的最佳窗口，他在科学方面的勤奋努 201
力增进了美国人的学识，而他对培育国民品格所寄予的希望有着动人的高贵性。然而，作为一名保守主义思想家，他有所不足；作为一名保守派领袖，他则是不幸的。他对人之动机的怀疑超过了伦道夫；他对其同仁的态度也同样傲慢；而且他严厉的个性使其不可能获得民众的有效认同。里托顿勋爵（Lord Lyttleton）结识了在俄罗斯和伦敦任外交官的亚当斯，曾就这第二个亚当斯评价说：“在我有幸与之搭话并浪费无用的客套礼节的所有人中，他让人讨厌的程度是最不可救药和最彻底的。带着尖酸刻薄的神色、用棉棒掏着他皮革式的耳朵、心里装着对英格兰的仇恨，他在彼得堡（Petersburg）的毫无意义的集会中坐着，像一群长毛垂耳狗中的一条哈巴狗；有很多次，我说出骂人的单音节词和邪恶的咒语。”[1]

在为获得佛罗里达而进行的若干秘密谈判中，约翰·伦道夫愤怒地对麦迪逊吼道：“我明白了，先生，我没有像政客那样算计。”约翰·昆西·亚当斯同样不适合这种需要很多算计的职业，甚至在他当选为总统时，他对让他赢得选举的那些阴谋诡计也一无所知。1828 年，他惨败于杰克逊，这让他无比震惊，进一步让他的性情变得怪僻，而且动摇了他对上帝与人的看法。起初，亚当斯以出版他的《普布利科拉信件集》的方式卷入政治纷争，并攻击托马斯·潘恩。他漫长的职业生涯在对奴隶制和南方利益诉求的抨击中终结。这半个世纪的公职生涯让他从捍卫传统与财产权转向对那一独特制度（Peculiar Institution）* 的基于人道主义的攻击，这加速了内战冲突的到来，而这一冲突注定要在激情的怒火中烧毁真正的保守主义和真正的改革。他在去世时痛苦地意识到，他没能实现任何一项对美国国民品格所寄予的崇高愿望，尽管他为此付出了整个一生的心血。人们很难以其理想事业的溃败而指责这位以其峻厉的风格让人振奋的人；不过，实情是，他对人的期望超过了任何真正的保守派人士所应抱有的期望，而且他从他们那里得到的东西少于许多在道德上完全不能与其相比的领袖人物所能得到的。

虽然他鄙视法国革命的理论，并敌视一切没有建基于严厉道德观之上的政治方案，但亚当斯本人却坚持某些搞混并削弱了其保守主义成见
202 的创新型信念。他认同伯克对社会连续性和习俗原则的信心，却将这些信念与若干明显不同甚至相互矛盾的倾向混为一体。比如说，他相信进步的观念，而这与相信上帝护理不是一回事；他相信人达到完美状态的可

* 指南方的奴隶制。

能性；他相信作为国家改良之手段的集权；他相信政府可以有意识地引导其公民的生活。就民主而言，他从来都不确定该相信什么：与托克维尔一样，他为多数人统治下的自由与财产权感到担心，不过，他常常赞美民主精神，只是隐隐约约对它有所保留。“**民主**，纯粹的民主，至少要以宽容大度的人权理论为基础。它建立在人类自然平等的基础之上，它是基督教信仰的基石，是地球上**所有**合法之第一**要素**。民主是共同体凭借多数成员共同意志的自治。”[2]从始至终，他都有将美德等同于其个人判断、将神圣正义等同于其个人政治运气的危险倾向。

不过，他并不自负。与亚当斯家族的多数人一样，他似乎举止夸张轻浮，但与他们所有人一样，其内心渗透着一种谦卑感，总是像清教徒似的拷问自己的良心，而且对自己的失误有充满鄙夷的自责。他总是因想着他**本应该**成为什么样子而备受折磨，于是，在一切都临近终结时，他写道：“如果我具有人类的造物主有时赐予个体的人的那种思想能力，我的日记就会是仅次于《圣经》的、人手所曾写的最为宝贵和有价值的书籍，而且我就应当是给我的国家和人类带来最大福祉的人之一。借着无法抗御的天才力量、无法压制的意志能量，以及全能上帝的恩惠，我会将战争和奴隶制永远驱逐出世界各地。可是，我的造物主没有赋予我这种思想能力，而我也没有按照我可以并且应当所为的那样增进他微不足道的那一点恩赐。”[3]他意识到，他的责任是维系美国的道德价值；他明白自己处在一个转折中的时代；可是，对于如何与这一可怕的如谜一样的现实作斗争，他始终没有找到正确的答案。

即便如此，他还是做出了痛苦的自我否定式的努力，试图以追随华盛顿所开辟的道路的方式引导美国。国家主义是其政治活动的依托，而这种国家主义是一种集权型的联邦主义，有着其国民大众几乎无法理解的崇高目标——它鄙视汉密尔顿和皮克林所代表的那种物质主义的联邦主义，并且排斥南方的特殊主义。当参加哈特福德大会的代表们在1812 203

年战争期间设想着将新英格兰分离出来时，他退出联邦党人群体，而且很快，他惊讶地发现自己成了共和党人。在弗吉尼亚王朝（Virginia Dynasty）的统治下，共和党改变了自己的特色，以至于老约翰·亚当斯的这位儿子好像最适合做詹姆斯·门罗（James Monroe）的接班人；于是，较为年轻的这位亚当斯在1824年成为总统，而且他认为上帝已经将复兴美国的任务托付给他。终其一生，亚当斯这个人既非常精明，又天真得让人感动，他相信上帝的力量在支持着他；所以，当民主体制在四年之后像击败他英勇的父亲那样把他打垮时，极为震动的约翰·昆西·亚当斯便怀疑起到底有没有上帝。

他认为，集权是让美国成为历史上最卓尔不凡的国家的手段。他曾于1816年写道："我的政治主张越来越多地倾向于增强合众国及其政府的力量。约翰·伦道夫先生主张主要依靠各州政府，这与我的主张恰好背道而驰。每一个州政府都企图为其自身的地方利益而影响整个合众国。因此，对合众国中最为强大的州的公民来说，这一理论非常对路，可是对于较为弱小的州，它一无是处，而且对整个合众国是有害的。"[4] 互相鄙视让亚当斯与伦道夫这两位在那个时代最诚实的人分道扬镳；而且他们所代表的保守主义立场的这两个分支现在仍没有相互和解。托克维尔对中央集权的警告被亚当斯忽略了。他认为，借着适当运用中央政府（general government）所拥有的收入和道德领导力，人性可以在美国被提升到完美的状态；在19世纪的这位清教徒式的矮小绅士身上，这种匪夷所思的愿景几近于中世纪的神秘主义，诱使他将地方自由的问题和切近的难题置之不理。1843年，他在辛辛那提再次表达了他一生不屈不挠的梦想：

> 现在，我请你们认真急切地考虑这一主张：基于人类自然平等原则并以个人不可剥夺的权利为基石的政府形式是最适合于追求幸福的政府形式，不管是追求个体的幸福还是共同体的幸

> 福。它是人类唯一一种现实存在或可以设想出来的自利与利他在其中融为一体的政府；我认为我完全有理由补充说，地球上的现存政府趋近或远离这一准则的程度如何，共同体和其中的每一个体在追求幸福时得到帮助或阻碍的程度以及目标实现或被破坏的程度也如何。这是真正的孟德斯鸠式的共和国——**美德**是这种政府形式的基本原则，而且这一美德包括内置于共同体所有成员心中的爱。[5]

从某些方面讲，这比杰斐逊还杰斐逊。它是道德主义者对社会的浪漫主义设想。作为社会协定论的坚定支持者，他视社会协定为历史事实，他是普世正义的推崇者和持续改良的提倡者——我们在此看到亚当斯革新的一面。不过，保守倾向和经验让这种乐观主义受到限制。他与之交谈过的边沁让他感到恐惧，这是由于后者的有违人性的精准社会计算、其物质主义以及对引发英格兰内战之可能性的无动于衷。明智的改革者行动时凭借的是被时间捧上神坛并由上帝背书的手段。正是基于这样的改革，美国人凭经验创制出联邦政府这一神圣意志与人类妥协的产物。现在该让这一政治体系成为道德与物质进步的工具了。从各州动荡不定且全然不同的诸多元素中应提炼出一种提升型的民主体制（democracy of elevation）；社会的不和谐应得到调和，地方性对立应该被消弭。

由联邦支付费用的内部改良、对制造业主的鼓励、对西部大片国家储藏的共同土地的保护、对科学的推广、对世界各地自由精神的同情：这些就是亚当斯具体方案的内容。约翰·伦道夫在这些提议中看到的仅仅是：一部分人以另一部分人为代价发财致富的图谋，大量的徇私舞弊机会、拉加多学院（Academy of Lagado）式的项目*。就激励这些提议的许

---

* 拉加多学院暗讽英国皇家科学院，这里意指没有用处的实验项目。

多支持者的动机来说，伦道夫是对的。可是，不管对错，约翰·昆西·亚当斯在提出这些规划时认为它们会成就华盛顿对合众国的设想。道路、运河与港口会因其普遍的好处而让国家真正成为一体；长期来看，保护性
205 关税对所有人都有利；公共土地非但不会被投机者和擅自垦荒者糟蹋，反倒会成为将来世代为重大的全国性事业筹措资金的手段；一种新的度量衡体系、一个全国性的天文观测站、科学的育林办法以及类似工程会提高国民的理解力并繁荣经济；对于在共和体制下已达到更高的社会进步状态的那些新兴国家（希腊或南美国家），美国将接纳它们，使其成为一个更大的共同体的成员。它将是一种欣欣向荣、充满希望的保守主义，以及一个由绅士领导的自由仁爱的共和国。它所依托的是一种比单纯的父爱主义（paternalism）更高尚的理念：也即正义，“一种为所有人争取权利的恒定永久的意志”。它完全没有可行性。

原因是，亚当斯总统——新英格兰原有的严厉克制的特征在他身上已转化为一种宽大的仁慈——没有考虑到美国人对自上而下命令的根深蒂固的敌意。1828 年，让民众起来支持杰克逊将军并让他获得比亚当斯多两倍的选票的原因是，人们普遍怀疑亚当斯代表着一种美国人天生就反感的严厉的父爱主义，这超过了对亚当斯和亨利·克雷间“腐败交易”的指责，也超过了其政府在单纯政治上的任何难题。也许，在一种比亚当斯所持守的更为深刻的保守主义之中一直都有某种根深蒂固的情结，在这种情结的警示下，美国的民主体制拒绝接受中央权力的指导。由于安德鲁·杰克逊将军没有提议约束民主体制，反而成为民众的民主领袖，于是，身为自然贵族——实际上是专横跋扈之人——的他便接替了那位科学家和文人雅士的位置。在杰克逊的领导下，公共土地立即开放殖民，于是，对密西西比以外地区无所不包的开发活动开始了，美国到现在还没有从其后果中恢复过来。内部改良被轻蔑地抛弃了，保护性关税因妥协而降低，科学试验被放弃，外交政策收缩。亚当斯觉得他已

与他的上帝立约。新英格兰人的大脑从未完全放弃这样的想法：与全能者的关系是契约性的；新英格兰的护教学说处处都在提及上帝与其选民间的带有敬虔意味的“美妙交易”。上帝丢弃了约翰·昆西·亚当斯吗？这是对不知疲倦的服侍的报答吗？这是第二位亚当斯非常相信的不可阻挡的人类进步吗？亚当斯的信心弱于约伯，他也没有坚贞到足以忍受这种试炼。他肯定从未原谅让他在 1828 年失利的美国南方，而且基本上 206
没有原谅他的上帝。

亚当斯觉得，就连科学精神也离弃了他，被滥用到低级目的上。不是说像亚当斯一家人那样的古老高贵的家族一定要掌控新英格兰的这一股力量；相反，新英格兰的削木者和不诚实的商贩也即注重实用性的发明者和商业推广者绑架了科学，并将它绑定在为私人牟利的事业上。应用科学非但没有让公众思想升华并强化社会结构，反而迅速成为为节俭正派的亚当斯所深恶痛绝的那种赤裸裸的个人主义的主要武器、不负责任的巨额财富的来源以及不择手段的野心和贪婪的物质主义的工具。很快，它就开始伤害亚当斯所深爱的这个国家，自他那个时代以来，这一伤害过程从未中断。应用科学是一种革命性的力量，虽然亚当斯将它误认为保守主义的工具，但如果上天允许败坏的作为，世界上可能有进步吗？上帝可能存在吗？约翰·昆西·亚当斯带着受伤的灵魂离开华盛顿，充满了苦毒，并几近绝望。他虽然表面上举止冷静，实际上却从未听从马可·奥勒留（Marcus Aurelius）对那些引领社会之人的透着凄凉的警告：“就当生活在高山之上。”亚当斯家族的人常常不会欣然忘记过往的怨仇。在友人们让这位前总统重返众议院之后，约翰·昆西·亚当斯开始以对抗“南方阴暗恶魔”即奴隶主集团的方式复仇。

约翰·昆西·亚当斯对奴隶制的鄙视在他 1828 年失利之前很久就显露出来，因此，这里不是要暗示说，他仅仅因为以前的恩怨才猛烈攻击那个独特的制度。他于 1816 年就因奴隶制问题与卡尔霍恩发生争执：“奴隶制污染了道德原则的源头，这正是它的其中一项罪行。它错误地把邪恶当作美德：这种理论让人类最为神圣的首要权利依皮肤的颜色而定，什么还能比它更加谬误、更加残酷无情呢？它扭曲人的理性并贬低拥有逻辑能力的人，以图证明：奴隶制是基督教所许可的，奴隶们对他们的处境感到快乐满足，主人与奴隶之间存在着相互依附与相互爱惜的关系，主
207 人的美德因奴隶的卑微而得到净化与提升；与此同时，他们却对奴隶贸易愤愤不平，咒诅英国曾经为他们提供奴隶，将因模仿他们的暴行而被定罪的黑人烧死在火刑柱上，而且一提到有色人种应享有的人权便恐惧气愤得发抖。”[6]不过，几乎无可置疑的是，对南方——杰克逊的南方——的怨恨直接促使亚当斯采取勇敢无畏的行动：年复一年地向国会提交废奴主义者的请愿书。

在以提交请愿书的方式对抗恼羞成怒的南方国会议员时，亚当斯煞费心机地解释说，他并不认同请愿者的具体观点，他只捍卫他们请愿的权利。约翰·昆西·亚当斯明白，像所有其他重大恶疾一样，奴隶制不能仅凭简单的立法命令就被令人满意地清除。当然，他对奴隶制的鄙视是对的——弗吉尼亚的大地产主也鄙视奴隶制；当然，他试图阻止将奴隶制的坏影响扩展到新的地区，这也是对的。然而，由于他让自己装出一个勇敢的改革者的样子，亚当斯忘记了保守派人士的审慎原则。与一般的自然进程相反的是，年轻时的反对变革者到老年时却蜕变为激进变革的领军人物。加里森的狂热喊叫声已经在他身后响起；亚当斯死后，新英格兰的领导风格沦落成像萨摩那（Sumner）和菲利普斯（Phillips）之类的人物的那种狭隘、不宽容的人本主义（humanitarianism），而这些人已敢于制造出不计其数的新灾难，如果这些灾难能够消灭以前的某个恶行的话。

内战以及压制南方对美国智识上的保守主义造成的伤害如此严重，以至于直到近些年保守主义观念还几乎没有具实质意义的复苏——甚至

到了现在，它们在民众思想中还没有令人满意的复苏。由于认同所有值得敬畏的东西，霍桑感到了废奴主义的威胁。他在他的《富兰克林·皮尔斯的生平》（*Life of Franklin Pierce*）中写道，“所有历史中都没有这样的事例：人类的意志和理性（intellect）凭借为达其目的而改进的方法便能成就任何伟大的道德改革”；奴隶制问题不应靠立法方案解决。可是，由于约翰·昆西·亚当斯整个一生都遵奉这样的信念：一位敬虔有力的政治家可以移动大山，对于从废奴主义者请愿书后面偷窥的古怪面庞，他很少在意。他知道，废奴可能不足以解决南方与整个国家的问题；他对美利坚合众国一往情深；他绝不是无事生非者。但是，舆论环境促使这位冷静廉洁的新英格兰人开始了与那场感情用事的激进运动的惴惴不安、眉 208
来眼去的互动。亚当斯之后，大洪水来袭。大洪水冲走了共和国敬畏上帝的高贵尊严，而在亚当斯的想象中，共和国本来会有辉煌平和的未来。

3 虚幻的超验主义

约翰·亚当斯在《为宪法辩护》中写道：“民主、纯粹的民主，在文人雅士中从未有过支持者。民众几乎总是希望获得免费的服务，并希望对方因有幸为他们提供服务而付费给他们；他们常常把掌声与赞美送给阴谋诡计、伪善迷信、恭维贿赂和赏赐。”不过，每个时代都能以某种方式找到与它的品味相匹配的那种作家，而且早在19世纪中叶之前，美国的民主体制已开始在文人雅士中找出它的吹鼓手；很快，惠特曼就会为民主唱赞歌，其真诚的态度是以前很难见到的，而且也许在以后的幻想破灭的世代中也不可能再现了。不仅仅是民主，同时出现的对传统秩序更为敌视的那些理论——无限的物质进步、可完善性以及为求新而变革等观念——都在新英格兰的才智之士中找到其文化上的追随者。在这些持乐观立场的文化人中，爱默生（Emerson）的名声最大。

虽然扬基人的思想中有各种保守主义的要素，新英格兰的思想模式因某种永不停歇的折腾劲儿而变得纠缠不清。正像科顿·马瑟（Cotton Mather）无法停止在教会大门后指手画脚那样，新英格兰也总是想着去改善和净化——尤其是改善和净化其他人。这是清教徒的遗风；而且虽然清教主义的遗产已在超验主义和基督独一论信仰中被严重稀释，那种乐观主义的干预冲动依然有十足的能量。这种冲动在相当程度上要对内战的爆发以及重建运动的失败负责。扬基人爱挑剌的习性所造成的后果是如此持久，以至于斯托（Stowe）* 所描述的南方生活在北方民众的心目中留下了至今都难以磨灭的印记；而且人们在梅森与迪克森线以北仍能活生生地感受到其偏执的人本主义，这就确保了几乎所有展示南方人败坏品性的戏剧作品都会让其后台老板发上一笔，而且几乎所有揭露南方白人阴暗面的浪漫小说
209 都永远不会有卖不出去的废品。这种外向型或扩张性的新英格兰良心诉求相当于道德和文化上的自由土壤运动（Freesoil movement），一方面，它体现在加里森、帕克（Parker）、洛威尔（Lowell）、查尔斯·弗兰西斯·亚当斯（Charles Francis Adams）和萨摩那的毫不留情的反奴隶制和反南方的能量之中；另一方面，它体现在爱默生、利珀雷（Ripley）、埃尔科特（Alcott）、玛格丽特·富勒（Margaret Fuller）以及其他超验主义者和康科德自以为天才的那些人的朦胧的乐观主义、社会试验和形而上创造之中。

如果说像在有些超验主义者及其信奉基督独一论的后裔身上所显明的那样，启发了他们思想体系的那种被嫁接过来的德意志浪漫主义似乎维系了某种保守主义，那也是出于偶然，而非基于事理逻辑。黑格尔本人只是因为偶然巧合和权宜机变才成为保守派人士的。他们哲学的改良论的、抽象的以及个人主义的整体倾向对保守主义价值观有破坏性。依

---

* 斯托是讲述美国南方奴隶生活的名著《汤姆叔叔的小屋》的作者。

赖个人判断与情感、鄙视习俗和种群经验、一种令人无所适从的在个人中心或拥抱一切之间转换的社会道德观（这种矛盾冲突在卢梭身上经常能碰到）——爱默生思想的这些特质满足了美国人普遍的渴望，而且自此以后，爱默生的“自力更生”（Self-Reliance）、“经验”（Experience）、“自然”（Nature）和其他个人主义的宣言就一直滋养着这种渴望。如果不是与美国人的思想渴求有这种关联，爱默生就可能不会被人记起，因为他的文章不易阅读——不连贯的结构中会闪现出富有洞察力的句子和段落，表明他的思想像他的朋友卡莱尔那样缺少系统性。不过，爱默生的思辨完全迎合了美国人的趣味，以至于它们对美国思想产生了无法计量的重大影响：人们甚至发现摘抄自爱默生的段落成了打字手册中最受欢迎的练习对象，而且爱默生还偷偷地潜入诸如欧文·白璧德之类的保守派人士的灵魂之中，有时对他们产生不和谐的影响。

爱默生诉诸美国人所共有的多种多样的平等主义与创新情结，而托克维尔之前曾论说过所有这些情结：对简单化的热衷、对等级的憎恶、对约束和限制的不耐烦、对直截了当的解决办法的偏爱。当他把上帝矮化为超级灵魂（Oversoul），诉诸个人决断，讴歌增长、变革与变化，赞美一种不受妥协或古旧道理约束的自由时，他因此能影响到的受众也就大大超出了想入非非的超验主义者的小圈子。他成了反抗权威的先知。尽管他持毫不妥协的个人主义立场，但是，他时不时对物质主义和财产的 210
“当下占有权”（present tenure）的抨击是社会主义的先声。这并不矛盾。真正的保守主义，也即没有受边沁或斯宾塞的观念污染的保守主义，是作为个人主义的对立面崛起的。个人主义是社会原子主义；保守主义是灵性共同体（community of spirit）。正如亚里士多德所了解的那样，没有恰当的社群，人便无法生存；而且当人们被灵性共同体排斥时，他们会不假思索地转向物质共同体（community of goods）。尽管爱默生谈到“永恒的那一位”（the eternal One）和超级灵魂，尽管他表面上拒绝原子主义，但在这个表象之下的是从哲学上让人与人之间相互隔绝。也许，对他自己的灵性个人主义的某种本能的厌恶促使爱默生转向社会集体主义——转向自由和谐的那种阴冷沉郁的替代品，也即被托克维尔称为民众暴政的那种具有安慰作用的整齐划一。

爱默生具体的政治设想几乎让人感到震惊——首先让人感到恐惧的是它们的危险的天真，其次，它们轻易就无视让人不快的事实。他轻蔑地否定宪法上的防护机制、制衡机制、保障自由的设计以及习俗性权威，宣称我们要求于政府的一切就是良好的意愿。我们必须将我们的政治体系建立在"绝对权利"的根基上，然后我们就没有什么可担心的了。这出自一个宣称敬重孟德斯鸠和伯克的人的口中！最为乐观的法国哲学家在国家事务上也没有这么不成熟。爱默生的政治理想与梭罗的政治理想一样，都不具有可行性，却没有梭罗的那种为论证找借口的骨气。卢梭与黑格尔被他们信心满满的新英格兰追随者糟蹋到荒唐的地步。当何以证明"绝对权利"这一问题出现时，爱默生便开始歌颂那位暴力英雄和"明智之人"，如此的举动在卡莱尔身上体现得更为显明，更是 20 世纪最具灾难性的幻觉之一。在长年鼓吹超验主义的人本主义之后，爱默生告诉世人：奥萨沃托米·布朗（Osawatomie Brown）注定要为绝对权利献祭，约翰·布朗（John Brown）实则是一位沾满鲜血的老迈的疯子、堪萨斯和哈珀渡口（Harper's Ferry）的滥杀无辜者、过去一百年来活跃的恐怖分子（他们将政治学降格为暗杀行动）的典型。* 布朗"让断头台变得像十字架那样光彩照人"。这一礼赞的对象往最好了说是个偏执狂，往最坏了说是个嗜杀的恐怖分子，人们从中可以体会到，超验主义与虚无主义之间的模糊不明的可争执地带（Debatable Land）是何等的危险。

---

* 奥萨沃托米·布朗本来是一部同名戏剧作品，讲述的是约翰·布朗与堪萨斯支持奴隶制的力量的斗争。后来，奥萨沃托米·布朗成为约翰·布朗的绰号。

“一直以来的经验表明，教育与宗教、贵族制与民主制和君主制，各自均完全不足以约束民众的激情、维系稳定的政府并保护民众的生命、自由和财产。”约翰·亚当斯的上述警示对爱默生毫无意义。亚当斯说，只有以激情、利益和力量对抗相反的激情、利益与力量，才能成就一个公正和平的国家。约翰·亚当斯相信，罪的存在是一个不可辩驳的事实；而爱默生则将加尔文主义的形式与其最核心的信条一起抛弃，从未将罪的观念纳入他的思想体系。查尔斯·艾略特·诺顿（Charles Eliot Norton）在评论他的朋友爱默生时说：“可是，尽管这种根深蒂固、一以贯之的乐观主义可能在爱默生这类人身上只会显出其美好的一面，对于一个民族来说，那是危险的说教。它退化成听天由命地漠视道德因素和个人责任；它就是我们美国政治生活中的很多非理性的情感用事的根源。” 211

承认罪的挥之不去的力量是保守主义的一项核心信念。海尔什姆勋爵在其雄辩有力的小书《保守主义的理据》（*The Case for Conservatism*）中再次强调了这一信念的必要性。理由是，保守主义思想家认为，人是堕落的，其欲望需要受到约束，而为了抑制罪，习俗、权威、法律和政府以及道德规条是必不可少的。人们可以对这一信念追根溯源：从亚当斯追溯到加尔文主义者和奥古斯丁，或者从伯克到胡克和经院学家，然后转到奥古斯丁——也许（像亨利·亚当斯那样）再从奥古斯丁上溯到马可·奥勒留和其斯多葛学派的导师以及圣保罗和希伯来人。对传统没什么耐心的爱默生根本不理会这种烦人的理论。爱默生在他 58 岁生日那天说道：“我过去一直无法非常现实地看待邪恶与痛苦的问题。”现在，邪恶与痛苦是基督教思想的大问题，一个无法“非常现实地看待”那些不可抗拒的可怕现实的人，不能令人信服地引导一般人的思想。爱默生主义的整个社会倾向是，要么倡导某些激进简便的措施（这是所罗门式的决断，却没有与之相应的智慧），要么（如果这还不够的话）假装问题不存在。很少有其他民族像内战之后的美国人那样对他们中间的邪恶如此心安理得，没有人比他们更急于否认罪的存在。20世纪的美国给人的印象是，它是一个深受犯罪、城市问题、政治腐败、家庭衰败以及日益严重的无产阶级化折磨的国家；在
212 这种情况下，占支配地位的声音不是萨沃纳罗拉（Savonarola）* 式的，而是讲台上社会学家、心理学家和新实证主义者的合唱——他们宣称罪不存在，"调整"会治愈所有的社会癌症。美国公众的这种鸵鸟倾向确实不是爱默生生造出来的，不过，他是其最为有力的辩护者。如果某一恶行距离遥远或者只限于某一地区或阶层（比如奴隶制），就以不用麻醉剂的手术解决；如果它近在咫尺，在人的心里——那么，我们一定搞错了。

如果说愚蠢地固执己见是思维浅薄之人的缺陷，虚幻的乐观主义则常常是思想广博之人的咒诅。作为忽视罪之现实存在的社会乐观主义者，爱默生是一位激进的思想家，也许是美国所有激进人士中最有影响力者。由于他与卢梭一样相信仁爱天性在起着支配作用，他便急于抛弃所有古老的社会习惯，以便为新的感性知识体系铺平道路。在针对他的警示性声音中，霍桑与奥利斯特斯·布朗森是最为雄辩者。

4　布朗森论天主教信仰的保守能量

在爱默生和他的小圈子在美国文化界确立康科德学派（Concord）的霸主地位之前，多数美国文化人在思想上的显而易见的保守主义、对民主的怀疑以及对旧风俗的热爱都证明了约翰·亚当斯论断的合理性。欧文（Irving）、库珀（Cooper）和坡（Poe）都认同亚当斯；而且有些爱默生的杰出的同时代人反驳了超验主义的作品，他们对创新所做的批评在美国人的思想中留下了印记。

---

* 萨沃纳罗拉是意大利的一位天主教修士。

佛蒙特人奥利斯特斯·布朗森的躁动不安的大脑思考过超验主义时代几乎所有的异议立场，并最终像找到了避难所一样热情地拥抱正统观念。公理会信仰、长老会信仰、普救论信仰（Universalism）、社会主义、无神论、基督一位论信仰以及革命阴谋活动蜿蜒曲折地让他突然对个人决断力产生反感，并于1844年让他归信罗马天主教。布朗森了解布鲁克农场（Brook Farm）* 和新和谐（New Harmony）（这是美国印第安纳州的一个地方，以19世纪初的乌托邦试验而知名），不过他现在成了比各国都更古老的一个共同体的成员。在20世纪后半期，布朗森受到的关注可能会超过他过去一百年间所受的关注。（帕林顿没有提到他：某种类似缄 213
默的共谋将他的名字排除在美国思想史之外，这也许是因为布朗森对新教信仰之教会和社会形态的攻击无法被恰当适宜地归入传统思想研究的有清楚界定的类别。）[7] 不过，他是天主教信仰作为美国的一种保守性精神所获进展的最有意思的例证；现在看起来有可能的是，在两代或三代人的时间内，美国的多数领教会圣餐者——也许是总人口中的多数——可能是罗马天主教徒。北美天主教信仰的详尽微妙的历史尚没有令人满意的书面论著，布朗森与他的《民主评论》（*Democratic Review*）应当是其中被透彻研究的对象。

伯克不止一次地提到天主教作为一种具有内在保守性的信仰体系的有益影响；托克维尔描述了它在美国生活中的保守倾向，并预言了它的增长；在当下的这个世纪，欧文·白璧德评论说，（他不喜欢的）罗马天主教会可能成为维系文明的唯一有效的工具。从前，布朗森的脑子里曾充满各种各样的激进思想，现在却将它们统统清除出去，并承担起基于宗教原则的守护责任。

“我们都听够了自由和人的权利；是时候该多少听一些人的责任与权

---

* 这是超验主义者在1841年开始的一个乌托邦试验。

威的权利（rights of authority）了。”[8]忠顺——也即顺从上帝——是社会正义与生活安宁的秘密，正像它是永恒救赎所不可或缺的一样。拯救美国人脱离宗派主义是明智的社会改革者的任务，也是教士的职责；因为只有在人民都充满尊崇宗教的精神时，自由政治制度才可能是安全的。与任何其他形式的政府相比，民主体制都更依赖于由高于人类智慧的权威确立的道德法原则。不过，新教体系或超验主义在什么地方清楚明白地界定了道德法或推动了对它的解释呢？康科德学派的“道德法”难道不仅仅是对情绪与个人冲动的理想化吗？超验主义者大不敬地将神圣之爱与人间之爱混为一谈，于是，宗教就沦落为一种泪水涟涟的感伤情绪。

新教信仰的衰落经过了三个阶段：首先，让宗教顺服于世俗政府（civil government）的命令；其次，拒绝世俗政府的权威，让宗教受制于
214 忠心的信徒；再次，个人主义“让宗教完全受制于个人，因为个人挑选自己的信条，或者制定适合自己的信条，设计自己的敬拜和条规，并且只顺从自愿接受的约束”。[9]当到了最后这个阶段时，宗教精神的解体就迫在眉睫了；因为人无法自立，单纯的理性无法维系信仰，为避免让基督教堕落成狂热宗派和自恋式信仰告白的大杂烩，权威是必要的。在新教信仰体系下，宗派主导宗教，却不服从管制；会众欺负牧师，并坚持要求听迎合其虚荣心、符合其口味的讲道；新教信仰无法维系民众的自由，因为“它本身受制于民众的控制，而且在所有事情上都必须遵从民众的意志、激情、利益、成见或幻想”。[10]新教信仰作为其中一种表现形式的现代精神鄙视效忠观念，而今生与来世的一整套等级体系都建立在这种效忠观念之上：“它憎恨的不是这种或那种政府形式，而是**合法性**，如果民主诉求建立在合法性的基础之上，那它就会像反抗绝对王权那样迅速地对民主发起挑战。现代精神在所有事情上都直接否定实践理性（practical reason）……它主张人具有普遍绝对的至尊地位，以及让宗教、道德和政治屈从于其意志、激情或幻想的无限权利。”[11]这对民主是致命的，因

为它会激起反抗与失序，让一切都漂浮不定，而且瓦解了使脆弱的民主政府成为可能的道德团结。能够想象得到的是，君主制或贵族制可以缺少民众的宗教情感，也不会对社会结构造成伤害，而民众的宗教情感对民主来说则是不可或缺的。

善意不足以捍卫自由与正义：这种幻觉的结果是煽动家和独裁者的胜利，移植再多的浪漫主义（Idealism）也无法弥补已失去的宗教背书。只有上帝之怒的惩罚和温柔的敬虔情感才能约束住人的激情。上帝的主权绝不会压制自由，反倒会确认与保障自由；权威不是自由的敌人，而是其维护者；天主教徒在众人中应当首先成为保守主义者，尽管许多有天主教信仰的美国人已经错误地认定既成秩序是他们的敌人，因为他们所来自的那些国家的政府对他们的宗教不宽容。“多数人可以保护自己；少数人所享有的保护仅仅在于法律的神圣性与至高无上的地位。法律事实上是得当合宜的；我们必须努力让它保持这个样子；而如果我们确实这么做了，我们就总是会以我们的影响力壮大保守派这一方，而绝不会壮大激 215
进派。”[12] 布朗森进而预先想到极端的新教徒和反教权的评论家在20世纪正用以反对天主教的那些说法，并批驳了它们。天主教会不想干预政府事务，它只是试图阐释公正政府所遵循的那些道德法。

布朗森说，宪制无法被人为设计出来，这认同了德·梅斯特（De Maistre）的立场：它们要么是缓慢成长的产物和一国历史经验的体现，要么只是具文。“所有政治宪制的创生本源……都是神圣的护理，绝不是人有意为之的智慧或意志。”宪制必须像生活于其中的各民族的经验那样各有不同；不管在一个国家被长期确立的是什么样的政府形式，都必然是最适合该国集体生活的永恒架构。在欧洲，君主制和贵族制应当永远延续下去，因为那里的全部生存旨趣都与这些制度紧密相连。可是，美国从未自发产生出王室和贵族，国王与贵族也没有移居这里。移居美国的只有普通人，因此，我们的宪制在设计时是为了适应一个其政治机制只包括普通人的国家。所以，共和政体是最适合于美国的政府形式，而且美国真正的保守派人士应努力维系共和国的纯洁性，严格遵守其法律，坚定地效忠于其成文宪法。所有的人类制度都不是不可改变的；宪制必须时不时地加以修补矫正；不过，社会改革者并不搞新花样：他培育并使宪制恢复健康，可是他知道无法从生硬的人性中捏造出一种新宪制。

“我们的严重危险在于已经在美国人中变得如此广泛、深入和活跃的那种激进趋势。”由于不再以神圣或尊崇的心情看待任何东西，抛弃以前的东西，伤害固定不变的东西，并让所有宗教、家庭和社会建制都变得游移不定，我们失去了过去的任何借鉴，并忽略了经验事实。我们甚至试图否认语言有确切的含义。大多数美国人可能不认同这种激进趋势，不过，在野心勃勃的热心人士和相互竞争的政客面前，他们沉默不语。我们只有在认可权威原则也即上帝的权威之后，才能逃离这种变革与危险试验的大洪水。如果没有教会，这种趋势就无法被遏止。由于新教信
216 仰及其胡来乱搞的支派在我们眼前退化没落，正统信仰的堡垒必须崛起于埋葬宗教异议的高岗上，因为若没有这样的堡垒，人的罪行与弱点就没有约束，秩序与正义就会消亡。

布朗森在《美利坚共和国》(*The American Republic*)中写道，“人们很少被单纯的说理触动，不管这种说理如何清晰和具有说服力”——《美利坚共和国》虽然是有关美国政治理论的最有穿透力的论著之一，却几乎不为人知。“对他们来说，日常惯例比逻辑更有力量。少数人渴望新花样，总是支持进行尝试；可是对于放弃已知以换取未知的做法，所有国家的多数民众都抱有无法克服的厌恶之情……除非过去有其根基与源头，所有的改革、所有政府或社会建制的变革在付诸实施后不可能获得成功，不管它可能会承诺带来什么样的好处。人从来都不是创造者；他只能培育和延续，因为他本人就是一个被造物，而且只是一个第二因。”[13] 肉身的这种保守性本身就是一种约束野心勃勃之人创新欲望的上天护理机制。

从本质上说，上天的护理就是持续的创造；否认上天护理之现实存在的无视宗教的民族让自己堕入了停滞状态。

罗马天主教使人归信的进程可能比布朗森希望的更慢，不过它一直没有间断。在美国大获全胜的天主教信仰可能会是个什么样子——是否如托克维尔所暗示以及艾弗琳·沃夫（Evelyn Waugh）所设想的那样，它将是一种在很大程度上被美国的物质主义和民主改变与稀释的天主教信仰——下面的几代人可能会开始有所了解。如果他们能够重新利用奥利斯特斯·布朗森的充满活力的智慧见解，以协调正统信仰与美国特色（Americanism），那么，他们就会交上好运。

在桑塔雅纳（Santayana）的《最后的清教徒》（*The Last Puritan*）中，凯利波·韦瑟比（Caleb Weatherbee）这位萨勒姆（Salem）的古怪的瘸腿天主教徒动情地说道："我也生活在未来之中，想到那些将于我们之后来到这个熙熙攘攘的美国的人，这些人（幸运地）不是我肉身的子嗣，但在某种程度上，我确定他们是我思想的验证者。我们一直都是清除了罪恶的民族，因被赋予的神圣性而抱有伟大的希望。希望什么？没有人知道，不过我相信，上帝已多少向我启示了他护理的方向。我为自己的残缺不全感谢他，因为若不是这样，我很可能已经因我们繁荣与轻浮的汹涌大潮而摔了跟头——我自己有什么力量呢？而且我绝不会设想，我们美国人没被引向浮华或某种我们的名字或规则占有辉煌的普遍主导地位的状态，反倒会设想，我们要在不知不觉间被引向忏悔或者一种谦卑与 217
仁爱的新生活。"并非不可能的是，就好像它在布朗森身上所成就的那样，新英格兰在宗教敬虔上的决绝的异议潮流可能会与正统信仰的主流重新联合在一起，并让美国人的品性接受忏悔的洗礼。广岛与长崎的惊人事态可能已经在几乎不为人知的情况下宣告了谦卑与仁爱的新生活的到来；无论会给社会结构造成什么样的伤害，国民所受的进一步试炼可能会有助于新英格兰良心的这种转变。

5　纳撒尼尔·霍桑：社会与罪

不过，新英格兰这一转折时期的最有影响力的保守派思想家，是纳撒尼尔·霍桑这位“天生的剽窃者”（boned pirate）、寓言大师和幽默忧郁的良心问题痴迷者。他对惊恐可怖之事与滑稽可笑之事同样敏感，既是一位活跃的政治人物，也是一位梦想家。霍桑让美国人重新认识了被爱默生及其门派有意忽略的有关罪的教义。

在这个骚动不安的时代，最近有些评论家急于以学者所能掌握的所有手段为民众主权背书，便非常荒谬地热衷于证明，由于霍桑是一名民主党人，他就一定是民主派人士。霍桑是民主派人士；不过，芬尼摩尔·库珀也是。霍桑讨厌辉格党人的势利、做作和铜臭气；他希望对美国感到骄傲；他对凝固静止的过去的迷恋偶尔会促使他惶恐不安地表达对现在与将来的希望。然而，很少有其他美国人像霍桑这样天生就如此保守，对传统如此恋恋不舍，对变化如此疑虑重重。他的民主是他的友人富兰克林·皮尔斯总统的那种民主，而后者是一位智慧、温和、诚实且有相当才干的绅士，却遭到政治上的党同伐异者和历史学家的残酷无情的对待。与皮尔斯一样，霍桑明白，南方奴隶制的问题不可能被惩罚性立法或北方的威胁消除。他鄙视奴隶制，不过他知道，由于奴隶制的存在有违于整个世界经济活动和道德信念的趋势，随着时间的推移，奴隶制会消失，无需联邦政府的干预。政府干预和个人狂热可能会让合众国陷入危险状态，可是它们无法解决诸如此类的严重社会问题。他以鄙
218 视爱默生、梭罗和洛威尔的姿态宣称，约翰·布朗是最应该被公正地吊死的人。如果霍桑的温和节制被美国北方和南方的人更为广泛地效仿，美国便可能一直都坚守传统之道——霍桑知道，这种传统之道是英国政治安宁的秘密。不过，所有这一切现在对我们都不甚重要了：霍桑具体的政治观点在今天已不重要，但是他基本的社会与道德原则具有长久的

价值。他影响美国思想的途径是他让过去具有了永久的价值以及他所阐述的罪的观念。

如果没有对已逝世代的敬重，保守主义便不可能存在于任何地方。美国生活持续的变动不居、真正的家族连续性的缺失，甚至容易损坏的美国建筑结构都一起诱使美国无视过去的历史。司各特不得不倾注全部的天才去提醒19世纪的英国，任一世代不过是永恒链条上的一环；要说服美国人回过头看看自己的先祖，难度还要更大。欧文、库珀和霍桑［以及像帕克曼（Parkman）这样的历史学家］成功地唤醒了美国人的想象力；他们用粗陋零散的材料编织出一幅美国遗产的拼图，这幅拼图仍在帮助美国的变动不居的芸芸众生认同一种从大西洋沿岸少数讲英语的民众中孕育出来的国家准则。这三位作家的作品都展现出保守主义的活力，而霍桑的作品则具有最为持久的思辨力。在他位于萨勒姆的有精灵出没的房间里，孤零零的他体认到，在没有了古代的神秘与敬畏的地方，一名传奇小说作家的工作是何等艰难；他教会自己去想象古老的新英格兰的精灵，他的魔法赋予美国思想与文学的那种风格现今仍清晰可见。伊沃·温特斯（Yvor Winters）先生多少有点神秘地将这种影响描述为毛勒的诅咒（Maule's Curse）或者美国的蒙昧主义。温特斯的意思好像不是指一般所理解的任何意义上的政治蒙昧主义；不过，霍桑的确比美国文学界的所有其他人都更有力地刺破了"启蒙"的泡沫，而爱默生那一派人正努力将泡沫吹得更大。霍桑没有将过去偶像化，他知道过去常常是黑暗残忍的；不过，正是基于这个原因，对过去的理解应当对任何社会改革设想都具有根本性的意义。只有通过认真地考察过去，社会才能发现人性的局限。

在曾经存在过的所有民族中，美国人是对他们的过去最漠不关心的。219
霍桑在《玉石雕像》（*The Marble Faun*）中评论道，稀奇的是，美国人居然付钱买人物雕像，"我们的家庭作为具有遗传性的家族团体的存续时间很短，这就几乎确保了这样的结局：重孙辈的人不会知道他们父亲的爷爷是谁，而且最远到半个世纪之后，拍卖师的锤子就会重重地砸向这个笨蛋的脑袋，其雕像的卖价也就是石头的价格！”在伯克时代的英格兰，对先人的尊崇依然是一种自然而然的社会情感，而对旧风俗的鄙视则是人为的新花样。但是在霍桑时代的美国，对变革的渴望超过对连续性的渴望，未来的吸引力压过了对过去的忠诚；尽管某种程度的尊崇还像以前那样对社会来说是必不可少的，不过尊崇已变成人们有意为之的东西。刻意而为的尊崇是必要的，如此一来，人们就会回过头缅怀先祖，并顺带想想将来的子孙后代。在培养美国人尊重古旧之物的兴致方面，霍桑是最杰出的作家。

美国历史中为霍桑所特有的那一部分——也即清教徒的新英格兰——产生了基本上属于保守主义性质的长远影响。虽然它源于一种顽强的异议立场，美国的清教信仰很快就体现出一种正统特性，从它自己的教规来看，比起相对宽松的圣公会信仰，它对正统性的要求要严格得多。在《红字》（*The Scarlet Letter*）中，在《带七个尖角阁的房子》（*The House of Seven Gables*）中，在《重讲一遍的故事》（*Twice Told Tales*）和《古屋青苔》（*Mosses from an Old Manse*）里的许多短篇小说中，清教徒精神被以无比的清晰和坦荡揭示出来：极度地吹毛求疵、果敢、坚定、勤奋、与自由的政治制度密不可分、内向、压制情感，以及以一种不会容忍自恋、自哀自怜甚至世俗野心的热诚追求信仰的虔诚。这里需要畏惧的东西不少，需要厌弃的东西有一些，需要敬畏的有很多。尽管清教徒品格经由其更为温和的新英格兰后裔对美国人的思想产生了持久的影响，现代美国人对生活的普遍期待与向往却与之大相径庭。由于它行事谨慎，对变革与扩张持怀疑态度，克制自我，并以严格生硬的神学武装自己，清教信仰鄙视在现代美国居主流地位的物质主义和享乐主义欲望，也是现代精神憎恶的对象。清教信仰是形式上最为严格的道德保守主义；在现代世界所遭逢的形形色色的变乱中，道德革命是最为惨烈的。然而，由于霍桑的作用，美国从来都未能忘记那些清教徒，不管是他们的缺陷还是他们的美德。对清教信仰的记忆对现今的美国社会仍起到某种程度的制约作用，即便它只能坚持要求推行另一种极端、冷酷无情的规条；只要有人阅读美国的文学作品，新英格兰古老信仰的这点保守主义遗迹就会保留下来，并因霍桑而不朽。 220

虽然上述成就在稍逊一筹的人身上会显得非常了不起，不过它只是霍桑这一主要成就的附带品：让一个国家牢牢记住罪的观念，虽然这个国家希望把这种观念忘掉。霍桑从来就不主要是一位历史浪漫主义者，他极其感兴趣的是伦理道德；自班扬以来，还没有人像他那样创作道德寓言，他以其全部的想象力宣告说，无论是质量上还是数量上，罪几乎都是恒定不变的——他通过这种宣告斥责了美国人的乐观主义；改革规划必须从人心开始，也必须以人心为最终归宿；人类真正的敌人不是社会制度，而是我们内心的魔鬼；以刻意变化为手段的狂热的人类改良者实际上常常是灵魂的毁灭者。

在所有伟大的保守派思想家的观念体系中——在伯克的基督徒的高贵顺服中，在亚当斯的冷静的悲观主义中，在伦道夫的忧思中，在纽曼的“加尔文主义的天主教信仰”（Calvinistic Catholicism）中，有关原罪教义的信念一直都占有突出地位。不过，霍桑几乎将所有的关注都集中到罪上，集中到罪的现实存在、性质及后果上；对罪的思考让他着迷，也是他的使命，几乎就是他的生命。他在这方面成为保守派的一位重要的引导者。波德莱尔（Baudelaire）在他的日记中写道：“真正的文明不在于进步、轮船或降神术（table turning），而在于原罪印记的减少。”尽管霍桑与波德莱尔在思想与心性上完全不同，他们在这个观点上却非常接近。霍桑提示说，人们凭借英勇的努力可以减轻原罪在这个世界上的影响；不过这种努力几乎需要人全力以赴。一旦人试图忽略罪，某个复仇的天使就会干预，物质与灵性进步就会崩溃，暴行与苦难就会再次让人们对邪恶的现实念念不忘。只有一种改革是真正值得尝试的：良心的更新。

这并不是说霍桑是真正的清教徒，甚或循规蹈矩的基督徒。他的小说不是宗教论文。他以一种永不满足，甚至残酷的好奇心剖析罪。在《红
221 字》中，继而在《玉石雕像》中，他暗示说，虽然罪带来各式各样的后果，不过它可能对某些特质起到一种开导的作用——实际上是使其高尚化的作用：尽管它会让人受伤，它也会使人苏醒。我们仍搞不清楚罪让人摸不着头脑的秘密；也许，如果没有它所起的作用，我们的重生就是不可能的。在《玉石雕像》接近结尾的地方，他让肯扬（Kenyon）满怀恐惧地设问："那么，罪是我们以为的宇宙中的那种可怕的黑暗势力吗？罪就像悲伤一样，仅仅是人类教化的一个组成部分，我们通过它努力达到一种比所有其他方式所能成就的更加高级、更加纯粹的状态吗？亚当的堕落是为了我们可以进入一种比他的天国更高贵华美的天堂吗？"不过，不管罪造成何样的影响，我们必须将其视为能搅动社会的最大的力量。那些趋向冷酷、毁灭和残忍的自我满足的冲动一直都会奋力争取成为我们内在本性的主宰——那些从心理认知上忽略这些冲动的人会让社会和他本人堕落。霍桑直截了当地反驳了爱默生；在《福谷传奇》（*The Blithedale Romance*）以及五六本短篇小说中，他描述了因为道德上的盲点所造成的人本主义的灾难。纳撒尼尔·霍桑没能说服美国认可将罪纳入所有社会思考的必要性：对 20 世纪的人来说，有关罪的理论依然让人特别不舒服，而且一个把人烧死在布痕瓦尔德（Buchenwald）火炉之中的时代，或者一个把人像西伯利亚北极地区的老马那样活活累死的时代，仍在假装罪不过是神学上的假冒伪劣的玩意。R.C. 丘吉尔（Churchill）先生通常都显得机敏灵活，是古老的英国自由传统的继承人，就连像他这样的评论家也固执地讲起"文明开化之前的野蛮的原罪观念"。[14]不，霍桑没有让原罪教义变得流行起来；不过，他让很多人心怀不安或怨恨地意识到，

它可能是对的。这是他的很有影响力的保守思想成就。自此以后，美国文学界就一直受一种若隐若现的罪的意识的影响，而且今天看来，在像福克纳（Faulkner）和马昆德（Marquand）这样的截然不同的小说家身上，这种意识似乎在经历一场复兴。

霍桑在他的小品文“老派托利党人”（The Old Tory）中写道：“革命，或打破社会秩序的任何东西，可能会为个人展示其不同寻常的美德提供机会；但是其对一般的伦理道德的影响则是有害的。大部分人的本性特点是，他们只能在某个确定的常规状态下才体现出美德。”这是彻头彻尾的伯克的想法。霍桑在所有作品中都会反复提到这一道德保守主义的主题，不过，对于革命性的道德准则一旦被付诸实施后，罪的冲动所产生的毁灭性力量，《福谷传奇》中有最为细致全面的分析；《古屋青苔》 222
中的这三篇短篇小说则有他最为简练的分析：《幻想大厅》（The Hall of Fantasy）、《天国铁路》（The Celestial Railroad）和《地球的浩劫》（Earth's Holocaust）。

> 就我们的处境而言，要不认同这样的观念是不可能的：自然和人类经验中的所有东西都是变动不居的，或正快速地变得如此；地球的外壳在很多地方都遭到破坏，整个地表都在不祥地隆起；这是危机的时代，而且我们自己就处在危急的旋涡中。我们这个大星球就像一个空空如也的气泡一样，漂浮在无垠空间的大气之中。如果明智之人只与改革者和进步派人士生活在一起，却不定期回到已经定型的事态体系，以基于古老视角的新观察来纠正自己，那么，他就不会长久地保有他的智慧。
>
> 因此，现在是时候该由我出马与保守派人士谈一谈了，这些保守派人士包括《北美评论》（*North American Review*）的评论家、商人、政治人物、剑桥学者以及所有那些受人尊敬的年

长的不识时务者：尽管朦胧模糊的事态让人琢磨不透，他们依旧死死抓住不是从昨天早晨才流行开来的一两个观念。

带着这种温和的鄙夷心态，霍桑与布鲁克农场的浪漫主义者和激进主义者、爱默生、埃尔科特、利珀雷、玛格丽特·富勒，以及整个“梦想家集团”分道扬镳。原因是，他们已经忘记了人的罪性，与之一同被忘记的还有道德与社会行为的恰当功能与界限。《福谷传奇》讲述的是霍林斯沃斯（Hollingsworth）这位狂热的改革者的经历，他决心以诉诸其更高尚的本能的方式拯救犯罪分子；在一切手段都穷尽之后，他试图以冷酷无情的决心去改造的罪犯只有一个，就是他自己。霍桑通过克沃戴尔（Coverdale）之口说：“在我看来，慈善家一直都会犯的罪是，容易陷入道德上的暧昧不明状态。他的荣誉感不再是其他受人尊敬者的荣誉感。在他行事的某个时间点上——我不确定是什么时候或在哪里，他会有操弄正义的冲动，而且几乎会忍不住要说服自己相信，其公共目标的重要性使得他可以对自己的个人良心置之不理。”为了他梦想的缘故，霍林斯沃斯帮助摧毁了他曾加入的那个社会主义团体（尽管由于其空想社会主义的规划缺乏可行性，它无论如何都注定会解体）；他导致了那个已获得解放并且爱他的女人的自杀；为了得到用以创办自己的罪犯庇护所的资
223 金，他暂时抛弃了一个无辜的女孩，置她于险境；而且在设想着普遍提升“更高尚的本能”时，他却遗失了自己的高尚本能。这种人就像废奴主义者和集体主义者一样，忘记了多数人只能在某个确定的常规状态下才能体现出美德。一旦这种道德约束被打破，社会就堕入乱哄哄的罪的原初状态。伦理道德是人设计出来的最为脆弱的东西。

《幻想大厅》比喻了困扰着霍桑那个时代的美国的创新激情，他在其中以某种既惋惜又同情的心情描述了“充斥着这个避难之地的自封的改革者”。他们是一个不平静的年代的代表人物，那时的人类正努力把一整

套古老习俗像一件破烂不堪的衣服那样扔掉……当时有的人让自己的信仰具有土豆那样的外观，另有些人的长长胡须则有了深刻的属灵含义。那时的废奴主义者四处宣扬其理念，就好像炫耀一个铁连枷（iron flail）一样。这些人都在追求属世的完美；不过，幻想大厅里的另外一个人——米勒神父——预言整个人类马上就会毁灭，“一开口便将他们的所有梦想都吹散得像无数枯萎的树叶一样”。霍桑明确表示，只有在除此之外的另一个世界才能找得到完美。

在《天国铁路》中，霍桑模仿《天路历程》（这本书对欧文和霍桑都产生了非常重要的影响），并像C.S. 刘易斯在《大决裂》（*The Great Divorce*）中所做的那样，描述了从毁灭之城到天国之城的旅程。圆滑先生（Mr. Smooth-it-away）是这些地方之间的新铁路的指挥官，在护送旅客时解释说，现代的进步和物质条件的改善已消除罪的影响和良心上的极度不安。绝望的深渊（Slough of Despond）上已用宗教小册子搭起桥梁，福音布道家的书卷已被方便的纸板车票代替，路途上的敬虔的对话已变成礼貌的闲言碎语，罪的负担现在被存放在货车车厢里，魔王（Beelzebub）和边门守护者之间的争执已经达成妥协，雄心先生（Mr. Greatheart）的首席工程师职位已被毁灭者（Appolyon）取代，屈辱谷（Valley of Humiliation）已堆满了来自困难山（Hill Difficulty）的物品，地狱被当成半熄灭的火山口，超验主义的巨人（Giant Transcendentalist）继承了教皇与异教徒的洞穴，名利场中充斥着雄辩的神职人员，绝望的城堡已被改造成娱乐场所。可是，天国之城的君王最终居然拒绝引入这条非常方便的铁路；旅客们下了火车，走向他们希望能把自己带入城中的 224
渡船，却吃惊地发现，他们成了冥府渡神（Charon）* 的乘客，要去往一个完全不同的目的地。这就是现代人无视绝对道德真理的下场。

---

* 冥府渡神是希腊神话中将亡魂渡到阴界去的神。

《地球的浩劫》讲述的是追求新花样的现代人毁灭了过去，把已逝去的时代所尊奉的一切东西都扔进西部草原的大火之中。门第、贵族饰章（noble crests）、骑士徽章以及贵族阶层的所有装饰都被扔了进去；某位绝望的绅士大声喊道："这场大火正在吞噬的是，标志着你从野蛮状态中摆脱出来的一切东西，或者防止你再度陷入野蛮状态的一切东西。"随后被扔进去的是紫袍和皇家的权杖；然后是烈性饮料、烟草、军事武器和绞刑架——很快就轮到了结婚证书和钱财，接着有人大声喊着说，地契必须被烧掉，还有所有的成文宪法。很快，成百万册的书籍和历世历代的文献让火势变得更加凶猛："真相是，人类现在所达到的发展阶段已经远远超过以前时代最聪敏睿智之人的所有梦想，因此，如果让世界继续受其可怜的文化成就的拖累，那显然是愚蠢的。"为给火堆添加燃料，人们很快就拖来宗教的白色法衣、主教帽子、牧杖、洗礼盘、圣餐杯、圣餐桌子、讲道坛——以及《圣经》。"让听者感到震颤的真理不过是幼年时期的世界的童话"——所以同《圣经》一起陷入浩劫之中。

现在，人类过去的所有遗迹似乎都在这场宏大的改革中遭到破坏，人类可以享受那种原始的天真了。可是，"某个黑皮肤的人"让绝望的保守派人士安下了心。"有一件东西被这些自大狂忘记扔进大火里，如果没有它，这场大火余下的部分都不算什么"——它就是人心，"而且除非他们偶然想出净化那个肮脏山洞的某种方法，否则各种各样的邪恶与苦难——与过去同类型或者更糟糕的邪恶与苦难——都会再次从那个山洞里涌现出来，而他们本来费了很大周折才将这些邪恶与苦难烧成灰烬的。在这整个漫漫长夜中，我一直都袖手旁观，对整件事窃笑不止。哦，相信我的话吧，这世界还将是原来那个样子！"

这就是霍桑坚定信念的核心内容：道德更新是唯一真正的改革；对于那些不考虑罪的问题的热心人士，罪总是会破坏他们的事业；除极其缓慢的良心上的进步外，进步只是幻觉。但是，霍桑像皮尔斯一样，在

纵贯南北的狂热主义旋风中一败涂地，而且这股旋风哀号着冲向萨姆 225
特（Sumter），然后又发狂般从马纳萨斯（Manassas）耀武扬威地一路横扫到阿波马托克斯。纳撒尼尔·霍桑在他生命的最后一年——也即葛底斯堡演说的那一年——写道：“事实是，当下、当即、现在对我过于惨烈了。它不仅拿走了我微不足道的才能，甚至拿走了我凭想象力进行创作的愿望，让我闷闷不乐地满足于将一千个和平的梦想撒播在那场飓风之上，而这场飓风正裹挟着我们所有人，可能奔向地狱的外缘（Limbo）——到了这里，我们的国家及其政体可能就真的成了一个破碎的梦想的残片，就像我尚未写成的传奇故事一样。”[15]

这场飓风鼓动起来的改革热情与邪恶欲望的熊熊大火，演变成内战和重建运动，而美国的道德与政治保守主义尚没有从这场大火中恢复过来，也许永远都无法恢复过来。《地球的浩劫》中的那个观测员怒吼道：“相信我，如果不添加燃料，让到目前为止自愿施以援手的很多人感到震惊，这场大火就不可能熄灭下去。”于是，当战争终结之后，新英格兰的唯心主义者吃惊地发现，腐败、残暴和害人的无知扭捏着从其灰烬中爬了出来，
而它们本来已在他们遮蔽有关罪的教义时受到了严厉的批评。 226

第八章　富有想象力的保守主义：迪斯雷利与纽曼

> 对于作为人类行动与人类进步之标志的所有那些伟大的成就，我们无须感谢人的理性。围攻特洛伊的不是理性；让撒拉逊人（Saracen）走出沙漠征服世界的、激励十字军的、创建修道院团体的不是理性；催生耶稣会的不是理性；最重要的是，导致法国革命的不是理性。只有当人以激情作为行动动力时，他才是真正伟大的；只有当人诉诸想象力时，他才是不可抗拒的。就连摩门教的信徒也比边沁的多。
>
> ——本杰明·迪斯雷利，《科宁斯比》(*Coningsby*)

1　唯物主义和自由主义的果实

两位犹太人分别开创了新的保守主义和新的激进主义：迪斯雷利和马克思。有三十年时间，虽然他们的社会地位差距很大，却都在伦敦生活。一位是休恩顿（Hughenden）的喜欢炫耀的地主，以戏弄、欺骗或惊吓对付英国下院；一位是大英博物馆里的心怀不满的辛苦劳作者，［如卡宁汉姆·格雷厄姆（Cunninghame Graham）所说，］在那里，有各国学识渊博之人在望眼欲穿地渴望就连码头工都瞧不上眼的微薄收入——这两位以色列的后人都有一个已脱离原有正统信仰的犹太人父亲，也都认为19世纪的自由社会注定会自我毁灭。马克思提倡消灭现有的整个社会秩序，以一种基于彻底的唯物主义的集体主义生活取而代之；迪斯雷利决心让一
227 种更古老秩序的美德恢复生机。

如果李嘉图被认可为最伟大的自由经济学家，这种说法可能就是成立的：从维多利亚即位到当下英国三场主要的社会思想运动的主导者都是受希伯来传统影响的领袖人物，而且他们都没有成功地完全切断与他们犹太人身份的联系。无论如何，迪斯雷利从未想要割断这种联系；因为尽管他是一名公开认信的圣公会信徒，但他还是对自己的先祖以及曾征服欧洲的那个“伟大的亚洲奥秘”感到自傲。他说，基督教是希伯来信仰的顶峰；保守型社会是希伯来道德准则的世俗表现形式。

不过，如果在谈论迪斯雷利时，好像维多利亚时代的保守观念的维系都完全依靠其炽烈怪异的想象力，那也是夸大其词。的确，他恢复了托利主义作为一种政治运动的活力，使它免于与持功利立场的自由主义混为一体。他为保守主义争取到普通大众的支持，在他的改革法案通过后又过了四分之三个世纪的时间，这种保守主义的支持力量仍能在英国下院赢得多数席位。他的小说在英国人的脑海中确立了有关托利传统的神话（伟大的神话大体上都是真实的，不管细节如何荒诞不经），并因此将很多的浪漫热情导引到保守派的阵营之中，而在法国和德国，这种浪漫热情则爆发为革命力量。但是，迪斯雷利虽然是一名极其聪慧的小说家、手段高超的政党领袖以及非常精明的外交家，却非严格意义上的哲学家。他的天才之处在于他显露出一种丰富但有时显得反复无常的想象力。伯克曾带着罕见的庄重感探究的那些形而上首要原则，也即柯勒律治曾如梦似幻、兴致勃勃地以其深奥的才干探究的那些首要原则，很少

呈现在迪斯雷利的著述和演进之中，除非是在灵光乍现的警句和漫无边际的东方奥秘之中，而且这些警句和奥秘就像后宫里的嫔妃那样戴着面纱，以躲避世人的眼目。维多利亚时代保守主义的哲学大师是纽曼，纽曼与《西比尔》（*Sybil*）和《康塔里尼·弗莱明》（*Contarini Fleming*）的作者都是本章要讨论的对象。不管这两位在品性上如何千差万别，但他们在其所处的时代都是英国传统观念与形态的主要维护者。不过，迪斯雷利有点像托利主义的外来户，长期以来，他决心要拯救其事业的那些人都不信任他；在他同时代的多数人眼中，纽曼似乎背叛了英国的传统，对坎特伯雷置之不理，却去拥抱罗马。通常，要将天性疏懒的保守派人士唤醒，需要一位外来者。托利党人对罗伯特·皮尔爵士的信任程度远远超过他们曾信任坎宁的程度，可是，皮尔却在不知不觉间将他们领到毁灭的边缘。 228

1848 年，在马克思与恩格斯发表《共产党宣言》之际，迪斯雷利正在担任托利党的领导职务；而伯明翰圣堂（Oratory）的纽曼很快就要为在都柏林创立一所天主教大学而斗争。1867 年，当《资本论》第一卷面世时，迪斯雷利推行了他的改革；纽曼正处在《为自己生平辩护》（*Apologia pro Vita Sua*）和《认同的基本原理》（*A Grammar of Assent*）之间的中点上。这三个人的事业无论如何不协调，却都是对自由主义的抗议。马克思、迪斯雷利和纽曼都相信，尽管自由主义对自己的不朽非常有信心，却不适合长期存在于这个世界上，它不过是一种过渡性的理论，是正经历成长阵痛的社会的转瞬即逝的花朵。尽管自由主义把自己想象成一株绚丽的新花朵，不过这些批评家认为，它事实上是旧秩序衰朽的躯干上的寄生物：自由主义的道德与政见从其批评的传统土壤中获得给养，如果传统秩序消亡，它们也一定衰竭败亡。边沁主义者和曼彻斯特主义者的怀疑主义只有在一个大体上仍被正统信仰主宰着的社会中才能发展壮大；维系自由议会主义（Parliamentarianism）的是古老英格兰的贵族制下的效忠关系。如果让正统信仰和传统政治建制消亡，自由主义就一定在它们之后沉沦消亡。马克思以一种极其欣喜的心情期盼着这种结局以及中产阶级优势地位的衰亡；迪斯雷利和纽曼试图以恢复被功利主义颠覆的那种平衡的方式来挽救宗教敬虔、秩序和自由。

不管是在诸如边沁、密尔和格罗特（Grote）之类的学者身上，还是在像克伯顿、布莱特和查德威克（Chadwick）这样的具体做事之人的身上，自由派人士明显最为欠缺的品质是更高级的想象力。他们喜欢事实，钟情于分项列举（不管它们如何孤立），接近于违背十诫的命令。自此以后，作为培根与洛克的遗产，如此充满激情地热衷于事实对英国人和美国人的思想产生了抑制性的影响。邓肯·福布斯（Duncan Forbes）先生评论说："很难避免这样的感受：对有些英国历史学家来说，像柯勒律治那样的思想仍旧多少显得比迁徙的鲱鱼或议会法案更不'真实'或者更不像冷冰冰的'事实'。英格兰钻研观念史的热心程度低于任何其他地方。"[1] 超越了英国经验主义的迪斯雷利和纽曼都不惧怕观念，他们了解想象力的能量及其在历史上的角色；而且从较低的层次上说，马克思也是如此。尽管马克思在形式上忠于功利主义的有关论点与论证的概念
229 （concepts of argument and proof），尽管他带有挑衅意味地决心遵循科学方法，他的影响还是富有想象力之人的那种影响——确实，那是一种被玷污和受束缚的货真价实的想象力，不过它仍是观念世界的一分子，优于独断霸道的具体事实。亚历山大·格雷（Alexander Gray）教授说："思考马克思是'对'还是'错'，从《资本论》的第一卷和第三卷中找出相互矛盾或逻辑谬误之处以'驳斥'马克思的学术体系，从根本上说纯粹是浪费时间；因为一旦我们搞懂了马克思，我们就脱离了理性或逻辑的世界。他洞见了远景（visions）——一切事物都会消逝的清晰的远景，以及更为模糊的一切事物都可能以某种方式更新的远景。而且他的远景或者其中的某些部分挑动了许多人共鸣的心弦。"[2] 无论如何，他这方面的

特性是战胜他模仿其方法的功利主义者的原因，虽然他试图让自己像扔掉一件人头马腿怪物（Nessus）的衬衫那样摆脱这方面的特性。无论如何荒谬，他讨论的是目标；自由派人士讨论的是手段和具体问题；而由于引导普通大众的更多是想象力，而非理性，在这种斗争中占优势的是梦想家。

对马克思来说，人类努力的目标是条件的绝对平等。他对于假想中的自然状态中的平等不抱任何幻想：他知道，社会之前从来就没有过平等；他对所有自然权利概念都嗤之以鼻。平等不会是复原，而是创造。人不是自然平等的；社会主义者必须通过立法和经济机制让他们平等。“为实现平等，我们必须首先实现不平等”——这难道不是《资本论》中最有价值的一句话吗？聪明者、强壮者、勤劳者、有德者必须要为软弱者、愚蠢者、懒惰者和无德者效劳；自然必须屈服于社会主义的规划（art），如此一来，某种理念（Idea）可能就得到了证实。J.L. 格雷评论说：“马克思对其伦理知识方面的单纯直觉的信心（这体现在他对共产主义目标的无条件的坚持上）、他的历史哲学以及他的有关革命方法在社会发展中的独特有效性的主张，都是某种先验论的例证，而唯心主义的本质正是这种先验论。”[3] 尽管平等这一伦理目标非常武断，其中所蕴含的想象力却超过无休止地重申“最大多数人的最大幸福”。于是，曾为自由派人士所利用的那种激进冲动就抛弃边沁主义，转投马克思主义。隐藏在长篇大论中的嫉妒原则就战胜了赤裸裸的自利诉求。

迪斯雷利和纽曼的想象力与目标具有另外一种特性。他们憎恶平 230
等的观念。他们的目标是秩序：灵性领域的秩序和社会领域的秩序。宗教信仰方面的秩序认可教会具有神圣性且是一个独立于国家的永恒团体（corporation）；政治方面的秩序承认社会多样性以及权利和义务的等级体系。迪斯雷利从灵性上净化了托利党人的民主，以贵族制原则的内核作为他构建英国社会认知体系的样板；在让教会免于变成政治机构的单纯工具上，纽曼出力甚多，他视灵性生活为一种价值观的分级体系，视教育为攀登这种真理阶梯的梯子。两人均知道，“法律与秩序”这一短语并非同义反复：无论是神圣还是世俗法律都取决于秩序、灵性与理念的分级体系以及社会的等级。

这些富有想象力的保守派人士以及他们几乎不知道其存在的那位冷酷对手的职业生涯横跨半个世纪：从 19 世纪 30 年代自由派的获胜到 19 世纪 80 年代保守派的复兴。从 1832 年通过改革法案直到 1867 年的改革使其后果为人所知，这是自由主义的时代。政治上，这半个世纪属于 1832 年获得选举权的下层中产阶级，也即“杂货店主统治时期”；经济上，这是高奏凯歌的曼彻斯特主义、自由贸易、自由企业和竞争性个人主义的时代；思想上，这是功利主义被普及的时代；宗教上，这是教会差传和奋兴主义、法利赛人克莱普汉姆小教派（Pharisaical Clapham Sect）和特罗普的斯洛普牧师先生（Trollope’s Reverend Mr. Slope）的时代。在人民大众的生活上，这是地狱般的时代，圣西门（Saint-Simon）和恩格斯描述过当时城市产业人口的悲惨生活，《艰难时代》（*Hard Times*）和《凄凉之家》（*Bleak House*）的字里行间有那时英国的呻吟声和恶臭味，而且梅休（Mayhew）的《伦敦劳工与伦敦穷人》（*London Labour and the London Poor*）以及吉辛（Gissing）的《黎明中的工人》（*Workers in the Dawn*）还在继续描写这个样子的英国。在迪斯雷利与皮尔相争和纽曼转而效忠罗马的那些年间，宪章运动（Chartism）是其表现形式；不过，宪章运动只是困扰着所有社会阶层的那种恐惧感的其中一个征兆。[4] 这是《西比尔》或《两个国家》（*The Two Nations*）中的英格兰。

事实上，“饥饿的 40 年代”并不特别饥饿：人们的饮食条件好于 30 或 20 年代，而且 50 年代的饮食条件还要更好，因为普遍的繁荣渗透到较低的社会阶层——与此同时还避开了老派托利党人确信会在废除谷物
231 法之后发生的农业萧条。与宪章运动本身的态度一样，《西比尔》所刻画

的种种失序现象因便宜的面包和较高的工资而有所缓和。尽管马克思在很多事情上都有先见之明，可是他错得最离谱的地方是，他预言劳工阶层会陷入越来越让人绝望的贫困之中；因为自1848年以来，除相对短暂的战争与经济失序的间歇期之外，所有西方国家产业人口的物质条件都已改善。然而，尽管迪斯雷利和纽曼知道新兴无产阶级的物质条件让人感到悲哀，他们却认为物质上的贫困并非维多利亚时期的主要社会问题。问题的根源要深刻得多：这是对一个脱离了人类的连续性并被剥夺了宗教安慰、政治传统、有尊严的生活、真正的家庭、教育和道德改进可能性的族群的诅咒。绝大多数人一直都是穷人，可是，自基督教取得优势地位之后，他们可能从未如此无聊和绝望过，被迫在最肮脏粗陋的城镇从事单调无聊的工作，所处的环境则在思想上完全认同物质成就和道德上的个人主义。

迪斯雷利和纽曼在见识了自由主义的成果之后，分别以自己的方式成为托利党的改革者。但是，鄙视布尔乔亚主导地位的马克思用来取代它的是带有那个思想体系所有灵性或反灵性特征的社会，不过是由手工劳动者主导的社会。身为政治家的迪斯雷利与身为哲学家的纽曼在这种激进主义中仅仅察觉到依据功利主义原则的对人类生存状况的进一步腐蚀。信仰、忠诚与传统是他们社会思想的基石；他们将恢复被贪婪的工业主义和腐蚀性的边沁主义哲学所毁坏的那些东西。他们的手段就是想象力。

2　迪斯雷利与托利党人的效忠关系

在1832年的改革法案通过后，基思·法伊林博士在被打得一败涂地的托利党的藏尸所问道，托利党的原则还有藏身之处吗？他自己回答说：

> 很多；如果他们意识到，自革命以来，他们已因为18世纪
> 辉格党人的垄断地位辩护而精疲力竭，而辉格党的垄断地位指
> 的是，土地贵族应该拥有所有的政治权力，并且这种权力应得
> 到一个排他性教会的支持。如果他们铲掉这一外壳，如果他们
> 232 借着周围新世界的亮光审视他们天赋的原初力量，他们可能会
> 发现要做的事情，并找到延续不朽的价值的办法。教会还存在，
> 其灵性生活纯正完备，为一个源远流长的社会提供灵性上的背
> 书。君主还存在，虽然现在他名誉受损，被人憎恨且有党派偏见，
> 不过依旧能发挥某种作用。而且民众还在。目前来说，民众被
> 忽视，充满党派纷争，接近于倾向革命。不过，民众可能而且
> 也许最终会乐于过上新的生活，并且在古老的界限和原来的喜
> 好中找到新的快乐。民众可能不会附和充满仇恨的革命方略或
> 者情绪化的理念，倒会认同那种平衡的生活方式以及有序的自
> 由——胡克、伯克与柯勒律治曾阐述过这种生活方式与有序的
> 自由，最近，皮特、利物浦、哈斯基森和坎宁则做出相应的表
> 率（不管他们有什么样的缺陷）。[5]

不错，这段话带有迪斯雷利的口气，原因是，本杰明·迪斯雷利让挫败后的被动反应转化为保守派人士高涨的勇气。

《科宁斯比》中的西多尼亚（Sidonia）说，犹太人从本质上说是托利党人。“事实上，托利主义只是复制了曾塑造欧洲的那种强有力的原型。他们的每一代人都一定要变得更加强大，也一定变得对敌视他们的社会更加危险。”原因是，由于被剥夺了完整的公民权，犹太人被迫加入激进运动和秘密会社。不管怎样，他们作为一个民族的本能依然是保守性的；正如迪斯雷利在《乔治·本廷克勋爵》（*Lord George Bentinck*）中所说的那样：“他们是传统的保管人，宗教元素的维系者。他们是人的自然平等

这一有害的现代理论之谬误性的活生生和最引人注目的证据……。他们还有另一种特性——聚敛钱财的能力……。因此看得出来，犹太人这个族群的所有倾向都是保守性的。他们偏重宗教、财产和自然贵族原则；这样做应当是符合政治家们的利益的：某个伟大族群的这种偏好应该受到鼓励，而且他们的活力与创造力应该被用于现有社会的事业之中。”[6]

犹太人激进分子是反常现象：族群和宗教传统、犹太人对家庭的忠诚、旧有的习俗以及精神上的连续性——所有这一切使得犹太人倾向于保守主义。* 被社会排斥是犹太人成为社会革命分子的原因。卡尔·马克思从未能让自己摆脱这种复杂的怨恨情绪，既仇恨犹太人，也仇恨资本主义；不过，迪斯雷利对在竞选讲坛上迎接他的哄笑“犹太小子”
（Jewboy）的叫声置之不理，宣称西奈山和希伯来先知将拯救西方社会免 233
于因边沁式观念的传播而正在逼近的粉末化状态。迪斯雷利说，梅特涅的友人与伯克著作的翻译者弗雷德里克·根茨（Frederic Gentz）代表着犹太社会思想的真正趋向；更为突出的是，迪斯雷利本人表明，现代的犹太人如何能够从情感上强烈地认同以前所谓的基督教世界（Christendom）的制度。

迪斯雷利灵动鲜活的想象力贯穿着一条属于东方人的（也许是闪族人的）华美的主线，这比他招摇的服饰更能代表他本人。虽然他的想象力有时可能会成为过度夸张与自大花哨的幻想，但它依然展现出一种深邃的创造力，如大火般以绚丽的格调和高尚的劝勉将贫瘠枯槁的功利主义吞噬。这正是它的本色，击败了自由派的僵硬的理性主义的 1867 年改革和成功的帝国主义政策也正好体现出这种本色。“虚伪的英国贵族和他

* 《玉米山杂志》（*The Cornhill Magazine*）1951 年夏季刊中的阿瑟·米勒（Arthur Miller）的短篇小说《圣天使山》（Monte Saint Angelo）承认了这些微妙却持久的特征，描述这些特征的作者是一位政治上的激进分子。——作者注

们的那个犹太人”不仅终结了下层中产阶级的主导地位，还摧毁了自由派的这一前提假设：政治生活将越来越多地由衡量和平衡物质利益的冷静理性的公民主导。

在其职业生涯的初期，迪斯雷利以自己的想象力构想了一种有关英国宪制的理论，直到他于 1881 年去世，这种理论一直主导着他的所作所为——尽管该理论在他后半生因政治上的权宜之计和沉重的责任而有所修正。这种演进的种子由柯勒律治播下；身为托利党激进分子的迪斯雷利把它们扩展为青年英格兰（Young England）* 的政纲，它们在今天仍在为托利党的思想提供养分，尽管托利党已接受了很多自由主义渗透进来的东西。将迪斯雷利的这种远景与卡尔·马克思的激进的远景加以比较是有意思的。两人都提倡某种阶级理论。马克思坚称，阶级战争是不可避免的，将来一定是灾难性的，并最终会将所有阶级都吸纳进无产阶级，以创建一个无阶级的社会。迪斯雷利宣称，各阶级的真正利益不是相互敌对的，它们都与国民的福祉紧密相连，而且其政治目的是调和阶级，让 19 世纪的富人与穷人的两个国度合二为一——不过，这种复合是要证明阶级的合理性并恢复之，而非消灭阶级。阶级就是秩序；如果没有秩序，法律也将消亡。明智的托利党人在唤起原有的秩序与义务感时，必须努
234 力为现代工业生活注入贵族精神，恢复对个人与地方的效忠关系，因为这种效忠关系是保守派人士所有高贵情感的基石。英国民主体制的命运取决于持续存在着一种真正的阶级意识。

迪斯雷利说，在金雀花王朝统治时期确立了其形式的英国宪制，包含一种得到国家认可的等级与阶级体制，各个等级和阶级都有属于自己的特权，这些特权都得到认可并相互制衡，于是，共同体中的每一个大的利益群体都被赋予了在王国事务上的发言权。在都铎王朝时期，宗教改革的暴

---

* 这是那个时代的一个政治团体。

力伤害了这种平衡，将教会降格为王国里的一个独立的等级，剥夺了教会用来教育穷人的基金，把大量的土地财产交到大贵族的手中，而且自此以后，这就使得其中的某些巨头——他们结成的党派后来演化成辉格党——能够占有不公正的主导地位，并威逼王室与议员。王室抵制这种优势地位的企图引发了内战，而议会党人（Parliamentarians）的极端措施促使一群真正的托利党人聚集到国王的周围。英国革命脱离了那些巨头的控制，而他们自己又得对共和政体（Commonwealth）负起责任。由于对复辟不满，辉格党人把威廉三世（William III）请了进来，希望仿照威尼斯寡头政体把他变成总督（Doge）；可是，他打乱了他们的计划。不管怎样，他们的挫折是暂时的——原因是，在强迫安（Anne）认可汉诺威王室的继承权后，他们请到的来自外国的国王实际上必须同意被视为总督。乔治三世起而反对他们；不过，由于法国革命突然降临到这个世界，而且伯克带领很大一部分辉格党势力投奔皮特，他们几乎让他一败涂地。自那以后，辉格党就一直是一个野心膨胀的政党，试图确立他们对权力的垄断地位，完全不顾对英联邦的秩序造成什么样的冲击。诸如贝德福德公爵之类的贵族是对英国自由与传统的最严重的威胁。

认同王室、教会和国民特权的托利党人有义务抵制辉格党人和自由
派人士提倡的这种威尼斯宪制。（迪斯雷利继而说道，）1832 年改革法案
进一步无情地摧毁了国民的传统与品格：其中之一的邪恶举措是在像普雷
斯顿（Preston）这样的乡镇废除了民众古老的选举权，而这些乡镇曾为
王国里较低的等级代言；于是，改革者们压制了表达强烈和真正的不满的
声音。将政治权力限定在某个特定阶级的范围之内是辉格党的政策；承认
所有阶层都有被倾听的权利是托利党的原则。这些观念在《为英国宪制
辩护》（*A Vindication of the English Constitution*，1835 年）、《拉尼米德信 235
件集》（*The Letters of Runnymede*，1836 年）、《科宁斯比》（1844 年）、《西
比尔》（1845 年）和迪斯雷利的早期演讲中得到了阐释。

1832 年后，托利党在皮尔领导下的复兴不过是一场闹剧：罗伯特爵士（Sir Robert）以牺牲原则的方式获得执政权。只有在他无须面对未来的时候，皮尔才算是一位伟大的政治家，而且深受缺少想象力之害，由此导致的革命性后果超过一屋子雅各宾党小册子的影响。他的《泰姆沃斯宣言》(Tamworth Manifesto）实际上屈从了辉格党的主要诉求，当皮尔在谷物法问题上让步时，托利党原有的利益群体的经济屏障垮塌了，而且很可能与之一同崩塌的还有，作为英国社会最有价值的组成部分的乡村绅士阶层所享有的保障。极为愤怒的迪斯雷利、本廷克和英国下院的乡绅（也即白哲浩所谓的“守旧群体”）摒弃了皮尔，并于他们在野时重组了托利党。* 后来，这个恢复了活力的政党在德比和迪斯雷利的领导下，强大到足以勉勉强强地赢得执政权；而且在 1873 年之后，保守派获得优势地位，这使得他们能够统治英国三十年（中间只有一个短暂的间歇期)。

那么，究竟是迪斯雷利观念中的什么东西为保守派人士提供了灵性力量，让他们足以从皮尔主义中恢复过来，并统治着一个其工业化程度在世界上无与伦比的国家？在他们认为自己已于 1845 年被无可挽救地摧毁之后，是什么使得这个乡村绅士的政党能够持续执政到 20 世纪之后很久？迪斯雷利的有关英国历史的理论是怎么变形为政治哲学的？迪斯雷利的人格魅力以及他与格莱德斯顿长期争斗的种种细节常常遮蔽了对他之成就的评价。当比肯斯菲尔德勋爵 † 的仰慕者试图总结他的成就时，人们有时会碰到各种名目的创新之举——1867 年改革、工厂法案、学校援助、公共住房项目的启动，好像这些名目本身就是保守主义的举

* 由于在谷物法问题上的分歧，大约两百五十名托利党乡村绅士跟随本廷克和迪斯雷利进入游说团体。1951 年，英国下院所有党派中只有十五名议员称自己为“地主”。——作者注

† 这是迪斯雷利的贵族头衔。

措一样。实情是，迪斯雷利的实证立法有时与他的理论并不合拍，而且肯定比不上他的理论。他作为政治领袖人物的真正具有重大意义的成就在于，将一种托利主义的理想植入公众的想象之中，而这种理想对于让英国持续忠于其宪制和灵性传统一直都具有无法估量的价值。樱草会 236
（Primrose League）* 的重要性超过苏伊士运河。今天，若有外国人旅行穿过西莱丁，比如从利兹到谢菲尔德，或者穿过英国其他任何人口稠密的工业区，他一定会感到震惊的是，英国居然可以有保守党政府。可是，住在这里阴冷的成排砖头房子或者单调的公营住宅（council-houses）里的许多劳工人员投票支持保守党的候选人；从整个乡村来说，托利党人声称在正规工会会员中有数以百万计的支持者，而且在一般的劳工阶层中还有更多的支持者。圣西门认为无产阶级革命时机在利物浦内阁时期既已成熟，可是，1951 年的英国依然带有很多托利党的色彩，足以让丘吉尔成为首相。现代世界所有其他地方都没有这么一个统一的保守政党具有如此连贯的宗旨并享有如此长久的民众支持。这在很大程度上要归功于迪斯雷利。

坦克里德（Tancred）说："这片国土（country）上的民众已不再成其为一个国家（nation）。他们是一群人，只受他们每天都在摧毁的那种旧体制残余的某种粗陋暂时的约束。"这就是迪斯雷利社会理论的核心：国家的观念。他弃绝了边沁主义者的社会原子理论，鄙视正崛起的阶级冲突学说，提醒英国人注意，他们不仅仅是经济单元的集合体，也不单单是阶级斗争中的战士：他们构成了一个国家（nation），而王室、贵族和教会是这一国家的守护者。国民（nationality）肌体已经被严重撕裂，必须得到修复。英国的自由表现为等级间的均衡；可是，这种均衡已被辉格党人和功利主义者破坏，他们不理解甚或憎恶国民（nationality）

---

* 一个纪念迪斯雷利的英国政治组织。

原则，而依据这种原则，所有阶层都不会被遗忘。英国下院已接近于拥有专断的权力，基本上为一个具有排他性的经济阶层所控制，而这个阶层有严格的选定标准：具有以十镑收入为条件的选举权；英国上院因 1832 年遭受的冲击而地位下降，于是它几乎成了签到处（court of registration）；王室逐渐被视为一种单纯的象征，而非王国的屏障；教会被视为一个单纯的道德约束机构，任由议会管理和掠夺。英国的普通大众——也即农民和被遗忘的城镇劳工——被忽视的程度骇人听闻，任由无知、罪恶、单调无聊和贫穷折磨。他们对事务的发言权还少于他们在中世纪的时候。国家在沉沦。那不是一个政治腐化的时代，而是某种更
237 糟糕的时代：“一个社会失序的时代，其后果要危险得多，因为失序的范围要广泛得多。”[7] 虽然功利主义的思想体系现在正逐渐消亡，它也在一个社会麻木不仁的时代激起某些反应，这有什么奇怪的呢？“受膏的君王成了首席地方官员，并因此得到大量的超额报酬；王国的各个等级变成具有实际代表权的议会，并因此要求真正的改革；神圣的教会成为国家建制，并因此遭到全体国民的抱怨，虽然教会并没有得到用以服务这些国民的赞助。这就是骚乱、激进主义、不忠所造成的无可避免的后果！”[8]

老辉格党人偏爱威尼斯式的寡头政体；自由派是沾沾自喜的市侩阶层的代言人；激进派醉心于政治上整齐划一和经济上曼彻斯特主义的枯燥乏味的理论教条——这些党派没有给英格兰这个国家带来希望。如果要施行改革，那必定是重获生机的托利主义的功劳。托利党人必须拯救这片土地上的民众。迪斯雷利鄙视“人民”这个在激进派人士中非常流行的抽象词汇，此一让人困惑的名词实际上是“自然哲学术语，而非政治学用语”。[9] 他在《拉尼米德信件集》中重申：“‘人民’（the people）这一短语纯粹是无稽之谈。它不是政治术语。它是自然历史用语。一个民族并非一个生物学上的物种（species）；一个文明的共同体构成一个国家。”[10]

一个被柔情化且没有明确定义的“人民”并非迪斯雷利关心的对象；他要拯救其脱离困境的只是英国没有选举权和继承权的下层阶级。

迪斯雷利在《西比尔》中描述了这些阶层当时的处境；政府的蓝皮书印证了他的说法。农民已沦落为与乞丐类似的“农业劳工”，接受教区的资助以维系低水平的工资；产业工人居住在沃德盖特（Wodgate）或地狱之家大院（Hell-House Yard），任由食物店店主摆布，成千上万人密密麻麻地挤成一团，“住在世界上最肮脏的国家里的最让人恶心的市镇里的最简陋的房屋里”。他们对宗教完全无知，或者最多相信“我们的主和救主本丢·彼拉多，为拯救我们的罪而被钉死在十字架上；还有摩西、歌利亚和其他使徒”。而且这种群氓的数量还在增加。社会主义者吉拉德（Gerard）说：“我提到每年会有超过三十万陌生人来到这个岛上。你怎么让他们吃饱？你怎么给他们衣穿？你怎么让他们有地方住？他们已经放弃了肉食；他们一定要舍弃面包吗？至于衣着和住所，王国的破布都已耗尽了，你们的下水道和地窖已经像养兔场一样拥挤不堪。”私生子女们都吸食鸦片酊，而且他们如果能够存活下来，会被扔到大街上自谋生路；人 238
们在七天里有四天会工作，另外三天则酩酊大醉。这个社会有什么是值得存留的呢？

需要存留或恢复的东西有很多。在列举完上述可怕的事实后，迪斯雷利仍旧显出托利党人的本色。“忠诚不是空话，信仰不是幻觉，民众自由的范围和实质内容不限于政治阶层以世俗化的方式行使神圣的主权性权利。”人们不能以纵火焚烧的方式改善社会：他们必须搜罗出其固有的美德，并让它们重新为人了解。英格兰依然是伟大的国家，能够重获新生；但是，如果被教条主义的革新者掌控，它必定衰落。恰如迪斯雷利在《西比尔》出版二十年后所说：

> 你有一个古老、强大、富有的教会，以及完美的宗教自由。

> 你有完整的秩序与完全的自由。你有像罗马人那样规模宏大的不动产，还有迦太基和威尼斯合在一起也永远无法企及的贸易产业。你一定要记住，这个有着如此强烈反差的独特国家不是靠武力进行统治的；它不是靠常备军进行统治的；它是靠传统的一系列最具特色的影响力进行统治的，一代又一代的人珍惜这些传统的影响力，因为他们知道，它们使习俗代代相传，而且代表着法律……。这些非凡的创举与这个国家必不可少的固有的要素与资源是完全不相称的。如果你毁坏了那种社会状态，记住这一点——英格兰不可能再从头开始。[11]

解决办法呢？首先，解决办法端赖恢复对国家和共同体的情感，拒绝功利主义的自私自利和个人主义。沃德盖特地狱里的那些受苦受难者与金融城的银行家一样都是英国人。与此同时，真正的宗教情感必须得到恢复；因为迪斯雷利虽然不是神学家，却也非常虔诚，而且西奈天使是以命令的语气对他说话的，就像对坦克里德说话一样——只不过没有那么戏剧性。接着必须有一系列的政治与经济修补措施：恢复对王室的尊崇；为教会重新注入活力；维护地方政府；确立认可农业利益的商业准则；公平对待爱尔兰；改进劳工大众的物质条件（“办法是规定劳动必须有像财产那样的规条”）。而且这必须是复兴，而非革命。青年英格兰
239 有宏大的抱负，而且实现了其中的一些目标——也许其成就比人们最初意识到的要多。在迪斯雷利的带领下，保守派成功地保护住了历史悠久的惯例，而边沁曾自信满满地预言，那些惯例到 19 世纪中叶就会被铲除。在迪斯雷利成为托利党的领袖之后一百年，王室比之前任何时期都更受爱戴，不管其政治职能被削弱到何种程度；尽管有 1911 年的议会法案（Parliament Act），但英国上院保存了下来，而且工党政府的阁员中有十五位是贵族；英格兰教会虽然仍只是大多数英国人的名义上的教会，却

依然享有国教地位和资金支持；行政区（arrondissement）没有取代教区，宪兵队（gendarmerie）也没有取代警察；劳工阶层的条件比以往任何时候都好。在世界上的所有大国中，只有英国没有在 19 和 20 世纪经历过革命或内战。这是保守派非常了不起的成就，也是迪斯雷利的功劳，因为他把博林布鲁克、伯克与柯勒律治的原则教给了一个混乱狼狈、几乎被毁掉的政党。

迪斯雷利的托利主义让英国人确信，下层阶级没有被遗忘，英国人的国家还有真实的生命力，社会的主导者与社会大众有着共同的利益。沙福特斯伯里（Shaftesbury）及其同僚的人本主义立法与所有这一切有关；不过，仅有实证法无法让一国的国民感到满意；社会安宁的问题不同于需求问题。沃尔特·白哲浩评论说："雄辩家从来都不曾通过诉诸人们最普通的物质需求来打动人，除非他能够说明那些需求是因某人的独裁而产生的。"[12] 迪斯雷利证明了保守主义不是独断专行，它比自由主义更受欢迎。

德比和迪斯雷利觉得有必要让托利主义表现出对大众的同情，不过从长远的结果来看，其终极证据可能是保守主义的致命武器。那当然就是赋予城市劳工阶层选举权的 1867 年改革法案。尼格尔·波奇（Nigel Birch）先生写道："它不单单是政治策略的问题；迪斯雷利深信，民主是合乎托利主义的，而且事实没有证明他是错的。"[13] 这是乐观的看法；实际上，说迪斯雷利对民主有坚定的信心，也是不准确的。获得通过的那个改革法案不是他起草的版本，而且在激烈辩论的那些日子里，他的心 240
情是沮丧的；事态变化的速度非常快，连反应灵敏的迪斯雷利都无法淡定地观战。确实，他在三十年前曾写道，英国宪制是"一种建立于公民权利平等之上的贵族性建制"，由于它独具特色的政府，它"实际上是一种贵族性的民主体制"。[14] 他曾在他的《为英国宪制辩护》中说，"如果我们不仅考察政治建制，而且考察国家的政治状况，我们确实会发现，我们的社会处于一种完全民主的状态，以世袭君王为首领，共同体的两个特权阶层承担着行政与立法的职能，不过，全体国民如果满足适当的条件，便有权参与行使这些职能，并一直分享这些职能”。[15]然而，这是有限的传统型民主；对于绝对的教条式民主，他几乎与索尔兹伯里勋爵一样感到恐惧。他在 1865 年时希望，英国下院“不会批准任何带有民主倾向的措施，而会维系我们生活于其中的自由英格兰的有序状态”。他在 1867 年的辩论中说，特权确实应该赋予给劳工阶层，不过不是作为绝对的权利：“民众特权与严重的条件不平等的社会状态可以并存。相反，民主权利要求应当以条件的平等作为它们规制的社会的根本基础。”[16]他知道，一旦民主获得胜利，它就会强制落实条件的平等；在八十五年后的英国，一个人不管拥有多少资本，其得到的收入都不会大大超过五万镑，这样的英国证实了他的预言。

他希望国家中的任何单个的阶层都不会获得主导地位：大面积地扩展选举权范围会让手工工人获得这样的危险的主导地位。不过，他承认有必要在某种基础上解决议会改革的问题，以平息要求系统变革（organic change）的危险鼓噪。他希望 1867 年法案是终局性的；当然，它并非如此：1884—1885 年的第三次改革赋予农业劳工、矿工和各郡的其他居民以选举权，取消了农业小镇所占有的席位，并给了古老的贵族和地区性利益群体致命一击。英国下院的主导权最终转移给了工业城镇。女性以及仍受排斥
241 的所有其他人在随后的立法（1918 和 1928 年）中获得了选举权，直到社会主义者在迪斯雷利改革八十年后通过废除大学席位完成了边沁主义者和宪章运动的“一人一票”的规划。托利党人事实上是在冒大险。可是，还能怎么样呢？自由派中最为明智的沃尔特·白哲浩知道，1867 年只是 1832 年的续集，尽管他痛恨辉格党人遭受的毁灭性打击：“1832 年的改革者毁掉了数量众多的知识分子选民群体，却没有培育出任何新的知识性选民群体，也没有说，甚至没有想到，培育这样的群体是值得的。因此，借着公

开的行动——这是最有影响力的政治教导模式，他们告诉人类，增加人数上的优势是英国最为渴望的那种变革。当然，人民大众非常容易地也就这么想了。”[17] 1832 年的法案将选举权的资格认定仅限于金钱方面；自那以后，公众舆论肯定会要求减轻资格认定的标准，直到获得普选权。

一代人之后，莱基（Lecky）说：“现代政治史的叙事很少有比‘保守派的’1867 年改革法案更不值得信赖的。”这是严厉的苛评；可是，法案的通过程序也许可以处理得更好。“繁复的选举权”——让受过教育者、节俭者、有财者、领袖拥有多张选票——意在确保同时计算选票的分量与数量，不过由于自由派、托利党人和激进派争相比对手更为慷慨大方地对待他们要赋予其选举权的选民，它们在混乱的辩论中被湮没了。在英国下院不占绝对多数的托利党人最终通过了一个仅仅与他们最初的提议约略相似的法案，而最初提案曾受到保障和保留条款的限制。格莱德斯顿曾于 1864 年宣称：“我敢说，凡是非因某种个人不适或政治风险的缘故而被认为不具有能力者，都有道义上得到宪法保护的权利。”事就这样成了；投票不再被视为一项特权，而且变成一项“道德权利”。仍不能确定的是，私有财产、个人主体性以及政府的正派合宜在绝对民主制下能够存续多久。但是，被迪斯雷利重组的那个政党的智慧与活力确实引领了新的民主体制，这让它在摆脱束缚的最初那些年月里能够保持稳健与诚实。

迪斯雷利 1874 年在伦敦市政厅（Guildhall）说，工人并非天生就是
激进分子；他拒绝认同这样的担心：劳工群体永远都不会选出一个保守派 242
的政府：“我们被告知说，工人不可能是保守派人士，因为他没有什么可保守的——他既没有土地，也没有资本；就好像世界上没有和土地与资本一样珍贵的其他东西！”工人有自由、正义、人身和家庭安全、法律的平等实施、不受约束的努力奋斗。“这些肯定都是值得保守的特权……。如果事实确实如此的话，工人阶级成为保守派人士不是很美的事吗？”[18]

在 1952 年，其中的有些人仍是保守派人士，尽管他们可能很久之前便已忘记，是什么党通过了 1867 年法案；罗伊派的退党议员们（Adullamites）* 最担心的事没有发生。迪斯雷利的理想是一个真正全民性的政府，而非居主导地位的阶层的政府，不管教条主义议会党派的崛起对其造成何等的伤害，这一理想仍未消亡。

在它获得通过之后五年，迪斯雷利说，1867 年法案建立在这样的信心之上：英国民众这个伟大的群体是保守性的。他解释说，托利主义的目标是，维护国家的古老建制，维系帝国，以及改善民众的处境。[19] 迪斯雷利的政党没有理由对它在这些事务上的表现感到羞愧。1833 年，迪斯雷利的政党被认为处于接近消亡状态，“不做如是想的只有残存的一些担任公职的老人，他们蜷缩在残存的小团体的周围为它打气，在令人费解的窃窃私语中嘀咕着‘反动’的怨言”；自那以后，这个党已有长足的进展。自皮尔于 1845 年背叛乡绅之后，他们取得了很大的进步。也许主要是由于那个“控制着混乱的老迈的犹太裔绅士”的想象力，他们作为一个强势且有见识的政党延续到 20 世纪中叶。迪斯雷利偶有失误之处；不过，他大体上成功地将进步的洪流导入到传统的水道之中。

3　纽曼：知识的源头与教育观念

> 人们对我说，认为基督教应重新找回它曾经在人类社会拥有的那种有机能量，不过是个梦想。我对此无能为力；我从未说过它能做到。我不是政治家；我没有提出任何措施，只是在揭露一种谬误，抵制一种假象。如果人们没有任何志向，那就让边沁主

* 指英国议院中退出一党加入另一党的议员。

义主导一切吧；不过不要教导他们去追求浪漫，然后以荣耀来安慰他们；不要试图以哲学来做曾由宗教完成的事。信仰不可能获得优势地位，但知识的支配地位则是不可理喻的。这个时代的政治家的问题是如何教育群众，文学与科学无法给出解决办法。 243

——约翰·亨利·纽曼，

《泰姆沃斯阅览室》（The Tamworth Reading Room，1841 年）

纽曼的确不是政客。他唯一直接谈及政治的重要论述是“谁的责任？”（1855 年），其诱因是英国人在克里米亚的灾难；除此之外，他神学和知识论著述中只隐隐约约有一点点政治方面的内容。但真正的保守主义也超越于政治之上。纽曼是坚定的托利党人，认同贵族制原则和对人忠诚的观念；然而，这不是他对保守主义思想的重要贡献。由于充分认识到世俗之物的空虚浮华（这一点是伟大的保守派人士的鲜明特征），他之所以探讨社会问题，完全是因为边沁主义者和其他激进派人士好像决意要迫使他及同伴卷入政治论争。“于是，以上帝的存在作为开始，（正如我已说过的，对我来说，上帝的存在就像我自己的存在一样确定不移，尽管当我试图以符合逻辑的方式表述那种确定性的理由时，我发现难以以让我满意的情绪和修辞做到这一点，）我以自身观照外面的人类世界，我在那里看到的景象让我充满难以言喻的悲伤。对于我整个存在都被其完全充满的那个伟大真理，世界所给予它的似乎只有谎言……。世界的景象就像先知的书卷，充满了‘悲伤、哀泣与苦痛’”[20] 可是，在这位敏感细心的人生活的时代，凯撒声称上帝的东西也属于他；于是，纽曼整个一生都在进行与他的沉思型性格不相容的论辩和争斗。

科波尔、普西（Pusey）、纽曼、胡雷尔·福儒德（Hurrell Froude）以及整个参与牛津运动（Tractarians）的群体于 1833 年开始了他们反对功利主义措施侵蚀教会的斗争。紧接着改革法案的是一波旨在重塑英格兰教会的自由派立法；制定那一政策的主要是选出首届改革议会（Reform Parliament）的占多数的意见群体——不信奉国教的中产阶级。只要议会是圣公会信徒组成的代表机构，只要测试与团体法（Test and Corporation
244 Acts）禁止不从国教者（Nonconformists）、罗马天主教徒和犹太人担任公职，英格兰教会就满足于顺服英国上院和下院；不过，现在这一法律被废除了。从此之后，下院似乎要被不顺服者和世俗化的理性主义者主导，或者至少要受他们的很大影响，而这些人敌视既有体制，常常固执于在成文法中体现出边沁和詹姆斯·密尔公开表明的对教会的那种敌意与鄙视。对教会的攻击很快就开始了；尽管由于牛津运动（Oxford Movement）所展示的力量以及福音派信徒乃至不顺服者所发出的警告，这种攻击很快就和缓下来，英格兰教会却从此便一直害怕国家。教会委员会的成立以及借此将对教会收入的控制权转移给平信徒；以羞辱的方式剥夺像德汉姆主教（Bishop of Durham）那样的高级教士的古老特权；1836 年对教区税的划拨；由教会委员会在 1852 到 1868 年间为大教堂提供（预期中的）资金；就在科波尔的阿西斯布道（Assize Sermon）之前，政府对十个爱尔兰主教辖区的压制——牛津运动的参加者们知道，这些只是世俗化进程的开始，而且如果不加以阻拦，会以功利主义者推崇的那种人本主义的伪宗教为最后的归宿。事态从来都没有演变到边沁和密尔希望的那种地步。牛津运动的参加者借助于刚刚开始的对教会的公开委身，避免了非国教化、被剥夺捐赠的资金和对教会财产的掠夺——这种对教会财产的掠夺在 1830 年后席卷欧洲，甚至波及意大利、西班牙和葡萄牙的正统信仰的根据地。

这是保守派的了不起的成就，不过，这里没必要去详细讨论它。当《看守人》（*Warden*）中的哈定（Harding）先生把他在希拉姆医院的薪水输给教会委员会的委员时［后者受到《木星报》（*Jupiter*）的汤姆·塔沃斯（Tom Towers）的挑唆］，人们可以从中最为清楚明白地看到孤立无援的教会与旗开得胜的自由派之间的争斗；在虚弱的代人祈福者有关这一问题之正义性的辩论中，以及在职业煽动家对他们的笼络中，特罗普（Trollope）描绘了功利主义观念——在功利主义者以之为思想体系根基的那些自私冲动的帮助下——战胜习俗性安排的情景。不过归根结底，赢家不是牧师斯罗普先生（Reverend Mr. Slope）和普拉蒂（Proudie）夫人，甚或《木星报》的汤姆·塔沃斯。到1850年时，在G.M.扬（Young）先生写作之际，柯勒律治（牛津运动是他的隔代遗产）就已打败了边沁。教会不只是道德警察，社会也不只是个体的集合。牛津运动参加者确保 245
“教会要重新突出其共同体和圣礼特性，宗教必须为优美、古朴和神秘的情感提供空间，而主流神学排斥或忽略这些情感，视其为世俗、无益或不洁的东西”。[21] 尽管后来的有些盎格鲁－天主教徒（Anglo-Catholics）短暂地接触过激进的集体主义，牛津运动却是英国保守派的一个具有持久重要意义的现象。凭借着他在牛津运动参加者中间的领导地位，纽曼帮助复兴了圣公会信仰中的传统要素；而且在他改信罗马天主教后，他在那里也对一群长期敌视英国国家体制的人施加了保守性的影响，并一劳永逸地提升了那个增长中的教派的知识水准。结果，一百多年后，英国天主教徒中的重要思想家都是继承了纽曼主教的保守派人士。

不过，对于研究保守主义一般观念的人来说，这些具体细节（尽管它们在现代英国思想的演变中具有重要地位）不似纽曼在离开牛津去伯明翰的圣菲利普·尼日圣堂（Oratory of St. Philip Neri）之后所阐释的哲学原则那般有趣。他的知识论和教育观：它们都是保守主义的观念，具有普适性，从现代英国与现代美国的社会争论中脱颖而出。任何机敏的学者很快就会发现，政治往上会涉及伦理问题，而伦理上面又是宗教信仰问题。纽曼延续了胡克与伯克的思想脉络，而后两者明白，社会要靠信仰维系。在纽曼早期的讲道和论文中，这一信念清楚无误，不过，该信念的果实体现在这些著作之中：《论基督教教义的演变》（*An Essay on the*

Development of Christian Doctrine，1845 年)，《大学理念》(*The Idea of a University*，1853 年)，《认同的基本原理》(*A Grammar of Assent*，1858 年)，以及《为自己生平辩护》(1864 年)。也许，做出最为雄辩有力的阐释的是《泰姆沃斯阅览室》，这篇文章发表在 1841 年 2 月的《泰晤士报》(*Times*) 上，并重新刊印于《讨论与论证》(*Discussions and Arguments*，1872 年) 一书中。《泰姆沃斯阅览室》提供了一个非常好的解释纽曼的保守主义信念的框架。

罗伯特·皮尔爵士在 1832 年后拼尽全力拯救保守党免于灭亡，自己却遭到了维多利亚时代两位最伟大的保守主义者的詈骂。休·塞西尔
246 (Hugh Cecil) 勋爵评论说："这种假定是错误的：即便没有哲学洞见，最高超的实践能力也足以让一位政治人物避免重大失误，而皮尔就是犯下这种错误的一个例证。实践性思维的弱点是，尽管它能清楚地看到事态的现有的实际状况，却很少能深谋远虑。"[22] 迪斯雷利说，泰姆沃斯的强势的实际操作者在《泰姆沃斯宣言》(1834 年) 中将政治上的托利主义的所有真正原则都出卖了；纽曼说，皮尔在为启用泰姆沃斯阅览室发表的致辞 (1841 年) 中，将古老英格兰的思想根基拱手让给了功利主义者。克伯顿很精明地"没有对皮尔完全失望"：因为恰如罗伯特爵士逐渐被说服认同自由贸易者的立场，这位宗教建制的捍卫者也同样让他自己的思想被功利主义的形而上学和教育原则——也即边沁和布罗汉姆——所俘获。政治和灵性上的保守主义必须摆脱被如此引诱的守护者；迪斯雷利让托利主义脱离了皮尔一派人的控制，并重新立定了政党间的界线，与此同时，纽曼重新确证了宗教崇高神圣的立场：反对培根的"知识就是力量"的观念以及功利主义者的将教育变成强化物质力量的工具的野心。

在启用泰姆沃斯图书馆的仪式上，皮尔曾宣称 (以他经常采用的说教口吻)，人必须受教育，或者他们就是顽劣败坏的，而有用的知识 (Useful Knowledge) 是拯救他们的手段；"物理和道德科学唤醒、刺激、

提升、扩展和充实大脑”；科学是人们可以相互联结的中立空间，无需考虑政治与宗教问题。这是布罗汉姆在创建伦敦大学的典礼上阐释的观点。物理科学甚至会成为死亡时的安慰与快乐之源。作为边沁的信徒（尽管他们以一种既充满柔情又带有布道色彩的比喻为其导师的枯燥无味的文风做了润色），布罗汉姆和皮尔将知识说成是获得战胜自然之力量和改进人类道德的手段，把教育说成是为成功实现此一目标的实践培训。但是，他们的设想遗漏了宗教及其神学知识（science of theology）。他们——甚至包括罗伯特爵士这位英格兰教会的捍卫者——认为，宗教有争议性，因此不应在公共教育中占有一席之地。他们的知识与教育观念充满了谬误。

纽曼说，其中的缘由是，世俗知识并非道德改良的指针，也非道德 247
改良的直接手段，也不是道德改良的前提条件。世俗知识不是社会效用的准绳，也不是行动的准则。如果没有个人的宗教信仰，世俗知识通常都是不信的工具。信念并非产生于文字的逻辑推理，也非产生于事实的堆砌。物理科学不能带来确信，因为最合理的科学理论也不过是建立在我们以自己笨拙的手段所能发掘出来的少量事实基础之上的或然假说。人不会因为他们被教导了各种各样的事实或因为他们被教导了怀疑的艺术而变得良善。真正的知识不是有序推理的结果，不是边沁式逻辑的结果，不是小心谨慎衡量过的数据的结果；没有人会以这些抽象的理据作为他们行动的基础。虽然边沁和密尔宣称一种严格科学主义的准则体系，但实际上他们自己却以本人很可能没有意识到的前提条件和经验作为其文字上逻辑推理的基石。不，知识不是物理和道德科学教育的结果。与美德一样，知识实际上是人们最多只能不完备地理解的某种微妙过程的产物：这就是纽曼后来所谓的演绎力（Illative Sense）。

> 道德界与物理界一样，水流不能高过其源头。基督教将人

> 从泥土中提升上来，因为它来自天国；可是人类的道德在泥土这个层次上蠕动，扩充或减损，没有用来飞翔的翅膀。知识科目（Knowledge School）不会设想把人提升到高于自己的层次；它只是试图以最方便或者顺应环境的方式用好人现有的能力与经验。它发现人就像法国暴君手下的受害者一样，在笼子里弯着腰，既不能躺着，也不能站着、坐着或跪着，而它的最高期望是找到一种姿势，让他的不安稳程度降到最低。[23]

因此，实践性知识让人备受折磨。理性的方法无法触及心灵。对未见之物的恐惧是已知的压制道德上的邪恶的唯一依凭，可是，功利主义的教育家们完全没有将它考虑在内。科学事实去除现代人的空虚无聊，也不会给他提供超越人类虚幻的期冀的希望。“如果我们在开始教育时把自然置于恩典之前，把证据置于信仰之前，把科学置于良心之前，把诗意置于实践之前，我们所做的就恰恰好像放纵欲望与激情，对理性充耳
248 不闻。”[24]如果没有首要原则作为基石，科学本身就是没有价值的——是对不相关事实的无意义的堆积。获取我们首要原则的途径不是按照培根的方法堆积数据，然后得出推论。“生命是为了行动。如果我们坚持一切都要有证据，我们就永远也不会采取行动：为了行动，你必须有所假定，而这种假定就是信仰。”理性不会推动我们的感觉（impressions）与行动；它追随它们。

可是，如果我们不以文字的逻辑推理或博物馆里的物种作为构建我们的生命甚或我们的科学之基础，那到底什么是我们首要原则或主导性动机的源头呢？纽曼的演绎力的确切含义是什么？在《认同的基本原理》中，他给出了这样简要的定义：“进行理性思考和控制其自身理性推理的是大脑，并非任何词语和命题的技术性手段。当这种判定和论断的能力处于完美状态时，我就称其为演绎力（Illative Sense）。”我们在这里所用的“sense”

一词对应于它在“出色的感知力”（good sense）、“常识”（common sense）、“美感”（sense of beauty）中的含义；它是一种不变的能力，不过可以被不同程度地加以利用，可以被附着在特定的主题上，它采用的推理方法高于逻辑（其原理类似于现代的数学计算），而且它是我们推理对错的终极准绳。其势能和纯度在每个人身上都各有不同，而真正的知识进步的含义是强化与完善演绎力。[25]正如这个短语所暗示的，演绎力的特点是，我们所体会到的感觉（impressions）的源头比我们有意识的、形式上的理性更深邃。它是直觉、本能、想象力和长期错综复杂的经验联合作用的产物。然而，演绎力在所有人身上都可能会犯错：演绎力做出的假设可能基于错误的思想元素，并因此导致失误。我们必须参照权威（Authority）来纠正我们自己的独特的演绎力；因为权威是某种经过过滤的集体演绎力，可以清除个人的失误。正如纽曼在论约翰·科波尔的文章中所谈到的（1846年），“良心是一种权威；圣经是一种权威；教会是一种权威；古代的风尚是一种权威；智者的言语是一种权威；遗传的教训是一种权威；道德真理是一种权威；历史记忆是一种权威；法律谚语与国家格言是一种权威；箴言是一种权威；情结、预感和偏好是一种权威。”

确实，在物理科学领域，衡量或然率的一般准绳是物理事实，这种
事实以物理感受为基准并接受它们的检验。不过，历史、伦理和类似研 249
究的开展与检验必须要依靠演绎力和权威。“在这样的学科中，我们不能依靠单纯的事实，因为我们没有单纯的事实。我们必须尽力用好赋予我们的东西，并从所有的地方寻求援助；在这样的情况下，他人的意见、古老的传统、权威的规范、先前的征兆、类比、类似的案例，凡此种种以及类似的东西实际上都不是随意获取的，而是像感官证据那样，经过了筛选和仔细审查，都显然变得非常重要。”[26]

既然如此，如果演绎力是对信仰与行动的终极认可，我们该如何评价功利主义的知识论呢？由于无视演绎力的存在，边沁的门徒们在他们

的计算中忽略掉首要的智慧原则；而且他们也连带着忽略了宗教信仰。因为功利主义者模模糊糊地意识到，他们所有的方法都无法探知宗教真理——并且狂妄地相信，按照他们的标准衡量，神学不可能是科学，所以他们故意无视信仰。可是，即便只从功利主义的立场考虑，宗教也是社会的强有力的支柱、孤独者的安慰、正义的依凭和威慑邪恶的力量。在所有这些问题中，只有宗教能满足需要。因此，功利主义者——以及罗伯特·皮尔爵士（就他归顺为他们中的一员而言）——损害了他们功利主义秩序的根基。“这是多么可悲啊：他本来可能会得到很多人的爱戴，却在这样的日子里认定政治家值得称赞之处在于维系平庸之物，而不在于追求高尚之物；追求安全是他的首要功绩，而点燃热情是他的最可恶的过错！这是何等让人惋惜啊：这样的人居然就不明白，没有灵魂的躯体便没有生命，没有理念的政党便没有团结！”[27]

功利主义是死亡的哲学：其病理成因是边沁主义对怀疑的强调。与笛卡尔一样，功利主义者怀疑天地间的一切事物；这是彻头彻尾的荒唐。原因是，怀疑是一种粗暴的、嫉妒的、自我中心的情绪，是对除了忧郁的自我之外的所有一切的激烈否定；而且人们不会从怀疑中学到任何东西。对很多事物的怀疑永远都不可能被彻底消弭，不过尽管我们会有怀疑（我们不完美的世俗本性就是这个样子），我们还必须争取活下去。“如果我们要了解任何东西，我们就必须下决心无视很多东西。我们必须在冒险相信科学与冒险相信宗教之间做出抉择。”[28] 凡以牺牲演绎力的提升为
250 代价追求实践性培训者，做的都是让他后悔的买卖。如果否认了演绎力，怀疑就是不可避免的；如果承认它，人们便有可能在某些事情上从怀疑攀升到确信。“怀疑本身是一种积极的状态，喻示着某种特定的思维习惯，并因此必然牵涉到完全属于它自己的一套原则与理论体系。另外，如果没有任何假设，那我们的推理方法除假设外还是什么？我们的本性又是什么？……在这两种选择中，我宁愿坚持认为，我们应该在开始时相信

一切送来要我们认可的东西，而不会认为，怀疑一切是我们的责任。实际上，前者似乎是真正的学习之道。”[29]信念追随行动：柯勒律治也说过同样的话。不过，纽曼没有暗示，理智在多数情况下能够凭直觉感知真理。能消弭怀疑的演绎力不仅仅是直觉。“我们获得知识的途径不是直接简单的想象，也不是靠灵光乍现，却可以说是靠点滴的积累，靠某种思维过程，靠不懈追求某个目标，靠许多局部概念的比较、综合、相互矫正和持续适应，靠许多思维能力和实践的运用、集中和合作。”[30]这种联合与和谐是培训的成果；这样，纽曼在证明了功利主义的教育原则并非导向真正的知识的途径之后，进而描述了真正的教育过程。

并非悖论的是，自由主义的敌人是自由教育（liberal education）的最令人钦佩的支持者。如果说“自由主义”对罗伯特·皮尔爵士来说是一个散发着恶臭的词汇，在纽曼眼中，它则是一个亵渎神明的词汇。他说，他首次听到这个词时，它与拜伦及其崇拜者的观点有关。“从那以后，自由主义成了某个神学派别的标志，具有单调丑恶的特征，虽然本身并不十分危险，其危险性却在于为它自己无法预期或理解的邪恶打开方便之门。目前，它只是那种深刻的合理的怀疑主义，……是自然人实际运用的人的理性发展的结果。”[31]在宗教和政治中，自由主义的核心是个人决断；在尊重权威的纽曼看来，依据出于自己偏狭的个人理解的冒失、容易犯错的指令对严肃问题做出判断是公然的不敬虔之举，接近于被恶魔附体，犯下了属灵骄傲的罪。自由派人士假定人的理性（也就是边沁所代表的那种干枯的逻辑理性）具有至高无上的地位，鄙视基督徒的谦卑；他们错误地相信人的自然良善以及无限的可完善性，并因此威胁到社会的传统支柱。 251

不过，自由教育是另一回事：这里的“自由”一词的含义要古老纯粹得多，真正理解了自由的意思，也就是自由地生活在上帝命令的界限之内，而非自由地怀疑和破坏。自由教育是对自由人的知识培训。在维多利亚时代，纽曼是最适合阐明自由教育之含义者，因为他代表着传统自由学术的最高成就，是牛津大学的学术权威。纽曼的思想广博宏大，喜刨根问底，令人称奇。尽管其思考局限在一个恢宏的思想传统之内（这对其思考是好事），纽曼“也许是英国人中唯一［G.H. 班托克（Bantock）先生语］去质疑当代‘文明’的整个基础的，并就自私的个人与外部世界的关系提出最深刻的问题”。[32]克雷恩·布瑞顿教授在讨论纽曼对科学方法和假设的尖锐批评时，甚至将他称为 20 世纪意义上的实用主义者。[33]但是，布瑞顿似乎将威廉·詹姆斯（William James）的具体事实便是一切的确信与纽曼的科学理论本身无法带来确信的信念混为一谈。如果说纽曼是任何意义上的实用主义者，那也指的是这个词以前的含义——根据保罗·埃尔默·摩尔（Paul Elmer More）的说法，这个词可以被恰当地理解为揭示了“圣公会信仰的天才之处”：“如果理解得当，可以说，柏拉图是哲学家中最伟大的实用主义者，只要他试图在捍卫其‘理念’信念时，通过证明有比嘈杂混乱的物理感受更宏大、更深邃、更积极和值得信赖、确实更合乎科学的灵性直觉，把它们看作比自然之物更为真实的事实。”[34]纽曼意识到，“这个时代的政治家的问题是如何教育群众”，于是，他那真正具有思辨性、广博和自由开放的大脑转而思索让人同时成为上帝仆人与自己主人的训练手段（discipline）。

“如果美德意味着对思想的掌控，如果其目标是行动，如果其完善意味着内在的秩序、和谐与安宁，我们必须在比图书馆和阅览室更庄重圣洁的地方寻找它。”[35]从根本上说，教育是一种训练手段，不是娱乐或安慰或无所事事的替代品。教育本身无法教导美德，不过，伴随着真正的教育的训练手段类似于美德也要求的那种训练手段。而教育的根本在研习神学；美德的根本在探究宗教信仰。《大学理念》中的前四篇文章都
252 是在证明，神学实际上是科学，是任何健全的知识体系都必不可少的；接着，纽曼考察了高等教育应当是什么样子的一般性问题。他在这方面的

直接努力目标——试图在都柏林创办一所天主教大学——落了空；而它们最终的影响则超过了很多教育界人士所意识到的。[36]

当时的问题的确是教育群众；不过，纽曼没有直接针对那个具体的问题。当他评论教育问题时，它指的是培训社会中的领导力量。作为一名托利党人，他知道，领导人才必然优先于群众性运动；如果有了领袖人物，问题就解决了三分之二。无论如何，领袖和大众都需要基于宗教原则的教育，而这种思想的训练手段承认功利主义的空谈家不会承认的东西，即“铺展在我们眼前的多彩忙碌的世界是物质性的，不过它不仅仅是物质性的；在让其实际的体系等同于他的科学分析时，我设想的这样一位教授暴露了他缺乏哲学深度，以及对大学教学该当如何的无知。他不再是自由知识的传授者，而是思想狭隘的盲从者”。[37]《爱丁堡评论》杂志的作者们将根据基于功利主义效率原则的狭隘方案重新改造大学，实际上是最反对自由的人。他们不知道，“宗教真理不仅仅是一般性知识的组成部分，而且是其前提条件。请允许我这么说，忘掉它就相当于瓦解大学的教学体系”。

对大学进行描述比充分说明自由教育的含义要容易。* 纽曼在第五章中说，借着自由的训练手段（liberal discipline）“所形成的思维习惯会持续一生，其特点是自由、公平、冷静、温和和智慧，或者是我在前面某一章节大胆称呼的那种哲学习惯”。自由研究（liberal studies）尤其是大学与绅士的特征——与奴性的（servile）职业正相反，因为思想对后者起不到什么作用。如果我们过多地要求于这种训练手段，那我们就犯错了：“它直接的任务不是让灵魂在面对试探时刚强起来，或者在患难时安慰它，而仅仅起到发动或引导作用；尽管它是物质与道德进步的重要手段

---

* 纽曼最动人的描述很可能是《大学的职责与任务》（*The Office and Work of Universities*）一书中“何为大学？”（What is a University?）的结尾部分。——作者注

或条件，不过从总体上看，它对恢复我们心灵健康所起的作用与它对改善我们世俗环境所起的作用一样小。”它无法直接灌输美德：“如果能用
253 剃刀挖掘花岗石，或者用一根丝线固定船只，那么，你才可以希望，利用像人类知识和人类理性这样敏锐脆弱的手段，去反抗那些巨人以及人的激情与骄傲。”往最好了说，它只是一种方法和训练手段，用来教导大脑正确地进行推理和在知识抱负上的谦卑。“如果一位有着锐利活跃思想（intellect）的年轻人没有接受其他的训练，那么，除了他脑子里不知用什么方法堆积起来的杂乱观念，他很少能展示出他的思想。”[38] 自由教育让活跃的思想变得**有序**起来；大学基本上不可能有其他的指望。

> 这样的培训过程就被称为自由教育：思维（intellect）活动非但不是要迎合或迁就某种特定或偶然的目的，某个具体的行业或职业，或学问或科学，而是要为了其自身的好处、为了认识自己的恰当目标，以及为了自身的最高修养而接受训练；尽管没有人接受的培训达到所设想的程度，也没有人的思维（intellect）能够成为思维训练的模板，可是，几乎所有人都可以了解到真正的培训是什么，至少可以为其做做准备，并让其正当的范围和结果（而非其他东西）成为他卓越的标准。[39]

思维训练的目的并非学问或学识，而是运用于知识之上的思想（Thought）或理智（Reason）；就严格意义上的知识来说，那就是它自身的目的。教育的真正目的是“对所有事物都有清晰、冷静、准确的见识与领悟，直到有限的大脑能够各按其处境和自身的特色理解万事万物”。

也许，这种大学和教育目标理念似乎与英语世界的思维训练所采用的形式天差地别。纽曼自己的天主教大学寿终正寝了；牛津、剑桥和苏格兰各大学逐渐接受了许多功利主义的新花样；英格兰各地新设的大学位于

肿胀的工业城镇，通常试图模仿在 1827 和 1828 年分别受到布罗汉姆和拉星顿（Lushington）推荐的伦敦大学模式。至于发展中的国家支持的公立教育体系（1842 年拨付了首批资助金），它逐渐具有了一种世俗的功利主义特征。边沁主义者决心一定要让国家成为万能的教育管理者；他们基本上获得了成功。圣公会建制体系与不从国教者之间的争执将监管 254
教育的职能越来越多地拱手让给政府，而且在公立学校中，除“简单的圣经教导”外，学校与教会的分割已全部完成。1862 年的教育部负责人罗伯特·罗伊开始将坏学校升级，并把好学校降级；因为作为他那个世代的整个自由派中最坚定不移的自由派人士，他与纽曼几乎没有共同之处。当罗伊在 1867 年谈到“教育我们老师”的紧迫必要性时，他与布罗汉姆在精神上的亲近程度远远超过与纽曼或迪斯雷利的亲近程度；由此而生的 1870 年教育法案在福斯特的推动下于议会获得通过，福斯特依据的理由是，“我们产业的繁荣依赖于快速提供基础性教育”。“技术教育”是自由派的英国所采纳的方案。诺丁汉姆的一位有影响力的制造业主说，非常需要的是有实际用途的培训，以让英国做好与德国竞争的准备，因此，这种培训必须是强制性的：“如果我们继续以我们当下的自愿性体系与之竞争，我们就会被打败。”[40] 边沁主义的理念——由国家规定的世俗、统一、普及、自由、强制性的教育（自由与强制性这两个词语的连用暗示了哲学上的激进分子未曾听闻的民众暴政）——在 1870 年开始变为现实。各学校稳步地向着这种方向演变，直到 1902 年的教育法案极大地加速了这个进程，将它扩展到中级教育，并进一步将这一体系集中化和标准化。由阿瑟·贝尔福（Arthur Balfour）提出的 1902 年法案实质上是一项社会主义的政策提案，西德尼·韦伯（Sidney Webb）曾在费边社第 106 号小册子（*Fabian Tract No. 106*）中大力鼓吹此一政策。在这里与在其他许多方面一样，新生的社会主义让自己巧妙地渗透进仅仅数年前还由索尔兹伯里勋爵这位伟大的贵族主导的那个政党。

迪斯雷利曾于1839年说道："按照他们的公立教育体系，所有人都会被扔进同样的造币厂，而且所有人在出来时都带有同样的印记和标号。他们可以印钱，他们可以建造铁路；可是，当激情的时代到来时，当那些利益集团采取行动时，以及当那些情绪被触动，让整个社会都感到震撼时，然后……他们就会看到，人们是否接受了维克汉姆的威廉（William of Wykeham）所提倡和支持的同一种教育。"[41] 格兰德格瑞德（Gradgrind）* 的理念与卢梭式的多愁善感混合在了一起，逐渐主导了英国
255 和美国的公立教育；既然激情的时代已经到来，部分的公共思考似乎正惊恐地意识到剥离了宗教原则的伪教育的危险。†

但是，评价保守派思想家不仅应当看他们没能阻止的东西，更要看他们保存下来的东西。纽曼让一种教育理念被无以计数的教授、老师和受过教育者铭记，而且这种理念代表着保守的灵性价值观，继续反对（现在有时会取得罕见的成功）把学问降格为技术培训，反对大学和学校的不宽容的世俗化。当下的时代在城市无产阶级也即那些纠缠不休的人的压力下摇摆不定，于是，学校有时不过是把孩子们圈住的监狱，直到法律允许他们工作，在进入这一时代后，纽曼的著作保存了旨在培养自由绅士（liberal gentlemen）的教育理念，而如果没有这样的绅士，所有社会都会窒息而死。至少在美国，教区学校以及由宗教组织资助的大学的

---

* 此人为狄更斯小说中臭名昭著的校长。

† 纽曼的教育信念已经被20世纪的教育界人士遗忘或压制到何等彻底的程度，下面的零散观察可能会有所提示：1）在纽曼前往都柏林之后一百年，牛津的教育系主任是M.L.杰克斯（Jacks）先生，他是卢梭和约翰·杜威（John Dewey）的热心追随者，热衷于基于快乐原则的、全面支配孩童的"整合性"教育。顺便说一句，杰克斯先生是纽曼鄙视的最后一批自由派人士中的一位。2）月刊杂志《明天》（*Tomorrow*）中的一位评论者对坎农·伯纳德·伊丁斯·贝尔（Canon Bernard Iddings Bell）的遵循纽曼传统的雄辩有力的《教育的危机》（*Crisis of Education*）一书提出异议，理由是贝尔博士似乎认为教育应当塑造基督徒绅士——就好像（在评论者眼中）纽曼与阿诺德（Arnold）博士的观念在美国没有价值一样，因为基督徒和绅士在美国是不合时宜的存在。——作者注

影响力在上升；不管它们是否知晓，大多数此类基金会都在纽曼那里找到对它们教育理论的最出色的阐释。

纽曼在1858年写道，19世纪首要原则间的最剧烈的冲突之一是，政府和立法是否应该具有宗教特色；"国家是否有良心；基督教是否是地上的规范体系；地方官员在惩治犯事者时是在行使惩罚职能还是矫正职能；或者整个社会结构是否建立在世俗的权宜之计的基础之上。哲学及科学与神学的关系也成为讨论的对象。在过去四十年中，历史悠久、备受尊重的神学一直在与新神学激烈地竞争着；而且新神学方兴未艾。"[42]将近一百年后，新神学仍处于上升势头。不过，功利主义的那种冷酷无情的权宜手段继续受到社会古老的宗教观念的抵制——这就是纽曼留给英格兰的遗产，这份遗产比有些观念史学家所承认的要大，而纽曼也钟爱并丰富了英格兰的灵性和文化传统。 256

4 论辩的时代：白哲浩

布尔沃·里顿（Bulwer Lytton）在1859年宣称，所有改革法案都不是终局性的："民主就像坟墓——它总是在喊，'给，给'，可是像坟墓一样，它永远都不会归还它曾经收取的东西。不过，你生活在立宪君主制下，这种体制有所有的健康活力和运动能量。不要让尚不适合进入坟墓的东西屈从于民主。"迪西（Dicey）在他的《英格兰的法律与观念》（*Law and Opinion in England*）中说，大约开始于1825年的边沁主义时期结束于1865到1870年间；接续它的是集体主义时期。如果说德比和迪斯雷利开启了集体主义的时代，那也是因为他们比自由派们更迅速地意识到，边沁主义是一种缺乏想象力的东西，或者就像纽曼所宣称的那样，是一根干枯萎缩的树枝；发黄的树叶已经从它上面飘然落下。约翰·斯图亚特·密尔晚年时期的准社会主义，以及老迈的约翰·布莱特转而提倡为增进普遍福利而大肆增加公共开支——这些均是舆论环境变化的征兆。从动机上看，功利主义是为英格兰工业扩张所做的辩护；那一过程完成之后，功利主义作为一种有意识的社会势力便消退了，尽管它把自己的前提假设留给了费边主义、社会计划和产业大公司的时代。

1875 年，在保守派人士借修改有关互助会与共谋的法律安抚各劳工阶级之后不久，沃尔特·白哲浩写道："然后，把反动政策搁在一边，留给保守派人士的就只剩下在这两者之间的选择：大众的无知的民主保守主义（Democratic Conservatism），和稳健地支持两党最清醒之人以自己的学识审慎地推荐温和政策的民主保守主义。"[43]一般而言，自此以后，保守主义就倾向于后一种路径。伦道夫·丘吉尔（Randolph Churchill）勋爵的托利激进主义有模棱两可的口号——"我们必须信任民众"，却从来都没有获得该党的多数支持；相反，保守派人士已通过接收分离出来的自由派势力稳步地壮大其队伍，这些进展中最重要的是约瑟夫·张伯伦
257（Joseph Chamberlain）的归顺。不过，尚有疑问的是，自由党理念的公正性与清晰度是否得到相应的增强。白哲浩提倡的资本家保守主义已经成为现实；而且这一成就的取得非常像皮尔的幽灵挺身而出，废弃了迪斯雷利的成果。

自由派人士白哲浩是他自己那个时代最好的评论家，也碰巧是纽曼的崇拜者，尽管他并不是迪斯雷利的崇拜者——也正是这位和蔼可亲、仁慈的白哲浩理解了这一点：事物的旧有秩序正在消失，使其消失的并不是民主本身的影响，而是某种强大的社会力量，这种力量将现代国家转变成像雅典和佛罗伦萨那样的联系紧密且对新事物敏感的国家，它指的是论辩型治理（government by discussion）在 19 世纪的大获全胜。打破了基督教世界最基本的风俗习惯的是论辩，吞噬掉伯克的成见和习俗的是论辩，颠覆了古老的对丢弃祖先之生活方式的嫌恶之情的是论辩。迪

斯雷利与格莱德斯顿的时代是演讲、讲道和议会热热闹闹的时代，显示出一种革命性现象——社会因公众舆论与辩论的直接影响而快速发生改变。民主是公共论辩的果实，而非其种子。“自路德的时代以来，有一种多多少少已经扎下了根的信念：人可以凭借某种思辨过程想清楚自己的宗教信仰，而且由于这是其最高的职责，他应该这么做。很长时期以来，政治论辩的影响与宗教论辩的影响非常紧密地结合在了一起，并非常有效地相互促进，于是，中世纪所存在的那种有关忠诚、信义和权威的古老观念现在对最出色的大脑几乎没有影响。”[44] 这就是纽曼猛烈抨击的个人决断（Private Judgment）。在谈及布尔沃·里顿将民主比喻成坟墓的说法时，白哲浩认为这一类比同样适用于论辩。“一旦让某一论题完全接受这一考验，你永远都不可能再把它撤回来；你永远都不可能再为它披上神秘的外衣，或者为它装上神圣的护栏；它将永远对自由选择敞开，并接受粗俗的审视。”[45]

个人决断与自由论辩是自由主义必不可少的主张与主要的支柱，在19世纪使其成为可能的是廉价的出版（很快就变得低俗肮脏）、快速的通讯以及城市人口的聚集；如此一来，主要的欧洲国家都获得了古代城邦的便利，也像后者那样受到危险的公众舆论的影响。迪斯雷利与纽曼
在为传统、权威和古老的效忠关系辩护时，与这种咆哮而来的激流抗争； 258
他们在唤起民众对习俗性真理的同情上所取得的成就（考虑到其中所蕴含的力量）是英雄般的壮举。在伟大深邃的源头遭到破坏之际——这个时代很像公元前5世纪的希腊，迪斯雷利巧妙地将保守主义政治势能的碎片整合成一个强有力的政党，纽曼则以其智慧武装基督徒的大脑，以对付形形色色的功利主义和物质主义的征服者。1867年的英国冒险背水一战；不过，那个汹涌的激流确实应该被称为论辩，而非民主；因这两位富有创造性想象力之人而焕然一新的保守主义已非常强固有力，足以禁受住冲击。

论辩与个人决断，而非马克思所预言的肉身的苦难，为过去一个半世纪的无休止的实验和变化提供了推动力。马克思主义之所以获得很多人的支持，不是因为他们遭受的苦难，而是因为它是抗议与个人决断的新的舞台。论辩吞噬一切的胃口真的和坟墓的欲求一样永不知足吗？果真如此的话，那么，永恒性与连续性对现代社会来说是不可能的吗？对于不受制约的论辩疆域，这三种约束机制似乎是可能的：有意识地恢复传统智慧的观念，公众对空谈和变革本身的反感增多，以及灾难的临到告诫人们不要信任自己的观点。后面两种可能的事态似乎正逼近我们这个世代；然而，这两者都是残酷无情的惩罚机制；希望让社会免于滑入悲惨时代的保守派人士一定要努力恢复超越于个人利益之上的那种政治信念，恢复超越于物理事实之上、以认同代替怀疑的那种智慧——也即迪斯雷
259 利的思想体系与纽曼的思想体系。

第九章 法律与历史保守主义：预兆的时代

如果有人问我，你想要以什么取代普选制？实打实地说，你有什么建议呢？我立刻答道，什么也没有。思想与感情的整个潮流也即人类事务的整个潮流都在以无可阻挡的力量趋向那个方向。旧有的生活方式——其中的许多内容在它们那个时代与我们所有的设想在我们当下的时代一样糟糕——正在欧洲全境崩溃，就像大洪水中的草堆那样四处漂流。我也没有看到，任何明智之士有什么理由要花费很多的心思或力气去试图拯救那些被严重糟蹋的东西。洪水涌出，没有人力能够让它们回流，不过我不明白，在我们随波逐流之时，我们为什么要向河神高唱哈利路亚*。

——詹姆斯·菲茨詹姆斯·斯蒂芬（James Fitzjames Stephen）爵士，《自由、平等、博爱》（*Liberty*，*Equality*，*Fraternity*）

* 哈利路亚是赞美神的意思。

1　自由主义转向集体主义：约翰·斯图亚特·密尔、孔德和实证主义

1867年之后，英国社会的保守主义势力发现自己的力量因以前的自由派、辉格党和功利主义团体的加入而稳步壮大。由于对格莱德斯顿式自由主义的倾向、国家机器日益增多的权力、劳工运动的攻击性以及针对广大新选民群体的巴结举动感到震惊，各中产阶层（很长时间以来，他们都是自由主义背后的驱动力量）开始把他们的效忠对象转为托利党。白哲浩早在19世纪50年代就已意识到且到19世纪70年代中就已变得
260 明显确凿的是，保守派和自由派的真正利益正在趋同；一名“保守的自由派”与一名“自由的保守派”之间只有细微的差异。双方都有义务为胃口大开的民主体制和臃肿的国家机器的扩张设定疆界。自本世纪初以来，托利党一直是功利主义者的社会原子论的坚定反对者和作为一种道德力量的国家的捍卫者，现在却发现平衡已经偏向另一边：英国社会的建制受到一种世俗集体主义的威胁，因为这种集体主义作为一种政治运动，成了现在已享有选举权的穷人的工具。由于其激进主义痛恨个人主义所面临的这一新的更为顽固的威胁，赫伯特·斯宾塞于1884年出版了《人与国家》（*Man versus the State*）一书，在某种意义上成了保守派的盟友，因为相比于正崛起的集体主义的人本论者，保守派对政治上的个人主义者来说没有那么讨厌。厄尼斯特·巴克（Ernest Barker）爵士评论说：“托利党从反对一切异议的父权主义提倡者转变为或者至少看起来转变为反对一切个人主义提倡者。”[1]然而，人们不会在《人与国家》中找到维多利亚时代晚期的那种真正保守主义的观念。三位伟大的法律和历史学者延续了真正的保守主义思路：出版了《自由、平等、博爱》（1873年）一书的J.F.斯蒂芬；出版了《大众政府》（*Popular Government*，1885年）一书的亨利·梅因（Henry Maine），以及出版了《民主与自由》（*Democracy and Liberty*，1896年）一书的W.E.H.莱基（Lecky）。

白哲浩说，保守主义的力量并不主要来自思想上的信念。相反，两种持久的情结滋育了大多数保守派人士的认同：古老的骑士效忠之情，以及［刺激出欧洲大陆“秩序党”（party of order）的］恐惧之情：“害怕他们的店铺、房子、此世的生活——不仅是他们的物质生活，更多的是他们整个的生存模式与来源——会被破坏和丢弃。”（白哲浩在 1856 年评论说，）现代英国的保守主义者表现出来的那种真诚，让他们超越了单纯的享乐的托利主义和让人害怕的面目可憎的保守主义。然而，某种思想性的保守主义尚未在英国普及：“在面对质疑他的各阶层人士时，每一个没有思想的保守派人士都让他们捍卫的东西陷入险境——对自由派人士来说，他是烦人的家伙，对他的国家来说，他是个倒霉蛋。”[2] 英国保守主义思想在 1867 年之后更为急需有分寸的冷静辩护，这种辩护的提供者有：一位“由于良心的极速发展”而从功利主义转向保守主义者；一位从自由派阵营转投过来的研究制度的专业历史学家；和一位对伯克的思想了然于胸的理性主义学者。 261

社会主义作为 19 世纪 70 年代的一个独立政治运动的崛起，对英国当时的整个社会产生了很大的压力，在让老派的曼彻斯特主义者感到震惊的同时，也同样让托利党人感到不安。由于工党尚没有成立［尽管劳工代表联盟（Labour Representation League）在 1873 年的大选中让其十三位候选人中的两位当选］，社会主义者能够影响议会议程的唯一途径是让主流党派的人员转而认同社会主义的理念。正如 1832 年之前的激进派人士渗透进辉格党的队伍一样，现在的社会主义者也同样开始渗入自由派阵营——甚至渗入保守派队伍。这种繁衍方法在约翰·斯图亚特·密尔后期的思想中有明显体现，而保守派评论家准确地将密尔视为这种变化中的舆论环境的主要代表人物；这位功利主义的世袭大祭司也是无休止地煽动世俗主义和实验创新的领军人物，而在五十年前，哲学上的激进人士曾成功地利用这种无休止的煽动达成自己的目的，当时的密尔正从极端的个人主义转向集体主义，却没有意识到其中的矛盾之处。这位“理性主义的圣人”（这是格莱德斯顿对密尔的评语）与传统英格兰生活格格不入的程度堪比现在获得了选举权的劳工阶层，而且他虽然恐惧和鄙视后者，却仍旧帮忙为他们提供了社会理论。“《圣经》、英格兰教会、古老的大学与文法学校、牧师群体、地主庄园——许多年来，所有这些曾在形塑和涵容民族传统中发挥了非常大的作用的东西（这是 R.J. 怀特先生的论点）[3] 都在他的视野之外。”密尔与其他领头的功利主义者甚至没有《圣经》，而对批评保守型社会的不信奉国教者来说，这几乎意味着一切。从常人的角度看，约翰·斯图亚特·密尔是纯粹和毫无幽默感的才智之士，不齿于肉体享乐，对灵性半信半疑。尽管与密尔在性情和品味上完全不同，维多利亚时期的英格兰城市无产阶级在这一点上与他是相同的：他们所过的生活中没有《圣经》、教会、大学、文法学校、牧师和乡绅。

密尔确实对政治激进主义感到忧虑。在他的《论自由》（*Essay on Liberty*）中，他呼应了托克维尔对民众暴政的担心；在《代议制政府》（*Representative Government*）中，他提出了一套精心设计的人为约束普选权的体系——它与迪斯雷利的繁复的选举权类似。让密尔成为所有具有
262 辨别力的保守派人士之敌人的是他的极端世俗主义，而非他的具体的政治理念。原因是，他热衷于将敬虔赶出社会生活，以“人的宗教”（religion of humanity）取而代之，在这种人类的宗教中，人会自我崇拜，把道德体系建立在功利主义的理性之上，并将人类的所有规范性习俗统统只看作是“生存的实验”。人会让自己的宇宙观更接近于自己内心的欲求。贫穷、疾病、命运的无常、人所遭受的所有其他灾难——这些均可以被新社会的理性规划者铲除。密尔在《功利主义》（*Utilitarianism*）中写道：“简言之，人类苦难的所有重要根源都可以在很大程度上被人类的爱心和努力清除掉，其中许多根源几乎可以被完全清除掉。”这些高级人类在迈向物质上的完美境界的过程中，便不再需要孩童们享受的那种宗教安慰；既

然当下的苦难都被消除，他们对永恒生命的前景就不以为意了。20 世纪的社会主义者对物质享受抱有不切实际的希望——比如，约翰·斯塔奇（John Strachey）先生预言，福利国家可以将寿命本身无限延长，而密尔则是这方面的先驱。他和孔德的世界向善论直接启发了一群反宗教和反传统的普及型作家。*

尽管斯蒂芬、梅因和莱基都没有完全符合正统的信仰，他们却也认识到，在这种恶性的世俗主义中，在这种对人类良善和智慧的过度自信中，社会中一切古老、安稳和高尚的东西都受到了威胁。这些保守派人士预见到，如果密尔的集体主义的功利主义及与之结盟的实证主义捕获了大众的想象，文明接着就会退化——没有原则的生活会临到，而在这样的生活中，自查理曼大帝（Charlemagne）以降主宰着西方社会运行的那种趋向公正的惯例性动机就会在普遍自私的腐蚀下解体。所有国家都必须有自己的主子；在未受道德原则熏陶的大众政治所引发的混乱中，新的独裁者将脱颖而出，而他们本人将不受古老习俗的束缚，因此也更加冷酷无情。在约翰·斯图亚特·密尔暗示的冷冰冰的平等社会中，在孔德的没有上帝却内含科学家—独裁者—祭司的社会仪式主义（ritualism） 263
中，维多利亚时代后期的保守派人士看到了一种不值得过的生活样貌。他们着手以一种保守主义的理性主义反驳密尔的具有腐蚀性的理性主义；不过他们知道，时代潮流不利于他们。

孔德的观念开始在英国产生有力的影响，特别是对 19 世纪 70 和 80 年代的历史学家和科学家，这强化了密尔的大体上算是本土的英国物质

---

* 比如，温伍德·里德（Winwood Reade）的《人的殉难》（*The Martyrdom of Man*，1872 年）是这么结尾的："饥荒、瘟疫和战争不再是人类进步必不可少的组成部分。可是，精神苦闷的时期就要到了，我们一定要度过这一时期，以使我们的后代能够成长兴旺。灵魂必须被舍弃掉；对永生的盼望必须死去。人类必须摆脱甜美诱人的幻想，因为青春和美丽将会消逝，永远不再返回。"——作者注

主义。由乔治·艾略特（George Eliot）、弗雷德里克·哈里森（Frederic Harrison）、约翰·莫雷（John Morley）、赫胥黎和许多阐释者所散播的实证主义在英国受到欢迎，其主要原因是，它志在清除神学和形而上学上的古老的生活观念，在一种严格科学主义的基础上重建思想。* 像莫雷这样的自由派人士可以拥抱这种新的道德观，却没有很在意孔德在这一前提的基础上构建起来的人类崇拜（Sociolatry）和极权国家。但是，人类自恋式的自我崇拜是孔德哲学思想的不可分割的组成部分：人必须崇拜某种东西，而既然已经拒绝了上帝，他会在远远低于天使的某个地方发现自己身上的神性。这种计划型国家由工业家和科学家主导，由一个银行家委员会进行管理，得到大量面目完全一样的无产者的支持，不给个人想法留任何空间，彻底拒绝民主，自由则屈从于控制的观念——这就是奥古斯特·孔德之主张的自然而然的后果。原因是，人既然被有意教导去相信道德行为没有超自然力量的背书，他就必须由赤裸裸的强力或者精妙的社会机器强迫着去照章行事或劳作。那些摆脱了羁绊的英国的孔德崇拜者们无法看清，作为一种社会思想体系的实证主义旨在成为解放的反面和自由主义的对立面。人有随意毁弃神学的自由；可是他们没有任何其他自由——孔德自己非常坦白地宣告了这一点；维多利亚时期的保守主义者对他的理解强于他自己的门徒。

密尔的人本主义的理性主义和孔德的集体主义的实证主义轻看并无视过去，其所揭示的未来前景公然宣称会带来基于功利主义快乐原则的
264 无限的物质需要的满足。不过，与伯克一样，历史与法律学派的英国思想家们知道，过去拒绝被遗忘，因为它代表着所有人类的智慧。被轻看

* 从任何长远意义上来说，孔德的思想体系到底在何种程度上真的具有科学性，他不加鉴别地接受高尔（Gall）的骨相学理论可能提示了这一问题的答案——孔德宣称，高尔的理论因在每一个大脑中均发现“仁慈的器官”而证伪了人类败坏的神学理论。——作者注

的过去会索求报复。对法律、社会制度和道德历史的研究让斯蒂芬、梅因和莱基明白，突然被夺去了敬虔与惯常习俗的人们根本就无法认清未来；他们只能理解当下；他们沿着感性冲动与混乱欲望的浅浅的未知港湾顺流而下，却搁浅在社会冷漠的战栗的沙滩上。

2　斯蒂芬论生活与政治的目的

比肯斯菲尔德伯爵在其生命的最后一年写信告诉里顿："非常非常遗憾的是，J.F. 斯蒂芬是个法官；他本来可以以未来保守党领袖的身份做成任何事。"当时是 1881 年，是斯蒂芬出版《自由、平等、博爱》之后的第八年。在这本书出版后不久，菲茨詹姆斯·斯蒂芬在立场上是邓迪（Dundee）的自由派人士，却已被某位持集体主义立场的新式自由派人士超越，便逐渐意识到，他是一位彻头彻尾的保守主义者。不过，他作为一名能干的政治人物的生涯终结于 1873 年。他曾按照严格的功利主义和克拉彭党人（Claphamite）* 的标准接受教育；他曾是印度的边沁式的立法者（Benthamee Lycurgus），而且在印度认识到，让社会结合在一起的是强力而非论辩；在政治上受挫后，他转而追求自己在法律领域的事业，写下了他的不朽的刑法史。也许由于他过于严厉直白且清教主义的气质过浓，他不可能成为 19 世纪的一名成功的党派领袖人物（不管迪斯雷利怎么说），不过这位坚定、富有男子气概的维多利亚人所写的这本书被厄尼斯特·巴克爵士称为"对 19 世纪后半期保守主义思想最出色的阐释"。[4]

霍布斯、洛克、边沁和约翰·奥斯丁（John Austin）是斯蒂芬的思

* 克拉彭是伦敦当时的一个反对奴隶制的联盟。

想导师，而且他从未批评过这些引领者；不过他实际上拒绝了他们创新与怀疑的那一面。原因是，那些世俗改革者们的一个重大的错误让 J.F. 斯蒂芬成为一名保守主义者：他们无视人的败坏。就像约翰·亚当斯的情况一样，清教徒式的人性观让斯蒂芬奋起反对滥情的人本主义、反对密尔的没有根基的自由，反对孔德的“仁慈的器官”。他对脆弱有罪的人性的
265 固有的不信任使他像其朋友卡莱尔那样确信，政治制度不过是强力的遮羞布。菲茨詹姆斯·斯蒂芬多疑的兄弟莱斯利在 1873 年告诉年轻的奥立弗·温德尔·霍尔姆斯（Oliver Wendell Holmes），菲茨詹姆斯“被老迈的卡莱尔腐化得很严重”；[5] 他已经变成宗教信条的鼓吹者。不过，那些信条并不总是符合正统。J.F. 斯蒂芬可能会为彼拉多辩护，他可能会说，“如果基督教真像我们常常听到的很多说辞所暗示的那样，那它就是假的和有害的”，而且如果登山宝训真的意在禁止捍卫一国的尊严，那它就应当被抛弃。[6] 他的上帝是先知和清教徒的上帝，具有无限的权能，“这位上帝不管他依其本性是个什么样子，却在安排我生活于其中的世界或诸世界时让我知晓，美德就是他为我和其他人制定的法律”。[7]

爱不是该用于此一存在身上的词语；人对他的感受一定是敬畏，这是理性的、刚强有力的思考上帝的方式。密尔以及孔德的门徒们决心将敬畏从这个世界中铲除出去；不过，没有了敬畏之后，人类会失去对美德的所有背书以及奋斗的所有动因，如此一来，生命首先会变得没有意义，然后会变得无法容忍。法国与英国的实证主义者公开认信的人的宗教（Religion of Humanity）实质上不过如此：

> “人类是一直不停地破灭和消失的泡沫的巨型集合体。它并非人为的产物，也无人知道关于它的任何值得了解的东西。亲爱的泡沫们，请对它献上深深的爱意。”毫无疑问，这是某种类型的宗教，不过在我看来，它是非常愚蠢的宗教。[8]

约翰·斯图亚特·密尔是斯蒂芬猛烈攻击的对象，他争辩说斯蒂芬的书“不会吸引人，倒更可能让人厌恶”。[9]当然，在他那个时代，密尔是非常对的。《自由、平等、博爱》没有产生广泛的直接影响力，它与维多利亚时代的自信潮流以及曾在丹迪击败斯蒂芬的那种广受欢迎的集体主义承诺背道而驰。然而，他的果敢沉郁的论著是一位深受《旧约》与弥尔顿影响的具有实践经验的法学家的成果，超越了维多利亚繁荣时代短暂的乐观情绪。斯蒂芬说，自由是个否定词；平等是某种等而下之的东西，只是一个关系词；而博爱作为一种普遍的社会情感从来就没有存在过，也永远都不可能存在。法兰西共和国的这一格言已经成了某种宗教 266
的信条，而那种宗教是具有破坏性的异端宗教。斯蒂芬意在依据功利主义原则用他的书反驳这种追求新花样的信条，这是新功利主义者向老功利主义者发出的某种吁求；不过实际上，斯蒂芬本人不仅仅是功利主义者，就像伯克曾经不仅仅是辉格党人一样。菲茨詹姆斯·斯蒂芬认同边沁、李嘉图和詹姆斯·密尔的经济与法律理论（其中有些修正）：他轻易就证明了 J.S. 密尔背叛了这一学派的信念。

确实，由于原来的功利主义在 1870 年之后分裂，人们可以看到，在边沁主义枯萎的躯干上至少长出了三个直接的分支。首先，斯蒂芬赞同早期功利主义者的经济和法律原则；不过他意识到，边沁主义的形而上学和道德基础是不敷用的。其次，约翰·斯图亚特·密尔对功利主义的怀疑主义和人本主义做了引申；但是密尔放弃了其导师们的经济和政治上的个人主义。第三，格林（Green）、布莱德利（Bradley）、鲍桑葵（Bosanquet）及其同道的浪漫主义（Idealism）把黑格尔与边沁搅和在一起，在保留边沁主义者的民主与革新倾向的同时，却以源自德国哲学的浪漫化的国家理念替换了边沁的社会快乐原则。与格林不同，J.F. 斯蒂芬的有关国家及其起源的理论非常类似于伯克的想法：加上他对亚当·斯密所定义的经济原则的认同（还是和伯克一样）以及他对人性的严峻看法，这种理论将斯蒂芬引向保守主义。他对保守主义政治思想的贡献是分析了论辩与强力之间的关系，而到那时为止，这种关系还从未被清楚阐释过。

就这一方面来说，晚辈的密尔依然是货真价实的功利主义者，而J.F. 斯蒂芬是反边沁主义的：与他的父亲詹姆斯爵士一样，斯蒂芬坚称生活中的一切均源自宗教真理。与纽曼和沃德（Ward）的意见相左而对“自由派”神学家更为敌视的斯蒂芬宣称，实证主义者和自由派人士在他们的信条中没有为伦理道德提供令人满意的背书；他的兄弟说，“不过他同样反对虚假的背书和虚假的以权威自居的主张”。不管维多利亚时代的神学家与达尔文主义者之间的争斗可能会以什么样的方式结束，以宗教背
267 书维系社会的需求依然未变。认同抽象的自由、平等与博爱之人由于没有了畏惧和敬畏，不知不觉地就走向奴役、枷锁和野蛮。斯蒂芬的峻厉的敬虔堪比赫西俄德（Hesiod）：

> “宙斯统治世界，没有任何拦阻
> 今天所赐，明天即可拿回”

国家不能让宗教游离于其管辖范围之外；因为国家是一种宗教性建制，而法律是社会惩罚的工具，创设法律的目的在于强制落实道德。

斯蒂芬在描述加尔文的信条时说：“人有一种可怕的病症，不过其原初的构造是极好的。救赎的意义不在泯灭其本性，而在救治其本性。”我们的恶行所显露的我们本性的堕落与腐化让人陷入痛苦的奴役之中——而上帝将那些被拣选之人从此中拯救出来。“按照自己认为对的去做：谈论上帝或不谈论上帝，不过，这一事实是确定不移的：在一个他们只能体会而无法理解的超人层次上，人受有关力量、智慧和良善的观念的影响很深。按照你的意愿去做：谈论或不谈论原罪，不过这一事实同样是确定不移的：所有人在某些方面和某些时候都是既软弱又邪恶的，他们做那些不该做的

坏事，规避那些本该做的善行。至少可以说，将这种事态描述为‘痛苦的奴役’是清楚易懂的表述方式。加尔文的理论是，为了摆脱这种奴役，人们必须忠于他们本性中较好的那一部分，让其较为恶劣的那些成分受到适当的控制，并仰望上帝，视其为唯一一种有价值的自由的源泉——变得良善与明智的自由。”[10]这是斯蒂芬政治立场的基础；人们可以观察到其与从约翰·亚当斯到欧文·白璧德的新英格兰清教徒传统的鲜明相似性。斯蒂芬评论说，密尔相信，如果人从约束中解放出来并享有了平等，他们就会像兄弟那样一起生活；不过“我认为，许多人是坏人，绝大多数人是不好不坏的，也有许多好人，那众多不好不坏的人会根据环境倒向这边或那边，其中最为重要的环境因素之一是，当时是好人还是坏人占主导地位”。[11]普选权和所有的平等观念都违背了需由有德者来领导的必然要求；平等主义者试图将道德排除出他们的政治活动——这是不可能的。“我认为明智良善的人应该统治那些愚蠢败坏之人。”

不管孔德怎么说，政治领域与道德领域不是存在于相互隔离的空间 268
里；国家存在的目的是强制落实一套道德体系，让人从肉欲冲动和无知的辖制中解救出来。反过来，道德必须得到宗教信仰的背书支持，否则它无法持久。“人类生活的所有安排和去向都取决于这一问题：有没有上帝和人类有没有来生。如果有上帝，但人类没有来生，上帝对我们就什么也不是。如果有来生却没有上帝，我们就无法理性地猜测来生的样子。”[12]缺少了上帝与来生，人就必须要么按照冲动行事，要么“顺服于一般的功利主义”，也即“当时在世人中占据主导地位的日常道德伦理”；但是，如果没有少数人怀有的更为高尚的信念所生发的维系性力量，就连这后一种粗陋的行为体系也会崩溃。不过，如果上帝和来生确实存在，通情达理之人会以“一种更宽泛的功利主义”作为其行为基础。由于相信上帝的护理，他们会意识到，他们“超越于自己置身其中的那个物质世界，施用于其身上的规则体系是这样的：美德——也即依据原则行事的习惯，而且其所遵循的原则要有利于促进人类的普遍幸福，特别是那些与人身上的永恒要素有关的幸福形式——与实践美德之人的个人幸福有关，而且从长期看会增进这种幸福，尤其是与他们本性中的永恒成分有关的那部分幸福。邪恶则正好相反。”[13]斯蒂芬相信的可能是功利主义，不过，其信念肯定与边沁的最大快乐原则有很大差距，而且与莱斯利·斯蒂芬以理性的物质证据为基础创立道德科学的企图也相距甚远。

无论如何，不管人们认同哪种原则体系，对“自由、平等、博爱”的宗教式崇拜是有害的；“因为不论适用什么规则，都存在着大量人不该自由的事态；人类从根本上说是不平等的，他们压根就不是什么兄弟，或者只不过要受限定条件的约束，从而使得他们的博爱主张变得不再重要。”[14]就自由、平等和博爱在现代社会有任何现实的存在或意义而言，它们都植根于基督教的伦理观；如果实证主义者和理性主义者成功地摧毁掉社会的宗教信念，那么，他们就会将密尔学派宣称会遵循的那些自由社会原
269 则埋葬在废墟之中。在信仰的背书被铲除之后，1789年的伪宗教就不可能长期存续。那些既没有拯救的盼望又不害怕审判的人会让世界变成一个火药桶。

因此，密尔的《论自由》一书所依赖的哲学前提本身已彻底朽坏；可是斯蒂芬说，即便我们将我们对密尔思想体系的批评局限于他理性主义方法的狭窄界限之内，密尔的立场仍然是站不住脚的，因为其立场实际上顺从了密尔本人很少认出其渊源的那些模棱两可的情绪，而且形成这种立场所依据的并不真的是密尔以为他为之代言的那些功利主义准则。J.S. 密尔政治观念的最根本的内在错误仅在于：他以为社会可以依靠论辩治理。然而，驱动所有社会的巨大力量都是强力。

在斯蒂芬的定义中，强力不单单指物理性的强制：对地狱的恐惧也是一种强力；对公众舆论的顺从从本质上说是强力；甚至论辩本身也是对强力的合宜掩饰，根据这种惯常做法，人们在谈论中消耗掉一些凶残的

能量，而且可能会以数人头而非砍人头的方式终结——不过，只有在对立的利益群体大体上能相互制衡之时，以及在要解决的问题对争斗各方并非特别重要之时，社会才会容忍这种遮羞布。斯蒂芬没有求助于白哲浩在《物理与政治》（*Physics and Politics*）中有关论辩的论述，原因是在那本书仅仅于一年前出版之际，正从印度坐船回国的斯蒂芬写下了那些被整合为《自由、平等、博爱》一书的随笔。不过，白哲浩认为的维多利亚时代的英国是一个被论辩主导的社会的观点并不完全与斯蒂芬自己的看法一致。无论对错，舆论确实有助于引导社会的行动。然而，舆论只能通过强力或强力的威慑才能产生行动；而且如果（举例说）《论自由》通过论辩改变了公众舆论，并最终在某些方面改变社会本身，出现这种情况的原因是，一群意志坚定的人清楚地表明，作为最后的手段，他们已准备好用强力支持他们的立场。促成 1832 年改革的不是边沁的《政府片论》（*Fragment on Government*）；国家的管理者和势力雄厚的既得利益者不会听命于雄辩的论证；迫使他们在 1832 年屈服的是诺丁汉姆和布里斯托的民众。《政府片论》或者毋宁说这本书所阐述的那些观念肯定向下渗入到民众之中；不过，最终为变革背书的是赤裸裸的强力。

密尔曾评论说，社会中的强制是合理的，直到“人类变得能够通过 270
自由平等的论辩改进自身之时”。斯蒂芬问道，曾经有过人不可能通过论辩改进自身的时刻吗？不是连野蛮人也靠着论辩改进自己吗？他们难道不会进行论辩吗？但是，之前的所有社会都发现有必要以强力手段来增进论辩的力量，而且我们的时代也抛弃不得这个秩序的支柱。“所有地方都尚未达到这样的阶段，而且在可预见的时间内，所有地方都没有达到此一阶段的可能。”我们就打开天窗说亮话吧：不管怎么说，强力（或运用强力的可能）在我们自己这个时代所产生的影响大于之前的时代。林肯使用的强力会将查理曼及其同僚像蛋壳那样碾得粉碎。“因为强力是常规性的、无人反对的而且其施行是有益的，若说强力的法则已被废弃，就相当于说黑夜与白天现在已是如此根深蒂固的惯例，太阳与月亮便成了完全多余的东西。”[15]借助于军队、警察以及快速通信手段，支撑着现代国家的是一种在需要时比以往任何时候都能被迅速有效地布置的潜在的强制力量。我们社会的相对有序不是逻辑推演和羞答答的说服的产物，而是这种潜在的强力的产物。

像密尔那样无视强力的作用，有让社会被一种肆虐的疾病感染的危险。原因是，大众需要节制；他们不能充分地抑制自己的激情或怠惰，所以必须被强迫去认可由强力背书的法律的主宰地位。“估算一下自私、纵欲、轻浮、懒惰、极端平庸和全神贯注于最细小的日常琐事之人在男男女女中所占的比例，再想想自由论辩中最自由者能够在多大程度上改进他们。实际上，对他们行事的唯一可行路径是强制或限制。……其愚蠢程度堪比对一滩静止不动的沼泽说：‘你们究竟为何不流向大海？你们可是完全自由的。’”[16]这还没有完。憎恶真空的大自然总是会让强力充满社会中所有有明显空隙的地方；如果国家放弃了将社会强制力引导到为法律服务之中的神圣职责，那么，新的团体和机构就会抓住机会，把强力用于他们自己的会颠覆国家与法律的目的——实际上可能会在遗忘了自己职能的之前国家的废墟上创制出一个新国家，由他们自己进行治理。
271 如果政府规避强力，因循苟且地认可它只能以论辩捍卫自己的说法，工会或者持异议立场的教派就会将他们的特定意志强加于其他人。

一般而言，强力并不邪恶：相反，它为人所做的每件善事背后的认同机制提供支持。它必须被用来阻止人再度建造他们的巴别塔。它是我们邪恶的矫正器。有时，宽容会变成邪恶，因为它超出了缓和竞争的适当范围，而且变得泛滥过分的它想要完全压制住为生活提供动力的那些竞争。这时，强力就可以被用来正当地压制放纵的宽容。有时，自由——它最多只是一个否定性的词语——也会威胁所有正派之人，所以必须被强力压制住；现代自由理论正在趋向这种状态：“简言之，对自由的呼唤是对过去的笼统谴责，就现在与过去有所不同而言，它是对现在表示敬意的举动，而且就未来的特性能够从现在的特性推导出来而言，它也是对未来表示敬意的举动。”[17] 如果过度的自由因此对我们文明的遗产变得有害时，它就必须受到节制；自远古时代以来，只有强力能够对付那些有着无限求新渴望的群体的傲慢。现代的“自由”已经摧毁掉多数的古老礼节，而在那些礼节中，惩戒是得到承认与许可的善举，而且现代的“自由”很少能产生新的礼节以取代它们。“自由”一直都美化当下，已经不能“恰当理解顺服也即最宽泛意义上的约束（discipline）这一美德的重要性”——也就是说，它与真正的文明无法兼容。不管是物理性的还是道德性的强力都是上帝命定的，以拯救我们脱离这种无法无天的冲动。

所以，我们并没有生活在论辩的时代，这显然是一个强力的时代；确实，持续的强制是我们秩序与文化的主要保障。可是，即便密尔和孔德能够否弃对物理性强力与道德敬畏的认可，即便他们能够成功地（这是不可能的）以人的宗教取代基于敬畏与恐惧的超自然信仰，孔德的“礼仪性社会科学联合会”（ritualistic Social Science Association）或密尔的懦弱的理性主义者的天国又会将什么样的生活强加给被虐待的人类呢？他们似乎想要一个这样的世界，“就像自家小孩能够轻易得到的斯提尔顿奶酪一样”，按照人口的充裕程度从数量上衡量，也可能按照数量化教育加以衡量。“在我看来，热衷于进步者非常奇怪。‘荣耀、荣耀：这样的时刻正在到来，届时会有六亿中国人、五亿印度人、四亿欧洲人，而且只有天 272
知道会有几亿肤色深浅不同的黑人，而且届时会有两个大英博物馆，每个都带有一个图书馆。“未来的时代，请不要一起来打扰我的灵魂。”’”[18] 实证主义者欢呼的这种进步是什么？它好像是愈益增多的娇气，是生活的软质化，人“与以前相比更加不愿热诚地追求他们想要的东西，更加害怕自己和其他人遭受的痛苦。果真如此的话，那么在我看来，所有其他益处——不管是财富、知识还是人性上的——都不能与之相比。不管什么形式的力量都是生命力和男子气。力量变弱便意味着更少男人味，不管你可能变成其他什么样子”。[19] 未来某艘海轮上的乘客可能会凭借某种巧妙的装置免受波浪冲击之苦，不过他不会明白以前海员的狂喜得意的心情。就实证主义者为他们的“进步”所下的定义而言，或者就任何其他人为那昙花一现的幻景所下的定义而言，进步似乎意味着品格的弱化；加速其到来的理性之人必定连自己的祖先都不如。

进一步说，什么是幸福？密尔认为他能衡量幸福，以及规划幸福的社会。这是何等的自大！“我们到哪里能找到凭经验就有资格认定这两者中谁更幸福的人：像艾尔顿勋爵（Lord Eldon）这样的人，还是像谢利（Shelley）这样的人；像阿诺德博士这样的人，还是像已逝的赫特福德侯爵（Marquis of Hertford）；是一位非常愚蠢却兴旺发达的农夫，还是一位颇有成就的曼妙妇人（前者在健健康康地过了一辈子后因年迈而衰亡，后者有充满激情的感知力和天才般的非凡才华，在轮番经历过极度的幸福和压抑的痛苦之后，却在青春未尽之前便衰竭而亡）？”[20]

这些问题永远都不可能得到解答；它们“就像问从一点钟到伦敦桥的距离”。立法者与伦理学家从未真心试图为每个人谋幸福：他们只是企图说服或强迫人们接受他们特定的人生观。实证主义者最荒唐的地方在于，他们希望设计一个让人幸福的完整规划，而且——更自以为是的是——要做出安排，使得每个人的幸福量都等同于其他人的幸福量。斯蒂芬在这一点上将他的对手攻击得体无完肤；在击败他们的同时，他也彻底否定了他自己名义上的导师边沁的最重要的原则。上帝的宏伟计划是无法测知的；生活的目标是美德，而非快乐；而且顺服而非自由才是实现它的手段。

不过，即使不理会虚幻的进步和快乐这些实证主义的目标，孔德与
273 密尔的思想体系也有内在的矛盾。真正的平等排斥自由（斯蒂芬在这一点上重申了伯克、托克维尔和其他人的观点）；真正的平等无法企及，而

且只有那些能够设想自己可以通过洗牌让每张扑克都有平等价值的人才会考虑它；平等是大词小用。看看美国，然后问问你自己，平等是否是人之目的——迅速地成就一个“平凡、自我满足和本质上虚弱的庞大的民众群体，是否是整个世界需要谦卑仰慕的丰功伟绩”。

至于博爱——谁真的会相信它？“一个人要求于大众群体的不是爱，而是尊重和正义。”我们真的是兄弟吗？“我们算得上第五十代表兄弟吗？”尽管我们理当如此，鉴于我们周围有这么多更为紧迫的问题，这种关系难道不是过于抽象，不适合我们流泪谷（vale of tears）的任何实际行动吗？宣称所有人皆兄弟就等于否认某个特定的人可以声称与你有亲戚关系。“人类不过是放大的自我，爱人类一般都意味着热忱地相信我对人该是什么样子和该如何生活的看法。”[21] 像密尔或卢梭这样的人鄙视自己所处的时代和大多数现实生活中的人，却似乎要古怪地提倡对人类的无差别的爱。宣称爱面目模糊的大众实际上通常都是自我极度膨胀的表现，是一种骗局，而设局者决心摧毁社会中的一切既成建制，并在新世界的滴个不停的红蜡烛上留下自己的烙印。假定这种人成功地达到了自己的目的，他们会让谁满意呢？肯定不是他们自己。在他们的原子化社会里，所有人都在完全平等和自由的孤独处境中艰难度日，他们的生存境遇就像受到咒诅一样，沦落到死亡的状态，“不会激发任何想象力或深情厚意”。

斯蒂芬在一个旁白中说道，文字是人手中可打开局面的工具：让它们带上强烈的张力，一个差劲的思想家在论战中就有了相对于一个卓越的思想家的优势。“无法充分以文字表现的东西比那些能用文字表现的东西更重要。”这是某位功利主义者的话吗？或者斯蒂芬依其本能、思想体系和审慎的经验，难道不是一位混合了圣公会与清教徒传统且以功利主义方法作为外在表现形式的保守派人士吗？“在我看来，我们是囚笼中的精灵，只能相互发信号，可是，我们需要思考和讲述的很多事都是我们

274 的信号根本就无法描述的。”[22]他在这里说出了敬畏与谦卑，而伯克就是带着这种敬畏和谦卑来看待人类这一伟大神秘的共同体的，而且在这句话中，边沁的沾沾自喜的物质主义变得不重要了。

尽管密尔在论战时雄辩有力，他的书却不知为何没能成为斯蒂芬的有力的论争工具，而且密尔后期诉诸情感的平等主义虽然被斯蒂芬斥责为人类活力退化的表现，却赢得超过《自由、平等、博爱》十倍或二十倍的读者。密尔的《论自由》迎合民众有关自给自足的设想；斯蒂芬则像非利士人（Philistines）中的参孙（Samson）那样抨击民众。然而，在有关强力与论辩的争论中，20世纪证实了谁的书中的观点，答案几乎没有什么悬念；世界各地越来越多的灾难也验证了谁对规制人类行为的约束力的分析更为敏锐。

3　梅因：身份与契约

在1882年与亨利·梅因爵士交谈时，阿克顿勋爵反对梅因在最近一次演讲中对长子继承权的辩护；阿克顿说，这事关正统性（Legitimacy）问题，让整篇演讲词都有了托利党人的味道。梅因答道：“你似乎将托利党人当成了贬义词。”阿克顿甚为吃惊。这是他的朋友，宽待托利主义的名义上的自由派人士？“这个回答让我非常吃惊——非常吃惊于发现一位完全超脱于党派政治之外的哲学家，而且他不认为托利主义是个贬义词。”[23]三年后，梅因将写下一本带有强烈保守主义色彩的书：《大众政府》。他在开始其成年阶段的人生时曾鄙视迪斯雷利；在其成年生活终结时，他陷入深度的悲观主义之中，对在退化的道路上踉踉跄跄的社会的盲目趋向感到无比震惊。与斯宾塞（他的《人与国家》一书得到梅因的认可）一样，与斯蒂芬一样，与维多利亚时代的其他十几位最初曾效忠于自由派或激进派的领军人物一样，亨利·梅因爵士改变了他的政治组织联系，却没有改变他的观点。发生变化的是自由主义和那个时代：在放弃了它之前对个人自由的坚定认同之后，自由主义开始了为大众谋求物质福利的事业。作为回应，冷静博学之人开始转向被迪斯雷利万花筒般的想象力注入了活力的事业，而且要不了多久，就连阿克顿也不可能再吃惊于找到一位尊重托利主义的哲学家。

在 1885 年改革之后，阿克顿本人无法对自由主义的集体主义倾向视而不见；不过，他借口说它们是那个时代让人不明就里的知识潮流——这 275
至少包括欧陆思想家的“学究型社会主义”，而且他承认，格莱德斯顿正成为它在英国的代表人物。“我非常认同张伯伦的说法：格莱德斯顿的哲学思想里潜伏着社会主义。让我不舒服的是，他对这些事情中正在出现的变化漠不关心。……不过，它不是指群众性运动，而是指坐在亚当·斯密位子上的那些人的思想发生了变化，而且这种变化确实很重要，值得尽全力关注。”[24]虽然这是对格莱德斯顿的忠诚，不过它忠于阿克顿自己的自由原则吗？或者忠于进步原则吗？梅因还更为敏锐地意识到，科学家与政治经济学家正真诚地与集体主义调情，同时也在这件事中看到对自由与进步的背叛；因为衡量进步的标准是自由。

梅因说，进步在历史进程中是罕见的；但它是确凿无疑的。因此，尽管他在英国实际的政治生活中从来都不活跃，他也成了遵循伯克传统的温和自由派人士，尽力提倡谨慎的改革，协调旧有的利益集团和新生力量，让社会为必要的变革做好准备，维护悠久秩序中最好的那些东西。他在印度的职业生涯显示出伯克对他的这种影响：对当地习俗与文化的尊重，心安理得地效忠于一个具有灵性或鲜活生命且并非单纯机械装置的社会。那些暗示伯克及其传人反对变革本身的政治评论家错得离谱。伯克说，有益的变化是上天维系社会的手段，是一种保守性的力量；但是，我们一定不要稀里糊涂地认为所有变化都是改革。世界既会有改进，也会有退化；后一种趋势更容易成为现实的路径，尽管它最终会有毁灭性后果；政治家一定要让自己与民众有所准备，以便能区分有益的变化与解体的过程。在梅因确信西方社会的变革在趋向倒退之后，作为伯克一系思想的机敏的代表人物，他就成了一名保守主义者。

厄尼斯特·巴克爵士评论说，对社会史的深入研究让梅因变成一个悲观主义者："对梅因来说，历史起到了抑制豁达乐观情绪的作用，就像它对我们许多人一般也会有这种作用一样。所有的事都已经发生；它们之前没有造成什么影响，所以现在能够期待于它们的也不多。"[25]这
276 一判语简洁有力。可是，它对梅因公正吗？作为现代比较社会研究的开创者，作为不同寻常的历史学者，可能还作为印度社会最有洞察力的观察者，梅因知道，人类的进步甚或相应的愿望都是脆弱的创造性成就；可是他没有对此感到绝望。相反，几百年来，进步——在梅因那里，它主要指促成高水平的思想成就以及法律之下的自由——在西方一直都是活生生的现实。其成就的标志是各民族从身份到契约的演变趋势，而且其主要的手段是私人财产和契约自由。拥有蓬勃的思想活力与生气盎然的个人自由的社会是多元化的，在经济上遵从个人主义的，而且以个人独占财产为其特征（区别于各种形式的共有制）。人们为经济目的自由订立契约的社会通常会趋向进步；因此，现代集体主义让人止步不前。

梅因在制度史研究方面的总的论断并不悲观：如果有了审慎和智慧，人类就可能进步——也就是说，有了这些希腊人的遗产。原因是，进步是希腊人的创造性成果；一旦没有了希腊观念，社会就停滞不前：

> 某个弱小的民族最初居住的地方不过巴掌大小，他们却发明了进步的准则，即向前而不是向后或者向下运动的准则，毁灭会带来建设的准则。这个民族就是希腊人。除了自然的盲目力量，这个世界上一切运动的东西都起源于希腊。从这一源头

> 散播开来的酵素为人类所有伟大的进步征程提供了活力，这些进步事业相互渗透，结出与其潜在隐秘的天分相称的果实，而且确定无疑的是，此类果实常常远远超过希腊本身展现出来的成就。我们英国人正在传递给印度的就是这一进步的准则。……没有理由认为，一旦它有足够长的时间发挥作用，它不会在印度造成可堪比任何其他人类社会的那种令人惊叹的效果。[26]

但是，人类群体总是趋向于停滞：相较于创新，他们更喜欢习俗与惯例；过去之手沉重地压在他们身上。梅因身上没有任何反动派的气质，而且他知道，社会智慧的源头是了解已逝的时代，不过，无聊地模仿过去曾活生生的东西会阻滞最有才华的民族。法律评论者通常会假定法理学本身是永远不变的（就连边沁和奥斯丁都倾向于这种观点），可是，不管它如何稳定，它也必须因世代的变迁而改变。[27] 印度当地人，包括以西 277
方观念装点门面的年轻知识分子，对过去的坚守让人感到压抑；甚至对欧洲人来说，“可能有太多过去所遗弃的废物在我们周围晃荡，并阻碍和扰乱我们的行动。……虽然现在和过去之间有很多共同之处，但是，如果现在的人能够回到过去，这些共同之处永远都不足以让他们忍受过去的生活。如果生活能够再来一次的话，这个房间里的所有人都会感到一百年前的生活是残酷的折磨。”[28] 明智地爱他们过去的民族会思考他们民族的未来；如果我们为后代考虑，我们就必须考察进步与活力的历史因由。梅因是萨维尼（Savigny）的学生，而后者又更多地师承伯克，而非黑格尔。萨维尼在 1815 年写道：“历史是了解我们自己处境的唯一真正的路径。”萨维尼利用历史法理学反对源自虚幻的人的权利的激进观念；梅因在制度史中发现了克服大包大揽的社会改良计划的机制。

梅因认为，只有按照真正科学的方法进行的此类研究才会结出硕果。他的五卷本社会研究巨著构成了这种符合科学方法的历史的基石；现代的法律思想、社会学和政治思想以及历史方法都从梅因那里获益良多。他某个方面的成果可能会被校正或修正；这符合梅因本人的期待；不过，就准确性与前瞻性而言，他的大部分著述内容仍然是让人肃然起敬的。他宣称，历史必须教导“所有其他学科都教导的东西：持续的过程、不变的秩序和永恒的法律”。历史真理必须要像天文学家和生理学家的真理。这就设定了非常高远的目标；不过梅因为之开了个头。他的《古代法》（*Ancient Law*）一书的目的实际上与他所有著作的目的一样，就是在这个坚固的基础上重新为历史下判语。历史**不是**采用例证教学法的哲学：主导着 18 世纪法国学派并困扰着功利主义思想家（尽管他们宣称信奉科学现实主义）的先验假定必须让位于认真负责的艰苦的历史研究。

完善这种历史研究方法是当务之急；否则的话，边沁主义（尽管其创立者名声不佳）会把它遇到的一切问题都纳入立法领域。边沁主义在人性
278 论方面有严重缺陷；在对习俗、动机和观念的研究中运用比较方法可能会缓解功利主义的这种狭隘性。与一般的边沁主义者一样，政治经济学家“极大地低估了大量的习俗与传承下来的观念的价值、力量和影响，而根据他们从机械师那里借用来的比喻，他们将这些习俗和观念当成阻力扔在了一边。这种倾向所能得到的最佳校正方法是证明，这一‘阻力’可以被科学地分析和科学地度量”。[29] 由于缺少对边沁主义僵化算计的制约，历史学家与法理学家们就陷入到谬误之中，而且这些谬误所具有的潜在社会破坏力几乎是无与伦比的。比如，功利主义的信条使得巴寇对公众宣称，既然印度的当地人靠米饭为生，既然“当地人专有的食物具有含氧而非含碳的属性，按照某种必然规律，这些就都是顺理成章的了：种姓制大行其道，压迫无处不在，地租高企，而且习俗和法律僵化不变”。这一切说法的唯一问题是，事实上，印度人平常的食物**不是**米饭。[30] 与此类似，奥斯丁的主权理论（其中到处都是对自由体制的潜在威胁）也建立在这种抽象理论和先验推理的基础之上；分析法理学家们（Analytical Jurists）忽视或拒

绝具体的历史先例，民族间的差异以及“汇聚在一起的所有庞杂的见解、情绪、信念、迷信、成见和各种观念——包括遗传下来的和后天习得的，其中有些是制度的产物，有些是人性要素的产物”。[31]严肃认真的历史学家一定要将现代思想从这种盲点中拯救出来。如果他做不到这一点，而边沁主义者又在立法上自行其是，那么，社会就会被视为一个机械性的装置。自由与进步是灵性的东西，在这种体系下不会长久存续。“正如忘记自然中的阻力和社会中其他动机的现实存在（发财的欲望除外）是可能的，奥斯丁的门生同样可能会忘记，实际的主权中存在着强力之外的要素，而且作为主权者指令的法律所包含的内容要多于仅仅把它们视为受到规制的强力所能涵括的内容。”梅因的理论在英格兰产生了应有的影响力；可是，美国的实用主义的法理思想学派——其中最突出的人物是梅因的同代人霍尔姆斯——不理会他的告诫。

我们在这里不能全面深入地探讨梅因自己依据科学方法对此类保守
主义历史研究做出的贡献。他那伟大的名声持久不衰。阿克顿说：“凡是 279
纯粹理性和无穷的知识所能做到的，梅因都能不动声色地比英国的任何人做得更好。”[32]这位冷静公正的法律与习俗领域的历史学家创立了一个极具影响力的研究和思辨学派。毫无疑问，他自己从其令人印象深刻的大量研究中直接得出的结论具有社会保守主义的特征。

> 在初期野蛮的社会状态中，人生活在一个身份型的环境之中：个体的性格只能以粗陋的形式表现出来，财产为群体所有，生存、希望的满足、婚姻以及性命本身都全部要依靠共同体。进步就意味着摆脱这种束缚状态；文明的族群生活在契约型环境中，财产由各个人分别占有，而且每个人都能充分培育自己的才能。各进步型社会的变迁在其中一个方面是相同的。其整个过程都有这种显著特点：家庭依附关系的逐渐解体，以及取而

> 代之的个人责任的增多。个人逐渐取代家庭成为民事法律要考虑的对象单位。……而且不难看到的是，对于那些源自家庭的权利和义务间的对等关系结构，不同程度地取代它们的是何种人与人之间的关系。它就是契约。就像从历史的起点开始一样，作为我们起点的那种社会状态中的所有人与人之间的关系都被纳入家庭关系之中，而我们似乎已经逐步地迈向一种所有此类关系都源自个人的自由约定的社会秩序阶段。[33]

私有财产和契约让多种多样的个性、财富、闲暇以及维系文明的创造活力成为可能。（梅因于1862年在加尔各答说，）审慎的政治家由于感觉到契约和高等文化之间有一种半神秘性的联系，“便不敢随便操弄如此强大的文明手段”。表面上的权宜之计或公众认可的直接好处一定不能压过对尊重契约体系的这种长远需求。实际上，契约是道德教化的最有效的手段之一，通过对严格履约的要求教导忠诚守信是众多作为的基础。[34]虽然在有些方面与自由派经济学家有相似之处，但梅因在这里对契约和个体经济责任的讴歌实际上超越了功利主义的思想（他确实敌视曼彻斯
280 特主义者，认为他们会导致失去印度），并且上升到伯克与斯密的层次。

文明社会是竞争性社会。他们的竞争是经济的和文明的；即使在生活于身份型环境中的那些最野蛮的族群内也能发现另一种竞争，不过它是一种可怕的竞争。对原始社会的研究驳斥了所有人皆兄弟和所有人皆平等的观念。“毋宁说，我们面前的是动物世界为这些人的灵眼（mental eye）所呈现的景象：他们有勇气自己深入了解符合著名的自然选择理论的那些事实。所有凶猛刚烈的小共同体都永远处于与其邻人交战的状态，部族对部族，村落对村落。”[35]卢梭的田园牧歌式的幻想被这位冷静的历史学家彻底拆穿了。如果一个文明的族群放弃文明的竞争，在经历持续的退化过程之后，他们会发现自己被迫回到自然选择下的那种杀人如麻的竞争模式。

共同体或家庭共有制的的确确比土地的私人所有制更为古老；不过这仅仅表明，私有财产权是进步的一部分。尽管原始生活环境中的群体间的竞争非常激烈，他们内部交易中的竞争强度却很弱。在交换和获取财产时的经济竞争从起源上来说是相对比较新的现象；另外，就其完整的形态而言，它是西方独有的。它有非常大的好处，是更高形态的进步所必不可少的。

社会主义者试图要从这些事实中推导出来的是，他们当下的经济状况应当遵循人类原始的经济安排，而且私人财产应被废除，以利恢复公有制。但是，制度的现代化并非不义的证明；相反，它是高级发展的前提条件。尽管在多数事情上都公正无私，这位遵循科学方法的历史学家却可以从他对财产制度的研究中得出这样一个结论：

> 没有人在肆意攻击私人财产权的同时还能宣称他看重文明的价值。这两者的历史不可能分开。文明不过是雅利安世界原有秩序的别名，这一秩序虽已解体，却在多种多样有消解力的影响因素的作用下永不消停地重建自己，其中无可比拟的最强有力的那些影响因素缓慢地用私人财产权替代了集体所有权，而且在世界的某些地区，这一替代过程的完美程度要比其他地区差很多。[36]

在围绕1884和1885年的改革法案发生激烈争论之际，英国上院的 281
存续似乎再度受到威胁，张伯伦的激进主义胜过了格莱德斯顿对扩大选举权的踌躇态度，自由主义转向新集体主义的趋势也变得越来越明显，而在上述争论之前很久，亨利·梅因就提出了这些观点。因此，梅因的“带有托利色彩的”《大众政府》一书并不代表其思想发展历程的新阶段；他是在将其基于渊博的学术知识的历史论断应用于整个西方社会的政府趋向。这是一本带有忧郁基调的作品，不过不像其友人斯蒂芬的作品那样悲观，也没有后者那么雄辩有力。有时，推崇梅因的人对《大众政府》感到失望。尽管清晰透彻且大胆无畏，这本书却没有一直深入探究首要原则；也许因被责任感驱使着从遵循科学方法的历史转向当代政治而感到不快，梅因有时似乎对民主的具体做法比对社会的根基更加关注。不过，《大众政府》仍值得今天的人阅读。

现代大众政府在诞生时就口吐谎言：卢梭所教导的有关自然状态的假设。“民主体制通常被描述为具有相对于所有其他政府形式的内在的优越性。它被假定会按照某种无可抵御的、事先确定好的运动形式向前发展。它被认为是充满了造福人类的潜力：可是，如果它没能带来这些福祉，甚或最后造成了大量损失最惨重的灾难，它也不会被认为配得咒诅。这些都是某类理论世所周知的特征，而该类理论声称它独立于经验与观察，依据是某个非历史的、无法验证的黄金时代。”[37]然而，民主的实际表现与其自夸的长处之间的反差是何等大啊！冷静的历史研究者会注意到这一事实：“在罗马皇帝任凭禁卫军战士摆布的那一百年之后，政府不安定的状况都比不上统治者成为共同体代理人之后世界所经历的那种情况。”梅因引为例证的是德国、意大利、西班牙和拉丁美洲民主的溃败，法国民主的可怕的动荡，以及它对致命的民族主义情绪的刺激。别的还有什么值得期待呢？在现实中，普选制度一般会成为暴政的自然而然的基石；往最好了说，它也是由幕后人操纵的统治形式。*

282 不过，民主体制不会受到指控说它们倾向于思想上的新花样；相反，它们更为常见的罪过是思想上的暗无天日的极端保守主义。它们鄙视达尔文的理论和马尔萨斯的冷冰冰的真理；它们反对真正的进步：“我相当肯定的是，如果四百年来这个国家有一个涵盖范围非常广泛的选举体制

* 拉尔夫·亚当斯·克莱姆（Ralph Adams Cram）在《民主的终结》（*The End of Democracy*，1937年）一书中以更为新颖的例证重申了这一系列灾难。——作者注

和一个非常大的选民群体，宗教改革和王朝变更都不会发生，对不从国教者的宽容不会出现，甚或准确的历法也不会存在。”[38] 相反，他们坚持有关其德行和永远正确的模糊笼统的说法，以此来夸赞自己。由于无法共同展示真正的决心——诸如公意之类的东西实际上是不存在的，他们就让政府落入专业的操纵者或掠夺性集团之手。多数人对实际的政治像对进步和文明教化一样了无兴趣，能够说服他们投票支持或者自愿懒洋洋地支持某一政党的唯一影响因素是腐败。对公众的贿赂有两种——第一种是依靠职位的掠夺，第二种是“通过更直接的立法过程把某一阶层的财产让渡给另一个阶层。后一种可能会是将来的腐败形式”。[39]

可以做什么事情让这种民主体制——此类大众政府面临的致命危险是它违背自己的法律并无情地压制个人与少数族群——免于自我毁灭呢？梅因给出了一些希望。第一个挽救办法是更为准确地定义“民主”一词。人们必须要接受引导，以明白民主意味着一种政府形式，而且仅限于此：它本身并非目的，只是拟议的一种实现正义、自由和进步的手段；我们必须去除这样的幻想：民主体现了上帝的声音。到现在我们肯定应当明白，倾听民主的杂音与请示希腊神人一样危险。“所有人都同意，神人的声音就是上帝的声音；不过，所有人都承认，当他说话时，他没有人们希望的那样晓畅易懂，于是所有人都不是很确定，是求问德尔菲（Delphi）还是求问多多纳（Dodona）更为安全。”民主首先必须学会谦恭地看待它们自己的职能；除此之外，对大众政府的主要保障机制就体现在像美国那样周密威严的宪政体制之中。

斯蒂芬尽力强调法律的普遍的道德庄重感，而梅因希望赋予宪法性文件以神圣性。民主只有在美国才展现出非凡的成就；这一成就的很大一部分源自联邦宪法明智的保守主义。借着规避单一代表机构的风险（英 283
国当时正向这种机制演变），承认各州的权利以及限制实证立法权的必要性，并让整套体制受到最高法院的庄重严肃的制衡（尽管这几乎是无意为之的结果)，美利坚合众国的国父们创制出一种无与伦比的、体现出有序自由之保守性力量的政府体制。从灵感上来说，美国宪法源自英国；不过英国现在需要向它的模仿者学习。与基佐一样，梅因称赞《联邦党人文集》是历史上将政府基本原则应用于实际治理中的最伟大的成就。“看样子，一部明智的宪法可以让民主变得几乎像一个人工大水库里的水那样平静；但是，如果其构造中某个地方有弱点，其所控制的强大力量就会从那里喷薄而出，给远近各处造成灾难。”[40]

有些人希望采用不同的补救办法。比如，他们——其中有任南(Renan)——预见到会形成一个思想上的贵族团体，也即精英群体。“社会要变成某种政治加尔文主义的教会，其中的被拣选者将是那些有着非凡思想活力之人。”可是，这样一个贵族群体——倒不是说它可能获得主导地位——真的是有益的吗？“一个禁欲刻苦的科学家贵族群体因坚持不懈的操练而拥有完备的思想，有绝对的自信，而且对他们的结论也有绝对的信心”，社会心理和灵性将被这样的群体如何对待呢？[41]有着真正的保守主义天性的梅因对这种设想中的内含特权的新秩序感到恐惧；然而无论如何，一旦民主与科学发生冲突，“已经在针对对手采取预防措施的民主肯定会赢”。原因是，民主憎恶文化上的进步或者任何卓异的表现。

正如马基雅维利所言，世界是由俗人组成的。边沁主义的政治主张将不受限制的政治权力交到他们的手中；而且他们非常迅速地采取进一步的行动，废弃了边沁的所有其他成果。“他揭露的‘无政府主义的诡辩’已从法国转移到英国，在进步自由主义(Advanced Liberalism)的文献中可以读到它，其中与它一起被读到的还有议会的谬误(Parliamentary Fallacies)，而他曾在托利党控制下的英国下院的辩论中嘲讽过那些谬误。”[42]从身份到契约的进步是贵族性思想的成果；从契约到身份的退步将是自以为是的民主体制的结果。

恩格斯在1877年所说的那种“否定之否定”正在民主的幕后缓缓向前行进：私有财产——也即契约的成果——面临着社会化或重归原始身份的危险。一旦这种退化过程完结之后，文明就会相应地倒退到身份所昭示的那种野蛮状态。退化并不是不可避免的；它只是可能的。梅因如此评论说：“毫无疑问，如果足够多的肇因在发挥作用，结果肯定会到来；不过在政治中，所有肇因中最为强有力者是多数人思想上的怯懦、懈怠和肤浅。如果很多英国人坚持自己的主张，那么他们所属的那些阶层就会强大有力量，而如果他们持续对自己和他人说民主是不可避免的，且必然会到来，它毫无疑问肯定会到来。”[43]可是，1884和1885年的改革已经破坏了梅因所提到的那些阶层中最富有活力的地主的影响力；英国现在热心于与投票权有关的党争，而那些投票权的享有者几乎不理解私人财产权的重要意义，而且很少拥有过私人财产。 284

4　莱基：不自由的民主

人们能够在任何像点样子的二手书店的书架上找到两大卷本的《民主与自由》。莱基的《18世纪英国史》（*History of England in the Eighteenth Century*）仍然很受欢迎，而且也许会一直如此；《欧洲道德史》（*History of European Morals*）也有其读者；可是他的政治论著从来没有得到它应得的关注。尽管有明显的跑题问题，而且部分内容事关现在已无人问津的争议话题，但《民主与自由》仍是19世纪所出版的最为全面的保守主义政治手册。

莱斯利·斯蒂芬说：“从某一方面说，新教信仰不过是头上戴着外壳的四处招摇的理性主义。”[44]如果用到莱基的头上，这段名言有相当的真实性。既是真诚的新教徒，又是研究理性主义的历史学家的他，一直相信一位仁慈的神祇（Deity）的存在，同时却对迷信和神职制度嗤之以鼻。他确信，罗马天主教只是作为一个垂死的信仰在苟延残喘——这是他不大靠谱的预测之一，尽管这在19世纪70年代有表面上的合理性；为了在一个科学与工业的世界里延续下来，基督教必须摆脱无稽之谈和容易轻信的遗风。正统教义中的地狱对菲茨詹姆斯·斯蒂芬来说，是基督
285 教中最真实和不可缺少的要素，而在莱基看来却是令人作呕的想象力虚构出来的可怕的东西，是残忍时代可笑的遗留物，一个理性之人不可能将其纳入他的道德体系。但是莱基没有拥抱人的宗教。《欧洲道德史》第一章为直觉型道德观念辩护，反对道德学家的归纳式或功利主义学派，在现代学术研究中很可能没有可与之比肩者，而且反映了莱基对一位充满爱的上帝的持久不变和让人感动的信心："我怀疑，许多道德学家将自我满足与快乐混为一谈了，他们假定一位仁德之人能感受到前者，而一位敬虔之人因感受到神祇的保护与恩惠会有后一种经验。"[45]

然而，《理性主义的崛起和影响》（*The Rise and Influence of Rationalism*）或《生活的地图》（*The Map of Life*）的读者会发现，书中对伯克的哲学思想至关重要的天命观念反而因缺席引人关注。这一观念没有被否认，但也几乎没有得到确认。莱基的理性宗教已几乎将传统基督教的一切统统铲除，剩下的只有直觉型道德观念、对基督样式的模仿以及金规则（Golden Rule）。不过，莱基认为，基督教的核心要素依然富有生机：

> 如果真正的基督教意味着以充满激情的热爱精神深入到痛苦与邪恶最阴暗的角落，以几乎没有穷尽的仁爱的富含养分的清流浇灌地球的每一个角落，并把所有地方的人类都纳入诚挚有效的同情范围之内；如果真正的基督教意味着摧毁和软化将阶层与阶层、民族与民族隔绝开来的屏障，让战争摆脱掉最残酷的那些要素，并让实质平等以及真正博爱的意识超越所有非实质性的差异；

> 最重要的是，如果真正的基督教意味着培养为真理自身的缘故爱真理的精神以及针对与我们不同之人的坦诚宽容精神——如果这些成为纯正健康的基督教的标志，那么自使徒时代以来，它还从未像今天这般充满活力，而且教义体系和神职人员影响力的下降是衡量其进步的标尺，如果不是其原因的话。[46]

这些真是纯正健康的基督教的标志吗？或者它们可能是莱基所鄙视的那种感情用事的集体主义的标志吗？不管怎样，莱基（虽然他是彻头彻尾的老派辉格党人）依然无可救药地怀疑教区牧师，相信牧师必须让位于理性的道德学家；约翰逊、伯克、柯勒律治、纽曼和其他名声较小之人将他们的保守主义建基于这一磐石般的信念之上："正统信仰就是我的宗教主张"，可是在莱基那里，这一信念让位于对登山宝训的大度认可，而菲茨詹姆斯·斯蒂芬曾宣称，登山宝训对于任何可行的社会体系都是 286
不牢靠的依凭。对整个世界的裁决是终局性的：莱基所缺失的这种精神是立论的前提，如果没有了它，多数人的保守主义在面对无尽的麻烦时一般都会摇摆退缩。

因此，在莱基的保守主义手册中，宗教敬虔是一种不好的东西，尽管他仍旧从功利的立场出发为教会建制辩护。而且尽管他在道德哲学方面有渊博的知识，可是就连《民主与自由》一书都很少关注道德问题。在这本书中（它出版于 1896 年，正是在那一年，莱基在长期从事文化事业后，到英国下院就职），我们体会到 19 世纪向 20 世纪的转变：最能激起 19 世纪思想家兴致的信仰与道德争议让位于经济与政治技术问题。虽然边沁主义作为一个连贯的思想体系已被抛弃，但它已经在不知不觉间征服了几乎每一个人：政治经济学家们的蓝皮书代替了讲道和演说。且不论这种对宗教与道德论题的否弃，莱基是在 19 世纪末言说的伯克。当莱基于 1855 年入读都柏林的三一学院（Trinity College）时，他购得《法国革命反思录》一书；他写满批注的这本旧书在其口袋里待了四十年，也伴随了他在爱尔兰和瑞士独自散步的时光。[47]对系统变革的憎恶这一伯克的首要政治原则也是《民主与自由》的主题。

从梅因出版《大众政府》到《民主与自由》面世之间的整整十年，系统变革似乎正侵蚀英国社会的连续性。那位老迈的犹太绅士不再控制驾驭混乱的局面，即便像莱基这样非常憎恨他的人也不情愿地希望迪斯雷利还活着，能够以其不同寻常的手段约束民众冲动的巨灵（djinn），（在他们看来，）这一巨灵正是他释放出来的。格莱德斯顿一系的自由派人士对 1867 年的败北愤恨不已，正努力以牺牲托利党人的利益来讨好新的选民群体，而索尔兹伯里一系的保守派人士肯定会参与这场竞争。作为其直接的后果，1884—1885 年的第三波改革（Third Reform）似乎比 1832 和 1867 年的措施更加具有革命性。正如莱基所言，新的激进分子的信念大体上是这样的："在民主体制的主导下，税收应该成为解决财富、能力或勤奋程度上
287 不平等的手段；占主导地位的阶层投票发钱，由另一阶层负责买单。"[48]所有类型的习俗性权利都被动摇；而且恰如伯克所预言的，"一旦财产的数量多到足以激起由穷人掌握的权力的贪心，所有类型的财产都是不安全的。" 1885 年之后，由穷人掌握的权力就在英国下院之中。

费边社成立于 1884 年：西德尼·韦伯、萧伯纳及其友人开始打击维多利亚时代英国思想上的防护体系，几乎刚好与此同时，激进派的政府取消了议会对区域性领主的保障。在其胆力勇气丧失之前，所有的曾经的主导阶层都不会真正地放弃权力——也即直到由于对自己的美德与公正失去信心，此一强有力的群体让权杖或刀剑脱离其掌控之中——这时的他们是受到了蛊惑，并非被消灭的。在许多年之前，英国就开始了这一进程；现在，思想上的社会主义者让它更接近于全部完成的状态。莱基说，社会主义已成为超越单纯政治设想的某种东西："其教导显然已经渗透到广大的民众之中，……在旧观念与旧传统衰败的地方，它迫不及待

地冲进去填满真空地带。”[49]

费边社的文艺型社会主义（literary socialism）意在有针对性地讨好那些受过半拉子教育的新的年轻人群体，这些人在其中接受教育的那些公立学校是根据 1870 年的教育法成立的，因 1876 年法案所增加的强制性特征而得到进一步强化，1891 年施行的免费教育则让它达到完美的地步。实业家们曾要求建立提供技术培训的公立学校；而且他们很快就发现，学校持续不断培养出来的职员和雄心勃勃的工匠们可以思考高效生产之外的事情。正如 D.W. 布罗干（Brogan）先生在谈到西方在印度培养的职员群体时所评论的那样，“能够记账的人也可以阅读约翰·斯图亚特·密尔、麦考利和马克思”。[50] 到 1892 年时，学校委员会每年在英格兰和威尔士的花费就超过七百万英镑。仅仅这一点就使得大幅修正税收体系和大幅增加税收金额成为必要之举。莱基认识到，教育的政治价值被高估了：“较为危险的敌对和争议形式通常没有因教育的影响而减弱，反倒常常进一步恶化了。已经学会阅读之人中有很大比例从未读过党派报纸之外的任何东西——很 288
可能，这种报纸是专门用来煽动或误导他们的，而且受过半拉子教育的大脑尤其容易接受政治上的乌托邦和狂热主义。”[51]其中有些人［吉辛在《阴间》（*The Nether World*）中描述过他们］会读无神论的小册子，其他人则会读费边社的短论。

正如教育变得彻底世俗化和现代化一样，作为托利党政治精神之堡垒的地方政府也变得民主化。迪斯雷利曾说，地方性宪制的重要性超过全国性宪制；现在所有这一切都被改变了。在 1888 年的地方政府法（通过它的是一个保守派政府）确定设立郡委员会之后，乡绅和教区牧师失去了他们对司法事务的源远流长的控制权；自由派又在 1894 年设立教区委员会和城市与乡村区委会（district councils）。乡村地区有关圣职设立与服从关系的古老观念因此被国家机器排斥，被民众选举的原则取而代之。1894 年法案的做法更进一步：它废除掉对教区代表和济贫法监护人的财产资格要求；它清除掉对投票的考核要求。如此一来，担负地方政府开支的那个阶层迷失在可能会因此类开支受益的人民大众之中。没有代表权的税赋不止一种形式。莱基在评论以前的体制时说：“曾主要负责郡政府治理的乡村绅士们至少能够以了不起的公正态度履行他们的职责，并且对他们管理的地区有非常全面精微的理解。他们有其不足之处，不过他们更多地采取消极而非积极的态度。”[52]熟悉今天的郡和地方委员会的人士可以自己做比较。

与这一切相伴的是大量的社会性立法——为劳工阶层提供的住房，改善卫生的措施，工厂法，工人补偿法，被大大扩充了的公务员体系；所有这些费用都得有人承担；而且陆军和海军的预估开支在稳步增加。从1870 到 1895 年，全国的公共开支从七千万镑增加到一亿镑。1874 年，所得税率仅为每镑两便士；到 1885 年时，它增加到有史以来的最高点，每镑八便士；1894 年之后，它开始了进一步的攀升。许多自由派人士自己害怕累进所得税；格莱德斯顿曾热衷于彻底取消所得税，并反对对土地财产征收遗产税；可是，威廉·哈考特（William Harcourt）爵士在其
289 1894 年预算中引进的遗产税成功获得了批准，因为曼彻斯特派人士对土地财产的憎恶让遗产税得到了认可。在保守派于第二年再次执政时，他们不敢废除遗产税：保守党中的中产阶级成员的分量已经超过拥有土地的利益群体，而且对收入的需求非常迫切。莱基评论说，“威廉·哈考特爵士的遗产税偏离以前所谓的正统政治经济学的程度几乎是不可能被超越的。根据早前的经济学家的说法，税收的首要原则是，它应当针对收入，而不应针对资本。英格兰每年征收最多的两项直接税的一项，现在是直接针对资本的高度累进的税种。……它最具压迫性的特征是没有时间限制，这样，在并非不可能的事态中，如果一份大产业的两位、三位甚或四位所有者都相继快速死去，这种税就有了完全没收的效果，而且在能带来收入且能轻易变现的那些财产与几乎或完全没有收入并难以或不可

能变现的那些种类的财产之间没有明确的区分。”[53]因此，那破败的乡村别墅已有了预警的先兆：更高的遗产税，让乡民的儿子们去送死的两次大战；更多的所得税，对“非劳作所得的”收入课征的税赋——于是，英国乡村整个模式的终结在1894年开始初见端倪。

莱基说，通常而言，在所有形式的财富中，源自土地的非劳作所得的收入对社会是最有利的。“社会是一种协定，其主要目的是确保每个人都和平地占有自己的财产，而且只要一个人履行了他在社会协定中的那份职责，他对从其父亲那里继承来的东西的权利与他对自己劳作所得的东西的权利一样合法有效。”靠祖先遗留下来的财产生活的人对英格兰所做的贡献远远大于大多数白手起家的富人。威廉·威尔伯福斯（William Wilberforce）、约翰·霍华德（John Howard）和沙福特斯伯里勋爵就属于这个阶层——而莱基自己也可能是其中的一员，因为他在那些凭丰足的私人财力获致闲暇与学问的大学者中卓尔不群，而且这些学者以其学问为总的文明做出了贡献。这些人不都享有很大的名声。“遗传下来的大地产常常都附带大量有用的管理职责，而不那么富裕的乡村绅士满足于自己继承的微薄收入，靠自己的财产而活，管理郡里的事务，以不计其数的方式改善其租户和邻人的处境，从总体上说，英格兰还没有任何其他阶层的人过的日子比他们好，对共同体真正福祉的贡献比他们大。”[54]
在莱基所描述的那个时代之后将近六十年，很大一部分英国地主家庭仍 290
在令人沮丧的阻力下履行那些职责，其严谨真诚的态度在任何其他国家都没有可匹敌者。

独立工党（Independent Labour Party）创立于1893年。三年后，莱基仍评论说，新工会主义（New Unionism）和社会主义者在1895年的大选中遭受惨败，保守倾向在劳工阶层的中心地区占有主导地位，以及公开亮明立场的社会主义党派虽然在欧洲大陆非常有声势，但在英国议会中却几乎没有席位。可是，这种局面能持续多久？与20世纪美国的欧文·白璧德一样，莱基对财阀政治和海德门（Hyndman）与莫里斯（Morris）的纲领同样感到恐惧：

> 继承性财富的存在（哪怕其数量很大）不可能严重动摇财产权受尊重的状况，可能动摇它的是现代社会所出现的此类情况：大量财富是以可耻的手段获取的，被用于可耻的目的，并对社会和国家产生极其过分的影响。当富人中出现耀武扬威的抢劫行为之时，穷人中的颠覆性理论便发展壮大。当民主按其惯常的方式变成腐败的财阀政体时，国家衰败和社会革命就在酝酿之中。所有仔细阅读过现代社会主义文献的人，所有观察过大城市里大众情感趋向的人，都可以体会到他们对生活严重不公的深切、日益增强且合情合理的感受。[55]

这就像《平信徒讲道集》中柯勒律治的言辞，或者《西比尔》中迪斯雷利的说辞；然而，它距离财富与社会责任分离的时代的最终到来要近七十到五十年。

在这些事务上就像在很多事务上一样，莱基是维多利亚时代后期地主阶层和上中产阶层的最佳代言人。他勇敢地反对那种破坏了共同体利益平衡的民主体制，而这种平衡是宪制所仰赖的基石；他对那种热衷于管制与限制的民主体制提出警告，预言在不远的将来，[正如艾里·哈勒维（Elie Halevy）所描述的那样，] 英国的雇主和工人在丧失其活力后，会在无意间结成“一个联盟，反对工作的欲望和生产的热情，而英国产业正是凭借这些欲望和热情征服世界市场的”。[56] 莱基说，趋向民主“并不
291 意味着趋向议会制政府，甚或趋向更大的自由”。恰恰相反：出现在英国的那种民主似乎成了社会主义的萌芽，而且莱基认同赫伯特·斯宾塞的说法：这种主义等于奴役，而且其奴役不会温和谦柔。

现代生活的突飞猛进和混乱喧嚣，持续不停更新的感觉与想法，对连续性的破坏，基于败坏了的政治判断力的欲望，家庭情感的退化——所有这一切共同强化了“所谓的英国激进主义的不明智的保守品格”。自1789年或更早的某个时候以来，某些破坏性力量就一直试图损害英国生活的结构体系，而阶层贿赂成为其最近的手段。尽管它自己鄙视连续性，这种激进主义却保持了一种持续不变的特性，遵循着不多的老套陈腐的成规。

在生活的竞争中获得较多财富和达到较高教育水平的少数人对事务的控制权被剥夺；选举权被持续降级赋予越来越低的智识阶层；对各种建制的不停的攻击；对土地财产所有者的系统的敌视，以及习惯于完全无视其处境和特性地将很多同样的代议制机制移植到帝国的各个地区：这些就是一般激进派人士自然而然的行动方向。……摧毁某一建制或伤害某一阶层通常是他在宪制政策上的从始至终的想法。[57]

新集体主义者正采取行动掌控英国的这一根深蒂固的激进倾向；不过，他们在为这一倾向增添强制和长久管制的要素，这使得它比之前更加可怕。普遍的军事训练是国家能强加于其国民的最具有毁灭性的负担，是对健康人性——高度紧张、敏感和有力——的最可怕的咒诅，这种军事训练与追求平等的民主联袂而至，不仅仅是出于巧合。武装群体是平等主义和国家计划的伴生物；这是任何放弃了所有以前的习惯性内部约束机制的社会的自然反应，因此（正如伯克所预言的）它必须依赖于外部的独断的约束机制。与想象力一样，个体性（individuality）必定会远离社会主义在其中大获全胜的族群。

不过，社会主义真的能成功地支配英国吗？它基本上是反对维系着英国人生活的自由贸易和国际商贸的。未来的产业环境肯定会发生很大的变化。不同的税制，新的继承法，合作的尝试，政府对产业的指导， 292
社会福利方面的立法——这些变化很可能会到来。“不过，从长期看，与人性的基本法则和要素相抵触的那些拟议中的变革永远都不可能取得成功。作为尊重财产权和契约义务之基石的是非观；社会连续性所仰仗以及作为承继体系之源头的那种家人相爱的情感；人们在天资、能力和品格上的根本差异——这些东西永远都无法改变，而且所有无视它们的谋算和政策都注定最终会失败。”[58]莱基在 1896 年因其悲观论调受到批评。

在 19 世纪最后三分之一的时间内，由于受到上述新集体主义的威胁，伯克自由观念的继承者们与保守派人士和解了。斯蒂芬、梅因和莱基捍卫契约，反对身份。他们知道，情绪化的集体主义会变成具有毁灭性的冷酷的奴役。确实，没那么激进的评论家们就是这么看待事态的演变的。流行于 20 世纪 20 和 30 年代的家长式国家主义完全认同身份的回归。就连迪恩·罗斯科·庞德（Dean Roscoe Pound）也在 1926 年解释说，整个 20 世纪的法律演变过程似乎驳斥了梅因的论点：社会现在正得意洋洋地从契约转向“关系”（这是一种现代化的修正后的身份），因此关系—身份必然代表着更高的发展阶段——除非我们一直在倒退。[59]

就这个样子——除非我们一直在倒退。社会身份的现代复兴可能就是进步，其支柱是交际员（contact-man）、领取定量供给的队列、巨型公司、巨型工会、劳改所、国家战时总动员以及警察密探。然而，如果这就是进步——这种难以名状的住宅小区里的生活以及被电视集体催眠的生活，那么，人们只能像林肯总统所说的，“对于那些喜欢这类事的人来
293 说，这就是他们喜欢的那类事”。

第十章　挫折中的保守主义：1865—1918 年的美国

激变所造成的第一波冲击已开始被感受到，不管这种激变的结果如何，地球上总是还会有充足的自由活动的空间；可是，那种由记忆和希望、本能与传统构成的说不出来的情愫——这种情愫会刺激每个人的心灵并塑造每个人的思想，尽管这一点可能永远都不为他所知——会离它而去，让它成为别无所有的普通的地球。人们可能会从中得到很好的收成，但是，无比珍贵的交融联合的理想果实是不会再有了；让勇气和安全的信念从大地的各个角落升腾而起的那种高尚的美德将一去不复返。我们与过去一刀两断，并被迫将我们破败不堪的生活残片拼接到命运可能引诱我们追求的不管哪种新处境之中。

——詹姆斯·拉塞尔·洛威尔（James Russell Lowell），

《亚伯拉罕·林肯》（Abraham Lincoln）

1　镀金时代

拼接破败不堪的残片：在阿波马托克斯战役之后，具有保守主义性情的人注定要担负起这一让人忧伤的事业。遭到毁灭的南方很难有任何享受思想乐趣的可能——几十年来，那里的每一根神经都绷得很紧，以仓促地应付紧急状况，想办法让受到肢解的经济再次活络起来，并按照某种方式让黑人解放适应社会稳定的要求。因此，在1865年后很长时间，南方没有思想家；它的被剥夺了公民权的领袖们在茫然无措中像戴维斯（Davis）和斯蒂芬斯（Stephens）那样忙于道歉辩白，或者像李（Lee）
294 那样忙于任劳任怨地修补文明的肌体。

这样，保守主义复兴的责任就落到获得胜利的北方思想家的身上；可是，由于对此没有什么准备，北方的思想家——实际上就是新英格兰的思想家——在这一艰巨的任务面前畏缩了。贯穿于新英格兰人品性之中并在霍桑那里获得最富有人性的表达的那种保守主义思潮晦涩难懂，实质上是一种否定性的保守主义；现在，由于不得不承担起正面的重建任务，新英格兰的思想家们开始逃避、抱怨和诅咒这些让人困惑的难题。而且很多年来，新英格兰的头头脑脑们——不是金融街（State Street）上的那些人，而是像查尔斯·弗朗西斯·亚当斯、萨摩那、艾佛利特（Everett）、帕克（Parker）和爱默生这样的有思想和治国安邦之才的领袖型人物——一直都在自以为是地与激进主义、抽象的政治理论和加里森所代表的那种狂热的平等主义保持着充满危险的暧昧关系。他们的保守主义本能因这种道德征战的激情和超验主义的影响而无所适从；他们几乎不再记得去哪里寻找保守秩序的根基；因此，当我们提及存在于镀金时代的“保守主义”思想时，我们实际上是指非常类似于英国自由主义的一系列原则，稀里糊涂的诚实人正试图将这些原则应用于保守主义的事业。在詹姆斯·拉塞尔·洛威尔、E.L.哥德金（Godkin）、亨利·亚当斯和布鲁克斯·亚当斯的思想中可以相当清晰地发现这种保守主义的倾向——从南方重建（Reconstruction）开始到第一次世界大战即将爆发，这是保守主义受挫的五十年。

新英格兰的改革者们以为，在他们彻底击败南方阴暗的恶魔（Sable Genius）之后，他们已打垮邪恶的化身；在他们发觉自己之前是何等天真之后，他们对镀金时代的腐败和混乱的厌恶感相应地增强了。他们曾担心杰斐逊·戴维斯主导的时代；可是现在，他们处于塞多斯·斯蒂文斯（Thaddeus Stevens）主导的时代，以及比它还要恶劣的时代。相较于康克林（Conklings）和莫顿（Mertons）这类人，巴特勒（Butler）和兰道尔（Randalls）这类人、钱德勒（Chandlers）、布雷恩（Blaines）和巴特维尔（Boutwells）这类人，以前的冷酷无情、粗鄙庸俗的铁匠们显然值得人们敬重，因为前者在其中的尘土中争抢着刨食的那个乡村，在灵性上所遭受的摧残甚于其在物质上受到的摧残。改革者们很快就意识到，他们的非凡领袖萨姆纳是个喜欢吹牛的自大狂，他们的非凡将军格兰特是个不明就里的盲从者。他们一直决心追求抽象的美德，现在他们醒悟过来，发现他们的共和党同僚——也即他们的政党寡头——却志在真抓实干地抢劫。山岳派（The Mountain）[*]已让位给了督政府（Directory）。在这种
全民性腐败的局面下，他们无可奈何地观察了一段时间，然后尽其所能 295
地在某种程度上恢复了正派作风。可是，在他们能够大幅改善局面之前，南方已经陷入经济和灵性上的困境，尚未恢复元气，整个国家则受制于一个自我寻租的政治制度，而且这一制度给美国的属性特征留下了自己的印记。南方注定要长久地落入一种政治上伪善的状态，因为虽然修改后的宪法将黑人提升到名义上平等的地位，它却实际上剥夺了黑人的公民权；北方则受到自身贪婪的毒害。将破败不堪的残片拼接起来是让人痛

* 法国革命时最激进的党派。

苦的工作，而且即便拼接工作能够勉强完成，也只有极富才干之人能够胜任这种工作。

即便在战争与重建所造成的最严重的创伤开始愈合之后，国家的状况也令人沮丧。这是属于善于盘剥掠夺的金融家、以推德（Tweed）为同侪之首的难缠的城市霸主以及所有贪婪的机会主义者的时代，而上述人等是美国式个人主义硬币的另一面。布赖斯在《美国共同体》（*The American Commonwealth*）一书各章节中平静温和地讲述了其中的故事。这也是一个毫不留情地在经济上加强中央集权、无聊沉闷的标准化和对自然资源无休止地破坏的时代。很快，遭遇不公的公众开始在极度的怨恨中行动起来，接着便是积极的抗议活动；而且公众决心以实现更大程度的民主来治疗民主的疾病。如果政府腐败，那么就让它完全对民众负责；于是，在19世纪最后三分之一的时间里，推行直接民主机制获得了成功。选举法官与行政官员，废除全民普选最后的例外诉求，修订宪法，直接的初选，直接选举美国参议员，接踵而至的公民直接倡议、投票和罢免——这些极端民主的手段成为提案的内容，受到追捧，并逐渐被付诸实施。它们意在发挥净化的功能；更为普遍的情况是，它们让合法的政府陷入自相矛盾的困境。真正的党派责任感几乎不复存在，因此，压力集团威逼立法机构，议员代表（representative）越来越趋近于代理人（delegate）的地位。这样的民主体制不管名义上如何直接，却是假的：真正的权力被特殊利益集团、聪明的组织者和游说团体抢走了（偶发的改革运动时期除外）。这离新英格兰为美国未来规划的远景有十万八千里之远。

296 在公众对欺骗和盘剥越发愤怒之际，煽动家和狂热分子以及形形色色的经济和社会空想家严重威胁到残存的真正的保守主义观念。像提尔曼（Tillman）那样崛起于南方各州的狂野型政治人物，民粹主义的威胁，布莱恩（Bryan）和自由铸造银币运动（Free Silver Movement），在当时唯一强势明智的克利夫兰（Cleveland）总统任职期间风行的大规模罢工行动：这些征兆表明，对抗胡来的还是胡来，以及（用洛威尔的话来说）“农业人口无可避免地转变为城市无产阶级（这对我来说是一个不幸的转变）”。杰斐逊的美国和约翰·亚当斯的美国都同样日落西山了；如果自由、体面和秩序要得到维系，有思想能力的人必须与机械化社会所有盲目残酷的趋向做斗争。

让事情变得更加严峻的是：达尔文的理论逐渐被普及，实证主义以及比实用主义更古老的实用精神的影响力日渐增加，高奏凯歌的没有节操的廉价报纸：从道义上维护美国传统——或任何传统——的问题变得尖锐起来。美国人在本性上富有个人主义精神、贪婪且讨厌束缚，对传统的捍卫者来说，这种特性一直都是难以塑造成文明的材质。现在，它有变得接近于无政府状态的危险，也有陷入灵性上的原子主义困境的危险。能做些什么呢？洛威尔忧虑不安地思索着；哥德金在《民族》（*Nation*）杂志中严厉抨击这个时代；查尔斯·弗朗西斯·亚当斯的四个儿子试图找到处理最急迫的现实事务的进路，可是失败了，亨利和布鲁克斯·亚当斯则满怀怨恨地探究各种社会结局的可能性。

2　詹姆斯·拉塞尔·洛威尔的难题

轻看詹姆斯·拉塞尔·洛威尔已成为时尚。帕林顿这么干过；拉斯基的《美国的民主》（*The American Democracy*）是这种傲慢态度的最近例证。[1]洛威尔没有原创性的天赋。可是，这是何等有教养的一个人，又是何等多才多艺啊！凡是读过洛威尔信件的人都不可能武断地轻看他，而且精明博学的莱斯利·斯蒂芬对洛威尔抱有很深的敬意。洛威尔开创了美国主要的文学批评流派；作为诗人的他有很高（尽管有限）的才华；而且他代表着名门望族文化中最好的那一面。作为社会研究者，他犯有严重的相互矛盾和摇摆不定的错误。然而，他的一生横贯一个让人费解的时代：从弗吉尼亚王朝到红紫色的十年（Mauve Decade）。即便说他没有提出有长远价值的政治理念，他仍旧最适合代表保守主义在他那个时代所受到的挫折：对民主的怀疑，对工业主义的怀疑，对美国人之未来的
297 怀疑。

洛威尔在其职业生涯的初期像迪斯雷利一样——不过态度上比迪斯雷利更加严肃，曾暧昧地亲近激进主义；他早期的诗作故意体现出激进的色彩："我相信，这个时代的所有诗人都写不出来很多优秀的作品，除非他让自己完全认同这一趋势。原因是，激进主义现在首次具有了自己的与众不同且得到承认的特征。以前时代的诗人们已经在很大程度上体现出这种精神（而且由于他们的组成人员更为纯粹，他们不可能不在某种程度上体现出这种精神），不过他们靠的是本能，而非理性。直到现在，它才被看作托起宇宙的两大膀臂之一。"[2]很有意思的是，这让人想起20世纪30年代的马克思主义的"无产阶级诗歌"。然而，这一激进情绪的某些方面延续了下来：他成为一名坚定不移的废奴主义者，而且尽管他从未加入那一团体中最为激进的派别，他对南方的一切所持的敌意是很难改变的。与几乎所有敏感的新英格兰人一样，他对墨西哥战争与引发它的南方的贪欲感到震惊；这为《比格洛文件》（*Bigelow Papers*）一书提供了灵感，而该书又使其声名鹊起；他恶毒地抨击奴隶制、南方的政治原则和杰斐逊·戴维斯，这使得那些作品现在成了令人不快的读物，并使他自己成为加里森的盟友，尽管他知道那位狂热分子是"一个恶棍"，就像"所有的改革派领袖一样"。有良心的北方人有理由对发生在梅森和迪克森线以南的很多事感到震惊；可是南方人同样有说得过去的理由憎恨新英格兰的傲慢的不宽容；而且洛威尔在重建开始后仍持续很久的盲目的敌视，对一名伯克的追随者来说并不合适。

因为洛威尔一直是伯克的具有辨别力的仰慕者，而且他承认自己本质

上是一位保守主义者。他在1875年致托马斯·休斯（Thomas Hughes）的信中以风趣率直的口吻写道："我一直都是自然而然的托利党人，而且在英格兰应当是一位立场坚定的托利党人。所有与根系相连的东西我都不会放弃，尽管它可能会从坟墓中取食。"[3]他出生于剑桥托利街（Tory Row）的一个老式宅邸，新英格兰豪门大族的正统观念伴随着他成长的过程，他整个一生基本上都在维护道德和社会传统，尽管有像他的废奴主义那样的相互矛盾之处。在洛威尔那里，"保守主义者"通常是个褒义词。在下面这段文字中，人们可以体会到，他是如何钟情于伯克的思想与风格：

> 就受欢迎这个短语的确切含义来说，我们没有哪个伟大诗人配得上这样的称呼，因为最高级的诗作与这样的思想和情感有关：它们就像最为罕见的红紫色海藻那样，居住在确定不移的神性与变幻不定的人性之间的滨海地区的模糊界限之内，扎根在一边，却生活在另一边，很少显山露水，而且只有在完全平静和清澈的不寻常时刻才显露其面目。[4]

298

他歌颂林肯的文章（这对促成民众长久地爱戴林肯总统起到很大的作用）中称赞林肯是一位持保守立场的民主人士和模仿伯克心智的政治家，同时兼有保护的愿望与改革的能力。顺便说一句，他之能拥戴——接近于崇拜——与剑桥如此格格不入的这位伊利诺伊的政治家，在某种程度上可以证明，洛威尔对人性的广博理解超越了有时附着于其名头之上的那种狭隘的门第观念（Brahminism）。凡是读过查理·弗朗西斯·亚当斯对林肯总统的初次访谈的人都会注意到马萨诸塞湾和伊利诺伊的斯普林菲尔德（Springfield）* 之间在礼节和教养上的巨大鸿沟。"在法国革命

---

* 这是林肯的出生地。

给人的教训中，这一点是最可悲或最引人注目的：你可以从人类的激情中得到任何东西，唯一的例外是能有效运转的政治体系，而且在不知不觉中所干下的最残酷无情的事莫过于真诚变成教条。让情绪影响它在其中没有正当合理地位的问题，肯定会造成道德败坏的效果；也许，林肯先生所承受的最大的压力源自抵制其支持者的倾向，而这种倾向虽契合其个人想法，却与他所认为的明智的政策完全背道而驰。”[5]麦考利也不可能说得比这更好了。

尽管其本人从来都不是一位激进的共和党人，洛威尔却是共和党内喜欢报复的顽劣有害分子的盟友，直到对约翰逊（Johnson）总统的弹劾让他明白，共和党当时正滑向怨恨与霸道浮夸的深渊。然后，他极其局促不安地［因为他曾鄙视约翰逊和塞沃德（Seward）］转向共和党人中的改革派势力，而且和哥德金一样，有很多年一直抨击城市大亨和分赃体制，常常表现出非凡的勇气。海耶斯（Hayes）总统任命洛威尔教授为驻西班牙大使，然后是驻英国大使，他非常胜任这两项工作，而且洛威尔最有意思的一些想法就源自这些年的海外经历。但是，人们不能指望洛威尔前后连贯一致地阐释保守主义的观念。他那个时代的很多东西都让他感到震惊：礼仪的退化、道德的败坏、无产阶级民众的不满、作为知识庸俗化和信息快速传播之产物的大众心理、大量涌入的移民对美国人生
299 活造成的困扰。他的解决办法犹豫迟疑且暧昧不明，不过其批评却常常因保守主义的敏锐与审慎而大放光彩。

他写信给一位友人说：“我一直以来的看法是，在民主体制中，礼仪是防范长刃猎刀的唯一有效的武器，是让我们避免野蛮化的唯一东西。”[6]内战之后，洛威尔的主要政治贡献是，他以挑战镀金时代的姿态努力维护绅士传统的遗迹。也许，最能体现其社会保守主义的是1876年致约尔·本顿（Joel Benton）的一封信，当时的洛威尔已因敢于在纪念美国建国一百周年之际斥责吉姆·菲斯克（Jim Fisk）、大亨推德及其跟班而成

为媒体和民众激烈辱骂的对象。写作《比格洛文件》的那个洛威尔似乎认为，只要韦伯斯特参议员、卡辛（Cushing）将军和其他保守派人士被打垮，而且南方被迫认同新英格兰的良心事业，美国就会迎来无限的道德进步。这些前提条件都已实现；而洛威尔却对结果感到震惊：

> 让我非常疑惑沮丧的是道德氛围的退化。这究竟是不是民主的后果？我们的政府是“民有、民治、民享的政府”抑或傻瓜遭殃、流氓得利的坏人政府（Kakistocracy）？毕竟，民主不过是一种平凡普通的实验，而且我只知道一种评判它的方法——看其结果。民主本身与君主制一样没有什么神圣性。具有神圣性的是人；现在需要强化的是人的职责与机会，而非他的权利。让自由无比珍贵的是荣誉、正义和教养（culture），否则的话，如果它仅仅意味着低俗残忍的自由，那它比毫无价值还要糟糕。……在我活着的时候，我不会为至尊的民主（King Demos）写生日颂歌，正如我不会给罗格王（King Log）* 写生日颂歌一样，我也不认为，我们的时髦口号比其他任何口号更有神圣性。让我们所有人一起努力（而且这一任务需要我们所有人的努力），让民主成为可能。确实，与永动机一样，它不是靠自身运转的发明。[7]

可是，如何共同努力？洛威尔部分地意指哥德金和希金森（Higginson）及其他人心仪的那些行政性的净化手段——公务员体系、改进后的教育以及被触动的公众良知，不过有时他会更进一步。他在辛辛那提（Cincinnati）之旅中看到的靠近铁路线的安静的田野让他振奋，在向托马

* 他是伊索寓言中有名无实的国王。

斯·休斯谈及此次旅行时他说："不管它对于让一个国家真正宜居的那些
300 高尚体面的东西意味着什么，这至少大大有益于人类总的幸福。它们能及时付诸实施吗？还是民主因其本性而注定只能处于一个死气沉沉的平庸水平之上？不管怎样，我们接种自由的试验将会在整个基督教世界展开，其结局则是最聪慧之人都无法预测的。它只能确保不受别出心裁这个最危险的疾病的伤害吗？"[8]

"别出心裁"——也即对新花样和思想创新的痴迷——越来越让洛威尔感到厌烦；他担心达尔文主义的观念的影响；他对物理和生物研究自称无所不知的做派深恶痛绝。与伯克一样，他相信历世历代所积存的思想储备和资源。"我想，要不了多久，进化论者就将不得不膜拜细胞质。在我看来，这种软绵绵的东西不是万古磐石（Rock of Ages）的合适的替代品——借着万古磐石，我能理解人类在所有境遇下都能放心地依靠的一系列确定不移的更高级的本能。无论如何，我在青髯公（Bluebeard）* 的故事里发现了有益的教训。我们将钥匙拿到了手里，可是总有这么一扇门，不打开它是最为明智的事。"[9] 的确如此；然而，多数人不顾洛威尔的警告，似乎决意要闯进那个具有决定性意义的房间；门锁被毁掉，所有被遮蔽的秘密都被忙不迭地扔到光天化日之下。对社会的所有成员来说，这个伟大星球本身开始看起来不那么重要了。如果就连自然秩序都成了问题，还能指望人们任凭社会秩序由单纯的习俗引领吗？洛威尔明白，对社会连续性的普遍认同对文明是何等重要：

> 社会最强固的黏合剂之一是这样的信念：他们诞生于其中的那种境况是宇宙秩序的一部分，而且我们可以这么说，这种境况是符合自然的，就像太阳会绕着地球转一样。根据这种信念，除

* 法国人对一个连杀六位妻子的恶人的称号。

> 了遇到胁迫外，他们不会屈服，而且一个明智的社会应该注意不让这种胁迫落到他们头上。对单个的人来说，人性本身之外没有医治人性所承继的那些罪恶的激进疗法。[10]

洛威尔在他广受赞誉的对英国人发表的论“民主”的演说中如此说。洛威尔最近的传记作者指出了有损于这一演讲的相互矛盾和犹豫不决的地方；[11]这一演讲充满了值得铭记的思索，其中包括他对教育问题的观察。既然现代世界因不受节制的好奇心而备受困扰，教育本身能够对维 301
系文明秩序起到什么作用吗？谢布鲁克勋爵（Lord Sherbrooke）曾劝告英国人要教育他们未来的统治者。可是，这就够了吗？“智力上的教育会扩大其欲望和需求的范围。这么着也是好事。不过，这种事必须要更进一步，以预备好仅仅满足那些合法的欲望与需求。”[12]

这样，我们就回到了那令人不安的发问：“怎么办？”而洛威尔的态度又一次显得相当游移不定。他的确以迪斯雷利的口吻说过这样的话：“从最好的角度上说，民主只是将空气与阳光放进来”；而且他曾讲过类似的话：“习惯性的舒适是保守品格和体面名望的主要堡垒，对于保守品格和体面名望这两项老式的特质，世界上所有最精妙的情感都不过是虚有其名的代用品。”[13]他会让他既同情又担心的无产者成为社会的利益相关者。“对现有事态格局真正构成潜在危险的不是民主（因为被适当理解的民主是一种保守性力量），而是能够以民主作为支点的新集体主义。如果我们无法让条件和财富均平化，正如我们无法让人们都有平等的脑力一样——某位哲人曾说过，‘两个人骑一匹马时必然有一人骑在后面’——也许我们能够做些什么，以纠正导致巨大的不平等的那些方法和影响，并防止它们更加恶化。”

他仍对手段问题不置一词。他讨厌工会，他抨击过八小时工作制的立法，他知道，“国家社会主义会砍断个人品格的根基”。总体来说，洛威尔作为老练政治家的能力不足；这个对现实政治处境把握不力的问题（对于一位名门望族的老派绅士，这是再自然不过的，因为“从新英格兰向新爱尔兰的转变”把他与其出生时的那个社会割裂开来）也是他最后一篇具有重要意义的社会评论——《独立派的政治地位》（The Place of the Independent in Politics，1888 年）——的缺陷。他在其中重申他一直以来厌恶政党的立场，宣称“我认为已经得到证实的是，以前的党派不会有源自内部的改革”。不过，这只是退而诉诸华盛顿有关政府不要有党派纷争的简单希望，而且忽略了伯克曾对所有政治家提出的忠告：如果没有真正的政党，所有的政府都会被小集团或煽动家俘获。如果政党无法从内部革新，那民主很可能根本就无法改革。在阐释文艺或普遍真理时，洛威尔的凭据要坚实有力得多；在下面的对作为政治思想家的伯克的评述
302 中，他便给出了这样的阐释：

> 自亚里士多德时代以来，许多伟大敏锐的思想家都曾思索过政治问题，不过，伯克首次以电光般的想象力阐明了这个他观察和思索的论题。他以具有穿透力的光线照向那由人性与人的经验构成的看似搅成一团且摇摆不定的混乱云团，而且最起码因此看到了某种神圣秩序的迹象（如果不是布局的话）。结果是，他的作品充满了预言和智慧，而且有些预言已经实现，有些正在实现的过程中。其中的缘由是，对他而言，人性一直都是文本，而历史一直都是评注。[14]

尽管其成色要差很多，洛威尔本人也拥有上述的某些天赋；因此对研究保守主义思想的人来说，他依旧有其价值。E.L. 哥德金说，没有什么比接受过大学教育更让人彻底地不适合讨好选民了，而且哥德金以他的友人洛威尔作为例证。洛威尔的“爱国热情堪比历史上任何一位美国人”，

是一位地道的民主党人；不过，他不符合大众的胃口，美国西部的人从未喜欢上他，纽约的《论坛报》（*Tribune*）甚至否认他是一名“合格的美国人”，共和党则称他是“不光彩的人”（Ichabod）。“所有这一切的真正原因是，他的政治准则与他们不同。他的思想还停留在早前的共和国时代，在那个时代，从事立法者都是民众选出和追随的第一流的人物。在一个民众指挥立法者行事的共和体制下，他从未真正感到自在过。”[15] 弗吉尼亚人在思想上对美国政治命运的影响终于内战；以洛威尔为杰出代表的新英格兰思想的影响在镀金时代衰微了。

3 哥德金论大众舆论

> 新闻出版的兴盛——给每个人提供就公共事务形成某种看法的材料和不管对错地谈论它们的机会——自然而然地就对具有贵族特性的政策产生了瘫痪性的效果，而且即使法国革命从未发生，也会导致贵族性国家体制的瓦解。……当一国的所有人都知道或认为自己知道该当何为时，由受过训练的极少数人掌管政府的时代便结束了。
>
> ——E.L. 哥德金，《未被预见到的民主趋势》（*Unforeseen Tendencies of Democracy*） 303

埃德温·劳伦斯·哥德金（Edwin Lawrence Godkin）是位才华出众的编辑，他整个一生都在努力应对“大型民主体制这个最大的难题，以及向大众传播低俗观念和情绪所造成的难题”。哥德金在年轻时是英国自由派内冉冉升起的新星，他那高贵朴实的才华被移植到美国，让《民族》杂志在美国有了强大的影响力，并影响到洛威尔，与他同心协力的有查理·弗朗西斯·亚当斯的几个儿子、希金森、诺顿以及那些竭尽全力让民主理想的败坏名誉扫地的保守派改革家。他是麦考利一系辉格党路线的思想家，作为评论家的他比作为预言家的他更为敏锐精明，他态度傲慢地敌视保护性关税、社会主义，以及所有其他有违曼彻斯特政治经济学的主张，却希望帮助他入籍的那个国家获得拯救，并希望帮助拯救他的开明民主（enlightened democracy）的理想；他的工具是效法英格兰的一份“严肃、正派和成熟的”出版物，以对抗美国大众媒体的幼稚和轻佻。确实，镀金时代的新闻出版物非常糟糕；不过，它可能会变得更糟，而且正如H.S.科玛戈（Commager）博士在评论哥德金时所说的那样：“他亲自见识了那种‘轻浮新闻’（yellow journalism）的来临，‘他认为这种肤浅的新闻是所有基督教国家中最便捷的通往地狱的路径’，还见识了‘一位携几百万巨款而来的浑小子’，而且这家伙想当然地认为可以指导国家的政策；然而，他有很强的自尊意识，不会按照普利策（Pulitzers）和赫斯特（Hearsts）这类人的套路行事。他在世纪之交退休时看到新闻变得粗俗化，虽然他被击败，却想办法沉着应对，曾讥讽过这种不可一世的‘彩色石印版’文明，而他入籍的那个国家也走上了他视为险途的扩张之路。像他那样的人再也没有出现过。”[16]

将大众媒体用于维护旧有的体面正派作风和理想的希望不会轻易消失。亨利·亚当斯的首要目标是成为纽约一家日报的编辑；由于没能实现这一愿望，亚当斯陷入到对自己彻底失败的自怨自艾之中，显然没有意识到，他对各阶层人士的实际使命的最终影响将大于他对大众的昙花一现的使命的可能的果效。诸如哥德金、亚当斯、克提斯（Curtis）和西奥多·罗斯福（Theodore Roosevelt）这类人的健康有力的社会保守主义，在大西洋两岸分别败给了普利策和赫斯特的经过算计的歇斯底里，以及诺斯克里夫（Northcliffe）与罗瑟密尔（Rothermere）的名义上的政治保守主义和实际上的社会道德败坏。不过，在群体性煽情的时代，有些正派的媒体存续了下来，而且媒体偶尔仍旧能够同时充当公共舆论的训导者和引诱者，这部分地是哥德金批评与规范的遗产。他的《民族》杂志在变更过一系列有趣的编辑之后，仍继续存在，尽管现在成了某种情绪化的集体主义的刺耳的传声筒，而且这种集体主义几乎囊括了哥德金曾鄙视的一切要素。让大学毕业生管理政府是哥德金寄予未来民主体制的带有幻想成分的希望；他们也是哥德金常常会提及的老派的“民主体制下的受过教育的人”——这些现在仅有一点点迹象，其中的部分原因是，哥德金的盟友、哈佛大学校长艾略特（Eliot）以及具有他那样的功利主义思想的人所完成的教育改革。不过，美国还是设法踉踉跄跄地往前走；公共腐败问题尽管让人感到沮丧，实际上却并没有显得比哥德金的时代更糟糕，公众代表机构的决策也不比 19 世纪最后三分之一时间的情况危险多少。公众的良心让罪恶与愚蠢的行为受到某种程度的抑制，不过没有人能够说清楚，哥德金及其同僚对激起这种良心起到了多大的作用，但他们肯定在其中起到了作用。 304

很可能，哥德金所写的、被重新刊布于《未被预见到的民主趋势》中的《公共舆论的扩大与表达》（The Growth and Expression of Public Opinion）一文，是他对现代社会分析所作的最有穿透力的贡献。这位倾向改革的编辑认可民主是无可逃避的自然趋势——实际上，此中透露出来的对民主永续存在的信心已被本世纪的经验证伪，他时不时会就托克维尔、梅因和莱基对大众政府的某些责难做出敏锐的回应。他非常冒失地预言，“世界很可能在几百年的时间里（如果不是永远的话）不会再看到另有独裁者被选来任事”[17]；他不担心民主解体，却担心民主沉沦——这种沉沦是普遍的思想和品格上的平庸在公民社会的迷宫中误入歧途、张皇失措的结果。“与民主扩张相连的真正让人吃惊的特性是，它似乎没有为治理这一新世界做准备。”

恰如现代公众的阅读出现了越来越严重的注意力无法持久的问题，

人们对政治也长期无动于衷，只有在偶尔受触动时才采取行动——而且这常常是愚蠢的行动。为提供民众不愿履行的政府职能，政界大亨和政治机器就走上前台，与犯罪分子和寄生在大众中的庞大的吸血鬼群体结成联盟；而且尽管民众可能会对治理失当的问题隐约感到厌烦与不满，但
305 他们的怨气很少超越于“拨弄钟摆”——让某个政党很难有一个以上的任期，不过仍以与其类似的人取代他们。民主体制一般会无视或嫉妒特别合适的人选，因此常常会让他们的天然领袖无缘于公职；美国尤其缺少可提供领袖人才的大的阶层群体：“我们这个时代最为显著和值得注意的特征之一是，可能除波士顿外，美国所有的大城市都没有我们可以称之为上流社会（society）的东西——也即同时具有财富和教养的一群人”，[18]下述事实使得政府几乎完全处于这种缺少理性与体面的状态：在公众的认知里，现代政制被剥夺了神圣与敬畏的元素，而伯克认为这些元素对秩序来说是必不可少的。“在大众看来，国家政体已完全丧失它曾经拥有的那种道德与思想权威。它不再在尘世中代表上帝。在民主国家，它代表在上一次选举中赢得最多选票的那个政党，而且在很多情况下，没有人愿意让管理它的人成为其孩子的监护人或者其财产的受托人。只要我们为了大众的利益而接受国家适当地干预我们的私人事务，灿烂的未来就在等着我们——孟浪的年轻人是这么描述历史学派的观点的；当我读到他们的这些描述时，我又想起，纽约州的‘政府体制’包括州长希尔（Governor Hill）指导下的阿尔巴尼立法机构*，纽约市的‘政府体制’包括小小的坦慕尼协会这一被称为‘四大金刚’（the Big Four）的秘密政治帮派，这时我得承认，我完全被惊呆了。”[19]

如果政府的活动被局限在其古老的边界之内，即使这样被掠夺和伤害并被剥夺了道德防护机制的政府体制可能还是可以忍受的。可是，大

* 阿尔巴尼是纽约州的首府。

众媒体在不知不觉间让现代的民众变得自以为是，于是，这些民众一心想着在捍卫和维系内部秩序的古老职责之外无限地扩充政府的职能；因为公众现在痴迷于通过政府措施获得必需品和舒适的可能性，甚至排斥了曾起到如此振聋发聩的号召作用的种种自由。经济上的欲求现在成了所有阶层的主流诉求，使得公众倾向于要求一种家长式的政权；它们助长了形形色色的广受追捧却粗劣恶俗的廉价的乌托邦幻想；它们几乎必然会导致政府操纵货币的价值，后果便是通货膨胀和缺乏安全保障；它们是大手大脚的公共开支的借口；它们让劳工问题变得加倍危险；繁荣依赖政府措 306
施的幻觉已经普遍到让人惊恐的程度，而且如果这种幻觉彻底占了上风，它必然会导致新集体主义——也即伪装成普遍满足的身体与思想的普遍贫困。“多数人的统治必定是相对贫穷之人的统治，而在当今这个时代，穷人已经不再满足于他们的贫困状态。他们追逐财富，而且在财富迅速积累的时期，他们火热地追逐财富。我们无法改变这一事态。我们必须面对呈现在我们面前的问题。我可以毫不犹豫地说，这一问题也即所有文明国家的政府都面临的大问题是，如何让财富屈从于法律；如何阻止以财力赢得选举，让其跟班占据司法体系中的位置，或者开动舰队和军队，以按票面价值出售高息债券。”[20] 如果其活动依惯例被局限在某个小小的确定范围之内，腐败愚蠢的政府也是可以忍受的；可是，在这个骄狂的时代，腐败愚蠢的政府会让我们猛然间陷入阶级战争与国际混乱的状态。

能做些什么来约束这些欲望并铲除社会的病症呢？哥德金的解药与他的诊断一样，都过于集中关注更为狭隘的经济与政治问题：与几乎所有他思想流派上的同路人一样，与麦考利和 J.S. 密尔一样，他只有在非常少的时候才能逃脱狭隘的理性主义传统套路；他似乎经常把社会设想成一台或高效或无效的机器，而且特定的技术操作可以损害或修补这台机器。然而，他没有忽略这些问题的复杂性；他也不认可在美国非常普遍的这种讨人喜欢的幻觉：每一个问题都有一个简单的解决办法，只是需要人们能够成功地找到它，或者每一个问题都会有解决办法。比如，“‘劳工问题’实际上是让世界上的手工劳动者对他们处境感到满足的问题。在我看来，这是一个无法解决的问题。只要人们持续努力以辛勤劳作换取可能的成果，就没有什么发明或创新能够解决这一问题。导致大众对其处境不满的原因可能在每个时代各有不同，可是不满一直都会有，而且责难总是会指向那些比别人更多地享有世界上的物质产品的人。”[21]哥德金提倡某些实际的解决办法，不过，这些办法不足以应对问题，现在几乎显得
307 荒唐可笑；不过，他偶尔会清醒地意识到，所有这一切的有效性取决于某种道德条件，但是大多数现代欲望是与这种道德要求背道而驰的，而且如果要对这种道德条件加以约束的话，能够约束它的也只有政论家、教授和党派领袖展现出接近于宗教神圣性的责任感。

哥德金直接的补救办法或缓和手段是公务员体系改革、全民公投、公民创制权（the initiative）、经常召开的立宪大会以及这种可能的事态：政府在处理经济问题上的失败会刺激自由放任的回归：

> 我不指望在短时间内提高民主体制下的立法机构的质量。我相信，为改进他们的政府并更好地保护财产和维护秩序，民主社会会限制这些代表机构的权力，缩短它们的开会时间，并更自由地利用公民投票来制定真正重要的法律。我几乎可以确信，要不了很多年，美国人民将更多地依赖制宪会议组建政府，把立法机构限定在非常狭窄的范围之内，并把他们的开会间隔期拉得很长。……现在开始出现的货币问题会交由公民投票处理，在经过短短几年的摸索后，作为现在所有麻烦之根源的货币的法币特性会被取消，而且政府的职责将仅仅局限于度量和邮政服务。[22]

不过，这是用吊钩把利维坦引诱出来，而哥德金尽管熟读过伯克与

托克维尔的作品，却从来都不具有预见能力。然而，这似乎是他那个时代的趋势：公民创制权、全民公投、罢免权以及那整个一系列以更多的民主为民主纠偏的制度设计扩散到美国各地——而且自那以后，它们显明自己的方式主要是被滥用或者被遗忘在奄奄一息的状态之中。它们给不择手段的大亨或政治操纵者带来的好处多于带给改革者的好处，因为说服人们签署陈情书还是比主导一个议会党团更加容易；而且注重实效的美国对凭借制宪会议这种极端手段处理日常政治事务的想法也很反感。根据考试分派公务员体系的职位不涉及政府最重要的权力和职位；而且民众远远没有将权力从政府那里收过来移交到自己的手中，反倒允许把新的权力集中到行政分支的手中，只是偶尔会抱怨一下。受到管制的货币成功地抹杀了任何固定不变的价值基准；它们非但没有以黄金为准，反而让 308
黄金被它们操纵。再进一步考察哥德金的失败的提议有无聊地吹毛求疵之嫌。他本人在私底下也对它们失去了信心，而且在1895年对查尔斯·艾略特·诺顿坦白承认："你知道，我对民主的未来并不乐观。我认为，我们会有一个长长的衰落时期，就像罗马帝国衰亡后的那段时期，接着会在其他某种社会形态下经历复兴。我们当下朝着那个方向演化的趋势被国家的巨大进展遮掩了。"[23]

对于19世纪"古典"自由派人士这整个学派的人来说，一旦他们试图转向保守立场，并约束创新的洪流（尽管这种洪流就在不久前还将他们推上思想界的杰出地位），哥德金的局限也就成了他们的局限。与约翰·罗素勋爵一样，他们所有人都向往最终的结局；可是，工业主义和民主以及大众欲求的复杂趋向破坏了他们人为设定的选举资格和别出心裁的政治小把戏。自由主义是某种诚实（尽管有时短视）的"理性"（reasonableness）的产物，而这种理性假定，社会可以被诱导着遵循严格合乎逻辑和注重实效的行事方式；而当大众坚持其非理性的立场时，自由派人士就淹死在被他们误以为是小池塘的凶险的大水之中。从思想传承上看，哥德金根本就算不上保守派人士，他之成为镀金时代最受人尊重的反对新花样的人士，足以证明美国的保守主义在那些艰难岁月中所面临的惨淡无力的光景。

然而，说哥德金失败了，也是不对的。他察觉到现代公共舆论真正的特性：它就是那头笨拙地觅食的巨兽，渴望找到某种东西，以满足它有名无实的文化教养滋生出来的那种欲求。哥德金勇敢坚韧地尝试着将媒体变成政治净化的工具和良好品味的散播者，以为新闻界确立道德准则。然而，在他去世前四个月，他写信告诉诺顿："我们断定会在这个世界上占据的那种尊贵的地位似乎没有任何希望了。……最糟糕的是，低俗的媒体已给了所有这些东西重要的帮助与支持。它不可能成为人们所期望的那种更好的教养与更纯粹的法律的教导者。"[24]即便新闻从总体上说已变成阿瑟·梅钦（Arthur Machen）曾经所说的"那种该死的邪恶生意"，有些媒体仍记得哥德金和像他那样的人。如果没有了它们，我们又该怎么办？

309 不管怎样，要想更为深入地考察现代社会，要想认识到政治不过是社会存在的表象，我们需要将关注点从"《民族》的新耶路撒冷"转向亨利与布鲁克斯·亚当斯这一对忧郁失落的亲兄弟。他们的朋友哥德金到最后还是希望，借着开闸放水和开泵抽水，他们那个时代的洪水可能会被迫退入民主体制下的舆论蓄水池中。亚当斯家族的第四代传人在有了一些短暂的人生经验后，便认定主导人类的并非理性与仁爱，随后就开始探究那些促使所有文明迅速走向灾难的力量法则。在华盛顿这座曾被德·梅斯特称为永远都成不了真正的共同体的城市（这种说法符合实情的程度超过批评他的人所意识到的）中，老迈孤独的亨利·亚当斯写道："人们年复一年地越来越像权势的跟屁虫，聚集在中枢权力机构的四周。"哥德金曾试图让这个暗昧而且可能低能的世界拥有清晰的洞察力。哥德金的《民族》杂志的几千名读者以及洛威尔和亚当斯的《北美评论》

杂志的几百名读者形成不了公共舆论，甚至也不能以任何直接方式影响公共舆论。亚当斯在回顾黑色星期五时说，“社会大众对自己的失败发出了空洞、毫无意义的嘲讽声”。亨利和布鲁克斯·亚当斯身上的保守主义本能放弃了支配社会的希望，它只希望能够理解社会。

4 亨利·亚当斯论民主理论的退化

> 我担心，今天就意味着我们社会白银时代的终结，并给予它致命的一击。我们自己现在必须准备好为黄金而斗争。除非你和我完全错了，否则这场斗争注定会打破很多古旧的瓦器和小古董，为某些新型的社会、政治和经济人腾出场地。我最近总是在其中看到更为严苛地压制个人并让社会变得更加集权化和自动化的那种强制力，不过，乐趣在于过程，而非结果。这一过程有可能很长，足以给我们带来超过一生之久的欢乐。
>
> ——亨利·亚当斯致布鲁克斯·亚当斯，1897 年 10 月 23 日

亨利·亚当斯很容易招人厌烦。极其喜欢吹毛求疵（这也是其诸位了不起的先祖的突出特征），严苛无情、口无遮拦地评价每一个人，即使是他最喜欢的那些东西也常常被他嘲笑，百分之百地确信他的曾祖父、 310
祖父和父亲一直都是对的，而他们的对手则沉迷于幻想或伪善之中，却没有任何其他确定不移的信念——这位阴沉但富有幽默感的男子被阿尔伯特·杰伊·诺克称为整个亚当斯家族中最有成就者，却是美国学者中最让人厌烦的一位——而且是最有煽动力的作家、第一流的历史学家，也可能是最有穿透力的思想评论家。排解对亨利·亚当斯不满的最好办法是阅读其批评者的文章；原因是，相较于他在看待一个垂死中的世界时

的超然娱乐的态度以及他事实上的内在节制，他们的怒骂和吹毛求疵让人宽慰，因为它显示了亚当斯的博学与才智，这是再多的赞美都无法达到的效果。

这么说可能是有根据的：亨利·亚当斯代表着美国文明的顶峰。亚当斯是如假包换、几乎带有挑衅意味的美国人，是极为公正、极富智慧的四代人的最终结晶，很可能（不管他的自传里怎么说）是美国社会培养出来的最有教养之人，熟知中世纪欧洲历史的程度堪比对杰斐逊政府的了解，对日本和南太平洋（the South Seas）的熟悉程度堪比他对新英格兰特性的了解，而且他认识到现代科学将会对 20 世纪的思想和社会造成的那种灾难性影响，而这一点是他同时代的其他美国人都不曾做到的。不过，这些卓越才能造成了一种类似叔本华的那种深邃刻薄的悲观情绪，并且这种情绪因亚当斯对美国人普遍愿望的长期考察与彻底否定而进一步强化。亨利·亚当斯的保守主义基于他的洞见，他看到其前面有一段险峻可怕的斜坡，而且上了这个斜坡便不可能再回头：人们可能有闲暇回忆过往的荣光，而且人们时不时可能会履行暂时延缓人类因此堕落的义务；但是结局是无法避免的。

在所有谈及美国保守主义的文献中，从表面上看，亚当斯家族和哈佛学院（Harvard College）都一定占有非常突出的不成比例的地位。不过，人们可以毫不夸张地说，这个家族与那个学院就是保守主义思想的化身，至少在北方是如此。亨利和布鲁克斯·亚当斯径自将约翰·亚当斯在波士顿大屠杀时期创立的那种英勇、有先见之明的保守主义传统移植到 1918 年的洋洋自得、盛气凌人的美国。在 19 世纪末和 20 世纪初，哈佛学院在亨利·亚当斯、查尔斯·艾略特·诺顿、柏瑞特·温德尔（Barrett Wendell）、乔治·桑塔雅纳（George Santayana）和欧文·白璧德身上体现出保守共和主义的传统，而这种传统是新英格兰思潮的一个侧面。担
311 任过几年哈佛大学历史系教授和《北美评论》编辑的亚当斯对美国人的

思想产生了现在仍能察觉到的影响，这一影响从像亨利·奥斯本·泰勒（Henry Osborn Taylor）、亨利·凯波特·洛奇（Henry Cabot Lodge）和拉尔夫·亚当斯·克莱姆（Ralph Adams Cram）这样的学生和追随者开始，现在则在一定程度上扩展到美国的所有有名望的大学与学院。可是亚当斯对这种影响不怎么在乎；他先是希望通过法律职业的途径成为政治社会的领袖，后来又希望通过媒体实现这一目标，在这两种希望都破灭后，他转而从沙特尔大教堂（Chartres）和13世纪的历史寻求安慰。1858年，他从柏林写信给小查理·弗朗西斯·亚当斯说："我们天性的最深处似乎有两样东西，一种是投身于政治的持续倾向，另一种是家族的自豪感；不可思议的是，这两种情感是怎么普遍存在于我们所有人身上的。"五十三年后，亚当斯清楚地看出了他们家族第四代人的政治抱负和家族自豪感是如何遭受挫折的，"我一直认为，格兰特破坏了我自己的生活，也扼杀了将社会重新提升到适当的高标准状态的最后的希望或机会。对我来说，格兰特执政时期是我们之希望与我们实际所得之间的分界线。"[25]在镀金时代及随后的时代，亚当斯家族的人不可能成为有成就的领导人，也不可能提供能带来荣誉感的服务。

现代生活中可怕的腐败——也即亚当斯在英格兰、欧洲大陆和相对淳朴的美国文明中观察到的那种病症——的源头在哪里？他为探究这一问题花费了半生时间。当他还是美国驻伦敦公使团里的一位非常年轻的小伙子时，他就阅读过约翰·斯图亚特·密尔、托克维尔和其他自由派评论家的作品，接着又读了孔德和马克思的作品；不过，尽管所有这些作者都对亚当斯产生了某些影响，他却对自由派人士的观点嗤之以鼻，从孔德那里只学会了分阶段的观念，对马克思则评论说，"我觉得我从未读过让我如此受益的书，但最终我极其强烈地不认同书中的观点"。[26]他的信念基本上都是继承来的，是约翰·亚当斯与约翰·昆西·亚当斯的信念。他的《杰斐逊与麦迪逊政府时期的美国史》（*History of the United*

States during the Administrations of Jefferson and Madison）无论在风格上还是在方法上都是美国人所写的最优秀的历史作品，以一种公正的厌恶态度评判那些重要的年份，而他的祖父与曾祖父对杰斐逊一党的人和汉密尔顿式的联邦党人也抱有同样的态度；他的小说《民主》（*Democracy*）表达了亚当斯家族对由布雷恩和康克林这类虚伪之人领导的国家的极度鄙视。这个社会富有才智的人喜欢泼脏水，让罗斯福和塔夫特（Taft）的
312 品格变得扭曲，甚至让他亲密的友人海伊（Hay）变得粗俗，那这个社会出了什么问题？亚当斯不认同对这一问题的通俗解释，正如他拒绝廉价的细节一样；和他的先祖一样，他转而从科学和历史中寻求亮光，结果发现现代正处于一个巨大的非人格化退化过程即将完成的阶段，而且这一过程在几百年前既已开始，它在这个时代的标志是黄金胜过白银成为价值基准，并将毫无阻拦地持续进一步的集中化和中央集权化，直到新集体主义在所有地方都占据主导地位；然后，新集体主义和文明会一起枯萎消亡。

他在他的《教育》（*Education*）一书中写道："归根结底，现代政治不是人之间的争斗，而是力量（forces）之间的争斗。冲突不再是人与人之间的事，而是驱动人的力量之间的事，而且各人也一般会屈从于推动他们自己的力量。"[27]几百年来，社会狂热地追求中央集权化、廉价低俗之物以及不可胜数的物质力量；现在所有这些目标都快要实现了；而且它们意味着文明生活的终结。一旦人离弃灵性力量的完美理想也即童贞女（Virgin），转向物质力量的完美范式也即发电机（Dynamo），他就在劫难逃了。这位清教徒的后裔宣称，13世纪的信仰与美让那个时代成为人类最高贵的时期；他只能够想象到一种比19世纪资本家的统治还糟糕的社会状态——20世纪即将到来的工会的统治。

亚当斯对13世纪思想与灵性的认同让他承受了一波严厉的批评，其中有些批评很敏锐，有些则很肤浅。研究美国人思想的某些历史学家宣

称，亚当斯要么忽视了，要么无知于那个时代的混乱与物质上的可怕状态，这种天真的看法会受到亚当斯极大的藐视：从来都没有人有资格给亨利·亚当斯讲授中世纪历史。他十分了解中世纪的危险与困难；而且他同样清楚地知道，幸福更多地取决于平静的大脑与良心，而非物质条件。伊沃·温特斯先生评论说，“经过一系列难以被人察觉的歪曲伪造，他将中世纪改造成一种表达他自己晚近的那种新英格兰式的愿望的象征符号”；[28] 不过，即使这一指控比前一个指控更有根据，它依然是含混不清的；保罗·埃尔默·摩尔在论及圣米歇尔山（Mont-Saint-Michel）和沙特尔大教堂时给出了更为沉重的一击：“在不讲理性的力量的不负责任和不讲理性的爱的不负责任之间，存在着一种具有决定性意义的相似性；尼采的上帝与托尔斯泰的上帝不过是同一个上帝的两副面孔。换一种比喻的 313
说法（希望这么做不会有失礼之处），沙特尔大教堂的样子看起来非常不祥地类似于以裙子做装扮的古代的蒂诺斯（Dinos）偶像。”[29] 亚当斯竟然在所有地方只看到了极速的变化（Whirl）？哪怕在 13 世纪的沙特尔大教堂也是如此？他告诉布鲁克斯：“我是经过稀释的凯尔温勋爵（Lord Kelvin）和圣托马斯·阿奎纳的混合体。”他的祖父因怀疑上帝护理和旨意的存在而备受折磨，他的这种态度也似乎使得亚当斯家族以后的几代人注定要勉勉强强地拥抱一种家传的怀疑主义，这种毛勒的咒诅比住带七个尖角阁的房子（the House of Seven Gables）的那个家庭所受的咒诅还要恶毒*。（有意思的是，汉密尔顿将军是让他们陷入困境的始作俑者，杰克逊将军是使得他们幻想破灭的动因，格兰特将军则以粗劣的方式证实了他们的怀疑主义。）不过，亨利·亚当斯暗示，即使信仰在阿奎纳的时代也不过是一种招人喜欢的幻觉，那它依然是一种有益的幻觉。替代

* 毛勒的咒诅出现在霍桑的小说《带七个尖角阁的房子》中，咒语的内容是：上帝将让他与他的后裔喝血。

它的是更有欺骗性的对力量的崇拜，到1900年时，这种力量便化身为巴黎博览会上的发电机。他在1902年写信告诉布鲁克斯："我相信，科学会毁掉我们，我们就像背负着重担胡乱折腾的猴子。"

宗教信念及其所维系的基督教世界的衰败已经造成了"一种犹太人与经纪人的社会"；托拉斯（Trust）是一种手段，将亚当斯家族曾为之奋斗的古老自由共同体的遗迹完全整合到整齐划一的国家体制之中；暴君、无政府主义者以及金本位的说客都是这一托拉斯的同路人。社会在下一个阶段将经历"经济上的俄罗斯化"；思想已经不被信任，而且随着中央集权的最终胜利完成，个体性会完全受抑制。新集体主义几乎是不可避免和完全有害的；它将战胜资本主义，因为它更为廉价低俗，而现代生活总是让廉价低俗获得好报。遗产税中能看出国家征用的苗头，而国家征用在几代人之后便会完成。正迅速掌控资本家的劳工会讹诈社会，直到旧有的秩序被完全铲除。"我坚持认为，……从原则上看，我们已经沦落到最低的层次——也即相当于到了大洋的深处，不可能再有进一步恶化的空间。我据以证明此一论断的是这样的事实：我无论是居住在巴黎，还是居住在华盛顿，都受该死的新集体主义者、国会议员或定税人的摆布，而且如果不被迫在甲板上走来晃去，被某位肮脏的雇员拳打脚踢和吐口水，我就进入不了纽约的港口，那位雇员的雇主则是比他更加肮脏的卑鄙无耻的犹太人，这位犹太人称自己为收票人，在他面前，所有的美国
314 公民都要自动下跪。"[30]在现代人中居主导地位的那种冲动——实际上也正是自然现象的规律——就注定了这种结局。他想当然地把自己称为"保守的基督徒无政府主义者"，亚当斯以这种立场就白银问题与这一潮流相抗争，相争最激烈的时候是1893年。"他认为这很可能是他最后的机会，为他的18世纪的原则、严格按原意解释法律的立场、受到限制的权力、乔治·华盛顿、约翰·亚当斯以及其他诸人辩护。"[31]

在黄金完胜白银之际，托拉斯和新集体主义者（他们实际上是使用

不同名字的同一类人）正彻底泯灭个性。“机械力量的魅力已经将美国人的思想扭曲得像螃蟹那样。……基本上已被科学认可的机械理论似乎注定了大众法则将居有支配地位。”[32]资本家在他们胜利的巅峰时刻之后，一定会进而屈从于更大的力量。“接下来要吞噬我们的是新集体主义者，不是资本家，而在这两者之间，我更愿意让犹太人吞噬我们。”[33]简言之，社会遵从这样的格里谢姆法则（Gresham's Law）（按照阿尔伯特·杰伊·诺克后来所下的定义）：低俗的驱逐高贵的；而且长期来看，文明本身因过于高贵而无法存续。

退化堕落现在已到了如此深入的程度，以至于任何以意志牵制这一过程的努力都是不可能的。他在 1899 年写信给布鲁克斯·亚当斯说，将近 2500 年的上述演化过程将我们带到接近终局的时刻：“在它崩溃或开始崩溃前，我算定还有两代人的时间。也就是说，两代人就会让世界达到人口饱和的状态，并耗尽所有的矿藏。等那一时刻到来时，经济上的衰退或者物质文明的衰退也就开始了。”[34]自然资源与灵性资源一样，正在耗竭，有良心之人所能做的就是成为一名真正意义上的保守派人士，收藏好现存的文明与自然财富，对抗现代生活的炽烈欲望。所有进步的观念——不管是约翰·亚当斯的老对手孔多塞提出的那种理论，还是达尔文主义者的生物学版本——都是一派胡言。“在亚历山大大帝和尤利乌斯·凯撒之后两千年，像格兰特这样的人竟被称为进化到最高阶段后的最高级的产物——而且这种称呼的确名副其实，这本身就让进化显得荒谬可笑。一个人必须平庸到格兰特那种程度才会坚持认同这种荒谬的说法。仅仅从华盛顿总统到格兰特总统的演化过程就足以颠覆达尔文的学说。”[35]

人所获取的科学知识本身已成为从道德与物质上毁灭自身的工具。315
1900 年对镭的特性的发现意味着一场革命的开始，而这场革命一定会以分崩离析告终。“力从每一个原子里面涌出，在为璀璨的星河提供充足的动力之后，便自行其是地匆匆损耗掉所有的物体。人无法再与之保持距离。力量握住人的手腕，把他扔来抛去，就好像他抓住的是一根通电的电线或者一辆飞奔中的汽车。……如果卡尔·皮尔森（Karl Pearson）的宇宙观是对的，像伽利略、笛卡尔、莱布尼茨和牛顿这样的人在1700年以前就该阻止科学的进步——假定这些人能够真诚地对待自己亮明的那种宗教信念。到了1900年，他们显然又被迫重新相信某种未经证实的同一性（unity）和一种曾被他们反驳过的秩序。他们把自己的宇宙降格为与自己相连的一系列关系。他们把自己化约为运动着的宇宙中自我加速的令人眩晕的剧烈运动。”[36]童贞女已不再能鼓舞人们的信心；发电机或科学已失去全部的意义；剩下的只有急速的变化。

在重新刊布于《民主教条的退化》（*The Degradation of the Democratic Dogma*）一书中的三篇文章中，亚当斯以忧伤浅白的语调将这些思考浓缩成“对社会主义、集体主义、人本主义、民主和所有其他思潮的科学根据的历史考察”:《历史的趋势》（The Tendency of History,1894年),《阶段性规律在历史中的运用》（The Rule of Phase Applied to History，1909年），以及《致美国历史教师的一封信》（A Letter to American Teachers of History，1910年）。在删去亚当斯的支持性论据后，他提出的总的论点可以被非常简要地加以说明。那就是：正如能量的耗竭是势不可挡的普遍自然现象一样，社会能量也一定会耗尽，而且现在正在衰竭；我们自己感到庆幸的很多类型的“进步”不过是这种退化的征兆与不幸后果。热力学定律是我们的归宿。根据耗散定律（Law of Dissipation），能量总量是无法增加的，不过，强度肯定会被浪费掉。工作只能通过损耗能量的方式完成，正如水只有顺着山势而下时才能发挥功效。社会在发挥其效能时也付出了同样的代价；而且由于科学家们认识到这一令人不快的事实，他们正感受着一种让人窒息压抑的悲观情绪。所有生命过程都会遇到其自身活动不可避免地会附带产生的退化问题；比如说，大脑的发育会让人的身体变得虚弱。某种超自然的意志或指导力量似乎能解释能量的存在问题，可是这种力量不能解决能量的补给问题。就连人类意识的出现也是生命活力下降的其中一个阶段。借着十字军东征和各个大教堂，人类 316
活动在中世纪达到强度顶点；自那以后，真正的生命力就一直在迅速衰减。1830 这一年标志着人类将巨大的自然物理能量用于为自己服务的开始，同时也使人类变得虚弱，因为力量的获取是以生命力的损失为代价的。在完成工业化之后，我们离社会崩溃和彻底被消灭也就更近了许多。勒庞（Le Bon）说，“只有死人才让我们有了活力”，而我们现代人在割断了与过去的联系后，在这个世界上的日子就不会长久了。

未来的历史学家必定会受物理知识的引导；而且如果要想将能量衰耗的难题解释清楚，就需要另一位牛顿。正如类人猿可能在十万年前朦朦胧胧地摸索着让其种类获得进一步的发展，却没能成功一样，现在的人类也因其能量的衰竭以及人们肆意掠夺的那些自然资源的耗竭而陷入困境。就像 1843 年的彗星一样，人类的进化已经越过了最高点，而我们现在正以可怕的速度远离我们光辉灿烂的岁月。亚当斯将平方定律（law of squares）应用于现代的退化问题，认为现代历史中开始于 1600 年的机械阶段（Mechanical Phase）大约于 1870 年到达其最辉煌的顶点，随后便迅速转入电气阶段（Electric Phase），到 1900 年时，电气阶段可以说是正在进行中了；而且电气阶段只会持续到 1917 年，届时会转入以太阶段（Ethereal Phase）——还有更多这个时期之后的预言。这种阶段性规律的副产品是亚当斯广受赞誉的有关第一次世界大战的爆发与持续时间的预言，以及下述预言：思想（Thought）可能会迫使“分子、原子和电子接受白白的奴役，而这种奴役已经被它加在地球固有的诸元素以及空气、火和水之上，……”不过，延长此类资源的寿命不可能阻止能量最终的彻底衰竭。

在这样的灾难中，以盛气凌人的集中化及由它衍生出来的新集体主义为代表的社会衰败与能量的普遍衰竭完全一样，是符合自然的具有决定性意义的演变过程。紧随新集体主义的一定是社会的败坏，这是一种变相的好事，因为新集体主义的延续是让人无法忍受的；实际上，新集体主义本身就意味着腐败。政治到头来也会有像海平面的水或一摄氏度的热那样的结局。人类像彗星一样，会突然被淹没在永恒的暗夜和无边的空间之中。

基督教正统教义所信奉的那种永恒既是超人类的，也是超地球的；既然真实的世界是灵性的世界，人的归宿就不取决于这个星球的盛衰变迁，
317 却可以被神圣的旨意转移到我们目前的时空世界之外的另一个场域。基督徒靠着这种确信摆脱了能量耗竭的问题；可是，亚当斯不管有多尊崇作为理念之化身和永恒的美之标志的沙特尔大教堂里的童贞女，却无法相信上帝护理的观念。他确信，历史必须要“符合科学”；他虽然有非常独立的思想，却甘心情愿地追随形而上学与神学的众所周知的倾向，顺从科学理论的引导；他认为汤姆森（Thomson）、皮尔森（Pearson）和凯尔温（Kelvin）是无可怀疑的。如果科学“能够证明在某个特定的时间点上，社会一定会重新回到教会的怀抱，并恢复其以前的宗教根基，那它就是在自断生路”。[37]在亚当斯看来，宗教信仰的阶段远比电气阶段高贵；可是他觉得自己毫无抵抗力地在进步的浪潮中随波逐流。在电气阶段，人们也许可以尊崇童贞女，但人们不可能真正地敬拜她。约翰·亚当斯率直却不墨守成规的宗教敬虔让位给了约翰·昆西·亚当斯的重重疑虑，查理·弗朗西斯·亚当斯的人本主义以及亨利·亚当斯的绝望。在伯克的保守主义思想中源远流长、根深蒂固的对上帝护理的信念迷失在新英格兰保守思想的曲折起伏之中。

亚当斯曾在写给亨利·奥斯本·泰勒的信中说，在试炼中，仅仅一种道德支撑力量就差不多够了，那就是斯多葛主义的道德力量——不过仅仅是“理论上”如此。马可·奥勒留是亚当斯心目中人类最高成就的代表，与安东尼时代（the Antonine）一起终结的还有整顿道德标准的

传奇故事。欧文·白璧德在谈起“凄凉可怜的马可·奥勒留”时实际上指的是，在以其门徒亨利·亚当斯为陪衬来思量时，奥勒留皇帝能吞噬一切的孤寂身影就具有了新的让人惊恐的意义。亚当斯说：“气体运动理论（kinetic theory of gas）确证了最终混乱的状态。简单地说，混乱是自然法则；秩序是人类的梦想。……教会一直不停地独自抗议说，无政府状态不是秩序，撒旦不是上帝，泛神论比无神论还糟糕，统一的整体（Unity）不能被证明是自相矛盾的东西。”[38] 卡尔·皮尔森似乎认同教会的观点；亚当斯本人也热情积极地认同它；但是，他身上亚当斯家族的那种压倒一切的理性无法屈从于他内心的渴望。就亨利·亚当斯对保守主义思想的破灭了的认同感，下一代的保守派人士保罗·埃尔默·摩尔有如下评论：

> 为宗教和政治信念——这两者最初是一回事——的缘故，新英格兰的这个家族（他是其中非常自觉且有资格的 318
> 代表者）曾从这个世界抽身出来，以确定他们要准备剥夺哪一种信念在生活上的所有其他价值。为了能自由地遵从这一信念，他们会抛弃传统、权威、形式和象征，以及通常会以习惯的纽带将人们联结在一起的一切。可是，摒弃的自由本身也可能成为一种习惯。实际上，新英格兰的思想史就是有关这一自由被侵蚀的记录，而作为这种侵蚀之依据的那种信念最初是以上述自由为其屏障的。由于其积极的内容逐渐被剔除，人们的信仰已经从加尔文主义转变为唯一神论信仰（Unitarianism），然后又从后者转变为自由思想，直到在我们的亚当斯的那个时代，信仰留给思想的除了固执强硬的否认之外已所剩无几。[39]

上面便是胡克和劳德（Laud）的继承人对马瑟（Mather）和科顿（Cotton）的继承人所下的判语。在失去了宗教背书之后，保守的本能会趋向灭亡吗？亚当斯家族的理念被亨利·亚当斯提升到20世纪哲学思想的顶峰，而布鲁克斯·亚当斯的著述从政治的角度对它们进行了扼要的阐述——与其兄弟一样，布鲁克斯·亚当斯痴迷于他憎恨其后果的那种决定论。

5　布鲁克斯·亚当斯和一个充满可怕活力的世界

> 无法确定的是，人类的加速运动可能会走到什么地步；不过，似乎可以确定的是，已经到了极限的集中化早晚必定会停下来。宇宙中没有任何静止不动的东西。不前进便是退步，而且如果一个高度中央集权的社会因经济竞争的压力而解体的话，那也是因为竞争的能量已经耗尽。
>
> ——布鲁克斯·亚当斯，《文明与退化的规律》（*The Law of Civilization and Decay*）法文版前言

布鲁克斯·亚当斯承认自己是个古怪的人，他也确实如此；不过，他属于那种卓越的怪癖传统，而且以亚当斯家族一贯的勇敢无畏精神公开阐述了他别具一格的悲观理论。他应否被称为保守主义者，是更有争议的问题。他厌恶自己那个时代的美国社会；他的著述试图有意引起自由
319 白银运动的参与者和社会主义者的注意；他认为惰性就意味着社会的死亡，存活下来的唯一机会在于接受进步并针对变化做出调整；他指责资本家与银行家的激烈程度几乎可与马克思相比——而且在若干个具体问题上，特别是他的经济决定论，布鲁克斯·亚当斯的想法类似于马克思。

即便如此，他仍旧鄙视他敦促社会接受的那一变革过程，毫无希望地期盼着华盛顿和约翰·亚当斯的那种共和国；指斥民主为社会退化的征兆和原因，而且在他生命接近终结时，又公开表明对其先祖所属教会的信心。他之所以憎恶资本主义，是因为他讨厌激烈的竞争；他似乎一直都极其渴望稳定与秩序；可是按照他自己的经济与历史理论的逻辑，这个宇宙绝无永恒的东西。

> 在我身家性命的这场危机（1893 年的大恐慌）中，身为律师和历史与经济研究者的我，学会了把人视为纯粹的自动装置，在自己无法控制的力量的推动下沿着阻力最小的路径前进。简言之，我转回到了纯粹的加尔文主义的思想。由于我认识到人类最为强烈的情感是恐惧与贪婪，我推断，可以期望于纯粹民主的不会超过对被如此驱动的自动装置的可能期望。我猜测，我们可以预料到的第一场伟大的社会运动是某种类似于高利贷者天国的东西的降临，随后很快便会出现某种大震荡，而自时间开始以来，这种震荡就一直是此类情势的一部分。[40]

这是其下述四本书的总旨：《文明与退化的规律》、《美国的经济霸权》（*America's Economic Supremacy*）、《新帝国》（*New Empire*）和《社会革命的理论》（*The Theory of Social Revolutions*）；它们阐释了他的历史循环理论，以及他的人是经济力量的囚徒的观念。文明是中央集权的产物，成长于交换中心的四周；伴随着中央政治与经济组织的代理人对更为简单的农业经济人口的征服压制——罗马人征服他们的行省，中产阶级完成宗教改革，大地主驱逐自耕农，西班牙击败印第安人——文明变得越来越富饶。非常具有讽刺意味的是，这种文明的最高成就是高利贷者；高利贷者消灭了曾居主导地位的军人阶层；可是，高利贷者及其恶俗的文化似乎

让人类感染上恶性的病毒，恰如他 / 它们窒息了艺术精神一样。社会活力
320 衰减，庞大的中央集权型经济不再能够有效地运转，衰败与崩溃接踵而至，于是，散居的野蛮生活再次大行其道——在接下来的几百年时间里，同样血腥、毫无意义的历史又会重复一遍。

在整个历史上，文明世界的经济中心——它决定着社会是否均衡——一直在向西迁移：从巴比伦到罗马，从罗马到君士坦丁堡，从君士坦丁堡到威尼斯，从威尼斯到安特卫普。晚至 1760 年，荷兰的经济中心还欣欣向荣，可是到 1815 年时，经济中心已变成伦敦；自那以后，转移的趋势一直在向着美国，到了现在，这种经济政治力量的转移已接近于完成——这是布鲁克斯 · 亚当斯在 1900 年所下的论断。美西战争是美国经济霸权的象征。英格兰面临着可怕的长期衰退的局面，而美国必须要预先采取防范措施，以避免促成英国最终的崩溃。亚洲势力（可能由俄罗斯主导）和美国势力之间隐约开始了一场大规模的竞赛；将来这一竞争决出胜负的地方在中国和朝鲜，而且在未来的年月里，中国的矿产资源会成就一个新的经济阶段。要想在这场竞争中取胜，就必须要高强度的中央集权：“假使因为管理范围最大者的成本最小，扩张和集中化成为必要之举，那么，美国就必须尽其所能地扩张和实行集中化，因为政府不过是参与竞争的巨型公司，而且在这种竞争中，那些在其能量运用上相应最为俭约者会存活下来，而那些挥霍浪费且迟缓者会被低价出售和消灭掉。”[41]

生产与分销的低成本是经济事业成功的源泉，因此也是文明成就的源泉。中央集权程度很可能与周转率成正比，变化速度最快的那个国家会战胜其邻国。对叙利亚、波斯、希腊、罗马、中亚、佛兰德（Flemish）、西班牙和俄罗斯诸文明的考察支撑了这些观点。

尽管竞争与中央集权能带来近期的成功，其最终带来的结果是退化。完全从经济视角看问题的高利贷者既是文明最完备的产物，也是最有局限和最卑鄙无耻的那类人。“为了赚钱，所有其他东西都被牺牲掉了，而

且现代资本家在思想上专注于金钱的程度超过法国革命前法国贵族或律师在思想上对等级的专注程度。”[42]由于过于愚蠢，以至于体会不到尊重和遵守让他免受社会革命冲击的法律的必要性，资本家缺少足以管理 321
他据为己有的那个社会的能力。女人和生产者及思想者已经因资本主义或国家新集体主义——它们是同一枚硬币的两面——的统治而腐化变质，所以，社会中已不存在可以阻止令人恶心的堕落的力量。民主既是这个没有灵魂的物质文明的盟友，也是它的盲从者，事实证明，民主无法履行其奉献与领导的职责；于是，社会组织结构解体，惨淡乏味的拼搏循环又重新开始了。

然而，尽管他鄙视资本主义社会，尽管他有世代相传的对中央集权的反感，尽管他憎恨集体主义，而且尽管他完全不认同把低俗廉价作为真正的成功标准，布鲁克斯·亚当斯仍然认定集中统一的获胜是不可避免的。他敦促在集中的过程中合作，以反制贪得无厌的资本家，并以此表示对自保本能的尊重。保守思想、社会惯性、对传统的顺服——这些行动的指针注定要毁于经济定律的冷冰冰的过程。他说，保守主义“从本能上抵制变革，但这种抵制并不明智，而且导致被压抑的能量猛烈爆发的主要原因正是这种保守主义，而我们称这种大爆发为革命。……对于思想保守的民众，屠杀便是自然的补救方法”。[43]我们的教育机构应该针对这一巨大的变革过程调整自己，以减轻变革进程的剧烈程度。我们应该无视让事情保持原样的情感本能，像对待任何其他事务那样冷静地看待政府的治理，同时认可道德上的变化，就像认可所有其他变化一样，因为无论做什么都无法阻止它最终的压倒性胜利。“美国的产业中肯定一直都会存在着资本与劳动之间的摩擦；可是，这种必然的摩擦可能会因保守思想而被无限地放大。历史充满了这样的例证：由于像布鲁图斯（Brutus）、法国特权阶级或帕特里克·亨利那样的不喜欢动脑子的惰性，文明被摧毁了。”[44]我们必须暂缓所有的论断，以待新的证据。“正在逝去的世代能够给予后来人的只有这种不同寻常的好处：它能帮助他们缓和受传统奴役的程度，而正是这种奴役常常阻碍他们，让他们过晚地屈服于那不可避免的结局。”[45]

上述教导的问题是，布鲁克斯·亚当斯既不遵从它，也不相信它。他是最不可能默默承受将来的中央集权和让人窒息的恶俗统治的人；他也
322 是最不可能因暂时搁置信念问题而放弃亚当斯家族峻厉道德的人。布鲁克斯·亚当斯的结论与他的每一个成见都背道而驰。如果他真的相信可以心甘情愿地与即将到来的秩序合作，那他当然就不会写作他的那些书。亚当斯家族的人——最突出者便是亨利——习惯于以冷嘲热讽的悖论或者冷峻的夸张手法表达自己的想法，而这常常会导致误解；但是，人们很难说布鲁克斯·亚当斯的整套哲学思想都是在反讽。相反，它似乎是半反讽的抗议的怒吼：亚当斯上了决定论者的圈套，正努力地以体面的方式挣脱那些枷锁。实际上，他预言并建议附和的那种可怕的整齐划一所编织的恐怖景象正是约翰·亚当斯及其后裔在将近一百五十年的时间里所努力反对的。虽然他表面上推崇扩张、集权和冷静地接受变革，实际上，他知道这些会毒害他所珍视的一切，于是他禁不住要发出被部分地压抑着的受折磨的呻吟声，这也证明了其理论的虚伪性。

他说其中的原因是，竞争与集权的过程引发了1914—1918年的战争；而且这一过程所导致的领导力的退化让恢复明智的和平成为不可能的事。更为恐怖的是，资本主义工业化运动抹杀了女人的性别特征。性别本能在我们的思想中受到压制，在我们的教育中被忽视，而且在女人身上被转化成对男人的不体面的可耻的效仿。“无论从哪个方面看，作为社会黏合剂、作为家庭主人以及作为凝聚力核心的女人都已不再存在。女人已成为四处流荡的孤立单元，一种弥散性的力量，而非聚拢性的力量。”[46]家庭原则退化了，于是，整个社会结构都处于危险之中了。我们的法律体系也受到这种毒素的腐化。税赋正让社会多元化和财产继承权变得可

以忽略不计。我们在工会中见识到的民主追求向下看齐的趋势与天然的竞争体系相冲突，结果必然猛如大爆炸。“社会战争或屠杀似乎是民主哲学思想的自然归宿。”如果这是我们屈从于无可抗拒的变革后的可能前景，那为稳健调整的缘故而提倡放弃传统就显得令人费解了。布鲁克斯·亚当斯在与自己的论辩中从未做到前后一致；他的饱含学问、充满诗情画意的著述处处都是非凡的概括性结论和耐人寻味的推论，不过却没有条理清楚的论证。

他唯一确信的是瓦解消亡。“几乎就在华盛顿刚刚下葬之际，民主所 323
依赖的那个平庸体系的追求平等的工作就开始了。……民主是由相互冲突的思想与相互冲突的利益组合成的无限大的集合体，在现代或竞争性工业体系这一溶解剂的持续作用下，这一集合体基本上被溶解成蒸气，而随着其不断膨胀，这种蒸气就相应地迷失在集体主义的思想能量之中。”[47]因此，新兴的美利坚帝国以及美国正在崛起的经济霸权必然会伴随着智慧与自由的沦丧，进而会毁掉华盛顿、亚当斯或杰斐逊的那种美国体制。我们必须面对这种无远弗届的物质大行其道而灵性被彻底铲除的状况；事实上我们必须拥抱它：“以前世代的美国人过着一种简朴的农业生活。这种生活可能比我们的生活更为快乐。很可能，激烈的竞争不是什么好事。我们无法改变我们的环境。造物主已将美国抛入世人所知的最为激烈的争斗旋涡之中。它已经成为这个时代经济体系的核心，而且它必须以才智和力量维系它的霸权，否则会共尝被抛弃的命运。”[48]

这里面有赫胥黎和斯宾塞的味道，以及“竞争性进化”与积极实证主义（aggressive positivism）的回声；布鲁克斯·亚当斯受科学决定论者的影响是显而易见的。在上面所描述的竞争中，牺牲似乎大于收益，那么归根结底，“共尝被抛弃的命运”不是要好于共享胜利者的结局吗？这是帝国主义，却没有了罗斯福或张伯伦的确信，也没有了吉普林（Kipling）的盼望与献身精神。从正统基督教的视角看，成为被抛弃者中的一员远远好于主动地进入到下一个沉沦的阶段；可是，与他的兄弟一样，布鲁克斯·亚当斯的宗教信念只剩下一点点痕迹。

这就是美国保守主义思想在那昂首阔步前进的五十年中的命运。永
324 不满足的扩张承载着那个时代的激情，扩张的力量冲击着由习俗与惯例组成的破败的堤防。南方的被毁使得美国不再受那一地区的保守主义的影响。它为以前连做梦都想不到的保护性关税开辟了道路，为开发空旷的西部开辟了道路，为城市利益群体战胜乡村人口开辟了道路，为一种文明在其中完全从属于经济欲望的生活体系开辟了道路。为满足其欣欣向荣的产业的需要，这个时代需要移民，而移民们改变了美国民众的特性，如此一来，洛威尔的“新爱尔兰”很快被蜂拥而至的意大利人、波兰人、葡萄牙人和中欧人吞没，这些手足无措的人让那些城市中的大亨们牢牢地控制住了公共生活。精妙的习俗不仅遭到破坏，还被踩碎在脚下。作为约束这一狂野时代并吸收同化上述外来群体之凭借的美国教育体系本身，也因巨变的洪流而陷入混乱迷茫、风气低沉的状态。随着欲望催生出更多新的欲望，整个国家就跟着麦金利总统（McKinley）一起跌入不知害羞的贪婪欲望之中，跟着西奥多·罗斯福陷入兴奋的好战情绪之中。真正的保守派人士连喘口气的机会都没有。

即便保守派能够引领声势浩大的公众舆论，他们也几乎不知道要把国家带往哪个方向。由于 19 世纪的科学主张打乱了他们的首要原则，而且他们也怀疑起自己古老的形而上的价值观，他们在实证主义者、达尔文主义者和天文学家面前退缩了。洛威尔试图对新科学视而不见；布鲁克斯·亚当斯因自己基于新科学的推论而沦落到虚无主义的状态。到第一次世界大战结束时，真正的保守主义几乎在美国绝迹了——只存在于拒绝被自己那个时代的膨胀的欲望所裹挟的顽固不化者的小圈子内，存在于在农村人口中仍普遍存在的对变革的朦朦胧胧的抵抗里，也存在于某些教会和学院中的稀里糊涂、半心半意的态度之中。除此之外，对变革

的热衷总是超过对连续性的坚持。

在美国，自 1906 年起投入使用的汽车到了 1918 年就开始瓦解并开启新的通信、礼仪和城市生活模式；要不了多久，人们就发现，汽车以及让其成为可能的大规模生产技术能够以比最为独断的暴君更为彻底的方式改变国民的品性和道德观念。它就像机械上的雅各宾，堪比发电机。让这些车辆变得廉价的生产过程对旧有生活方式起到的颠覆作用，超过了汽油发 325
动机本身。亨利·福特这位将速度点石成金的大富豪把自己童年时代的简单淳朴从记忆中一扫而光；而在老了之后，他隐身在其巨大的露天文物博物馆的砖墙之内，因新发明的器物对观念的影响而惊慌失措。大规模生产方法——他是其最为著名的实践者——在改变人性上所取得的成就甚至超过了蒸汽机，摧毁了对身份地位和家庭的自豪感。彼得·德鲁克（Peter Drucker）先生在评论流水线和新型工业主义时说：“它摧毁了传统职业与技能的社会声誉，连带着也摧毁了个人对他传统工作的满足感。毫不夸张地说，它将个人从他生长的社会土壤中连根拔起。它贬低了他的传统的价值观并瘫痪了他的传统行为方式。”[49]

政府在竭尽全力地试图跟上工业世界的速度。1913 年通过的有关联邦所得税的宪法修正案是被当作紧急状态下令人痛苦的救急办法获得通过的，这与它在谷物法被废除后在英国获得通过的情形一样；而且和英国的情况一样，在紧急状态过后，两个政党都无法废除所得税。作为有针对性的社会变革的一种手段，所得税很快就成为那一不自觉的力量也即第二次工业革命的补充。在上述新动向以及其他几乎同样可怕的新花样的冲击下，再加上他们的原则被稀里糊涂地用于为“自由企业”和白手起家之人做辩护，保守派人士的一败涂地就没有什么可奇怪的了；而他们也没有无条件地屈从，这是让人称奇的事。亨利·亚当斯在其临终的那个月份写信对他的友人盖斯凯尔（Gaskell）说：“自 19 世纪 40 年代以来，你我所经历的那各种各样的场景现在已遥不可及，就像它们曾出现于马可·奥勒留的时代一样；实际上，我非常确信，如果我们生活在斯多葛学派的时代，我们舒服自在的程度要超过我们在将来的立法机构中所能希望达到的程度。”[50]那是在 1918 年，美国是当时世界上实力最强的国家，因此，如果要想延续古老的生活准则，美国很可能不
326 得不肩负起这项使命。

第十一章　随波逐流的英国保守主义：20 世纪

俗话说："你让那些人在管理王国事务上有发言权，但在他们所从事的职业上，不要让他们分享管理权。"现在，如果从最符合逻辑的角度将这句话理解成："你把自己的手枪给了迪克·特宾（Dick Turpin），却反对他用它们逼迫你将自己的钱包交给他"，这里面确实有深意。作为对让出手枪之谬误的反驳，它具有一锤定音之效，让人佩服，可惜的是，它为时已晚。不过，从其他方面看，它仅仅是晚了点而已。

——乔治·圣特斯伯里（George Saintsbury），

《第二本剪贴簿》（*A Second Scrap Book*）

1　贵族政治的终结：1906 年

1895 年之后，支持保守党的利益集团是如此强大、如此多元，以至于要是搁在英国历史上的任何其他时期，保守党的地位都会是不可动摇的。在哈廷顿勋爵（Lord Hartington）的带领下，以前的辉格党地主家族已经在1886年归顺托利党；而那些自由统一党（Liberal Unionists）则与约瑟夫·张伯伦的持帝国主义立场的激进派结成同盟。上等阶级和上中产阶层——实际上是在庞大的中产阶层中占有优势地位的那部分人——现在都成了保守派：托利党在历史上首次获得了富人们的普遍支持。

托利党人还拥有更有价值的东西：民众普遍支持宣传给他们的新帝国主义政策。预见到这股扩张潮流和帝国主义情结的迪斯雷利让保守党的政策迎合了这一趋向；不过，他行动的动机不仅仅是出于单纯的便宜
327 行事。由于他确信在英国这个城市人口占主导地位的国家，农业的衰败已无法挽回，而且预见到来自德国、美国和其他强国的激烈的产业竞争，他已经知晓，在一个贫穷、人口过多且因日益狭窄的视野而意志消沉的国家，保守政策会受到冷遇。帝国的资源和帝国的市场是防止出现这种前景的最佳办法。因此，迪斯雷利的帝国主义非常吻合他的保守主义立场，尽管如伯克曾认识到的那样，一般而言，帝国主义扩张对任何保守型社会来说都处处是风险。就现实情况来说，托利党人现在成了英帝国雄心在政治上的受益者，而且索尔兹伯里勋爵在外交事务上的才干树立起了保守派作为英国荣誉和英国海外利益捍卫者的名声。

索尔兹伯里仍旧以其直率灵巧的手腕支配着保守派人士和统一党，并取得引人注目的成就。讨厌系统性变革的他成功地对英国制度进行了非常有效的修修补补，以至于从表面上看，旧秩序几乎没有发生任何变化：1867年和1884年没有摧毁英国的宪制或英国人的特性。他的外甥阿瑟·贝尔福是英国下院的保守派领袖，也是一位思想家、文人雅士，富有魅力、善于辞令、极其聪明。已被挫败的老迈的格莱德斯顿于1894年3月辞职；十五个月之后，自由派失去了执政权；在1895年7月的大选中，统一党获得多数席位，其席位数量比自由派和民族派（Nationalists）的总和还多152个。张伯伦将主要精力投入到殖民事务之中。自皮特那个时代以来，保守主义好像还没有获得如此牢固的优势。

他们的老对手自由派在士气和所获得的支持上都是自福克斯（Fox）时代以来最差的，而且他们注定会进一步分裂；他们在 1894 年的唯一一项立法成就——哈考特的遗产税——标志着他们在全力追随集体主义潮流。“我们现在都是社会主义者。”* 自此以后，自由派便搞不清楚他们相信什么，而公众也察觉到他们的摇摆不定。他们在 1906 年再度获胜，但此后再无胜绩。他们思想主张——曼彻斯特政治经济学加密尔父子的伦理学与社会学——的根基分崩离析了。由于毁掉了英国原来的习惯性生活安排并将权力拱手让给了人民大众，自由主义让自己变得过时无用了；它 328
不知道该如何面对 20 世纪。索尔兹伯里勋爵说，不管是何原因，权力已脱离政治家的掌控，不过，“得知权力已经到了谁的手中，我真是非常困惑”。如果这位卓尔不凡的贵族无法再执社会之牛耳，那自由派肯定就无法再指望去成为新时代的主导力量。G.M. 扬先生评论说，19 世纪的自由主义方案已变得让人不可思议地陈旧过时：

> 那些准则立足于这样的前提之上：任何时候都会有很多——而且数量一直会增加——男男女女对维系公共事务的秩序感兴趣，并能够让他们的利益被别人感知到——不是在选举时被间歇性地感知，而是持续地被感知：通过阅读，通过讨论，通过自己思考问题的出路并与邻舍谈论这些问题。可是，这一前提又依赖于这样的假设：政府的运作一直都在勤勉应付个人事务的理智公民的理解范围之内，而且他之所以感兴趣，是因为他觉得他能够为此做点什么，哪怕只是作为公众舆论的参与者。自由主义没有预见到也无法预见到的是，政府治理越来越高的复杂程度及其单纯的范围便超出他的理解能力，而且政府所拥有的

---

* 但是，威廉·哈考特爵士不记得曾说过被归到他名下的这段话。——作者注

> 知识量使得其行动超越了自由主义所理解的那种公共舆论的控制：知识就是力量，而且正如我所揭示的那样，可能被有着明确目标的、团结紧凑且意志坚定的一小撮人所掌控的现代政府的物质和精神力量，也许远远超过了可以想象到的任何独裁体制的力量。[1]

因此，由于人性中的这一特质再度显现：理性不足以引导多数人，自由派便遭到惨败，而托利党人一直都明白这一特质大体上是恒定不变的。博林布鲁克在三百年前就曾说过："理性对大众只有很小的影响。常常像猛烈的狂风那样骤然而起的想象的转变决定着他们的行动。"20 世纪公众舆论的混乱迷茫证实了托利党人的这一源远流长的假设。然而，十年之后，得意洋洋的保守党尽管所面对的只是一个被彻底挫败且惊慌失措的反对势力，但它自己却衰落了，而且再也没有从这一衰落中完全恢复过来。在 19 和 20 世纪之交的英国，保守主义到底怎么了？托利党 1906 年
329 失利的最直接的政治原因轻易就能被罗列出来——张伯伦关税改革努力的失败；不从国教者对 1902 年教育法案的怨恨；将中国苦力输入到南非的做法；让工会对其会员行为负责的泰福·维尔（Taff Vale）裁决。但是，诸如此类杂七杂八的不满尽管很强烈，却不会毁掉一个伟大的政党。真正造成保守派不幸的有更为深刻的原因，即维多利亚时代自信心的衰减以及社会主义者不断扩大的影响力。

1901 年，即维多利亚女王去世的那年，也标志着维多利亚时代经济发展的终结。自 1880 年以来，真实工资就一直有相当幅度的增加（在二十年间总共增长了三分之一），在进入 20 世纪后不久便达到较高水平，然后就不再有变动。英国的产业竞争对手在它们政府的保护性关税的帮助下对英国所构成的竞争，再加上颇有势力的英国工会的限制性做法以及英国商人莫名其妙的懒散松懈［阿尔弗雷德·马歇尔（Alfred

Marshall）以及后来的哈勒维都讲到这一点］，让英国的生存所仰赖的国
外市场变得岌岌可危。1873 年和 1883 年的萧条预示了未来的景象。这一
威胁非同小可；不过暂时来说，它仅仅阻滞了经济发展而已。如果说真实
工资没有增加，那么，在 20 世纪的前十年，它也没有明显下滑。对于一
个痴迷于进步理论的民族来说，由于边沁主义、自由主义和许多保守派
人士教导他们说，他们完全有权利期待物质财富和总的幸福的稳步提升，
单纯的稳定便与衰败没有什么差别。自 19 世纪 40 年代以来，英国大众
的物质境况就一直在改善；现在，六十多年的进步被在很大程度上超出任
何政党控制的力量终止；可是，现代的民众（在廉价低俗媒体的鼓动下）
倾向于要求政府帮他们维持生计，并将世界范围内的灾难——实际上是
不可抗力——的责任算到政府头上。在保守派 1906 年大溃败的背后，是
民众普遍模模糊糊地认为，英国事务肯定没有被管理好：民众曾被告知进
步是势不可挡的，可是不知是何原因，它正受到阻碍。以前，这种不安
使得民众普遍支持帝国主义，因为公众意识到（正如乔治·奥维尔在半
个世纪之后所描述的那样），如果英国民族只能获得他们岛国上的资源，
“我们所有人都将非常穷困，而且不得不非常努力地工作”。英国已经失
去了制造业上的大部分比较优势；从某种程度上来说，它正苦于自然优势 330
绝对减弱的局面；没有政党或政治思想能补救这一点。* 可是，普通人都
享有投票权的国家没有边沁想得那么可爱理性。

于是，当 1905 年的贝尔福政府为保住执政权而努力之际，他们因这一虽难估量但极其不利的障碍而陷入苦苦挣扎之中。贝尔福并非最杰出

* 实际上，劳工阶层的真实工资在 20 世纪时的确偶尔会增加，特别是在第二次世界大战之后，因此，有些乐观的统计学者计算出真实工资在 1900 至 1950 年间增加了 50%；不过，所有这些成就的取得几乎全靠实证立法强制下的蓄意的经济均等化措施，而不是社会财富的普遍增加。参见 J.H. 胡伊兹格（Huizinga）先生的文章《不流血的革命》（The Bloodless Revolution），*The Fortnightly*，April and May，1952.——作者注

的政治谋略家，不过，在这样的处境下，迪斯雷利也不可能在选举中获胜。这一困境是物质条件影响心怀不安的选民所造成的结果；对统一党政府来说同样糟糕的是，重组后的富有进取心的社会主义运动的影响力：该运动现在已摆脱了其初期的乌托邦主义和异国情趣，所以自由派的身后隐隐约约地闪现着他们强劲勇猛的身影。自 1889 年伦敦码头罢工取得胜利以来，[区别于更古老的行会联合主义（trades-unionism）的] 产业联合主义（industrial unionism）和工会的政治活动都迅猛增多；费边主义者放弃“势在必行的渐进主义”，转而寻求与这些具有实践经验的集体主义者结成联盟。

于是，在艾斯奎斯和劳埃德·乔治（Lloyd George）的领导下，自由派认为他们最佳的生存之道是提倡激进的社会改革。正在崛起的新一代自由派政治人物急匆匆地拥抱经济均平化的纲领，恰如之前的约瑟夫·张伯伦曾借着激进变革的潮流发迹一样，也恰如威廉·哈考特爵士曾利用这种情绪创立新的遗产税一样。但是，社会主义不会满足于自由派的中间路线：落败失利的贝尔福察觉到，在 1906 年的下院选举中获胜的 53 名工党议员比 377 名自由派议员更为重要。议会中第一次有了一个难以对付的工党议员群体；从此以后，英国现实政治的斗争将发生在保守派和社会主义者之间。

2　乔治·吉辛和《阴间》

331 要清楚明白地理解在索尔兹伯里和贝尔福时代搅扰英国社会的那种急速变革的性质，几乎没有比阅读乔治·吉辛（George Gissing）的书更好的办法。这位研究苦难的行家里手最初是一位政治和道德激进分子、实证主义者和社会主义者，出生于脏兮兮的韦克菲尔德（Wakefield）的一家药房上面的一个房间里，并且命中注定要在伊斯灵顿（Islington）、科勒肯威尔（Clerkenwell）或陶滕汉姆庭院路（Tottenham Court Road）的凄凉阴暗的房子里度过一生中的大部分时间。他在1879年写给其兄弟的信中说："我们要完成一项破坏性的任务；我们必须摧毁国教会（State-Church），并尽我们所能地削弱它对民众思想的控制。在这里平整，在那里犁地，然后田地最终肯定会变成适于播种的样子。"[2]吉辛对现代无产者和人性的阴暗面的认识逐渐达到可与任何敏感的英国人媲美的程度；而且这种认识让他变成一名保守主义者。进步？他曾见识过进步带来的结果。他于1892年写信告诉他妹妹爱伦（Ellen）："我担心，由于仍在持续进行中的社会革命，我们还要经历很大的麻烦。……我们无法抗拒这一革命，不过我尽己所能地支持信任智识贵族的那些人，反对缺少教养的群氓的野蛮统治。"[3]《亨利·雷克罗夫特的私人文件》（*The Private Papers of Henry Ryecroft*，出版于1903年，也即吉辛去世的当年）是一位天然的托利党人的作品："想想我曾一度称自己为社会主义者、共产主义者或者你们喜欢的任一种革命派人士！的确，那没有持续多长时间，而且我感觉到，每当这些说法从我的嘴唇中蹦出来时，我里面总是会有某种东西在冷笑。所以啊，我对财产权理解的深度超过所有活着的人；而且也从来没有任何人在任一方面比我更像个坚定不移的个人主义者。"[4]现今的这个时代［正如疯狂的杰克（Mad Jack）在《阴间》中惊叫的那样］是地地道道的地狱，而集权国家将成为它最核心的小圈子。

吉辛早期的支持者弗雷德里克·哈里森和约翰·莫雷一度让他认同了实证主义；可是，吉辛孤僻的个性很快就让他明白了缺少超自然信仰的人类存在是何等孤独可怕；而他对现代生活的分析——其对象不管是他从中获得冷酷名声的贫民窟抑或后来他在短暂的职业生涯中逐渐结识的那些时尚名流——揭示了一个失去道德行为准则的社会的必然趋向。他再也没能恢复自己的信仰；不过，他对旧式神职人员——《人民》（*Demos*）中的维沃恩（Wyvern）先生或者《生于流亡中》（*Born in Exile*）的教区牧师——的描写，显示他渴望寻求已经失去的确信。他否定了自己年轻
332 时的不宽容的不可知论信念，因为他当时曾说，他不会堕落到让那些仅仅凭借情感获得确信的人改变他的信仰。“以科学为根据确立你的信念，并清楚无误地让它们与不同层级的人类知识挂钩，然后我们大大方方地让它们在我们的体系中占有一席之地”——这是他在 1880 年给他妹妹的告诫。[5] 二十年后，他承认了自己的失误；科学——不管是思辨性的还是应用性的——是加增我们这个时代的不幸的罪魁祸首：“我之所以痛恨、恐惧‘科学’，是因为我相信，在未来的很长时间里（如果不是永远的话），它将是人类冷酷无情的敌人。我看到它正在毁掉生活中所有的淳朴与温柔，以及世界上所有的美；我看到它正在文明的面具下恢复野蛮；我看到它正在让人的思想变得阴暗，让人的心灵变得僵硬；我看到它正招来大冲突的时代，而且这种冲突将让‘过往的千万场战争’黯然失色，并很可能将人类所有以艰辛努力换来的进步都淹没在浸透了鲜血的混乱之中。”[6]

写作《黎明中的工人》（1880 年）的那个男孩满脑子都是拉斯金式的社会主义思想，渴望成为“先驱型激进派政党的代言人”。不过，社会改革采取的是实证主义的路子，与此同时，吉辛在逐渐成熟之后便看清了穷街陋巷的居民们的真面目：四年后，《无阶级的人》（*The Unclassed*）一书中的威马可（Waymark）解析了吉辛自己年轻时的带有感伤情绪和自我中心思想的社会主义。“我常常以细微地解剖以前的自己为乐。在狂热的激进主义、工人俱乐部讲座以及诸如此类活动的那些日子里，我没有意识到自己的伪善；问题出在我当时对自己的理解还有很大的缺陷。我为苦难中的大众所发的那种热心不过是一种伪装，它实际上是为了我自己匮乏但渴望得到的东西。我穷困绝望，生活没有乐趣，未来似乎毫无希望，

但我充满了强烈的渴望，我身体里的每一根神经都是某种急切地希望得到满足的欲望。我视自己为穷苦人和无知者；我没有把他们的追求变成我自己的追求，而是把自己的追求当作了他们的追求。我为自由大声疾呼，因为我自己成了无法满足的欲望的奴隶。”[7] 自此以后，吉辛抛弃了各式各样的社会主义，宣称他想要让自己专注于文学艺术事业；不过在此后多年，他的艺术作品也是对社会苦难的揭露。

与威马可一样，他并非生下来就是激进分子。他无法爱穷苦无知之人：作为一个群体的他们让他感到厌烦，就像包围着他们的丑陋的工业和败坏的城市那样让人讨厌。受苦受难的大众无法约束他们自己的激情：他们也不适合统领社会。这是《人民》（1886 年）一书的主题，随着小说情节的发展，书中的劳工阶级的英雄人物理查德·穆提摩（Richard 333
Mutimer）被证明是劳工阶级的无赖，因野心和成就而腐化堕落；被摧毁的年轻乡绅揭穿了穆提摩慈善项目的伪装，整个人也更为善良明智。《瑟扎》（*Thyrza*，1887 年）中的吉尔伯特·格雷尔（Gilbert Grail）是另外一种工人，谦卑且慷慨大度；可是贫民窟把他压垮了。吉辛描写伦敦无产者的最出色的小说是《阴间》（1889 年），在他早期的小说中，这本书最具让人惊奇的说服力——托马斯·塞科姆比（Thomas Seccombe）评论说：“就某些方面来说，这的确是他最优秀的作品，**若要好评，功夫得到**，书中最能打动人的描述是，对那使人脸红的点点滴滴的烦恼的记忆相对平和镇定。”[8] 吉辛已经放弃了社会主义，他现在谈论的是**义务**，而非权利；唯一具有可行性的改革是改进自己的品格。

科勒肯威尔是《阴间》一书描述的重心，那里慈善收养院的脏兮兮的拱门矗立在地下世界的废墟之上。“在你可能去到的科勒肯威尔的任何地方，每一只手上都有各种各样的辛勤劳作的证据，而且这些辛劳像噩梦般让人无法忍受。”品格正派之人与让人腐化败坏的贫穷的斗争，是这本冰冷无情的小说将拼死努力的人们串联在一起的主线；当斗争结束时，幸福仍不属于任何人；不过实情是，很少人会奢望幸福。且不管是否幸福，有两个人在某种程度上战胜了贫穷，因为他们以一种不屈不挠、听天由命的精神履行自己的职责；他们坚守自己身上最优秀的品质。《阴间》从墓地开始，并结束于另一个墓地。在经历了生活的挫折之后的第三年，失去了盼望与爱的西德尼·柯克伍德（Sidney Kirkwood）和简·斯诺敦（Jane Snowdon）在春天的一个阴沉沉的早晨相遇了，在墓碑上握手，互相道别，然后各自回去履行他们单调乏味的职责。对于现代城市生活所造成的腐化堕落问题——在射手花园（Shooter's Gardens），其最糟糕的一面让人惊恐，即使在还算不错的呆板迟钝的克罗齐终点（Crouch End），它的单调沉闷也让人不堪忍受——除了坚毅地面对并自我调整之外，吉辛也找不到可以避难的地方。对于柯克伍德的社会公义的梦想，对于约翰·休伊特（John Hewett）对普选权的热衷，他报以同情惋惜的微笑。在吉辛描述的这个艰难的世界里，人的全部职责就是坚守在自己品格的堡垒里。

吉辛后来的小说大部分都延续了各个社会阶层对现代生活所造成的失落与孤独感的抗争。这是教育过度的世界，也是《新格拉博大街》（*The New Grub Street*）所描述的世界——在那本书中，哈罗德·毕芬（Harold Biffen）在公园里吞下了毒药。这是《被解放者》（*The Emancipated*）、《奇怪的妇人》（*The Odd Women*）、《禧年》（*In the Year of Jubilee*）和《旋涡》（*Whirlpool*）所描述的女性自由但痛苦的世界。这是《登奇尔的采石工人》
334（*Denzil Quarrier*）、《生于流亡中》和《我们的骗子朋友》（*Our Friend the Charlatan*）所描写的充满了欺诈和毁灭性的自私自利的世界。而吉辛的全部努力都是为了维护道德上的保守立场。现代的改革者着了魔似的执意要让劳工阶层感到不满，这是对我们所有人的咒诅。——《人民》中的维沃恩说："这是当下时代的巨大谬误之一。不，这些改革搞错了自己要针对的人群；它们在开始时就弄错了自己的定位。如果我们觉得有必要的话，就让我们提高自己的声音，为古老单纯的基督教的规则呼吁，并尽力让有教养者听到我们的声音。”[9]吉辛在他后期的作品中就是这样的训导者。不过，他对社会重生不抱很大希望。

原因是，现代思想的傲慢的世俗化立场正摧毁我们文学与哲学中一切美好的东西；见解正确的老教区牧师正让位于像《生于流亡中》里的布鲁诺·西尔沃思（Burno Chilvers）牧师那样的伪君子，后者在私下里宣称：“科学成果是上帝传递给我们时代的信息；忽视它们、恐惧它们就是仍处在旧律法的辖制之下（而新的律法正要求我们遵从它），也就是在重复犹太人很早以前所犯的错误。少点圣保罗，多点达尔文！少点路德，多点赫伯特·斯宾塞！”[10]不管是被称为激进主义还是被称作更符合掌控这个时代的市侩庸人的口味的其他名目，新的集体主义旨在抹杀让单纯的肉体生命变得可以忍受的多样性与个体性。吉辛在 1887 年写道：“希望我们不要活得太长，以免看到民众得到它想要的所有权力！”[11]吉辛曾在 1879 年期待 1900 年会出现很多伟大绝妙的东西；可是，当新世纪到来时，他看到的是一个处于巨大危险之中的极其衰败的社会。“世界正欢欣愉悦地趋向野蛮化。毫无疑问，未来许多年将会有持续不断的战争。阅读报纸会让我感到恶心；我尽可能地向以前的诗人学习。……谁知道有什么匪夷所思的恐怖结局在等待着世人呢？文明上一次处于如此糟糕的状态，还是在至少一个半世纪之前。”[12]《旋涡》结尾部分所描述的哈维·罗尔夫（Harvey Rolfe）半带嘲讽地大声吼出了他对新帝国主义的认同：它让我们摆脱了可恶的道德混乱状态。

《亨利·雷克罗夫特的私人文件》是一本优雅庄重的小书，表现了一种高尚的享乐主义精神。当它于 1903 年出版时，身在圣让·德鲁斯（St. Jean de Luz）、年龄刚过四十岁的吉辛很快就将死于结核病。这本书宣告了其作者热爱英格兰所有历史悠久的东西，从篝火到教堂的钟声；就其保守性影响而言，他对提醒慎思明辨之人注意古老习俗中蕴藏的真理和美所起 335
到的作用，大于本世纪英国议会记录中的所有托利党人的演讲。吉辛公开弃绝所有追求新花样的异端邪说；他说，我们必须像吊在深渊上的人那样死死抓住那个更美好世界的遗留物不放。他并非民众的同路人。“我身上的所有本能都是反民主的，而且一想到我们的英格兰在民众的统治下变得势不可挡时所呈现的样子，我就害怕。”融入群体中的人会变成不加遮掩地准备干任何坏事的家伙。“对所有更加美好的文明愿景来说，民主充满了危险，而且与民主天然相伴的、基于穷兵黩武的王权的复兴使得未来前景变得极其捉摸不定。某个杀戮之王一定会崛起，而且各国都将相互撕咬对方的致命之处。”[13]针对这些可怕的群体性思维和无政府冲动，首要的防范机制是英国的政治传统：英国人对抽象的政治理论无动于衷。

> 从政治的角度来说，他们的优势在于认可便宜行事的原则，再加上尊重既成事实。对他们来说尤其清楚的一个事实是，他们的思想、他们的性情以及他们的习惯适合于这个四面环海的地区靠世世代代缓慢的努力建立起来的一套政治体系。他们对空想的东西毫不在意：他们从来没有费劲用力地思考人的权利。如果你和他们（长时间地）谈论店员或庄稼汉或屠夫的权利，他们会倾听；而且在查验过与此类问题有关的事实后，他们会找到处理这些问题的办法。他们把自己的这种特点称作常识感（Common Sense）。从总体上说，这一特点对他们有极大的益处；人们甚至可以说，世界其他地方从中获得的好处也不是一星半点。说非同寻常的见识（Uncommon Sense）有时可能会改善他们的命运是完全不得要领的。英国人以就事论事的态度处理问题，最重要的是认可他自己的现实本性。[14]

民主有悖于英国人的传统和根深蒂固的想法；英国的未来取决于协调贵族观念（与白哲浩在四十年前就依依不舍地看着正在消亡的服从精神）与灰溜溜的大众的问题。“按其自身本性的规律来说，民主体制下的英国人处于危险的状态之中；他失去了用以引导其粗鲁、放荡、专横霸道本能的观念；他以普通的平民取代贵族，前者可能生来就有各种粗鄙的做派，而后者生来就有高贵的品质。而且尽管他吵吵嚷嚷地尽情展示他的自信，本人却常常充满了疑虑不安。”[15]

这样，在20世纪临到之际，对伯克的信念做出回应的是来自西莱丁磨房乡下（mill-country）的身为无产者的小说家，保守党在那个时代最受欢迎的领导人是一位来自伯明翰的激进派制造业主，他为英国的四千二百万人口成功地夺得了南非的黄金与钻石，而在当时的英国，维多利亚时代的强健热情的活力正在消退。对于约瑟夫·张伯伦或西德尼·韦伯所预见的英国的那种未来，乔治·吉辛极为鄙视。在这个处处耸立着工厂、非人化的国度，很可能，“‘家庭’一词只具有一种特殊的含义，意指依靠老年人养老金生活的退休工人的共同居所”。甚至一度是英国特色的舒适似乎也在消失，被新的社会政治形势扼杀：“只要看一看新型的乡村、城镇里劳工阶级的生活区，在富人居住区中兴起的‘公寓’，人们就几乎只能这么想。也许这样的日子很快就会到来：尽管‘舒适’一词继续在许多语言中被使用，它所代表的意义却全都无处寻觅了。”[16] 336

阴间灵性极其匮乏的状况扩散到整个社会，就是这个样子；吉辛凝视着未来的那个整洁有序的新集体主义的地狱，似乎与法利纳塔（Farinata）一样，对阴间很是不屑。这将是我们社会革命达到高潮时的景象。既然如此，仍是个男人的我们这类人只要还能呼吸，就会坚定地持守已被削弱的既成体制和正在消逝的美好东西。

3 阿瑟·贝尔福：灵性保守主义与社会主义潮流

阿瑟·贝尔福是过去百年间最有意思、成就最小的政党领袖之一，毫无疑问会认同吉辛的这一说法：现实政治是没受过多少教育之人的娱乐。他是一位哲学家，但并非具有原创能力的政治思想家：与他的舅舅索尔兹伯里勋爵一样，他既不相信笼统的政治观念，也不热衷于追名逐利。这不是要贬低他作为一名政治家的才干：他属于运气好的那一类绅士，能够在刚刚落下的雪上行走，却不留痕迹；如果他愿意的话，他能熟练采用模棱两可的办法以达成妥协，而且他一度几乎可以让所有人感到满意。实际上，尽管他能洞悉人的动机并拥有老练的政治手腕，他那和蔼可亲
337 的个性造成了他最明显的自相矛盾并导致重大的失败：1902 年的教育法案、锡安主义和贝尔福宣言，以及他礼貌地回避有关关税改革的任何现实政策问题。与他之前的索尔兹伯里勋爵一样，作为保守派人士的他的行动准则是巧妙地拖延和改良。索尔兹伯里和贝尔福的保守主义比韦伯和萧伯纳的社会主义更配称自己为费边主义。

这是乔治·圣特斯伯里赞许的那种保守主义；而且在 1867 年之后，它确实是对迪斯雷利将保守主义卖身给托利民主（Tory Democracy）的审慎的反动。保守派基于一种颇有根据的惊恐情绪拒绝了伦道夫·丘吉尔勋爵的情绪化的、追求平等的托利主义立场，贝尔福也让自己脱离了丘吉尔、格斯特（Gorst）和德拉蒙德 - 沃尔夫（Drummond-Wolff）的“第四党”（Fourth Party）。圣特斯伯里评论说：“众所周知的是，尽管有些网被展示在鸟儿的眼前，而且其他鸟已经被困在网中——不，整个撒网的过程以及捕获的成果都一而再、再而三地被大大方方地展示出来，可是，这些网仍然具有杀伤力。所谓的托利民主几乎是最为现代的东西。”[17]

一方面，贝尔福将保守主义从托利民主的网罗中救拔出来，而且另一方面也可能让它免于无条件地屈服于伯明翰的那种新式保守主义。在托利党于 1906 年失利之后几个月，约翰·格斯特（John Gorst）爵士仍然认为，托利主义的主要出路在于毫不动摇地相信民众：“只要而且仅仅只要有利于普通民众的福祉与幸福，教会与国王、上院与下院以及所

有其他公共建制都应得到维护。”丘吉尔和格斯特从感情上对抽象“人民”——无论如何，这一“人民”不受阶级、经济利益和个人谬误的影响——的认同不过是曲解了迪斯雷利的民族观念；迪斯雷利本人在很久以前便抛弃了“人民”的观念。1891 年后，在贝尔福的领导下，保守派不再相信人民的呼声，而罗斯伯里勋爵（Lord Rosebery）则将其定义为披着托利主义羊皮的激进主义的狼。W.L. 伯恩（Burn）教授评论说：“格斯特的意思是，不管如何具有革命性，只要是托利党或保守党政府所推行的，所有变革就都是值得赞美的吗？只要丝线是托利党的刀子砍断的，达摩克利斯之剑就可以随时落下吗？”[18] 这种将对党的感情置于原则之上的做法是索尔兹伯里［当他还是克伦伯恩子爵（Viscount Cranborne）时］在迪斯雷利身上发现的令人不安的倾向。在一个充斥着社会经济巨变的时代，单纯的对民众的信心是绝不可能达到目的的；即便他们可以被视为一个同质化的群体，民众自己在变革将他们所熟悉的标志物席卷一空之际，也不知道他们想要什么或者采取什么样的立场；索尔兹伯里和贝尔福 338
试图为群众性运动的时代提供老派的贵族式领导力和预防措施。

这样，20 世纪的保守主义暂时规避了“人民”这头怪物；不过还有另外一头怪物，那就是约瑟夫·张伯伦的被改头换面了的激进主义以及他所代表的工业利益集团，它虽然也具有民主性，但几乎没有感情用事的成分——相反，它是持帝国主义立场的，是不服从国教或世俗化的，鄙视土地所有者的利益，并且倾向于物质上的变化——也许是通过家长式立法的手段。贝尔福的魅力和老练机智部分地体现在他驯服了依附于托利党正规力量之上的这些粗鄙的辅助性势力，并让他们的目标与保守主义的原则保持一致，于是，在索尔兹伯里结束其政治生涯之后，张伯伦便心甘情愿地在贝尔福手下服务。圣特斯伯里在 1924 年评论说：“我们对趋向毁灭的东西总是那么无能为力，不过，我们可以让它们慢慢走，而且有时可以让它们放弃凶暴的做法。”这是索尔兹伯里和贝尔福针对投靠他们的统一党人和英国事务的政策。圣特斯伯里又补充说，富有战斗精神的健全的保守主义的首要原则是这样的：“尽你所能地、尽可能长久地、持之以恒地为它而战，以尽可能多地保全它；不过尽可能地以小的逐渐的让步避免争斗。”[19]贝尔福在行事时遵循了类似原则。不过，这种做法没有阻止自由派在1906年的胜利或工党在1924年的胜利。

1911年，大多数保守派人士将责任推给了阿瑟·贝尔福，差一点迫使他辞去领袖的职务——这一做法是对托利党感觉到的那种无能的一种慌乱狼狈的反应，而出现这种感觉的背景是，维多利亚时代熟门熟路的争斗内容都开始悄无声息地消失了，因为一种新型的基于经济问题的阶级斗争取代了自1832年以来一直是议会辩论主题的政治与道德争议。保守派人士认为，贝尔福是属于19世纪的人物，一位不屑于理会政治与经济问题的了不起的艺术爱好者——也即一位铁器时代的涉猎广泛的业余艺术鉴赏家，或者非常类似于这种人的人。他们想要安全可靠、具有实际才干的人，可是当他们有了满足此类要求的博纳·劳（Bonar Law）、斯坦利·鲍德温（Stanley Baldwin）或内维尔·张伯伦（Neville Chamberlain）之后，他们却发现自己最终需要的是另外一种类型的领导人才，于是便转而求助于温斯顿·丘吉尔（Winston Churchill）。因此，阿瑟·贝尔福不仅是在与已经变化了的时代精神抗争，而且是与他自己
339 的政党的已经变化了的特质抗争。保守主义依旧是乡绅们的信仰，可是乡绅们已经不再是党的各个委员会的主导力量。尽管1884年和1885年的改革极大地削弱了土地所有者阶层的影响力，但它们依然不过是之前乡村利益集团经济实力衰败的反映。在皮尔废除了谷物法之后，保护农业繁荣的堤坝就出现了缺口；不过，在一代人的时间里，英国普遍的繁荣遮掩了这种伤害的严重程度。1877年的农业萧条让英国所有乡村地区都陷入物质和灵性困窘的状态，而且这种状况从未得到令人满意的缓解；由于迪斯雷利自皮尔下台之后便一直相信，一个致力于为保护农业而收取

关税的政党是不可能指望在英国获得执政地位的，他便没有尝试着以新的关税壁垒保护土地所有者和农业人口——尽管欧陆大国已经在采取诸如此类的措施控制农村人口的流失和过度的城市化。德国、法国及其他欧洲国家需要农民作为新的兵员；英国则没有这样的需要。英国依然能够从乡村招募足够多的普通警员，而且城市中的主导阶层对这一点是满意的。到 20 世纪中叶时，在英国这样一个农业仅仅雇用了 5% 的劳动力的社会，就连招募警察也变得困难起来。

阿瑟·贝尔福是英国古老的土地贵族阶层中的佼佼者，自远古时代起，这个阶层所拥有的闲暇、财富以及乡村经验就支配着英格兰，因此，他本人不能真正代表 20 世纪的保守主义势力。财富以及人口已经转移到制造型行业和地区；政治权力不会长时间地与财富和力量绝缘。R.C.K. 恩瑟尔（Ensor）先生评论说："统一党终结于 1906 年的长达十九年的独尊地位，可以被视为成功地鼓动起掌握权力的各个家族维护他们的地位，而他们与新兴势力最能干的领袖人物——张伯伦——的结盟，支持并改变了这一动员行动。"[20] 即使贝尔福是更为能干的注重实用的政治家，英国以前的统治阶级也不可能再拖延很多年，才将权力移交给已经忘记了服从观念的城市民众。贝尔福没有失败，除非说他所属的整个阶层都失败了；而且他们没有放弃自己的义务，只不过他们的义务被不情愿地从他们手中夺走了。作为一个群体的英国贵族阶层是西方世界所了解的最富有才智和最正直负责任的上等阶级，而且他们从未腐化堕落；他们只是被埋没在泛滥的洪流之中，因此在 1906 年之后，当他们的财产随同他们 340
的政治影响力一起成为城市和产业群众监管的对象之际，他们也无能为力，不得不承受这一切。在贵族阶层居主导地位的最后那些年月里，贝尔福配得上作为他们的领袖——尽管也许更多的是作为一名拥有多项才干的伟大绅士，而非一名政治家。

贝尔福是这么评论自己的："在得到赞扬时，我多多少少是高兴的；

当受到凌辱时，我不会非常不舒服；不过，当有人替我辩解时，我常常会感到不安。”这里不会为他的难以捉摸的性情辩解；其实，没有人曾尝试这么做，因为没有令人满意的贝尔福勋爵传记作品。就保守主义社会思想而言，贝尔福所说或所做的一切在重要性方面都比不上他是何种人或者毋宁说他所代表的是何种文化或阶层。考虑到后来的那些情况，贝尔福的消极无为和超然态度本身似乎就是美德，因为当时的政治权力已经掌握在狂热分子和统计学家们的手中。D.C. 索摩维尔先生将他与墨尔本勋爵（Lord Melbourne）做了对比：“鉴于他对他统治下的民众的多数问题都兴趣阙如或看起来是如此，这个人能够升迁到总理的高位，体现了他的个人特质。……贝尔福也像一朵成熟期的玫瑰，当寒霜已经临到时，它在晚到的花季里悄然绽放，散发着最优雅纯净的香气。”[21] 他对音乐与哲学的关注程度远远超过对政治的关注，他写下的有关政治的论述现在几乎没有再被阅读的价值，不过，他在神学方面的思辨研究却有着长久的价值，其保守性堪比纽曼的思想成果。

贝尔福的四部哲学著作——《为哲学怀疑论辩护》（*A Defense of Philosophic Doubt*，1879 年）、《信仰的根基》（*The Foundations of Belief*，1895 年）、《有神论和人文主义》（*Theism and Humanism*，1915 年）和《有神论与思想》（*Theism and Thought*，1923 年）——的主旨差不多等同于帕斯卡尔的这一格言：心灵有理性所不了解的道理。贝尔福的怀疑主义与纽曼的怀疑主义一样：它们都敏锐地意识到，现代科学的基本原理所依据的并非绝对的知识，而是与宗教信念有着类似的源头。如果思想者只考虑物理研究的数据和感官证据，那么，我们就将永远活在怀疑的煎熬挣扎中。贝尔福在这一点上认同弗朗西斯·培根（哪怕在所有其他方面都不认同他）：始于怀疑者可能会终于确信。更高层级上的怀疑主义是为智慧做准备的——不是自以为是者的那种狭隘的、具有破坏性的、故意想要不信的怀疑主义，而是反过来从思想上承认证据的匮乏。怀疑主义不一定会毁掉信仰；相反，它可能有助于揭示不信者的没有道理的骄傲自负。贝尔福希望借助于一种开明的怀疑主义（包括质疑“精确的”科学主张），以在某种程度上恢复下述这类人的信心：“他们缓慢且不情愿地屈从于他们认为无法辩驳的观点以及他们尚无法摆脱的那些信念；为了真理的缘故，他们已准备好放弃他们惯常所认为的他们在此世的指针以及他们对来世的盼望，并准备好以最近出现的某些别出心裁的奇怪的宗教替代品作为自己的避难所。”[22]真正理性的怀疑论者会发现那些奇怪的替代物的假设前提（其中包括实证主义）；因此，怀疑主义是宗教敬虔的工具。它将贝尔福引向有神论，也即让他相信有某位存在，而这一存在不单单是某个模模糊糊的统一体（Unity）或同一性（Identity），而是“一位人们可以爱的上帝，一位人们可以向他祷告的上帝，这位上帝会选边站，有意志和偏好，无论如何，他所拥有的特性都不会妨碍他自己与他所创造的那些人之间可能的个人联系”。[23] 341

被柯勒律治称为理性以及被纽曼称为演绎力的那种真理，被贝尔福拿来反对自然主义的物质主义和反基督教的唯心主义。那些要求超自然的价值观的可度量的物质证据者会问自然中没有什么；他们试图仅仅以否定神秘事物存在的方式来解释神秘事物。“他们寻找上帝的证据，就像人寻找幽灵或巫术的证据一样。他们说，向我们展示上帝存在的标记，告诉我们上帝的存在能解决什么问题。如果这些任务都能令人满意地完成，那么我们就会乐于让上帝成为一个假设性肇因，而且科学也将凭借这一肇因解释我们知晓的这唯一的世界，也即世所周知的日常经验的世界。”不过，这是在将上帝看作一个实体（entity），现实存在的某个可以分离的组成部分，而实际上“上帝自己是科学知识的前提条件”。[24]在一个只承认自然的世界上，知识、爱与美是不可能持久的；它们的根基以及它们的完美终点都是上帝，而且否定上帝之人必然无法界定和欣赏知识、爱与美。[25]与儒贝尔一样，贝尔福暗示，认识上帝并不困难，条件是人不要试图确定何为上帝。被恰当理解的宗教和科学既不相互对立，也不相互排斥；两者都必须依赖超越于简单感官证据的直觉和暗示；试图将宗教
342 降格为陈腐的道德观念或将科学提升为教条式信念的人都对智慧的源头视而不见，而让文明人有别于原始存在的正是这样的智慧。

对权威、习俗和道德直觉的与此类似的信任构成了阿瑟·贝尔福政治主张的内容。它们都是伯克的原则；而且与伯克一样，贝尔福知道如何将它们应用到实际的政事之中，正如他在担任爱尔兰大臣时的表现所证实的那样。不过，对于这样一个学识如此渊博且有时又如此具有实际才干的人，他在更宏阔的政治远见和蓝图上的短视让人费解。1902 年教育法案是这种缺陷的一个例证：他后来承认，“我没有意识到法案将意味着更多的开支和更多的官僚机构”。另一个例证是他在 1906 年带领保守派抵制自由派政府，利用托利党在上院的很突出的多数优势阻挠得意洋洋的自由派和工党人士的追求新花样的立法——其结果是 1911 年的议会法案和上院被贬到几乎毫无作用的境地。如果仅仅涉及政府政策方面的事，判断上的失误可以非常容易地得到修正；但是，当它们牵涉到系统性变革时，它们的后果就容易长期固定下来。在系统性变革的风气已几乎遍布整个体制之际，贝尔福成为保守主义的领袖人物，这是他的不幸。

贝尔福在察觉诸如此类的可能的结局时非常迟缓，正如他厌烦经济和财政问题一样，他在这些方面体现了老派的保守主义势力的特点，这也是塞西尔家族（Cecils）和其他大家族的遗产。贝尔福是传统英国的机敏且富有教养的代言人，在竞争激烈的 20 世纪仍表现出英武的气质。贝尔福在谈及张伯伦时说：“约瑟夫和我之间的差异是年轻人与老年人之间的差异：我是老年人。”[26] 的确如此。张伯伦的国家社会主义和产业帝国主义是未来的潮流，而英国古老的统治阶级的主导地位则终结于贝尔福的手中。亨利·亚当斯认为自己及其兄弟就是正在消失的以前的美国的代表，在贝尔福身上，他又发现了他的英国同路人。在贝尔福辞去保守

派领袖职务时，亚当斯写信告诉他的兄弟查尔斯·弗朗西斯，刚健有趣之人正从这个世界上消失：

> 现在，我们同时代人的各种《生平》(*Lives*)塞满了我们的书架，而其中没有一个人有思想见地。自美国内战以来，我认为我们还没有出现一位将被人终生怀念的人物。……更有意思的是，我认为那些人不曾存在过。那些人还没有出生。 343
>
> 如果他们曾存在过，我应当会让自己迷恋上他们，因为我急需这样的人。现实的人生结局是，我正孤独地死去，没有可能从上面跌落下去的供我攀附的枝条。当冬季到来时，我也可能是我们古老的昆西（Quincy）山上的一只孤独的土拨鼠。我没有留下任何追随者、学派、传统。……阿瑟·贝尔福已屈服于与这里一样的处境，我对此有非常大的关注的兴致。他无法强迫下一个世代的人。他也非常精彩地表达了这一点。[27]

确实，贝尔福没有留下政治上的继承人。接替他的博纳·劳代表的是改变之后的、心系工商业的保守党。从1906年的大选到保守派在1922年再度掌权，大量激进的立法打碎了曾养育贝尔福的那个旧社会。事实上，政治权力脱离了以前的那种能营造和引导公众舆论的政治家的掌控；不过，正如斯蒂芬（Stephen）所说，国家放弃的权力会被另外的组织和个人抓在手中。在1913年多数选举法（Plural Voting Act）和1918年人民代表法（Representation of the People Act）中得到淋漓尽致的体现的是边沁的下述理论：主权应该交由组成社会的无数个体看管，每个人都代表各自的利益，并且在公共事务的决策中发挥同样的影响力；自此以后——除了无关紧要的例外情况，一人一票的原则就一直在顺畅地发挥作用。现在，选民群体由一千八百万男男女女组成，每个人都被假定会在独自考虑所要处理的问题后明智地投票。但不管议会法怎么规定，政治权力不会分裂成原子状态。旧有的阶级和团体被剥夺了的那种影响力转移给了新的阶级和团体——比如工会和重组后的政党，这些政党有严格的纪律约束，随后便采取行动把独立的议员排挤出局。边沁学派曾期待普选权会带来的那种经济和政治上的个人主义压根就不曾存在过；相反，政治上的领袖人物忙不迭地讨好满足民众对实证立法的诉求，为新的集体主义提供便利。保守派溃败的直接后果是：1906 年的贸易纠纷法案（Trade Disputes Act），1909—1910 财政法案（Finance Act），1911 年议会法案，1913 年工会法案以及大手大脚的国家开支。工党现在已有非常大的势力；老年养老金项目已经启动；福利国家体制其他方面的内容正在成型。劳埃
344 德·乔治已开始了让富人交钱赎罪的行动方案。政治平等已完全实现；改革者被不可抗拒地引向条件的平等。

在 1906 年的惨败过了两年后，贝尔福在纽恩汉姆学院（Newnham College）谈到了堕落问题。他说："国民品格（national character）精微敏感、难以捉摸，不应用统计数字来表述，也不应用注重实际的伦理学家或政治家觉得满意的粗陋方法度量。当一个古老但依旧强大的国家到处弥漫着一种深深失落的情绪时，当对反复出现的病症的反应越来越无力时，当船舶在一波波浪潮的冲击下浮力越来越弱时，当学术一蹶不振、进取精神疲沓、活力消减时，那么我想，社会就处在某种退化进程之中了，而我们必须承认这一退化进程，并且在进行了令人满意的分析后，它可以被方便地称为'堕落'，以显明其特征。"能够精确判断一个国家是否陷入了堕落状态的社会学还不存在。共同体的堕落似乎与其进步一样，都是完全正常的。不过，就我们的社会而言，"不管我们面前有什么样的危险，一千多年来西方文明所独有的进步运动目前还没有停顿或倒退的迹象"。[28] 乔德教授在 1948 年试图给"堕落"下一个更为明确的定义：失去了生活的目标。尽管受到迪斯雷利和斯蒂芬的影响，保守派的领

袖们通常不会直接从社会后果的角度考虑问题，即使在 1906 年之后也是如此。

1914 年春，贝尔福在格拉斯哥大学（University of Glasgow）的基福德讲座（Gifford Lectures）上主讲了有神论和人本主义问题，他用自己的讲座费为他在维廷海姆（Whittinghame）的庄园买了一对熟铁的花园门，上面的云形花样中刻有“1914”的字样。就在那一年，西方文明的进步运动戛然而止；将近十年之前，贝尔福所处的那个社会从表面上看已处处是无聊苦闷的病态征兆。

4 W.H. 马洛克的著作：一种保守主义的综合

对于除短命的作品外还写作了二十七卷著作的 W.H. 马洛克（Mallock），人们该如何概述他的成就？马洛克之所以被人记住，主要是因为《新共和国》（*New Republic*）这本书，而且那是他的第一本书，是他还在牛津大学求学时创作的——提勒特森（Tillotson）教授公正地评价说，它是“由一位本科生所写的有史以来最出色的小说”。[29]［它也是托马斯·拉夫·皮考克（Thomas Love Peacock）之后同一体裁的最为出色 345
的创作成果，而且它可与皮考克最好的作品媲美。］不过，马洛克的其他书也值得研读——他的神学和哲学研究、他的有说教倾向的小说，他的热衷于政治劝谕和社会统计的著作，甚至他的诗歌作品。

圣特斯伯里是这么评论马洛克的：“他的敏锐深刻令人称奇，他拥有惊人的说服力、广博准确的知识、卓尔不凡的风格。他可能看起来——我相信，在一些人看起来的确如此——有几乎可以与阿里斯托芬（Aristophanes）或斯威夫特比肩的潜力。……然而，在《新共和国》取得令人错愕的成就之后，他再也未能‘摆脱其影响’。将这一点归因于他所提倡的原则，等于是让不喜欢那些原则的人背上他们自己最喜欢的那个嘲笑人的标签：‘一群愚蠢的人’。在见识过之后，**我们**就会了解谁有才情思想，哪怕他们是属于敌对的那一方。瑕疵、败坏、‘邪恶’究竟意指什么，我不知道——也许，这体现在情趣和气质之中。”[30]在过去的两三年间，对马洛克的兴趣有所回升，背后的推动因素很可能是马洛克所期待并预言过其趋向的保守主义复兴。对有兴趣了解这位保守主义思想家的所有人来说，《生活值得过吗？》(*Is Life Worth Living*)、《社会平等》(*Social Equality*)和《纯粹民主的限度》(*The Limits of Pure Democracy*)以及马洛克的让人着迷的自传都特别值得用心关注。马洛克去世于1923年，当时就已被遗忘得差不多了；可是，自那以后，英国保守派思想家中便没有可与他等量齐观者。他整个一生都在与道德和政治上的激进主义斗争：且不论马洛克在智力与品味上的天赋，就内容量和彻底性来说，他的作品在任何国家的保守派著述中都是无与伦比的。

从传承上看，马洛克是颇有家族渊源的乡绅，从嗜好上看，他是一位诗人，不过，他让自己成为了一名模仿边沁主义者的小册子作者和统计学家，这一切都是为了他在其《生平回忆录和文学》(*Memoirs of Life and Literature*)中深情描述的那种古老的英国生活——富丽堂皇的住宅、愉悦的交谈、美酒与晚宴、宁静安详的古老风俗。这也许是享受型的保守主义，不过，马洛克用以捍卫它的却是思想性的保守主义。为了这一目的，他一生都在与政府蓝皮书和所得税专员们的报告打交道；他独自一人完成了现在由保守派政治中心（Conservative Political Centre）的研究团队承担的工作。约翰·斯奎尔爵士（Sir John Squire）说：“通观他几乎所有的著作，值得注意的是对某种真理的渴求，这种真理将赋予灵魂某种优于‘含糊暧昧的答案’的东西；这一点在所有地方都是显而易见的。”[31]在寻找这
346 一真理的过程中，他抨击了他那个时代的一些最难对付的人物——赫胥黎、斯宾塞、约维特（Jowett）、基德（Kidd）、韦伯和萧伯纳。所有这些

著述者在与马洛克交手后没有一个占了上风的，甚至连萧伯纳也是如此。

孩提时代的马洛克“实际上下意识地（即便没有用很多言辞表达出来）认为，所有对既有秩序的反叛和抗议实乃鲁莽无礼之举，不过除此之外，它们都没有什么意义”。[32]作为保守派人士，他最初的愿望是恢复诗歌的古典风格。然而，在他成长的过程中，他逐渐意识到，“古典诗学认为是理所当然的、我之前也认为是坚不可摧的整个事理秩序——文学的、宗教的和社会的——正在遭到已不可能再被无视的力量的攻击”。于是他转而为正统宗教信仰辩护，反对实证主义者和其他无神论科学的崇拜者。尽管他终生倾心于罗马天主教［“如果基督教有任何确切的含义——任何摇摆不定的情绪心境之外的含义，其唯一符合逻辑的形式就是（罗马的普世教会）所代表的那种形式。”］，并心满意足地指出，他的《教义与教义的崩解》（*Doctrine and Doctrinal Disruption*）一书曾促使某些严肃的圣公会信徒加入罗马天主教教会，不过他从未加入罗马教会。

在超级保守的马洛克心中激起敬畏虔诚之情的是托利党激进分子拉斯金；在《新共和国》中，拉斯金［小说中的“赫伯特（Herbert）先生”］站在那个令人难忘的别墅里临时拼凑起来的讲坛上布道，当他说我们现代人不可能凭着吹口哨就把希腊诸神请回去时，他阐释了马洛克全部努力的目的：

> 现代世界的无神论不是古代世界的无神论：冬日里的漫长黑夜不是已经消逝的夏季的短暂清朗的夜晚。希腊哲人不可能使他的日子变得幽暗，因为他不知道光是从哪个神秘的源头降下来的。现代的哲学家知道这一点，而且他知道那源头被称为上帝，在因此了解了光源之后，他能够立即压住那光。如果这种光被压制住，那你还剩下什么呢？艺术、绘画、诗歌还能给你任何安慰吗？你曾说，这些都是让你回望自己生命的魔镜。可

> 是——如果它们能够让你回望的不过是雷同的毫无生气的饮酒宴乐，那么，它们比你客厅里的玻璃镜子又好在哪里呢？其中的原因是，那是你最终要面对的一切；不，那是可能临到你的最好的结局；除此之外的唯一结局不是少数人的毫无生气的饮酒宴乐，而是所有人连做梦都没想到的无政府状态。不过，我并不为此感到担心。有些人将一直都坚强有力，有些人将永远都虚弱无力；相信我，如果没有上帝或者父亲般的神圣的秩序源头，
> 347 就不会有贵族，即便如此，还是会有暴政。还是会有富人和穷人，而这又意味着有人幸福，有人痛苦；穷人们将来不过是——而我有时会认为他们已经这样了——一堆会苦恼发愁的机器，没有任何一点点理性；富人们只是装作有理性的样子，其实是一群华而不实的、蹦蹦跳跳的牵线木偶，而机器般的穷人们的其中一项工作就是让这些木偶一直处于运动状态。[33]

与拉斯金一样，马洛克是一名艺术家和道德主义者；对他来说，物质进步的观念是荒诞不经且令人厌恶的。在《新共和国》中，“桑德斯先生”［也即克利福德（Clifford）教授］将进步定义为“能够以统计数据验证的优化完善，正如教育攸关能够以考试评估的知识”。马洛克清楚，统计上的谬误正如何摧毁《新共和国》中令人称奇的对话所体现的那种文明。六十年后，整个英国已几乎没有了这种可以舒舒服服聚会的乡间居所——事实上，能够如此交谈的那个社交圈子里的人也所剩无几了；他隐隐约约地窥见到这种前景；于是，在长达五十年的时间里，“既见多识广又同时身为诗人、学者、逻辑学家、文体家、评论家、非常挑剔但并非铁石心肠的带有神秘色彩的现实主义者”（这是斯奎尔对他的描述）的马洛克严词驳斥了新集体主义者和实证主义者。《新共和国》曾让约维特、赫胥黎、廷道尔（Tyndall）和克利福德惊恐退缩，紧随其后的是一部针对实证主

义者的讽刺作品《新保罗与维吉尼亚》(*The New Paul and Virginia*)或《孤岛上的实证主义》(*Positivism on an Island*)，在这部作品中，马洛克将不幸的 W.K. 克利福德教授［在作品中被称为保罗·达恩礼（Paul Darnley）教授］连同维吉尼亚·圣约翰（Virginia St. John）一起放逐到孤岛上，后者是一位具有丰富多彩的经验的年轻女士，“却发现十三岁的自己除控制着一大笔财富外一无所有”。接着在 1880 年，他出版了《生活值得过吗？》，这很可能是实证主义精神所遭受的最诚恳锐利的抨击。他对无神论和不可知论所进行的那种分析旨在展示它们在道德领域所造成的后果，诉诸的是“思想、幽默感以及所谓的世俗知识”（knowledge of the world），而非纯粹的宗教情感。

《生活值得过吗？》一书的主旨是更全面地阐释作者的信仰宣言：没有了超自然宗教的基础，伦理道德和幸福便不可能存在。实证主义者推崇的、用以替代敬虔精神的那种“团队工作”（band-work）绝不可能建造起一座上帝之城（Civitas Dei）。“确实，我们可能期待社会环境将持续改善；我们可能希望社会机器的运转会越来越顺畅。但是，除非我们了解某种反面的 348
积极的东西，所有这些进步的结果可能不过是更加波澜不惊的倦怠无聊或更没心没肺的感官享受。玫瑰花瓣可能会摆放得更加整齐，不过，躺在它们上面的那个人可能更加疲惫不堪或更加腐化堕落。”

一旦人失去了道德目标，他的腐化堕落便开始了。自责后悔接踵而至，而且没有获得解脱的可能；接着是自我厌倦；然后是冷漠无情。[34] 实证主义思想家最初所接受的教导都是宗教性的，而且他们对世事几乎不了解，却想当然地认为，他们自己的温顺狭隘的情绪就是人类需要约束规训的全部对象。如果他们在彻底更新大多数人的道德信念和品格上获得了成功，他们就会明白，兽性是如何浅浅地隐藏在人的表象之下的。即使那些仍习惯性地希望正派行事的人也因轻视宗教所造成的道德冷漠而腐化堕落。“他们身处其中的整个情势变成道德上的空白地带；他们在其看待外部世界的态度中察觉到终有一天会用来对待内心世界的态度。类似这样的思想状态不是空想出来的。它是现代世界的病症——我们自己这个世代的病症，无法逃脱任何注目于它的眼睛。它每时每刻都在我们的周围暴露自己，在谈话中，在文学作品中，在立法中。”

与科学否定的逻辑相悖的是，唯一的出路就在于勇敢地面对这一严峻的问题：问问我们自己的正统宗教信仰对不对。已经失去的信仰还能挽回吗？我们是要接受实证主义者的有关宗教的合理性必然取决于外部证据的主张，还是教会的传统和戒律可能会说服我们相信无神论本身就是不科学的？尊崇自己的祖先并为子孙后代考虑的人，会决绝地站起来反对那些正把现代文明化为灰烬的肆意摧残思想的人：

> 灾难终于临到这个帝国之上，正如它曾临到罗马帝国的头上。一大群思想上的野蛮人对它发起了突然袭击，凭强力占领了它所有的疆域。其后果让人震惊。如果入侵者仅仅是野蛮人，他们可能已被轻易地驱逐出去；可是，他们是配备了最强有力的文明武器的野蛮人。他们是历史上的新现象：他们向我们表明，真正的知识被掌握在真正无知之人的手中；到目前为止，这一结合的效果是毁灭，而非重组。重要的思想运动很少有在一开始时便意识到其自身真实趋势者；然而，所有重要的思想运动在误解自己这一点上都比不上现代的实证主义。由于它过于看重
> 349 真实的蒙昧的本能，且对基于见识的恰当引领不管不顾，它强化了自己对思想世界的钳制，结果只能是让自己陷入混乱之中。现在摆在人们面前的任务是，依赖耐心冷静的思想，减少混乱，恢复秩序。

在这部让人感动的著作出版后，马洛克有几年时间从哲学和伦

理学转向了政治经济学和社会学。社会民主联盟（Social Democratic Federation）的崛起、亨利·乔治（Henry George）理论的深入人心，甚至他以前的导师拉斯金的经济学说都让他非常震惊：结果是面世于1882年的《社会平等》，这是他有关政治经济问题的七本论著中的第一本。在他最后一本社会学著作《纯粹民主的限度》（1919年）出版之前的那些年间，马洛克的理论有所改进，他的统计表格也有所修订；但是，他的原则和方法没有改变。马洛克的目标是建立一套以科学为根据的保守主义思想体系。声言对科学拥有独占权的激进分子们正捏造或扭曲统计数字以达到其目的；托利党人长时间以来对政治经济学的轻视通常会妨碍保守派人士以准确的统计数字回应错误的统计数字；在几乎得不到多数保守派领袖人物支持的情况下，马洛克自己着手纠正这一失衡问题。

几乎从一开始，保守派政党在对政治经济问题的理解上就差劲到可笑的地步。伯克熟悉这一问题的程度曾让人钦佩，皮特曾谙熟财政问题；不过，[除不适合做领袖人物的哈斯基森和海里斯（Herries）之外]，从他们那个时代直到索尔兹伯里执政后期，经济学家一直都是自由派人士，而且自由派在这个领域多次让保守派一败涂地。马洛克在1920年写道："要系统陈述一种大众能够理解的、基于科学方法的真正的保守主义，没有人比我更了解其中的难处。有系统阐释真正的普遍原则的难题。有的困难事关搜集并验证统计和历史事实，而且普遍原则必须与这些事实保持一致。有的困难在于将道德与社会情感和不可能被情感永久改变的客观环境协调起来。有的困难在于将许多事实分析从道德和理性上加以综合，而人类能够生存下去所凭据的就是这种综合；在慢慢地摸索到自己的道路以后，我现在试图说明这种综合具有什么样的特性。在这样做时，
我感觉到，生活中的政治问题与通常所谓的宗教问题重新合二为一了， 350
而在我早年的时候，我的思想只关注后一类问题。"[35]既然以前的自由派人士正败给社会主义理论，基于保守主义的经济学就是人们所迫切需

要的了。

马洛克说，保守主义以前的论证都过时了。其中的原因是，习俗性权利、传统的影响力、自古以来对财产和秩序的尊重——所有这一切都被卢梭之后的一波接一波的政治和经济思想潮流破坏了。保守派无法再依赖那些古老的真理：我们的传统现在不得不被保护起来，不能再作为我们的屏障。意识形态、“科学”体系和统计方法被追求新花样者独占了。“所有与有条理的思想或体系沾点边的东西都属于攻击的那一方；而且除强力外，对它做出回应的唯有甚至都不能自圆其说的过时的教条主义。”[36]坚称激进派的理论只会诉诸嫉妒是没有用的，这是在回避问题的实质；原因是，如果平等理论是对的，“我们必须将嫉妒视为政治生活中的一项正当合理的准则，正如虔信之人的敬畏被视为宗教生活中的正当合理的准则一样”。因此，要解决的终极问题仅限于此：社会平等理论是对还是错？社会的完善需要平等——激进派人士这么说是对的吗？文明以及穷人会在平等实现时获益吗？进步与平等之间有什么样的关系？从某种程度上说，马洛克在《社会平等》中给出了所有这些问题的答案；不过，他的论证在《劳工与民众福利》（*Labour and the Popular Welfare*，1894 年）一书中得到了强化。

当从科学的视角对其加以审视时——马洛克在所有政治论著中都是这么论证的，平等理论的谬误就显现出来了，因为平等意味着进步的死亡。通观历史，所有形式的进步——文化的和经济的——都是人们追求**不平等**的结果。如果取消了不平等的可能，一个民族只能一直处在勉强维持生计的惨淡凄凉的水平上，就像爱尔兰的农民；在认可了不平等之后，一小撮富有才干之人便将野蛮转化为文明。平等不利于任何人。它阻挠打击才智之士；它让穷人陷入更为可悲的贫困状态。在一个人口密集的文明国家，它意味着穷人几乎处于挨饿的状态。其中的缘由是，不平等会给文明共同体带来财富：它所提供的动因会引导具有超常才干之人竭

尽全力为所有人谋利益。在当下这个时代，大约十六分之一的英国人带来了三分之二的国民收入。[37] 351

新集体主义者没能认识到超常才干的巨大价值，因为在社会平等的体制下，这些才干会受到抑制——这是为什么？他们的根本错误在于劳动财富理论（labor theory of wealth），而这种理论的基本原理又来自李嘉图。（不管马克思怎么说，）我们多数的财富并非源自劳动：仅仅劳动只能勉强维持生存。人并非天生勤劳的动物：如果没有特别的刺激，他勤劳的程度仅限于能够让他维系生命。“劳动本身不是财富的源头，正如莎士比亚的笔不是其作品《哈姆雷特》的源头一样。源头在动因之中，而劳动是动因的外在指标。”首要的动因是不平等；而且创造财富的最重要的要素不是劳动，而是**才干**（Ability）。马洛克为杰出人才的重要性辩护，反对麦考利和斯宾塞。个人才华是一种惊人的社会力量；杰出人物的才干让穷人免于堕落到野蛮状态。以沉闷无聊的平等压制杰出人物或仅仅压制充满活力和才华横溢之人，就等于是在相应地压制普罗大众。

作为首屈一指的生产力要素，才干属于自然垄断之物：它不可能经由立法被重新分配，尽管它可能会被摧残。“才干是某种个体性的努力，而这种个体能够同时影响不定数量的个人的劳动，并因此加快或更好地完成不定数量的任务。”简言之，它是指挥劳动的能力；它会发明创造，设计方法，提供想象，组织生产、分配和防御，维系秩序。在文明国家，才干和劳动无法各自独立存在，因此人们无法十分精准地测算它们各自所创造的财富的比例；不过，在十三亿英镑的国民收入（1894 年）中，劳动所创造的不超过五亿英镑，而至少有八亿英镑显然是才干的成果。没有才干的劳动不过是自然人为维持生存的原始劳作。由于认识到人类不可能单靠劳动繁荣昌盛，人类社会到目前为止便一直尽可能地通过保护其动因来鼓励才干。

被新集体主义者如此猛烈抨击的资本不过是所有社会的生产基金；它

是智力（Intellect）对劳动的控制。为进步派人士所鄙视的财产继承权是
352 才干最重要的动因之一，在满足遗赠财产的本能的同时，还储存积累了资本。借着承认才干应有的权利，社会便为劳工阶层争取到非常多的利益了，而仅凭劳动是绝无可能获得如此收益的。在 19 世纪的前六十年间，劳工阶层的人均收入增幅非常之大，以至于到 1860 年时，它相当于 1800 年所有阶层的总收入——就好像英国 1800 年的全部财富都被劳工阶层瓜分了一样。而且这一进程一直在持续。1880 年，仅劳工阶层的收入就等于所有阶层在 1850 年获得的收入。“这代表着一种进步，最想入非非的社会主义者连做梦都从来不敢如此许诺。”实际上，劳工阶层的财富不仅绝对值增加了，而且其所占比例也上升了；富人和中产阶级现在在总收入中所占的份额比以前低；这是因为劳动不再是简单的无技能的手工劳作，正获得专业能力并因此分享才干的报酬。[38]

如果这一进程再持续三十年（马洛克说这话时是 1894 年），劳动者的收入最终将翻倍。然而，更为贫困阶层的一贯贪婪对进步构成了威胁。追求更大的繁荣符合人的天性，哪怕是通过发挥政府的作用；可是，如果这种想象中的繁荣是通过掠夺其他社会成员实现的，它会窒息才干，并很快导致普遍的贫困和最终的野蛮化。基于想象中的自然正义的绝对社会平等的诉求会产生毁灭性的后果，具有类似毁灭性后果的是，通过废除君主制实现节约的目的，据说这样每年可节约一百万英镑——不过，这相当于每人只节约了不到六个半便士。“每个人为保留女王所花费的金钱少于为祝女王健康喝下的几杯黑啤酒的费用。”[39] 为了让劳动者节省六便士，新集体主义者准备废弃传统的英国政府体制，他们因此而犯下的错误的严重性不低于废掉才干的激励机制。

在《贵族与进化》（*Aristocracy and Evolution*，1898 年）中，上述理论被用于管理事务之中。马洛克在开头部分写道，社会学家一般都忽略了天生不平等的事实。比以前更甚的是，在我们的社会中，相对来说很

少的人掌控着经济的方向。我们的用于支付工资的资本以及我们整个的生产体系需要由代表才干的少数人来引导。这既公正又得当。“进步派人 353
士”愚蠢地贬低了坚强睿智之人在文明中的作用。他们实际上是社会的大脑；作为大众自发产物的公共舆论从未存在过；我们所谓的公共舆论是围绕着杰出人物形成的。文明依赖于这些人士的鼓励与认可。普通人应被教导去改善他们的命运，而不是试图逃避命运。民主体制展现出一种拒绝领导力的危险倾向——也即倾向于要求：管理重要事务的人应该“只在诸如实际行动能力和快速领悟其他人意图这些方面拥有与众不同的特质，此类特质将使得他们能够遵照他们的民众主人的命令去做事；不过，他们必须缺少思想或原创能力，这种能力可能诱使他们采取不合于他们主人当时脾性的行动或者他们主人理解不了的行动（这两者是一回事），即便此类行动可能是为了主人将来的利益”。[40] 如果废弃这种基于才干的、受到传统道德与政治体系约束的真正的领导力，那么，劳工阶层在经历过一个他们会像许许多多绵羊那样无能为力的恐怖间歇后，一定会屈从于新主子，而这些新主子的统治将比旧主子更加严厉，更加武断，更加残暴。

尽管我们的社会像所有文明的共同体一样，需要高尚的原则才能实现成功的管理，它依然是一个可以自由结社和自愿行动的社会；对相对少数人的引领能力的需求并不会压制多数人。这是因为对才干的使用有充足的赏赐作为保障：在激励机制能够打动人的地方，强制是不必要的。费边主义者宣称他们已准备好取消这种自愿合作；相反，他们提到“公民义务的法则”（law of civic duty），这一法则包含这样的内容：逃避责任者会受到惩罚。不过，尽管新集体主义也许能够靠工头的鞭子强迫人劳动，没有国家能够迫使才干发挥其天然的功能。受到胁迫的才干会沦落到简单劳动的水平；如果得不到奖赏，没有人会施展不同寻常的才干；西德尼·韦伯以经济上的奴隶制作为解决办法（费边主义者认为他们靠这种方法摆脱了匮乏的恐惧），实际上会导致所有人都永远处于匮乏状态。马洛克的《对社会主义的鉴定考察》（*A Critical Examination of Socialism*，1908 年）一书对这些概念进行了解释，可能依旧是对集体主义问题的最透彻的剖析。

354 《纯粹民主的限度》（1919 年）一书以俄国革命为参照综述了马洛克的社会理论。我们现代人的财富自 19 世纪初以来有大幅增加，创造这些财富的主要是引导性思维（Directive Mind）；可是，引导性思维或才干拿到的报酬不超过这一财富增量的五分之一。人类不应抱怨引导性思维所得到的报酬，而应吃惊于那些报酬是如此节制。在政治和生产性事业中，少数人的权威并非源自任何单纯的法律上的认可，或者源自任何权利神圣的理论，而是源自造化（nature）：现代的贵族或寡头体系是一种总体上有利的现象。“在所有伟大的文明国家，民众只有借助寡头们的合作才会有自知之明，……多数人能够兴旺发达的唯一途径是分享好处，而除非他们让自己屈从于超级能干的少数人的影响或权威，这些好处无论是物质享受、机会、教养或社会自由，对所有人来说都是不可能的。”[41] 新集体主义先是摒弃这种正当合理的领袖人才，接着为应对它自己的失误，便会要求一位独裁者。在推行纯粹民主的俄罗斯会出现许多肮脏卑劣的新寡头，引领这些寡头的是一位暴君，那位暴君暗暗地否定了他借以崛起的那些理念，却仍继续向大众鼓吹“革命”和“民主”，与此同时，由于革命让所有人的生活都变得无法忍受，必然会有针对新独裁统治的抗争，他进而又扑灭了这些抗争。

如果我们有勇气面对我们的难题，我们就有可能摆脱无神论和社会退化这双重威胁。一方面，我们必须在自己心里重新恢复那些并不真的有悖于、但超越于现代知识的宗教信念；另一方面，我们必须反击新集体主义者诉诸嫉妒的做法，办法是说服普罗大众相信，社会的运行方式对他们是有利的。马洛克在他后来的小说（现在已鲜有读者）中将宗教信仰与社会保守主义的问题结合在了一起。不可知论为社会混乱预备了道路。实证主义者及其盟友弄错了现代科学的教导，迫使人们依赖其个人的道德资源：

> 在科学按他们所设想的那样将上帝逐出自然界之后，他们事实上将由此导致的变化视同于人类失去了某种天上的教导员，这位教导员确曾管理过人类的事务，不过在很多方面是非常要不得的；既然这位教导员已经死了，他们便设想人类处于一种自由的状态——哪怕这是一种相当绝望凄凉的状态，可以违逆自然的方式搭建自己的小小的私人世界，就像某种没有了斯圭尔 355
> 斯（Squeers）校长的多斯博伊斯学院（Dotheboyrs Hall）*，而且学校的孤儿们提议从今以后自己教育养活自己。不过，此类不可知论者实际上没有意识到这样一个即使对他们自己来说也是不言自明的道理：让他们摆脱智慧上帝控制的那种严密的推理过程也将他们降格为自然世界微不足道的傀儡，而他们的开明纲领所反对的正是这样的自然世界。[42]

这是马洛克在《信仰的重建》（*The Reconstruction of Belief*，1905 年）中的评论。多斯博伊斯学院的新型民主拒绝遵循纯粹理性的原则；火热的个人激情和对文明的憎恶是其道德特色。“进步派人士”迫使所有人利用他个人的理性储备，否定人与人之间的天然的不平等，排斥领袖人物并误认为把财物充公是增加财富——这种种社会安排是实证主义所招致的灵性无政府状态的世俗对应物。在五十年的时间里，马洛克努力通过一场坦率透明的宣传运动对抗这种思想上的革命，相信“‘先进’思想所

---

* 多斯博伊斯学院是狄更斯小说中的一所残酷野蛮的学校，斯圭尔斯是其校长。

造成的宗教、社会和政治上的毒害可能会逐渐被理性演进的保守主义思想消除，而且社会秩序的神圣性、稳定性和文明化所仰赖的真正的信仰会复兴”。[43] 他没有低估这一保守主义努力的难度，不过他从未失去希望，尽管在许多人看来，他生活在英国文化解体的过程之中。

本杰明·基德（Benjamin Kidd）（他是马洛克在《贵族与进化》中着重批评的对象）的看似有理的民主乐观主义和进化型进步主义（evolutionary progressivism），因基德的《社会进化》（*Social Evolution*，1894 年）一书而广为人知，其对公共舆论所产生的直接影响大大超过了马洛克甚或赫伯特·斯宾塞的著作——而且马洛克知道这一点。基德及其门人为追求**变化**（becoming）而舍弃**存在**（being），抛弃过去而洋洋自得地相信人类进化的未来。W.H. 马洛克明白，斗争的对象不是像基德这样的人。不过，在进入 20 世纪之后，马洛克一定会感觉到他自己是被排斥的那少数人的令人厌烦的辩护人：社会达尔文主义者主导了英国和美国的思想界，直到爱德华·格雷（Edward Grey）爵士看出欧洲所有的亮光都熄灭了。罗斯·霍夫曼（Ross Hoffman）教授评论说：“从进化论者的观点看，人和社会都没有
356 确定不移的特性，因此无法依据确定不移的本性对他们进行研究。保守主义思想考察建制的特性，试图理解它们所仰赖的原则，参照人性的永恒规范对它们做出判断，并发现维系和发扬光大良善价值观的手段——这种保守主义思想自此以后就逐渐似乎与讨论的主题无关了。在本世纪最初的那些年间，配得上被称为保守主义政治与社会思想的东西之所以如此稀少，这就是最主要的原因。”[44]

从某种程度上说，马洛克的信心依托于对所有人物质条件稳步改善的预期之上，而在 1850 到 1890 年间的经济发展过程中，物质条件的改善是非常显著的；然而，英国产业在 1900 年之后的落伍以及战争的可怕冲击使得更为贫穷的阶层进一步倾向于大幅重新分配收入的理论，而不是共同合作增加收入的理论。即便如此，马洛克还是没有绝望，因为他

知道，长期来看，观念拥有巨大的能量。如果保守主义思想真的企图阻止西方文明的退化，那么作为一名理智的保守主义辩护士，马洛克配得上极大的赞誉。在迸发出最初的热情之后，他没有想着去创造奇迹：

> 论辩就像种子，或者像保罗所设想的灵魂，因为他把灵魂比喻成种子。它们如果没有死去，便不可能复活。只要它们在我们眼中还是以论辩的形式存在，它们就没有发挥作用。只有在经过一段时间后，它们已经沉淀在记忆之中，而且就留在了那里；它们所遭受的那种敌意和不信任已烟消云散；它们已在不知不觉间融入认知体系，并在成为自己的一部分后起到了转化灵魂的效果，这时，它们才开始不为人知地发挥作用。[45]

马洛克的著作曾推动了这种微妙的转变；而且不管时代氛围如何，它们的影响力可能会持续渗透到社会的各个角落。

5 两次世界大战之间沉闷惨淡的保守主义

> 有些人如此艰难地挣扎着求生，以至于没有时间或欲望去自我欺骗，除他们之外，世事不过是表演和作秀，每一种价值观都是如此虚谎，看待每一件事的视角都是如此扭曲，以至于当人类历史上最大的悲剧来临时，所有国家都感到同样诧异和 357
> 缺乏准备，尽管在之前的半个世纪，它们所做的无论是有意还是无意都在为这一悲剧做准备。的确，战争是那一体制的最终胜利果实。全世界的所有人都被迫进行战斗，以让世界成为民主的安全处所，不管他们是否认同民主——尽管战争本身毫无

疑问，是因为他们现在被敦促去为之而战的那种政府形式引发的，而且无论如何，那种政府形式特别不适合成功地指挥一场战争。……各国的民众只允许他们的那些最野蛮伪善的同胞爬上高位统治他们，因此证明了他们从教育以及他们归因于体制的其他好事中获得了多少收益。

——奥斯波特·斯特维尔（Osbert Sitwell）爵士，

《三重赋格》（*Triple Fugue*）

就两次世界大战之间的英国保守主义来说，要给出任何值得一读的评论是困难的。斯坦利·鲍德温这位勇士将他的党从与劳埃德·乔治的具有毁灭性的纠缠不清的关系中解救出来，可是人们不能指望鲍德温提供一般性的理论。至于英国下院的普通保守派议员，鲍德温是这么向凯恩斯描述他们的：“众多脸色严峻的男人，看起来他们好像从战争中获益良多。”首相本人不无理由地更加鄙视那些企图主宰保守党的八卦媒体老板。两次大战之间的保守主义如果能够成功地持守已有的东西，便会觉得自己是幸运的，就像1926年的总罢工被阻止时那样；那个经济困难越来越严重的时期很少会想到积极主动的措施。内维尔·张伯伦依循其父亲所开创的模式的社会改革不过是要改良大众时代的生活，其与新集体主义者的纲领的区别只是程度上的，而非性质上的；温斯顿·丘吉尔在财政部的工作成效被萧条时期冲销了。伯恩教授评论说，20世纪30年代的保守派政治人物几乎没有做任何事情去阻挡正在临到的新的利维坦：

在放弃了以前的贵族制政府观念之后，他们在创建新的贵族体制方面毫无作为：他们信心满满地依赖于他们驾驭民主野马的技能；作为赌徒的他们，会装下赢得的筹码并高兴地赔付输掉的筹码，而不会想着去改变游戏规则。为维护家庭的社会基本单元的地位，他们做了什么？这一问题可能会有答案，不过如果回过头去看的话，那些答案并不明显。……一定的宽容和一定的效率——鲍德温和张伯伦分别是其各自的代表人物；还有装备自己以应对更加可恶的社会影响的机会。无产阶级化的进程得以持续，不过，足够富有之人可以让自己避免与它有牵连。今天的主要不同在于，无产阶级化的进程已经加快，而大部分的规避办法已经作废。[46] 358

除政治行动外，保守主义思想也遭受了同样的打击。尽管像切斯特顿（Chesterton）和贝洛克这样的评论家不属于保守主义思想真正的传人，尽管他们在感情上向往民主而且在经济问题上充满幻想，可是在这些暗淡无光的岁月中，他们为滋育古老的保守主义倾向所做的贡献大于那些本应延续伯克传统的人。不管分配主义（distributism）与个人主义谬误有什么样的关系，相比于保守派和自由派政党以及工党的养老金与失业救济，它都是应对现代生活问题的更好办法；《正统信仰》（*Orthodoxy*）多多少少回应了柯勒律治和纽曼的理想；《奴隶国家》（*The Servile State*）体现了博林布鲁克和迪斯雷利的主张。不过，贝洛克和切斯特顿只是保守主义的辅助型人物。领军人物在哪里？

像乔治·温德汉姆（George Wyndham）那样不堪忍受20世纪丑陋政治生活的人，早早就亡故了；像F.E.史密斯（Smith）那样的另一些人则从未充分发挥他们最初的潜力。由于英国人的思想在这个年代普遍陷入迷茫之态，由于受俄国人启迪而产生的美好希望，也由于集体主义思想家无微不至的关怀，本应因利益和传承而认同保守主义信念的许多年轻人却被引诱离弃了它。英奇教长将所有这些都浓缩在《直言不讳的论述》（*Outspoken Essays*）里那篇最出色的论文《我们当下的不满》（Our Present Discontents）中。费边主义思想在这些日子里享有独霸地位，当时的社会激进主义终于开始蛮横地入侵牛津和剑桥；这些都是凯恩斯勋爵所描述的、聚集在G.E.摩尔（Moore）

教授周围的年轻人中间的空想式思辨的成果："我们否认所有版本的原罪教义以及多数人都有疯狂非理性的邪恶动机的理论。我们不觉得文明是凭借极少数人的品性和意志搭建起来的一层薄薄的不稳定的外壳，而且维系它的只
359 有巧妙地使人接受和诡诈地让人记住的规则与惯例。我们不把传统的智慧或习俗的约束当回事。……我们普遍的思想状态所导致的后果是，我们完全误解了人性，包括我们自己的人性。"[47]

年轻一代中的少数人看穿了这种装腔作势的反对立场：比如死于战争中的 T.E. 胡尔摩（Hulme）。胡尔摩说，民主意识形态实际上是起源于 18 世纪的中产阶级思想体系，与劳工阶级的运动没有真正关系。在 18 世纪的欲求与无产者最近的不满的联合作用下，我们这个时代的革命冲动有火上浇油之势，但这一冲动无法给社会带来活力，因为它本身已经衰老。"自由社会主义仍然依赖于 19 世纪遗留下来的中产阶级思想。今天的世俗思想是和平主义的、理性主义的和享乐主义的，而且既然如此，它便认为自己表达的是受过教育、得到解放的人的合情合理的信念，如此一来，它便具有了戏剧中牵线木偶的所有精神病因，死的东西便像活的东西那样扭捏作态起来。就像水从人形面具的嘴中流出的那些罗马喷泉一样，我们年轻的小说家们仿佛自发地从他们自己生命的深处喷出一种混沌不明的浪漫主义，而实际上这种浪漫主义已流经一根很长的管道。"[48]然而，费边主义的信念被持续传播，稳步地渗透到新的社会阶层；很快，左翼图书俱乐部和被忽视或心怀不满的学校校长成为传播它的渠道，而校长本人常常代表无产阶级知识分子——这种人是现代经济与现代人本主义的独特产物。*

---

* 科尔姆·布罗干（Colm Brogan）先生在《晚餐桌上的民主人士》（*The Democrat at the Supper Table*）中对这种校长的描述可比肩皮考克、霍尔姆斯（Holmes）或马洛克的水平。——作者注

博肯海德勋爵（Lord Birkenhead，F.E. 史密斯）在他去世的那一年出版了一部半魔幻的名为《2030 年的世界》（*The World in 2030 A. D.*）的预言书。不管是否把它视为严肃作品，一位托利党人写下这么一本书都是怪事一件；因为在博肯海德的想象中，2030 年的世界将消灭疾病、战争、贫穷——并实质上消灭人性。这将是一个由心理学家和统计学家统治的世界，它进行体外生产，靠合成的营养品为生，摆脱了所有遗存下来的神秘事物和古老的个人网络。它将是边沁所梦想的那种世界——或者对有些人来说，它是但丁在第四层地狱中所描述的贪婪者的深渊，而且在这层地狱里的所有失丧的生灵中，他们是被最悲惨地剥夺了个性的人，而且永远都没法形容： 360

> 那种卑贱的生活，
> 之前让他们显得粗鄙恶俗，现在让他们黯淡无光，
> 完全无法被人辨识。

当乔治·圣特斯伯里在一座桥上与两位陌生人擦肩而过时，他吃惊地听到其中一人对他的同伴说："他就是英国最有名的托利党人。"这位无名的评论者说得没错：在 20 世纪 20 年代的所有思想者中，圣特斯伯里是托利主义的最直接的继承者。圣特斯伯里在评论类似博肯海德勋爵所揭示的那种社会的边沁主义和乌托邦时，认为它们丑陋可怕，让人不安：

> 且不论为实现新集体主义乌托邦而不得不承受的罪恶和痛苦；假设它经由某种虚幻的路径成为了现实；即使这样，还有什么东西比充斥着无产阶级怪诞享乐的空阔的荒凉景象更让人讨厌吗；每个人都像总统那样善良仁慈；每个人都像其他人那样"受

> 过良好教育”；每个人都由某种抽象的“国家”安置、配给物品和管制——像猪圈里的猪一样平等，事实上也像猪一样自由，也不比猪更配得上人的名分，或者配得上像人那样有机会拥有地位身份、财产、才干、家世以及让我们区别于野兽的所有东西。[49]

于是，某种替代保守型社会的出路在向人招手。除了上天可能以可怕的战争形式对人类的自以为义施加报复，开明的保守主义依然是阻止
361 这种新的生活方式取得胜利的唯一有效的障碍。

第十二章　批判性保守主义：白璧德、摩尔和桑塔雅纳

如果我们公共自由的大灾难能够奇迹般地被延迟或阻止，我们仍会发生变化。随着财富的增加，可能选择文艺休闲的人数会增加。文艺猎奇将成为国民的一项新追求，而且随着享乐的增多，所有追求都会得到认可。在过了一些年头之后，我们就会有许多穷人和少数的富人，其中很多人非常愚昧无知，相当数量的人学识渊博，少数人享有卓著的学术声誉。从不吝惜恩待人的造化将成就一批被人景仰和模仿的天才之士。

——费希尔·阿摩司，《美国文学》（American Liferature）

1　实用主义：莽撞的美国

到第一次世界大战开始时，美国在某种程度上应验了阿摩司的预言。一个地域辽阔、心满意足、舒适惬意但常常无聊沉闷的民主国家——其中有大量的穷人和大量的财富，却鲜有美国建国者们所设想的那种适中安稳的个人，其中的每个人都受过学校教育，却几乎无人有教养——已

成为当时——实际上可能是整个历史上——最强大的国家。作为一个国家，美国人是富有的，但真正的闲暇依然是稀有的东西。很少会受到推崇，有时会受到鄙视；因此，让人称奇的是，这个时代因比美国以前历史上任何时代都更丰富的哲学和文艺批评而大放光彩——实际上，它可与英国
362 一流的思想学问媲美。不管其如何藐视思想上的成就，一个成熟国家无法逃避容纳少数思想者的义务。

这些人中有三位卓尔不群的保守主义思想家可与哈定（Harding）、柯立芝（Coolidge）和胡佛（Hoover）时代的汹涌激荡的社会潮流相抗争。其中的两位——欧文·白璧德和保罗·埃尔默·摩尔——是新英格兰清教徒思想的继承人，尽管他们超越了那个严肃刻板的传统；第三位——乔治·桑塔雅纳——实际上来自大都会地区，在天主教信仰中长大成人，并且对自己的西班牙血统感到自豪，不过他仍受到新英格兰精神气质的很大影响。现在，马萨诸塞及相邻各州在美国地图上几乎不起眼，而且它们在国会中的代表权也好不到哪里；可是，对于一个常常将文明视为单纯的物质体系的国家，它们仍旧发挥了酵母般的影响。

这些粗俗平庸且自以为是的年月也造就或刺激了其他保守主义思想者。谈谈拉尔夫·亚当斯·克莱姆、阿尔伯特·杰伊·诺克或“南方的农业主义者”（Southern Agrarians）应该会勾起人们的兴致；拉尔夫·亚当斯·克莱姆是一位伟大的建筑师和浪漫主义继承人，声言支持亨利·亚当斯的中世纪精神；阿尔伯特·杰伊·诺克敬重四位被奇怪地归为一类的思想者——伯克、杰斐逊、赫伯特·斯宾塞和亨利·乔治，以冷静沉着、孤傲不屑的笔调写出了一部自传体作品《多余人的回忆》（*Memoirs of a Superfluous Man*），而且这部作品有可能对美国思想产生长久的保守性影响；南方的农业主义者［其中包括唐纳德·戴维森（Donald Davidson）和艾伦·泰特（Allen Tate）］试图提醒美国注意旧南方的价值观。甚至 H.L. 门肯也带有保守主义的倾向，而且《论民主》（*Notes on Democracy*）在展现

他这一侧面时带有一种偏执的深刻。保守派的出版物也品类繁多，强过宣扬庸俗的保守主义论调的日报和华而不实的杂志：南方的某些季刊，短命的《自由人》（*Freeman*）以及同样昙花一现的《美国评论》（*American Review*）。如果这本书要成为一本有关美国思想运动的历史记录，也应当多说说在各大学复兴的托马斯主义（Thomism）。然而，这本书不是那样的历史记录——相反，它只是一部阐释某些保守主义观念演变进程的论著；因此，这里多少有点武断地选取白璧德、摩尔和桑塔雅纳作为 1918 年之后美国保守主义倾向的最重要的代表人物。

如果有人非要在本世纪美国两大党内找出某位认可一套连贯的保守派或激进派观念体系的实干型政治家，他会相中谁？正如亨利·亚当斯所了解的那样，除扩张和泰迪熊玩具外，青年时期和晚年时期的西奥 363
多·罗斯福几乎没有什么立场*；克利夫兰实际上是更合格的保守派人士。威廉·霍华德·塔夫特（William Howard Taft）是一名合格的总统和一名优秀的首席大法官，但不是思想家。亚当斯的学生亨利·凯波特·洛奇是一名富有才华的作家和精明的政治人物，但没有更出色的地方。阅读过伯克作品的伍德罗·威尔逊（Woodrow Wilson）是充满矛盾、让人迷惑不解的人。除罗伯特·塔夫特（Robert Taft）参议员把自己定义为“自由保守派人士”外，当下的那些党派领袖们除敌视罪之外害怕与任何教义沾上边；就像富兰克林·罗斯福（Franklin Roosevelt）一样，他们如同热衷于自己名声的人那样以完美的灵巧身段躲避原则。然而，当政治思想在政治人物中式微之际，它在教授群体中发扬光大了：完全没有实际政治历练的白璧德、摩尔和桑塔雅纳认真观察混乱污浊的美国社会，并引导其潮流。摩尔和白璧德希望为更新美国人的灵性生活提供助力；他们顽强不屈地努力推行保守主义的道德改革，他们身上的这种气质取代了亨

---

* 泰迪（Teddy）熊是以西奥多·罗斯福命名的。

利·亚当斯的沮丧颓唐的漠然态度。

可以想见的是，这对任何社会来说都是一个不祥的兆头——伯克可能也会这么认为：越来越少的遗留下来的富有思想的老派政治家已放弃了承担责任，文人雅士们便不得不扛起这样的重担。不管这是真的还是假的，当农村人口开始减少时，一个国家的保守性势力肯定会受到威胁；这个意义重大的趋势开始于1916年，当年美国的农业人口达到将近三千三百万人的顶峰，然后农业人口的绝对数量开始下降，而且显然是不可逆转地下降（尽管几乎从美利坚合众国开国以来，农业人口相对于总人口就一直在下降）。乡下人的美德与忠诚连同小镇的影响与活力都败给了亚当斯众兄弟所厌恶和预言的那种社会集中化趋势，也败给了与民主同步崛起的工业主义——它现在又有了要主宰民主的危险。杰斐逊和约翰·亚当斯的美国正在消失；汉密尔顿的设想终于显得无往而不胜，尽管他本人可能会对他设想的那个东西的沾沾自喜、极不宽容的面孔感到震惊。这是一个被朦胧的情感与有形的欲望主宰的社会，它意识到自己拥有的可怕力量，已准备好以恩主或霸主的姿态对待世界其他地方，害怕承担责任，对忠告又不耐烦。它会毁掉自己的过去，破坏
364 自己的宪法，然后又将矛头对准其他国家，厉行自己暧昧不明的主张，追求一种世俗、整齐划一、沉迷于平庸境界、因领导力没落而显出病态的普世物质文明——它能受到约束以避免上面的结局吗？ 20世纪美国的强大是雅各宾时期的法国不能相比的，而且它们在目标和结构上都不相同；不过，如果保守派不能成功地引导或软化社会力量的洪流，由此给文明带来的后果可能比法国革命的后果更加势不可挡。这一问题是政治人物的智谋才略所无法应对的；能够认清它的也只有道德哲学或宗教信仰，如果它压根可以被认清的话。我们正在比以前更加努力地挣扎着应付它；美国社会面对的大较量是，在道德和政治上寻求扩张的势力对在道德和政治上寻求稳定的势力的攻击。

当今的好勇斗狠、追求扩张的自然主义趋势在哲学上的辩护人是约翰·杜威（John Dewey）。没有哲学家有像他那样的浮夸风格；不过虽然如

此，杜威的主张简单直白，非常容易理解。他开始时相信狄德罗和霍尔巴赫的那种彻底的自然主义，否定一切的灵性价值观；除物质感受外，所有其他东西都不存在，而且除物质满足外，生活没有其他目的。他进而相信的那种功利主义从逻辑上将边沁理论推演到极致，让物质生产变成人类努力的目标和标尺；过去是垃圾，未来不可知，当下的心满意足是伦理学家唯一关心的问题。他提倡一种源自卢梭的教育理论，宣称小孩生来就有“做事、分享、服务的自然欲望”，应该被鼓励去追求自己的兴趣爱好，教育不过是旅程的开始。他倡导一种情绪性的平等主义的集体主义，以社会的绝对平等为其理想目标；他以马克思主义经济学总括这一社会结构，期盼由无产阶级居统治地位，未来将完全致力于有效率的物质生产，以满足大众的需要，也即期盼一种计划型国家。1789 年以来的每一种激进主义都能在约翰·杜威的体系中找到自己的位置；而且很快，这种具有毁灭性的思想合成品就在这两类人中变得极其受欢迎：受过半拉子教育的心烦意乱的民众以及那些有更为真诚恳切诉求的人，其中后者发现自己迷失在一个被达尔文和法拉第（Faraday）斩断了根基的萎靡不振的世界之中。杜威的书大力追捧自以为义的现代思想，十分鄙视权威，是 20 世纪不满情绪的一面镜子；对于一个让自己屈从于感官享受的民族来说，杜威带领新生代走 365
向的那个阴暗朦胧的功利主义未来没有立刻让人产生反感。在杜威的世界里，敬畏已经死了，没有节制的自立解放大有睥睨一切之势。这就是美国和 20 世纪的帝国主义冲动，却戴上了一个思想的面具。白璧德、摩尔和桑塔雅纳以他们各自的方式反击了对欲望的这种顶礼膜拜。

2　欧文·白璧德的人文主义：民主体制中的更高的意志

左派评论家们似乎认定白璧德是他们最难应付的对手，考虑到他们羞辱的对象是一位沉思型的哈佛比较文学教授，他们攻击他时的那种谩骂架势多少让人感到吃惊。奥斯卡·卡吉尔（Oscar Cargill）在他的《理智的美国》（*Intellectual America*）中愤怒地宣告："我们不知道白璧德是在 18 世纪的那个盲目迷信的教派中长大成人的，不过，一提到**科学**或**民主**，他便忍不住吐口水，这表明他像一位乡村赞美诗歌手和讲道记录员，而非一位有世界眼光的人。"哈罗德·拉斯基在《美国的民主》中宣称，白璧德没能说服人追随他。厄尼斯特·海明威（Ernest Hemingway）对白璧德对人类尊严的信心感到恼火，说他想知道白璧德在去世时会显得如何文雅体面。事实上，白璧德是一位身材高大、待人诚恳的俄亥俄人，年轻时曾在西部的一家牧场工作，在哈佛和巴黎学习过，曾徒步在西班牙漫游，与其他人借以获得成功的潮流抗争，在去世时展现出一种非凡的刚毅品质，直到最后还在努力说服美国人相信，除非人约束自己的欲望，否则人便不可能保持人的本色。尽管他亲近宗教信仰，却一直对所有教会都不放心；即使他对美国理想的堕落变质深恶痛绝，他依旧是最具十足本土特色的美国评论家之一。亚里士多德、伯克和约翰·亚当斯是他在社会思想方面的导师。他开创了被自己称为人文主义（humanism）的美国思想流派，身后留下的影响可能会在拉斯基差不多被伦敦经济学院遗忘后的很长时间里持续存在。美国的保守主义在他身上成熟起来。

他的同路人保罗·埃尔默·摩尔说，白璧德批评卢梭的作品《文学
366 与美国的大学》（*Literature and the American College*）——这也是他的第一本书——中的一个注释里面有他思想体系的核心和精髓：

> 按照佛陀的说法，最大的罪恶在于懒惰地纵容情绪的冲动［放逸（*pamâda*）］；最大的美德［不放逸（*appamâda*）］与此相反，是指从感官的怠惰和呆滞中苏醒过来，能动的意志（active will）不停地发挥作用。佛陀在临死时对其门徒所说的最后的话是鼓励

他们坚持不懈地践行这一美德。

人性（humanitas）中规训的技艺——也即让人区别于野兽的对意志的运用——在这个时代正因被轻忽而消亡；由于鄙视佛陀和柏拉图都曾描绘过的那种灵性王国，现代人因一种将所有东西都降格到简单的感官层次的粗俗的自然主义（naturalism）而腐化堕落。如果人忘记了存在的双重特性，他就窒息了更高级的自我，因为规制更高级的自我的是属人的法律，与之形成对照的是规制感官享受的属物的法律；这样一来，他自己杀死了自己。在毁掉了更高级的自我后，人也注定了较低级的自我的命运，因为如果缺少了意志的引导力量，他会陷入野兽式的无政府状态。人文主义者在我们这个时代的任务是提醒社会注意其灵性的现实存在。白璧德及其志同道合者对区别于真正的人文主义者（humanist）的人本主义者（humanitarian）毫不留情。传承自培根和卢梭的人本主义者是崇尚感性的人，认为人类的所有问题都可以通过运用物理措施加以解决。人本主义者的无差别的功利主义方法导致了对层次分明的价值观体系的敌意，因为这种体系将圣人与罪人、有教养者与野蛮人区分开来。由于他们一心一意地追求社会条件的平等，人本主义者试图铲除掉人和社会中的让真正的人类生活成为可能的那些灵性要素。

欧文·白璧德的对手们立即将这种鼓吹灵性上的自我约束和抑制感官享受的主张贴上“清教主义”的标签，就好像那本身就是对它的咒诅一样。如果柏拉图和奥古斯丁都算得上清教徒，那么人文主义的信条就是清教主义的。白璧德和摩尔抵制且厌恶加尔文主义，视其为一种具有腐蚀效应的认同宿命论的思想体系；他们的信仰立基于自由意志的前提之上；不过依然千真万确的是，这两位中西部人的身上都有某种新英格兰以前的严肃刻板的特质，而且这让他们在一个沉浸于感官享受和感伤主义的时代有了坚定的意志，为二元论（dualism）和灵性价值发声代言。白璧德在他的第一本书中写道，人文主义者“认为，如果现今时代的人不像过去时代的人那样，背负起某种确定不移的信念与戒律的重担，那他至少必须在内心里尊崇比他平凡的自我更高级的某种东西，不管他是把这种东西称为上帝，或者像远东地区的人那样称之为更高级的自我，或者只是称它为法律。如果没有了这种内在的约束性原则，人只能像卢梭
367 那样在相反的两极间剧烈地来回摆动，因为卢梭说，对他而言，‘在一切和无之间没有中间地带’。”[1] 文明的救赎取决于类似原罪教义的某种东西的复兴。

对研究社会保守主义的学者来说，白璧德的七本著作中最为重要的是《民主与领袖人物》(*Democracy and Leadership*)；由于（正如摩尔指出的那样）白璧德是一位“转轮型”写作者，在他的每本著作中都会谈及其思想体系的核心要素，而不是按顺序推演其理论，因此，仔细研读这本颇具胆识的论著可以大体上了解他的整个人文主义思想体系。它出版于 1924 年，当时美国的百万富翁像蘑菇一样快速增多；白璧德像鄙视雅各宾党人那样鄙视百万富翁。早在十六年前他就评论说：“再有几个哈里曼（Harriman）*，我们就都完了。”其中的缘由是，他知道洛克菲勒们和哈里曼们与约翰·杜威代表着相同的势力：他们都妄想着人可以依据功利主义的原则加以改进。如果像劳埃德·乔治所言，未来将比今天还要更多地在经济问题上纠缠，那么，未来就是浅薄虚浮的。至少早在文艺复兴时期就已开始出现的自然主义被培根加以“科学化”了，然后被卢梭普及了，现在已进化到会危害社会生活结构的程度。由于自然主义的观念在所有社会阶层中都获得普及，成见与习俗的古老屏障被拆除了；而人文主义者能够抵御这种激进主义的唯一办法是，说服人们认同另外一套观念体系。白璧德曾在 1919 年评论说：“自培根派哲学运动兴起以来，依

---

* 哈里曼是当时的铁路大亨。

循自然法则的进步是如此迅速，以至于它完全捕获了人的想象力，并刺激人更进一步地努力专注于自然主义的道路。进步这个词的魔力似乎让他无法看到依循人的法则的进步的缺失。”[2]人文主义者要么现在必须提醒世人，同时存在着人的法则和物的法则，要么就听任灾难的降临。如果缺少理念，形式和限制不能让社会避免自我毁灭：“从长期来看，反对精神自由的外部机械障碍的尝试会造成一种沉闷乏味和自命不凡的氛围，而且没有什么比自命不凡更加让人难以忍受。如白哲浩所说，人们之所以在法国革命中被推上断头台，仅仅是因为他们或他们的祖先曾自命不凡。不积极认同传统和惯例早晚会遇到浮士德那样的呼叫声：拉到野外去！（*Hinaus ins Freie!*）”[3]也许，其他世代的人都不比白璧德那代人更 368
加自命不凡，其读者中的激进派人士沉浸在自得其乐的下意识的自命不凡之中，对进化会带来的无产阶级极乐世界深信不疑，称白璧德教授为蒙昧主义者，因为他预言混乱会到来。

卢梭这位在激进民主理论家中首屈一指的人物也是最著名的藐视文明的人，却在正确的问题上给出了错误的答案。他否认人类经验的二元性，把自然法则和感官经验体系当作实现普遍幸福的手段。卢梭［以及惠特曼（Whitman）］的充满柔情的民主博爱的梦想象功利主义理论一样，是自然主义思想运动或人本主义的一种独特的表现。人本主义忽略了人性结构的基础，那就是意志（Will）。“与所有类型的扩张主义者均不同的是，我会毫不犹豫地承认，人所特有而且最终也具有神性的特质是某种意志品质，就其与日常自我的关系而言，这种意志体现为一种有所不为的意志。”[4]约束感性冲动，甚至约束理性冲动——正是人所独有的这种能力让他成为了人。卢梭对欲望的屈从以及功利主义者对贪婪的屈从将以我们人类的非人化告终。如果社会改革代替了自我更新，情绪上的混乱很快就会毁掉人本主义者的所有设想。白璧德曾在《文学与美国的大学》中对人文主义者和人本主义者做了区分；在《现代法国评论界的名家大师》(*The Masters of Modern French Criticism*)中，他分析了品味的败坏与相对主义的崛起；在《新拉奥孔》(*The New Laokoon*)中，他考察了因品味下降所导致的文学与艺术的无序混乱；他曾在《卢梭与浪漫主义》(*Rousseau and Romanticism*)中说过，想象对人的高级本性和低级本性之间的角力有决定性的作用，而卢梭的田园牧歌式的想象腐蚀了现代人的追求。现在，他在《民主与领袖人物》中正试图“证明，不管好坏，真正的领袖人物会一直存在，而当他们企图规避真理时，民主就变成了对文明的威胁。……西方文明的存续可能取决于出现这样的领导人：他们以某种形式恢复了内在生活的真理，并驳斥了自然主义的谬误”。《民主与领袖人物》可能是一直以来美国人所写的有关政治的最具穿透力的作品——这恰恰是因为它不是一部严格的政治性论著，而实际上是一部道德哲学论著。白璧德在其第一段中写道：“如果要在某种程度上对它进
369 行彻底的研究，经济问题就会遇到政治问题，政治问题会遇到哲学问题，而哲学问题本身又最终与宗教问题几乎不可分解地捆绑在一起。”许多政治学家很少关注这本书。然而，如果科学不仅仅是物理数据的累积与分类，那么白璧德的政治理论就是一种高层次的科学。

白璧德说，现代政治像现代总的文明一样，长期以来受到自然主义者的毁灭性影响。“自然主义者不再认为人类受制于属于他们自己的法律——这种法律区别于适用于物质秩序的法律，对它的认可会在宗教层面上将人们引向来世的奇迹，而基督徒和佛教徒最完美地展现了这种来世的奇迹，同时，对它的认可在现世的层面会让日常的自我及其自发的冲动屈从于中庸的法则(law of measure)，体现这一法则的是儒教徒和亚里士多德主义者。”在政治中，最先开始引领现代人否定一种更高的意志——也即一种人可以依凭其较低本性向其求助的道德体系——的人是马基雅维利，而马基雅维利与所有的自然主义者一样，讨厌二元论思想，不允许人有相互分立的效忠对象，也即同时效忠于世俗国家与上帝之城。

不过，马基雅维利及其追随者不是真正的现实主义者："对于那些践踏道德法的人来说，报应或上帝的审判或者不管被称作何种名目的其他东西迟早会击垮他们，但它们并非一定要依靠希腊或希伯来人的权威才能理解，这需要敏锐的观察。"这种否定伦理道德的主张借着霍布斯进入英国的政治思想之中，而我们一直都受其毒害。"如果有人要反驳马基雅维利和霍布斯，他就必须证明，存在着某种甚至会将不同国别的人联合在一起的普遍准则，而且即便以有组织的武力为后盾的某个具体国家的法律也都不再能控制他们自以为是的冲动时，这一准则仍会继续发挥作用。"洛克所提倡的那种功利主义倾向进一步腐蚀了将公职视为神圣信托义务的历史悠久的观念，而且"如果贵族式准则继续迁就于平等主义者否定需要领袖人物的立场，议会制政府最终可能会变得没有可行性"。

马基雅维利及其追随者削弱了中世纪的政府观念，正是在这一观念的废墟上，卢梭设计出某种带有部分宗教性的政治方案，这种方案带有其自身的源自卢梭田园牧歌式想象的神话传说，启迪了这种想象的是下
述观念：同情是人类最主要的情感。卢梭发明的用以整合其思想体系的带 370
有柔情的公意理论从一开始便充满了危险。"凭借着这种方案，卢梭排除掉了英国传统的政治思想家最为关切的问题——也即如何在面对趾高气扬、独断专行的多数人时保障个人或少数人的自由。"卢梭的错谬虚妄的新二元论假设了具有私人身份的平民与作为共同体成员的公民，可能会为比卢梭自己所批驳的任何东西都更具压迫性的独裁统治辩护。

白璧德继而说道，伯克洞察了这一切；伯克比所有其他人都更清楚，能够存续下来的唯一一种保守主义是富有想象力的保守主义。可是，强大的时代趋势妨碍他诉诸传统的基于想象的保守主义象征符号：培根式哲学对新奇和变革的热衷，一个接一个的发明，以及对我们正趋近某种"遥远的神圣事态"（far-off divine event）的期盼——它们摧毁了成见与习俗的防护机制，也破坏了伯克赖以挽救的真正自由主义的"深思熟虑之上

的智慧”（a wisdom above reflection）。现代的保守派或自由派人士必须找到其他的手段和方法。

这些新的保护性手段必须要机智灵敏，因为它们一定会被用于抵制现代民主体制的可怕的帝国主义本能。（正如米拉波所说，）认为民主与帝国主义互不相容的想法是错误的；在我们这个时代，它们会一起寻找猎物，恰如它们在伯里克利时代的雅典与革命时期的法国所做的那样。如果日本被转化为一个民主国家，其所具有的危害性将比它被一个满足于目前事态格局的保守贵族阶层统治时大很多倍。八年之后，白璧德在《论创造才能》（*On Being Creative*）中又谈及这一主题，其中提到安德烈・西格弗里德（André Siegfried）担心美国人的“具有更大危险性的对人类的‘义务’感”。[5]帝国主义是人类源远流长的自我膨胀的一种表现形式，而希腊人知道，它先是会带来傲慢自大，然后是轻举妄动，最后是天谴报应。“有时好像会出现这样的情形：人在深渊边上时反倒会以从未有过的自信突击前进。”伯克认为谦卑是最高贵的美德之一，它是对这种天生的自大虚荣的唯一有效的约束；然而，我们这个世界已几乎忘掉谦卑的特质。以前，恩典的教义让人乐于顺服谦卑的要求；这一用心良苦的教义已
371 被现代人的源自卢梭和爱默生的自以为是和自立自主踩在脚下；“而且不像人们希望的那样，尚不确定的是，欧洲文明在这一教义崩解之后能够延续下来。”白璧德本人从未拥抱恩典的教义；可是像帕斯卡尔和詹森主义者（Jasenists）那样，他察觉到它的具有超越性的重要意义，而且他经常反复谈论这一主题，预示了过去四五年间基督徒小说家和护教者对恩典教义着迷般的关注。

由于恩典教义的衰落以及宗教改革所导致的神学上的混乱，有关工作的教义开始取代它的位置——不过这一概念几乎与以前的同一称呼的神学教义完全不相干。弗朗西斯・培根为这种让辛劳凌驾于敬虔与沉思之上的立场辩护；洛克在他的《政府论》（下）中从功利主义的角度将它

极端化；亚当·斯密回应了他的立场，李嘉图扩展了这一观念，马克思则将“工作”降格为纯粹的数量性概念。“在企图推行功利主义的—感情用事的工作观的同时还试图消灭竞争，一方面导致俄罗斯出现冷酷无情的独裁统治，另一方面造成卑鄙无耻的奴役。”我们怎样才能摆脱这种荒谬的有关工作性质的理论？人本主义者也犯下了这种错误：“即便他们没有犯下那些更粗鄙的数量性错误，他们也是从自然法则和外部世界的角度而非内在生命的角度看待工作的。”

可是，“工作”的确是一种非常不同于此的东西；为确定工作的含义，白璧德求助于佛陀和柏拉图。真正的工作也即更高级的工作是灵性的劬劳和自我更新，这又让我们想到正义的性质。“柏拉图对正义的定义——做好自己的工作或者关心自己的事——可能从未被超越过。”白璧德补充说，唯一真正的自由是工作的自由。“实际上，在所有文明社会都必不可少的等级体系中，决定一个人在其中位置的正应是他工作的质量。”比起以双手工作的人，那些以脑力工作的人应该有更高的地位；不过，地位比后者还高的是从事真正具有伦理价值的工作的人。任何真正意义上的文明都必须让某些人无须用双手劳作，这样，他们就可能享有作为领袖人物不可或缺之准备的那份闲暇。

这些灵性与思想上的领袖人物必须被教导超越于物质财富之上；而如果没有真正的伦理性或人文主义性质的工作，这一点是不可能实现的。“宣扬平等，其依据却并不要求此类性质的工作，会带来让人哭笑不得的效果。 372
比如说，这个国家在《独立宣言》中曾承诺认同自然平等的理论。由此受到怂恿的那种个人主义已造成可怕的不平等，而且随着传统准则的衰微，又导致赤裸裸的财阀统治的崛起。……弥补上述领袖人物不合格问题的办法不像煽动家们引导我们相信的那样，刺激底层民众的欲望；也不在于以某种社会正义的幻觉代替真正的正义。”这种替换通常会带来对财产本身的疯狂攻击，并进而导致对勤奋节俭的攻击；它促使人压制竞争，而为了让人从其天生的懒散状态中振作起来，竞争是必不可少的。要求绝对的平等，却缺少任何被恰当理解的伦理依据——美国一直都未能脱离这种混乱状态：“真正的正义和真正的文明都必然要求财产权制度享有某种程度的安全保障，不过尚不清楚的是，普选权和这种程度的安全保障是否能够兼容。”通货膨胀将是这种危险的最普遍、最微妙的表现形式。

所有人都必须在工作中寻找快乐，否则就没有快乐可言。可是在我们当下的时代，大众对他们的劳作感到厌烦——这是人本主义者误解工作的本质所造成的后果之一。他们在确定爱与自由的含义时的无能为力让我们在这些牵涉面极广的事情上遭到类似的挫败。究其本质，人本主义者的失败是由于他们忽略了人的道德意志，也忽略了这一事实：人的唯一真正的平安是灵性的平安。我们在追随人本主义者时忘记了规范准则；而我们的文明生活和我们人性的延续依赖于恢复规范准则。

“商业主义正把一切（包括不负责任地追求刺激）都抓在它油腻腻的大爪子中；于是，不管民主在理论上可能是什么样子，人们有时会倾向于在实践上把它定义为标准化和商业化的戏剧表演。……确实，有人真的想要追问，已在几代人的时间里席卷西方的运动的最终结果是不是巨量的标准化的平庸之辈，而且特别是在这个国家，我们是不是有这样的危险：以民主的名义塑造出的那类人属于世人所知的最浅薄轻浮的人。”美国认可了一切事物中的数量化检验标准，这样一来，“在慵懒松懈状态下
373 阅读星期天报纸的美国人可能是世人所见识过的数量胜过质量的最完美的表征——是什么说服美国认可这样的检验标准的？”真正的领导品质的丧失同时是我们规范准则缺失的原因与结果。“因此，为了民主自身的利益，人们应该以有关合适的人的理论取代有关人的权利的理论。”民主的企图常常仅限于消灭质量型的、有选择性的准则，以有利于抽象的公意理论。在美国，真假自由主义之间以及质量型民主和数量型民主之间的这种冲突基本上是华盛顿的自由与杰斐逊的自由之间的对立。杰斐逊

希望让人从外部的控制中解脱出来；不过，他从来都未曾像伯克那样明白，外部的力量与内部的力量必须一直保持特定的比例；所以，如果不想对社会造成伤害，在国家权力减弱的同时，个人的自我控制应当要相应地增强。喜欢享乐和思辨的杰斐逊讨厌有关严格自律的所有想法，而亚当斯家族则完全认同那样的想法；而且杰斐逊的榜样刺激了美国人扩张性的、粗犷的个人主义倾向。不管是体现在政治中还是体现在伦理上，司法控制都是杰斐逊所不喜欢的，却一直是我们自由的主要保障机制；可是，由于我们的帝国主义和数量化评判的倾向，它已受到严重的损害。

联邦宪法与最高法院以及对民众当下冲动的其他约束机制对于国家的作用，就相当于更高的意志对个人的作用。我们社会的成就通常是由于我们思想与政治结构中的这种约束性影响，我们社会的失败常常是由于我们感情用事的人本主义：“我们正试图让人本主义——而非十诫——产生果效，可是人本主义没产生果效。如果我们的法院在惩治犯罪时是如此地低效，那首要的原因是，它们没有获得公共舆论的支持，而且这是因为在公众中，那些以对弱小者的同情取代所有其他美德的人占有非常高的比例。”着魔似的功利主义者由于强调“外在的果效”，便越来越趋近于一个非人化的社会：“我们的商业大师们所追求的那种效率要求很多人被剥夺掉人所特有的特征，变成某个巨型机器上的单纯的齿轮。按照目前的速度，就连偏远乡镇上的杂货商也会很快就没有了确定一磅黄 374
油价格的主动权。”

要到哪里去寻找这些能够让我们摆脱这一切的领袖人物呢？他们的了不起的优点一定是谦卑，此外，所有其他优点都不管用。因此，科学家不够格，因为我们知道他们的自以为是；艺术家—贵族同样不能让人满意。信任普通人的神力，完全不要领袖人物——这种流行的看法更是错上加错；公众的反复无常甚至使得激进的改革者失去了对这一梦想的信心。不，我们急切地需要领袖人物，我们的力量横跨各个大洋却由于缺少方向而盲目地四处摸索，当此之际，“在 H.L. 门肯先生的指导下成为二流的尼采主义者”救不了我们。能够恢复领导力的唯一途径是缓慢痛苦地培育道德和思想的严肃庄重感，再度拥抱传统教义的优点——也即它们面对邪恶现实的诚实态度。只有对首要原则重新加以审视，我们灵性上的慵懒才能得到克服。“我们已经看到，整个新伦理结构都建基于这样的假设之上：善恶之间意义重大的斗争不是发生在个人身上，而是发生在社会之中。如果我们希望再次建立起稳固的伦理结构，我们可能不得不以某种形式恢复‘洞穴中的内战’的观念。”

我们需要审视我们对工作的定义——这取决于我们对本性（nature）的定义。进一步说，我们使用“自由”时所表示的含义取决于我们为“工作”设定的含义。因此，我们的更新要看能否诉诸苏格拉底的方法，包括上述的定义以及对“正义”和“平安”的定义，这不是单纯的学术问题。“这样的时刻可能会到来（如果它尚未到来的话）：面对唯物主义国家的穷凶极恶的侵夺，人们有坚持真正的自由的正当理由，哪怕可能以牺牲生命为代价。”我们必须让自己摆脱这样的想法：纯粹的平等能够和自由与谦卑和谐共处。我们的生命需要恢复规范准则，这意味着我们将不得不确立某个伦理中心。伦理型国家是可能的，因为人性易受正派榜样的影响。不过，我们的伦理中心必须要超越于我们目前对“服务”的溢美奉承。真正的领袖人物不是单纯的人本主义者，他凭借的是意志和良心。

375 说了这么多，我们又回到了意志的问题。“理想主义”和“现实主义”的政治思想学派都植根于自然主义，也都不足以应对我们的时代。超越自然主义的任何人“都差不多在同等程度上不再是人本主义的理想主义者或马基雅维利式的现实主义者。他意识到存在着这样的意志品质：它让人区别于他的物理属性，同时它仍带有自然属性，因为它需要直接去感知，且与外在权威无关”。难道不存在一种独立于我们的感官，甚至独立于我们的一般理性，而且我们可以向其求助以节制我们自己的力量吗？

冷静地实事求是地说，人们到底有没有灵魂？人们对这一追问的答案就构成了政治的基石；理由是，人如果没有灵魂，如果不存在更高的意志，那么，他们就可能被视为机器的零部件——实际上，他们只可能享有这样的待遇。白璧德在思考政治问题时所站立的高度会让很多人犯晕，因此是他们无法企及的；但是，不管其立场如何，在任何其他层次上讨论政治问题都是不能令人满意的。

白璧德在他的缺乏连贯性却气势恢宏的书的末尾处提到，还有一种更高的层次：那就是恩典的层次。“传统上，基督徒一直把他的自由以及对更高的意志的信心与恩典联系在一起。”但是，白璧德无法说服自己登上那个峭壁；事实上，他不能确定它是否存在；他努力“从工作的角度”阐释他的思想体系——这里的工作是指伦理性工作，是人的更高本性的活动，区别于与上帝的交流联结。因此，他没有达到伯克、胡克和经院学者的境界。保罗·埃尔默·摩尔逐渐认识到，人不敢停留在工作的层次上，而必须继续向前从宗教信仰那里寻求保障。

这里没能公正地对待白璧德。他非凡的渊博学识只被略微提及；这一简略的概述遮掩了他缜密精致的思想。他将政治与伦理间的已被打断的联系拼接在了一起，这是天才般的成就。他明白，如果保守主义要与自然主义及其派生观念抗衡，对我们所钟爱的古老事物的维护就必须建立在最高品级的正确观念之上。他的下述评论是他众多的敏锐的先见之明的例证之一：“今天的保守主义者志在为财产本身的目的而保护财产，与伯克不同的是，他们保护它的理由不是因为它是个人自由的几乎不可或缺的支柱或者一种真正具有灵性的东西。”白璧德的教导已经产生某些影响，把美国的保守主义思想家引向更有说服力的立场。他的影响力可能会增加，吸引人持续不断地认同有关工作与意志的严肃主张，而对于在 376
经济上已经成熟的国家来说，如果它想要成为超越于机器的某种东西，它就必须找到这样被吸引的人。

3 保罗·埃尔默·摩尔论正义与信仰

剑桥北大街（North Avenue）上，白璧德曾突然握紧拳头，对保罗·埃尔默·摩尔大声说道："天呐！兄弟，你是伪装的耶稣会会士吗？"白璧德整个一生都在努力让自己对待教会时要宽容；可是，摩尔的情形却不同；这位涉猎广泛的评论家带着几分笑意说道："我一直都未能对这一问题做出令人满意的回答。"[6]

虽然出生于密苏里，摩尔却显然继承了新英格兰的思想传统——实际原因是，今天被称为"中西部的东西"实际上有很多是被移植过去的新英格兰的思想与特质。带着其同辈人中罕见的忘我精神，年纪轻轻的他便退隐到新罕布什尔州的小村庄谢尔伯恩（Shelburne），以便他能拥有为明智地应对我们复杂的现代问题所必需的闲暇与超然态度；接下来，回到现实世界的他成了一个蓄满胡子、身材魁梧的成年男子，非常像一位先知，身为演讲者、评论家和《民族》杂志编辑的他反对詹姆斯的实用主义、杜威的自然主义、社会主义者的感情用事以及一个已忘记二元论真理的民族的自以为义。他将自己训练成英语散文体裁大师；也许，自柯勒律治以来，英国或美国尚没有可与他比肩的思想评论家。曼宁大主教曾评论说，"所有观点上的差异最终都可归结为神学问题"。摩尔对这一原则的坚守成了他的突出优点，虽然开始时他是一位彻头彻尾的怀疑论者，但最终他却成为美国历史上最杰出的圣公会思想家，可能也是美国所有宗派中最不可小觑的神学家。

摩尔的十一卷本《谢尔伯恩论文集》（*Shelburne Essays*）的第一卷出版于 1904 年。在这个热情奔放的评论性著作系列中，在五卷本的《希腊传统》（*The Greek Tradition*）中，在出版于他人生最后十年的《新谢尔伯恩论文集》（*New Shelburne Essays*）中，一以贯之的是持续不断、坚定不移地宣告这样的立场：为了我们在此世和来世获得拯救，我们必须留心属

灵的事物，接受人性的二元性，提醒我们自己注意，在神秘的存在体系中，377
当下的时刻不重要。如果我们像威廉·詹姆斯那样让自己屈从于时代和变革的潮流，我们就会招来内部与外部的灾难：

> 有时，我会独自思索这种幻觉，它怎么就能凭借着切断我们的灵性生活与过去多姿多彩的经验的联系，日甚一日地迷惑并榨干我们的灵性生活，这种情景就仿佛我们坐在船中漂泊于海上，与此同时，雾越来越浓，结成越来越小的圆团迫近我们的视线，遮蔽了地平线上照射得很远的亮光和深邃的天空，给我们四周的波浪盖上了一层罩布，直到我们在阴郁朦胧中向前挺进，同时也没看到那片海上还有任何其他航行者，仅仅是在穿越浓雾时，一种可怕的警报声传入耳中。[7]

对伯克和纽曼颇有研究的摩尔明白，一旦不同时代的人因此不再有灵性上的联系，先是文明，接着是人类的存在本身都一定会萎缩。他逐渐认识到，如果缺少对超自然事物之现实存在的普遍信仰，人们就会忽略过去与未来。摩尔在《谢尔伯恩论文集》第一卷的结论部分写道，人必须过一种双重生活，在人的法律和物的法律之间保持平衡，永远不要忘记他的公共职责和私人职责之间的差别。从观念上说，我们现代社会的混乱局面是因混淆了私人道德领域与公共活动领域造成的。这是人本主义者的巨大失误。当宗教情感萎缩到单纯的“人的兄弟之情”时，兄弟相残就不远了。在《新谢尔伯恩论文集》（1936 年）第三卷接近结尾的地方，摩尔重申了这一宣言：“在每个人的灵魂中恢复一种超越此生之外的责任感——这是教会在反对不必要的社会恶行时的一件有效的武器，也是它在某种程度上实践真正的正义的一种现成的手段——这种正义区别于残酷无情的竞争法则，也区别于无产阶级的同样残酷无情的权力意志。”[8]贪婪癖这种永不休止地追逐权力的欲望只有在死亡时才会终止，这个世界上没有什么力量能够约束它——能够约束它的唯有源自超自然界的人的内在控制力。

由于其宗教本能受到压制或者被搞得颠三倒四，我们的社会必须找到回归永恒性的道路，否则就会消亡。现代浪漫主义与现代科学尽管在表面上相互对立，却共同认可一种会造成灾难的印象主义，因为两者都
378 降服在永不止息的流变理论之下，除个人变幻不定的快乐外，没有判断是非的原则。这是实用主义，是我们思想上的癌症。在这样的时代，富有良心之人必须勇敢地宣称他是一位反动派；否则，哲学与文学上的不成体统会演变成社会的不成体统，对变革无奈的认可，由此导向克伯顿的个人主义或者新集体主义——这两种情形都会造成文明被物质力量窒息的局面；或者如果这种屏障也进而失去效用，接着会出现无政府状态。“这一格言已经流传到海外：力量意味着欢欣地享受变革，而质疑变革的人是柔弱娇气的反动派。”可是，反动派就仅仅是新花样面前的懦夫或者过去的奴隶吗？“反动可能是，而且其真实含义也确实是与这种轻浮的梦呓完全不同的某种东西；从根本上说，它是以行动回应行动，是以鉴别和选择能力应付杂乱的环境，是以永恒不变的事实的共存法则为参照引导无目的的变革潮流，是把过去的经验带入当下的形形色色的想法中，是借此有序地向前发展。如果有任何年轻人现在在自己心里感受到践行的力量，却因柔弱娇气的指控而不愿被称为有着更好含义的反动派人士，那就让他鼓起勇气吧”。[9]

《谢尔伯恩论文集》（1915 年）第九卷《贵族与正义》（*Aristocracy and Justice*）是一本坦率明智地反对变革哲学的指导书。人怎么才能自我救赎？他们的倦怠无力是一种肤浅的进化思想的产物，这种思想（如果不能被阻止的话）一定会以灾难告终，而且 1914 年开始的那场战争不过是这一灾难的铺垫——他们怎样才能免于这种随波逐流式的倦怠无力？

在社会领域，人们需要一个贵族阶层带领他们走正路。要接纳这种贵族阶层，我们必须是光明正大、庄重高贵的反动派。“我们要回答这一赤裸裸的问题：对于一个刚刚摆脱掉伪装起来的财阀体制的社会，该怎么引领它听任一个没有任何源自旧习俗的发号施令权力的自然贵族阶层的劝导呢？”[10]要说服战无不胜的民众同意其必须恢复贵族体制：这就是我们极其重要的实际政治问题。

“补救民主的办法是更多的民主”这一流行说法具有迷惑性，真正的补救办法肯定不是更多而是**更好**的民主。改进永远都不可能源自大众自己，这一定是自然贵族体制的功德，而这一贵族体制“不会要求恢复继 379
承而来的特权或者重新回到赤裸裸的金权统治状态；它不同于寡头体制或财阀体制。相反，它会提倡某种机制或某种社会意识，以确保从整个共同体中选拔出‘最优秀的人’，并赋予他们‘权力’；它是民主真正的完美体现”。我们创建或恢复自然贵族阶层的首要步骤应该是改革我们的高等教育机构。

就像一棵很大的古树一样，我们社会的顶部一直在衰亡。受过教育的阶层有背叛抚育了他们的文明的危险——因为他们受到人本主义的蛊惑，而且可能会忽视他们自己应有的职责。“另外有些时候要担心的问题是，秩序的协同力量可能没有强大到足以抵御那些充满残忍嫉恨与轻率欲望之人的总是带有威胁性的侵犯；而今天的疑惑是，秩序的天然捍卫者自己是否忠于给他们的托付，因为他们似乎不再清楚地记得本应让他们共同担负领导职责的号令。”

像G.罗伊斯·迪金森（Lowes Dickinson）这样的社会主义者指望着“拥有才智和道德力量的所有人（现代社会的领袖人物）缓慢地、半自觉地与他们所属阶层的利益和该阶层对其的积极支持脱钩”。[11]（一代人中被白璧德轻蔑地视为不知羞耻的贪婪功利之楷模的哈里曼们到下一代就变成了“福利国家”的热情鼓吹者。）高等教育中受人尊重的人文主义思想训练的衰败——艾略特（Eliot）校长在哈佛大学的新花样是其征兆——是知识阶层茫然无措或背叛的主要原因。我们已经忘记了我们教育的大宪章——托马斯·艾列特（Thomas Elyot）爵士的《管理者之书》（*Boke Named the Governour*）。“人文主义者的设想可以用一句话来描述，那就是训练更为高超的想象力，其目标是，学习者能够依据秩序与等次的神圣天意，以一种卓尔不群的整体性眼光审视从最低级到最高级的整个存在场域，同时不会忽略作为所有演变之核心的不可变更的真理（veracity）——真理‘只是对美德的颂扬和它的别名’。这不是什么新眼光，也从未被完全遗忘。对胡克来说，它是宗教的全部内涵，而且它从胡克那里进入到圣公会教会所有最美最恒久的观念之中。谦虚点说，它是布莱克斯通理解英国宪制和法律之下的自由的基础，它是伯克治国理
380 论的核心，它是更为庄重不凡的科学的灵感，而科学虽然接受了达尔文和斯宾塞所教导的进化假说，却谦恭地屈从于一种无名的、不对称的力量——其存在形式是演化中的宇宙的某种神秘意志。”[12]如果缺少这种教育，人们就不能理解过去；他们就只能听任所有流行理论教条的摆布。

为了真正的自由——也即真正凸显差异的自由，不是那种出自嫉妒的强烈要求平等的自由，社会领袖人物必须要接受博雅教育。有了这样的训练之后，他们就能像真正的自然贵族那样发挥作用，成为财阀体制和平等主义的民主之间的仲裁者。这种人文主义训练的精髓在于研读经典作品；它们给人教导时间的意义，并“在他反对当下的短暂粗俗的诱惑时，让他坚信自己的更好的判断”。我们的大学与学院完全致力于培养专业人才、技术人员和商人，这使得社会无法拥有高贵的思想，并很快会破坏作为现代专业分工和技术成就之基石的社会安宁。

不过，比起真正的贵族管理人类事务所依凭的原则，确保自然贵族之生命力的恰当手段问题就没有那么重要了。这一原则就是正义，文明的存续仰赖于它。可是，怎样才能确定正义的含义？摩尔给出了一系列

定义，目的是解构“社会正义”这个感情用事的说法，因为它一直是对激进主义非常有价值的用语。非常简单地说，正义是“正当合理配给的举措，让每个人各得其所”（the act of right distribution，the giving to each man his due）；不过，为了让其具有实质性的含义，就需要进一步确定 right（合理）和 due（各得其所）的含义。如果我们更为仔细地考察被称为正义的那种情结，我们会发现，它是“灵魂的这种内在的状态：在追求公义的意志驱使下，理性引导指挥，欲望听命顺从”——或者简单地说，“正义是快乐，快乐是正义”。那么，什么是社会正义？摩尔不偏不倚地同时抨击了尼采的“权力意志”及其对立面——人本主义的绝对平等的社会主义理念。社会正义只是“按照这种方式分配权力与特权，以及作为它们的象征与工具的财产：既要显示出上级在理性上的卓尔不凡，又同时不能伤害下级的感情”。对于如何实现这种平衡，没有绝对的标准，正如个人行为没有任何绝对的道德准则一样；不过，与我们理解个人正义的方式雷同的标准也适用于它：“社会正义与个人正义的衡量标准都是幸福。”立法者必须要好好地区分优秀出众与自命不凡，特别的长处与众人 381
皆有的满足。这种工作的内容是调停与妥协，而且我们必须让自己承认这一事实：在正义的状态下，肯定总会有一些个人仍旧有匮乏或不足，而我们会过于轻易地将此称为“不义”。我们不是完美或者可达至完美境界的物种；如果我们要与自然和谐相处，我们就不可以违背天经地义的道理［像波森（Porson）试图吹灭镜中的蜡烛火焰一样］，要求这个世界上并不存在的绝对正义。

作为文明延续之必要条件的财产实际上是“自然的不义（人的原初的不平等）的放大，你可能会悲愤地将放大后的结果视为违反自然律的不义，不过这种结果既是无法避免的，也是必要的。这是实话实说，哪怕你自己觉得它面目可憎，而且对于那些自身诚实可靠的人来说，不管他们是否是幸运儿，这也有有利的一面——至少也是无可奈何的事”。除非我们认为文明是一个错误，否则，任何无视自然的不平等和财产上的不平等的企图都肯定会导致普遍的不幸福。“对财产的保障是一个文明共同体首要的、最最根本的职责。”生命是自然之物；我们与野兽一样都拥有生命，但财产是人类独有的标志，是文明的工具；因此，摩尔在这段让其人本主义对手极为恼火的文字中大胆地说道：“对文明人来说，**财产权比生命权更为重要**。”

他还有更进一步的说法。财产对真正体现人类特质的生活是如此重要，以至于哪怕人们以法律为借口实施抢劫（因为没有什么法律体系能够达到完美的程度），“在依法抢劫的同时继续维系法律，要好于以破坏法律为代价抑制依法抢劫。其中的原因是，法律所能遇到的最糟糕的情况是对它的过度适用，也即把它扩展到它无法应付的领域；然后，对法律的全方位蔑视就会变成普遍现象。”如果你否认某个事实，你就会被它控制。财产就属于这种情况。“你也许能够在某种程度上控制它，并让它充当人的不切实际本性的工具；不过，一旦你否认了它的权利或者采取侵犯它的立法措施，你可能会在短时间内动摇社会的基石，而且最终肯定会让财产成为你的暴君而非仆人，并因此成就一种物质化的低劣文明。”

当财产没有保障时，物质主义风气就会发扬光大。在这种困窘的时
382 期，心智上的从容不迫就被普遍指斥为不正常和反社会；学者会受到鄙视。“下述这种景象既具有戏剧性，同时也是不道德的：那些富有的人利用他们的闲暇凭空构想出仁慈的宏大方案，而这些方案却会让他们自己的自鸣得意的职业生涯没有了可行性。”私人所有、生产和分配对社会的进步来说是不可或缺的；我们必须增强自己的力量，“以应对被滥用的理想主义在不知不觉间会造成伤害的诱惑力”。将属于财产的古老特权让渡给创造了财产的劳动，那么，我们的历史悠久的建制——尤其是教会和大学——就处于可怕的危险之中了。“其中的原因是，如果财产是安全的，它就可能是某种目的的手段，而如果它是不安全的，它自己就成了目的。”

在贵族制原则、古典正义观和产权制度都受到威胁的一百年间，保守派人士能够采取何种有效立场？激进派人士处于非常有利的地位——谄媚巴结的诱惑，只顾当下的物质需要却排斥长远考虑的机会主义，人本主义的同情心的力量。“因此，不奇怪的是，自1688年革命以来，英国的历史除畏缩不前的间歇期外，一直都是逐渐地屈服于稳步推进扩张的机会主义的历史。”保守派能够诉诸人的想象力，不过务必要让自己拥有可靠纯正的想象力。保守派一定要对自己的伦理道德的公正性确信不疑。现在，他不得不与新伦理道德作斗争——这种新伦理道德是含混不清却具有很强的危害性的社会情绪，而且如果说它有任何用意的话，它“意在按照贫民窟的标准对生活进行重组”。篡夺了教会地位的人本主义试图忽视罪的存在，并将同情纳入一种不考虑个人责任的社会理论之中。同情与正义被混为一谈了。

在面对如此令人灰心丧气的差距时，保守派一定要退隐一段时间，他借此会想起，“他的本性不是简单一元的，而是二元的”，这样的反思具有不可估量的伦理价值。他自己里面有一个更真实的自我，也即一种内在的约束机制——“在持续不断的变化中，它是不变的，而且它超越此时此刻变动不居的价值观，永远都是有效可靠的”。在这种本能的指引下，“他会明白，对社会的责任不是最主要的法则，也不是个人品格的源头活水，而是从属于个人品格的。他会认识到，社会正义本身是值得追求的，不过他会坚持认为，其重要性远远比不上首先教导每个人对自己的品格负责”。在弃绝流行口号之后，他会显出一种坚韧不拔的精神，可 383
能足以据此维护旧有的道德体系，反对集体主义的、感情用事的人本主义，而如果没有保守派的反对，这种人本主义会情不自禁地毁掉自己赖以生存的凭借。

摩尔在做总结时给正义下了一个最后的定义：“与所谓的随波逐流式的新道德相对立的有区分差异和自愿引导的永恒道德。”贵族型领袖人物与自愿型社会是天然的盟友；不断变动的道德迅速地越过人本主义阶段，进入集体强迫阶段。

政治通向伦理道德，伦理道德进而又一定通向宗教信仰。在《谢尔伯恩论文集》的最后一卷，摩尔指出，恐惧是人类行为的一个不可避免的要素；如果没有了宗教敬畏，人们很快就会陷入一种更直接、更难以纾解的恐惧之中，那就是对阶级战争的恐惧，对穷乏的恐惧，或者对受机器压制的恐惧。“当我们思考被转变为一台巨型机器并由工程师管理的世界时，我们逐渐意识到，它缺少意义，它体现不出人的价值；在对机械效率如此这般的推崇中，灵魂被窒息了。然后，当我们面临生活中的真实问题时，我们开始感觉到这种信条的不足；我们发现，它没有能力对人的激情施加任何约束，也没有能力组成可以诉诸灵性忠诚的政府。在了解了这些事之后，我们理解了正撕咬社会要害的那种恐惧。”人本主义者在摧毁旧有的效忠关系和习俗后，却发现自己在上司、工会领袖、政治警察以及他们曾欢迎的那个冷酷无情的机器社会面前毫无防备。与不义和罪一样，恐惧是无法从这个世界中根除的；不过，现代文明的恐惧尤其骇人听闻。该做点什么呢？“看样子，我们首先需要以某种方式把对上帝的恐惧请回社会。”[13]

既然如此，保罗·埃尔默·摩尔接着就开始了为美国的思想学术添砖加瓦的第二阶段的重要工作，也即研究被他称为《希腊传统》的柏拉图主义和基督教。在《柏拉图主义》（*Platonism*）和《柏拉图的宗教》（*The Religion of Plato*）中，他分析了柏拉图明确区分出理念和物质领域的二元论思想，承认人的本性中存在着一种超越其自身的力量。在《希腊哲学思想》（*Hellenistic Philosophies*）中，摩尔追溯了斯多葛式和伊壁鸠鲁式修道院体系反对这种二元论思想的来龙去脉。接下来，他写作了《新
384 约中的基督》（*The Christ of the New Testament*）一书——它是美国人写下的最伟大的基督教护教作品，以他所有的渊博学识和最为庄重威严的风

格反击了现代主义者。对道成肉身的信仰符合理性：因为如果超自然的东西要想被人类清楚地理解，它就必须让自己以自然的形式被感知；而且有关基督权能的历史证据具有不可辩驳的说服力。他后来在《天主教信仰》(*The Catholic Faith*)中写道："不管如何评价其他形态的信仰，至少就基督教而言，有一件事是确定不疑的：它依赖启示，而且如果没有启示，基督徒的信仰就是毫无根据的想当然。"[14]凭借着《作为道体的基督》(*Chirst the Word*)，摩尔完成了他对正统教义的证明；尽管这里无法就这些书展开应有的讨论，它们却对20世纪神学上的现代主义造成了最为严重的冲击，有力地证明了摩尔的批判与社会理论建基于其上的那种形而上学二元论的前提假设。作为清教徒思想的继承者，摩尔体会到，清教主义不管其威力如何顽强固执，却依然只是一种大胆的否定性主张；他回到了一种肯定性的主张，而且20世纪的这种主张就像17世纪的清教信仰那样勇气可嘉。

沃尔特·李普曼先生曾评论说："《谢尔伯恩论文集》和五卷本的《希腊传统》不仅仅是一位文化评论家的不朽杰作，它们还记录了具有下述特性的宗教上连绵不绝的新洞见：以优雅细腻的分寸感把精准微妙的感性认知与冷静实际的现实直觉结合在了一起。一个人是否认同他所有的具体论断，这无关紧要；阅读他的作品便相当于进入一个庄重高尚的理念王国，也相当于了解了这样一个人：披着评论家外衣的他真诚地关切人类所有的经验。"[15]由于将坚韧不拔的毅力与杀伤力结合在了一起，摩尔与思想上的激进自然主义，以及社会争论中的激进人本主义的用心良苦的对抗，在美国学术界是无与伦比的。摩尔决心消除诸如约翰·杜威之类人士的影响力，因为他们"有一种能造成历史性灾难的代价高昂的灵丹妙药"，迷恋于新词汇，并渴望变革；确实，与摩尔相比，实用主义者们显得既拙劣，又头脑简单。在他看来，罪与救赎、正义与恩典是现实存在，自然主义者忽略它们，代价只能是让社会变得野蛮化；经过半个世纪的争论之后，趋势似乎正迅速地变得有利于摩尔。

他知道，一种高尚的保守主义需要想象力；他知道，它甚至需要某种更为稀少和崇高的东西——神圣性。摩尔在 1921 年说道：“确实，其盟友
385 和对手从一开始便了解，宗教或宗教哲学是不满的缓和剂和新花样的刹车器；不过，它所提供的来自无形价值世界的内容是对自然人的相互嫉妒和物质贪欲的必要平衡，而且它所涵育的保守主义并非阴暗乖戾的掠夺性特权的帮凶，而是有序改良的助手。”[16] 以上便是一位把保守变成高尚事业的保守派思想家的看法，他让一个急匆匆的世代注意到，美国和英国以及基督教和希腊的过去没有消亡，而且实用主义者在其中招摇折腾的存在之流可能正莽撞地流入死海。在亨利·亚当斯的悲观论调与摩尔的坚定信心之间有一个断层，它的存在表明，亚当斯兄弟的决定论和实证主义对“某种遥远的神圣事态”的自然主义式的信心都可能会不敌于某种重获新生的有神论。美国的保守主义思想因白璧德和摩尔而重获生机，证明了历史的千变万化的风情和上帝护理的神秘。

4　乔治·桑塔雅纳埋葬了自由主义

乔治·桑塔雅纳评论其友人安德鲁·格林（Andrew Green）说：“他害怕我。”“我是一个假装成保守派人士的魔鬼。我为过去辩护，因为它曾旗开得胜，并让人知道了某种美好的东西；不过，我不明确地期待未来会有更好的东西。他看到我身后隐约浮现出死亡与真理的可怕魅影。”[17] 与格林一样，美国的有良好教养的公众常常同时既着迷于冷静、多才多艺的桑塔雅纳，又对他感到困惑——因为他虽然对美国人的思想产生了非常大的影响，却从未承认自己是个美国人；与美国四十年的交往不足以让他遗弃他所珍惜的西班牙血统和世界主义的立场——这种立场混合了

美学上的天主教信仰与怀疑主义，他也正是从这种出身与立场出发，以彬彬有礼的问询态度审视美国人和英国人的观念。在那部妙趣横生、东拉西扯且令人伤感的小说《最后的清教徒》（*The Last Puritan*）中，人们可以看到，他对盎格鲁—美国人的特性与建制的洞察是如何地深入，以及他如何从未真正地被他们同化。作为一名保守派思想家，他以一种新奇的见识启发了英国和美国社会；不过，他所受的训练主要是英国式和新英格兰式（New-English）的；比如，桑塔雅纳的著作中处处有伯克的身影［《理论之风》（*Winds of Doctrine*）的书名是从伯克和圣保罗那里引用 386
来的］，而且就连桑塔雅纳仔细剖析过的新英格兰文人雅士们的绅士传统（Genteel Tradition）也成为他教养的一部分。尽管并非美国社会的一分子，从某种意义上说，他依然是那个社会的圈内人，而托克维尔从来都未能达到这样的程度。

在白璧德和摩尔的有神论人文主义之后，桑塔雅纳的物质主义可能看似败坏了保守主义的品质，像是对亨利·亚当斯的补缀。可是，桑塔雅纳的形而上学尽管与二元论不一致，却也驳斥了通常的那种机械论，揭露了唯心论者的自我中心主义，并以温厚轻柔的方式证明了詹姆斯实用主义的孩童般的幼稚。“我所处时代的思想世界从观念上疏远了我。它是基于错误原则和盲目欲望的巴别塔，是思想的动物园，我没有兴趣成为其中的一只野兽。”[18] 某种希腊化的东西充斥在桑塔雅纳的思想之中，因为他认同柏拉图的这一观点：只有关于理念的知识才可能是精确严密的，而实践性知识必然具有形式上的神秘性；不过，与希腊化的伦理学家一样，他无法接受一种彻底的二元论。“把世界二分化将会使灵性世界变得非灵性化；把真理二分化将使两个真理都变得不完整并充满谬误。只有一个世界，也即自然世界，也只有一个有关它的真理；不过这个世界里可能会有灵性生活，而且这种灵性生活并不仰赖于另一个世界，而是仰赖于这个世界所展示、趋近和错失的美与圆满。”[19]

灵性只能以物质为存在媒介；我们在我们的神话中所描述的神圣意志是真实的，不过仅仅以自然的方式显明出来而已；没有什么是永恒不灭的，甚至包括桑塔雅纳的书一往情深地追求的美的形式。他说，他的自然主义并不反对宗教；宗教与神话诗歌不仅仅是属于孩童的知识，而且是“作为希望、温柔和无知的精妙产物”长久存续的，从一种鄙陋孤立的事实永远都无法企及的崇高角度上说，它们是真实的；产生了如此多的美德与美的基督教不是他眼中的敌人。可是，他无法从理性上认同这些源远流长的正统教义。所有的东西都会消亡，包括最古老的观念，而哲学家会对进步和退化报以宽容的微笑，并对极其多姿多彩的人物与现象感到心满意足。即使这种有条不紊的文雅举止削弱了桑塔雅纳的连贯性和他的意志，能够让自己兴致勃勃地沉湎于对变化的思考的也只有具有英雄气质的思想家，因为这甚至会让赫拉克利特（Heraclitus）和恩培多克勒（Empedocles）感到过于恐怖。无论是在波士顿、柏林、伦敦、阿维拉（Avila）还是罗马，沉着冷静的桑塔雅纳常常极其类似于（塞内卡所描述的）斯蒂尔博（Stilbo）：在米戈拉（Megara）被劫掠时镇定自如，对
387 灾难无动于衷，面对征服者德米特利乌斯（Demetrius）时满不在乎——后者在登基成为国王后对这位哲学家感到惊叹不已。他失去了什么？物品、女儿们、他的房子？所有这一切都无关紧要，仅仅是“听凭命运召唤的身外之物”；永恒持久无关紧要；他还保有他自己以及自然的美与神秘所带来的所有安慰。

这种宽宏大量的温和姿态影响了桑塔雅纳的社会思想。“就我自己而言，哪怕我可能会活着亲历它，我也不会害怕未来的霸权统治，不管它采取何种形式。一个人必须以某种方式生活在某个时代；我已在不同的时间和地点发现自由派的、天主教的和德国的空气是很可以呼吸的；我确信，共产主义对一个自由的大脑来说也不是一无是处，而且也有其堂皇壮美的情感。正如塔西佗（Tacitus）在评论犹太人或基督徒时所说，狂热分子因

对冒犯他们的人类的仇恨而精疲力竭；然而他们自己也是人；他们的本性会进行报复，某种合情合理且甜美的东西会从他们疯狂的源头处冒出来。”[20]不过，在这种宽宏大量的背后，桑塔雅纳坚持一种评判霸权与强权的坚定高贵的标准：好社会是美丽的，坏社会是丑陋的。他以这种立场为基础发展出自己的保守主义思想，并据此抨击现代生活的方向。

在与约翰·D. 洛克菲勒（John D. Rockefeller）谈话的过程中，桑塔雅纳提到了西班牙的人口数量，那位百万富翁在停顿一会后咕哝着说：“我一定会告诉公司里的人，他们没有在西班牙卖出足够数量的石油。”就这么一句话便透露出现代的丑陋与贫瘠无聊。桑塔雅纳补充说：“我想象得到这位垄断寡头的终极追求。所有国家都一定要消费与其人口比例相称的同样的东西。然后，所有人类会构成一个完美的民主体系，由某个单一的管理中心定量供给物品，这样做对他们是有利的，因为如此一来，他们就将以尽可能低的价格获得分配给他们的一切物品。”[21]亨利和布鲁克斯·亚当斯曾预言过这种功利主义的乌托邦，视之为最廉价轻佻之物的胜利，而且这种乌托邦会窒息灵性与艺术领域的生机——这一点是所有其他霸权都无法做到的。它是自由主义的最高境界，是边沁和密尔以及法国和美国的民主代言人的梦想的实现，也是资本主义的完全实现。它是共产主义。洛克菲勒与马克思仅仅是同一种社会势力的两个代理人——此一势力所代表的欲望残酷无情地敌视人类的个体性，而个体性正是人借以努力升华至理性和艺术境界的凭靠。

在整整半个世纪的时间里，从他早期的作品《社会中的理性》（*Reason in Society*）到后期的《霸权与强权》（*Dominations and Powers*），桑塔雅纳一以贯之地鄙视以效率和统一的名义掠夺世界的新花样，一以贯之地机敏地捍卫维护社会和谐与传统。他在 1905 年写道：“在离树根非常近的地方砍伐的改革者一点都不了解他可能会砍下多少东西。如果他所谴责的东西全部消失，他自己的理想也就失去了隐而不显的支撑力量。”个人 388

主义是唯一具有可行性的理想；如果个人被置于从属国家的地位，那仅仅是因为他们借此可以将心思完全放在理性的、非个人化的事物之上，这是一种更高级的个人主义。民主和个人主义会暂时体现出平行发展的特征；不过很快，民主体制下的立法机构会擅自要求对一切东西都施行管制，而受到民主体制支持的产业自由主义希望以讲究效率的标准化取代个体性；于是，钟情于美与多样性的人便会努力［就像《监禁中的对话》（*Dialogues in Limbo*）中的苏格拉底］刺破社会规划者的泡沫，因为他们已经忘记了社会的真正目标是基于思想和艺术的生活。

《最后的清教徒》中的彼得·阿尔登（Peter Alden）说："生于这样的时代是不幸的：人性品格的能量在消退，物理活动和物理知识的大潮已涨得如此之高，以至于要淹没所有道德上的独立自主精神。"桑塔雅纳在1926年评论说，真正的人性的这种衰败因整个"自由"运动而加速了："那个舒适惬意的自由世界就像一棵大树，树干已经被完全锯开，却仍旧矗立着，它所有的树叶还在沉着地发出沙沙声，而我们则在它的树荫下迷迷糊糊地打盹。当它倒下并部分地砸向我们时，我们感到无以言表的震惊；我们中的有些人正在考虑把它再次安稳地树立在被砍断的树根上。"[22]可是，基督教世界的骨架已被打碎，一种新的精神——也即获得解放的、无神论的、国际化的民主精神——正把我们引向一种工业社会主义的前景。自由主义曾一度宣称提倡自由，现在却成了控制财产、贸易、工作、娱乐、教育和宗教的运动；被现代自由派人士放松了管制的唯有婚姻纽带。"博爱主义者现在正准备让个人在灵性和身体上绝对地屈从于多数人的本能——而多数人是所有主子中最冷酷无情和落后者；我不能确定的是，'最大多数人的最大幸福'这一自由派准则还没有失去其本意中的所有公正或慷慨大方的元素，并逐渐有了这样的含义：尽可能多的人的最大程度的无所事事。"

389 这不是对自由主义的曲解误用，而仅仅是其自然演进的结果。（幸运的是，）自由主义一直都处于次一等的地位，像腐生菌那样生长在以前时代的机体之上，继承了它的丰功伟绩、情感和社会等级体系。“自由主义没有很深的根基；它是外来的原则，仅仅是让原有的结构变得更为宽松一些。”[23]显然，在我们这个时代，它仅仅是指从基督教信仰、贵族体制和家庭型经济（family-economy）向一种势不可挡的功利性集体主义的过渡。竞争的惨烈可怖与战争的试炼已让自由派信誉扫地。收集在《英格兰的独白》（*Soliloquies in England*）中的桑塔雅纳的论文《自由主义的反讽》（The Irony of Liberalism）是对边沁、克伯顿和J.S.密尔之雄心的盖棺定论。虽然古典作家不会上这种当，但现代自由主义却希望同时享有自由和繁荣。不过，由于繁荣意味着受物的辖制，自由派人士很快就会显示出他们真心所爱的并非自由，而是进步；而且自由派人士的“进步”意味着扩张。“如果你拒绝按照规定的方向移动，你就不仅仅是不同的，而是受到抑制和乖张不当的。野蛮人一定不能继续当野蛮人，修女也一定不能继续当修女，中国不可以保留其城墙。”传统在自由派人士的眼中是可疑的；他坚持要求改革、修正、重新表述：“一个没有传统的人如果仅仅能够获得物质上完备的保障，就会比作为某种东西之继承人更加纯粹、更加富有理性和美德。你有祸了，因为你是时间的后裔！孤儿们有福了，因为他们配得养育子女；美国人有福了！”可是从逻辑上说，自由主义理论的实践只可能导向一个尼采式的世界，已经尝试过现实自由主义体系的人好像都不喜欢它；原因是，如果它压抑其尼采式的倾向，它就会变得阴暗空洞。即使对富人们来说，自由主义体系也充满了狐疑和顾虑，让人感到痛苦。“我在他们中间找不到道德上的安全感，找不到快乐的自由，也无法掌控任何东西。然而，这就是自由主义生活的妙处，而且正是为了这种璀璨的成就，基督教世界才被搞得天翻地覆，沉闷无聊的农民才被提升为工厂劳工、店主和汽车司机。”

如果生活的目标就是模仿富人，而且“机会”变得随处可得，那么，结果便是普遍的沮丧。这不是悖论：以前凭借其特有技能或者古老简朴的生活感到心满意足的普通人，在追逐财富的比赛中毫无获胜的希望，并早早地把自己弄得筋疲力尽，然后就只能在苦闷无聊中苟延残喘。不管其托词是什么，自由主义体系降低了大众的等次。平常人“因此变成铁路桥梁、
390 啤酒厂和煤气厂附近的肮脏污秽的生活区里的居民，那里从公共住宅透出的朦胧亮光在雨中的各个角落隐约可见，成了存留在他生命中的一个快乐的理由”。虽然名义上能识文断字，这样的民众却受到媒体的操控，被灌输了形形色色的迷信，成为广告客户和公关宣传人员凌辱的对象。“自由主义仅仅清出了一块场地，每一个人和每一个法人利益团体都可以在其中为争夺霸权而互相斗争。谁在这场争斗中取得胜利，谁就会让自由主义消亡；认为自己已经得救的新秩序将不得不在接下来的时代里捍卫自己，反对新出现的大量反叛者。”当今的自由派人士已变成国家在每一个领域实行高压统治的鼓吹者，其拿来为此辩护的是他想要让民众获得自由的意图。“可是，让民众从哪里获得自由？答案是自由的后果。”

在《霸权与强权》的序言中，桑塔雅纳在其罗马的修道院中写道：“如果说有某种政治倾向激起了我的愤怒，它恰好是工业自由主义的这种倾向：让所有文明都堕落到某个廉价轻浮、沉闷枯燥的单一模式上。”长期来看，这样的物质发展甚至会破坏物质上的幸福；我们所能期望的最好结果是经济速度的逐渐放慢。空洞的、原子化的个体品性取代了真正的个人品格：“当所有一切都完全一致时，每个单元的个体特性也就仅仅体现在数量上。”于是，人们就真的变成伯克所说的夏日里的苍蝇。在这种沉重的、有组织的蒙昧状态中，骑士精神（桑塔雅纳以近乎伯克的口吻赞美过它）消失了，取代它的是一种渴望安全的低三下四的精神。自由主义的旗帜被新集体主义者夺了过去，因为自由派人士在他们的物质享乐和道德自由这两项追求上都失败了。自由主义“使得人类在生活水平方面取得越来越多的成果，也变得越来越难以满足；它使得节省时间和劳

力的工具成倍增加；不过吊诡的是，它使生活变得比以前任何时候都更加忙碌，使劳动变得更加单调乏味，而且使劳动本身变得更加没有价值。由于获得了选举权，民众有了政治上的和名义上的自由，却成了经济上的奴隶，因为他们成群结队地受到陌生雇主以及自我加冕的劳工领袖们的驱使。与此同时，富人们曾期望变得更加富有且靠着个人的进取精神的确变得更加富有，可是，这些持自由派立场的富人们作为一个阶层却变得更加贫困和懒散，也更不愿意有贵族式的闲暇与体育活动，或负起他们认定自己适合承担的社会与智识上的有益的领导角色。被自由主义体制合理化的唯有生产性的机制。在此期间，社会陷入精神错乱的状态，391
并变得歇斯底里起来，而政府要么已因观念上的无能而瘫痪，要么已变成党派独断专行的工具”。[24]

在得体的让步会确保普遍的和平的幻觉支配下，自由派人士放松了传统秩序的约束。他们认为：“如果我们在每个人喊叫着索要的所有东西上都做出让步，那么，所有人都会感到满意；然后，如果传统秩序的任何形象化遗迹还屹立不倒，我们最终就能够安全且无愧于心地享用它。”但是，作为自由派最亲密的友人和同路人的改革者要让他自己的意志得到满足，对于旧秩序和与他自己别出心裁的设想不一致的任何东西，他都抱有一种不为人知的强烈的不宽容态度。只要还存在着反对他的自我实现的障碍，他就不会允许社会有和平。那个自我究竟能否平静下来？20世纪前半期的历史已向自由派表明，按照设想，他们自己的财富、品味和思想自由会在下一轮的改革中消失。“肉体的情欲、眼目的情欲和今生的骄傲耗尽并杀死了它们所仰赖的那些称心如意的东西；如火山熔岩流般的原始蒙昧和暴力也许注定会从下面喷涌出来，为某种有着不同的人性却同样昙花一现的东西打下基础。”

当下这一代改革者自以为是的目标是整齐划一的“自由”，不管它是俄国式的还是美国式的自由，在这种自由中，人们会自我感觉良好，因为个人意见都被消灭净尽，而且他们也不了解外界的任何其他情形。不管是被教导“要成为像斯大林那样的人”还是被教导要按照约翰·杜威的理念“适应群体”，这些巨型国家的趋势都是人会变得像绵羊那样，只不过俄国实现这一目标时凭借的是严厉的强制手段，而美国凭借的是感染力和吸引力。强硬地要求舆论一律会导致一个被统计心理学家催眠的社会，心理学家将操纵人类心理的牵线握在手中，然后他收取佣金，代人操弄这些牵线。他操弄的对象是无产阶级——无产阶级是“一个丑陋的现代词汇，用以描述一个丑陋的东西”，指的是一大群在他们自己的国家流亡的人，除人的简单体力和必不可少的能量外，他们没有共同点，不管在他们中间还残留着什么样的文明痕迹，这些痕迹很快便消失在他们的难以名状、躁动不安的社会之中。他们没有艺术，没有宗教，没有朋友，没有前途；工作对他们来说是邪恶的，因此他们主要的努力方向是减少工作量和增加工资。在这种努力最终失败之后（因为他们的人数像野生动物那样成倍增加），无产阶级肯定会在一件事情上变得平等起来：他们苦难悲惨的境遇。由于所接受的是非常推崇贪欲和极其自以为是的教育，身为管理者和统计学家的精英们自己也缺乏想象力，鉴于此，他
392 们能够让这样的社会在多长时间里保持团结一致呢？桑塔雅纳暗示，存在着将这个管理者群体转化为荣誉政治阶层（timocracy）的某些希望；但是，由于没谈到实施办法，他很快就转入另一个主题。

在《最后的清教徒》中，校长塞洛斯·P. 维托（Cyrus P. Whittle）是苛刻的热衷改革者的人物样本，让上述无产阶级计划型社会日益成为现实的就是这样的改革者。他乐于诽谤辱骂所有名声显赫之人；不过他有自己不为人知的信仰，也即他自己的那种宗教。“美国不仅仅是地球上最大的东西，而且很快就会把所有其他的东西统统消灭；在此一目标实现所带来的令人心醉神迷、眼花缭乱的狂喜中，他忘了问此后会发生什么事。他因单纯的充满锐气的过程而欢欣鼓舞，因高潮迭起的事态而洋洋自得；

而思想与它们的宗旨只是创下新高的波峰的泡沫；他以俏皮的口吻高兴地向人说明这一切都是怎么发生的，并说明这一切虽然都被归为善良的伟大人物的功劳，实际上却违背了他们的意志与愿望。”喜爱与恐惧同时交织着贯穿于桑塔雅纳对美国的分析，尤其是在《美国的特性与观念》（*Character and Opinion in the United States*，1920年）之中。一种与老派扬基人的令人不悦的正直品格毫无瓜葛的新型美国人登场亮相了——“他们是没有教养的、咄咄逼人的、四海为家的孤儿，在行为举止上过于自信，对自己的道德观却不是很自信”。社会激进主义流淌在美国人的血液里，尽管由于美国人的个人主义和粗糙的伙伴情谊，“要让美国接受一种溺爱型的社会主义还需要一些锤炼”。美国人对数量化标准的痴迷以及对整齐划一的坚持都是未来的不祥之兆。“整个美国就像被一场宇宙性龙卷风冲刷过的一片大草原。尽管它总是认为自己是与众不同的自由之地，哪怕在它遍地都是奴隶时也是如此，可是，没有任何其他国家的民众生活在如此难以抗拒的强制之下。”既然塞洛斯·P. 维托会摧毁一切不完全符合美国人要求的东西，文明真的要接受这个傲慢自负的国家的改造吗？

现在，英国人与美国人的自由（它们与“绝对的自由”有天壤之别）传统所反对的是，“由少数缺少传承的人所领导的、属于缺少传承的多数人的国际民主体系”，因为它“会消灭作为所有合作之原动力的那些私人利益，并强制性地把所有人降格为某个普世一统的群体的成员，并迫使所有人为其效劳，同时这些人都没有财产、家庭、国家或宗教”。[25] 如果领导社会的是“为了一块永远都不会使用的金子却在地下辛勤劳作的尼伯龙根侏儒”，也即一群相信自由派所认可的狭隘的功利主义观念的家伙，那么，无产阶级的立场就有因此被普遍接受的危险。西方文明已滥用了有关生产的全部观念，在让生活变得复杂的同时却没有让思想高尚起来；而且这一点在美国尤其千真万确。与传统混为一谈的物质主义被改 393
造成了某种宗教，而且美国越来越倾向于为这一推崇机械化生产和大众消费的信条发动一场普世圣战。美国人很少注意到近在咫尺的恐怖行径："建立在盲目冲动和野心之上的野蛮文明应该担心会唤起一种厌恶之情，比起作为过去革命之对象的那些更靓丽的骑士时代或宗教性专制统治所能激起的厌恶之情，前者要更为深刻痛切。"[26]

还有什么指望可以拯救理性的生命力和自由的传统呢？桑塔雅纳倾向于认为物质力量是历史变革的真正动因，警告不要"把事态归因于个人的有意识的理想追求和自由意志"。[27]不过，与时代作对并不总是徒劳无功：查理一世面临的选择是，要么因抵制其臣民的显而易见的意愿而作为叛国者死去，要么带领他们走上道德崩溃的毁灭之路，他当时做出的牺牲的确部分地实现了其目标，保护了教会和君主制的深厚根基，维系了优雅精妙的英国生活和情感。[28]热爱理性与美之人将以其全部能量与蛮不讲理的、机械化的千篇一律抗争；能够想象得到的是，他可以缓和操弄控制的程度，如此一来，高贵的思想在某种程度上就会在重压下长久延续下来。

桑塔雅纳于1912年离开美国；过了一些年后，他又抛弃了伦敦和牛津，年事已高的他从这个快速变化的世界中退隐到罗马这个最为保守的地方：在罗马，除非是由于极端衰老，否则没有什么东西会消亡，在罗马，已变形为一只穷凶极恶的乌鸦的尼禄的幽灵栖息在一个树枝上，已长达千年，也是在罗马，斯图亚特家族最后的族人凋零在圣彼得大教堂圆顶下的卡诺瓦大理石之中。一个轻率鲁莽的社会在自己的火炉中备受煎熬，其痛楚也波及他，结果，当他在他的修道院隐居地写作时，卡西诺山（Monte Cassino）上的圣本尼迪克教堂（St. Benedict's abbey）被炸为粉末，而纽伦堡（Nuremburg）这个中世纪的伟大的工匠技术中心也被现代技术铲平。他继续写作，在一个疯狂的世代里显出高贵的清醒理智；而拥有像桑塔雅纳这样的人的文明肯定有一些重获新生的机会。

5 寻索理念的美国

除非是受到某个大事件的推动，否则，一般的观念只是缓慢地渗透到民主社会中人的思想与良心之中。白璧德、摩尔和桑塔雅纳的著述对 394
美国在处理事务方面的直接影响是不明显的；在广土众民的美国，他们对个人观点的影响也局限在小圈子和零零散散的个人中。即使第一次世界大战也没有动摇美国人对强有力的事态趋势的信心；结果，它似乎反倒维护了自由主义的、人本主义的和实用主义的倾向；凭借着惊人的能量，它极大地强化了批判性保守派人士所鄙视的三种社会倾向：政治权力被用于实现追求平等的人本主义的目标，美国发展出一种新的复杂的帝国主义体系，以及所有的社会阶层都感染上一种粗俗的享乐主义。

第一种倾向所凭借的手段是累进制所得税，就像那位与他有着令人称奇的相似性的伟大的自由派人士格莱德斯顿一样，威尔逊仅仅把累进制所得税当作暂时的权宜之计——可是，仍旧与格莱德斯顿一样，在紧急状态过后，他无法让社会肌体摆脱它的纠缠。这个措施连同遗产税对社会改革者有不可抗拒的诱惑力，几乎不可能被严格限定在日常政府治理必需的范围之内；正如约翰·伦道夫所说，财产必定跟着权力走。一个长期拥有普选权的民族从一开始便认同社会平等，现在则开始一点点地啃咬社会规划师的诱饵——这样的民族不可能长期被压制着不去试验摆弄那一直震动着的新的变革发动机。收税的权力一定是摧毁的权力；人本主义者自信满满地认为，它也是创造的权力。在一个日益工业化且外来无产阶级越来越多的国家，财产的权利不可避免地会与人的权利产生反差。与伯克一样，保罗·埃尔默·摩尔曾说这些权利是无法分割的，而财产权是人类诸项社会权利中最高阶的权利；不过，这个说法不会招人喜欢。唯一让人惊奇的事是，财富借着实证立法从有财产的个人向挣工资的个人的转移自1918年以来没有进行得更快——考虑到美国拥有财产的保守派人士还处在思想上的混乱状态。

就帝国主义而言，已吞下路易斯安那、西南部、太平洋沿岸、夏威夷、波多黎各岛和菲律宾的国民胃口现在比以前任何时候都更贪婪；而且和以
395 前一样，它披上了自由主义与昭昭天命的混合外衣。痛殴墨西哥与尼加拉瓜是美国旧式的帝国主义，如果往更远的地方扩张，这种帝国主义就会遇到旧式的反抗；然而，一种更加阴险狡诈和自命不凡的帝国主义——人本主义者没有谴责它，反倒为它欢呼——开始逐渐成形：决心诱导全世界的人都拥抱美国的原则与生活方式，而这一决心是建立在这样的极其自以为是的假设的基础上的：美国社会是人类创造力的超群绝伦的最终成果。豪斯上校（Colonel House）向威尔逊总统建议由各大国共同开发非洲，便预示了这种雄心；战后不久，事态变得更加清晰明了，于是，那种先知般的灵感促使伯特兰·罗素（Bertrand Russell）预测美国很快就会为了美式资本主义的利益军事占领欧洲，促使乔治斯·杜哈默尔（Georges Duhamel）写下《美国威胁》（*America the Menace*），并促使乔德写下《俗人沃伦》（*The Babbitt Warren*）。这种新式帝国主义是经济性的，而非军事性的，还可能更多是文化性的，而非经济性的，此一帝国主义情结的渊源要比美国债权人的诉求深刻得多。它带有更多威尔逊的色彩，而非罗斯福的色彩，而且下述事实显示了它带有扩张冲动的民主热情：民主党以前本来是反对扩张的力量，自威尔逊时代以降却趋向于支持“积极参与”欧洲和亚洲的事务。欧文·白璧德说，如果日本采纳了民主体制，人们就必须怀着恐惧战兢之心警惕它；在美国，民众普遍从感情上支持将世界美国化，这种任性的态度没有受到贵族性审慎的节制。第二次世界大战之前的对德国和日本的敌意体现了国民在道义上的不满，内含新英格兰以前那种高尚原则的某些内容；不过，它还带有如下同样鲜明有力的印记：对对立面的极端不宽容，以及新英格兰的改革者所特有的那种过分的自命不凡。很快，由于急于取得胜利，同样的民众舆论认可了

重新启用谢尔曼将军曾引入到美国战争中的那些方法。由于不受任何被充分理解的目标的指引，也没有持之以恒地依赖人文主义者所定义的那种内在约束机制，美国的外交政策便开始越来越多地模仿塞洛斯·P. 维托的追求。

在道德领域，宗教日渐衰落成白璧德和摩尔曾分析过的那种“服务”的信条；约翰·杜威的否定内外一切约束的教育理念俘获了各个学校；茶壶山事件（Teapot Dome）* 只是陷入道德混乱的美国这口大锅表层上的一 396
个气泡。被热衷于让欲望得到满足的国民选为总统的是徒有其表的哈定、平庸之辈柯立芝和正派庄重但不知所措的胡佛。美国离亚当斯的敬虔和杰斐逊的淳朴已经相当遥远。真正领袖人物的原则被忽视，社会的永恒目标被遗忘，讲求实效的保守主义堕落成对“私人企业”的简单颂赞，经济政策几乎完全受制于特殊利益集团——这样的国家正在招来能促使社会再度审视首要原则的灾难。

其直接后果是，作为人本主义愤怒情绪之代表的富兰克林·罗斯福登台亮相了。就美国传统来说，幸运的是，罗斯福实际上并非激进派人士——不像约瑟夫·张伯伦或劳埃德·乔治那样热衷于新花样。就美国保守主义来说，不幸的是，没有系统思想的罗斯福多次接受了教条主义的社会改革者与修补者的建议。然而，罗斯福的成功让具有保守主义倾向的美国人开始思考；而且这一觉醒的好处尚无法估量。温和一点说，当第二次世界大战以胜利告终时，美国自由主义中的人本主义发现自己处于尴尬的境地——因为胜利的代价是广岛和长崎，是它们对美国人的良心造成的所有冲击，而且胜利的代价是国内的吞噬一切的中央集权以及国外的永久驻军。美国的自由主义表现出桑塔雅纳所描述的所有缺陷和

---

* 指 1922—1923 年间哈定总统任职时爆发的贿赂事件，是当时美国政治史上最大的政治丑闻。

犹豫不决。可是，在新政（New Deal）和公平政策（Fair Deal）[*]之后，美国会往哪个方向发展？

在罗马人击败马其顿后，他们没能抵御住具有腐蚀性的帝国主义的危险，美国面临的这种帝国主义的危险甚至比罗马人的那些危险还要严峻，因此，获得了胜利的美国比以前历史上任何时候都更加需要一种真正的保守主义，以把它从不受约束的意志和欲望中拯救出来。这种保守主义的精神就存在于白璧德的人文主义训练之中，存在于摩尔的有神论的高尚境界中，也存在于桑塔雅纳的文质彬彬的谦卑中。这些观念能传播给参与投票和战斗并为美元奋斗的为数众多、躁动不安的美国人民吗？如果不能的话，那么，桑塔雅纳所描绘的非常具有压迫性且极其单调乏味的未来统治模式可能即将到来，不管它被称为"新集体主义"还是"美国生活方式"。美国的新型保守派人士一定要做到比鞭笞俄罗斯还要更难
397 的事：他一定要责问自己。

---

* 公平政策是杜鲁门总统于 1949 年向国会提议的一系列政策。

第十三章　保守主义的复兴

我，为人类遥远未来的前景感到哀伤，
一堆堆的麦子，就像用金子建成的城堡，
在远处的地平线发出闪闪的亮光，
教士们的声音和勇士们的喊叫声，
一起成就了一个能提神的神话，
我能看得出来，我们已堕落到何种程度
被包裹得何等严实，以致失去了知觉，又变得何等的无用——
却没有赌徒人生中的那种赌徒式的希望，
其最高的奖赏是在布特林度假营待上一个星期，
输掉的，是陨落的星光

——奥斯波特·斯特维尔爵士，
《登上皇位的民众》(*Demos the Emperor*)

1　以前的激进主义的退潮

保守主义已溃不成军，但还没有被征服。可是，其对手的情况又怎么样？雅各宾主义的希望因督政府的统治而破灭；它们被拿破仑踩成了碎末；而且它们的幽灵在 1848 年和 1871 年被驱散。边沁主义受到浪漫派作家、它自己的迂腐气息以及新的集体主义的有效制约，因此在 19 世纪 70 年代之后便没有了连贯性。实证主义败于它自己的荒诞不经，而且尽管它仍活跃在大众意识之中，作为一场运动，它却像是一只蠕动着的、没有了头的乌龟。金斯利、拉斯金和莫里斯（Morris）所鼓吹的那种感性新集体主义慢慢地汇流到马克思主义的绝望泥沼中，或者消失在 20 世纪工业主义的贫瘠氛围中。鉴于苏维埃社会主义共和国联盟实践马克思主义的现实例证，马克思主义及其衍生理论在英国人和美国人眼中成为骇人
398 听闻的东西。在说英语的这两个大国中，保守主义在将近一百六十五年的时间里显示出政治上和思想上的连续性，与此同时，鄙视传统的各激进派政党相继分崩离析，除敌视一切既成建制外，从运动的角度看，各激进派政党没能坚持共同的原则。英国的新集体主义虽然三度成功赢得政权，也三度对自己感到厌烦，并把政治领导权让给了保守派。但在美国，没有任何一位重要的公众人物宣称自己是社会主义者，而且当一位显赫的政治人物——亨利·华莱士（Henry Wallace）先生——与集体主义教条眉来眼去时，他被以前的仰慕者抛弃了。自由主义、民粹主义、法西斯主义、工团主义以及“进步党派的”几乎所有其他有组织的政治表演都已在英国和美国名誉扫地。自法国革命开始以来，保守派已大幅后撤；他们不时会仓促逃跑；可是，他们在遭受打击时却没有绝望。激进派人士能够在现代人中激起追求新花样的欲望和嫉妒情绪；保守派能够借着人的惰性和传统强化自己的防御力量，这后两种因素依旧是强大的屏障。确实，保守派已被击溃，被迫节节败退；不过，他们从未投降认输；现在，激进主义的追随者数量剧减，畏首畏尾且苦于激烈的自相残杀，当此之际，保守主义就有了一个重新夺回失地的机会——现代激进主义曾以标枪上的人头装饰“德维尔酒店的地狱门廊”，并以此向传统社会发出挑战，

自那一天起，保守派还从来没有遇到这样的机会。

此一篇幅超长的论著的前面各章已说明了保守派自 1789 年 7 月 14 日以来遭受了多么大的损失。他们在英国和美国所保留的依然远远多于他们已经失去的。如果那些欢庆理性节（Feast of Reason）的人们能体验 1952 年的盎格鲁—美国文明，他们会惊讶地发现，基督教在大西洋两岸延续了下来——在英格兰和苏格兰的表现形式是国教会，在美国的表现形式是积极参加教会活动并公开认可基督教的道德观。即便说英国和美国的教会并不全都是健全可靠的，它们的健康状况也依然好于它们在 1789 年时的样子。持自由放任立场的教区牧师们（如伯克所知，其中有超过半数在法国陷入困境之初是同情革命的）往往已被认真履行职责的勤勤恳恳的现代神职人员取代，杰斐逊曾洋洋得意地告诉北非的一位统 399
治者，美国“不是一个基督教国家”，而这样的美国却同时是健康有力的新教信仰的家园和罗马的主要支柱。正如托克维尔所预言的那样，民主时代改变了实际的宗教行为，却没有消灭宗教信念。所以，所有保守主义秩序都必不可缺的基石——宗教背书——依然相当稳固。

就政治制度而言，从外表上看英国或美国的情况很少有什么变化；即使内在的宪制也只是以有序和谐的方式发生变化。英国的宪制依旧承认国王、上院和下院；它依旧认可英国人古老的权利，哪怕在以紧急需要为借口侵犯它们时也是如此。下院依然是一个很有权势的批评者团体，能够约束政府的僭越行为；不管其权力被削减到何种程度，上院仍然认可贵族制原则——而且可能在经过改革后，其实际影响力会增加；国王和君主制的观念得到所有重要政治派系的尊重。在美国，联邦宪法作为西方文明史上最富有远见的保守主义文献而保有长久的生命力；约翰·亚当斯与南方的政治家们所捍卫的利益与权力的制衡仍在发挥作用，不管本世纪的中央集权对它造成了多大的威胁；而且虽然有很多以联邦和州宪法为掩护的滥权行为，却没有人主张大幅改变美国的既有政治体制。

保守主义中的贵族和中产阶级势力都认为私有财产对一个有序的社会来说是不可或缺的，在英国和美国，私有财产依然拥有强大的影响力，而且没有哪个派系敢于提议将它废除。“国有化”在英国已失去其吸引力；在美国，大众对具有长久价值的私人财产的兴致从未像今天这么高涨。所得税和遗产税损害了私人所有权的基础，但是整个体系没有很快崩溃的危险。

在讲英语的民族中，对既成习俗的尊重以及对连续性的渴望也没有消亡。尽管大众传播、快捷交通、工业上的标准化、轻浮廉价的媒体以及格里谢姆法则（Gresham’s Law）对思想活动产生了破坏性的影响，尽管科学研究和受到削弱的个人道德观导致了严重的后果，尽管家庭型经
400 济（family economy）和家庭亲情退化衰竭，20 世纪的男男女女们还大多尊崇他们先人相信的东西，而且表现出一种在变化的时代中寻求稳定的急迫心情。所以，人类因无产阶级化而变得无家可归的情况还没有到无法弥补的地步，而且保守派可以诉诸拥有巨大潜能的、尚未得到安抚的情绪。精神病医生和冒牌的宗教教派在本世纪所取得的成就恰恰证明了人类在慌乱地寻求保守主义的价值观。

因此，在本书开篇第一章所罗列的保守主义信念的六项前提假设中，至少有四项还在持续激励着美国和英国很多民众的社会情绪。保守派遭受打击最为严重的地方是：领袖人物的原则，秩序与阶层的观念以及将敬畏与道德和社会自立精神结合起来的必要性。在我们这个时代，保守主义的最显而易见的困难在于，它所面对的民众已逐渐模模糊糊地将社会看作是由同样的个体组成的一个均质化群体，这些个体没有明显不同的才干与需要，能够保障其幸福的是来自上面的指令——指令的途径是立法或某种形式的公共训示。保守主义一定要再次告诫人类，公共情感（用伯克的话说）起源于“爱我们在社会中所属的那个小小的团队”。我们保守派的领袖人物一定要以某种方式设法调和个人主义（它在维系 19 世纪的生活的同时

也摧残了19世纪的灵魂）和赋予了伯克和亚当斯灵感的那种共同体意识。如果保守派不能将现代民众从没有思想的现代群体心理中拯救出来，那么，一种让灵魂和肉体同时衰竭的糟糕透顶的集体主义很快就会临到英国和美国——现在，这种集体主义已经在易北河和奥地利阿尔卑斯山以东的欧洲泛滥成灾，（正如奥威尔所评论的，）它“属于已经被流水线化了的人群，这些人思考时像呼喊口号，谈话时像发射子弹”。

这种集体主义的前景甚至吓到了西方的那些冥顽不化的激进派人士，是推动英国和美国大众化的保守主义复兴的直接动因，其统治下的那些生生死死的恐怖故事激起了反感，也许，即便在利用这种反感的影响以重新证明保守主义价值观的重要性时，有思想能力的保守派人士也一定要给它多多少少打点折扣。原因是，虽然无产阶级革命和平等主义的、无神论的极权国家的胜利对任何地方的文明都是一场灾难，其具体形式很可能并不总是与东欧目前的表现形式完全一致。热心的自由派人士和 401
教条主义的激进派人士通常会忘记国民传统和地方政治习惯对革命运动的影响；不过，任何保守派人士都知道，不管是被路易十四还是罗伯斯庇尔统治，法国依然是法国，而且斯大林的俄罗斯在表面之下依然是康拉德（Conrad）在《在西方的注视之下》（*Under Western Eyes*）所描述的那个俄罗斯。英国或美国的全面集体主义会具有这两个国家各自所独有的某些鲜明特征，在有些方面比俄国共产主义更容易让人忍受，在其他有些方面也许更加让人难以忍受。英国的A.L.罗斯（Rowse）先生对“进步主义”教育的描述可能完全适用于英国集体主义的整体情况：“请注意，它带有某种极权主义的味道：它正好是我们的极权主义会采取的形式——亲切、仁慈、繁琐、官僚、呆滞、无聊，像一名小公务员的梦想，缺少活力或能量，也没有意外或冒险，确定准则的人无法用英语书写，没有诗意、洞见或勇气，也没有爱或恨的能力。它非常突出地带有英国人的特点以及下层中产阶级的特点。我极其厌恶这一整套生活观念——与之形成强烈对比的是我们历史上的光辉灿烂的时代：伊丽莎白时代的威风与格调和维多利亚时代的热情与创造力、耀眼的差异、丰富多彩且争奇斗艳的多样性以及多生多育的繁殖力；这分别是莎士比亚的世界与狄更斯的世界！”[1]在美国，众所周知的是，对实证立法和规条的遵守不像英国那样普遍，新集体主义的结果很可能是超过禁酒时代（Prohibition）的那种无政府状态，其中混合了抗命、罪行、腐败、逃避和道德沦丧，只有凶暴邪恶之人才能飞黄腾达。因此，明智的保守派人士不会试图说服公众相信，政治上的集体主义有可能变得节制起来，因为它在未造成一种野蛮的社会道德败坏的局面之前不会善罢甘休；不过，他会努力向他们精准地说明，集体主义的威胁是如何以及在什么伪装下即将临到西方社会的。如果英国和美国的公众舆论不能适当地理会这一问题，针对极权主义极端暴政的所有反应都将是徒劳的；原因是，在他们急于抵制这种体系的俄罗斯样本时，英国和美国可能会自作自受地面对独具特色的群体心理和群体运动的压迫。要描绘让我们惊愕不已的那个暧昧不明的体系的轮廓，我们这个世界上唯有明智的保守派才有相应的必不可少的信念和
402 清晰的目标。自由派和社会主义者眼中的新集体主义的样子差不多就像一只极难分辨的“像柏油桶那样大的可怕的乌鸦”，尽管它像那个魅影一样让人感到十分惊恐。

对 20 世纪美国自由主义的失败进行仔细的分析就像是用牛刀杀鸡。注意这一点就够了：《民族》和《新共和》（*The New Republic*）这两份杂志的自由主义理念已逐渐演变成愿意大手大脚地花别人的钱，在应对当代政治的可怕难题时，像它们那样的“自由派”杂志伤脑筋到歪曲事实的地步；或者回忆一下马修·阿诺德对他自己那个时代自由派混乱处境的描述就够了：他在《批评性论文》（*Essays in Criticism*）中让他眼中的自由派人士惊呼：“‘让我们开展一场社会运动吧，让我们组织并联合成一个追求真理和新思想的政党吧，让我们把它起名为自由党吧，让我们所

有人互相忠于对方并相互支持吧。’……这样，对真理的追求就真的成了一项让人快乐的、有实际意义的社会事务了，几乎需要一位主席、一位秘书和投放广告了；偶尔还会有丑闻带来的刺激……不过，通常都有足够多的喧嚣，还有非常少的思考。正如歌德所说，行动是如此容易；思考是如此艰难！”美国的这种自由主义正趋向消亡，因为其中的一些追随者要么被笼络为同路人（fellow-travelling），要么因受迷惑而有了无法超越的分歧［正如莱昂奈尔·特里林（Lionel Trilling）在其小说《旅程的中点》（*The Middle of the Journey*）中所描述的那样］，另有人则变得漠不关心，更有些人成了充满活力的保守派人士——这最后一种变化类似于1793年之后英格兰崛起的才俊之士所走过的道路。W.T. 卡奇（Couch）先生最近说道，他不知道美国有任何“头脑简单的自由派人士”；确实，这样的人已难以找到。

英国自由主义衰败得更加惨烈。作为议会党派的自由派现在可以被视为已不存在了。在艾斯奎斯的领导下，自由派试图让其立场仅仅比工党稍微偏右一点；刘易斯先生和冒德（Maude）先生在《英国的中产阶级》（*The English Middle Classes*）一书中概述了自由主义最后的那些日子：

> 简言之，自由主义会把担任公职获得的好处当作充当诚实掮客的报酬，这种掮客的工作是在不同阶层和人民大众间重新分配权力和财富。工党被敦促暂时不要有所行动：“如果农民和商人面临着阶级战争的威胁，他们肯定会不高兴，并果断变成彻头彻尾的托利党人。”工党的政治问题被清晰地勾勒出来——如何让中产阶级支持一项大体上非常不利于布尔乔亚阶层的新政策。一直到1945年，这个问题才似乎得到了解决；而在尘埃 403
> 落定之际，“诚实的掮客”被发现已经死了。[2]

对于那些在其政党消亡后仍继续存在的自由派人士，贝弗里奇勋爵的某些言论揭示了他们在观念上的两难处境，而仅仅在数年之前，该勋爵还以建立“从摇篮到坟墓的”福利国家的承诺同时操纵着工党人士和保守派人士。他已对民众的不道德和自私自利感到震惊，而民众曾得到过这样的许诺：一个神通广大的中央政权会让他们过上舒适的日子；在为《旁观者》（*Spectator*）杂志就罗恩垂（Rowntree）和拉弗（Laver）的《英国的生活与休闲》（*English Life and Leisure*，1951 年）一书所写的评论中，他宣称，如果人人都能均等地获得教育机会，那么，通过某种智商测试应该成为英国授予选举权的条件。* “如果一个国家的命运（至少部分地）掌握在如此不负责任且如此无知的民众手中，那它还能指望有良好的治理吗？”[3] 在一个经济停滞甚至可能衰退的国家，要想有任何其他结局是困难的；不管怎样，信奉现代自由主义的人本主义者现在落魄到了哀叹悲伤的境地。

就社会主义者来说，他们在马克思主义的集体主义下似乎像被他们击败或吸收的自由派人士那样无能为力。除了像沃尔特·卢瑟（Walter Reuther）先生那样的人，美国几乎找不到公开亮明立场的社会主义者，而沃尔特·卢瑟这位“劳工政治家”在一封致杜鲁门的信中指出，为维护世界安宁，他建议简单直接地拨款一万亿美元，分发给地球上的所有族群，作为他们良好表现的报酬。卢瑟先生的美国国内和解方案的内容是以“生活成本”补贴来保护工会会员，让他们收入提高的速度与通货膨胀率保持一致，却不管共同体其他人的死活。不管这些想法在多大程度上显明了美国劳工领袖的情绪状态，它们与文明的救赎没有任何关系；而且美国的温和左派现在几乎没有任何别的提议。

英国社会主义者眼下所认可的观念更有意思，但同样起不到振奋人心

* 鉴于地方政府已经给所有能够被大学录取的学生发放补助金，不容易确定的是，英国的教育平等化可能还会走多远。——作者注

的作用。导致工党在 1951 年大选中失利的那种疲惫和漫无目标反映在他们的思想领袖各不相同的主张上。就连新城镇和公营住宅（New Town and Council-house）的社会设想也取决于公众的活力和鲜活的信念；近些年来，〔英国的〕社会主义看起来越是接近于基本实现其纲领，可得到的公众支持甚或默许就越少；干劲没了。以前感情用事的〔英国的〕社会主义者的半宗教式热情也即被用于世俗事务上的不从国教的劲头已不再能激起这些改革者的活力。乔德先生在《新政治家与国家》(*The New Statesman and Nation*）一书中坦承：“〔英国的〕社会主义不再是一种能够变出戏法的信条。它就像一个已变了形的帽子，因为太多的人戴过它；不管是对还是错，我们中很少有人现在指望它来重新燃起我们早期的希望。”由于发现大多数人似乎缺少履行他们社会职责的动因，而对一般正派品行的日常奖励又被废除或削减，〔英国的〕社会主义者变得沮丧起来，他们开始怀疑他们的人性论是否可能犯了错误。G.D.H. 科尔（Cole）教授说，“如果没有像其鼓吹者所给予它的那种新的社会驱动力，这种体制便没有可行性”，然后多少有点模棱两可地提议让福利国家进一步“民主化”和分权化。已过世的工党政府的联邦关系国务大臣（Secretary of State for Commonwealth Relations）P.C. 戈登 · 沃克（Gordon Walker）先生却朝一个完全不同的方向走去，坦白承认急于设计新的强制措施：“新国家也将依靠新的惩戒和强制权力直接强化权威和社会压力。理论上，个人主义者和全能国家都会衰亡，不过，新国家离这一步非常远，如果它能被创制出来并服务于更好的社会，它就一定会设立新的罪名，并惩罚它们。”[4] E.H. 卡尔（Carr）先生也同样坦率直白：“驴子需要既看到大棒，也看到胡萝卜。……我承认，相比于有些人，我对于这个在我看来似乎不可避免的前景没有那么害怕：将所谓的引导劳工的终极权力交托给某个社会机构，不管这个机构是国家的一个部门还是工会的一个部门。”[5]

404

英国的社会主义开始以这种方式分崩离析和放任自流，有些势力转而以保守主义为依托，有些势力落入以前的空想社会主义者的陷阱，有些迈向了《1984》。在为工党征战一些年头之后，J.B. 普瑞斯特里先生于 1951 年底宣布："我不是社会主义者。"他说出了成千上万的这样有思考能力者的心声：他们曾在 20 世纪 30 和 40 年代设想，他们可以将他们的不确信淹没在对社会民主的集体信仰之中。在一种更新的理
405 性主义腐蚀下，某种世俗宗教的教义正在分崩离析，以上所述即是它的征兆。阿道司·赫胥黎（Aldous Huxley）先生早在 1927 年便察觉到英国社会主义的准宗教性质，也察觉到注定会将此一主义渐渐耗死的那些疑虑：

> 在让整个西方转变为民主体制的那场伟大运动的初期阶段，仅有的不满只限于要求相对轻微地改变政府模式，以增进政府效率，并让它服务于不满者的利益。为证明不满者要求变革的合理性，一种思想体系被发明了出来；这种思想经过了缜密细致的论证，冷冰冰的结论被推导出来；结果发现，就算这种思想所依据的假设成立，符合逻辑的诉求是，现有制度的变革应当是大范围的、一扫而光的和全面完整的，而不是小范围的。……某个教条一旦被众人知悉，就自动变成正确的了。……民主理论向神学的转变产生了另外一个匪夷所思的后果：它让很多人渴望沿着更多民主的方向向前推进，而这些人希望改变的现有政府形式绝不可能会伤害而且甚至会积极增进他们的物质利益。社会主义在中产阶级中的散播以及掌权者对人本主义改革的自发认同（如果他们冷酷无情地运用他们的权力并拒绝让出任何权力，这原本会增进他们的物质利益）——这些现象已变得如此常见，以至于他们几乎不再去评论它们。[6]

下面一两段文字是1789年以来的激进主义历史。平等社会最终在俄罗斯毫无阻碍地变成现实，而共产党之外的所有社会民主党人都认为它是苦难面前的平等，这时，他们的理论教条就被颠覆了。“如果没有像其鼓吹者所给予它的那种新的社会驱动力……”：这段不祥的话语是对科尔先生据以安身立命的费边社信仰的死刑判决。边沁主义的理性自利教条与卢梭的人性善良教条都已渐渐式微；剩下的要么是像俄罗斯境内的那种警察特务和“颠覆分子”集中营，要么是保守派人士一直坚信的让人遵守道德规范和勤勉工作的动因：宗教诫命、传统、习惯和受习俗性建制约束的个人利益。有待观察的是，在本世纪内，保守派人士能否成功地再次将罪——它指人在远古时代既已堕落，倾向于暴力、嫉妒和贪得无厌——纳入西方社会的道德约束体系之中——像旧秩序那样，西方社会已因社会激进主义的多次爆炸式冲击而受到伤害。 406

2　计划型国家与新的精英

不管自由主义和老式的社会主义可能变得如何一蹶不振，渴慕变革的诱因从来都不缺。在全世界范围内，一种新的革命理论和体系似乎正囊括进以下的实质性内容：托克维尔很久以前所预言的那种“民众暴政”，不过这种独裁形式的严酷性甚至超过了他的预期；某种意义上詹姆斯·伯恩汉姆（James Burnham）所谓的“管理革命”；超级官僚机构，它把无法适当归属于政府部门或内阁的职能都霸占了下来；计划型经济，不过，不仅包括严格意义上的经济事务，还包括人类活动的全部道德和思想领域；高级形式的计划经济（plannwirtschaft），它是纯粹自娱自乐的国家计划也即国家社会主义，却没有了作为社会主义最初特色的那种温情脉脉的目的。乔治·奥威尔在稀里糊涂地卷入某种神秘的蓄意反对大众自由的阴谋论调的同时，却以他的小说《1984》成功地唤起英国与美国公众对这种社会观念的恐惧感，很像之前的阿道司·赫胥黎凭借《美丽新世界》（*Brave New World*）一书激起的一种模糊警觉。有关为社会主义目标“制定规划”之效果与好处的理论曾帮助这头巨兽清除了障碍；但是，对老式的社会主义者来说，其现实状况比他对资本主义的最坏设想还要残酷。尽管如此，新式的社会主义者却正热情地拥抱这种前景。它是卡尔先生的《新社会》（*New Society*）；它是被戈登·沃克先生重新阐述的自由。权力因其自身的惩戒性目的而受到追捧；管制成了目的，不仅仅是手段。

戈登·沃克先生平静地告诉我们他心里的想法：“既然国家是社会的主要权力机关，而且如果笛卡尔式的社会要转变为更好的社会，社会就必然会有更多的能量，所以，新国家的天然目标之一就是获取更多相应的必要权力，（我们会看到，）它将主要依靠扩充积极职能来实现这一目标：新国家将进入所有的村庄、街道和家庭，强迫人尊重规定，并命令提供信息和采取理性的行动。”如果说这多少会让人联想到奥威尔的“新话语”（Newspeak），那么，戈登·沃克先生对自由的定义更会让人想起“双
407 重思想”（Doublethink）：戈登·沃克眼中“更好的人”，“完全不知道他要去往哪里；不过他知道，如果像他自己那样的存在要充分体现出自己的本性，他就必须走上哪种道路。他所设想的自由不是一种可由法律或革命或权利宣言确立的状态或状况；也不是在所有时间和地点让所有人同样或自动感到满意的完美现实；甚至也不是一旦拥有便只能依靠不间断的防护来维系的成就。不，自由被理解为一种行动，一种对永远都无法企及的目标的艰难追求。它存在于人的身体里，也存在于他们的四周，它需要培育和调节一种复杂适宜的第二天性。”[7]无论戈登·沃克先生是否知晓，这乃是黑格尔的唯心主义，依赖的是雅各宾党人的实质主张，甚至（像黑格尔那样）借用保守主义的词汇来表达一种比它所驳斥的雅各宾主

义更激进的社会观。* 这种自由观和卢梭或潘恩的“自由”一样，与伯克的思想体系都相距甚远，而且与构成保守主义自由观的习俗性权利完全不相干。

正如新的计划型社会的提倡者一般会拒斥传统的自由一样，他们也易于与民主分道扬镳。卡尔先生说：“今天在谈及保卫民主时就仿佛我们在捍卫我们了解并已拥有了几十年的某种东西，这是自欺欺人。看似不可思议的是，我们能够回归某个特权阶层的基于个人主义的民主；出于同样的原因，我们无法回到仅限于政治领域的民主——其中的弱势的国家机器只发挥警察的职能。我们致力于大众民主，致力于平等主义的民主，致力于由公众控制并规划经济过程，因此也致力于由强势国家发挥补救性和建设性的职能。”他坦承，他所谓的“对强势的补救性国家的崇拜”是必要的。新社会是进步性的；不过，卡尔先生承认，他无法确定进步的含义，而且他无法相信它是基于人类在科学上的进展还是出于上帝的护理。“进步只是像它说的那样，是一种运动——一种有意识的运动，运动所要达到的目标被认为是值得人类相信和人类争取的。”[8] 与某些人的自由形成对比的所有人的自由似乎是当前有价值的目标。可是，什么是自 408
由？卡尔先生在这一点上也是不真诚的。他认同别尔嘉耶夫（Berdyaev）的下述说法：它是“创造性活动的机会”——鉴于这种神秘兮兮的说辞以及此后的某些模棱两可的说法，英国就得面对它的新社会（New Society）了。显然，那种创造性活动是要按规划分派给每个人的。它让人想起《纽

* 不管怎样，戈登·沃克先生的《重新阐释自由》（*Restatement of Liberty*）是一本古怪的书，也是一本很有勇气的书，因为这位身为部长的社会主义者否定了社会主义的政治主张和伦理道德所凭据的全部思想传统，以一种堪比新托马斯主义者（Neo-Thomists）的彻底决绝摒弃了笛卡尔及其众门徒。伯克说，当上天准备好要全面更张时，所有人的思想都会以超出他们理解的方式发生变化；实际上，像戈登·沃克这样的人的新社会主义好像是诸如此类的某种重新兴起的保守主义势力的一部分，它也超越了党派的正统观念。——作者注

约客》（*New Yorker*）杂志一则漫画中童子军队长的训词："伙计们，玩耍放松三十分钟，我不想看到任何偷懒的行为。"民主体制不受妨碍地衰落下去；一旦戈登·沃克先生和卡尔先生的新社会被建立起来，那种模棱两可的新"自由"（liberty 或 freedom）——那种有目的的活动，那种从未企及的目标——还会持续多久呢？还要多长时间找到甚至比有了新内涵的自由更优越的其他目标呢？

以前意义上的那种民主必须廉价出卖给新社会；以前意义上的那种自由必须被遗忘。计划型社会能够在多长时间内维系社会主义的理论和形式？凯斯·哈奇森（Keith Hutchison）在《英国资本主义的衰落与败亡》（*The Decline and Fall of British Capitalism*）一书中坚定地认为，旧有的经济绝无可能得到恢复；英国会继续演进到某种相当新颖且更加平等的状态；不过，他无法精准地确定崛起中的社会主义在大获全胜时会采取何种形式。哈奇森先生没有考虑的问题是，新秩序有没有可能服务于与原来的人本主义社会主义完全不相干的目标，以至于它不再具有社会主义的特性，就像罗马尼亚和阿尔巴尼亚的"人民民主"不再具有民主性一样？乔治·奥威尔描述了新极权国家招募管理者和计划人员所出自的那些阶层与职业："成员主体是官僚、科学家、技术人员、工会组织者、公关专家、社会学家、教师、记者和职业政客……他们最初源自领薪水的中产阶层和高端的劳工阶层"，并且"塑造他们并将他们聚在一起的是由垄断产业与集权化政府主导的那个贫瘠荒芜的世界"，他们所受的教育超过了适合他们的职业发展前景，或者实际上超过了他们的理解能力，他们没有财产，没有宗教信仰，没有祖先或对后代的期望，却试图通过攫取权力的方式让自己享受孤独和莫名其妙的饥饿感。东欧革命性国家的官僚和党务人员正是从这些社会阶层中招募来的。这些人不是像莫里斯或卡宁汉姆·格雷厄姆甚或海德门那样的社会主义者；他们与诺曼·托马斯（Norman Thomas）先生或克莱门特·艾德礼（Clement Atlee）先生不同；

他们是新精英，尽管他们并非一个血缘或自然贵族阶层。

圣西门和孔德是这种计划型社会的始作俑者（尽管边沁主义者持个 409
人主义立场，功利主义中也能找到这种社会的某些萌芽）；威尔海姆·罗皮克（Wilhelm Röpke）教授是布克哈特（Burckhardt）一系的敏锐透彻的社会思想家，他将计划思想称为“永恒的圣西门主义”，并把计划者的梦想描述为“这样的一种思想态度：它是某些人自大的自然科学家和工程师思维的混合产物，这些人崇拜‘庞然大物’（the Colossal），携起手来以任性的冲动表现自己；他们会依据想象中的科学法则和蓝图建构与组织经济体系、国家和社会，同时在思想上为自己保留了最有价值的东西。于是我们看到，像威尔斯（Wells）或曼海姆（Mannheim）那种类型的集体主义的社会工程师非常坦率地认可‘将社会视为机器’的观点，并因此真心希望看到由人类彻底工具化和功能化导致的如假包换的文明地狱的噩梦变为现实”。[9] 这不会是资本主义，也还不是社会主义，它是巨型国家，其创建的目的主要是为自己服务。社会主义者可能会帮助建造这样的结构体系，却无法长久地管理或享受它。

按照这种模式构建的新社会起初可能看似一种便于强制落实条件平等的安排；可是，仿佛某种恶魔般的本能激起了建构它的灵感，其结构体系特别有利于截然不同的目的，也即满足权力欲和为居主导地位的新精英的利益毁掉所有古老的政治建制，伟大的计划（Plan）要求公众一直都被迫处于非常类似于战争状态中的国民的那种情绪状态；如果缺少这一点，顺从与合作就会减少，因为以前履行义务的动因在机械化社会中没有了踪影。尤科斯（Jewkes）教授指出：“工作、牺牲和完成目标的想法一定要硬性地灌输给公众，不管他们是在睡觉还是醒着，不管他们是在吃饭还是喝水，都要如此。为此目的，政治家一定要利用所有的策略和手段塑造理想的经济人。贪婪（‘黄金时代就在不远处’）；狭隘的爱国主义（‘我们国家一定要自力更生’）；恐惧（‘这是一场攸关生死的斗争’）

以及仇恨（‘落伍者一定会被追究责任’）；以上种种现在都是计划经济的
得到很好验证的方法。”[10]在上帝信仰、家庭责任、升迁希望以及对自
410 己工作的满足感都从日常生活中消失之后，老大哥依然还会以大棒而非
胡萝卜对待驴子。社会中一个强大的新利益集团希望发挥老大哥的作用，也即希望成为管理革命（Managerial Revolution）的管理者。道格拉斯·杰罗德（Douglas Jerrold）说：“所有党派中都有许多人期望这样的时刻：几乎所有人都靠国家提供所有的生活便利设施。有这种想法的那些人代表了当今最有权势的阶层，与他们之前的统治阶层一样，当今这一阶层以静悄悄的联盟方式推进他们的共同目标。这个阶层是由笔杆子（the pen and the desk），也即专业的组织者和管理者构成的新贵族阶层，他们不仅控制了政府的行政机构（行政体系本身的重要性正在大幅增加），而且控制了有组织劳工和有组织资本的运作体系，他们现在不仅希望确定我们所有重要的生产性事业的方向，而且希望通过控制教育和医疗体系来为所有公民的个人生活确定方向。”[11]

尽管有犹豫不决之时和模棱两可之处，T.S. 艾略特（Eliot）依然承继了伯克与柯勒律治的传统，他的著作《论基督教社会》（*The Idea of a Christian Society*，1939 年）和《对文化之定义的讨论》（*Notes toward the Definition of Culture*，1948 年）属于近些年最有价值的保守主义论著之列——他是诗歌形式的创新者，以及我们荒原的疲惫不堪的批评者，他捍卫滋养了文明的那些理念，并痛切地意识到，我们正“摧毁我们古老的结构，准备好基地，以便未来野蛮的流浪者把他们的机械化移动住宅安扎在那里”。危险已迫在眉睫；因为我们的机械化文明已经让大量民众习惯于将社会视为机器的想法。“没有限度的工业主义的趋势是制造出一群群男男女女——他们来自各个阶层，脱离了传统，与宗教绝缘，且易受群体性蛊惑的影响：换句话说，就是乌合之众。即便它吃得好、穿得好、住得好并受到很好的约束，但乌合之众的成色却不会减弱。”[12]艾

略特先生（他是欧文·白璧德的学生）不是纯粹民主的同路人；他坚决支持等级式社会；不过，他不认可新的精英群体，因为那些人出身于这个灵性贫乏的乌合之众。这个精英群体在统一的公立学校接受世俗集体主义的新型正统理论的培训，与那些不受传统、神圣意识和家族荣誉约束的统治者一样傲慢和自以为是，仅仅是一个管理型群体；他们不可能像以前的贵族阶层那样成为文化的守护者。“因此，组成精英群体的全部个人的 411
唯一共同纽带是他们的职业利害关系：没有社会凝聚力，也没有社会连续性。将他们联合在一起的唯有他们某个方面的个性，而且是最为自觉的那个方面；他们会像委员会那样聚在一起。他们‘文化’的更重要的方面仅仅是他们与构成他们国家的所有其他个体所分享的东西。”[13] 在一个被这种枯燥乏味的官僚阶层统治的社会，任何高尚的文化都是不可想象的。即使留存给我们的文明在本世纪已经惨遭荼毒，我们还能拯救它吗？“我们一定要进一步思考这些文化的条件在多大程度上是可能的，甚或在某个具体时间的具体处境下，是与紧急状态下的所有直接紧迫的需求相容的。原因是，需要避免的是**囊括一切的**规划；需要确定的是可以进行规划的限度。”[14]

对于圣西门、孔德、路易·布朗（Louis Blanc）、拉瑟瑙（Rathenau）和曼海姆的追随者，以及为社会规划理论做过贡献的很多人来说，值得怀疑的是，是否可能为规划设定任何限制。诸如塔格维尔（Tugwell）、尤因（Ewing）和波利斯（Bowles）之类的联邦官员已开始了美国的无限度规划；英国公务员、社会学家和教育工作者中的规划者——其典型人物是罗伯特·莫兰特（Robert Morant）爵士和西德尼·韦伯——人数太多，无法一一道出姓名，而且还没有出现讨论他们心里想法的好书。无论如何，一种无比坚固的壁垒（除保守性传统外）还依然在阻碍着他们的计划经济的实现，就是民主。“民主规划”（孤立的地区性情况除外，而真正中央集权的国家规划会以更宏伟的蓝图将这些地区合并进来）是一种委婉的说法；它充其量是“公民投票式”民主。今天，毫无保留地分享亨利·梅因爵士在1885年表达的这一坚定的信心会让人感到振奋：民主已经设计出方案，用以以有利于自己的方式解决它与无根的新精英，也即新社会寡头们未来的可能冲突。

自1789年以来，保守主义和民主一起走过了很长一段路程，在大部分路程中一直相互争吵。然而，真正的保守主义和老式的自由至上的民主现在开始趋同。在当下的这个十年，而且很可能在未来的许多年，保守主义者会捍卫宪政民主体制，视其为传统和秩序的储藏库，而明智的
412 民主派人士会拥护保守主义的思想，视其为可借以对抗新秩序规划者的唯一安全稳固的观念体系。正如G.K.切斯特顿喜欢说的那样，民主能够欣赏并护佑一个民族的传统；机械化的消费与生产型国家的规划者们从未品尝过来自想象力与古朴风物的源头活水，既不会容忍民主的低效，也不会容忍保守主义的温情。我们称为民主的那个巨型怪物缓慢地察觉到这一新的敌意，刚刚开始对规划者怒目相向：在过去几年间，大多数精巧详尽的、形形色色的社会规划都被美国国会否决，而且英国议会目前的情绪是敌视它们的。确实，美国国会在1950年几乎没有异议地通过了扩大社会保障范围的法律，将为数众多的自谋职业者纳入覆盖范围，这是新官僚体系最热心积极地设计的规划内容之一。罗斯·霍夫曼教授指出，现在的公众普遍有了另一种想法：

> 就在不久前还普遍存在着一种极大的信心，认为人有能力靠“规划”决定未来的样子，可是，国家和世界的普遍状态与20世纪40年代初乐观地规划出来的蓝图几乎没有相似之处，以至于对规划的信心衰落，取而代之的是更敏锐地意识到既无法管控又不能预测的更高级力量的现实存在。这让那一代人感到震惊，因为他们几乎从未想到，人类无法控制的巨大力量可以

> 在世界上任意发挥作用。不过，从某些方面来看，它有益于灵魂，因为试图以解释一时的迹象与预兆的方式窥视将来的前景，会有灵性上的严重风险——其危险处在于，低估人类的自由并高估人类的智力：也即将天意排除在我们的考虑范围之外，同时却迷信式地向某个“未来的潮流”下拜。[15]

由于意识到他们越来越不受欢迎，激进的规划者们表现得越来越好斗：如果民众无法被说服，那么他们就该被胁迫。A.J.P. 泰勒（Taylor）先生是一位持社会主义立场的评论家，希望国家“被从未戴过上流社会大礼帽的人统治”，对期望农产品卖个好价钱的农夫们愤怒不已；在社会规划完全彻底地扎根落实之后，这位乡下人将会接受训导，以明白自己的位置。“农民不再尊重我们；我们最后的机会是让他们害怕我们。我们必须在他们将我们饿死之前用锁链把他们束缚住。”马克思明白，社会主义假定会有丰富的物质，而且由于这一点，乡镇一定占有优势地
位。“他想要以消灭农民的方式一劳永逸地结束争斗；可是，如果没法实 413
行这一乌托邦式的解决办法，各乡镇就不得不将作为所有文明生活之基石的理论付诸实践：‘我们有马克沁（Maxim）机关枪，他们没有’。”[16]随着公众更多地像这样窥探到人本主义社会规划者的心态想法，我们社会中的保守派势力就能够越来越有信心地依靠普通人的支持，因为这些人对自由、幸福和文明的认知还没有像卡尔先生、戈登·沃克先生和泰勒先生那么复杂有趣。

3 保守派的任务以及他们在英国的前景

在本世纪后半期，明智的保守派人士主要的努力方向可能是抵制计

划型社会的理念，办法是恢复一种让计划型社会既无必要又没有可行性的秩序。但是，单纯的忠告和悲叹不足以阻止计划经济的扩张，保守派政党已经太过频繁地犯下这种错误。如果到 1984 年时，正义、自由和希望依旧是西方社会思想的普遍特征，那么，对传统价值观的这种保护可能要归功于真正的改良型和批判性保守主义，因为它在美国、英国和西欧都有越来越大的影响力，让各大学感觉到它的存在，并且以一种焕然一新的活力在期刊性出版物上表述自己的信念。本世纪富有才智的保守派人士一定要努力解决或缓和的主要问题也许可以以差强人意的精确性分成四类：

第一，灵性与道德更新的问题；恢复伦理道德体系以及任何值得过的生活都要依凭的宗教约束力。这是最为高贵伟大的保守主义；不过，实现它的途径不能是蓄意的社会改革方案，或者“政治化的基督教”。克里斯托弗·道森（Christopher Dawson）先生评论说：“存在着这样一种倾向（特别是在讲英语的新教民众中）：宗教被视为类似社会兴奋剂的东西，可以在国家紧急状态时期服用，以进一步激发民众的道德力量。”[17] 如果保守派人士的努力仅限于此，它就会失败。灵性的复兴不能成为社会复兴的手段：它必须本身就是目的。

414 第二，领导力的问题，这牵扯到两个方面：维系一定的敬虔、教养、秩序和体面；净化我们的教育体系，使学问能够再次变得真正自由起来。

第三，无产阶级的问题。人民大众必须要在社会中找到其位置和希望：真正的家庭、对过去的敬重、对未来的责任、私有财产、匹配的义务与权利、比大众娱乐和群体性恶习更有意义的内心欢愉——现代的无产阶级试图靠大众娱乐和群体性恶习忘掉自己的漫无目的。家庭退化成单纯的共居一室，这威胁到众所周知的人类特性的核心要素；社会苦闷无聊的现象蔓延的范围越来越大，已波及文明生活的所有层级，其预示的未来前景比衰败中的罗马体制下的日常生活还要沉闷无趣。为了让劳动和家庭生活重新获得意义，为了让人们找回以前的希望和有利于子孙后代的长远打算，就必须要有被伯克注入到保守主义思想中的那种大胆的想象力。

第四，经济稳定的问题。这不意味着要保障每个人都有富足的生活：没有哪种社会方案能够成功地满足所有人的物质欲望——最不可能的是福利国家的计划经济。不过，它确实意味着在努力和收获之间确立一种合理的关系。比如说，它意味着调整英国的经济，以让它适应帝国疆域缩小和外国竞争加剧的时代；它意味着根据美国的现实生产能力调整美国的经济，因为美国不可能长久地以持续不断的制成品和农产品供应半个世界的需要。

上面对保守派之任务的简要综述没有提及报纸和广播不间断地向公众密集播报的那些当下难题——原子能和新式战争武器的问题，国际组织的成败得失以及俄罗斯的威胁。然而，严格说来，这些不是保守主义思想要面对的问题，也不是激进思想要面对的问题：它们是需要随机应变的问题，当由战士和外交官解决。它们可能获得解决的方法将源自比外交和公关技艺更宏大的某种思想体系。保守主义者不会因其思想而死死地固守任何特定的国际关系理论或任何特定的外交事务手段。如果上面所罗列的保守主义的四项必不可少的重要前提条件能够相当成功地得到
满足，那么，就战争与和平的问题能够在人类间达成和解的限度内，该 415
问题可能会变成和解方式的问题。保守主义者相信，一个恢复了宗教敬虔、合宜的领导力、生活的连续性和稳定的物质条件的民族几乎能够应对所有暂时的紧急事态；而一个因持续的变革、强词夺理的激进主义和对终极性追求的无知而焦虑苦恼的民族，不可能让任何社会问题得到令人满意的解决。明智的保守派人士认为，任何一个别出心裁的、临时起意的体系都无法解决世界的问题，而且所有一本正经的政治方案也无法解决这些问题。对每个问题都必须根据其自身的情况加以考虑，不过要

借鉴我们先人的智慧。迈克尔·奥克肖特（Michael Oakeshort）先生是伯克的一位才华过人的追随者，在接受伦敦经济政治学院（London School of Economics and Political Science）的教授讲席——之前占据这一讲席的是激进派思想家格雷厄姆·沃勒斯和哈罗德·拉斯基——的就职演讲中，他说道："我们对我们自己的政治传统理解得越透彻，其全部智谋才略就越能轻易地为我们获知，而我们也就更不可能拥抱等着让无知者和轻率之人上钩的种种幻觉——这些幻觉是：如果缺少良好品行的传统，我们的政治生活也能延续下去；削弱传统本身就足以成为一项准则；以及政治中的某个地方有安全的港口、要抵达的目的地甚或让人愉悦的进步轨迹。这个世界是所有可能的世界中最好的，而且其中的所有东西都是必要的恶。"[18]在"公开达成公开的契约"变为美妙的现实以及马立克（Malik）先生与奥斯丁先生的引人注目的演讲之前，原来的贵族外交就是在这些假设的基础上进行的；随着政治家们回归这种保守主义的行事方法，所有火热的激进情绪都无法解决的难题，可能会被一种更为古老的信念体系化解掉。

目前的保守主义思想有足以击退激进情绪的最新化身——也即计划型社会——的攻击的耐力与勇气吗？英国和美国都没有任何在思想领域占主导地位的叱咤风云的保守主义思想家。时代可能会召唤出这样一个人。不过，这两个国家保守主义思想焕然一新的活力是现代世界最能带给人希望的迹象之一。在英国，由温斯顿·丘吉尔爵士和索尔兹伯里第五侯爵（fifth Marquess of Salisbury）带领的强大政党有理由为它自己坚定可靠的组织体系感到自豪，因为不管目前有什么难题，它比本世纪之前任何时候都更加康健有力。从思想观念上说，费边社和自然主义思想
416 家对英国人思想的操控已经被打破。受到如下人等认可的思想体系还没到衰落的时候：像阿瑟·布莱恩特（Arthur Bryant）先生和赫伯特·巴特菲尔德（Herbert Butterfield）教授那样的历史学家，像麦克斯·比尔博姆

（Max Beerbohm）爵士和艾弗林·沃荷（Evelyn Waugh）先生那样的文人雅士，像奥斯波特·兰开斯特（Osbert Lancaster）先生和约翰·贝特杰曼（John Betjeman）先生那样的风雅机智之人，像道格拉斯·伍德拉夫（Douglas Woodruff）先生和科尔姆·布罗干（Colm Brogan）先生那样的记者，像英奇教长和C.S. 刘易斯先生那样的宗教思想家——这种随便列出的名单遗漏了五十位同样值得提及的人。哪些严肃的读书人现在会读普莱斯甚或潘恩的作品？或者边沁或葛德文的作品？谁能带着很强的认同感去阅读J.S. 密尔的社会评论，或者T.H. 赫胥黎的社会评论？可是，伯克、柯勒律治、纽曼和迪斯雷利对英国人的思想仍有鲜活的影响；而且在这个集中的时代寻索摆脱困境的出路时，他们的著作会迎来越来越用心的读者。

在实际政治生活中，保守党派的《产业宪章》（Industrial Charter）与类似的一般性倡议表明，它开始从20世纪20和30年代的迟钝胆怯的保守主义中复苏过来。在工党仍在英国下院以大幅领先优势占有多数席位时，伯恩教授提出了一个精明的保守派政府会努力推进的实际措施：补救性立法，以落实"财产所有者民主"（a property-owning democracy）的理念；一项为财产充公设置障碍的根本性宪政改革措施，或者一套赋予特定等级的财产更大政治影响力的体制，"就好像奖赏那些加入共同伙伴计划的所有者住户或劳动者，让他们在议会和市镇选举中拥有双倍的投票权"；阻止垄断趋势的措施。伯恩教授补充道，现在为时已晚："在索尔兹伯里写下'从社会的较高等级下移到较低等级的政治权力绝不会再还回来，除非是还给暴君'之后，时间已过了九十年。如果我们能看到他的断言得到验证，那也部分是因为保守派政党花费了如此长的时间，在疑虑重重的悲观主义和颂赞'人民'这两端之间寻找一种替代方案。"[19]保守派政党证伪了阿奴林·毕万（Aneurin Bevan）先生的预言，他们在1945年的惨败之后仍存活了下来；他们现在的思想状态比索尔兹伯里时代以来的任何时候都更让人感到鼓舞；如果英国宪制要想延续下来，保守派政府必须设法试着就英国人的生活和政治结构推行上面那些永久性改革，哪怕它被眼下无数难题搞得焦头烂额。

417 英国还继续保有构成一种开明的保守主义秩序的要素，尽管如果混乱和惩罚性税赋再持续一代人的时间，这些要素会减少。英格兰最初催生了迪斯雷利在四分之三个世纪之前所描述的那种稳定与伟大。英国有一个贵族和地主乡绅阶层，虽然这些阶层已穷困潦倒，他们在履行自己古老的职责方面却做得比任何国家的所有其他阶层都更好：确定文明的格调，为议会上院提供人选，加强地方政府的力量，自费承担众多的公共服务项目，凭借他们对土地的名义上的所有权（尽管被剥夺了来自它的几乎所有收入）来维系英国错综复杂的、因庄园解体而受到极大损害的农村经济；英国的各古老家族通过他们履行的职责和树立的榜样，给英国社会的回报十倍于一个功利主义的时代惺惺作态地留给他们的微不足道的钱财。英国有英国国教会和苏格兰教会，这些教会让国家的行为具有了神圣性，并大体上保持着英国的基督教本色，尽管教会会员人数在下降，而且给教会的捐赠基金在减少；明智的不从国教者和罗马天主教徒知道，国教（Establishments）的衰落毁灭会造成什么样的打击。英国有自己了不起的中产阶层，他们保留了很多维多利亚时代的坚定刚毅与勤勉尽责的精神，拥有现代国家中声势最为浩大的严肃公共舆论。英国还有稳固有力的地方政府和廉洁的司法，以及一种所有其他政府都无法培养的自愿守法的精神。英国还拥有一个广袤的有价值的帝国，不管被稀里糊涂理解的民族主义和平等观念在殖民地各民族中的散播对它造成了多大的冲击。如果这些建制都不存在了，面对越来越接近于浮上现代社会表面的那种无政府状态，世界将失去其两三股主要抗衡力量中的一股。

4 美国丰富的保守主义思想：评论家与经济学家

美国的保守派势力有相应的思辨能力吗？莱昂奈尔·特里林给出了否定的答案："在这个时代的美国，自由主义不仅是主导性的，甚至是唯一的思想传统。因为显而易见的事实是，现在普遍流行的是没有保守或守旧的观念。当然，这并不意味着不存在保守或守旧的想法。这种想法肯定很强烈，也许甚至比我们多数人所知道的更加强烈。不过，除一些孤立的和一些与教会有关的例外情况，保守想法或守旧想法没有从理念上阐述自己， 418
只是表现在行动中，或者表现在试图模仿理念的敏感的思想状态中。"[20]特里林先生继而说道，纵然自由主义理论现在本质上是枯燥空洞的，但他却无法领会别的替代性思想体系。这是对美国人思想的耐人寻味的评论，与此同时，美国另一位著名的文学评论家肯尼斯·伯克（Kenneth Burke）先生（他曾一度是一名马克思主义者）现在在论及等级与阶层时带有极大的敬意，并坚持说，如果没有秩序或等级，人类便不可能拥有法律。特里林先生看起来差不多是拒绝承认美国保守主义复兴的唯一一人。小阿瑟·施莱辛格教授是继承了杰克逊和富兰克林·罗斯福衣钵的民主党人，在为《纽约时报杂志》（*New York Times Magazine*）所写的评论中，他承认美国急需一种富有思辨力的保守主义。他说，真正的保守主义者"有社会和国家责任感，这种责任感会吸纳而且有时会超越他对自己所属阶层的忠诚。保守主义者相信属于所有人的法律之下的自由，并承认他有义务让所有公民都成为共同体的成员。他是一位宪政主义者，并因此是自由至上主义者和多元主义者；而且由于他明白，宪制的存续只是有机体活力的体现，因此他认同互惠性义务和社会福利。他的先知是伯克和迪斯雷利，亚历山大·汉密尔顿和约翰·昆西·亚当斯"。

施莱辛格先生冷静地看待保守主义的这种复兴，甚至还带有一丝丝的快意；不过，在《美国学者》（*The American Scholar*）上发表评论的罗伯特·格汉姆·戴维斯（Robert Gorham Davis）先生却对此愤愤不平——因为戴维斯先生是一位平等主义者。他相信，根据习俗，他的民主理论有权垄断美国人的思想：“这个国家的每一个事态都倾向于强化这一传统，至于与之对立的、具有严肃文化价值的另一种传统，其社会基础是不存在的。”他在这里指的是卢梭鼓吹且由马克思修正的那种民主；可是，如果说本书前面的章节证明了什么东西，它们应该已经确证了这一事实：自美国文明草创以来，一种截然不同的美国思想传统，也即一种真正属于保守主义的思想体系一直存在。戴维斯先生坚持纯粹民主理论的晦暗不明的正统说教，驳斥了思想评论家们近些年的异端邪说：

> 过去二十年间，在新批评（New Criticism）的期刊上，权威、
> 419 等级、天主教信仰、贵族、传统、绝对、教义、真理统统变成了相互关联的、受人尊重的词汇，而自由主义、自然主义、科学主义、个人主义、平等主义、进步、新教信仰、实用主义和个性则统统成了相互关联的、被人拒绝和鄙视的词汇。作为纲领性的社会运动，新人文主义和农业主义（Agrarianism）似乎寿命不长。……可是在20世纪40年代，借着针对斯大林主义的激烈反弹，人文主义农业运动（humanist agrarian movement）所确立的有关认可与拒绝的社会—历史模式静悄悄地在更高的文化层次上取得了胜利，而且非常奇怪的是，它们成了从文学的角度适当评价文学的必要前提。[21]

这种将保守主义观念应用于文学评论的现象可能没有戴维斯先生认为的那样匪夷所思。启蒙运动的观念就是以这种方式传播的，浪漫派的政治信念也是这么影响19世纪的观念的，而且20世纪20年代集体主义的“自由主义”也是这样在美国教授中散播的。传统观念在评论家中的

风行富有说服力地证明了美国人思想上保守主义的复兴，而且这种保守主义刚刚开始让人感受到它的力量。在阐释过灵性和思想上的深邃的保守主义的众多评论家中，理查德·维沃（Richard Weaver）先生、约翰·张伯伦（John Chamberlain）先生、彼得·维瑞克（Peter Viereck）先生和艾伦·泰特先生代表了保守主义信念的同样众多的不同面向。

但是，保守主义观念在知识界的复兴没有局限于文学评论的范围。1943 年，大约在戴维斯先生所谈及的评论家们开始显示出越来越大的影响力的时候，两部重要的保守主义著作出版了：伊萨贝尔·帕特森（Isabel Paterson）夫人的《机器上帝》（*The God of the Machine*）和阿尔伯特·杰伊·诺克的《多余人的回忆》。这两人都不完全属于保守主义的主流传统：帕特森夫人（就压根能将其极富原创性的作品归类而言）倾向于认同以托克维尔、斯蒂芬和梅因为代言人的自由保守主义者，而诺克不仅受到伯克和亚当斯的影响，而且受到杰斐逊、亨利·乔治和斯宾塞的影响。无论如何，就美国传统而言，这两本书总的倾向都深具保守性。诺克现在在他的思想自传中复述了他七年前写下的东西：

> 我们及我们更为亲近直接的后代将会看到，稳步前进的集体主义会突然演变成某种严苛的军事独裁体制。更严密的中央集权体制、稳步扩大的官僚体制、国家力量以及对国家力量的信心日益增长、社会力量以及对社会力量的信心衰减；国家占用了国民收 420
> 入中越来越大的份额；生产萎缩；于是国家接管一个又一个“核心产业”，在管理它们时也出现越来越严重的腐败、低效和浪费，并最终诉诸强制劳动的办法。然后，在这种演变进化的某个时点上，国家利益发生冲突，其普遍程度和暴力程度至少堪比 1914 年的冲突，它所造成的极其严重的产业与金融混乱是脆弱的社会结构无法承受的；自此以后，国家就会“像机器那样锈蚀衰亡”，而且那

种任意而为、无以名状的消解力量将达到登峰造极的地步。[22]

不管怎样，诺克本人从未真的放弃战斗；而且他的《美国的教育理论》（*Theory of Education in the United States*，1931 年）一书是对征服了美国教育界的约翰·杜威的实用主义和集体主义理念的最大胆及时的抗辩之一。它是保守主义者对教育问题的大量评论的先导，这些评论中引人注目者包括：坎农·贝尔（Canon Bell）的《教育的危机》（*Crisis in Education*）、莫提默·史密斯（Mortimer Smith）的《疯狂的教育》（*And Madly Teach*）、戈登·查尔莫斯（Gordon Chalmers）的《共和国与个人》（*The Republic and the Person*），以及罗伯特·哈钦斯（Robert Hutchins）、杰克斯·巴尊（Jacques Barzun）和马克·凡·多冉（Mark Van Doren）的著作。他们的理念正导致民众要求在美国学校中开展保守主义式的改革。

在 20 世纪 40 年代，一群自由—保守主义经济学家开始对鼓吹经济规划的理论家们发起反击，后者作为罗斯福总统及其内阁的顾问，已获得对联邦政府政策的主导权。这一保守主义流派的某些杰出代表人物要么是归化的美国人，要么压根不是美国人——W.A. 奥顿（Orton）、弗雷德里克·哈耶克和威尔海姆·罗皮克。* 凭借着某些白哲浩式的才华，他们常常将体现出优雅风度的人性化文字和宽广视野引入这一沉闷乏味的学科——他们表达观点的载体是他们的著作以及像复刊后的《自由人》杂志那样的期刊。波里（Bury）在《进步观念》（*The Idea of Progress*）中说，在孟德斯鸠时代，“人们有这样的幻觉：立法机构拥有几乎不受限制的改变社会环境的权力”。这些评论家们与之争锋的就是复活了的这一错误主张以及与之相伴的、在孟德斯鸠时代正在衰落的那种重商主义的许多做法。

---

* 路德维希·冯·米塞斯教授作为李嘉图和克伯顿的衣钵传人，不能算是真正的保守主义者，尽管他经常采取与保守主义者一样的立场。——作者注

彼得·德鲁克先生很有影响力的著作阐明了今天政治经济学中的保
守主义倾向。作为奥地利学派经济学家的传人，德鲁克先生认为，曼彻 421
斯特主义者的那种经济人已经死去。美国保守主义者的任务——自宪法拟定出来之后，美国的主流政治舆论便一直是保守主义的——是将保守主义的社会观与 19 世纪的产业体系协调起来，而这一产业体系馈赠给我们的不仅有其效率，而且还有其贫乏空洞的个人主义：

> 我们必须回到 1776 和 1787 年反对革命的保守主义的原则与思想体系。不过，我们必须将这些原则用于其层次和实质都与 19 世纪截然不同的社会整合之上。我们必须让产业具有社会性意义。……组织原则还是一样，也即真正的保守主义的原则。不过，它们必须被用于重新整合一个新社会。[23]

这一新的自由社会一定要实行经济上的分权管理，它一定是由地方和私人控制的，因为一个国家指导下的经济体不可能是自由的；不过，它不会是 19 世纪那种适合工业企业需要的私人所有制；它不会是“资本主义”，也不会是“社会主义”。董事会将包括来自投资者、管理层、工厂社区以及企业所在地社区的代表。这一新型社会将是多元化的、自我管理的和真正自由的，而美国人已经接近于拥有这种社会模式。[24] 赋予这一新兴体系思想灵感的将是保守主义的观念，而不是〔美国〕社会主义的已经破产的错误主张。

这与曼彻斯特模式有天壤之别，与卡尔先生的新社会愿景的差异则更大。弗兰克·泰宁鲍姆（Frank Tannenbaum）教授在《劳动哲学》（*A Philosophy of Labor*）中提出了更为大胆的预言。他认为，工会主义是我们这个时代重要的保守主义力量，因为它“反对革命”，摒弃了法国革命与英国自由主义的传统，同样彻底地拒绝了马克思主义。我们处在一场社会运动之中，这一运动波及的范围之广堪比布尔乔亚阶层崛起时的光景。在磨坊、矿山和工厂中，一种将引领社会从契约回归身份的行会意识正在兴起。按其道德本性，工会主义鄙视福利国家的机械化的压迫性力量。“最终，要么工会中现在有组织的群体将摧毁威权政府的国家，要么政府最终会阻滞各产业的
422 发展并终将把它们肢解。……公司与工会最终将合并在一起，共同享有所有权，不再相互分离。只有这样，一个共同的身份认同才能再次成为人们生活的主宰，并将所有人都认可的权利与义务赋予每一个人。”[25]

保守主义的这种想法唤起了千差万别的反思与希望，还有很多的担心；可是，就一种既能挽救无产阶级又能抵挡计划经济的保守主义的新产业体系来说，现在尚没有到对它进行合宜的评论的时候。在美国复杂的产业体系中，“托利式民主”的首次登场亮相能够获得成功吗？不过，我们今天只是站在可能通向这片迦南地的关隘入口处。伯克无法相信，上天会任由人类陷入雅各宾主义的控制之中；借着清晰呈现在我们眼前的、长达几个世纪的动乱局面，我们源远流长的生活秩序会以某种神秘的方式胜出。约翰·亚当斯付出如此之多心血将其导入保守性宪制和持久正义之途的那个美国社会，可能会被视为上天实现这一救赎的工具。1776 年的革命可能已经预先抵消了 1789 年革命的影响；乔治·华盛顿的共和国可能最终让乔治三世的王国避免了不敬虔的、造成崩解性后果的狂热气息——这种狂热气息开始时从巴士底狱奔流而下，而且仅仅在一百五十多年后，就让“圣索菲亚（St. Sophia）的浅薄的君王连同它十六个世纪的历史一起跌落”。

5 美国保守派的行动方案

如果维系文明传统的希望被寄托在美国身上，富有才智和认真负责的美国人就不能长时间地拖延就某种一般性的行动方案达成共识。在制

定方案时，美国保守主义者一定首先要问，美国必须保护好哪些社会建制。他们没有国教会，没有欧洲意义上的土地利益集团，没有乡绅，没有教区牧师，没有古代的光环，没有真正的与众不同的中产阶级，没有帝国的虚荣。不过，他们确实有世界上最好的成文宪法，最安全的分权体制，分布范围最广的财产，对共同利益的最强烈的意识，最繁荣的经济，高贵的道德与思想传统，以及在当代无与伦比的坚定的自立精神。为了聚拢团结在这些建制周围，保守派领袖可以依靠下述力量：农村的各个阶 423
层，其人数远远超过英国的同类阶层，而且在全国性事务中仍拥有巨大的影响力；小乡镇，美国的很多活力就来自那里；一个非常大的受过教育的阶层，如果保守主义者只付出一半的努力，他们就可能被保守主义者而非激进派人士争取过来；各个教会，因为美国人依然是忠心地守安息日的基督徒；很大一部分的劳工阶层，通过分享他们所获得的东西，他们可能会越来越多地认同稳定的社会。有了保守的目标以及这些力量的源泉，如果他们非常迅速地革除掉他们以前所犯的错误的话，保守主义者就能够在美国确立他们自己强有力的地位。

保守主义者恰恰可以将其对手所视的缺点变为有力的主张。美国的保守派人士常常被指责为了财产权而忽视人权，对财富集中到危险程度的现实假装不见，不了解现代政府的要求，试图以守旧派的立场逃避国际责任。我们的新保守主义者会接下这种挑战，可以将这些缺点转化为优势。一种将源远流长的保守主义理论应用于现代问题的简要纲领，可能有如以下所述：

第一，认可社会的道德属性。正如约翰·亚当斯所说，民众的幸福是政府的首要目标，不过真正的幸福是美德。对家庭的忠敬与公共荣誉感一定要得到强化。一个傲慢、贪婪和粗俗的民族注定会衰微。美国人差不多依然像托克维尔那个时代一样易于对道德训诫产生共鸣。他们可以被导向一种有尊严和秩序的生活。

第二，保护财产——分布广泛且界定清楚的财产，具体形式为房屋、养老金、法人权利（corporate rights）和私人企业的财产；严格监管利维坦式的企业和利维坦式的工会。

第三，维护地方性自由、传统的个人权利和分权体制；一旦这些不存在了，共和国也就不存在了，剩下的唯有卢梭的公意。

第四，谦卑的国度。保守派政治家将承担起他们在世界上的义务，不过要谦卑和小心谨慎；他们将会意识到，多元化好于整齐划一，而且美国不可能将他们的制度强加于同样有权利要求得到尊重的文化之上；他们
424 将牢记，美国在国际事务中的最高职责是提供一个正派、安宁、繁荣的国家样板，也即一个公正自由、富有美德且具有持久性的共和国样板。

这最后一点要求也即谦恭的义务可能是美国人最难做到的，因为国家很难压制住国家的虚荣心，就像人心里的灵性骄傲非常具有叛逆性一样。有些美国人不愿意维系现在交到他们手上的西方文明的遗产：他们更希望在整个地球上都强行留下他们自己自大的印记。塞洛斯 · P. 维托的冷笑像政委的怒视一样让人害怕。政治行动委员会的研究主任大卫 · C. 威廉姆斯（David C. Williams）先生让自己成为了这种自以为义的、追求新花样的美国精神的代言人：

> 美国革命在20世纪的这种表现被恰当地称为预期高涨的革命（revolution of rising expectations）。美国人坚持认为，即使世界上没有诸如共产主义之类的东西，这种革命也会发生。……这一新革命的推动者是美国政府正派往海外的数量众多的官员、商人、技术人员和工会活动家。……美国的商人们负有这样的使命：说服其欧洲同行相信，现代化是合算的，为大众而非高等阶层生产是合算的。他们能够让其欧洲友人相信，作为一个群体，他们也可以谋得其社区里最显赫的职位，取代传统上占有

尊崇地位的地主、公务员和军官。

这样，美国人的能量就具有了革命性的影响力，而非一种保守性的力量，因为它蓄意地诉诸贪婪、阶层间的嫉妒心理以及追求变革的热情。在亚洲，我们将帮着“打破占主导地位的传统的种姓与家族纽带”，并“把手工生产者逼至绝境”。会有因痛苦烦闷引发的抗议吗？如果到了那一步，对守旧派人士来说就更糟了。我们会将就着教导他们摆脱自己的偏见：

> 新的美国革命并不适合所有人的口味。其传统的显赫地位将被颠覆的那些人自然会憎恶它。不过，能感受到最大的精神上的压力的可能是欧洲和亚洲的知识分子。在他们看来，美国人的生活方式粗鲁俗气。美国的很多知识分子会同意他们的看法。不过，他们也会告诫他们，大规模生产与大规模市场的逻辑是无法抗拒的。普通人希望并将得到的“幸福”还不是美学家的那种幸福。当东欧的共产主义者以美国的爵士乐具有腐蚀性影响的理由禁止它时，他们显示出一种符合逻辑的自保本能。廉价的音乐、廉价的连环漫画杂志、可口可乐以及小汽车是人们想要的东西——这是可以理解的，因为他们尚没有机会学着去渴求或者获取任何更好的东西。文化的维系不能再靠成为被享有优待的少数人垄断的东西。前面有艰巨得多的任务：教导大众渴求比他们现在想要的更好、更能带来满足感的东西。[26]

425

（如果威廉姆斯先生的假想变成了现实）美国对未来文明的贡献就仅仅是这个：廉价，也即所能提供的最廉价的音乐，最廉价的连环漫画杂志以及最廉价的道德观。这是退化了的功利主义理论，是詹姆斯·密尔论印度问题的更新版。在一个多世纪的工业化和大众教育后，美国民众没有明显地渴望“更好、更能带来满足感的东西”；不过，这种轻浮的说辞被当作诱饵扔给了“知识分子们”，而且人们可能看得出来，在威廉姆斯先生的眼中，知识分子不过是生活中的废物。这确实是最具革命性的革命，是普遍粗鄙化的地狱。这相当于塞洛斯·维托先生告诉他自己，美国不仅是地球上最大的东西，还很快会将所有其他东西全部消灭掉；而且在此一目标实现所带来的令人心醉神迷、眼花缭乱的狂喜中，忘了问此后会发生什么事。

虚构的塞洛斯·维托与非常真实的大卫·威廉姆斯所推崇的这一美国革命已经给任人摆布的当代欧洲留下了印记。那些银钱兑换者——的的确确是在圣马可（St. Mark）或米兰（Milan）大教堂的门廊内，其笑容透露出他们急于以自由市场的价格购买美元；俯视着布鲁塞尔的那一排丑陋的巨型电影院；装备了法国和意大利师团的美式武器；报摊货架上的杂志期刊的格调；让主教座堂广场（Piazza del Duomo）变得面目可憎的品牌广告看板；哥本哈根或洛桑的收音机用英语播放出来的爵士乐和伤感的叠句；某位那不勒斯的年轻人急切地试图按照百老汇的方式穿得像一位队列管理员（filing-clerk）——以上种种迹象清楚地拼写出闪耀在霓虹灯中的这几个字：“不可避免的噩运先兆”，其背景是欧洲 20 世纪的脆弱文化。美国一方面是欧洲普通人邪淫的梦想之地，同时又是他们欺诈的对
426 象——实际上，越来越多的印度、埃及或巴西的普通人也是如此。由此在普罗大众中激发出来的那种粗俗的期盼让人感到非常悲哀；但是，更为糟糕的是，由于缺少美国的资源和美国的制度，这些期盼永远都不可能得到充分的满足；因此，如果目前追逐物质欲望的激情持续不受约束地膨胀，以前世界文化活力的丧失就不是新的绚丽的繁荣景象之前奏，而是国家和造化（nature）都不可能缓解的可怕的欲望冲突的序曲。

所有世俗之物都会消亡，而且以前社会表面上的这些病症会痊愈，除非它们是某种内在的具有破坏性思想困境的征兆。说病源来自美国

是不公正的，因为它是作为一种灵性疾病传播的，完全超越了政治边界。不管怎样，形形色色假充内行之人——有些人是好意，有些人则是不计后果的骗子——针对这一病症一直在开一种致命性堪比士的宁（strychnine）的所谓补药：美国化。这种类比并不过分，因为小剂量的士的宁确实具有滋补作用，而且它会增加食欲；世界的美国化同样如此。可是，法国、意大利、奥地利和德国以及它们之后的亚洲和非洲有患上这种病症的危险：贪得无厌地索要更多补药。各地的集权主义者已经在努力利用剂量过大引起的反应；不过，应该抗议的是他们的对手，因为旧秩序比集体主义有更多的理由对这种剂量感到担心。

美国有高尚的美德，不过这些品质属于难以输出的类型。具体而言，任何敏锐的观察者都肯定会赞叹这三个特征：综合来说，我们这个时代对自由最友善的宪政体制；渗透到社会各个阶层的行为举止和素质（虽然有例外情况）；尚未衰朽的负责精神。但是，美国的资本家们无法将这些特质装在罐子里，变成标准化产品运到雅典和邓迪、里斯本和斯德普尼（Stepney）。因此，更适合装箱和运输的恶习常常就被盖上星条旗的印戳运出去，以缓解战后欧洲因第一波美国化而出现的精神上的渴求。

但是，这还是过于严苛了。还不是恶习：仅仅是恶习的原材料也即幻觉。美国一直在输出小小的幻觉（它们在国内受到追捧，但通常不会真的被付诸实践），比如盖洛普民调（Gallup-poll）式的民主以及对教条化变革的热衷；更糟糕的是，它一直在输出巨量的属于这个时代的大幻觉：立即满足感官享受的理论。美国人已比任何其他民族都更崇拜眼前的财 427
富（Mammon of the Short Run）。就连苏联人的唯物主义也是专门用来敬拜长远财富（Mammon of the Long Run）的。美国人的离婚率、浪费的盛行、快速变化的公众喜好、破旧的窝棚边上的庞蒂亚克牌高级汽车、季刊单行本（quarter reprints）上的女郎——有如此之多极度吹捧感官享受的即时满足的例证。这种物欲崇拜在美国不是新鲜事，它有其遮遮掩掩的被理想化了的形式，而对这一形式唱赞歌的是惠特曼。这种大路货采取统一的标准，被大规模生产出来，然后被扔进因欧洲原则的匮乏而留下的真空里。对这种偶像崇拜习以为常的美国人自己常常在去祭坛前敬拜时挤眉弄眼地使眼色或者带着冷笑；他可以接受这种偶像崇拜或者扬长而去。可是，欧洲人……对呀，欧洲人从来就不是美国19世纪的那种边疆开拓者。欧洲人以为，美国人所吹嘘的，就是他们会付诸实践的。

这就是"新美国革命"的成效。不过，保守主义的理念正努力争取在美国占据主导地位；而且如果美国人不愿成为革命性的力量，他们就有能力成为大多数美好高尚的文明要素的拯救者。本世纪强大有力的美国人不会是塞洛斯·维托；他可能会像凯利波·韦瑟比，努力摆脱当下繁荣轻浮的潮流；而且他心目中的美国确实不会致力于追求虚荣，"追求我们名声或生活方式的某种冠冕堂皇的普世主导权"，却可能会在不知不觉间致力于悔改，致力于一种谦卑仁爱的新生活。这基本上就是美国保守派人士要面对的艰辛工作：让这一路径成为他们国家的选择。

我们的世界可能正在从契约向身份回归。不管这一过程是好是坏，保守派人士都一定要让社会为上天护理下的变革做好准备，把正在成形的生活纳入西方与基督教文明源远流长的荫庇之下。为此，他们将需要伯克的洞见，亚当斯的常识感，伦道夫的勇气，托克维尔的宽容，卡尔霍恩的决心，迪斯雷利的想象力，斯蒂芬的严肃公正，摩尔的无所不包的学识。某种形式的民主会持续下去，它将是一种使人堕落的民主，还是一种让人提升的民主，这取决于保守派人士。

那些真的将旧爱换成了新欢的人，
428 向诸神祈祷，他们换来了更糟糕的东西。

注释

第一章

1. Hearnshaw, *The Social and Political Ideas of Some Representative Thinkers of the Revolutionary Era*, p. 8.

2. Reeve, *Memoir, Letters, and Remains of Tocqueville*, II, p. 260.

3. Feiling, *Toryism*, pp. 37-38.

第二章

1. 引自 Cobban, *Edmund Burke and the Revolt Against the Eighteenth Century*, p. 85.

2. Buckle, *History of Civilization in England*, I, pp. 424-25.

3. J. G. Baldwin, *Party Leaders*, pp. 144-45.

4. Cecil, *The Young Melbourne*, p. 20.

5. Birrell, *Obiter Dicta*, Second Series, pp. 188-89.

6. Burke, "Thoughts on the Present Discontents," *Works*, I, p. 323.

7. Toequeville, *The Old Regime*, pp. 33-34.

8. Bissett, *Edmund Burke*, p. 429.

9. Wilson, "Edmund Burke and the French Revolution," *The Century Magazine*, LXII, No. 5, p. 792.

10. 伯克致菲茨威廉,1793年11月29日,Wentworth Woodhouse Papers, Book I, p. 945 (Sheffield Public Library) .

11. P. P. Howe, *The Life of William Hazlitt*, p. 60.
12. Maclver, *The Modern State*, p. 148.
13. "Appeal from the New to the Old Whigs," *Works*, III, p. 79.
14. MacCunn, *The Political Philosophy of Burke*, p. 127.
15. "Reflections on the Revolution in France," *Works*, II, p. 370.
16. 同上, pp. 363-64.
17. Woolf, *After the Deluge*, p. 177.
18. "Speech on the Petition of the Unitarians," *Works*, VI, p. 115.
19. Cobban, *Edmund Burke*, p. 93.
20. "Tracts on the Popery Laws," *Works*, VI, p. 22.
21. 同上, pp. 32-33.
22. 同上, pp. 21-22.
23. Hooker, *Ecclesiastical Polity*, *Book V*, Chapter 69.
24. Buckle, *op. cit.*, I, pp. 418-19.
25. "Speech on the Petition of the Unitarians," *Works*, VI, pp. 112-13.
26. "Reflections," *Works*, II, p. 359.
27. *The World*, *No. 112.*
28. "Reflections," *Works*, II, pp. 366-67.
29. "Appeal from the New to the Old Whigs," Works, III, pp. 111-12.
30. Wallas, *Human Nature in Politics*, pp. 182-83.
31. Babbitt, *Democracy and Leadership*, p. 116.
32. "Letter to Sir Hercules Langrische on the Catholics" (1792), *Works*, II, p. 340.
33. Hoffman and Levack, *Burke's Politics*, pp. xiv-xv.
34. "Speech on Fox's East-India Bill," *Works*, II, p. 278.
35. "Letters on a Regicide Peace," *Works*, II, p. 278.
36 "Reflections," *Works.* II, pp. 334-35.
37. "Tracts on the Popery Laws," *Works*, VI, pp. 29-30.
38. "Appeal from the New to the Old Whigs," *Works*, III, pp. 108-9.
39. "Reflections," *Works*, II, p. 335.
40. 同上, pp. 322-23.
41. "Regicide Peace," *Works*, II, p. 216.
42. "Petition of the Unitarians," *Works*, VI, p. 124.
43. "Reflections," *Works*, II, pp. 331-32.
44. "Appeal from the New to the Old Whigs," *Works*, III, pp. 108-9.
45. "Reform of Representation," *Works*, VI, pp. 145-47.

46. "Reflections," *Works*, II, p. 310.

47. "Appeal from the New to the Old Whigs," *Works*, III, p. 83.

48. 同上，p. 85.

49. "Reflections," *Works*, Il. pp. 332-33.

50. 同上，p. 325.

51. Thomson, *Equality*, p. 68.

52. "Thoughts on the Present Discontents," *Works*, I, p. 323.

53. "Speech on a Bill for Repeal of the Marriage Act"（1781）, *Works*, VI, p. 171.

54. "Appeal from the New to the Old Whigs," *Works*, III, p. 85.

55. 同上，p. 86.

56. "Reflections," *Works*, Ⅱ, p. 307.

57. 伯克致菲茨威廉，1791 年 11 月 21 日，Wentworth Woodhouse Papers, Book I, p. 712（Sheffield Public Library）.

58. Willey, *The Eighteenth-Century Background*, pp. 244-45.

59. Maugharn, "After Reading Burke," *The Cornhill Magazine*, winter, 1950-51.

第三章

1. Fay, *English Economic History*, *Mainly since 1700*, p. 48.

2. *The Federalist*, No. 17.

3. "The Continentalist," No. V, April 18, 1782, *Works of Hamilton*, I, p. 255.

4. 同上，p. 263.

5. 约翰·昆西·亚当斯致约翰·亚当斯，1795 年 7 月 27 日，*Writings of, J. Q. Adams*, I, pp. 388-89.

6. "The Stand," *Works of Hamilton*, V, p. 410.

7. Fisher Ames, "*Dangers of American Liberty*," *Works*（1809）, p. 434.

8. J. Q. Adams, "Parties in the United States," Selected Writings of John and J. Q. Adams, pp. 325-26.

9. Ames, letter of October 26, 1803, *Works*, p. 483.

10. Ames, letter of March 10, 1806, *Works*, p. 512.

11. Ames, letter of November 6, 1807, *Works*, p. 519.

12. Hamilton, *Works*, VI, p. 391.

13. Selected Works of John and J. Q. Adams, p. 148.

14. John Adams, *Works*, VI, pp. 402-3.

15. 同上，VI, p. 516.

16. 同上，VI, p. 232.
17. 同上，IV, pp. 444-45.
18. 同上，VI, p. 279.
19. 同上，X, p. 101.
20. 同上，VI, p. 416.
21. 同上，VI, p. 275.
22. 同上，VI, p. 518.
23. 同上，VI, pp. 519-20.
24. 同上，X, p. 218.
25. 同上，VI, p. 454.
26. 同上，IV, p. 389.
27. 同上，I, p. 462.
28. 同上，VI, pp. 451-52.
29. 引自 Works of John and J. Q. Adams, p. 169.
30. John Adams, *Works*, VI, p. 457.
31. 同上，VI, p. 249.
32. 同上，VI, pp. 285-86.
33. 同上，IV, p. 193.
34. 同上，VI, p. 418.
35. 同上，IX, p. 602.
36. 引自 Writings of John and J. Q. Adams, pp. 57-58.
37. John Adams, *Works*, X, p. 377.
38. 引自 Writings of John and J. Q. Adams, pp. 208-9.
39. Hallowell, *The Decline of Liberalism as an Ideology*, p. 23.
40. John Adams, *Works*, IV, p. 301.
41. 同上，IV, p. 579.
42. 同上，IV, p. 431.
43. 同上，IV, p. 290.
44. 同上，IV, p. 290.
45. 同上，VI, pp. 477-78.
46. 同上，IV, p. 588.
47. 同上，X, p. 267.
48. 同上，IV, p. 359.
49. 同上，IX, pp. 630-31.
50. Taylor, *Construction Construed and Constitutions Vindicated*, p. 77.

第四章

1. Lockhart, *Scott*, II, p. 111.
2. Brinton, *English Political Thought in the Nineteenth Century*, p. 15.
3. Leavis, *Mill on Bentham and Coleridge*, p. 42.
4. Keynes, *Two Memoirs*, pp. 96-97.
5. Burke, "Tracts on the Popery Laws," *Works*, VI, p. 22.
6. Lockhart, *Scott*, X, p. 32.
7. Leslie Stephen, *Hours in a Library*, I, pp. 163-64.
8. Lockhart, *Scott*, III, pp. 305-6.
9. 同上，VIII, p. 290.
10. 同上，IX, p. 218.
11. 同上，IX, p. 298.
12. 同上，X, p. 50.
13. 同上，VIII, p. 124.
14. Feiling 引自 *Sketches in Nineteenth Century Biography*, p. 39.
15. 参见 Petrie, *Life of Canning*, pp. 136-37.
16. *The Greville Diary*, I, pp. 317-18.
17. Willey, *Nineteenth Century Studies*, pp. 1-44.
18. Coleridge, *Lay Sermons*, pp. 149-50.
19. *Table Talk*, p. 52; 同样参见 *Aids to Reflection*, p. 105.
20. *Table Talk*, p. 135.
21. *Preface to Table Talk*, p. 10.
22. Brinton, *op. cit.*, pp. 74-75.
23. *Lay Sermons*, pp. 46-47.
24. *The Constitution of Church and State*, p. 79.
25. *Table Talk*, p. 118.
26. Hearnshaw, *Conservatism in England*, pp. 190-91.
27. Leavis, *op. cit.*, p. 152.
28. *Journal of Sir Walter Scott*, *1829-1832*, pp. 154-55.

第五章

1. *Annals of Congress*, Twelfth Congress, Second Session, pp. 184-85.
2. "Onslow to Patrick Henry," *Works of Calhoun*, VI, p. 347.

3. Tucker, "Garland's Life of Randolph," *Southern Quarterly Review*, July, 1851.

4. *Annals of Congress*, Fourteenth Congress, First Session, p. 1132.

5. 同上，Seventeenth Congress, First Session, pp. 820-21.

6. *Register of Debates*, Nineteenth Congress, Second Session, II, pp. 125-29.

7. Garland, *Randolph of Roanoke*, II, p. 345.

8. 同上，II, p. 347.

9. *Register of Debates*, *op. cit.*

10. Richmond, *Enquirer*, April 1, 1815.

11. 同上，June 4, 1824.

12. *Register of Debates*, *op. cit.*

13. *Annals of Congress*, Seventeenth Congress, First Session, pp. 844-45.

14. Adams, *John Randolph*, p. 273.

15. *Proceedings and Debates of the Virginia State Convention*, p. 317.

16. 同上，p. 319.

17. 同上，p. 492.

18. 同上，pp. 789-91.

19. 同上，p. 802.

20. Calhoun, "Discourse on the Constitution," *Works*, I, pp. 511-12.

21. "The South Carolina Exposition and Protest," *Works*, VI, p. 29.

22. Coit, *Calhoun*, p. 335.

23. Calhoun, *Works*, VI, p. 75.

24. 同上，VI, p. 26.

25. 同上，VI, p. 192.

26. 同上，VI, p. 229.

27. Parrington, *Main Currents in American Thought*, II, pp. 71-72.

28. "Disquisition on Government," *Works*, I, p. 7.

29. 同上，pp. 36-37.

30. 同上，p. 29.

31. "Discourse on the Constitution," *Works*, I, pp. 397-98.

32. "Disquisition on Government," *Works*, I, p. 35.

33. 同上，p. 55.

34. 同上，pp. 56-57.

35. 同上，p. 75.

第六章

1. 参见 Morley, *Life of Gladstone*, II, p. 530.

2. Trevelyan 中概述了麦考利的观点，参见 *Life and Letters of Lord Macaulay*, I, pp.353-54. 不过，詹姆斯·密尔是这一印度政策的重要设计者，参见 Duncan Forbes, "James Mill and India," *The Cambridge Journal*, October, 1951.

3. "Southey's Colloquies on Society," *Miscellaneous Works of Macaulay*, I, pp. 433-34.

4. 同上，pp. 405-6.

5. "Lord Bacon," *Miscellaneous Works*, II, p. 410.

6. 同上，p. 411.

7. 参见 Cotter Morison, *Macaulay*, p. 170.

8. *Miscellaneous Works*, V, p. 19.

9. 同上，V, p. 258.

10. "Mill's Essay on Government," *Miscellaneous Works*, I, p. 316.

11. 同上，p. 280.

12. 同上，pp. 310-11.

13. 同上，p. 315.

14. 不过，要想了解对黑格尔的集体主义的有力辩护，请参见 C. E. Vaughan, *Studies in the History of Political Philosophy before and after Rousseau*, II, p. 163.

15. Trevelyan , *Macaulay*, II, pp. 407-10.

16. *Miscellaneous Works*, V, p. 450.

17. Cooper, *The Heidenmauer*, pp. 65-66.

18. *The Bravo*, pp. iii-iv.

19. 参见 "On the Republick of the United States," *The American Democrat.*

20. *The American Democrat*, pp. 54-61.

21. 同上，pp. 139-40.

22. 同上，p. 141.

23. 同上，p. 71.

24. 同上，p. 76.

25. 同上，p. 89.

26. 同上，p. 112.

27. Grossman, *James Fenimore Cooper*, pp. 263-64.

28. Inge, *The End of an Age*, p. 216.

29. Reeve, *Memoir*, *Letters*, *and Remains of Tocqueville*, II, p. 384.

30. Laski, "Tocqueville," in Hearnshaw, *Social and Political Ideas of some Representative Thinkers of the Victorian Age*, pp. 111-12.

31. Joad, *Decadence*, p. 393.

32. *Democracy in America*, II, p. 261.

33. Acton, *Lectures on the French Revolution*, p. 357.

34. Reeve, *Memoir*, II, p. 64.

35. *Democracy in America*, II, p. 318.

36. 同上，II, p. 136.

37. 同上，II, pp. 228-29.

38. 同上，II, p. 133.

39. 同上，II, p. 145.

40. 同上，II, p. 148.

41. 同上，I, p. 327.

42. 同上，I, p. 236.

43. 同上，II, pp. 367-68.

44. Tocqueville, *Recollections*, p. 202.

45. *Democracy in America*, II, p. 296.

46. 同上，II, p. 289.

47. 同上，II, p. 282.

48. 同上，II, pp. 245-46.

49. 同上，I, p. 10.

50. *Recollections*, p. 143.

51. *Democracy in America*, II, p. 88.

52. 托克维尔致福瑞斯伦，1853 年 9 月 28 日（Reeve，*Memoir*, II, pp. 234-35）.

53. *Democracy in America*, I, p. 264.

54. 托克维尔致格罗特夫人，1855 年 2 月 24 日（Reeve, *Memoir*, II, p. 279）.

55. *Democracy in America*, I, p. 305.

56. "France before the Revolution," Reeve, *Memoir*, I, p. 256.

57. *Recollections*, p. 216.

58. *Democracy in America*, I, pp. 420-21.

59. Reeve, *Memoir*, II, p. 251.

60. Tocqueville, *The Old Regime*, p. viii.

61. Reeve, *Memoir*, II, p. 251.

62. 托克维尔致西尼尔，1848 年 4 月 10 日（Reeve，*Memoir*, II, p. 91）.

63. Reeve, *Memoir*, II, pp. 410-11.

64. 同上，II, p. 271.

65. Taylor, *From Napoleon to Stalin*, p. 66.

第七章

1. Bagot, *George Canning and His Friends*, II, p. 362.

2. 亚当斯对其选民的演讲，1842 年 9 月 17 日，见 Quincy, *Memoir of the Life of John Quincy Adams*, pp. 382-83.

3. *The Degradation of the Democratic Dogma*, pp. 34-35.

4. *Writings of John Quincy Adams*, VI, p. 60.

5. 收自 *Writings of John Adams and John Quincy Adams*, pp. 400-401.

6. *Memoirs of John Quincy Adams*, V, pp. 10-11.

7. 一个例外是 R. H. 盖布瑞尔（Gabriel）论“民主与天主教信仰”（Decmocracy and Catholicism）的那一章，引自 *The Course of American Democratic Thought.*

8. Brownson, *Essays and Reviews*, p. 352.

9. 同上，pp. 374-75.

10. 同上，p. 379.

11. 同上，pp. 307-8.

12. 同上，p. 320.

13. *The American Republic*, p. 54.

14. R. C. Churchill, *Disagreements*, p. 197.

15. Hawthorne, *Our Old Home*（1863）的题赠前言。

第八章

1. Duncan Forbes, “Historismus in England,” *The Cambridge Journal*, April, 1951, p. 391.

2. Alexander Gray, *The Socialist Tradition*, p. 331.

3. J. L. Gray, “Karl Marx and Social Philosophy,” in Hearnshaw, *Social and Political Ideas……of the Victorian Age*, pp. 130-31.

4. R. H. Mottram’s chapter “Town Life and London,” in Young, *Early Victorian England*, I, p. 167.

5. Feiling, *The Second Tory Party*, p. 396.

6. Disraeli, *Lord George Bentinck*, pp. 498-99.

7. Disraeli, *Coningsby*, Book IV, Chapter III.

8. 同上，Book VII，Chapter II.

9. 同上，Book I，Chapter VII.

10. Disraeli，*Letters of Runnymede*，p. 270.

11. Monypenny and Buckle，*Disraeli*，V，p. 410.

12 .Bagehot，“The English Constitution，” *Works*，V，p. 164.

13. Birch，*The Conservative Party*，p. 20.

14. Disraeli，“The Spirit of Whiggism，” in *Letters of Runnymede*，p. 283.

15. Disraeli，*Vindication of the English Constitution*，pp. 203-4.

16. Kebbel，*Selected Speeches of the Earl of Beaconsfield*，I，p. 546.

17. Bagehot，“Lord Althorp and the Reform Act of 1832，” *Works*，VII，p. 62.

18. Monypenny and Buckle，*Disraeli*，X，pp. 351-52.

19. Kebbel，*Selected Speeches*，II，pp. 530-33.

20. *Apologia pro Vita Sua*，Chapter V.

21. Young，*Early Victorian England*，II，p. 472.

22. Lord Hugh Cecil，*Conservatism*，p. 68.

23. Newman，*Discussions and Arguments*，p. 272.

24. 同上，pp. 274-75.

25 .Newman，*A Grammar of Assent*，p. 353.

26. Newman，*The Development of Christian Doctrine*，p. 180.

27. *Discussions and Arguments*，p. 305.

28. 同上，p. 280.

29. *A Grammar of Assent*，p. 377.

30. *The Idea of a University*，Discourse VII，Part I.

31. *Apologia pro Vita Sua*，Chapter V.

32. G. H. Bantock，“Newman and Education，” *The Cambridge Journal*，August，1951；也见于 Chapter V of Bantock’s *Freedom and Authority in Education.*

33. Brinton，*English Political Thought in the Nineteenth Century*，pp. 163-64.

34. Paul Elmer More，“The Spirit of Anglicanism，” in More and Cross，*Anglicanism*，p. xxxii.

35. *Discussions and Arguments*，p. 268.

36. 参见 Fergal McGrath 的 *Newman's University: Idea and Reality.*

37. *The Idea of a University*，Discourse III，Part 6.

38. *Lectures and Essays on University Subjects*，p. 359.

39. *The Idea of a University*，Discourse VII，Part I.

40. 引自 Jarman，*Landmarks in the History of Education*，pp. 264-68.

41. Monypenny and Buckle, *Disraeli*, II, pp. 62-63.

42. *A Grammar of Assent*, p. 379.

43. Bagehot, "Lord Salisbury on Moderation," *Works*, IX, Is. 174.

44. Bagehot, "Physics and Politics," *Works*, VIII, p. 114.

45. 同上，p. 104.

第九章

1. Sir Ernest Barker, *Political Thought in England from Herbert Spencer to the Present Day*, p. 128.

2. Bagehot, "Intellectual Conservatism," *Works*, IX, pp. 255-58.

3. R. J. White, "John Stuart Mill," *The Cambridge Journal*, November, 1951, p. 93.

4. Barker, *op. cit.*, p. 172.

5. 引自 Annan, *Leslie Stephen*, p. 205.

6. *Liberty*, *Equality*, *Fraternity*, pp. 317-18.

7. 同上，p. 311.

8. 同上，p. 291.

9. 引自 Leslie Stephen, *Life of Sir James Fitzjames Stephen*, p. 339.

10. *Liberty*, *Equality*, *Fraternity*, pp. 45-46.

11. 同上，pp. 263-64.

12. 同上，p. 319.

13. 同上，pp. 303-4.

14. 同上，p. 319.

15. 同上，p. 231.

16. 同上，p. 31.

17. 同上，p. 173.

18. 同上，p. 178.

19. 同上，p. 221.

20. 同上，p. 271.

21. 同上，p. 283.

22. 同上，pp. 297-98.

23. *Letters of Lord Acton to Mary Gladstone*, p. 119.

24. 同上，p. 212.

25. Barker, *op. cit.*, p. 167.

26. Maine, *Village Communities*, pp. 238-39.

27. Maine, *Early Law and Custom*, p. 361.

28. Maine, *Village Communities*, pp. 290-91.

29. 同上，pp. 232-33.

30. 同上，pp. 214-15.

31. Maine, *Early Institutions*, pp. 360-61.

32. *Letters of Acton to Mary Gladstone*, p. 31.

33. Maine, *Ancient Law*, Chapter V.

34. Duff, *Memoir and Speeches of Maine*, pp. 90-91.

35. *Village Communities*, pp. 225-26.

36. 同上，p. 230.

37. Maine, *Popular Government*, pp. vii-viii.

38. 同上，p. 98.

39. 同上，p. 106.

40. 同上，p. 111.

41. 同上，pp. 189-90.

42. 同上，p. 85.

43. 同上，pp. 73-74.

44. Leslie Stephen, *Life of J. F. Stephen*, pp. 309-10.

45. Lecky, *History of European Morals from Augustus to Charlemagne*, I, p. 67, note.

46. Lecky, *The Rise and Influence of Rationalism in Europe*, I, pp. 186-87.

47. 参见莱基在都柏林大学纪念伯克去世一百周年的演讲，引自 Elizabeth Lecky 的 *Memoir of Lecky*, pp. 305-6.

48. Lecky, "Old-Age Pensions," *Historical and Political Essays*, p. 300.

49. Lecky, *Democracy and Liberty*, II, p. 353.

50. D. W. Brogan, *The Price of Revolution*, p. 139.

51. *Democracy and Liberty*, I, pp. 319-20.

52. 同上，pp. 301-2.

53. 同上，pp. xviii-xix.

54. 同上，II, pp. 500-1.

55. 同上，pp. 501-2.

56. Halévy, *History of the English People in the Nineteenth Century*, V, p. x.

57. *Democracy and Liberty*, I, p. 155.

58. 同上，II, p. 369.

59. Pound, *Interpretations of Legal History*, pp. 54-55.

第十章

1. Parrington, *The Romantic Revolution in America*, pp. 466-68; Laski, *The American Democracy*, pp. 419-20.

2. *Letters of James Russell Lowell*, I, pp. 78-79.

3. 同上, II, p. 153.

4. Lowell, *Among My Books*, II, p. 251.

5. Lowell, "Abraham Lincoln," *Political Essays*, p. 186.

6. 洛威尔致诺顿小姐, 1873 年 3 月 4 日, *Letters*, II, p. 103.

7. *Letters*, II, p. 179.

8. *Letters*, II, pp. 194-95.

9. 洛威尔致诺顿小姐, *Letters*, II, p. 276.

10. Lowell, *Political and Literary Addresses*, p. 36.

11. R. C. Beatty, *James Russell Lowell*, pp. 275-78.

12. *Political and Literary Addresses*, pp. 34-35.

13. 洛威尔致哥德金, 1874 年 10 月 10 日, *Letters*, II, p. 150.

14. *Political and Literary Addresses*, p. 197.

15. Godkin, *Problems of Modern Democracy*, p. 201.

16. Commager, *The American Mind*, p. 68.

17. Godkin, *Unforeseen Tendencies of Democracy*, p. 138.

18. *Problems of Modern Democracy*, p. 325.

19. 同上, pp. 173-74.

20. 同上, pp. 109-10.

21. 同上, p. 193.

22. 同上, pp. 297-98.

23. Ogden, *Life and Letters of Godkin*, II, p. 199.

24. 同上, II, p. 253.

25. *Letters of Henry Adams*, I, 5; II, pp. 575-76.

26. *Letters of Adams*, II, p. 49.

27. *The Education of Henry Adams*, pp. 421-22.

28. Winters, *In Defense of Reason*, p. 173.

29. P. E. More, *Shelburne Essays*, XI, p. 140.

30. *Henry Adams and His Friends*, p. 529.

31. *The Education of Henry Adams*, p. 335.

32. 同上, p. 501.

33. *Henry Adams and His Friends*, p. 438.
34. 同上，p. 463.
35. *The Education of Henry Adams*, p. 266.
36. 同上，pp. 494-95.
37. *The Degradation of the Democratic Dogma*, p. 131.
38. *The Education of Henry Adams*, p. 451.
39. More, *Shelburne Essays*, XI, p. 123.
40. *The Degradation of the Democratic Dogma*, pp. vii-viii.
41. Brooks Adams, *America's Economic Supremacy*, p. 133.
42. Brooks Adams, *The Theory of Social Revolutions*, p. 208.
43. Brooks Adams, *The New Empire*, p. xiii.
44. 同上，p. xxxiv.
45. 同上，p. 211.
46. *The Degradation of the Democratic Dogma*, p. 119.
47. 同上，pp. 108-9.
48. *The New Empire*, p. xxxiv.
49. Drucker, *The New Society*, p. xvii.
50. *Letters of Henry Adams*, II, p. 648.

第十一章

1. G. M. Young, *Last Essays*, pp. 60-61.
2. *The Letters of George Gissing to his Family*, p. 3.
3. 同上，pp. 326-27.
4. *The Private Papers of Henry Ryecroft*, p. 113.
5. *Letters of Gissing*, p. 71.
6. *Ryecroft*, pp. 268-69.
7. *The Unclassed*, Chapter XXV.
8. Seccombe, introduction to *The House of Cobwebs*, p. xxvi.
9. *Demos*, Chapter XXIX.
10. *Born in Exile*, Part V, Chapter I.
11. *Letters of Gissing*, p. 199.
12. 同上，pp. 47, 371.
13. *Ryecroft*, p. 56.
14. 同上，p. 131.

15. 同上，pp. 136-37.

16. 同上，pp. 203, 256.

17. Saintsbury, *A Second Scrapbook*, p. 318.

18. W. L. Burn, "English Conservatism," *The Nineteenth Century*, January, 1949, p. 11.

19. Saintsbury, *A Last Scrapbook*, pp. 155-58.

20. R. C. K. Ensor, *England*, 1870-1914, p. 388.

21. D. C. Somervell, *British Politics since 1900*, p. 49.

22. Balfour, *A Defense of Philosophic Doubt*, pp. 326-27.

23. Balfour, *Theism and Humanism*, p. 21.

24. 同上，pp. 273-74.

25. Balfour, *Theism and Thought*, pp. 32-33.

26. Julian Amery, *The Life of Joseph Chamberlain*, IV, p. 464.

27. *Letters of Henry Adams*, II, p. 576.

28. Balfour, *Essays Speculative and Political*, pp. 32, 49.

29. Tillotson, *Criticism and the Nineteenth Century*, p. 124.

30. Saintsbury, *A Second Scrapbook*, pp. 178-80.

31. Squire, *The New Republic* 的序言, p. 10.

32. Mallock, *Memoirs of Life and Literature*, pp. 251-52.

33. Mallock, *The New Republic*, p. 281.

34. Mallock, *Is Life Worth Living*?, p. 148.

35. *Memoirs of Life and Literature*, p. 135.

36. Mallock, *Social Equality*, p. 22.

37. Mallock, *Labour and the Popular Welfare*, p. 233.

38. Mallock, *Social Reform*（1914）, p. 331.

39. *Labour and the Popular Welfare*, p. 147.

40. Mallock, *Aristocracy and Evolution*, p. 180.

41. Mallock, *The Limits of Pure Democracy*, p. 392.

42. Mallock, *The Reconstruction of Belief*, p. 303.

43. *Memoirs of Life and Literature*, p. 273

44. Ross Hoffman, *The Spirit of Politics and the Future of Freedom*, p. 45.

45. *Is Life Worth Living?* p. 241.

46. W. L. Burn, "English Conservatism," *The Nineteenth Century*, February, 1949, p. 72.

47. J. M. Keynes, *Two Memoirs*, pp. 99-100.

48. T. E. Hulme, *Speculations*, p. 254.
49. Saintsbury, *A Scrap Book*, p. 48.

第十二章

1. Babbitt, *Literature and the American College*, p. 60.
2. Babbitt, *Rousseau and Romanticism*, p. 374.
3. 同上，p. 25.
4. Babbitt, *Democracy and Leadership*, p. 6.
5. Babbitt, *On Being Creative*, p. 232.
6. More, *On Being Human*（New Shelburne Essays, III）, p. 27.
7. More, *Shelburne Essays*, VII, pp. 201-2.
8. *On Being Human*, p. 158.
9. 同上，pp. 268-69.
10. *Shelburne Essays*, IX, p. 21.
11. 同上，VII, p. 91.
12. 同上，IX, p. 56.
13. 同上，XI, p. 256.
14. More, *The Catholic Faith*, p. 170.
15. 引自于 Robert Shafer 的 *Paul Elmer More and American Criticism*, p. 271.
16. *On Being Human*, p. 143.
17. Santayana, *The Middle Span*, p. 149.
18. 同上，pp. 35-36.
19. Santayana, *The Realm of Spirit*, p. 219.
20. Santayana, *Soliloquies in England*, p. 188.
21. *The Middle Span*, p. 134.
22. Santayana, *Winds of Doctrine*, p. vi.
23. *Soliloquies in England*, p. 176.
24. Santayana, *Dominations and Powers*, p. 348.
25. Santayana, *Character and Opinion in the United States*, p. 226.
26. Santayana, *Reason in Society*, p. 69.
27. *The Middle Span*, p. 169.
28. *Dominations and Powers*, p. 384.

第十三章

1. A. L. Rowse, "Education for All?" *The National Review* (London), November, 1949.

2. Lewis and Maude, *The English Middle Classes*, p. 64.

3. Lord Beveridge, "English Life and Leisure," *The Spectator*, June 8, 1951.

4. P.C.Gordon Walker, *Restatement of Liberty*, p. 319.

5. E.H. Carr, *The New Society*, pp. 57-58.

6. Aldous Huxley, *Proper Studies*, pp. 24-28.

7. *Restatement of Liberty*, pp.319, 413-14.

8. *The New Society*, pp. 76, 117-18.

9. Ropke, *Civitas Humana*, p. 63.

10. John Jewkes, *Ordeal by Planning*, p. 228.

11. Douglas Jerrold, *England: Past, Present, and Future*, pp. 307-8.

12. T.S. Eliot, *The Idea of a Christian Society*, p. 21.

13. T.S. Eliot, *Notes towards the Definition of Culture*, p. 47.

14. 同上, p. 109.

15. Ross J.S. Hoffman, *The Spirit of Politics and the Future of Freedom*, pp. 2-3.

16. A.J.P. Taylor, "Town versus Country," *The New Statesman and Nation*, October 20, 1951, p. 439.

17. Christopher Dawson, *Beyond Politics*, p. 21.

18. Michael Oakeshott, *Political Education*, p.28.

19. W.L. Burn, "English Conservatism: the Twentieth Century," *The Nineteenth Century*, February, 1949, pp. 75-76.

20. Lionel Trilling, *The Liberal Imagination*, p. ix.

21. Tobert Gorham Davis, "The New Criticism and the Democratic Tradition," *The American Scholar*, winter, 1949-50.

22. A.J. Nock, *Memoirs of a Superfluous Man*, p. 318.

23. Drucker, *The Future of Industrial Man*, p. 191.

24. Drucker, *The New Society*, pp. 322, 332.

25. Tannenbaum, *A Philosophy of Labor*, pp. 10-11, 198-99.

26. David C. Williams, "The New American Revolution," *The Twentieth Century*, August, 1951, pp. 119-27.

精选参考书目

除伯克和伦道夫的著述外，前面各章节所讨论的政治家与思想家的作品都有印刷版本。虽然伯克的作品、通信和演讲有各种版本，但所有版本都不全，而且他的许多更为重要的信件尚未公开出版。伦道夫的演讲稿没有被收集整理起来，而且他的信件很少有刊行于世者。

公众可接触到的伯克的主要作品集是现在被谢菲尔德公共图书馆（Sheffield Public Libraries）托管的温特沃斯·伍德豪斯文件集（Wentworth Woodhouse Papers），以及现在被北安普敦郡记录协会（Northamptonshire Record Society）持有的米尔顿文件集（Milton Papers）。谢菲尔德的图书管理员和菲茨威廉遗产（Fitzwilliam Estates）的受托人允许我公开发表源自伯克信件的几段节选内容（它们被放入本书的第二章），我对此表示感谢。富德汉姆大学（Fordham University）的罗斯·霍夫曼（Ross Hoffman）教授允许我察阅了伯克与斯莱戈郡（County Sligo）的查理·奥海拉（Charles O’Hara）之间长篇累牍的通信缩微胶片复印件，其原件依然由奥海拉家族持有。

伦道夫的文件非常分散：弗吉尼亚历史协会（Virginia Historical Society）、弗吉尼亚州、弗吉尼亚大学（University of Virginia）、国会图书馆、杜克大学（Duke University）以及北卡罗来纳大学（University of North Carolina）的图

书馆里有较多的收藏。小威廉·E. 斯多克斯（William E Stokes Jr.）先生和小弗朗西斯·L. 伯克利（Francis L Berkeley Jr.）先生制作了一份伦道夫手稿的清单，The Papers of Randolph of Roanoke（The University of Virginia Library，1950 年）。

前面各章节引用过的书；以及其他参考资料

Acton, Lord. *Lectures on the French Revolution*. London, 1916.

(Acton, Lord). *Letters of Lord Acton to Mary Gladstone*. Edited by Herbert Paul. London, 1904.

Adams, Brooks. *America's Economic Supremacy*. Edited by Marquis Childs. New York, 1947.

Adams, Brooks. *The Law of Civilization and Decay*. Introduction by Charles A. Beard. New York, 1943.

Adams, Brooks. *The New Empire*. New York, 1903.

Adams, Brooks. *The Theory of Social Revolutions*. New York, 1913.

Adams, Brooks and Henry. *The Degradation of the Democratic Dogma*. New York, 1920.

Adams, Henry. *The Education of Henry Adams*. Boston, 1918.

(Adams, Henry). *Henry Adams and His Friends: a Collection of His Unpublished Letters*. Edited by H. D. Cater. Boston, 1947.

Adams, Henry. *History of the United States during the Administrations of Jefferson and Madison*. 9 vols. New York, 1890–98.

Adams, Henry. *John Randolph*. Boston, 1895.

(Adams, Henry). *Letters of Henry Adams*. Edited by Worthington Chauncey Ford. 2 vols. Boston and New York, 1930 and 1938.

Adams, Henry. *The Life of Albert Gallatin*. Philadelphia, 1880.

Adams, Henry. *Mont-Saint-Michel and Chartres*. Boston, 1933.

(Adams, John). *Correspondence of John Adams and Thomas Jefferson, 1812–1826*. Edited by Paul Wilstach. Indianapolis, 1925.

(Adams, John). *The Selected Writings of John and John Quincy Adams*. Edited by Adrienne Koch and William Peden. New York, 1946.

(Adams, John). *Statesman and Friend: Correspondence of John Adams with Benjamin Waterhouse*. Edited by W. C. Ford. Boston, 1927.

Adams, John. *Works*. Edited by C. F. Adams. 10 vols. Boston, 1851.

(Adams, John Quincy). *Memoirs of John Quincy Adams*. Edited by C. F. Adams. 12 vols. Philadelphia, 1874–77.

Adams, John Quincy. *Parties in the United States*. New edition. New York, 1941.

(Adams, John Quincy). *The Writings of John Quincy Adams*. Edited by W. C. Ford. 7 vols. New York, 1913–17.

Ames, Fisher. *Works*. Boston, 1809.

Anderson, Theodore. *Brooks Adams, Constructive Conservative*. Ithaca, New

York, 1951.
Annan, Noel. *Leslie Stephen: His Thought and Character in Relation to His Time*. London, 1951.
Arnold, Matthew. *Essays in Criticism*. Third edition. London, 1875.
Austin, John. *Lectures on Jurisprudence*. Fifth edition, 2 vols. London, 1863.
Babbitt, Irving. *Democracy and Leadership*. Boston, 1924.
Babbitt, Irving. *Literature and the American College*. Boston, 1908.
Babbitt, Irving. *The Masters of Modern French Criticism*. Boston, 1912.
Babbitt, Irving. *The New Laokoon*. Boston, 1910.
Babbitt, Irving. *On Being Creative*. Boston, 1932.
Babbitt, Irving. *Rousseau and Romanticism*. Boston, 1919.
Babbitt, Irving. *Spanish Character, and Other Essays*. Boston, 1940.
(Bagehot, Walter). *The Works and Life of Walter Bagehot*. Edited by Mrs. Russell Barrington. 10 vols. London, 1915.
Bagot, Josceline. *George Canning and His Friends*. 2 vols. London, 1909.
Balfour, Arthur James (first Earl of Balfour). *Chapters of Autobiography*. London, 1930.
Balfour, Arthur James. *A Defense of Philosophic Doubt*. Second edition. London, 1920.
Balfour, Arthur James. *Essays Speculative and Political*. London, 1921.
Balfour, Arthur James. *The Foundations of Belief*. Second edition. London, 1895.
Balfour, Arthur James. *Theism and Humanism*. London, 1915.
Balfour, Arthur James. *Theism and Thought: a Study in Familiar Beliefs*. London, 1923.
Bantock, G. H. *Freedom and Authority in Education*. London, 1952.
Barker, Sir Ernest. *Political Thought in England from Spencer to the Present Day*. Home University Library.
Barzun, Jacques. *Romanticism and the Modern Ego*. Boston, 1943.
Beatty, Richmond Croom. *James Russell Lowell*. Nashville, 1942.
Beatty, Richmond Croom. *Lord Macaulay, Victorian Liberal*. Norman, Oklahoma, 1938.
Becker, Carl L. *The Declaration of Independence*. New York, 1922.
Becker, Carl L. *The Heavenly City of the Eighteenth-Century Philosophers*. New Haven, 1932.
Bell, Bernard Iddings. *Crisis in Education*. New York, 1950.
Belloc, Hilaire. *The Servile State*. New York, 1946.
Bentham, Jeremy. *Works*. Edited by Bowring. 11 vols. London, 1838–43.
Beveridge, Albert J. *The Life of John Marshall*. 4 vols. Boston, 1916.
Birch, Nigel. *The Conservative Party*. London, 1949.
Birrell, Augustine. *Obiter Dicta*. 3 vols. London, 1887.
Bisset, Robert. *The Life of Edmund Burke*. London, 1798.
Bolingbroke, Lord. *Works*. 4 vols. Philadelphia, 1841.
Brightfield, Myron F. *John Wilson Croker*. Berkeley, California, 1940.
Brinton, Crane. *English Political Thought in the Nineteenth Century*. Cambridge, Massachusetts, 1949.
Brogan, Colm. *The Democrat at the Supper Table*. London, 1946.
Brogan, D. W. *The Price of Revolution*. London, 1951.
Brownson, Orestes. *The American Republic: Its Constitution, Tendencies, and Destiny*. New York, 1866.

Brownson, Orestes. *Essays and Reviews, chiefly on Theology, Politics, and Socialism.* New York, 1852.
Bruce, William Cabell. *John Randolph of Roanoke.* 2 vols. New York, 1922.
Bryant, Arthur. *English Saga.* London, 1940.
Buckle, Henry Thomas. *History of Civilization in England.* 2 vols. London, 1857–61.
Burckhardt, Jakob. *Reflections on History.* London, 1943.
Burke, Edmund. *Correspondence of Edmund Burke.* 4 vols. London, 1844.
Burke, Edmund. *The Speeches of the Right Honourable Edmund Burke.* 4 vols. London, 1816.
Burke, Edmund. *Works.* 8 vols. Bohn edition, London, 1854–57.
Bury, J. B. *The Idea of Progress: an Inquiry into Its Origin and Growth.* London, 1921.
Butler, Geoffrey G. *The Tory Tradition.* London, 1914.
Calhoun, John C. *Works.* Edited by R. K. Crallé. 6 vols. New York, 1851–56.
Canning, George. *Speeches, with a Memoir.* 6 vols. London, 1830.
Cargill, Oscar. *Intellectual America: Ideas on the March.* New York, 1948.
Carlyle, Thomas. *Works.* Centenary Edition. 30 vols. London, 1896.
Carr, Edward Hallett. *The New Society.* London, 1951.
Catlin, George. *The Anglo-Saxon Tradition.* London, 1939.
Cecil, Lady Gwendolyn. *The Life of Robert, Marquis of Salisbury.* 2 vols. London, 1921.
Cecil, Lord David. *The Young Melbourne.* London, 1939.
Cecil, Lord Hugh. *Conservatism.* London, 1912.
Chalmers, Gordon Keith. *The Republic and the Person.* Chicago, 1952.
Chinard, Gilbert. *Honest John Adams.* Boston, 1933.
Churchill, Lord Randolph. *Speeches, 1880–1888.* 2 vols. London, 1889.
Churchill, R. C. *Disagreements: a Polemic on Culture in the English Democracy.* London, 1950.
Churchill, Winston. *Lord Randolph Churchill.* 2 vols. London, 1906.
Cobban, Alfred. *Edmund Burke and the Revolt against the Eighteenth Century.* London, 1929.
Coit, Margaret L. *John C. Calhoun: American Portrait.* Boston, 1950.
Coleridge, Samuel Taylor. *Aids to Reflection.* Edited by Thomas Fenby. London, n. d.
Coleridge, Samuel Taylor. *The Constitution of Church and State, according to the Idea of Each.* Edited by H. N. Coleridge. London, 1852.
Coleridge, Samuel Taylor. *Essays on His Own Times.* 3 vols. London, 1850.
(Coleridge, Samuel Taylor). *Inquiring Spirit: a New Presentation of Coleridge from His Published and Unpublished Prose Writings.* Edited by Kathleen Coburn. London, 1951.
Coleridge, Samuel Taylor. *Lay Sermons.* Edited by Derwent Coleridge. Third edition. London, 1852.
Coleridge, Samuel Taylor. *Philosophical Lectures, 1818–1819.* Edited by Kathleen Coburn. London, 1949.
Coleridge, Samuel Taylor. *Table Talk and Omniana.* Edited by T. Ashe. London, 1884.
Commager, Henry S. *The American Mind: an Interpretation of American Thought and Character since the 1880's.* New Haven, 1950.
Comte, Auguste. *The Catechism of Positive Religion.* London, 1883.

Comte, Auguste. *System of Positive Polity*. 4 vols. London, 1875–77.
Cooper, James Fenimore. *The American Democrat*. Edited by H. L. Mencken. New York, 1931.
Cooper, James Fenimore. *Works*. Mohawk edition. New York.
Copeland, Thomas W. *Our Eminent Friend, Edmund Burke*. New Haven, 1949.
Cram, Ralph Adams. *The End of Democracy*. Boston, 1937.
Cram, Ralph Adams. *The Nemesis of Mediocrity*. Boston, 1921.
Davidson, Donald. *The Attack on Leviathan: Regionalism and Nationalism in the United States*. Chapel Hill, 1938.
Davidson, W. L. *Political Thought in England: the Utilitarians from Bentham to J. S. Mill*. London, 1915.
Dawson, Christopher. *Beyond Politics*. New York, 1939.
Dicey, Albert V. *Lectures on the Relations between Law and Public Opinion in England in the Nineteenth Century*. London, 1905.
Disraeli, Benjamin. *Coningsby; or, the New Generation*. London, 1884.
Disraeli, Benjamin. *Lord George Bentinck*. London, 1852.
Disraeli, Benjamin. *The Runnymede Letters*. Introduction by Francis Hitchman. London, 1895.
(Disraeli, Benjamin). *Selected Speeches of the Right Honourable the Earl of Beaconsfield*. Edited by T. E. Kebbel. 2 vols. London, 1882.
Disraeli, Benjamin. *Sybil; or, the Two Nations*. London, 1845.
Disraeli, Benjamin. *Tancred; or, the New Crusade*. London, 1847.
Disraeli, Benjamin. *Vindication of the English Constitution in a Letter to a Noble and Learned Lord*. London, 1835.
Drucker, Peter. *The End of Economic Man*. London, 1939.
Drucker, Peter. *The Future of Industrial Man: a Conservative Approach*. London, 1943.
Drucker, Peter. *The New Society: the Anatomy of the Industrial Order*. London, 1951.
Duff, Sir M. E. Grant. *Sir Henry Maine: a Brief Memoir of His Life with Some of His Indian Speeches and Minutes*. London, 1892.
Dugdale, Blanche E. C. *Arthur James Balfour*. 2 vols. London, 1939.
Eliot, T. S. *The Idea of a Christian Society*. London, 1939.
Eliot, T. S. *Notes toward the Definition of Culture*. London, 1949.
Ensor, R. C. K. *England, 1870–1914*. Oxford, 1936.
Fay, C. R. *English Economic History, mainly since 1700*. Cambridge, 1940.
Fay, C. R. *Great Britain from Adam Smith to the Present Day: an Economic and Social Survey*. London, 1946.
Fay, C. R. *Huskisson and His Age*. London, 1951.
Feiling, Keith. *A History of England*. London, 1950.
Feiling, Keith. *The Second Tory Party, 1714–1832*. London, 1938.
Feiling, Keith. *Sketches in Nineteenth Century Biography*. London, 1930.
Feiling, Keith. *Toryism, a Political Dialogue*. London, 1913.
Gabriel, Ralph H. *The Course of American Democratic Thought*. New York, 1940.
Garvin, J. L., and Amery, Julian. *The Life of Joseph Chamberlain*. 4 vols. London, 1932–51.
Gide, Charles, and Rist, Charles. *A History of Economic Doctrines from the Time of the Physiocrats to the Present Day*. Boston, 1920.

Gissing, Algernon and Ellen (editors). *Letters of George Gissing to Members of his Family*. London, 1927.
Gissing, George. *Born in Exile*. London, 1892.
Gissing, George. *Charles Dickens: a Critical Study*. Revised edition. London, 1898.
Gissing, George. *The Crown of Life*. London, 1899.
Gissing, George. *Demos*. London, 1886.
Gissing, George. *The Emancipated*. London, 1890.
Gissing, George. *Eve's Ransom*. London, 1895.
Gissing, George. *The House of Cobwebs*. London, 1906.
Gissing, George. *In the Year of Jubilee*. London, 1894.
Gissing, George. *The Nether World*. London, 1889.
Gissing, George. *The New Grub Street*. London, 1891.
Gissing, George. *The Odd Women*. London, 1893.
Gissing, George. *Our Friend the Charlatan*. London, 1901.
Gissing, George. *The Private Papers of Henry Ryecroft*. London, 1903.
Gissing, George. *Thyrza*. London, 1887.
Gissing, George. *The Unclassed*. London, 1884.
Gissing, George. *The Whirlpool*. London, 1897.
Gissing, George. *Will Warburton*. London, 1905.
Gissing, George. *Workers in the Dawn*. London, 1880.
Godkin, E. L. *Problems of Modern Democracy*. New York, 1898.
Godkin, E. L. *Reflections and Comments, 1865–1895*. New York, 1895.
Godkin, E. L. *Unforeseen Tendencies of Democracy*. Boston, 1893.
Gordon Walker, P. C. *Restatement of Liberty*. London, 1951.
Gray, Alexander. *The Socialist Tradition, Moses to Lenin*. London, 1946.
(Greville). *The Greville Diary*. Edited by Philip Whitwell Wilson. 2 vols. London, 1927.
Grossman, James. *James Fenimore Cooper*. New York, 1949.
Halévy, Elie. *A History of the English People in the Nineteenth Century*. Revised edition. 6 vols. London, 1951.
Hallowell, John H. *The Decline of Liberalism as an Ideology, with Particular Reference to German Politico-Legal Thought*. Berkeley, California, 1943.
Hamilton, Alexander. *Works*. Edited by Henry Cabot Lodge. 9 vols. New York, 1886.
Hamilton, Alexander; Jay, John; Madison, James. *The Federalist*. Modern Library edition.
Hammond, J. L. and Barbara. *The Town Labourer* (1760–1832). 2 vols. London, 1949.
Hammond, J. L. and Barbara. *The Village Labourer*. 2 vols. London, 1950.
Harrod, R. F. *The Life of John Maynard Keynes*. London, 1951.
Hawthorne, Nathaniel. *Complete Works*. Riverside edition, 12 vols. Boston, 1883.
Hayek, Frederic A. *The Counter-Revolution of Science*. Glencoe, Illinois, 1952.
Hayek, Frederic A. *Individualism and Economic Order*. Chicago, 1948.
Hayek, Frederic A. (editor). *John Stuart Mill and Harriet Taylor: their Friendship and Subsequent Marriage*. Chicago, 1951.
Hearnshaw, F. J. C. *Conservatism in England*. London, 1933.
Hearnshaw, F. J. C. (ed.). *The Social and Political Ideas of Some Representative Thinkers of the Age of Reaction and Reconstruction*. London, 1932.

Hearnshaw, F. J. C. (ed.). *The Social and Political Ideas of Some Representative Thinkers of the Revolutionary Era*. New York, 1949.
Hearnshaw, F. J. C. (ed.). *The Social and Political Ideas of Some Representative Thinkers of the Sixteenth and Seventeenth Centuries*. London, 1926.
Hearnshaw, F. J. C. (ed.). *Social and Political Ideas of Some Representative Thinkers of the Victorian Age*. London, 1930.
Hicks, Granville. *Figures of Transition: a Study of British Literature at the End of the Nineteenth Century*. New York, 1939.
Himmelfarb, Gertrude. *Lord Acton: a Study in Conscience and Politics*. New York, 1952.
Hoffman, Ross J. S. *The Spirit of Politics and the Future of Freedom*. Milwaukee, 1951.
Hoffman, Ross J. S. *The Will to Freedom*. London, 1936.
Hoffman, Ross J. S., and Levack, Paul (editors). *Burke's Politics: Selected Writings and Speeches of Edmund Burke on Reform, Revolution, and War*. New York, 1949.
Hogg, Quintin (Lord Hailsham). *The Case for Conservatism*. London, 1947.
Holdsworth, Sir William. *A History of English Law*. 12 vols. Fifth edition. London, 1942.
Howe, P. P. *The Life of William Hazlitt*. London, 1947.
Hulme, T. E. *Speculations: Essays on Humanism and the Philosophy of Art*. Edited by Herbert Read. London, 1936.
Hutchison, Keith. *The Decline and Fall of British Capitalism*. London, 1951.
Huxley, Aldous. *Proper Studies*. London, 1927.
Inge, William Ralph. *The End of an Age*. London, 1948.
Inge, William Ralph. *Our Present Discontents*. New York, 1939.
Inge, William Ralph. *Outspoken Essays*. First and Second Series. London, 1919 and 1923.
Jarman, T. L. *Landmarks in the History of Education*. London, 1951.
Jefferson, Thomas. *Writings*. Memorial edition. 20 vols. Washington, 1904.
Jerrold, Douglas. *England: Past, Present, and Future*. London, 1950.
Jewkes, John. *Ordeal by Planning*. London, 1949.
Joad, C. E. M. *Decadence: a Philosophical Inquiry*. London, 1948.
Joubert, Joseph. *Pensées and Letters*. Edited by H. P. Collins. London, 1928.
Keynes, John Maynard. *Two Memoirs*. London, 1949.
Kirk, Russell. *Randolph of Roanoke: a Study in Conservative Thought*. Chicago, 1951.
Labaree, Leonard W. *Conservatism in Early American History*. New York, 1948.
Laski, Harold. *The American Democracy*. New York, 1948.
Laski, Harold. *Political Thought in England from Locke to Bentham*. London, 1920.
Leavis, F. R. (editor). *Mill on Bentham and Coleridge*. London, 1950.
Lecky, Elizabeth. *A Memoir of the Right Honourable William Hartpole Lecky*. London, 1909.
Lecky, W. E. H. *Democracy and Liberty*. 2 vols. London, 1896.
Lecky, W. E. H. *Historical and Political Essays*. London, 1908.
Lecky, W. E. H. *A History of England in the Eighteenth Century*. 8 vols. London, 1878–92.
Lecky, W. E. H. *History of European Morals from Augustus to Charlemagne*.

2 vols. London, 1869.
Lecky, W. E. H. *History of the Rise and Influence of the Spirit of Rationalism in Europe*. 2 vols. London, 1869.
Lecky, W. E. H. *The Map of Life: Conduct and Character*. London, 1899.
(Lecky, W. E. H.). *A Victorian Statesman: Private Letters of W. E. H. Lecky, 1859–1878*. Edited by H. Montgomery Hyde. London, 1947.
Lewis, Roy, and Maude, Angus. *The English Middle Classes*. London, 1949.
Lippmann, Walter. *The Good Society*. Boston, 1937.
Lippmann, Walter. *A Preface to Morals*. New York, 1929.
Lockhart, J. G. *Memoirs of the Life of Sir Walter Scott*. 10 vols. Edinburgh, 1853.
(Lowell, James Russell). *Letters of James Russell Lowell*. Edited by Charles Eliot Norton. 2 vols. London, 1894.
Lowell, James Russell. *Writings*. Riverside edition. 10 vols. Boston, 1890.
Macaulay, Thomas Babington. *Miscellaneous Works*. Edited by Lady Trevelyan. 5 vols. New York, 1880.
MacCunn, John. *The Political Philosophy of Burke*. London, 1913.
MacCunn, John. *Six Radical Thinkers*. London, 1907.
McGrath, Fergal. *Newman's University: Idea and Reality*. London, 1951.
Mackail, J. W., and Wyndham, Guy. *Life and Letters of George Wyndham*. 2 vols. London, n. d.
Mackintosh, Robert James (ed.). *Memoirs of the Life of the Right Honourable Sir James Mackintosh*. 2 vols. London, 1836.
Magnus, Sir Philip. *Edmund Burke: A Life*. London, 1939.
Maine, Sir Henry Sumner. *Ancient Law*. Edited by Sir Frederick Pollock. London, 1906.
Maine, Sir Henry Sumner. *Dissertations on Early Law and Custom*. London, 1883.
Maine, Sir Henry Sumner. *The Early History of Institutions*. Fourth edition. London, 1890.
Maine, Sir Henry Sumner. *Popular Government*. London, 1886.
Maine, Sir Henry Sumner. *Village-Communities in the East and West*. Third Edition. To which are added other lectures, addresses, and essays. London, 1876.
Mallock, W. H. *Aristocracy and Evolution*. London, 1898.
Mallock, W. H. *Atheism and the Value of Life*. London, 1884.
Mallock, W. H. *Classes and Masses*. London, 1896.
Mallock, W. H. *A Critical Examination of Socialism*. London, 1908.
Mallock, W. H. *The Heart of Life*. London, 1901.
Mallock, W. H. *A Human Document*. London, 1892.
Mallock, W. H. *The Individualist*. London, 1899.
Mallock, W. H. *Is Life Worth Living?* London, 1880.
Mallock, W. H. *Labour and the Popular Welfare*. London, 1895.
Mallock, W. H. *The Limits of Pure Democracy*. London, 1919.
Mallock, W. H. *Lucretius on Life and Death*. London, 1900.
Mallock, W. H. *Memoirs of Life and Letters*. Second edition. London, 1920.
Mallock, W. H. *The New Paul and Virginia, or Positivism on an Island*. London, 1879.
Mallock, W. H. *The New Republic*. Introduction by Sir John Squire. Rosemary Library edition. London, n. d.

Mallock, W. H. *The Reconstruction of Belief.* London, 1905.
Mallock, W. H. *A Romance of the Nineteenth Century.* London, 1892.
Mallock, W. H. *Social Equality.* London, 1882.
Mallock, W. H. *Social Reform.* London, 1914.
Mallock, W. H. *Studies of Contemporary Superstition.* London, 1895.
Mallock, W. H. *The Veil of the Temple.* London, 1904.
Mallock, W. H. *Verses.* London, 1893.
Mantoux, Paul. *The Industrial Revolution in the Eighteenth Century.* London, 1948.
Mathew, David. *Acton: the Formative Years.* London, 1946.
Mayer, J. P. *Prophet of the Mass Age: a Study of Alexis de Tocqueville.* London, 1939.
Mercier, Louis J. A. *American Humanism and the New Age.* Milwaukee, 1948.
Mill, John Stuart. *An Essay on Liberty.* London, 1859.
Mill, John Stuart. *Principles of Political Economy.* 6th edition. London, 1865.
Mill, John Stuart. *Utilitarianism.* Everyman edition.
Monypenny, William Flavelle, and Buckle, George Earle. *The Life of Benjamin Disraeli, Earl of Beaconsfield.* 6 vols. London, 1910–20.
More, Paul Elmer, and Cross, Frank Leslie. *Anglicanism: the Thought and Practice of the Church of England, Illustrated from the Religious Literature of the Seventeenth Century.* London, 1935.
More, Paul Elmer. *The Catholic Faith.* Princeton, 1931.
More, Paul Elmer. *The Christ of the New Testament.* Princeton, 1924.
More, Paul Elmer. *Christ the Word.* Princeton, 1927.
More, Paul Elmer. *Hellenistic Philosophies.* Princeton, 1921.
More, Paul Elmer. *New Shelburne Essays.* 3 vols. Princeton, 1928–36.
More, Paul Elmer. *Platonism.* Princeton, 1928.
More, Paul Elmer. *The Religion of Plato.* Princeton, 1921.
More, Paul Elmer. *Shelburne Essays.* 11 vols. Boston, 1904–21.
Morison, J. Cotter. *Macaulay.* English Men of Letters series.
Morley, John. *Edmund Burke.* English Men of Letters series.
Morley, John. *Edmund Burke: a Historical Study.* London, 1867.
Morley, John. *The Life of William Ewart Gladstone.* 2 vols. London, 1908.
Morley, John. *Rousseau.* 2 vols. London, 1891.
Newman, Bertram. *Edmund Burke.* London, 1927.
Newman, John Henry. *Apologia pro Vita Sua, Being a History of his Religious Opinions.* London, 1864.
Newman, John Henry. *Discussions and Arguments on Various Subjects.* London, 1872.
Newman, John Henry. *An Essay in Aid of a Grammar of Assent.* London, 1858.
Newman, John Henry. *An Essay on the Development of Christian Doctrine.* London, 1845.
Newman, John Henry. *Essays Critical and Historical.* 2 vols. London, 1871.
Newman, John Henry. *The Idea of a University Defined and Illustrated.* London, 1853.
Newman, John Henry. *Lectures and Essays on University Subjects.* London, 1859.
Newman, John Henry. *The Office and Work of Universities.* London, 1856.
Nock, Albert Jay. *Free Speech and Plain Language.* New York, 1937.

Nock, Albert Jay. *Journal of Forgotten Days: 1934–1935*. Chicago, 1948.
Nock, Albert Jay. *Letters from Albert Jay Nock, 1924–1945, to Edmund C. Evans, Mrs. Edmund C. Evans, and Ellen Winsor*. Caldwell, Idaho, 1949.
Nock, Albert Jay. *Memoirs of a Superfluous Man*. New York, 1943.
Nock, Albert Jay. *Our Enemy the State*. Caldwell, Idaho, 1946.
Nock, Albert Jay. *The Theory of Education in the United States*. New edition. Chicago, 1949.
Oakeshott, Michael. *Political Education*. Cambridge, 1951.
Ogden, Rollo. *Life and Letters of Edwin Lawrence Godkin*. 2 vols. New York, 1907.
Ortega y Gasset, José. *The Revolt of the Masses*. New York, 1932.
Orton, William A. *The Economic Role of the State*. Chicago, 1950.
Orwell, George. *1984*. London, 1949.
Orwell, George. *The Road to Wigan Pier*. London, 1937.
Parrington, Vernon L. *Main Currents in American Thought*. New York, 1930.
Paterson, Isabel. *The God of the Machine*. New York, 1943.
Payne, E. J. (ed.). *Select Works of Burke*. 2 vols. Oxford, 1904.
Peel, Sir Robert. *Speeches in the House of Commons, 1810–1850*. 4 vols. London, 1853.
Petrie, Sir Charles. *The Life of George Canning*. London, 1930.
Pound, Roscoe. *Interpretations of Legal History*. Cambridge, Massachusetts, 1923.
Prior, James. *Life of the Right Honourable Edmund Burke*. Fifth edition (Bohn). London, 1854.
Quincy, Josiah. *Memoir of the Life of John Quincy Adams*. Boston, 1858.
Reade, Winwood. *The Martyrdom of Man*. London, 1872.
Reeve, Henry (editor). *Memoir, Letters, and Remains of Alexis de Tocqueville*. 2 vols. Boston, 1862.
Röpke, Wilhelm. *Civitas Humana*. London, 1948.
Röpke, Wilhelm. *The Social Crisis of Our Time*. Chicago, 1950.
Rousseau, Jean-Jacques. *Political Writings*. Edited by C. E. Vaughan. 2 vols. London, 1915.
Rowntree, B. Seebohm, and Lavers, G. R. *English Life and Leisure: a Social Study*. London, 1951.
Saintsbury, George. *Scrap Books*. 3 vols. London, 1922–24.
Salisbury, Lord (Robert Cecil, third Marquess of Salisbury). *Speeches*. Edited by Lucy. London, 1885.
Samuels, Arthur P. I. *The Early Life, Correspondence, and Writings of Edmund Burke*. Cambridge, 1923.
Santayana, George. *Character and Opinion in the United States*. New York, 1920.
Santayana, George. *Dialogues in Limbo*. New York, 1948.
Santayana, George. *Dominations and Powers*. New York, 1951.
Santayana, George. *The Last Puritan: a Memoir in the Form of a Novel*. New York, 1935.
Santayana, George. *Persons and Places*. 2 vols. (I, *The Background of My Life*; II, *The Middle Span*). New York, 1944–45.
Santayana, George. *The Realm of Spirit*. New York, 1940.
Santayana, George. *Reason in Society*. New York, 1905.
Santayana, George. *Soliloquies in England and Later Soliloquies*. New York,

1922.
Santayana, George. *Winds of Doctrine*. New York, 1940.
(Scott, Sir Walter). *The Journal of Sir Walter Scott, 1829–1832*. Edinburgh, 1946.
Scott, Sir Walter. *Waverley Novels*. Edited by Andrew Lang. Border edition. 24 vols. Edinburgh, 1894–1904.
Shafer, Robert. *Paul Elmer More and American Criticism*. New Haven, 1935.
Sitwell, Sir Osbert. *Demos the Emperor*. London, 1949.
Sitwell, Sir Osbert. *Triple Fugue*. London, 1924.
Smith, F. E. (first Earl of Birkenhead). *Law, Life, and Letters*. 2 vols. London, 1927.
(Smith, F. E.). *The Speeches of Lord Birkenhead*. London, 1927.
Smith, F. E. *The World in 2030 A.D.* London, 1930.
Smith, Mortimer. *And Madly Teach*. Chicago, 1949.
Somervell, D. C. *British Politics since 1900*. London, 1950.
Somervell, D. C. *English Thought in the Nineteenth Century*. London, 1947.
Southey, Robert. *Essays Moral and Political*. 2 vols. London, 1832.
Southey, Robert. *Sir Thomas More; or Colloquies on the Progress and Prospects of Society*. 2 vols. London, 1829.
Spencer, Herbert. *The Man versus the State*. Edited by Albert Jay Nock. Caldwell, Idaho, 1940.
Stephen, Sir James Fitzjames. *A History of the Criminal Law of England*. 3 vols. London, 1883.
Stephen, Sir James Fitzjames. *Horae Sabbaticae*. 3 vols. London, 1892.
Stephen, Sir James Fitzjames. *Liberty, Equality, Fraternity*. London, 1873.
Stephen, Sir Leslie. *The English Utilitarians*. 3 vols. London, 1900.
Stephen, Sir Leslie. *History of English Thought in the Eighteenth Century*. Third edition. 3 vols. London, 1902.
Stephen, Sir Leslie. *Hours in a Library*. 3 vols. London, 1879.
Stephen, Sir Leslie. *Life of Sir James Fitzjames Stephen*. London, 1895.
Tannenbaum, Frank. *A Philosophy of Labor*. New York, 1951.
Taylor, A. J. P. *From Napoleon to Stalin: Comments on European History*. London, 1950.
Taylor, John, of Caroline. *Construction Construed, and Constitutions Vindicated*. Richmond, 1820.
Taylor, John, of Caroline. *An Inquiry into the Principles and Policy of the Government of the United States*. Edited by R. P. Nichols. New York, 1950.
Thomson, David. *Equality*. Cambridge, 1949.
Tillotson, Geoffrey. *Criticism and the Nineteenth Century*. London, 1951.
Tocqueville, Alexis de. *Democracy in America*. Edited by Phillips Bradley. 2 vols. New York, 1948.
Tocqueville, Alexis de. *The Old Regime*. Translated by John Bonner. New York, 1856.
Tocqueville, Alexis de. *The Recollections of Alexis de Tocqueville*. Edited by J. P. Mayer. London, 1948.
Trevelyan, G. Otto. *The Life and Letters of Lord Macaulay*. 2 vols. New York, 1875.
Trilling, Lionel. *The Liberal Imagination: Essays on Literature and Society*. New York, 1950.
Utley, T. E. *Essays in Conservatism*. London, 1949.

Van Doren, Mark. *Nathaniel Hawthorne*. New York, 1949.
Vaughan, C. E. *Studies in the History of Political Philosophy before and after Rousseau*. 2 vols. Manchester, 1925.
Viereck, Peter. *Conservatism Revisited: the Revolt against Revolt*. New York, 1949.
Viereck, Peter. *The Glory and Shame of the Intellectuals*. Boston, 1953.
Vinogradoff, Paul. "The Teaching of Sir Henry Maine" (In *Collected Papers of Vinogradoff*, II, Oxford, 1928.)
(Virginia). *Proceedings and Debates of the Virginia State Convention of 1829–30*. Richmond, 1830.
Von Mises, Ludwig. *Bureaucracy*. London, 1945.
Von Mises, Ludwig. *Human Action*. London, 1949.
Von Mises, Ludwig. *Socialism*. Second edition. London, 1951.
Wallas, Graham. *Human Nature in Politics*. Fourth edition. London, 1948.
Weaver, Richard M. *Ideas Have Consequences*. Chicago, 1948.
White, R. J. (editor). *The Conservative Tradition*. London, 1950.
Whitehead, Alfred North. *Adventures of Ideas*. London, 1942.
Willey, Basil. *The Eighteenth Century Background*. London, 1940.
Willey, Basil. *Nineteenth Century Studies: Coleridge to Matthew Arnold*. London, 1949.
Wilson, Francis. *The Case for Conservatism*. Seattle, 1951.
Wiltse, Charles M. *John C. Calhoun*. 2 vols. Indianapolis, 1944 and 1949.
Winters, Yvor. *In Defense of Reason*. New York, 1947.
Woodward, E. L. *The Age of Reform*. Oxford, 1946.
Woolf, Sir Leonard. *After the Deluge: a Study of Communal Psychology*. London, 1931.
Wordsworth, William. *Poetical Works*. Edited by E. de Selincourt and Helen Derbyshire. 5 vols. Oxford, 1940.
Wordsworth, William. *Prose Works*. Edited by A. B. Grosart. 3 vols. London, 1876.
Wyndham, George. *Essays in Romantic Literature*. London, 1919.
Young, G. M. (editor). *Early Victorian England, 1830–1865*. 2 vols. London, 1934.
Young, G. M. *Last Essays*. London, 1950.

索引

（索引页码为英文原版页码）

A

Ability and labor, Mallock on 才干与劳动，马洛克论 352-55

Abolitionists 废奴主义者 206-9，218-19，298-99

Abstractions, Burke on 抽象理论，伯克论 35-36

Acton, John, 1st Baron 阿克顿，约翰，第一勋爵 11，181，275-76，280

Adams, Brooks 亚当斯，布鲁克斯 201，319-33

Adams, Henry 亚当斯，亨利 142，197，304，310-19，326，343-49，364

Adams, John 亚当斯，约翰 25 n.，62-98，209

Adams, John Quincy 亚当斯，约翰·昆西 69，198，201-9

Age of Reason, Burke on 理性的时代，伯克论 26-27；John Adams on 约翰·亚当斯论 75-76

Aids to Reflection, Coleridge's《反思的凭借》，柯勒律治所著的 119-20

American Democrat, Cooper's《美国民主人士》，库珀所著的 174-76

American Republic, Brownson's《美利坚共和国》，布朗森所著的 217

American Revolution 美国革命 63

Americans, Santayana on 美国人，桑塔雅纳论 217-18，393

America's Economic Supremacy, Brooks Adams'《美国的经济霸权》，布鲁克斯·亚当斯所著的 320-21

Ames, Fisher 阿摩司，费希尔 70-75，362

Ancien Régime, Tocqueville's, quoted《旧制度与大革命》，托克维尔所著的，被引用 18

Ancient Law, Sir Henry Maine's《古代法》，亨利·梅因爵士所著的 278

Anglicanism, genius of, P.E. More on 圣公会信仰，其过人之处，P. E. 摩尔论 352

Anti-Rent War 反地租战争 177
Apologia pro Vita Sua, Newman's 《为自己生平辩护》，纽曼所著的 244, 246
Appeal from the New Whigs to the Old, Burke's 《新辉格党人对老辉格党人的呼吁》，伯克所写的 21
Aristocracy, Burke on 贵族，伯克论 18, 54-56; John Adams on 约翰·亚当斯论 82-86; Tocqueville on 托克维尔论 185, 190, 192-93; More on 摩尔论 379-83; in the late nineteenth century 19世纪晚期的 340-41; in modern Britain 现代英国的 400, 418
Aristocracy and Evolution, Mallock on 《贵族与进化》，马洛克论 353-54, 356
Aristocracy and Justice, P. E. More's 《贵族与正义》，P. E. 摩尔所著的 379 ff.
Aristotle 亚里士多德 58, 180
Arnold, Matthew 阿诺德，马修 61, 403
Automobile 汽车 325-26

B

Babbitt, Irving 白璧德，欧文 37, 40-41, 210, 214, 366-77
Bacon, Francis, Babbitt on 培根，弗朗西斯，白璧德论 367, 368, 371, 372
Bagehot, Walter 白哲浩，沃尔特 240, 257-61, 270
Baldwin, J. G. 鲍德温，J. G. 13
Baldwin, Stanley 鲍德温，斯坦利 358-59
Balfour, Arthur 贝尔福，阿瑟 328, 330-31, 337-45
Bantock, G. H. 班托克，G. H. 252
Barker, Sir Ernest 巴克，厄尼斯特爵士 261, 265, 276
Baudelaire, Charles 波德莱尔，查理 221
Beaconsfield, Bucks 比肯斯菲尔德，巴克斯 6o-61
Beaconsfield, Earl of, see Disraeli Becker, Carl 比肯斯菲尔德，伯爵，参见迪斯雷利，贝克尔·卡尔 38
Bell, Bernard Iddings 贝尔，伯纳德·伊丁斯 256n.
Belloc, Hilaire 贝洛克，希莱尔 359
Bentham, Jeremy 边沁，杰罗米 35, 44, 99-108, 116-17, 205
Benthamism, see Utilitarianism 边沁主义，参见功利主义
Bentinck, Lord William 本廷克，威廉勋爵 164
Beveridge, Lord 贝弗里奇，勋爵 404
Birch, Nigel 波奇，尼格尔 240
Birkenhead, F. E. Smith, 1st Earl of 博肯海德，F. E. 史密斯，第一勋爵 360-61
Birrell, Augustine 比莱尔，奥古斯丁 15
Blithedale Romance, Hawthorne's 《福谷传奇》，霍桑所著的 223-24
Bolingbroke, Henry St. John, 1st Viscount 博林布鲁克，亨利·圣约翰，第一子爵 329
Born in Exile, Gissing's 《生于流亡中》，吉辛所著的 335
Brinton, Crane 布瑞顿，克雷恩 100, 120, 252
Brogan, Colm 布罗干，科尔姆 360n.

Brogan, D. W.　布罗干，D. W. 288
Brown, John　布朗，约翰 211
Brownson, Orestes　布朗森，奥利斯特斯 213-18
Bryce, James, 1st Baron　布赖斯，詹姆斯，第一男爵 296
Buckle, Henry Thomas　巴寇，亨利·托马斯 11-12, 35, 279
Buddha　佛陀 366
Bulwer Lytton, Edward　布尔沃·里顿，爱德华 257
Burke, Edmund　伯克，埃德蒙 1-7, 11-61, 100-101, 401; and John Adams　与约翰·亚当斯 82, 87, 89; and Scott　与司各特 103; and Canning　与坎宁 109-10; and Pitt　与皮特 110; and Coleridge　与柯勒律治 120; and Randolph　与伦道夫 136; and Macaulay　与麦考利 164; and Tocqueville　与托克维尔 178; and Maine　与梅因 276; and Lecky　与莱基 287; and Lowell　与洛威尔 299, 301, 302-3; and Babbitt　与白璧德 371; and Santayana　与桑塔雅纳 386; and Oakeshott　与奥克肖特 416
Burke, Kenneth　伯克，肯尼斯 419
Burn, W. L.　伯恩，W. L. 338, 358-59, 417
Burr, Aaron　布尔，阿隆 70, 84

C

Calhoun, John C.　卡尔霍恩，约翰 131-34, 136, 146-60
Canning, George　坎宁，乔治 108-15
Capital, Marx's 《资本论》，马克思所著的 230-31
Capitalism　资本主义 199
Capitalists, Brooks Adams on　资本家，布鲁克斯·亚当斯论 331-32
Cargill, Oscar　卡吉尔，奥斯卡 336
Carlyle, Thomas　卡莱尔，托马斯 11, 265
Carr, Edward Hallett　卡尔，爱德华·海利特 405, 408, 409
Catholic Emancipation　天主教的解放 111
Cecil, Lord David　塞西尔，大卫勋爵 13-14
Cecil, Lord Hugh　塞西尔，休勋爵 246-47
"Celestial Railroad," Hawthorne's《天国铁路》，霍桑所著的 224
Centralization, Tocqueville on　中央集权，托克维尔论 186-87
Chamberlain, Joseph　张伯伦，约瑟夫 339
Change, Burke on　变革，伯克论 40-42; Randolph on　伦道夫论 144-45; Maine on　梅因论 276; Brooks Adams on　布鲁克斯·亚当斯论 322
Character and Opinion in the United States, Santayana's 《美国的特性与观念》，桑塔雅纳所著的 393
Chesterfield, Philip Stanhope, 4th Earl　切斯特菲尔德，菲利普·斯坦霍普，第四伯爵 38
Chesterton, G. K.　切斯特顿，G. K. 359
Chinard, Gilbert　希纳德，吉尔伯特 91

Christianity, Burke on 基督教，伯克论 29; Sir Leonard Woolf on 伦纳德·伍尔夫爵士论 31. See also Church. 也参见教会
Church, Burke on 教会，伯克论 31, 35, 63; Coleridge on 柯勒律治论 118-24; Newman on 纽曼论 243-46
Churchill, Lord Randolph 邱吉尔，伦道夫勋爵 257, 338
Churchill, R. C. 邱吉尔，R. C. 222
Churchill, Winston 邱吉尔，温斯顿 358
Cicero 西塞罗 36, 44
Civil War, American 内战，美国的 209
Civilization, Brooks Adams on 文明，布鲁克斯·亚当斯论 320-21; Clay, Henry 克雷，亨利 149
Cobban, Alfred 科班，阿尔弗雷德 31
Cole, G.D. H. 科尔，G. D. H. 405
Coleridge, H. N. 柯勒律治，H. N. 120
Coleridge, Samuel Taylor 柯勒律治，塞缪尔·泰勒 110, 115-27
Commager, H. S. 科玛戈，H. S. 304
Common sense and Englishmen 常识感与英国人 336
Comte, Auguste 孔德，奥古斯特 264
Condorcet, Marquis de 孔多塞，侯爵 79
Conservatism, definition of 保守主义，其定义 7-8
Constitution, American 宪法，美国的 96, 400; Randolph on 伦道夫论 140-46; Calhoun on 卡尔霍恩论 147-52; Brownson on 布朗森论 216-17; Maine on 梅因论 283-84
Constitution, English 宪法，英国的 400; Burke on 伯克论 17-18; Canning on 坎宁论 113; Coleridge on 柯勒律治论 122; Disraeli on 迪斯雷利论 241
Constitution of Church and State, Coleridge's 《教会与国家建制》，柯勒律治所著的 122
Contract, Maine on 契约，梅因论 280
Cooper, James Fenimore 库珀，詹姆斯·芬尼摩尔 171-78
Couch, W. T. 卡奇，W. T. 403
Cram, Ralph Adams 克莱姆，拉尔夫·亚当斯 282n.
Critical Examination of Socialism, Mallock's 《对社会主义的鉴定考察》，马洛克所著的 354
Critical and Historical Essays, Macaulay's 《评论与历史论文集》，麦考利所著的 167-69
Cunninghame Graham, R. B. 卡宁汉姆·格雷厄姆，R. B. 227

D

Davis, Jefferson 戴维斯，杰斐逊 158
Davis, Robert Gorham 戴维斯，罗伯特·格汉姆 419-20
Dawson, Christopher 道森，克里斯托弗 414
Death duties 遗产税 289-90
Decadence, social 衰败，社会的 345
Defence of the Constitutions, John Adams' 《为宪法辩护》，约翰·亚当斯所著的 76, 78, 88, 91
Degradation of the Democratic Dogma,

H. and B. Adams'《民主教条的退化》，亨利和布鲁克斯·亚当斯所著的 316-17
Democracy 民主 198-201; Ames on 阿摩司论 70-75; John Adams on 约翰·亚当斯论 94, 211-12; Macaulay on 麦考利论 169-71; Cooper on 库珀论 171-78; Tocqueville on 托克维尔论 179-88; J. Q. Adams on J. Q. 亚当斯论 203; Brownson on 布朗森论 214-16; Disraeli on 迪斯雷利论 240-42; Bulwer Lytton on 布尔沃·里顿论 257; Maine on 梅因论 282-84; Lowell on 洛威尔论 300-303; Godkin on 哥德金论 304-8; Brooks Adams on 布鲁克斯·亚当斯论 322; Gissing on 吉辛论 335-37; Babbitt on 白璧德论 370-75; P. E. More on P. E. 摩尔论 378-84
Democracy in America, Tocqueville's《美国的民主》，托克维尔所著的 179ff.
Democracy and Leadership, Babbitt's《民主与领袖人物》，白璧德所著的 368, 369
Democracy and Liberty, Lecky's《民主与自由》，莱基所著的 285，287
Democratic Review, Brownson's《民主评论》，布朗森所著的 214ff.
Demos, Gissing's《人民》，吉辛所著的 333-34
Development of Christian Doctrine, Newman's《论基督教教义的演变》，纽曼所著的 246
Dewey, John 杜威，约翰 365-66, 392
Dialogues in Limbo, Santayana's《监禁中的对话》，桑塔雅纳所著的 389
Dicey, Albert V. 迪西，阿尔伯特 257
Dickinson, G. Lowes 迪金森，G. 罗伊斯 380
Discourse on the Constitution, Calhoun's《论美国的宪法和政府》，卡尔霍恩所著的 150，153
Discourse on Davila, John Adams'《论达维拉》，约翰·亚当斯所著的 76-77
Discussion, its influence on government 论辩，其对政府的影响 258-59; J. F. Stephen on J. F. 斯蒂芬论 270-73
Disquisition on Government, Calhoun's《论政府》，卡尔霍恩所著的 150-57
Disraeli, Benjamin 迪斯雷利，本杰明 113, 227-43, 255, 257-58, 338
Dominations and Powers, Santayana's《霸权与强权》，桑塔雅纳所著的 390
Doubt, Newman on 怀疑，纽曼论 250-51; Balfour on 贝尔福论 341-42
Drinkwater, John 卓克沃特，约翰 53
Drucker, Peter 德鲁克，彼得 326, 421-22
Dublin 都柏林 1-2

E

"Earth's Holocaust," Hawthorne 's《地球的浩劫》，霍桑所著的 225
Education, John Adams on 教育，约翰·亚当斯论 80-81; Coleridge on 柯勒律治论 124; Macaulay on 麦考利论 164; Tocqueville on 托克维尔论 193; Newman on 纽曼论 251-56; Disraeli on 迪斯雷利论 255; Lecky on 莱基论 288-89; Lowell on 洛威

尔论 301-2; P. E. More on P. E. 摩尔论 280; in Liberal England 在自由的英格兰 287; in England today 在今天的英格兰 402; in the United States 在美国 421. See also Education Acts. 也参见教育法案

Education Acts of 1870 and 1902 1870 和 1902 年的教育法案 255, 288

Education of Henry Adams 亨利・亚当斯的《教育》313, 315; Electoral Reform, Burke on 选举改革，伯克论 17-18. See also Reform Bills. 也参见改革法案

Eliot, T. S. 艾略特，T. S. 411-12

Emerson, Ralph Waldo 爱默生，拉尔夫・沃尔多 210-13

Enclosures, Burke on 圈地运动，伯克论 19-20

Energy, Henry Adams on 能量，亨利・亚当斯论 315-18

English Middle Classes, Lewis' and Maude's 《英国的中产阶级》，刘易斯和冒德所著的 403-4

Ensor, R. C. K. 恩瑟尔，R. C. K. 340

Equality, Burke on 平等，伯克论 31, 51-56; Ames on 阿摩司论 73-74; John Adams on 约翰・亚当斯论 82-86; Randolph on 伦道夫论 137-41; Calhoun on 卡尔霍恩论 152-57; Cooper on 库珀论 174-78; Tocqueville on 托克维尔论 180-85; Marx on 马克思论 230;

Stephen on 斯蒂芬论 269, 274; Maine on 梅因论 280; Lowell on 洛威尔论 302; Mallock on 马洛克论 351-55; Babbitt on 白璧德论 372-73

"Essay on Judicial Reform," Scott's《论司法改革》，司各特所著的 104

Essay on Liberty, Mill's 《论自由》，密尔所著的 270

Evil, idea of, and the radical mind 邪恶，邪恶的理论，和激进思想 221-24

Expedience, Burke on 权宜之计，伯克论 34-36

F

Fabian Society 费边社 288-89

Fay, C. R. 费伊，C. R. 66, 115n.

Federalists 联邦党人 60-98, 132

Feiling, Keith 法伊林，基思 7, 232-33

Forbes, Duncan 福布斯，邓肯 229

Force, Stephen on 强力，斯蒂芬论 270-72

Ford, Henry 福特，亨利 326

Forrest, Nathan Bedford 福里斯特，内森・贝德福德 131

Forster, E. M. 福斯特，E. M. 164

Franchise, Burke on 选举权，伯克论 17; John Adams on 约翰・亚当斯论 94-95; Randolph on 伦道夫论 143; Calhoun on 卡尔霍恩论 151-55; Macaulay on 麦考利论 166-67; Disraeli on 迪斯雷利论 240-42. See also Reform Bills. 也参见改革法案

Fraternity, Stephen on 博爱，斯蒂芬论 274

French Revolution 法国革命 11-12, 90

G

Garrison, William Lloyd 加里森，威

廉·劳埃德 197
Gentleman, Cooper on　绅士，库珀论 174-77
Gentz, Frederick　根茨，弗雷德里克 234
Gissing, George　吉辛，乔治 331-37
Gladstone, William Ewart　格莱德斯顿，威廉·艾沃特 162, 242, 275-76, 282, 395
Godkin, Edwin Lawrence　哥德金，埃德温·劳伦斯 303-10
Gordon Walker, P. C.　戈登，沃克 404-5, 409-10
Gorst, Sir John　格斯特，约翰爵士 338
Grace, doctrine of, Babbitt on　恩典，恩典教义，白璧德论 371-72, 376
Grammar of Assent, Newman's 《认同的基本原理》，纽曼所著的 249
Granger, Gideon　格兰格，基甸 64
Grant, Ulysses S.　格兰特，尤利西斯 314-15
Gray, Alexander　格雷，亚历山大 230
Gray, J. C.　格雷，J. C. 85
Gray, J. L.　格雷，J. L. 230
Greek Tradition, P. E. More's 《希腊传统》，P. E.　摩尔所著的 384-85
Greeks and progress, Maine on　希腊人与进步，梅因论 277
Greville, Charles Cavendish Fulke　格瑞威尔，查理·卡文迪许·福尔克 111

H

"Hall of Fantasy," Hawthorne's《幻想大厅》，霍桑所著的 224
Hallowell, J. H.　海勒维尔，J. H. 90
Hamilton, Alexander　汉密尔顿，亚历山大 65-70, 75
Happiness, J. F. Stephen on　幸福，J. F.　斯蒂芬论 273
Hartford Convention　哈特福德大会 71
Harvard College　哈佛学院 311-12
Hastings, Warren　黑斯廷斯，沃伦 30
Hawthorne, Nathaniel　霍桑，纳撒尼尔 208, 218-26
Hazlitt, William　黑斯利特，威廉 12, 23
Hearnshaw, F. J.C.　赫恩肖，F. J. C. 1, 7, 128
Hegel, Friedrich　黑格尔，弗里德里希 6-7, 36, 60, 189-94, 210, 408
Heidenmauer, Cooper's 《本尼迪克特教团的僧侣》，库珀所著的 173-74
Hicks, Granville　希克斯，哥伦威尔 25
History, Burke on　历史，伯克论 10, 36; Tocqueville on　托克维尔论 189; Maine on　梅因论 276-81; Henry Adams on　亨利·亚当斯论 313-18; Brooks Adams on　布鲁克斯·亚当斯论 320-22
History of European Morals, Lecky's 《欧洲道德史》，莱基所著的 285
Hobbes, Thomas　霍布斯，托马斯 37, 370
Hoffman, Ross J. S.　霍夫曼，罗斯 356-57, 413
Hooker, Richard　胡克，理查德 6, 18, 33
Hulme, T. E.　胡尔摩，T. E. 360
Human Rights, Universal Declaration

of 人权，世界人权宣言 42
Humanists, Babbitt on 人文主义者，白璧德论 366-67
Hume, David 休谟，大卫 8, 38, 44
Huskisson, William 哈斯基森，威廉 115n.
Hutchison, Keith 哈奇森，凯斯 409
Huxley, Aldous 赫胥黎，阿道司 405-6, 407

I

Idea of a University, Newman's 《大学理念》，纽曼所著的 252- 53
Illative Sense 演绎力 249-50
Imperialism, American 帝国主义，美国的 324, 395-96, 425-28
India, Burke and Macaulay on 印度，伯克和麦考利论 164-65
Individuality, Burke on 个体性，伯克论 89; Tocqueville on 托克维尔论 193-94; Santayana on 桑塔雅纳论 391
Industrialism 工业主义 112-15, 197-200, 325-26
Inge, William Ralph 英奇，威廉·拉尔夫 178, 359
Is Life Worth Living?, Mallock's 《生活值得过吗？》，马洛克所著的 348-49

J

Jacks, M. L. 杰克斯，M. L. 256n.
Jackson, Andrew 杰克逊，安德鲁 206
Jacobinism, Burke on 雅各宾主义，伯克论 57-58, 60
Jefferson, Thomas 杰斐逊，托马斯 64, 67-68, 139
Jenyns, Soame 杰宁斯，索爱米 22
Jerrold, Douglas 杰罗德，道格拉斯 411
Jewkes, John 尤科斯，约翰 410
Jews 犹太人 233-34
Joad, C. E. M. 乔德，C. E. M. 180, 345, 405
Johnson, Samuel 约翰逊，塞缪尔 6, 25, 29, 59, 200, 286
Joubert, Joseph 儒贝尔，约瑟夫 9, 130, 342
Justice, Burke on 正义，伯克论 42-51; Ames on 阿摩司论 73; P. E. More on P. E. 摩尔论 379-84

K

Keynes, John Maynard, 1st Baron 凯恩斯，约翰·梅纳德，第一男爵 101-2, 359-60
Kidd, Benjamin 基德，本杰明 356
Knowledge, Peel on 知识，皮尔论 247-48; Newman on 纽曼论 248-54; Utilitarians on 功利主义者论 248-51; Balfour on 贝尔福论 341-43

L

Labor and ability, Mallock on 劳动与才干，马洛克论 351-57
Labor problem, Godkin on 劳工问题，哥德金论 307
Labour Representation League 劳工代表联盟 262
Laski, Harold 拉斯基，哈罗德 21, 180, 201, 366

Last Puritan, Santayana's 《最后的清教徒》，桑塔雅纳所著的 217-18，386，393，428
Law, Burke on 法律，伯克论 42-51，101-3；Bentham and Scott on 边沁和司各特论 102-6；Randolph on 伦道夫论 137-44；Brownson on 布朗森论 217-18；P. E. More on P. E. 摩尔论 381-82
Law of Civilization and Decay, Brooks Adams' 《文明与退化的规律》，布鲁克斯·亚当斯所著的 310-23
Lay Sermons, Coleridge's 《平信徒讲道集》，柯勒律治所著的 120-22
Le Bon, Gustave 勒庞，古斯塔法 317
Lecky, W. E. H. 莱基，W. E. H. 242，285-93
Lee, Robert E. 李，罗伯特 158，294
Letter to a Member of the National Assembly, Burke's 《给国民大会代表的一封信》，伯克所写的 21
Letters of Runnymede, Disraeli's 《拉尼米德信件集》，迪斯雷利所著的 236
Liberalism 自由主义 89-90，129，232，251，275-76，309，327-30，331，389-92，403-4
Liberty, Burke on 自由，伯克论 18-19；John Adams on 约翰·亚当斯论 86-96；Randolph on 伦道夫论 139-46；Calhoun on 卡尔霍恩论 154-57；Cooper on 库珀论 175-76；Stephen on 斯蒂芬论 272；P. C. Gordon Walker on P. C. 戈登·沃克论 407-8
Liberty, Equality, Fraternity, J. F. Stephen's 《自由、平等、博爱》，J. F. 斯蒂芬所著的 265-75
Life of Franklin Pierce, Hawthorne's 《富兰克林·皮尔斯的生平》，霍桑所著的 208
Limits of Pure Democracy, Mallock's 《纯粹民主的限度》，马洛克所著的 350，354-55
Lincoln, Abraham 林肯，亚伯拉罕 7，293，299
Lippmann, Walter 李普曼，沃尔特 70，385
Literature and the American College, Babbitt's 《文学与美国的大学》，白璧德所著的 366-67
Locke, John 洛克，约翰 24，44，370
Lord George Bentinck, Disraeli's 《乔治·本廷克勋爵》，迪斯雷利所著的 233
Lowe, Robert (Lord Sherbrooke) 罗伊，罗伯特（谢布鲁克勋爵）255
Lowell, James Russell 洛威尔，詹姆斯·拉塞尔 294，297-303
Lyttleton, Lord 里托顿，勋爵 202

M

Macaulay, 1st Baron, Thomas Babington 麦考利，第一男爵，托马斯·巴宾顿 162-71
Machiavelli 马基雅维利 284，370
Mackintosh, James 麦金托什，詹姆斯 12
Maine, Sir Henry 梅因，亨利爵士 275-85
Majority rule, Burke on 多数人的统治，伯克论 52-55

Mallock, W. H.　马洛克，W. H. 345-57
Malthus, Thomas　马尔萨斯，托马斯 78
Marble Fawn, Hawthorne's 《玉石雕像》，霍桑所著的 220, 222
Marcus Aurelius　马可·奥勒留 207, 318
Marshall, John　马歇尔，约翰 96-98
Marx, Karl　马克思，卡尔 229-34, 312, 324
Materialism, Tocqueville on　物质主义，托克维尔论 182-84
Maugham, Somerset　莫汉姆，萨默塞特 59
Meliorism　世界向善论 9
Memoirs of a Superfluous Man, Nock's 《多余人的回忆录》，诺克所著的 420-21
Mencken, H. L.　门肯，H. L. 176, 375, 383
Mercantilism, and Alexander Hamilton　重商主义，与亚历山大·汉密尔顿 66-68
Mill, James　密尔，詹姆斯 166-69, 346
Mill, John Stuart　密尔，约翰·斯图亚特 1, 100, 101, 102, 116, 128-29, 262-64, 267, 269-70, 272-75
Miller, Arthur　米勒，阿瑟 233n.
Millionaires, Babbitt on　百万富翁，白璧德论 368
Mirabeau, Comte de　米拉波，孔德 12, 18, 371
Mises, Ludwig von　米塞斯，路德维希·冯 199, 421n.
Montesquieu, Baron de　孟德斯鸠，男爵 421n.
Morality, Burke on　道德，伯克论, 25-33; Ames on　阿摩司论 72; John Adams on　约翰·亚当斯论 78-81; Hawthorne on　霍桑论 220-26; J. F. Stephen on J. F.　斯蒂芬论 267-69; Mallock on　马洛克论 347-50
More, Paul Elmer　摩尔，保罗·埃尔默 35, 104, 252, 313, 377-86
Morley, John　莫雷，约翰 264
Mosses from an Old Manse, Hawthorne's 《古屋青苔》，霍桑所著的 223
MacCunn, J. H.　麦康，J. H. 28
MacIver, R. M.　麦基弗，R. M. 26

N

Nation, The 《民族》杂志 305, 377, 403
Natural rights, Burke on　自然权利，伯克论 42-51; John Adams on　约翰·亚当斯论 82-83
Naturalism, Babbitt on　自然主义，白璧德论 368-71
Nature, Burke on　自然，伯克论 45-46
Nether World, Gissing's 《阴间》，吉辛所著的 334
New Empire, Brooks Adams' 《新帝国》，布鲁克斯·亚当斯所著的 320-21
New Republic, Mallock's 《新共和国》，马洛克所著的 247-48
Newcastle, 1st Duke of　纽卡斯尔，第一公爵 31
Newman, John Cardinal　纽曼，约翰

大主教 243-57
Nietzsche, Friedrich　尼采，弗里德里希 375, 381
Nineteen-Eighty-Four, Orwell's 《1984》，奥威尔所著的 407-9
Nock, Albert Jay　诺克，阿尔伯特·杰伊 85, 363, 420-21
Norton, Charles Eliot　诺顿，查尔斯·艾略特 212
Notes toward the Definition of Culture, Eliot's 《对文化之定义的讨论》，艾略特所著的 411-12
Nullification　联邦法令废止权 149

O

Oakeshott, Michael　奥克肖特，迈克尔 416
On Being Creative, Babbitt's 《论创造才能》，白璧德所著的 371-72
Ortega y Gasset, José　奥特加·伊·加塞特，何塞 172
Oxford Movement　牛津运动 244-46

P

Paine, Thomas　潘恩，托马斯 6, 12, 19, 75-76
Parrington, Vernon L.　帕林顿，弗农 67, 93, 15I, 213, 297
Paterson, Isabel　帕特森，伊萨贝尔 420
Peel, Sir Robert　皮尔，罗伯特爵士 108, 200-201, 236, 246-47, 250
Phase, rule of, Henry Adams on　阶段，阶段规律，亨利·亚当斯论 316- 17
Philosophy of Labor, Tannenbaum's 《劳动哲学》，泰宁鲍姆所著的 422-23
Physics and Politics, Bagehot's 《物理与政治》，白哲浩所著的 258, 270
Pierce, Franklin　皮尔斯，富兰克林 218
Pitt, William　皮特，威廉 109, 111
Planned society　计划型社会 407-14
Plato　柏拉图 28, 79, 252
Political economy, Mallock on　政治经济学，马洛克论 350
Polybius　波利比乌斯 28
Popery Laws, Tracts on the, Burke's 《论教皇法》，伯克所著的 46
Popular Government, Maine's 《大众政府》，梅因所著的 282-85
Positivism　实证主义 264, 272-73, 347-49
Pound, Roscoe　庞德，罗斯科 293
Prejudice, Burke on　成见，伯克论 33-34, 39-41
Prescription, Burke on　习俗，伯克论 33-42
Press, the　媒体 156-52, 174, 175, 303-5, 309-10
Presumption, Burke on　论断，伯克论 37
Priestley, J. B.　普瑞斯特里，J. B. 405
Private Papers of Henry Ryecroft, Gissing's 《亨利·雷克罗夫特的私人文件》，吉辛所著的 332, 335-36
Progress, John Adams on　进步，约翰·亚当斯论 80; Baudelaire on　波德莱尔论 221; J. F. Stephen on J. F.　斯蒂芬论 273; Maine on　梅因论 276-78, 280-81; Henry Adams on　亨利·亚当斯论 312-18; Gissing on　吉辛论 332;

Mallock on 马洛克论 348, 351-52; Babbitt on 白璧德论 368-69
Property 财产 280-81, 282-83, 285, 395
Protestantism, Brownson on 新教信仰，布朗森论 214-15
Providence, belief in 上帝的护理 / 天命，对它的信心 10, 27-29, 32, 33, 57, 113, 118, 122, 207, 278, 288, 413
Puritanism in America 美国的清教信仰 209-10, 220-21, 268, 295, 318-19

R

Radicalism 激进主义 8-9, 24-25, 42-43
Randall, H. S., and Macaulay 伦道尔，H. S.，和麦考利 169
Randolph, John, of Roanoke 伦道夫，约翰，罗诺克的 6, 84, 98, 130-46, 160, 179, 202
Reaction, More on 守旧，摩尔论 379
Reade, Winwood 里德，温伍德 263n.
Reason, Burke on 理性，伯克论 36; Coleridge on 柯勒律治论 117-18; Disraeli on 迪斯雷利论 234
Reason in Society, Santayana's 《社会中的理性》，桑塔雅纳所著的 388
Reconstruction after Civil War 内战后的重建 294-96
Reconstruction of Belief, Mallock's 《信仰的重建》，马洛克所著的 355-56
Reflections on the Revolution in France, Burke's 《法国革命反思录》，伯克所著的 5, 15-16, 36-37, 48, 51, 55, 287
Reform Bill, of 1832 改革法案，1832 年的 108, 112-14, 125-26, 166-67, 242, 270; of 1867 1867 年的 167, 240-43; of 1884-85 1884-1885 年的 241, 340
Regicide Peace, Burke's 《论弑君以求和平》，伯克所著的 45, 60
Religion, Burke on 宗教，伯克论 25-33, 43-44; John Adams on 约翰・亚当斯论 77; Coleridge on 柯勒律治论 117-19; Tocqueville on 托克维尔论 184, 190-91; Utilitarians on 功利主义者论 247-48; Newman on 纽曼论 224-46, 249; J. F. Stephen on J. F. 斯蒂芬论 266-69; Lecky on 莱基论 285-87; Henry Adams on 亨利・亚当斯论 313-14; Balfour on 贝尔福论 341-43; Mallock on 马洛克论 346-50, 355-56; Babbitt on 白璧德论 376; P. E. More on P. E. 摩尔论 384-86; in modern England and America 在现代的英格兰与美国 399-400
Republic, John Adams on 共和国，约翰・亚当斯论 87-88
Republicans, Jeffersonian 共和党人，杰斐逊派的 63
Restatement of Liberty, Gordon Walker's 《重新阐释自由》，戈登・沃克所著的 407-8
Reuther, Walter 卢瑟，沃尔特 404
Rights of Man, 42; Randolph on 人的权利; 伦道夫论 142
Rise and Influence of Rationalism, Lecky's

《理性主义的崛起和影响》，莱基所著的 286
Rochefoucauld, Marquis de la　拉罗什福科 78
Rockefeller, John D.　洛克菲勒，约翰 388
Rockingham Whigs　罗金汉姆派辉格党人 13-14
Roman Catholicism in America　美国的罗马天主教信仰 213-18
Romanticism　浪漫主义 37
Romantics　浪漫派人士 108-9, 115-28
Roosevelt, Franklin D.　罗斯福，富兰克林 163-64, 397
Röpke, Wilhelm　罗皮克，威尔海姆 410
Rousseau, Jean-Jacques　卢梭，让 - 雅克 8, 24, 27, 44, 368, 369, 370-71
Rowntree, Siebohm　罗恩垂，希波姆 404
Rowse, A. L.　罗斯，A. L. 402
Royer-Collard, Pierre Paul　罗耶 - 克拉德，皮埃尔・保罗 181
Ruskin, John　拉斯金，约翰 347, 348

S

Saintsbury, George　圣特斯伯里，乔治 338, 339, 346, 361
Salisbury, 3rd Marquess of　索尔兹伯里，第三侯爵 328-29
Santayana, George　桑塔雅纳，乔治 217, 386-94
Savigny, Friedrich Karl von　萨维尼，弗里德里希・卡尔・冯 278
Scarlet Letter, Hawthorne's　《红字》，霍桑所著的 220
Schlesinger, Arthur, Jr.　施莱辛格，小阿瑟 201, 419
Scott, Sir Walter　司各特，沃尔特爵士 99, 102-8, 129
Seccombe, Thomas　塞科姆比，托马斯 334
Seneca　塞内卡 27, 387-88
Shelburne Essays, P. E. More　《谢尔伯恩论文集》，P. E.　摩尔所著的 377, 385
Siegfried, André　西格弗里德，安德烈 371
Sin　罪 226, 406; and the radical mind　与激进思想 212-13; and Hawthorne　与霍桑 219, 221-26
Sitwell, Sir Osbert　斯特维尔，奥斯波特爵士 357-58
Slavery　奴隶制 131-34, 158-59, 207-8, 218-19
Smith, Adam　斯密，亚当 19, 20, 372
Smugness, Babbitt on　自命不凡，白璧德论 368-69
Social Contract, Burke on　《社会契约论》，伯克论 25
Social order, Burke on　社会秩序，伯克论 53, 57-60; John Adams on　约翰・亚当斯论 79
Socialism　社会主义 262, 284-85, 291-93, 330-31, 352-55, 393, 404-7
Soliloquies in England, Santayana's　《英格兰的独白》，桑塔雅纳所著的 390
Somervell, D. C.　索摩维尔，D. C. 103, 341
Southey, Robert　骚塞，罗伯特 165

Sovereignty, John Adams on 主权，约翰·亚当斯论 92-93; Austin and J. F. Stephen on 奥斯丁和 J. F. 斯蒂芬论 279;
Spencer, Herbert 斯宾塞，赫伯特 261
Squire, Sir John 斯奎尔，约翰爵士 346, 348
Standardization, Tocqueville on 齐一化，托克维尔论 187-88
Stephen, Sir James Fitzjames 斯蒂芬，詹姆斯·菲茨詹姆斯爵士 260, 265-75
Stephen, Sir Leslie 斯蒂芬，莱斯利爵士 103, 200, 266, 285
Stevenson, Robert Louis, Granville Hicks on 斯蒂文森，罗伯特·路易斯，哥伦威尔·希克斯论 25
Strachey, John 斯塔奇，约翰 263
Sybil, Disraeli's 《西比尔》，迪斯雷利所著的 238-39

T

Tannenbaum, Frank 泰宁鲍姆，弗兰克 422-23
Taxation 税赋 289-91, 326, 395
Taylor, A. J. P. 泰勒，A. J. P. 194, 413-14
Taylor, John, of Caroline 泰勒，约翰，卡洛林的 97-98
Thomson, David 汤姆森，大卫 54
Tillotson, Geoffrey 提勒特森，杰弗里 345
Tocqueville, Alexis de 托克维尔，阿历克斯·德 6, 18, 88, 135, 159, 160, 163, 178-95
Tories 托利党人 7, 13, 108
Tractarians 牛津运动参与者 244-46
Tradition, Burke on 传统，伯克论 33-34
Trilling, Lionel 特里林，莱昂奈尔 418-19
Trollope, Anthony 特罗普，安东尼 245
Tucker, Beverley 塔克，贝弗利 134, 157
Turgot, Anne-Robert 杜尔哥，安-罗伯特 86-88, 91-94

U

Understanding, Coleridge on 理解力，柯勒律治论 117-18
Unforeseen Tendencies of Democracy, Godkin's 《未被预见到的民主趋势》，哥德金所著的 305
Unionist government 统一党政府 328
United Nations Organization 联合国组织 42
United States of America, Brooks Adams on 美利坚合众国，布鲁克斯·亚当斯论 323-24, 425-28
Universal military training, Lecky on 普遍的军事训练，莱基论 292
Utilitarianism 功利主义 99-108, 116-29, 247-50, 255, 260-61, 265, 267, 277, 278

V

Veneration, Burke on 敬畏，伯克论 59
Vindication of Natural Society, Burke's 《为自然社会辩护》，伯克论 45
Vindication of the English Constitution,

Disraeli's 《为英国宪制辩护》，迪斯雷利所著的 234-36

W

Wallace, Henry　华莱士，亨利 399
Wallas, Graham　沃勒斯，格雷厄姆 40, 416
Warden, Trollope's 《看守人》，特罗普所著的 245
Waverley Novels　威弗莱系列小说 103
Wealth of Nations, Smith's 《国富论》，斯密所著的 90
Whigs　辉格党人 13-14, 235
White, R. J.　怀特，R. J. 8, 262
Whitman, Walt　惠特曼，沃特 209
Will, Babbitt on　意志，白璧德论 367, 369
Willey, Basil　威利，巴希尔 57, 117
Williams, David C.　威廉姆斯，大卫·C 425-26
Wilson, Woodrow　威尔逊，伍德罗 23, 395
Winters, Yvor　温特斯，伊沃 219, 313
Woman, Brooks Adams on　女人，布鲁克斯·亚当斯论 322
Woolf, Sir Leonard　伍尔夫，伦纳德 31
Words, J. F. Stephen on　文字，J. F. 斯蒂芬论 274
Work, Babbitt on　工作，白璧德论 372-73, 376
Workingman, Disraeli on　工人，迪斯雷利论 242-43
World in 2030 A.D., Lord Birkenhead's 《2030年的世界》，博肯海德勋爵所著的 360-61

Y

Young, G. M.　扬，G. M. 245, 329

致谢

热心的 J.W. 威廉姆斯（Williams）教授阅读了本书的原稿；在他位于荣戴尔（Roundel）、俯瞰着圣安德鲁斯大教堂废墟的图书馆，我们谈到四处肆虐的时代洪流，没有被此一洪流淹没的只有零星散布着的像圣安德鲁斯镇这样的高雅学问的孤岛。埃德温·麦克莱伦（Edwin McClellan）先生［他曾伴我走过都柏林芒特乔伊广场（Mountjoy Square）四周的乔治王朝时期的贫民窟，以及本格拉斯瀑布（Falls of Ben Glas）上面的茫茫荒原］也读过我的原稿，并制作了本书后面的索引。

美国学术团体协会（American Council of Learned Societies）给予我的长期奖学金使我顺利写完了《保守主义思想》一书；密歇根州立大学的旅费补助也帮了我的忙。

菲茨威廉伯爵和菲茨威廉遗产的受托人，以及谢菲尔德市的图书管理员允许我引用了埃德蒙·伯克的三封信件，这些信件被收集在温特沃斯·伍德豪斯文件集之中。

本书各章节是在许多不同地方写下的：在紧靠着艾格（Eigg）悬崖的两间一套的住所中；在凯利城堡（Kellie Castle）的一个往福斯河（the Forth）方向眺望的古老塔楼中；在我曾祖父的位于密歇根新开垦的田野上的房屋里；在爱尔兰西部的斯莱戈沼泽地区中；在罗马阿拉·克里（Ara Coeli）的圣玛丽教堂的台阶上；在巴尔卡利斯城堡（Balcarres House）——那里依然有伯克所谓的“货真价实的优雅生活”。曾帮助过我的有上百人，而本书则致力于帮助维系赋予这些人存在意义的传统。

附录

被遗忘的美国保守主义之父

马修·康提内蒂（Matthew Continetti）

对美国保守派知识分子运动兴起的传统讲述方式是这样的：因为大萧条和珍珠港事件的发声，那些批评富兰克林·罗斯福的新政、美国插手第二次世界大战，所谓“多余人”的声名随之败裂。然而，到了冷战初期，古典自由主义者、传统主义者和反共产主义者之间组成了一个联盟。1955年，小威廉·巴克利（William F. Buckley Jr.）创立《国家评论》（*National Review*），巩固了该联盟，其立场为对外反对苏联，对内反对福利制度。该联盟获得的最大胜利乃是1980年里根的当选。但苏联的崩溃使得存在于知识精英中间的保守主义四分五裂，其影响力被削弱，其后又迎来了民粹主义右翼的挑战。

但是这种传统叙述没有充分说明拉塞尔·柯克在其中的作用，如果没有他，我们无法讲述现代美国保守主义的历史。作为作家、教师、专栏作家、小说家的柯克在定义美国保守主义，赋予其实质内容上比除了巴克利之外的任何人的作用都大。然而，他经常与这个由他参与推动的运动中的代表人物产生观点上的争锋，这些争论能够让我们看到美国保守主义的历史比人们通常理解的更加多样化，其内部存在更多张力。

柯克的保守主义思想是学者型的，有着文学色彩、哲学意蕴和诗意，不主张对国际事务采取干涉主义立场。他与自由至上主义者发生冲突，从未认同过约瑟夫·麦卡锡，与《国家评论》保持距离；因为对1990年的海湾战争意见分歧，柯克与新保守主义者决裂；在1992年的共和党初选中支持帕特里克·布坎南（Patrick J. Buchanan）。柯克一生写了20多本非虚构类书籍、三部小说、数百篇文章和书评，以及大约3000篇报纸专栏，另外还创办了《近代》（*Modern Age*，1957年）和《大学学人》（*The University Bookman*，1960年）两份刊物。柯克倡导“永久事物”（permanent things），反对意识形态地思考问题，无论左右翼。他毕生工作所指向的道路未被保守主义运动所采用，在这个存在着许多不确定性和变化的时刻，这条道路值得我们去重新审视。

柯克出生于1918年10月19日，在密歇根州普利茅斯长大，他就读于密歇根州立大学，在杜克大学获得硕士学位，1942年至1946年在陆军服役。这段军旅生涯让这个害羞、书生气的年轻人固有的传统主义观念变得更坚定了：他反对战争和官僚主义，美国在广岛和长崎投下核弹的新闻令他感到震惊。退役后，柯克回到密歇根州，搬到他的曾祖父母曾经生活的米科斯塔。从那之后直到去世，他一直生活在那里。不过，柯克经常旅行，他在苏格兰的圣安德鲁斯大学完成了博士学位。

1952年夏天，柯克从圣安德鲁斯大学写信给一个叫亨利·瑞格纳瑞（Henry Regnery）的芝加哥出版商。瑞格纳瑞是一份名叫《世事》（*Human Events*）的报纸的联合创始人，该报纸采取反罗斯福立场。就在前一年，瑞格纳瑞出版了巴克利引起许多争议的首部著作《上帝和耶鲁人》（*God and Man at Yale*）。瑞格纳瑞一直在寻找新政自由主义和世俗人文主义的批评者。

于是，这样一个批评者找到了瑞格纳瑞。“在我写给你的上一封信中，我提到我可能会把我的《保守主义的溃败》（*Conservatives' Rout*）一书手稿寄送与你，”当时35岁的柯克这样写道，“现在我打算这么做了。”柯克最早将这本书的手稿寄给了阿尔弗雷德·A. 克诺夫（Alfred A. Knopf），克诺夫要他将全书的篇幅缩减一半。“我不会删减篇幅。”柯克不会轻易将自己著作的编辑权拱手让人。他希望读者拿到的书与自己所写的没有差别。“在这项保全我们文明的精神、思想和政治传统的事业中，写作本书是我个人为其出的一份力量；如果我们要拯救现代思想，我们必须尽快采取行动。”

这本500余页的书籍于1953年出版时，柯克将其改名为《保守主义思想：从伯克到桑塔雅纳》（*The Conservative Mind*：*From Burke to Santayana*）。从1960年的第三版开始，副标题中的桑塔雅纳被换成了T.S.艾略特。《保守主义思想》在口碑和商业上都获得了成功，柯克因为此书成为了知识界名流。这本书为一种重新出现的政治信仰命了名，另外还给了它在哲学和文学上的谱系：保守主义（conservatism）。柯克在书中的第一页这样写道：“（本书）实乃一篇篇幅很长的随笔性论文。英国和美国保守主义的精髓何在？”

对于这个问题，柯克从未给出完整的答案。几十年里，他一直在提醒读者，保守主义抗拒被精确定义。一套对所有人、所有地方和所有时候都同时适用的保守主义纲领是不存在的。“严格来说，保守主义不是一种政治制度，当然也不是一种意识形态，”柯克于1982年这样写道，“它是一种看待公民社会秩序的方式。”柯克一生都在不断回到保守主义的一般原则，通过对著名保守派作家和政治家的研究去理解这些原则，它们包括：对“超越性道德秩序”的信仰；对“社会连续性”的支持；对审慎、多样性和不完美性原则的坚持。

《保守主义思想》为几代保守主义者提供了历史感和理论资源。保守主义者之前感到自己被孤立，在各种政治和文化辩论处于边缘位置，现在保守派可以在从埃德蒙·伯克开始、一直持续到现在的一长串思想家的谱系中找到自己的位置。柯克在书中所列举的英雄们与他本人的个性一样怪异，他把英国人与美国人、反动派与改革者、南方邦联支持者和北方联邦支持者放在一起来写。书里还写了捍卫奴隶制的约翰·伦道夫和约翰·卡尔霍恩，这让当代读者感到失望，但是柯克也非常钦佩林肯。柯克对资本主义持批评态度——他提醒读者，“资本主义”是一个马克思主义的术语。正如他后来所说的那样：“智识上的伯克继承者需要在两条战线作战：一条战线对抗雅各宾派的继承者以及他们的‘惯用武力的学说’；另外一条战线上反对那些完全依靠金钱来维系关系的曼彻斯特的经济学家。”

柯克对经济功利主义、工业主义和商业主义的批评使他与许多其他反对政府计划的人区别开来。“我从不称自己为个人主义者；我希望你们没有将这样一种沉闷的意识形态揽入怀抱”，柯克 1954 年 5 月写信给校际个人主义者协会（Intercollegiate Society of Individualists）[后来改名为校际研究所（Intercollegiate Studies Institute）] 会长维克多·米利奥内（Victor Milione）。“政治上，个人主义导向无政府状态；精神上，个人主义导向可怕的孤寂状态。我甚至不称自己为‘个人’（individual）；我希望自己是一个人（person）。”柯克说，自由至上主义是死路一条，因为它无法激发人们道德上的想象力。1957 年，柯克与哈耶克有过一次公开的对话，二人的分歧在这次对话中展现得很清楚。多年后，柯克告诉一位年轻的记者，“哈耶克称宗教是神秘主义，我反驳说，有这种认识只能说明对宗教的无知”。

这种对古典自由主义的怀疑是柯克不愿加入巴克利的《国家评论》的原因之一。保守主义和自由至上主义可能可以毫无冲突地融合在巴克利的个性之中，但他只是一个富有魅力的人物。柯克同意每月为《国家评论》撰写专栏，他的专栏从《国家评论》创立一直开到 1980 年，但柯克与该刊物之间的关系一直很紧张。柯克的名字从未在《国家评论》的刊头上出现；如果《国家评论》没有发表评论柯克著作的文章，柯克会批评巴克利；该刊物的资深编辑弗兰克·迈耶（Frank Meyer）曾经诋毁过柯克。柯克和这份保守主义运动的旗舰刊物一直保持距离，这点值得关注。“詹姆斯·伯恩汉姆（James Burnham）是一个功利主义者，”他在一封写于 1990 年的信中这样谈论《国家评论》的另外一位编辑，“我想我可能应该被归为浪漫主义阵营，在 19 世纪上半叶发生的一系列争论中，我会站在柯勒律治、司各特和骚塞的一边。”在为企鹅出版社编选保守主义思想集时，柯克没有选巴克利，新保守主义的教父欧文·克里斯托尔（Ivring Kristol）则被选了进来。

虽然柯克在写于1975年的一封信中称克里斯托尔代表着“善的力量”，但是，冷战结束后，他与新保守主义者交恶。在美国传统基金会（the Heritage Foundation）的一系列讲座中，柯克严厉批评了新保守主义者那种试图从民主资本主义中提炼出一种意识形态的做法。他经常引用历史学家丹尼尔·布尔斯丁（Daniel Boorstin）的话，大意是想表明，美国宪法“无法出口到其他地方”。柯克在一次讲座中说了一句给他带来恶名的话，他说，“许多时候，一些杰出的新保守主义者似乎将特拉维夫当成了美国的首都”。这句不太恰当的评论暗指新保守派心中怀有双重忠诚，成为新保守派与持“美国优先”立场的旧保守派之间冲突的导火索。让人们对整件事更摸不清楚状况的是，柯克同时强烈反对反犹主义，他在同一次讲话中说：“我很同情这些新保守主义者，并对其中一些人表示钦佩。”

密歇根州的米科斯塔与纽约市和华盛顿特区相距甚远，同样的，柯克置身于里根、乔治·布什政府的保守主义权力中心之外，在思想上也与其没有多少关联。这也成了某种隐喻：柯克对由他所定义的保守主义运动的影响力逐渐减弱。随着保守主义运动越来越多地与共和党交织在一起，保守主义的哲学原则被转化为公共政策，柯克退居幕后，只在家中与妻子和四个女儿招待渴望求知的学子。

如果柯克而非巴克利在20世纪60年代和70年代成为为公众熟知的保守主义代表人物，情况可能会有所不同吗？也许会吧。然而，柯克是一位文人，而非领导者。柯克的传记作者布拉德利·J.比尔泽（Bradley J. Birzer）这样写道，“按照21世纪的美国或西方社会的任何标准，都可以说，柯克的个性古怪且独特”。如果柯克成为代表人物，智识上的保守主义的吸引力可能会变得有限。

柯克没有兴趣去捍卫一个党派的政治议程。他想要做的是去提倡一种精神气质。柯克在 1963 年给后来因创作科幻小说成名的杰瑞·普尔内尔（Jerry Pournelle）的一封信中写道：“这个国家仍然有很多人支持一种富有想象力的保守主义。虽然情况不容乐观，但是我们也许可以成功地从现代世界的残骸中拯救出许多美好的东西来；如亨利·亚当斯喜欢用他那种尖酸刻薄的语气所说的，‘乐趣存在于做事的过程中’。”柯克试图培养一种道德想象力，这种想象力能够让我们不仅可以从他人的角度看待世界，而且可以从过去和未来的角度去看世界。他没有社会复兴的宏伟计划，没有实现用某一种价值一统世界的愿望。“保守主义者说：‘政治是可能的艺术’，他认为制定政策的目的在于维护秩序、正义和自由。”

最重要的是，柯克提醒世人，伯克所说的“契约关系”“不仅存在于生者与生者之间，而且存在于生者、死者和后人之间”。他希望人们去关注他的朋友同时也是他的英雄 T.S. 艾略特所称之为“永恒的时刻”（timeless moments），我们的过去和现在正是被这些“永恒的时刻”所连接。

我第一次读柯克还是在大学期间，在那之前，伯克的《法国革命反思录》对我影响很大。《保守主义思想》的博大令我印象深刻：不仅仅因为这是一本鸿篇巨制，更是被柯克文本中的宏伟气魄，被其中的神话、诗歌、想象力和精神所打动。我知道柯克的方法作为具体政治行动指南很有限，我知道那种文化上的愁绪以及从文学角度对政治的蔑视会有怎样的危险，但我仍然能够看到，他对一般原则的强调可以防止保守主义被某个政治议程拖累，或者被简化为任何一个有缺陷的政策，被某个个人所代表。

如果我们在重写保守主义的历史时充分考虑柯克发挥的作用，我们会看到保守主义更为复杂的图景：五角大楼和边际税率的重要性退居其次，各种宗教群体、学校、国家和地方传统、文学和文化的地位凸显出来。应当以何种态度去面对人工智能、硅谷、社交媒体、言论自由、无人机战争、全球化和福利支出等问题，柯克的作品能够给我们这一代保守派以及自由派提供很多思想资源。在纪念柯克诞辰百年那天，我心怀感激，记起了他最喜欢的艾略特的《小吉丁》（Little Gidding）中诗句：

死者活着的时候，
无法以言辞表达的，
他们作为死者能告诉你：
死者的交流思想超乎生者的语言之外是用火表达的。*

陶小路译

（英文版原载《大西洋月刊》；中文版原载《东方历史评论》）

* 这里引用的是汤永宽的译本。——陶小路注